JN172718

2025年用

共通テスト実戦模試

5 国語

Z会編集部 編

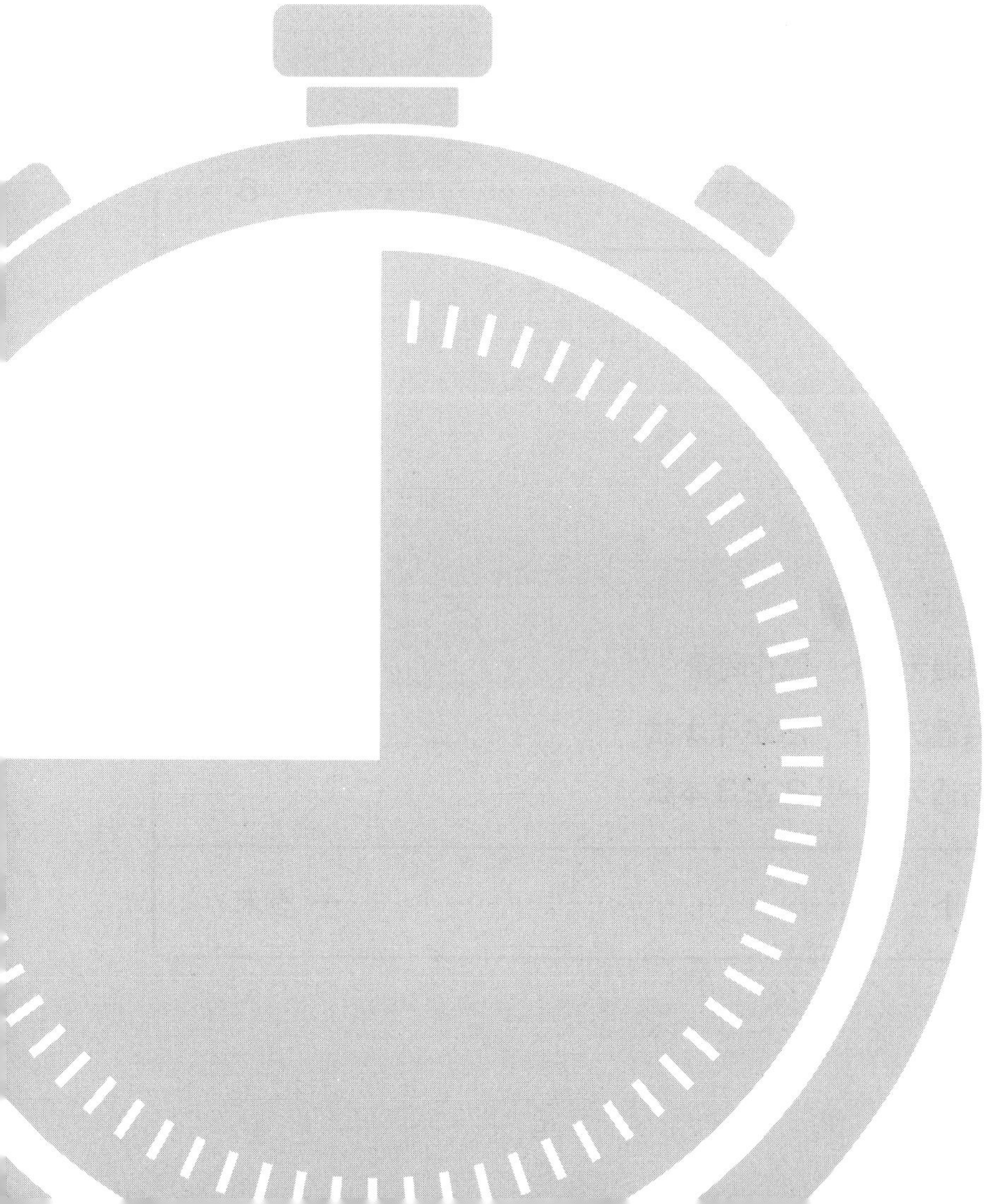

スマホで自動採点！　**学習診断サイトのご案内**

スマホでマークシートを撮影して自動採点。ライバルとの点数の比較や，学習アドバイスももらえる！　本書のオリジナル模試を解いて，下記 URL・二次元コードにアクセス！

Z会共通テスト学習診断　検索

二次元コード

https://service.zkai.co.jp/books/k-test/

詳しくは別冊解説の目次ページへ

目次

本書の効果的な利用法

■本書の特長■

本書は、共通テストで高得点をあげるために、**過去からの出題形式と内容、最新の情報を徹底分析して作成した実戦模試である。**本番では、限られた時間内で解答する力が要求される。本書では時間配分を意識しながら、出題傾向に沿った良質の実戦模試に複数回取り組める。

■共通テスト攻略法――情報収集で万全の準備を

以下を参考にして、共通テストの内容・難易度をしっかり把握し、本番までのスケジュールを立て、余裕をもって本番に臨んでもらいたい。

データクリップ➡共通テストの出題教科や2024年度本試の得点状況を収録。

傾向と対策➡過去の出題や最新情報を徹底分析し、来年度に向けての対策を解説。

■共通テスト実戦模試――本番に備える

1　本番に備える

本番を想定して取り組むことが大切である。時間配分を意識して取り組み、自分の実力を確認しよう。巻末のマークシートを活用して、記入の仕方もしっかり練習しておきたい。

2　令和7年（2025年）度の試作問題も踏まえた「最新傾向」に備える

今回、実戦力を養成するためのオリジナル模試の中に、大学入試センターから公開されている令和7年度に向けた試作問題の内容を加味した類問を掲載している。詳細の解説も用意しているので、合わせて参考にしてもらいたい。

3　「今」勉強している全国の受験生と高め合う

『学習診断サイト（右ページの二次元コードから利用可能）』では、得点を登録すれば学習アドバイスがもらえるほか、現在勉強中の**全国の受験生が登録した得点と「リアル」に自分の点数を比較し切磋琢磨ができる。**全国に仲間がいることを励みに、モチベーションを高めながら試験に向けて準備を進めてほしい。

【得点入力】

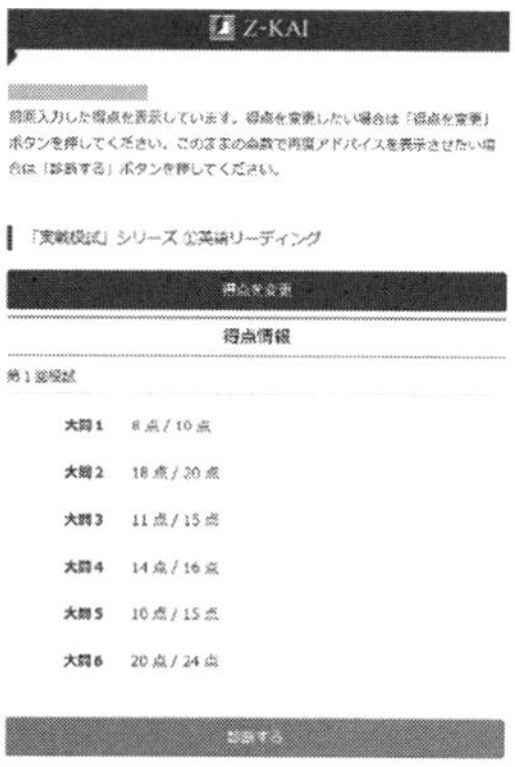

・全国の受験生の平均点
・現在のランキングが表示される

【診断結果】

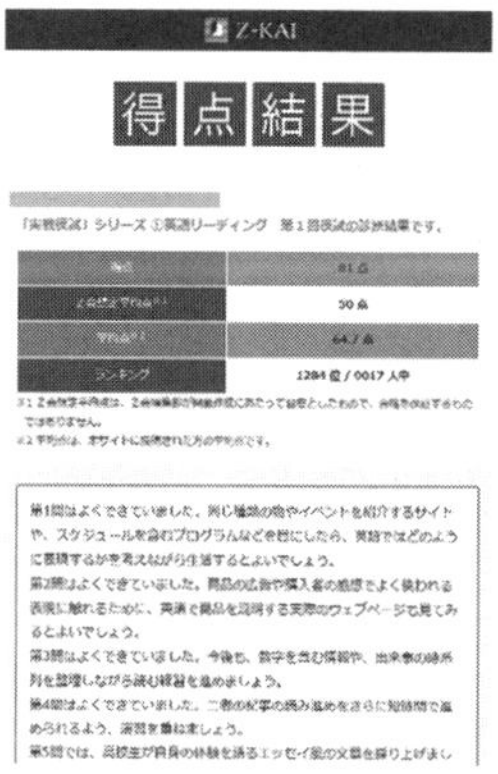

各大問のフィードバックが表示

共通テストに向けて

■ 共通テストは決してやさしい試験ではない。

共通テストは、高校の教科書程度の内容を客観形式で問う試験である。科目によって、教科書等であまり見られないパターンの出題も見られるが、出題のほとんどは基本を問うものである。それでは、基本を問う試験だから共通テストはやさしい、といえるだろうか。

実際のところは、共通テストには、適切な対策をしておくべきいくつかの手ごわい点がある。まず、**勉強するべき科目数が多い**。国公立大学では共通テストで「6教科8科目」を必須とする大学・学部が主流なので、科目数の負担は決して軽くない。また、基本事項とはいっても、**あらゆる分野から満遍なく出題される**。これは、"山"を張るような短期間の学習では対処できないことを意味する。また、**広範囲の出題分野全体を見通し、各分野の関連性を把握する必要もあるが**、そうした視点が教科書の単元ごとの学習では容易に得られないのもやっかいである。さらに、**制限時間内で多くの問題をこなさなければならない**。しかもそれぞれが非常によく練られた良問だ。問題の設定や条件、出題意図を素早く読み解き、制限時間内に迅速に処理していく力が求められているのだ。こうした処理能力も、漫然とした学習では身につかない。

■ しかし、適切な対策をすれば、十分な結果を得られる試験でもある。

上記のように決してやさしいとはいえない共通テストではあるが、適切な対策をすれば結果を期待できる試験でもある。共通テスト対策は、できるだけ早い時期から始めるのが望ましい。長期間にわたって、①教科書を中心に基本事項をもれなく押さえ、②共通テストの過去問で出題傾向を把握し、③出題形式・出題パターンを踏まえたオリジナル問題で実戦形式の演習を繰り返し行う、という段階的な学習を少しずつ行っていけば、個別試験対策を本格化させる秋口からの学習にも無理がかからず、期待通りの成果をあげることができるだろう。

■ 本書を利用して、共通テストを突破しよう。

本書は主に上記③の段階での使用を想定して、Z会のオリジナル問題を教科別に模試形式で収録している。解答時間を意識して問題を解いてみよう。巻末のマークシートを利用し、解答時間を意識して問題を解いてみよう。そしてポイントを押さえた解答・解説をじっくり読み、知識の定着・弱点分野の補強に役立ててほしい。早いスタートが肝心とはいえ、時間的な余裕がないのは明らかである。できるだけ無駄な学習を避けるためにも、学習効果の高い良質なオリジナル問題に取り組んで、徹底的に知識の定着と処理能力の増強に努めてもらいたい。

また、**全国の受験生を「リアルに」つなぎ、切磋琢磨を促す仕組みとして『学習診断サイト』も用意している**。本書の問題に取り組み、採点後にはその得点をシステムに登録し、全国の学生の中での順位を確認してみよう。そして同じ目標に向けて頑張る仲間たちを思い浮かべながら、受験をゴールまで走り抜ける原動力に変えてもらいたい。

本書を十二分に活用して、志望校合格を達成し、喜びの春を迎えることを願ってやまない。

Z会編集部

共通テストの段階式対策

0．まずは教科書を中心に、基本事項をもれなく押さえる。

▼

1．さまざまな問題にあたり、右記の知識の定着をはかる。
その中で、自分の弱点を把握する。

▼

2．実戦形式の演習で、弱点を補強しながら、制限時間内に問題を処理する力を身につける。とくに、頻出事項や狙われやすいポイントについて重点的に学習する。

▼

3．仕上げとして、予想問題に取り組む。

Z会の共通テスト関連教材

1．『ハイスコア！共通テスト攻略』シリーズ
オリジナル問題を解きながら、共通テストの狙われどころを集中して学習できる。

▼

2．『2025年用　共通テスト過去問英数国』
複数年の共通テストの過去問題に取り組み、出題の特徴をつかむ。

▼

3．『2025年用　共通テスト実戦模試』（本シリーズ）

▼

4．『2025年用　共通テスト予想問題パック』
本シリーズを終えて総仕上げを行うため、直前期に使用する本番形式の予想問題。

※『2025年用　共通テスト実戦模試』シリーズは、本番でどのような出題があっても対応できる力をつけられるように、最新年度および過去の共通テストも徹底分析し、さまざまなタイプの問題を掲載しています。そのため、『2024年用共通テスト実戦模試』と掲載問題に一部重複があります。

共通テスト攻略法　データクリップ

1 出題教科・科目の出題方法

次の表の教科・科目で実施される。なお、受験教科・科目は各大学が個別に定めているため、各大学の要項にて確認が必要である。

※解答方法はすべてマーク式。以下の表は大学入試センター発表の『令和7年度大学入学者選抜に係る大学入学共通テスト出題教科・科目の出題方法等』を元に作成した。

※『　』は大学入学共通テストにおける出題科目を表し、「　」は高等学校学習指導要領上設定されている科目を表す。

教科名	出題科目	解答時間	配点	科目選択方法
国語	『国語』	90分	200点	
地理歴史	『地理総合、地理探究』、『歴史総合、日本史探究』、『歴史総合、世界史探究』 (b)	1科目60分 2科目120分	1科目100点 2科目200点	上記6科目から最大2科目を選択（注1）（注2） ※(a)：必履修科目を組み合わせた出題科目 (b)：必履修科目と選択科目を組み合わせた出題科目
公民	『公共、倫理』、『公共、政治・経済』 (b) 『地理総合／歴史総合／公共』→(a)			
数学①	『数学Ⅰ』『数学Ⅰ、数学A』	70分	100点	上記2科目から1科目選択
数学②	『数学Ⅱ、数学B、数学C』	70分	100点	
理科	『物理基礎／化学基礎／生物基礎／地学基礎』	2科目60分	2科目100点	上記5科目から、最大2科目を選択（注2）（注3）
	『物理』『化学』『生物』『地学』	1科目60分 2科目120分	1科目100点 2科目200点	
外国語	『英語』、『ドイツ語』、『フランス語』、『中国語』、『韓国語』	『英語』【リーディング】80分【リスニング】30分 『ドイツ語』、『フランス語』、『中国語』、『韓国語』【筆記】80分	『英語』【リーディング】100点【リスニング】100点 『ドイツ語』、『フランス語』、『中国語』、『韓国語』【筆記】200点	上記5科目から1科目選択（注4）
情報	『情報Ⅰ』	60分	100点	

（注1）(a)の『地理総合／歴史総合／公共』は、「地理総合」「歴史総合」「公共」の3つを出題範囲とし、そのうち2つを選択解答する（配点は各50点）。2科目を選択する場合、以下の組合せを選択することはできない。
(b)のうちから2科目を選択する場合…『公共、倫理』と『公共、政治・経済』の組合せを選択することはできない。
(b)のうちから1科目及び(a)を選択する場合…(b)については、(a)で選択解答するものと同一名称を含む科目を選択することはできない。

（注2）地理歴史・公民の受験する科目数、理科の受験する科目の選択方法は出願時に申請する。

（注3）『物理基礎／化学基礎／生物基礎／地学基礎』は、「物理基礎」「化学基礎」「生物基礎」及び「地学基礎」の4つを出題範囲とし、そのうち2つを選択解答する（配点は各50点）。

（注4）外国語において『英語』を選択する受験者は、原則として、リーディングとリスニングの双方を解答する。

2 2024年度の得点状況

２０２４年度は、前年度に比べて、下記の平均点に★がついている科目が難化し、平均点が下がる結果となった。

特に英語リーディングは、前年より語数増や英文構成の複雑さも相まって、平均点が５１.５４点と、共通テスト開始以降では最低の結果となった。その他、数学と公民科目に平均点の低下傾向が見られた。また一部科目には、令和７年度共通テストに向けた試作問題で公開されている方向性に親和性のある出題も確認できた。なお、今年度については得点調整は行われなかった。

		本試験（1月13日・14日実施）		追試験（1月27日・28日実施）
教科名	科目名等	受験者数（人）	平均点（点）	受験者数（人）
国語（200点）	国語	433,173	116.50	1,106
地理歴史（100点）	世界史Ｂ	75,866	60.28	1,004（注１）
	日本史Ｂ	131,309	★56.27	
	地理Ｂ	136,948	65.74	
公民（100点）	現代社会	71,988	★55.94	
	倫理	18,199	★56.44	
	政治・経済	39,482	★44.35	
	倫理，政治・経済	43,839	61.26	
数学①（100点）	数学Ⅰ・数学Ａ	339,152	★51.38	1,000（注１）
数学②（100点）	数学Ⅱ・数学Ｂ	312,255	★57.74	979（注１）
理科①（50点）	物理基礎	17,949	28.72	316
	化学基礎	92,894	★27.31	
	生物基礎	115,318	31.57	
	地学基礎	43,372	35.56	
理科②（100点）	物理	142,525	★62.97	672
	化学	180,779	54.77	
	生物	56,596	54.82	
	地学	1,792	56.62	
外国語（100点）	英語リーディング	449,328	★51.54	1,161
	英語リスニング	447,519	67.24	1,174

※2024年3月1日段階では，追試験の平均点が発表されていないため，上記の表では受験者数のみを示している。

（注１）国語，英語リーディング，英語リスニング以外では，科目ごとの追試験単独の受験者数は公表されていない。
このため，地理歴史，公民，数学①，数学②，理科①，理科②については，大学入試センターの発表どおり，教科ごとにまとめて提示しており，上記の表は載せていない科目も含まれた人数となっている。

共通テスト攻略法　傾向と対策

■2025年度の新課程でのテストについて

２０２２年11月の大学入試センター公表資料で、新しい大問の第３問として試作問題第Ａ問・第Ｂ問が発表されました。この新しい第３問の追加によって、試験時間や大問構成が変更になります。

試験時間と配点については、試験時間が従来の80分から90分に変更となり、大問数も全４題から全５題に増えます。配点については200点を継続しますが、大問数が増えたことにより、各大問の配点が変わります。内訳として近代以降の文章の第１問～第３問が110点、古文の第４問が45点、漢文の第５問が45点となります。

◆主な変更点

	現行	新課程
試験時間	80分	90分
問題構成・配点	全4問	全5問
	近代以降の文章 2問 100点	近代以降の文章 3問 110点
	古典 2問 100点 ※古文・漢文 各50点	古典 2問 90点 ※古文・漢文 各45点

※2023（令和５年）６月公表「令和７年度大学入学者選抜に係る大学入学共通テスト出題教科・科目の出題方法等」による。

■令和７年（２０２５年）度大学入学共通テスト　試作問題の要点分析

◆試作問題の出題内容詳細

第Ａ問

問題文は、「気候変動が健康に与える影響」について書かれた文章や図、グラフなど複数の多様なテクストが提示されたのが特徴的です。

設問は３問（マーク数５）。**問１・問２**は資料の読み取り問題であり、必要な情報を見極め、情報と情報の関係を的確に理解する力が問われました。**問３**は資料を踏まえて書くレポートの**【目次】**が示され、これについての問題に答えるというものでした。

文章の論理展開を的確にとらえる力が求められるだけではなく、問題を通して多角的な見方や考え方を知ることができるような出題になっています。

第Ｂ問

問題文は、日本語の独特な言葉遣いについて、「言葉遣いへの自覚」という題で生徒がレポートを書いた、という設定のものでした。なお、試作問題の第Ａ問に比べて文章が中心の問題となっています。

設問は４問（マーク数５）。**問１**は、レポートの展開を踏まえ、資料を適切に解釈した選択肢を選ぶ問題でした。**問２・問３**では、複数の資料の論旨を適切にとらえることができているかが問われていました。**問４**は、レポートの主張を支える論拠として適切なものを選ぶ問題でした。

全体を通じて、レポートや資料が何を示しているのかを読み取り、設問に合わせてそれらを適切に解釈する力が求められています。

【試作問題　第A問】

多数の図やグラフの読み取り・比較が求められる。

文章だけではなく、図やグラフの読み取りが求められます。それを踏まえて、レポートの【目次】について考察する問題では、章立てや項目と比較することがポイントになります。

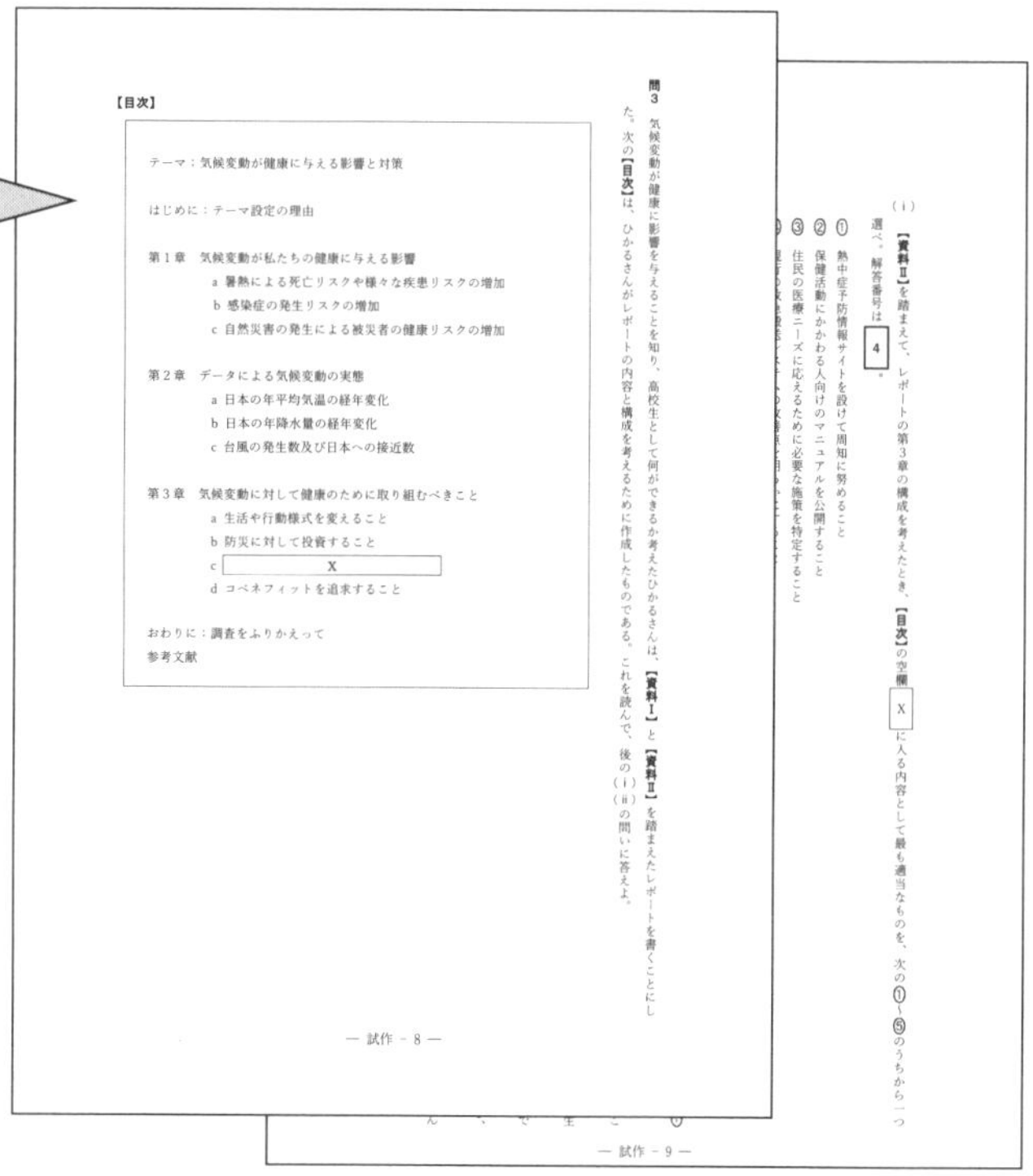

問3　気候変動が健康に影響を与えることを知り、高校生として何ができるか考えたひかるさんは、【資料Ⅰ】と【資料Ⅱ】を踏まえたレポートを書くことにした。次の【目次】は、ひかるさんがレポートの内容と構成を考えるために作成したものである。これを読んで、後の（ⅰ）（ⅱ）の問いに答えよ。

【目次】

テーマ：気候変動が健康に与える影響と対策

はじめに：テーマ設定の理由

第１章　気候変動が私たちの健康に与える影響
　a 暑熱による死亡リスクや様々な疾患リスクの増加
　b 感染症の発生リスクの増加
　c 自然災害の発生による被災者の健康リスクの増加

第２章　データによる気候変動の実態
　a 日本の年平均気温の経年変化
　b 日本の年降水量の経年変化
　c 台風の発生数及び日本への接近数

第３章　気候変動に対して健康のために取り組むべきこと
　a 生活や行動様式を変えること
　b 防災に対して投資すること
　c ［　X　］
　d コベネフィットを追求すること

おわりに：調査をふりかえって
参考文献

— 試作 - 8 —

（ⅰ）【資料Ⅱ】を踏まえて、レポートの第３章の構成を考えたとき、【目次】の空欄［X］に入る内容として最も適当なものを、次の①～⑤のうちから一つ選べ。解答番号は［4］。

① 熱中症予防情報サイトを設けて周知に努めること
② 保健活動にかかわる人向けのマニュアルを公開すること
③ 住民の医療ニーズに応えるために必要な施策を特定すること

— 試作 - 9 —

【試作問題　第B問】

複数の資料を読み取り、適切に批判・考察する力が問われる。

問題文の冒頭で、複数の資料が引用された生徒の【レポート】が提示されています。【レポート】の内容を批判的にとらえなおすことや、主張を強める根拠を考察することが求められます。

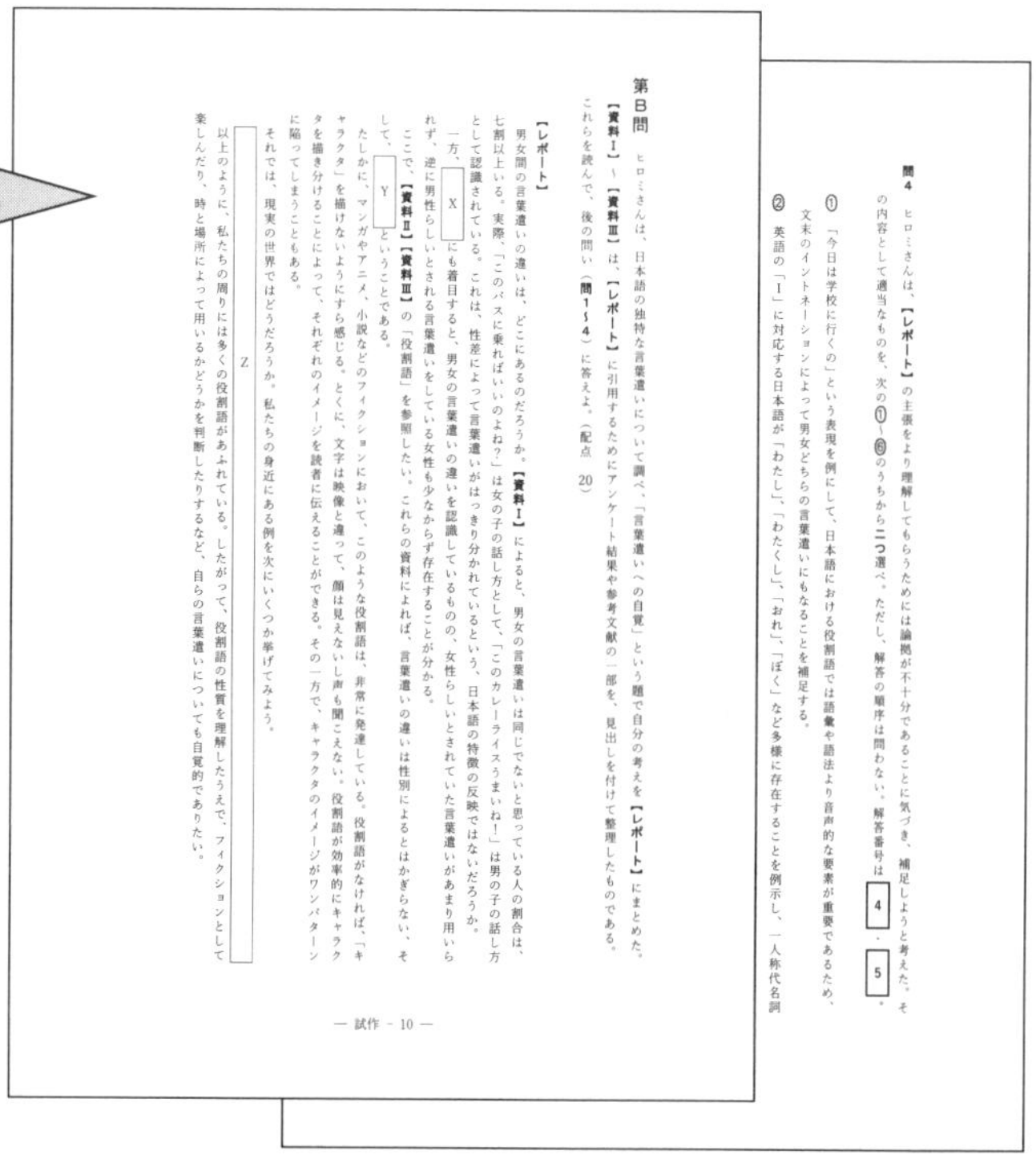

第B問　ヒロミさんは、日本語の独特な言葉遣いについて調べ、「言葉遣いへの自覚」という題で自分の考えを【レポート】にまとめた。【資料Ⅰ】～【資料Ⅲ】は、【レポート】に引用するためにアンケート結果や参考文献の一部を、見出しを付けて整理したものである。これらを読んで、後の問い（問１～４）に答えよ。（配点　20）

【レポート】

男女間の言葉遣いの違いは、どこにあるのだろうか。【資料Ⅰ】によると、男女の言葉遣いは同じでないと思っている人の割合は、七割以上いる。実際、「このバスに乗ればいいのよね？」は女の子の話し方として、「このカレーライスうまいね！」は男の子の話し方として認識されている。これは、性差によって言葉遣いがはっきり分かれているという、日本語の特徴の反映ではないだろうか。

一方、［X］にも着目すると、男女の言葉遣いの違いを認識しているものの、女性らしいとされていた言葉遣いがあまり用いられず、逆に男性らしいとされる言葉遣いをしている女性も少なからず存在することが分かる。

ここで、【資料Ⅱ】【資料Ⅲ】の「役割語」を参照したい。これらの資料によれば、言葉遣いの違いは性別によるとはかぎらない。そして、［Y］ということである。

たしかに、マンガやアニメ、小説などのフィクションにおいて、このような役割語は、非常に発達している。役割語がなければ、「キャラクタ」を描けないようにすら感じる。とくに、文字は映像と違って、顔は見えないし声も聞こえない。役割語が効率的にキャラクタを描き分けることによって、それぞれのイメージを読者に伝えることができる。その一方で、キャラクタのイメージがワンパターンに陥ってしまうこともある。

それでは、現実の世界ではどうだろうか。私たちの身近にある例を次にいくつか挙げてみよう。

［Z］

以上のように、私たちの周りには多くの役割語があふれている。したがって、役割語の性質を理解したうえで、フィクションとして楽しんだり、時と場所によって用いるかどうかを判断したりするなど、自らの言葉遣いについても自覚的でありたい。

— 試作 - 10 —

問4　ヒロミさんは、【レポート】の主張をより理解してもらうためには論拠が不十分であることに気づき、補足しようと考えた。その内容として適当なものを、次の①～⑥のうちから二つ選べ。ただし、解答の順序は問わない。解答番号は［4］・［5］。

① 「今日は学校に行くの」という表現を例にして、日本語における役割語では語彙や語法より音声的な要素が重要であるため、文末のイントネーションによって男女どちらの言葉遣いにもなることを補足する。
② 英語の「I」に対応する日本語が「わたし」、「わたくし」、「おれ」、「ぼく」など多様に存在することを例示し、一人称代名詞

■過去3年間の出題内容

◆出題内容（本試験）

年度	大問	ジャンル	配点	出典
2024年度	1	論理的文章	50	渡辺裕『サウンドとメディアの文化資源学――境界線上の音楽』
	2	文学的文章	50	牧田真有子「桟橋」 【資料】太田省吾「自然と工作――現在的断章」
	3	古文	50	『草縁集』「車中雪」
	4	漢文	50	杜牧「華清宮」／蔡正孫『詩林広記』／程大昌『考古編』
2023年度	1	論理的文章	50	文章Ⅰ：柏木博『視覚の生命力――イメージの復権』 文章Ⅱ：呉谷充利『ル・コルビュジエと近代絵画――二〇世紀モダニズムの道程』
	2	文学的文章	50	梅崎春生「飢えの季節」
	3	古文	50	『俊頼髄脳』 問4：『散木奇歌集』
	4	漢文	50	白居易『白氏文集』
2022年度	1	論理的文章	50	文章Ⅰ：檜垣立哉『食べることの哲学』 文章Ⅱ：藤原辰史『食べるとはどういうことか』
	2	文学的文章	50	黒井千次「庭の男」
	3	古文	50	文章Ⅰ：『増鏡』 文章Ⅱ：『とはずがたり』
	4	漢文	50	阮元『揅経室集』

◆特記事項

過去の共通テストについて、**第1問・第2問**では「**近代以降の文章**」**及び**「**実用的文章**」（「**論理的文章**」「**文学的文章**」と示す）、**第3問**「**古文**」、**第4問**「**漢文**」の計**4**題の出題となっていました。試験時間は80分で、配点はそれぞれ同じ50点（国語全体で200点）。

2024年度においては、2023年度・2022年度の形式を概ね踏襲した形式であり、共通テストの特徴である**複数の文章を読み比べる問題や、生徒の学習活動を踏まえて文章読解を進める問題**などが見られました。また、論理的文章・文学的文章・古文・漢文いずれも、複数の文章をあわせると長めの問題文が出題されたため、限られた時間の中でどのようにして設問に取り組むか、**時間配分が大きな課題**となります。

◆2024年度の本試出題内容詳細

第1問（論理的文章）

2023年度と同じく実用的文章は見られず、扱っているテーマもセンター試験を踏襲したものになっています。モーツァルト没後200年の節目に行われた追悼ミサの事例を切り口にして、「音楽」や「芸術」という概念のとらえ方について論じた文章からの出題でした。なお、2023年度・2022年度は二つの問題文が提示される出題形式でしたが、2024年度は一つの問題文からの出題形式に戻りました。

設問については、過去のセンター試験を踏襲して内容把握問題を中心に構成されていますが、2023年度・2022年度から引き続き「**マルチテクスト**」「**学習の過程を意識した問題の場面設定を重視する**」という共通テストの問題作成方針を踏まえた問題が特徴的でした。問題文の他に**問6**で生徒が書いた**【文章】**が提示され、その推敲の仕方を問う枝問が3問出題されました。なお、漢字の問題は2023年度・2022年度では同一の漢字を含むものを選ぶ問題が3問、漢字の意味を問う問題が2問出題されていましたが、2024年度では従来の同一の漢字を含むものを選ぶ問題が5問の形式に戻りました。

　設問形式の変化や、問題文とは異なる資料・ノート・話し合いの内容を比較する読解に慣れていないと解答に時間がかかるため、今後も注意が必要です。

第2問（文学的文章）

　2023年度・2022年度と同じく、小説からの出題でした。高校生の「イチナ」と八歳年上の「おば」が登場する現代小説からの出題で、2017年に発表された比較的新しい作品でした。

　設問については、従来と同じく登場人物の心情把握問題・内容把握問題を中心に構成されていますが、**「マルチテクスト」「学習の過程を意識した問題の場面設定を重視する」**という共通テストの問題作成方針を踏まえた問題が見られました。特徴的なのは**問7**で**【資料】**（太田省吾「自然と工作──現在的断章」）に基づいた教師と生徒の対話の空欄補充問題が出題されました。なお、センター試験の**問1**にあった語句の意味を問う問題は2023年度・2022年度で出題されていませんでしたが、2024年度では再び出題されていました。

　このような形式の変化や新傾向の問題が今後も予想されますが、まどわされず丁寧に読み進めて、正解を導いてください。

第3問（古文）

　2018年度センター試験本試験の本居宣長『石上私淑言』以来となる、近世に書かれた文章からの出題でした。主人公が従者を連れて桂の別邸に向かう道中の雪の風景とその美しさが中心に描かれたものでした。

　設問は語句問題・内容把握問題といった形でセンター試験を概ね踏襲していますが、こちらも**「マルチテクスト」「学習の過程を意識した問題の場面設定を重視する」**という共通テストの問題作成方針を踏まえた問題が見られました。**問4**では、例年見られた本文に関連する古文ではなく、本文を解説した現代文が示されていました。資料から空欄と対応する本文の箇所を見つけ、それらを丁寧に読解することが重要だといえましょう。なお、共通テスト初年度から引き続き、文法問題単独での出題は見られませんでした。

　今後も、複数の文章の比較読解はもちろん、**和歌や表現に関する出題**が予想されますので、これらの形式に慣れるようにしましょう。

第4問（漢文）

　楊貴妃のために玄宗が茘枝を献上させたことに関する**【詩】**と、関連する**【資料】**4つが示された問題文でした。2022年度・2021年度で出題された、漢詩が再び出題されたのが特徴です。

　設問は、漢字の意味・返り点や書き下し文・解釈を問う問題を中心に構成されていますが、漢文でも**「マルチテクスト」**という共通テストの問題作成方針を踏まえた問題になっています。**問5**では資料と詩との関係性を、**問6**は全資料から導くことができる詩の解釈を問う問題が出題されました。各資料の内容を把握する「本文読解」は大前提とした上で、さらに読み取った内容を整理し、論理的にとらえる力が求められます。

　複数の題材を含む問題文の読解では、字義や句法に沿って丁寧に取り組むことを心がけながら、その形式に慣れるようにしましょう。

■対策

共通テストに向けて、今後以下の点に注意して対策を進めましょう。

●複数の文章を読み比べる訓練をしよう

↓複数の文章を用いた出題は今後も続くと予想されます。複数の文章が扱われる場合は、それぞれを読解した上で、文章間における共通点・相違点が問われる可能性が高いといえましょう。このような出題に備えて、ある文章を読んだら同じ話題を扱った他の文章を読む、そして、読んだあとは、文章間での共通点や相違点について考える……という訓練を積むことが効果的です。

●とくに古文・漢文は、基礎固めが大前提!

↓複数の文章を比較して解く問題など、新しい出題形式への対策はもちろん大事ですが、これは基礎固めが前提となります。とくに古文・漢文は、文章の内容把握問題・登場人物の心情把握問題・文章の表現を問う問題……といった出題が多くを占めます。そのため、文章の丁寧な読解をもとに解答する、という基本姿勢に変わりはありません。新傾向に対する備えは、単語や文法の確かな基礎知識があってこそです。古文単語や文法・漢文句形をしっかり身につけなければ、〈何となく文章を読んで、雰囲気や勘で選択肢を選ぶ……〉といったことになってしまい、正確な文章読解から遠のいてしまうため、単語や文法の土台固めが最優先です。そして単語・文法の基礎固めを終えたら、共通テストの形式の問題など、たくさんの実戦演習を積みましょう。問題を解く中で、単語や文法のさらなる強化や読解力のアップをはかってください。

●実用的文章に慣れよう

↓とくに新しい第3問では、出題範囲に実用的文章が含まれることから、実生活に基づいた文章や、図や表、グラフといった資料が出題される可能性が高いです。試作問題だけではなく、過去の2017年度試行調査では、表や図が掲載されて、本文と表や写真と関連する内容を読み取る問題があり、2018年度試行調査でも、著作権法の条文が扱われました。身近な話題について述べた文章や資料を読む機会も増やして、資料の中で重要な箇所をすばやく読み取る力を養っていきましょう。さらに、論説文や小説だけではなく新聞なども読んで、さまざまな素材に触れてください。

●時間配分を意識して取り組む

↓国語の新課程での共通テストは大問が1題増えて、試験時間も10分延びただけに見えるかもしれません。しかし、近年の共通テストの傾向や新設の第3問の試作問題の内容を考慮すると、90分という試験時間に比して分量の多い試験になる可能性が高いといえましょう。たとえば90分で5題を解答する場合、新設の第3問の解答時間が12～14分とすると、残りは80分を切っており、それ以外の各大問を20分以内で取り組むことが求められます。そうすると、各大問の時間配分をより意識して取り組むことが求められるといえます。

本書を取り組む際にも、各回の大問すべてにまず目を通して、どのような問題構成になっているかを確認してください。その上で90分に収まるよう各大問の時間配分を意識して問題を解きましょう。

模試 第1回

（200点 90分）

〔国語〕

注 意 事 項

1 **国語解答用紙（模試 第1回）をキリトリ線より切り離し，試験開始の準備をしなさい。**

2 **時間を計り，上記の解答時間内で解答しなさい。**

ただし，納得のいくまで時間をかけて解答するという利用法でもかまいません。

3 問題は5問あり，第1問，第2問，第3問は「近代以降の文章」，第4問は「古文」，第5問は「漢文」の問題です。

なお，大学が指定する特定の分野のみを解答する場合でも，試験時間は90分です。

4 **解答用紙には解答欄以外に受験番号欄，氏名欄，試験場コード欄があります。その他の欄**は自分自身で本番を想定し，**正しく記入し，マークしなさい。**

5 **解答は解答用紙の解答欄にマークしなさい。**例えば， 10 と表示のある問いに対して③と解答する場合は，次の(例)のように**解答番号10の解答欄**の③に**マーク**しなさい。

(例)

解答番号	解答欄								
	1	2	3	4	5	6	7	8	9
10	①	②	●(3)	④	⑤	⑥	⑦	⑧	⑨

6 問題冊子の余白等は適宜利用してよいが，どのページも切り離してはいけません。

7 試験終了後，問題冊子は持ち帰りなさい。

第1問　次の文章を読んで、後の問い（問1～6）に答えよ。なお、設問の都合で本文の上に行数を付してある。（配点　45）

私が暮らす群馬県の山村、上野村で同じ集落に暮らす人が亡くなった。いまから三年ほど前の二〇〇四年のことである。告別式では、この家は神道であり、葬儀は神式でおこなわれると告げられた。私は「新参者」だからこういうことはよくわからない。「そうか、この家は神式なのか」と思っていると、当然のような雰囲気で僧侶が入場してきてお経を上げはじめた。私は「えっ、これでいいの」という気がしてあたりを見回したけれど、参列者は誰も不思議そうな顔をしていなかった。

その後、お焼香がはじまった。どうするのだろうと思ってみていると、サカキを捧《ささ》げ、音を出さずに柏手《かしわで》を打つ神道の形式である。僧侶が読経をしている横で柏手を打っていくのだけれど、見回すと誰も不思議そうな顔をしていなかった。

伝統的な習慣を残している山村では、今日でも神仏一体の世界が守られていた。

すべてのものを自分の村のなかでつくり変えながら生きていく。そういう生き方をしていた人々にとっては、A知性の継続、身体性の継続、生命性の継続が必要であった。ときには人々は知性を働かせて生きなければならない。しかし、知性だけで村の暮らしはつくれない。第二に身体性の継続と継承が必要になる。それは多くの場合は「技」という言葉と同一化していて、田畑をつくる技、用水路を維持する技、道を守る技、石組みや建築の技、山からいろいろなものを(ア)サイシュする技、さらにさまざまなものを加工する技。そういったものが身体に刻み込まれるかたちで受け継がれていくことが必要だった。身体それ自身の力をとおして、村人は一面では村の歴史をつくってきたのである。

もうひとつ、生命性の歴史とでもいうべきものがある。自然の生命と人間の生命が結び合いながら生きてきた歴史である。

日本では、伝統的には、自然を人間の外に展開する客観的なものとしてとらえる発想がなかった。その理由は、村の自然としてつくり変えたものが自然だったからである。自然は自然の力だけで生命的世界を築いているわけではなく、「ご先祖様」の力が加わってつくられているものでもあった。自然の歴史と人間の歴史は一体なのである。

ただしすべての自然がそうなわけではない。山奥には、自然の力だけで展開する自然が存在する。それが人智を超えた自然であった。その自然は人里の生活に危険を与えないがゆえにつくり変える必要のない自然でもあり、純粋な自然である。村とはこの純粋な自然を奥にもち、その下に村人によってつくり変えられた自然と里を展開させる世界であった。

そして人々はこの全体のなかに生命の流れをみた。純粋な自然から里へと降りてくる生命の流れである。自然も人間もこの世界のなかに暮らしている。自然そのものであり、自然に還《かえ》った「ご先祖様」でもある「神」もこの生命の流れのなかに存在している。だから「神」は純粋な自然としての奥山、霊山に暮らしながら、つくり変えられた自然のなかにも水神や山神として暮らし、さらに里にも「田の神」や「土地神様」として暮らす。同じ神がそれぞれの場所で、それぞれの姿を現《あら》わすのである。私たちの祖先はそういうものを「権現様」と呼んできた。

村人たちは自分たちの歴史のなかに、知性によってとらえられた歴史があり、身体によって受け継がれてきた歴史があり、生命によって引き継がれてきた歴史があることを感じながら暮らしてきたのである。日本の伝統社会においては、個人とはこの三つの歴史のなかに生まれた個体のことであり、いま述べた三つの歴史と切り離すことのできない「私」であった。

といっても、次のことは忘れてはならないだろう。それは**B**身体性の歴史や生命性の歴史は疑うことのない歴史であるが、知性の歴史は誤りをも生みだしかねない歴史だということである。人の考えたことは間違うことがある。その理由を、人々は、人間には「私」があるからだと考えた。「私」があるから私の欲望も生まれるし、私の目的も生まれる。そういうものに影響されながら思考するとき、人間は純粋さを失《うし》ない誤った判断を下す。といっても「私」をもっているのは人間の(イ)ゾクセイでもあるのだから、それを捨てることのできない「悲しい存在」が人間でもある。

この思いが自然を清浄としてとらえる心情をつくりだした。穢《けが》れを捨て去れないのは人間の側なのである。自然は人間が還っていきたいと願う祈りとともに存在する。

キツネにだまされたという物語を生みだしながら人々が暮らしていた社会とは、このような社会であった。そしてそれが壊れていくのが一九六五年頃だったのであろう。高度成長の展開、合理的な社会の形成、進学率や情報のあり方の変化、都市のリュウ(ウ)セイと村の衰弱。さまざまなことがこの時代におこり、この過程で村でも身体性の歴史や生命性の歴史はショウ(エ)モウしていった。

歴史は結びつきのなかに存在している。現在との結びつきによって再生されたものが歴史である。現在の知性と結びついて再生された歴史。現在の身体性と結びついて再生された歴史。現在の生命性と結びついて再生された歴史。

一九六五年頃を境にして、C身体性や生命性と結びついてとらえられてきた歴史が衰弱した。その結果、知性によってとらえられた歴史だけが肥大化した。広大な歴史がみえない歴史になっていった。

もっとも、身体性や生命性と結びついた歴史は、もともと知性からはみえない歴史だったといってもよい。それは村人にとっては、つかみとられた歴史、感じられた歴史であり、納得された歴史、諒解《りょうかい》された歴史であった。

身体性と結びついた歴史は、身体と結びついた力が受け継がれていくかぎり、感じられる歴史でありつづける。たとえば畑を耕《たが》やす技でもよい。その技を受け継いだとき、同じように畑を耕やしてきた人々の身体とともにある歴史が感じられる。それは、ずっと人々はこうやって自然とともに生きてきたのだと感じられるような歴史である。身体とともにある世界が、たえずジュン(オ)カンし継承されることによって諒解されていく歴史である。

ところが生命性の歴史は、それ自体としてはとらえようがない。だからこの歴史は何かに仮託されなければみえることはないのである。

「神のかたち」は仮託された代表的なものであろう。村人とともにある「神」は、つきつめれば姿かたちがないばかりでなく教義もない。なぜなら神の本体は自然と自然に還ったご先祖様であり、その本質は「おのずから」だからである。「おのずから」のままにありつづけることが神なのである。だから人々は神が展開する世界に生命が流れる世界をみた。生命を仮託したのが神ではなく、「おのずから」の生命の流れが神の展開なのである。だから人間も「おのずから」に還ることができれば神になれる。

神と生命の世界には「おのずから」があるだけで何もない。ゆえにこの世界は何かに仮託しなければみることができない。その結果生まれてきたのが「神のかたち」なのではないかと私は思っている。

ときに神は山の神や水神、田の神などになって「かたち」をみせる。ともにそれらの神々は「神の物語」という「かたち」で伝えられる。さらに神を下ろし、祀《まつ》る儀式である祭りという「かたち」をつくることによって神を体感する。ときには山に入って修行をするという「かたち」に身を置くことによって神をみいだす。こうして神はさまざまなものに仮託され、そこに生命の世界を重ね合わせながら、人々は生命性の歴史を諒解してきたのではなかっただろうか。

ところで生命的世界を仮託したのは「神のかたち」だけではなかった。なぜならもっと日常的な、いわば里の生命の世界もまた存在したからである。

この里の生命の世界と神としての生命の世界とが重なり合うかたちで仮託されたものとしては、村の人々の通過儀礼や里の儀式、作法などがあったのだと思う。それらは一面では神事というかたちをもち、他面では日々の生命の営みとともにあった。

そして、最後に、日々の里の生命の世界のあり様を仮託していくものとして、人々はさまざまな物語を生みだしていた。この村が生まれたときの物語。我が家、我が一族がこの地で暮らすようになった物語。さらには亡くなったおじいさんやおばあさんの物語。

生命性の歴史は、何かに仮託されることによってつかみとられていたのである。

そして、この生命性の歴史が感じとられ、納得され、諒解されていた時代に、人々はキツネにだまされていたのではないかと私は考えている。だからそれはキツネにだまされたという物語である。しかしそれは創作された話ではない。自然と人間の生命の歴史のなかでみいだされていたものが語られた。

それは生命性の歴史を衰弱させた私たちには、もはやみえなくなった歴史である。

（内山節《うちやまたかし》『日本人はなぜキツネにだまされなくなったのか』による）

問1　傍線部(ア)〜(オ)に相当する漢字を含むものを、次の各群の①〜④のうちから、それぞれ一つずつ選べ。解答番号は［1］〜［5］。

(ア) サイシュ ［1］
① 森林をバッサイする
② サイダンを飾る
③ シキサイが美しい
④ 個人のサイリョウに委ねる

(イ) ゾクセイ ［2］
① ゾクセケンから離れる
② 学会にショゾクする
③ 結婚式にシンゾクが集まる
④ カイゾクに襲われる

(ウ) リュウセイ ［3］
① 欲望をセイギョする
② 悪からコウセイさせる
③ ゼンセイを極める
④ 過去をナイセイする

(エ) ショウモウ ［4］
① 情報をモウラする
② モウドウ犬を訓練する
③ 対話の機会をモウける
④ 機械がマモウする

(オ) ジュンカン ［5］
① エイカンを勝ちとる
② カンキョウが悪化する
③ 努力にカンシンする
④ 新人をカンゲイする

問2　傍線部A「知性の継続、身体性の継続、生命性の継続が必要であった」とあるが、それはどういうことか。その説明として最も適当なものを、次の①～⑤のうちから一つ選べ。解答番号は 6 。

① 人々は深く思考しながら行動し、これまで伝統的に受け継がれてきた技を身体に染み込ませ、祖先の人々がのこした遺産を守り続ける必要があったということ。

② 人々は知恵を生かしながら生活し、農作業を行うために必要な技術を考え出したために、「ご先祖様」を敬い、自然と調和して生き続ける必要があったということ。

③ 人々は、自然の研究を日々続け、自然とともに暮らすための技術を観念的に習得し、村人自身の力で純粋なる自然を守り続ける必要があったということ。

④ 人々は頭を働かせながら生き、山村で生活するための技術をしっかり体得し、自然やさまざまな神とともに暮らし続ける必要があったということ。

⑤ 人々は知的な世界に身を置いて、科学技術の研究とその発展に貢献しながら、自分たちに合うように改変した自然とともに生き続ける必要があったということ。

問3 傍線部**B**「身体性の歴史や生命性の歴史は疑うことのない歴史であるが、知性の歴史は誤りをも生みだしかねない歴史だ」とあるが、筆者がそのように述べる理由として最も適当なものを、次の①～⑤のうちから一つ選べ。解答番号は 7 。

① 身体性の歴史や生命性の歴史は、神によって創造された完璧なものであるのに対して、知性の歴史は、人間の不完全な能力によってつくり出されたものにすぎないから。

② 身体性の歴史や生命性の歴史は、人間とは無関係に存在するものであるのに対して、知性の歴史は、人間のさまざまな穢れによって正確さを失うことがあるから。

③ 身体性の歴史や生命性の歴史は、人間によって感じとられ納得されたものであるのに対して、知性の歴史は、人間の主観に影響された思考や判断に基づくものだから。

④ 身体性の歴史や生命性の歴史は、人間の欲望や目的が入り込む余地のないものであるのに対して、知性の歴史は、先入観による誤った認識を必然的に内包するものだから。

⑤ 身体性の歴史や生命性の歴史は、普遍的な事実として存在するものであるのに対して、知性の歴史は、人間の恣意《しい》的価値観によって生み出されたものであるから。

問4　傍線部C「身体性や生命性と結びついてとらえられてきた歴史が衰弱した」とあるが、その説明として最も適当なものを、次の①〜⑤のうちから一つ選べ。解答番号は 8 。

① 多くの村人たちの知性によって確立してきた技術の歴史や、人間の生命と自然が融合しあいながら生きていたという歴史が高度経済成長を背景として消えつつあること。

② 長い年月をかけて村人たちが仲間と共生してきたという歴史や、人々が自然や人里にさまざまな神をみいだしてきた歴史が産業化社会の到来によって排除されつつあること。

③ 人々が山村で生きるための技術を身体に蓄積してきたという歴史や、村人たちの知恵によって自然を克服してきたという歴史が一九六五年頃から消え去ってしまったこと。

④ 村人たちによって身体的に技術が継承されてきたという歴史や、人々が神と生命の世界を重ね合わせることで形づくってきた歴史が高度経済成長をきっかけに衰退したこと。

⑤ 先祖代々にわたって伝統的な儀式を重んじてきたという歴史や、自然も人間も神秘的な生命的世界のなかに生きてきたという歴史が近代文明社会の発展に伴って弱体化したこと。

問5　筆者は冒頭で上野村のエピソードを挙げているが、それは本文において構成上どのような役割を果たしているか。その説明として最も適当なものを、次の①～④のうちから一つ選べ。解答番号は 9 。

① 生き生きとした伝統文化を失い、すべて画一化してしまった現代日本の無機的な社会と対比的に説明する役割を果たしている。

② 日本では古くから、さまざまな宗教が混在する多神教の文化が存在していたことを読者に印象づける役割を果たしている。

③ 日本の山村の人々が、知性や身体性、生命性を継続させながら生活しているという話へと論を展開させる役割を果たしている。

④ 導入部分を筆者自身の身近な話題から始めることで、読者にとっても卑近な話であるということを強調する役割を果たしている。

問6　この文章を授業で読んだKさんは、内容をよく理解するために【メモ】を作成した。本文の内容と【メモ】の内容を踏まえて、後の(i)・(ii)の問いに答えよ。

【メモ】

本文44行目以降の「生命性の歴史」をまとめると、［X］ということである。
本文の二箇所に出てくる「キツネにだまされたという物語」（36・72行目）もそのような歴史のなかでみいだされていたものの一つである。すなわち、筆者は「キツネにだまされたという物語」を掲げることで、［Y］と考える。

(i)　空欄［X］に入るものとして最も適当なものを、次の①～④のうちから一つ選べ。解答番号は［10］。

① さまざまな知識を駆使することでとらえることができる
② 生命的世界を偶像化することによってしか諒解できない
③ 「神のかたち」でなければ認識することができない
④ 神や儀式、物語といったかたちでやっとみることができる

(ii) 空欄 Y に入るものとして最も適当なものを、次の①～④のうちから一つ選べ。解答番号は 11 。

① 村には生命的世界が息づき自然や動物との共生を求める意識が人々の心に浸透していたことを直接的に述べている

② かつての社会には合理的に解明されないような伝統的な世界観が息づいていたことを象徴的に述べている

③ 日本の近代的な発展に伴って身体性や生命性の歴史といったものが希薄化していたことを戯画的に示している

④ 迷信や呪術などの非常識なものが物語という形式で統一的に語り継がれていたことを比喩的に示している

（下書き用紙）

国語の試験問題は次に続く。

第2問　次の文章は、橋本紡《はしもとつむぐ》の小説「永代橋《えいたいばし》」の一節である。東京の世田谷にあるマンションに住む小学五年生の千恵は、自分の進路で父と母がもめたことから、夏休みの間、東京の下町にある祖父のエンジの家で暮らすことになった。これを読んで、後の問い（**問1～6**）に答えよ。なお、設問の都合で本文の上に行数を付してある。（配点　45）

お父さんがやってきたのは、八月に入って、しばらくしたころだった。

「あれ、どうしたの」

驚く千恵に、まあなと言って、お父さんはエンジの家に上がり込んだ。遠慮するふうもなく襖《ふすま》を何枚か開け、居間にいるエンジと顔を合わせた。

「腹が減ってんだけど」

いきなりお父さんは訴えた。

エンジは笑った。

「嫁に喰《く》わせてもらえなかったのか」

「そんなところだ」

「飯なら炊いてあるぞ」

「味噌《みそ》汁は？」

「冷蔵庫にある」

お父さんはお勝手に向かった。世田谷の家はキッチンだけど、エンジの家はお勝手。なぜって、エンジがそう呼んでいるからだ。

「どうしたの、お父さん」

勇気を出して尋ねてみたけど、お父さんは答えてくれず、勝手に茶碗《ちゃわん》を出して、勝手に炊飯器のごはんをよそって、勝手に電子レンジにかけた。そして冷蔵庫を開け、そのまま突っ込んである古臭い鍋を取り出し、火にかけた。中身の味噌汁が温まってくると、匂《にお》いがお勝手に充満した。お父さんの動きにはまったく迷いがなくて、なにがどこにあるのか、ちゃんとわかってるみたいだった。

ああ、そうか。

ぼんやりと突っ立っているうち、ようやく気付いた。ここはお父さんの家だったんだ。

「本当にお腹《なか》が空いているんだよ」

あれ、なんだろう。変な感じがした。さっきと……エンジと話してたときと、言葉や、声の調子が違う。こっちの方が、いつものお父さんだった。

お父さんはお勝手のテーブルにつくと、ごはんに卵を落とし、醬油《しょうゆ》をかけ、ぐちゃぐちゃと掻《か》きまわした。そして、ずるずると口に押し込んだ。味噌汁を啜《すす》るときは、ずずずと音を立てた。唇に張り付いた、ふやふやのワカメを、箸《はし》を持ったままの手で取った。食べ方がエンジそっくりだ。よく見れば顔も似てる。眉毛《まゆげ》なんか、そのままだった。妙子さんち(注1)の、二匹の白猫を思い出した。親子って似るものなんだ。目の前にいるのは、お父さんじゃなくて、だいぶ若くなったエンジのようだった。

世田谷の家では、お父さんはこんな食べ方をしない。もっと上品だ。味噌汁を啜るとき、音なんか絶対に立てない。

「千恵も食べるか」

立ったまま、じっと見ていたら、尋ねられた。

「ううん。いらない」

「お昼はちゃんと食べたのか」

「食べた」

お父さんはずるずると卵かけごはんを掻き込み、ずずずと味噌汁を啜った。**A**やっぱり変な感じだった。喋《しゃべ》り方は家にいるときと同じなのに、食べ方はまったく違う。お父さんは行儀悪く食事を終えた。そして汚れた食器を流し台に置くと、居間に向かった。これも変だった。家でのお父さんは、自分だけが食べたときは、ちゃんと食器を洗う。

ここにいるのは、お父さんなのか、お父さんじゃないのか——。

よくわからない存在のあとを追って、千恵も居間に戻った。エンジは、例の、擦り切れた団扇《うちわ》を揺らしていた。

「まだそれを使ってんのかよ」

お父さんはいきなりそう言った。いきなりばかりだった。

「ああん？」

(ア)怪訝《けげん》そうなエンジの手から、お父さんは団扇を取り上げた。といっても、むりやりってわけじゃなく、エンジが手を緩めたという感じだ。

お父さんは団扇をじっくり眺めた。

「俺が中学のとき、隅田川の花火で貰《もら》ってきた奴じゃないか」

「そうだったか」

「三十年近く前のことだ」

まだ使えると言って、エンジは団扇を取り返した。

ゆらゆらと振っている。

お父さんはエンジのそばに座った。胡座《あぐら》のかき方も、背中の丸まり具合も、眉毛と同じように、エンジそのままだった。お父さんじゃなくて、年寄りのエンジに、若いエンジが向かい合ってるみたいだった。

「千恵を引き取りにきた」

「そうか」

「オヤジには面倒かけたよ」

団扇が揺れている。エンジと、若いエンジが、わたしをどうするか話していると千恵は思う。なにもかも勝手に決めようとしている。

「今日、連れてくよ」

「ん」

「本当に面倒かけた」

エンジはゆっくり顔を上げた。(イ)目を細めた。いや、と言った。

「(ウ)さして面倒じゃなかったがな」

千恵は二階に駆け上がった。家が古いので、階段がギイギイと鳴いた。いや泣いた。来たばかりのころは――ほんの数週間前のことだけど――なにもかも嫌だった。古い家の匂いとか、薄暗い階段とか、エンジの態度とか。

だけど今は、ここが自分の家みたいだった。

階段を上りきると、右と左に、それぞれ襖がある。ドアじゃない。右側にある襖を開けた。手をかけるところは擦り切れている。開けると千恵の部屋だった。とはいっても、バッグがひとつ、置いてあるだけだ。

ふう――。ふう――。

それが自分の息だと気付いたのは、しばらくたってからだった。心の中で、なにかが暴れまわっていた。いろんなものが零《こぼ》れそうだった。Bだけど泣くものかと思った。こんなことで、わたしは泣いたりなんかしない。ほんのちょっと、夏休みのあいだ、お祖父《じい》ちゃんちに来てただけだ。そして、これから帰る。ちっともおかしなことじゃない。夏休みが終わったら、友達に言おう。お祖父ちゃんちに行ってたの、案外楽しかったよって。なのに、いろんなことが浮かんできた。縁台で涼むエンジのダボシャツ姿とか、(注2)シゲさんの無駄話のこととか、(注3)美紀ちゃんのこととか、ぐるんぐるんとまわる大縄跳びのこととか。

ふう――。ふう――。

気持ちが収まらないまま、そんな息ばかりが漏れた。そのうち、階段がギイギイと音を立てた。誰かが上ってくるんだ。大丈夫だとはわかってたけど、いちおう頰《ほお》に手をやった。ちゃんと乾いていた。

やって来たのはお父さんだった。

「千恵、ここにいたのか」

「わたしの部屋だから」

それしか言えない。

「ここだから」

お父さんは一緒に来なさいと言って、部屋を出た。襖を開け、向かいの部屋に入った。しばらくたってから続くと、お父さんは部屋の真ん中に立ち、室内を見まわしていた。

「ここがお父さんの部屋だったんだ。なにも変わってないんだな」

「ふうん」

すごく古臭いけど、確かにそこは男の子の部屋だった。下らないシールがいっぱい貼られた勉強机があって、椅子《いす》の背もたれはぐらぐらだ。ここに来たころ、一度だけ腰掛け、ひっくり返りそうになったことがある。本棚には、いっぱい本が詰まっていた。青い背の本ばかりで、千恵には難しくて読めなかった。字がやたらと小さかった。窓際にベッドが置いてあるけど、そこに近づいたことはない。埃《ほこり》っぽかったからだ。だいたい知らない男の子のベッドに近づくなんて嫌だった。そこでふと、気付いた。知らない男の子じゃない。お父さんのベッドだったんだ。

「お父さんはね、この家がすごく嫌いだった。お父さんのお父さん、おまえのお祖父ちゃんのことも本当に嫌いだった。どうして、こんな家に生まれてしまったんだろうって、考えてばかりいたよ」

部屋の真ん中で、お父さんは言った。

「とにかく雑で、自分勝手で、学がなくて、テレビに出てくるスマートな父親とはまったく違っていた。そんな家の人間であることが嫌で仕方なかった。家を出ることばかり、考えて過ごしてたな」

C お父さんは、勝手に話し続けている。

「だから必死に勉強して、いい学校に入って、就職した。下宿に移ったときは、心底から、ほっとした。なのに、この部屋は、そっくり残ってるんだな。ここにいると、お父さん、なんだか辛《つら》いよ」

日が傾いたのか、突然、窓から明かりが差し込んできた。その細い光の筋の中で、埃が舞っていた。

千恵はうずうずした。お父さんの言うことはわかる気もするけど、ちっともわからない気もした。たぶん、お父さんは今、いろいろ考えてるんだろう。でも、それはお父さん自身のことだった。千恵のことじゃなかった。

「わたし、ここにいる」

言葉を放ってから、千恵は自分でもびっくりした。

「ずっとここにいる」

「どうして」

お父さんも意外だったみたいで、口をぽかんと開けている。

千恵は感情のまま訴えた。

「わたしもお父さんが嫌いだよ。あんな家、戻りたくもないよ。見栄を張って、高いマンションなんか買っちゃってさ。お金を返すのが大変なんでしょう。前にお父さんとお母さんが話してるの聞いたもん。それで夜遅くまで働いて、お母さんは近所の人とうまくやるのに高いランチとか食べに行ったりして、そんなのみっともないよ。ねえ、お父さんはそれで楽しいの。せっかく買った家なのに、日曜しかゆっくりできないじゃない。わたしは楽しくないよ。昔のお父さんと一緒だよ。早くあそこを出たいよ。わたしのことを勝手に決めようとしてるお父さんもお母さんも大嫌いだよ」

ふう――。ふう――。

「わたし、ここがいい。これから、ここで暮らす。友達もできたんだよ。大縄跳びだって、二重跳びだって、教えてもらえる。お父さんやお母さんといるより、ずっと楽しいよ。あのね、橋を渡ってると、風が吹いてくるの。水の匂いがするし、たまに海の匂いもする。橋から叫ぶと、向こうの橋にいる友達に声が届くんだよ。魚が泳いでるのだって見える。世田谷の家に戻ったって、エレベーターで上がったり下がったりするだけじゃない。わたしはここがいい。エンジと一緒に住む」

ギイギイと音が聞こえるのには、なんとなく気付いていた。誰かが階段を上ってきたんだ。お父さんもそっちを気にする素振りを見せた。だけど**D**今は、ふたりとも、それどころじゃなかった。

（注）1　妙子さん――千恵がエンジの家に暮らしている時に出会った人。
2　シゲさん――エンジの幼なじみの表具職人。
3　美紀ちゃん――シゲさんの孫。

問1 傍線部(ア)〜(ウ)の本文中における意味として最も適当なものを、次の各群の①〜⑤のうちから、それぞれ一つずつ選べ。解答番号は 12 〜 14 。

(ア) 怪訝そうな 12
① 不思議に思っているような
② いらだちが表れているような
③ あっけにとられているような
④ けだるさを感じているような
⑤ 相手を挑発するような

(イ) 目を細めた 13
① 困惑した
② 無表情になった
③ 笑みを浮かべた
④ 憤っていた
⑤ 悲しい顔をした

(ウ) さして面倒じゃなかった 14
① 思ったよりも手がかからなかった
② まったく大変ではなかった
③ それほど無謀ではなかった
④ 何も気になることはなかった
⑤ たいして煩わしくはなかった

問2　傍線部A「やっぱり変な感じだった」とあるが、なぜ「変な感じ」がしたのか。その理由の説明として最も適当なものを、次の①〜⑤のうちから一つ選べ。解答番号は 15 。

① 千恵に話しかける時はいつもの父の姿を見せてくれるが、食事の際の行儀悪さから、実家で甘えている父の意外な一面に気づき、ここにいるのが本当に父なのか疑問を抱いたから。

② エンジに対するぞんざいな口のきき方や、食事をする際の父の下品な行動を目《ま》の当たりにして、普段とは様子の違う父が何かにいらだちながら、そのいらだちを千恵に隠しているように思えたから。

③ 話し方や食事の仕方だけではなく、容貌まで父とエンジがよく似ていることに気づき、千恵に話す時の口調はいつも通りでも、父ではなくエンジと話しているような気がしたから。

④ 普段は父の行動を注視したことはないが、エンジの家でくつろぎ食事をしている父と、世田谷の家で上品に振る舞う父との違いを冷静に分析する自分の姿に気づかされ困惑したから。

⑤ 別人のように粗野な父の言動と、普段通りの口調で千恵に話しかける姿との間に違和感を覚え、目の前にいるのが父であることは理解しつつも、父ではないようにも思われたから。

問3　傍線部B「だけど泣くものかと思った」とあるが、ここでの千恵の心情の説明として最も適当なものを、次の①～⑤のうちから一つ選べ。解答番号は 16 。

① エンジの家を離れることを勝手に決められたことへの憤りや悲しみ、また、エンジの家を離れることから来る名状しがたい思いにとらわれているが、たいしたことはないのだと強いて自分に言い聞かせている。

② 父とエンジがしぐさも容貌もよく似ていることから、この場所が父とエンジの家であるということに気づき、孤独感にとらわれているが、強くあらねばならないと自らを励ましている。

③ 勝手に千恵の今後が決められていることに悲しみと怒りを感じるが、千恵を世田谷の家に帰そうとする二人の思いも理解できるので、父やエンジを困らせるようなことはしたくないと思っている。

④ 父とエンジとの間で自分のことがすべて勝手に決められていくことに理不尽さを感じ、今までの自分が崩壊しそうに思えたが、自分をなだめ、平静を保たねばならないと思っている。

⑤ 愛着を感じ始めていたエンジの家を去る時が近づき、自分でも説明できないほど大きく動揺したが、冷静に考えれば自分の家に帰るのは当然のことなので、泣く必要はないのだと気づき始めている。

問4　傍線部C「お父さんは、勝手に話し続けている」とあるが、父が話しているときの父と千恵の思いの説明として最も適当なものを、次の①～⑤のうちから一つ選べ。解答番号は 17 。

① 昔と変わらない部屋で、父はかつての自分の醜い姿を思い出し、後悔の念を抱いているが、千恵は、自分に関係のない昔話を一方的に語る父を冷ややかにとらえている。

② 幼少時代から過ごした部屋を見て、父は生家への憎しみを超えて努力した時代を懐かしんでいるが、千恵は、千恵のことよりも自分の成功体験に固執する父の様子にあきれている。

③ 昔のままの自分の部屋を見た父は、生家に対する愛憎の入り混じった思いを語り、感傷にひたっているが、千恵は、父の考えがひとりよがりのものであると感じている。

④ かつての父の部屋は今も憎んでいる生家や実父の象徴であり、父は辛かった過去を思い出しているが、千恵は、千恵自身の気持ちを考えないで思い出に浸る父にいらだっている。

⑤ 生家を憎んだ過去を語ることで、父は千恵に自分の本心を知ってもらおうとしているが、同じように父に対して複雑な思いを抱く千恵は、父に対してこの上ない共感を覚えている。

問5　傍線部**D**「今は、ふたりとも、それどころじゃなかった」とあるが、具体的にはどういうことか。その説明として最も適当なものを、次の①～⑤のうちから一つ選べ。解答番号は **18** 。

① 千恵は、両親への不満を伝えることで人間にとっての家族の意義を理解してもらおうとしており、父は、娘のただならぬ様子に驚いているため、エンジの今後まで考える余裕はなかったということ。

② 千恵は、両親への不平やエンジの家に対する思いを吐き出すことで精一杯であり、父は、そんな千恵をあっけにとられて見ているため、人が近づいていることにかまっていられなかったということ。

③ 千恵は、日頃から抱いていた両親への不満を伝える好機と捉えており、父は、娘の思いを真剣に受け止めたいと考えているため、この場にいないエンジのことまでは考えていなかったということ。

④ 千恵は、父や母に対する思いを述べることで精一杯であり、父は、感情的になっている娘の気持ちを鎮めることを第一に行動を起こしたため、階下から誰が来ようと気にしてはいられなかったということ。

⑤ 千恵は、ただ感情に任せてこれまでためこんでいた思いを父にぶつけており、父は、娘が自分の本心を見抜いていたことを嘆いていたため、部屋の外のことまで考えられなかったということ。

問6　Mさんのクラスでは、本文に三箇所ある「ふう――。ふう――。」という表現のもつ意味と効果について考えることになった。教師からは武田砂鉄《たけださてつ》による文章の一節が【資料】として示され、Mさんは本文と【資料】をもとにして【文章】を書いた。このことについて、後の(i)・(ii)の問いに答えよ。

【資料】

家族って、厄介《やっかい》である。学校のクラスのように、学期が変わるごとに席替えするわけにはいかない。一度ついた座席、組んだ班で、仲良くしなければいけない。限られた空間で毎日一緒に暮らす。他人と他人が同じ家に住む。他人、という言い方がちょっと冷たすぎるならば、自分と自分以外が同じ空間を共にしている。よく、芸能人夫婦が離婚を決意した時に、マスコミに向けた声明の中で「価値観の違い」を離婚の理由にする。そのフレーズを見かける度に、えっ、価値観って、どんな人と人でも違うんじゃないのか、と思う。むしろ、価値観が違うからこそ、人は人と接するのだと思う。今のところ、自分は、破綻することなく夫婦を続けられているが、それは価値観が似ているから、と同時に、価値観が違うからでもある。賞味期限の切れた納豆について、片方が、「賞味期限切れているから止《や》めておこう」と言い、もう片方が、「納豆なんて最初から腐ってるみたいなものだから大丈夫に決まっているじゃん」と言う。結局食べることにした納豆を箸でグルングルンかき混ぜながらテレビを見て、「この俳優、最近出まくってるけどイマイチだよね」と言うと、「そう、それ、今言おうと思ってたところ」と乗っかってくる。ズレと一致が続くから、関係が続く。ずっとズレまくったり、ずっと一致しまくったりすると、おそらく、つまらなくなる。これについてはどうだろう、が楽しいのだ。

近しいからこそ、ズレが楽しい。でもそのズレのさじ加減を間違えると、厄介が膨《ふく》らむ。あの一言を言わなきゃよかった、と後悔した記憶は数知れず、思い出せば、たちまちどんよりしてくるのだけれど、家族という存在は、近いからこそ、「あの一言」が分断を長引かせてしまう。

（武田砂鉄「辻村深月《つじむらみづき》『家族シアター』の『解説』」による）

【文章】

本文には「ふう――。ふう――。」という表現が三箇所用いられている。これは、千恵がエンジの家を去ることが決められた後の、「心の中で、なにかが暴れまわっていた。いろんなものが零れそうだった」（71・72行目）、「気持ちが収まらないまま」（79行目）といった千恵の心情を表現している。ここからわかるように、これらは、[Ⅰ]を表すものである。

千恵と父は家族である。【資料】によれば、家族とは価値観の同じでない者同士が「同じ空間を共にしている」人間関係の場だ。かつて千恵の父とエンジがそうであったように、千恵は父や母とは異なる価値観をもっている。一方で、エンジの家に戻った父がまたたくまに「だいぶ若くなったエンジ」（28行目）になったように、千恵と父にも重なり合うところがあるはずである。すなわち、[Ⅱ]。

家族を描いた作品において「すれ違い」と「つながり」は本質的なテーマであり、その意味で「永代橋」は家族小説の王道を行く作品であるといえるだろう。

(i) 空欄[Ⅰ]に入るものとして最も適当なものを、次の①～④のうちから一つ選べ。解答番号は[19]。

① 父に対して隠していた本心を表現できないでいる自分自身を持て余している気持ち
② 父がそうであったように家族に対して反発してしまうことに深く恥じ入る気持ち
③ 祖父の家にいるままでは問題が解決しないとわかるものの何もできずに焦る気持ち
④ 大人の意向に振り回されることに対して自分の感情を整理できないでいる気持ち

(ii) 空欄 Ⅱ に入るものとして最も適当なものを、次の①～④のうちから一つ選べ。解答番号は 20 。

① 千恵が父母から離れてエンジのもとに身を寄せているのも、父が千恵を呼び戻そうとしているのも、どちらも必然的ななりゆきである

② 千恵が家族に対して愛憎半ばする思いを抱いているのは必然のなりゆきであり、千恵自身もまた父母との「ズレと一致」を把握している

③ 千恵が父母のライフスタイルや決定に反発を感じることは必然的ななりゆきであると同時に、千恵と父はわかり合える下地を共有している

④ 千恵自身は意識していないが、父母との間で「ズレと一致」を繰り返しながら唯一無二の家族関係を築いていくことは必然のなりゆきである

（下書き用紙）

国語の試験問題は次に続く。

第3問

Sさんは文化庁が毎年実施している「国語に関する世論調査」と、それに関連する文章を参照した。**【資料Ⅰ】**～**【資料Ⅲ】**はSさんが参照した資料の一部である。これらを読んで、後の問い（**問1～4**）に答えよ。（配点　20）

【資料Ⅰ】（令和3年度　文化庁「国語に関する世論調査」［有効回答数3579人］による）

1

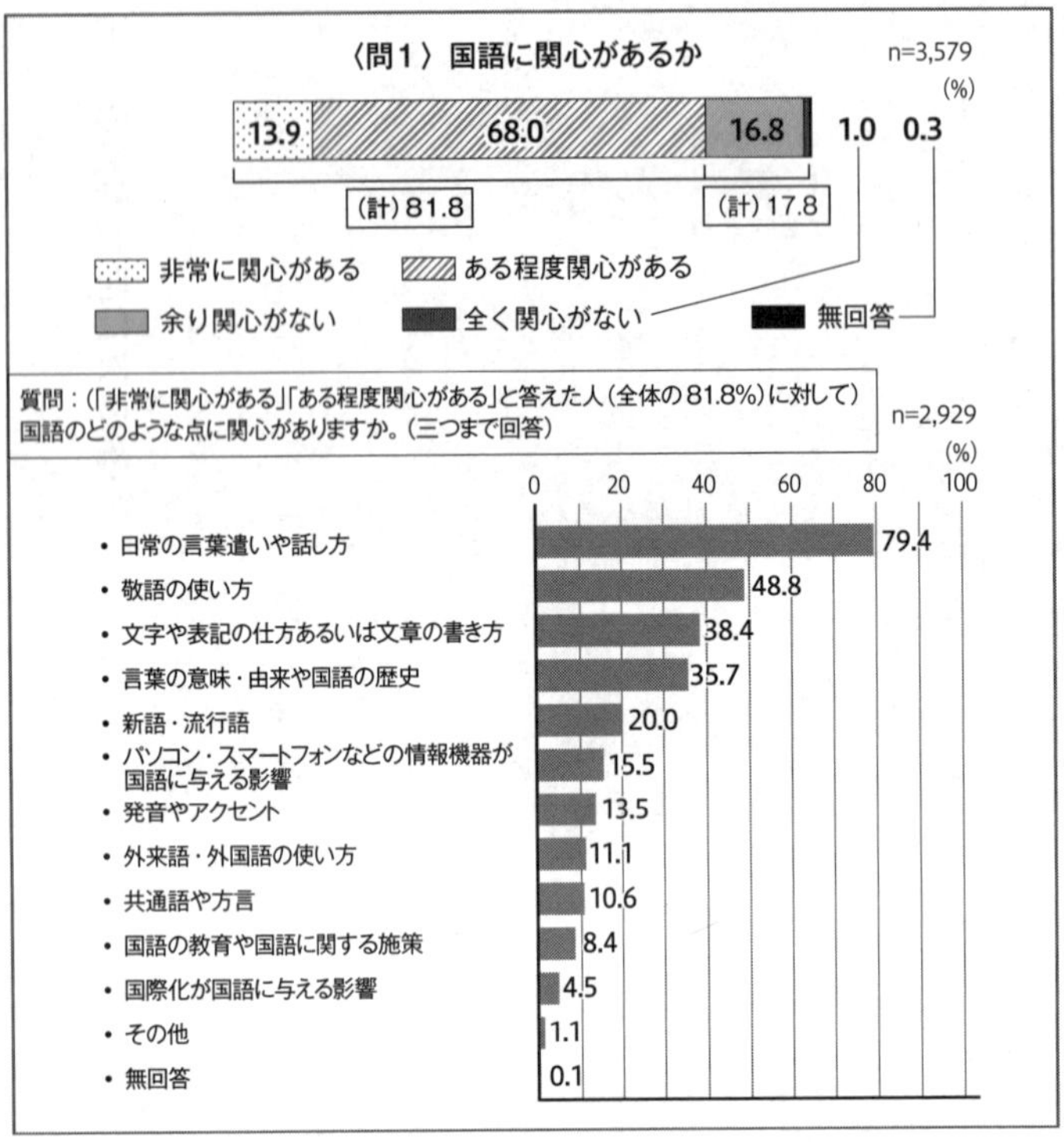

2

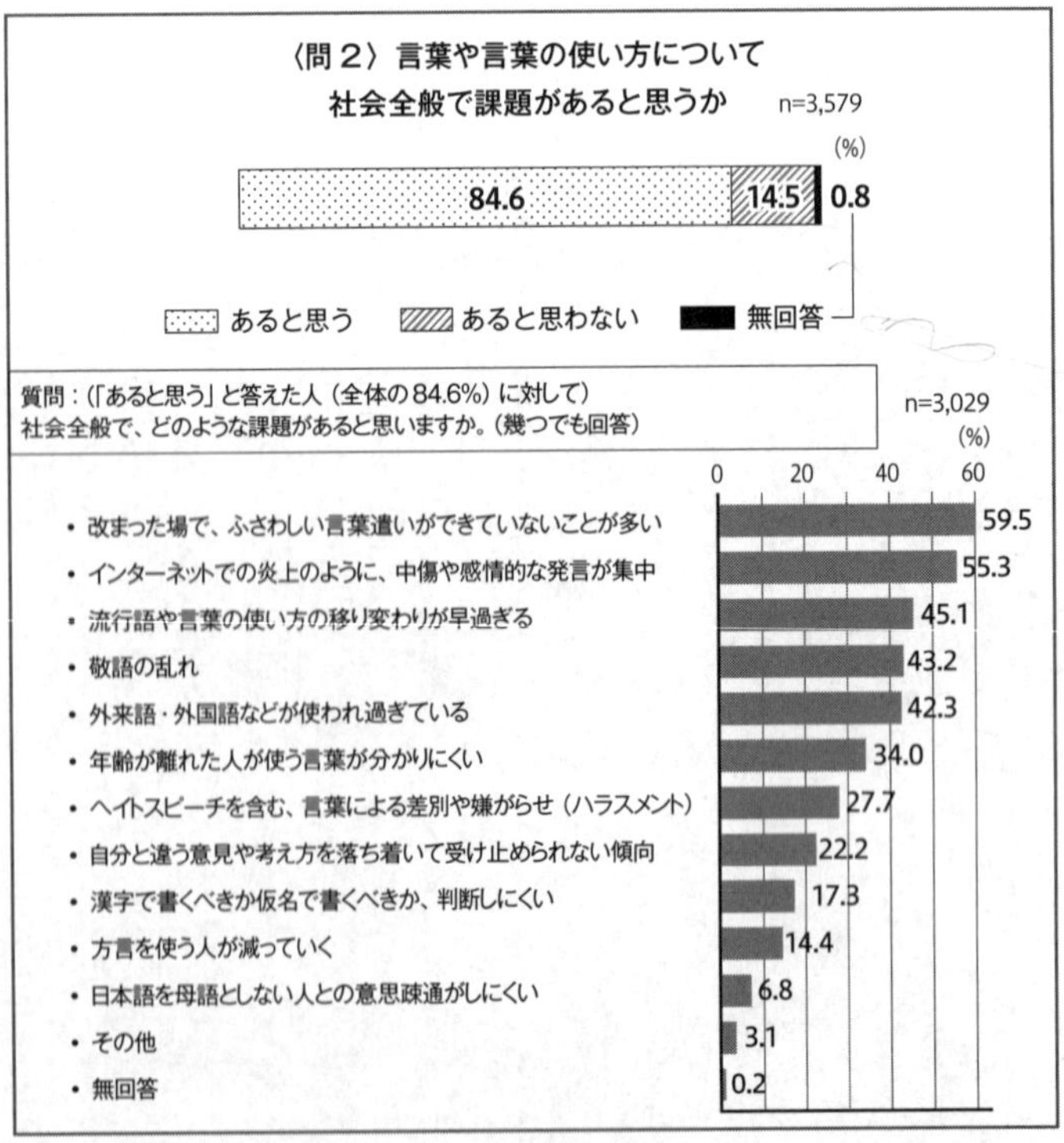

3

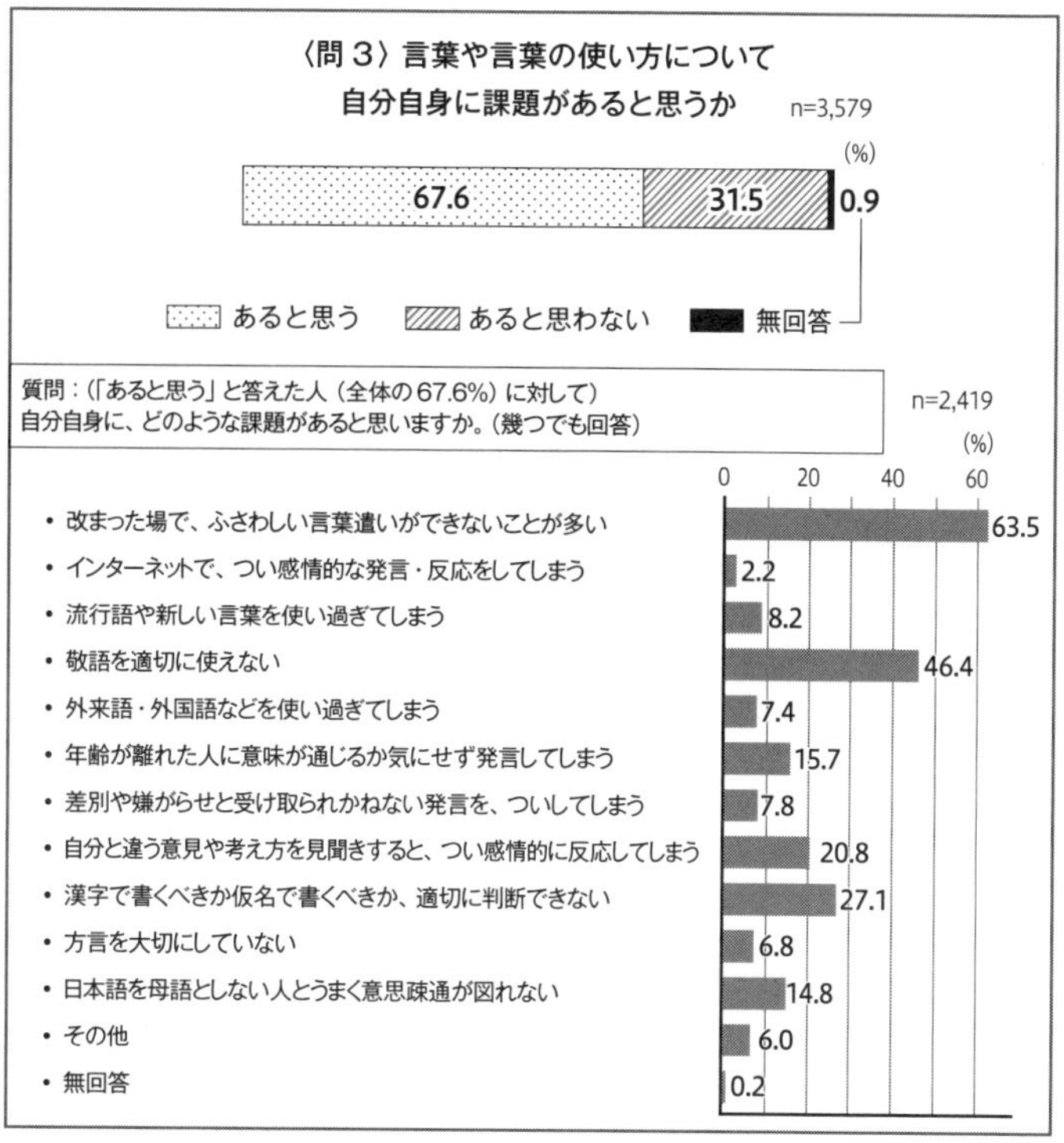

4

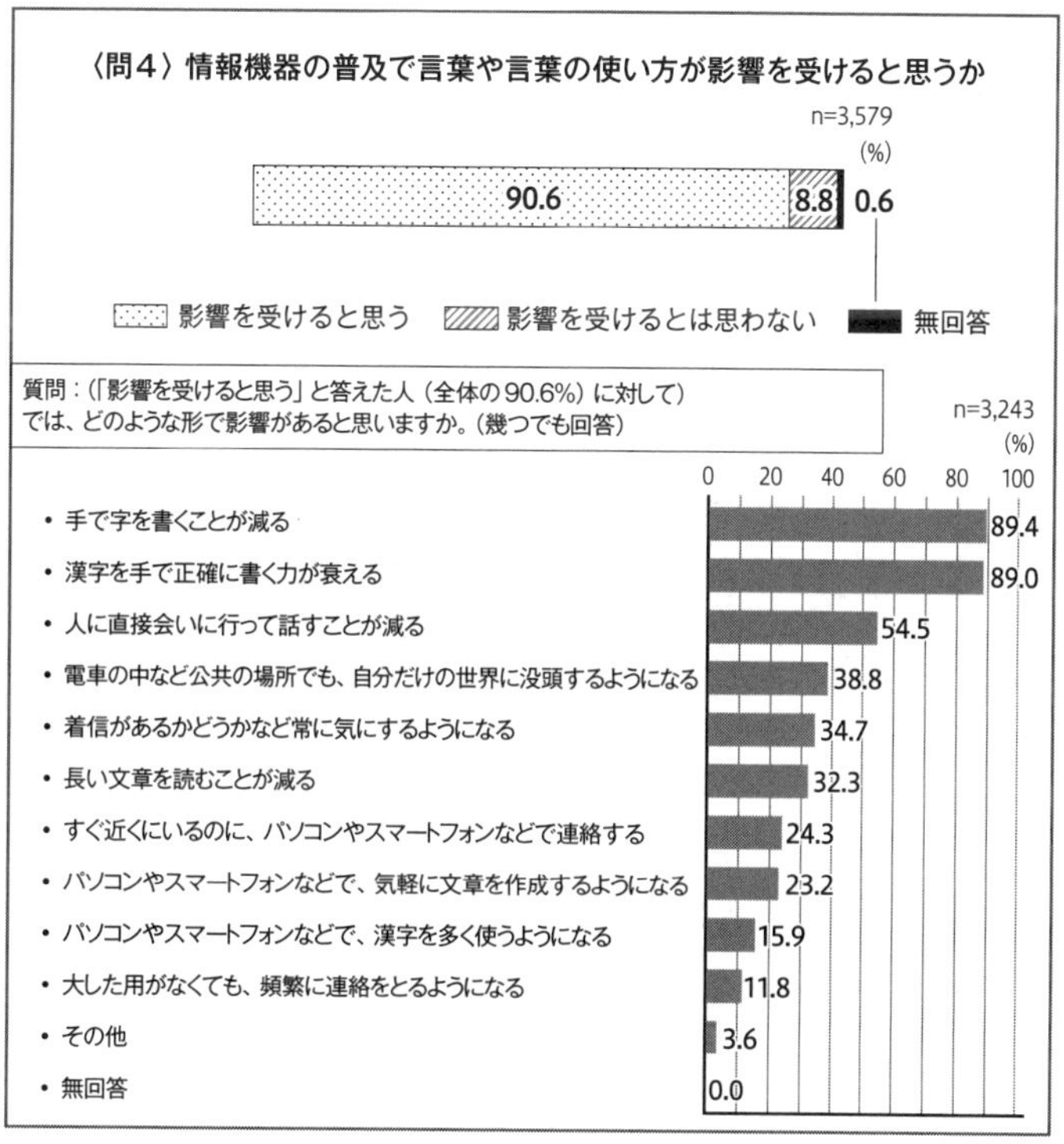

（備考）

1．百分比は回答者（n）を100％として算出し、小数第2位を四捨五入したため百分比の合計が100％にならない場合がある（「n」は各問いの回答者数を示す）。内訳とその小計においても同様である。

2．1回答者が二つ以上の回答をすることができる質問（調査票で「○は幾つでも」、「○は三つまで」等と二つ以上の回答個数を指示したもの）では、回答率の合計が100％を超えることがある。

【資料Ⅱ】

読めても書けない漢字が増えたと感じている人は少なくないだろう。

文化庁の令和3年度の国語に関する世論調査でそんな現状が裏付けられた。パソコンやスマートフォンなど、デジタル機器の普及が影響しているのは明らかだ。書く力が衰えてしまっては、教育や文化の未来が心もとない。手で文字を書く大切さを見直し、その力を伸ばしたい。

調査は全国の16歳以上の人を対象に行われ、「国語に関心があるか」との問いに82%が「ある」と回答した。関心がある点については、うち79%が「日常の言葉遣いや話し方」と答え、次いで「敬語の使い方」が49%だった。

興味深いのは、生活の変化とコミュニケーションに関する意識を問うた結果である。「情報機器の普及で言葉や言葉の使い方が影響を受けると思うか」という問いに対し、「思う」と答えた人が全体の9割を超えた。

その影響を尋ねると、「手で字を書くことが減る」「漢字を手で正確に書く力が衰える」とした人がともに89%にのぼった。

漢字は表意文字である。「峠」や「榊《さかき》」など日本で作られた国字もあるが、ほとんどは古代中国で生まれて日本に伝わり、やがて、ひらがなやカタカナを生んだ。いわば日本文化のプラットフォームだ。勉学だけでなく、日常生活でも漢字の習得は欠かせない。小中学校の授業などで、何度も手で書いて覚えた経験があるだろう。

ところが、パソコンやスマホの普及に伴い、日常から「手書き文化」が消えつつある。読み方を入力すれば、即座に同音異義の漢字が並んで選ぶだけですむからだ。文章を書くスピードも格段に速くなるため、利便性と合理性を求めた自然の結果といえるだろう。

一方、平成22年の文化審議会答申ではすでに、情報機器の利用が今後一段と日常化することを想定した上で、漢字を手で書くことの重要性を指摘している。繰り返し漢字を手書きすることは視覚、触覚、運動感覚などが複合してかかわり、脳が活性化されるとともに、漢字の習得にも大きく寄与するというのだ。手書き自体が大切な文化だという考え方もある。

というわけで、まずははがき1枚、日記1行を書いてみよう。正確な漢字をスマホで確かめる必要に迫られたなら、書く力のリハビリ開始時期と心得たい。

（産経新聞・二〇二二年一〇月八日「主張　国語世論調査　漢字を書く力伸ばしたい」［無断転載不可］による）

【資料Ⅲ】

> 筆者は、日本には書いて覚える記憶法が記憶法の中心だった時代があったという仮説を立て、国語学・国史学者の山《やま》田《だ》孝《よし》雄《お》（一八七五～一九五八）に関する著作を著した際に気づいたことを述べている。

山田の著作からあちこち引用しながら本を書き進めるなかで、あることに気がついた。山田のテクストを読んでいると、しばしば既視感にとらわれるのである。たとえば、江戸期の国語研究に対する評を読んでいると、どこかで読んだ？　という気がしてくる。落ち着かないので古い著作に当たってゆくと、既視感を覚えた文章は山田がすでに皇学館大学長となってから書かれたものであるのに、その三十五年前に刊行された処女作『日本文法論』中によく似た一節を見つける、といった具合。

まもなく七〇歳を迎えようという老大家が、三〇歳そこそこで書いた自著の記述をただ引き写すとは考えにくい。そして、その二つの文章は、似ているとはいえ同一ではなく、句読法や用字はもとより、用語や言い回しも変わっていたりして、その少し緩やかな同一性の具合は、頭の中にある文章を三十五年の時を経て二度書いたと考えたときに最も合点がゆき、その微妙な差異は、三十五年の〝経年変化〟のごときものと思えてくるのである。

確証がないので本には書かなかったが、傍証ぐらいにはなりそうな証言を、子息山《やま》田《だ》忠《ただ》雄《お》の文章に見つけた。山田の没後、未公刊の雑文などを集めた『山田孝雄の立志時代』（一九六八年）の「むすび」から引用する。

　現時の　学者（広義における）には　かならずしも　その　風は　あまり　みられぬが、明治時代前期に　生を　うけた先覚の　なかには　筆録がたの　勉学を　常時　おこなつた　ひとが　おほいやうに　おもふ。いはば、われわれが　試験の

直前にのみ　おこなつた、暗記のための　抄録を　日常の　読書に　ともなふ　当然の　作業として、なんの　苦労も　感ぜず、それこそ　茶飯事として　こころみてゐたらしい。したがつて、そこには　看過　といふことが　比較的　すくなかつた。

これに続けて、山田孝雄は、かかる勉学癖を身に着けた代表的な一人であったこと、また、かかる書物筆録の風は晩年までほとんど変わらなかったことが述べられる。そのようにして筆録された抜き書きには、たとえば『シートン動物記』があり『イリアス』があるかと思えば、貝塚茂樹《かいづかしげき》『中国古代史学の発展』のような専門書もあるというから、引用にあるように、それは読書における茶飯事だったにちがいない。

この、書いて覚える文化の人は、まず読みながら書き、そうして記憶したものを、書きながら整理し、大学で講義をする場合なら、講義の原稿として書き、講義が終わればそれはそのまま本の原稿となった。山田の日大や東北大での講義録が本となったものも多い。

（滝浦真人《たきうらまさと》「書いて覚えるという文化——山田孝雄の筆録に事寄せて」による）

問1　**【資料Ⅰ】**の[1]～[4]から読み取れることとして最も適当なものを、次の①～⑤のうちから一つ選べ。解答番号は**[21]**。

① [1]によれば、言葉を「どう書くか」ということよりも「どう読むか」の方に関心をもっている人が多いと考えられる。

② [2]によれば、社会で使われている言葉が日々刻々と変化していくことを肯定的にとらえる傾向があると考えられる。

③ [3]によれば、改まった場での適切な言葉遣いを課題だと思う人は言葉の使い方に課題があると思わない人よりも多い。

④ [2]・[3]によれば、日本語を母語としない人と日本語で意思疎通をしなければならない機会が増えてきているとわかる。

⑤ [4]によれば、情報機器の普及は言葉や言葉の使い方にまったくよい影響を与えていないと考える人が多いとわかる。

問2 【資料Ⅱ】は【資料Ⅰ】の調査結果を踏まえて書かれたものである。【資料Ⅰ】の1～4のうち、【資料Ⅱ】で直接言及されている組合せとして最も適当なものを、次の①～⑤のうちから一つ選べ。解答番号は 22 。

① 1・3
② 1・4
③ 1・2・4
④ 1・3・4
⑤ 1・2・3・4

問3 【資料Ⅱ】と【資料Ⅲ】に共通して書かれていることとして最も適当なものを、次の①～⑤のうちから一つ選べ。解答番号は 23 。

① 漢字は日本文化の根底をなし、人々の他の文化よりも高い記憶力を支えてきたことが共通して書かれている。
② 日本では伝統的に、「どう読むか」よりも「どう書くか」が重んじられたことが共通して書かれている。
③ 文字を書く習慣がなくなりつつあるが、勉学の重要性は少しも減じていないことが共通して書かれている。
④ 情報機器の普及によって、書いて覚える行為が衰退に追い込まれていることが共通して書かれている。
⑤ 日頃から文字を書いて覚える行為は、日本における文化的行為であったことが共通して書かれている。

問4　Sさんは【資料Ⅰ】～【資料Ⅲ】を踏まえて、「漢字」と「書くこと」をテーマにレポートを作成することにし、そのために【メモ】を作成した。これについて、後の(i)・(ii)の問いに答えよ。

【メモ】

1 「漢字」の文化

・大多数の漢字は中国で生まれて日本に広まり、ひらがなやカタカナを生んだ（漢字は「日本文化のプラットフォーム」）。

・文化庁の調査に対する回答によれば、一定数の人が［　X　］に悩んでいると考えられる。

・情報機器の普及に伴い、文章を作成することが気軽にできるようになった一方で、手で字を書く機会が減り、漢字を手で正確に書く力が衰えたと考えている人は多い。

→漢字は「文化」だが、現代人は漢字に対して距離を感じているのではないか。

2 「書くこと」の意義

・手を使って漢字を書くことは、多方面の感覚がかかわり、脳の活性化に寄与する。

・書くことは記憶の定着に有効である。そして、［　Y　］。

→反対に、漢字や「書くこと」のマイナス面はないのだろうか。

(i) 【資料Ⅰ】を踏まえて、空欄 X に入る内容として最も適当なものを、次の①～⑤のうちから一つ選べ。解答番号は 24 。

① 年齢層が異なる人の漢字の使い方に違和感をもってしまうこと
② 漢字とひらがなやカタカナを使い分ける基準が曖昧であること
③ 漢字は中国からもたらされたものなので使いにくい面があること
④ パソコン上で漢字に変換する際に間違った変換をしてしまうこと
⑤ 漢字の読み書きができない外国人との意思疎通に困難があること

(ii) 【資料Ⅲ】を踏まえて、空欄 Y に入る内容として最も適当なものを、次の①～⑤のうちから一つ選べ。解答番号は 25 。

① 書く作業が体系的な思想を構築していくことにつながる例もある
② 文字にして記録に残すことは伝統文化を継承することにも役立つ
③ 書いて覚える記憶法をもつことは異文化に対し優位性を発揮する
④ 書いたものは容易に保存や複製ができるので作業を効率的にする
⑤ 文字を介して異文化との接触や異文化の本質を学ぶことができる

第4問

次の文章は、鎌倉時代に、幕府と朝廷の両方に仕えた「飛鳥井雅有《あすかいまさあり》」によって書かれた日記『春の深山路《みやまじ》』の一節で、在京して東宮御所に仕えていた作者が関東下向を数日後に控え、東宮や周囲の人々と別れを惜しむ宴《うたげ》を描いた場面である。これを読んで、後の問い（**問1～5**）に答えよ。（配点　45）

十一日、下るも幾程《いくほど》なければ、いとど名残《なごり》も多くて、暮るる程に東宮に参りぬ。廂《ひさし》に出御《しゆつぎよ》あり。いかに思ふらむなどうち湿りおはしまし、常灯《じやうとう》も参らず、月御覧ぜられておはします。大方《おほかた》にだにこぼれやすき涙の、いかでかかかる御気色につれなからむや。いひ知らぬ袖の上なり。(注1)月をだに宿して見むには、げに濡《ぬ》るる光にてもあらまし。「仲頼《なかより》といふ(注2)新院の上北面《じやうほくめん》、名残とてまうで来たり」と申せば、Aただ今出《い》でむもいと口惜し。又出でざらむも人のため情《なさけ》なかるべし。とばかりありて、ちとこの由を申して、(ア)やがて帰り参らむとて、頼成《よりなり》を申して相具《あひぐ》して出でぬ。盃廻《さかづきめぐ》る程なく又参りぬ。又出でさせ給《たま》ひて、今宵《こよひ》は名残なれば、御とのごもることあらじとて、月をのみ眺めおはします。御前に顕範《あきのり》、信有《のぶあり》、頼成ばかりなり。女房、按察局《あぜちのつぼね》、右衛《ゑ》門督《もんのかみ》の君なり。更闌《かうた》け夜更《ふ》けて、月入り方になりぬ。御物語ども優《いう》にて、人々思はぬ涙も、折からにや、しぼるばかりなり。御琵琶《びは》召し出だされて、掻《か》き合《あは》せばかり、忍びやかなり。信有感に堪《た》へず、折に合ふ朗詠《らうえい》・今様《いまやう》しつつ、情多し。頼成笛とり出でて吹く。顕範笙《しやう》持たずして口惜しがれど、甲斐《かひ》なし。時々唱歌《しやうが》し、(注3)皮笛《かはぶえ》吹く。(注4)ふつつかなる音《ね》とかや申したれど、いと興あり。孟嘗君《まうしやうくん》が雍門《ようもん》に泣きけるも思ひ知らる。和琴沙汰《わごんさた》なければ、進み申すに及ばず。楽《がく》一つ二つ後に、右衛門の君に御琵琶賜《たまは》す。「名残に手一つ」と仰せあれば、もとは(注5)盤渉調《ばんしきでう》なるを反風香調《はんふかうてう》に調《しら》めあげて、(注6)丘泉《きうせん》が二手、又「思ひ出でに」と申せば、手一つあり。身にしみておぼゆ。今宵《こよひ》の仕儀《しぎ》、(イ)なかなか何と記し置きがたし。Bよろしき事こそ筆にいひなすことも侍《はべ》れ、これは言《こと》の葉《は》も心も及びがたければ、昔の紫式部ならでは、ただの人の心地及びがたからむかし。ただ打ち籠《こ》めて心にいひ合せて、行末も思ひ出でむかし。明けてぞ出でぬる。

十三日、暁は発《た》ち侍らむとて、且《かつ》は昨夜《よべ》の御前の仕儀も、今一度参りて畏《かしこ》まり申さむとて、夕かけて参りたれば、鎌倉より人上りて、住み慣れし故郷《ふるさと》、むなしき空の煙となりぬる由告ぐ。大方残る家すくなく焼け侍る由申せば、下りてもいづくにいかにと思ひ遣《や》る方なければ、暁は延びぬ。まづ人を下して、暫《しば》しばかりの立ち入り所尋ね侍るとて、C明後日《あさて》とて延びぬ。伯三位《はくのさんみ》が御所近き所に侍るとて呼び侍れば、行きて物語などして、名残惜しむ。馬など引き出でたり。嵯峨《さが》の老い人出で給へりとて告ぐれば、帰りて、今宵は私《わたくし》の名残ども惜しむ。

今日は日良ければ、門出づべき由、在秀《ありひで》申せば、その儀になりぬ。康能朝臣《やすよしあそん》承りとて召せば、暮るる程に参りぬ。院の御方より仰せ下さるる事ども多し。まづかたじけなく身もあらぬかとのみ辿《たど》らるる程のことも交はれり。やがて東宮御前にて、関のあなたにて申すべき事書きなど賜《たま》ひぬ。御沙汰のやうあはれにもかたじけなし。女房召しあれば、常の御所の御縁に参りたれば、高内侍《かうのないし》手鞠《てまり》十、銀《しろがね》(注7)の五葉《ごえふ》の打ち枝に付けられたるを押し出だされて、又白き薄様《うすやう》(注8)二重ねに御扇二十包まれたるも添へて下されぬ。何と申すに及ばず、(ウ)すずろに涙のみぞ流れ出づるや。月は曇りも果てぬ光差しながら、雪打ち散りて、わざとあらまほしき夜のさまなり。やがて出でさせおはしまして、御覧ぜらる。暫《しば》しもなほ候《さぶら》ひて、尽きぬ御名残どもも申したく侍りながら、なかなか行く道の妨げ多く、数増さりぬべきことなれば、強ひてぞまかり出でぬる。門出の所にて、旅衣つまに別るる名残、いひ知らず悲し。

(注) 1 月をだに宿して見むには、げに濡るる光にてもあらまし――「袖の上に濡るる顔なる光かな月こそ旅の心知りけれ」(『続《しょく》古今和歌集』)を踏まえた表現。

2 新院の上北面――院の御所を警護する武士。「北面の武士」。

3 皮笛――口笛のこと。

4 ふつつかなる音――太く野暮ったい音。

5 盤渉調なるを反風香調に調めあげて――「盤渉調」「反風香調」は、いずれも琵琶の音調の名称。

6 丘泉――琵琶の反風香調の曲名。

7 銀の五葉の打ち枝――銀で作られた、五葉の松の枝。

8 薄様――薄くすいた紙。

問1 傍線部(ア)～(ウ)の解釈として最も適当なものを、次の各群の①～⑤のうちから、それぞれ一つずつ選べ。解答番号は 26 ～ 28 。

(ア) やがて帰り参らむ 26

① しばらくして帰ることでしょう
② すぐに帰ってまいりましょう
③ そのうちお戻りになりましょう
④ さっそく帰ってくるだろう
⑤ そのまま戻ることはないでしょう

(イ) なかなか何と記し置きがたし 27

① むしろ何も書き記さないのがよい
② 中途半端で何も書き記すことがない
③ 意外なことに何と書き記しにくいものか
④ かえってどうにも書き記しにくい
⑤ 思った通りどうしても書き記しにくい

(ウ) すずろに涙のみぞ流れ出づるや 28

① なぜむやみに涙ばかりが流れ出るのだろうか
② なぜか涙ばかりが流れ出るものであるなあ
③ 思いがけず涙が流れ出たのだった
④ やたらと涙ばかりが流れ出ることよ
⑤ 何となく涙は流れ出るものであるなあ

問2 傍線部**A**「ただ今出でむもいと口惜し。又出でざらむも人のため情なかるべし」に、作者のどういう心情が表れているか。その説明として最も適当なものを、次の①～⑤のうちから一つ選べ。解答番号は **29** 。

① すぐに仲頼を出迎えるのはこの場を乱されるようで悔しいし、東宮の元を離れるのは失礼だと反発する気持ち。

② 間もなく関東に向けて出発するのも残念であるし、東宮への思いやりを欠いてしまうことにも困っている気持ち。

③ この場を離れるのがもったいないという気持ちの方が勝り、仲頼への配慮を欠いてしまって申し訳なく思う気持ち。

④ この場をすぐに離れるのが残念であり、一方応対が遅れると仲頼に対する思いやりに欠けると揺れている気持ち。

⑤ 今さら仲頼を誘うのも気が引けるし、誘ったとしても場慣れしていない仲頼には迷惑だろうと思いやる気持ち。

問3　傍線部B「よろしき事こそ筆にいひなすことも侍れ、これは言の葉も心も及びがたければ、昔の紫式部ならでは、ただの人の心地及びがたからむかし」について、語句と表現に関する説明として最も適当なものを、次の①～⑤のうちから一つ選べ。解答番号は **30** 。

① 「よろしき」は「最高に素晴らしい」の意であり、さらに「こそ」と「侍れ」の係り結びで意味を強め、言葉で表現したいという強い思いを表している。

② 「これ」は「今宵の仕儀」を指し、「言の葉も心も及びがたければ」は、自分に表現力さえあればなあという無念な思いを表している。

③ 「ただの人」は、身分や家柄の低い人のことを指し、作者のような身分では優雅な宴の雰囲気は表現できないという皮肉な現実を表している。

④ 「ならでは」は「でなければ」の意で、紫式部でもなければこの様子を表現できまいというほどに宴が風雅であったことを表している。

⑤ 「及びがたからむかし」は、「とても及ばないだろうよ」の意で、紫式部でも優雅な宴を表現するに至らないほどの難しさを表している。

問4 傍線部C「明後日とて延びぬ」とあるが、下向が延期になったのはなぜか。その理由として最も適当なものを、次の①～④のうちから一つ選べ。解答番号は 31 。

① 住み慣れた鎌倉の家が火事に遭ったと聞いたため、まずは誰かに被害の状況を調べさせようとしたから。

② 鎌倉の住まいが火事に遭って住むところがないため、まずは誰かに仮住まいを探させようとしたから。

③ 鎌倉の住まいが火事に遭ってしまったため、どこでどう過ごせばよいのかわからず慌てふためいたから。

④ 鎌倉の住まい周辺がほぼ焼け野原になったと聞き、下向しても仕事ができず仕方がないとあきらめたから。

問5　次に示すのは、授業で本文を読んだ後の、話し合いの様子である。これを読んで、後の(i)・(ii)の問いに答えよ。

教　師――本文の二重傍線部に「孟嘗君が雍門に泣きけるも思ひ知らる」とありますが、作者のこの時の心情をより深く理解するために、次の文章を読んでみましょう。鎌倉時代に成った『十訓抄』という説話集の中に、孟嘗君の故事が取り上げられています。

【資料】

孟嘗君が楽しみに飽きみちて、もののあはれを知らざりけり。雍門(注)といふ人、わりなく琴をひく。きく人、涙を落とさずといふことなし。君がいはく、「雍門、よく琴をひくとも、われはいかでか泣かむ」といひて、ひかせけるに、まづ世の中の無常をいひつづけて、折にあへる調べをかき合せて、いまだその声終はらざるに、涙を落としけり。

（『十訓抄』による）

(注)　雍門――中国戦国時代の斉の人。琴の奏者。

生徒G――二つの文章に共通しているのは、琵琶や笛、それに琴などの演奏をきいたということだね。

生徒H――本文は作者が東国に旅立つ前の送別の宴の様子の場面で、作者との別れを惜しむ人たちが何人も集まっているね。東宮までが参列するという記述から、作者はずいぶん慕われていたんだなあと思う。

生徒I――一方、**【資料】**では、登場人物は、琴を弾く雍門と、それをきく孟嘗君だけだね。

生徒G――先生、この本文や**【資料】**に出てくる孟嘗君はどういう人なのですか？

教　師――中国の戦国時代、斉の政治家で、門下に数千人の食客を養っていました。鶏の鳴き真似の上手な者や狗《いぬ》のように物を盗む者を食客としていたおかげで難をのがれたという鶏鳴狗盗《けいめいくとう》の故事で有名ですね。漢文の授業でも学習したと思いますよ。この【資料】の内容はどういうものでしょうか。

生徒H――この【資料】の内容は［X］ということになるかな。

生徒G――そうだね。でも、どうして作者はここで孟嘗君の故事を取り上げたのだろう。

生徒I――そのわけは［Y］だと思う。

教　師――そうですね。このように中国の故事に触れた【資料】を踏まえると、表現の理解も深まりますね。漢籍は当時の文人たちに広く読まれており、古文の作品にはこれらの故事が巧みに引用されていることも少なくありません。今後の古文学習では、こうした中国の故事の引用についても注意していきましょう。

(i)　空欄［X］に入る発言として最も適当なものを、次の①～④のうちから一つ選べ。解答番号は［32］。

① 孟嘗君は、雍門に向かってお前の琴をきいて私が泣くのだろうかと不安に思っており、案の定、雍門の琴の音色に感涙にむせんで負けを認めた

② 孟嘗君は、雍門の琴をきくとほとんどの人が泣くときいて、対抗心から自分は決して泣かないと宣言したが、その演奏をきいて落涙した

③ 情趣を解さない孟嘗君のような者でも、雍門がこの世の無常を説いて折に合っている琴の調べで演奏すると、曲の途中で涙を流した

④ 雍門の琴の演奏はそれほど上手でもないが、孟嘗君はその演奏をきいて、この世の快楽の中に浸っていた自分を悔いて感涙の涙を流した

(ii) 空欄 Y に入る発言として最も適当なものを、次の①〜④のうちから一つ選べ。解答番号は 33 。

① 頼成が吹いた口笛は大きな音で失礼なものにきこえるが、場の状況によっては失礼にならないと、孟嘗君の故事を踏まえて主張したかったから

② 皆がこの場にふさわしい演奏や歌、そして口笛も合わせて思い思いに盛り上げたことに作者は感極まり、同じく音楽に涙した孟嘗君に自身を重ねたから

③ ちょうど皆が優雅な話をして涙にくれていたところだったが、さらに皆が演奏してくれたので孟嘗君と同じく別れを惜しむ涙が止まらなかったから

④ 宴の参列者が次々に合奏する中で笛を持たない頴範の残念がる様子もこの場にあって興趣があり、何でも時宜《じぎ》にかなえば感動するものと知ったから

（下書き用紙）

国語の試験問題は次に続く。

第5問

次の【文章Ⅰ】と【文章Ⅱ】は、親の喪に対する子の振る舞い方を述べたものである。これらを読んで、後の問い（問1～6）に答えよ。なお、設問の都合で返り点・送り仮名を省いたところがある。（配点　45）

【文章Ⅰ】

王戎《わうじう》(注1)以テ二母ノ憂ヲ一去ルレ職ヲ。性ハ至孝、不レ拘ハラ二礼制(注2)ニ一、飲ミレ酒ヲ食ラヒレ肉ヲ、或イハ観ルモ二弈棋《えきき》(注3)ヲ一、而容貌毀悴《きすい》(注4)シ、杖《つゑ》アリテ然ル後ニ起《た》ツ。裴頠《はいき》(注5)往キテ弔ヒレ之ヲ、謂ヒテレ人ニ曰ハク、「若《も》使シ一タビ慟《なげ》カバ能ク傷《やぶ》ランレ人ヲ。濬沖《しゅんちゅう》不ルレ免レ二滅スル(注6)レ性ヲ之譏《そし》リヲ一也ト。」時ニ和嶠《わけう》(注7)モ(1)亦居リ二父ノ喪ニ一、以テ二礼法ヲ一自ラ持シ、量リテ(注8)レ米ヲ而食ラヒ、A哀毀不レ踰二於戎一。帝(注9)謂ヒテ二劉毅《りうき》(注10)ニ一曰ハク、「和嶠ノ毀頓ハ過グレ礼ヲ。使ムト二人ヲシテ憂ヘ一レ之ヲ。」毅曰ハク、「嶠ハ雖モ二寝ネレ苫《とま》ニ食ラフト一レ粥ヲ、乃チ生孝耳。至リテハ二於王戎ニ一、所謂死孝ナリ。B陛下当二先憂一レ之。」戎先ヅ有リ二吐疾(注11)一、居ルコトレ喪ニ増《ますます》(2)甚。帝遣メ二医ヲシテ療《なほ》サ一レ之ヲ、并ビニ賜フ二薬物ヲ一。

（『晋書《しんじょ》』王戎伝による）

【文章Ⅱ】

孝子之喪《うしなフ》レ親ヲ也、哭シテ（注12）不レ偯《いせ》、礼ハ無レ容ク、言ハ不レ文《かざラ》、服スルモレ美ヲ不レ安カラ、聞クモレ楽《がく》ヲ不レ楽シカラ、食ラフモレ旨キヲ不レ甘カラ。此レ哀戚之情也。三日ニシテ而食ラフハ、C教民無以死傷生、毀不滅性。此レ聖人之政也。

（『孝経《こうきょう》』喪親章による）

（注）
1 王戎――西晋の貴族。字《あざな》は濬沖。
2 礼制――親の服喪期間に行う礼儀作法。粗食して質素な生活が求められた。
3 弈棊――囲碁。
4 毀悴――憔《しょう》悴。
5 裴頠――人名。
6 滅レ性――生命を失う。
7 和嶠――人名。
8 量レ米而食――「親の服喪期間はわずかな量の粥《かゆ》をすする」という礼儀作法。
9 帝――西晋の武帝・司馬炎。
10 劉毅――人名。武帝の重臣。
11 吐疾――嘔《おう》吐の症状のある病気。
12 哭不レ偯――嘆いて声も出ないさま。

問1　波線部(1)「亦」・(2)「甚」のここでの読み方として最も適当なものを、次の各群の①～⑤のうちから、それぞれ一つずつ選べ。解答番号は 34 ・ 35 。

(1) 「亦」 34
① さらに
② はた
③ しひて
④ また
⑤ ことに

(2) 「甚」 35
① すぎたり
② おほし
③ はなはだし
④ あつし
⑤ すくなし

問2 傍線部**A**「哀毀不レ踰二於戎一」の解釈として最も適当なものを、次の①～⑤のうちから一つ選べ。解答番号は **36** 。

① 和嶠は王戎よりも悲しみやせ細るようなことはなかった。
② 和嶠はやせ細り方が王戎ほどでないことを悲しんだ。
③ 皇帝の和嶠に対する心配は王戎に対する心配をはるかにしのいでいた。
④ 劉毅が王戎を心配するさまは和嶠を心配するさまの比ではなかった。
⑤ 和嶠の悲しみとやせ細り方は王戎を超えるほどであった。

問3 傍線部**B**「陛下当二先憂一レ之」とあるが、どういうことか。その説明として最も適当なものを、次の①～⑤のうちから一つ選べ。解答番号は **37** 。

① 武帝は何をおいても王戎のことを配慮しようとするはずだ、ということ。
② 武帝は和嶠よりも王戎のことを心配しなければならない、ということ。
③ 武帝は和嶠よりも王戎を配慮したりはしないはずだ、ということ。
④ 武帝はどうして和嶠のことを心配しようとするのか、ということ。
⑤ 武帝は王戎よりも和嶠のことを気遣わなければならない、ということ。

問4 傍線部C「教民無以死傷生、毀不滅性」について、返り点の付け方と書き下し文との組合せとして最も適当なものを、次の①〜⑤のうちから一つ選べ。解答番号は **38**。

① 教㆘民無㆓以㆑死傷㆒㆑生、毀 不㆖滅㆑性　民をして死を以て生を傷る無く、毀つも性を滅せざらしむ
② 教㆑民無㆔以㆑死傷㆑生、毀㆓不㆑滅性㆒　民に教ふるに死を以て生を傷り、滅せざる性を毀つ無からしむ
③ 教㆔民無㆓以㆑死 傷㆒㆑生、毀不㆑滅㆑性　民に死を以て生を傷る無きを教ふるより、毀つに性を滅せざらしめよ
④ 教㆘民無㆓以㆑死傷㆒㆑生、毀 不㆖滅㆑性　民をして死を以て生を傷る無く、毀つも性を滅せざるを教へしむ
⑤ 教㆔民無㆓以㆑死傷㆑生、毀不㆒㆑滅㆑性　民に死を以て生を傷り、毀つに性を滅せざる無きを教ふ

問5 **【文章Ⅰ】**に登場する王戎と和嶠の説明として最も適当なものを、次の①〜⑤のうちから一つ選べ。解答番号は **39**。

① 王戎は心から礼儀作法を守って親の死を悼んだので、武帝の賞賛を得ることができた。
② 和嶠は王戎よりも強く親の死を悼んだため、体を壊し早くに命を失ってしまった。
③ 王戎は親の死後も欲望のままに生活をしたが、かえって長生きすることができた。
④ 和嶠は親の死を嘆き悲しんでいたが、武帝から褒美をもらうことはできなかった。
⑤ 王戎は礼儀作法を守らず粗野に振る舞っていたが、親の死への嘆きは人一倍強かった。

問6 【文章Ⅰ】と【文章Ⅱ】の内容の説明として最も適当なものを、次の①～⑤のうちから一つ選べ。解答番号は 40 。

① 【文章Ⅱ】は、親が死ねば孝行な子なら礼儀作法に沿った行動をするべきで、悲しみの気持ちは心に秘めておくべきだと述べている。これは【文章Ⅰ】の王戎の態度と一致している。

② 【文章Ⅱ】は、親の死は孝行な子にとって一大事であるから、君主はどのような遺児に対しても保全につとめるべきだと述べている。これは【文章Ⅰ】の武帝の態度と一致している。

③ 【文章Ⅱ】は、親を亡くした孝行な子に対して、子がどのような状態であっても君主は平等に配慮するべきだと述べている。これは【文章Ⅰ】の劉毅の態度と一致している。

④ 【文章Ⅱ】は、親の死に対して孝行な子が悲しむのは当然だが、子は自分の命を損なうようなことをしてはならないと述べている。これは【文章Ⅰ】の和嶠の態度に一致している。

⑤ 【文章Ⅱ】は、親の死に対して、孝行な子は細かな礼儀作法にとらわれず、心の限り哀悼の気持ちを行動に表すべきだと述べている。これは【文章Ⅰ】の王戎の態度と一致している。

【メモ】

模試 第2回

（200点 90分）

〔国語〕

注　意　事　項

1　**国語解答用紙（模試 第２回）をキリトリ線より切り離し，試験開始の準備をしなさい。**

2　**時間を計り，上記の解答時間内で解答しなさい。**

ただし，納得のいくまで時間をかけて解答するという利用法でもかまいません。

3　問題は５問あり，第１問，第２問，第３問は「近代以降の文章」，第４問は「古文」，第５問は「漢文」の問題です。

なお，大学が指定する特定の分野のみを解答する場合でも，試験時間は90分です。

4　**解答用紙には解答欄以外に受験番号欄，氏名欄，試験場コード欄があります。その他の欄**は自分自身で本番を想定し，**正しく記入し，マークしなさい。**

5　**解答は解答用紙の解答欄にマークしなさい。**例えば，10 と表示のある問いに対して③と解答する場合は，次の(例)のように**解答番号10の解答欄**の③に**マーク**しなさい。

(例)

解答番号	解答欄 1	2	3	4	5	6	7	8	9
10	①	②	●（③を塗りつぶし）	④	⑤	⑥	⑦	⑧	⑨

6　問題冊子の余白等は適宜利用してよいが，どのページも切り離してはいけません。

7　試験終了後，問題冊子は持ち帰りなさい。

第1問　次の【文章】と【資料】を読んで、後の問い（問1〜6）に答えよ。なお、出題の都合により、【文章】には省略した箇所がある。（配点　45）

【文章】

Ａ農業の難しさは、作っている作物は毎年同じものであっても、その年ごとの気象条件によって収穫量や品質が大きく変わってしまう点にある。気象条件に左右されることなく毎年安定した生産量を確保するには、農業者自身が「経験」を積み、「勘」を養うことが不可欠である、とされてきた。

だからこそ多くの農業者は、自分がいつ種を播《ま》き、肥料を入れ、収穫したか。収穫量はどれくらいだったか――などといった点について細かく記録、あるいは記憶してきた。収穫が終わったところで当初の計画とどの程度の乖離《かいり》があったかを検証し、翌シーズンの参考にするためである。このようにして蓄積された膨大な知識やデータを自らの頭に叩《たた》き込み、タイミングや量を身体で覚えることで農業者の「経験」や「勘」は培われてきたのだ。

ところが近年、こうしたアナログ的なデータ管理方法はデジタルに置き換わりつつある。田畑にスマートフォンやタブレット端末を持参し、作業した内容や時間をその場で入力する農業者はもはや珍しくない。先人たちが身体や頭で記憶してきたことを、彼らは「数値化」し、「見える化」することで活用している。

たとえばミカンの名産地・静岡県にあるＪＡみっかびでは、農家の技術継承を目的に、栽培技術の「見える化」を目指している。品質の高いミカンを作る熟練農家にアイカメラを装着しながら作業してもらい、その農家がどこを見ながら（どの部分に注目しながら）作業をしているのかをビジュアルとして記録、分析、データ化している。経験の浅い若手農家でもこのデータを教材にして勉強すれば、ベテランの篤農家の技術水準により効率的に近づくことができる、という仕組みである。

今日では全国各地にある農産物直売所でもＰＯＳ（販売時点情報管理。商品が販売された時点での売上情報に基づいて売上や在庫を管理する）システムの導入が進んでいる。「何がどれだけ売れたか」といった情報は、農家一軒ごとに(ア)決まった時間に届けられ、「売り切れた」との情報を受け取れば、農家はすぐに畑で収穫し、その日のうちに店に持っていくことも可能である。経験と勘に頼ってきた農業から、データとマニュアルを活用する農業へ。

時代は確実に変わりつつあるのだ。

インターネット上にデータの保存先を作っておくことで、いつでも好きな時に情報の保存・取り出しができる、いわゆる「クラウド」技術の発達は膨大な情報の集約を促し、これらのデータを高度に解析してビジネスに応用する「ビッグデータビジネス」を生み出した。

「農」と「食」に関しても夥《おびただ》しい量・種類のデータがすでに存在し、いまや農業経営もビッグデータと切り離して考えることはできなくなっている。

私は、こうした膨大なデータを「エンジン」として活用する農業のことを、「データ駆動型農業」と呼んでいる。このように言うと、生産性の向上や熟練技術の継承などといった具合に生産者にだけメリットがあるように思われるかもしれないが、実は、消費者の健康維持・増進にも大いに活用可能なものである。

たとえばここに、1本のニンジンがあるとしよう。現代のＩＣＴ技術を農業に応用すれば、栽培から収穫までの過程を通じて、この1本のニンジンについて以下のような情報を得ることができる。

・ニンジンが育った土壌、水に関するデータ（土壌診断データや水質調査データ）
・栽培に関するデータ（品種、肥料の種類、農薬の使用履歴など）
・品質に関するデータ（甘さ、機能性など）
・残留農薬に関するデータ

このような農業を通じて得られるデータに、生活習慣病の病歴などを含む自己診断データを組み合わせることで、消費者が食べるべき野菜、買うべき野菜を自由に選択できるようになる時代がいずれやってくるだろう。

もちろんこれは、将来的に野菜の栽培方法・品質と健康との相関関係が科学的に裏付けられたならば、という前提があっての話だが、それでも今後、農産物に関するデータと消費者がどの食品を食べたかについての膨大なデータが蓄積され続ければ、今までは明確には言えなかったB食品と健康の相関関係も次々に明らかにされていくはずである。

たとえば、「有機野菜を多く食べているグループは、一般的な野菜を食べているグループよりもガンになりにくい」とか、「風邪をひきにくい」といった相関関係が統計的に明らかにされれば、今述べたようなことはすべて現実になる。

この技術を応用すれば、「疲れ目に効く機能性食品を食べたい」などの消費者からのリクエストにもとづき、そうした成分が豊富に含まれる農産物を種の段階から開発し、生産から流通へとつなげていくこともできる。消費者の側も、自らの健康増進に有益な野菜をつくっている農家を探して、定期的に送ってもらうことが可能になる。

さらには、ある人の現在の食生活から未来の健康状態を予測したり、農産物の栽培履歴を消費者の健康管理に活用していくようなこともやがて可能になるだろう。

農林水産省の「平成25年度食料需給表」などによれば、日本では食品由来の廃棄物が年間で２７９７万トン排出されている。そのうち本来食べられるにもかかわらず廃棄される「C食品ロス」は６３２万トンに及ぶと推計されている。

日本のコメ需要量は約７５０万トンだから、主食であるコメの総需要量に匹敵する食品が、まったく無駄に捨てられている、という計算になる。２０１６年にはその隙間を縫うように、カレーチェーン店が廃棄したはずの食品が転売されていた事件が明るみになった。

野菜も残念ながら、生産量に対する廃棄率が30％程度と、捨てられる部分が特に多い食品である。鮮度が落ちてスーパーなど小売店で捨てられるもの以外にも、大きすぎる、変形している、といった理由で、出荷前の段階で農家が廃棄している食品が多いためだ。

だがデータ駆動型農業は、こうした食品ロスを減らし、資源リサイクルを進めるという観点からも意義がある。

限られた資源をリサイクルして使う意義がすでに社会的に共有されているにもかかわらず、食品のリサイクルが一向に進まないのは、廃棄食品を回収するにも、肥料や飼料として再生産するにもコストがかかりすぎるからだ。しかしこのコストを生産者と流通業者、消費者の三者が協力することで削減できれば持続可能な社会の実現にも貢献できるし、三者それぞれにもメリットがある。

まず消費者の立場から見ていくと、買った野菜や加工品を冷蔵庫についつい入れっぱなしにし、気がつけば賞味期限や消費期限を過ぎてしまった、という事(イ)例はよくある。だが商品ごとの賞味期限や消費期限に関するデータを読み取り、期限が近付くとショートメッセージで知らせてくれる機能を持つような冷蔵庫が普及すれば、期限切れによる食品廃棄は、今よりずっと減らせるだろう。

また生産者サイドの収穫時期予想と流通側の需要予測を組み合わせれば、消費タイミングに応じた無駄のない物流・流通を組むことができる。これにより販売者が廃棄を最小化できる一方、生産者の収益最大化にも資することができる。

さらにデータの活用次第では、廃棄物の回収の最適化や廃棄物の品質管理、需給量などの予測も可能となり、付加価値の高い高品質な二次製品（肥料ほか）を安価に安定供給する、高度なリサイクル社会を実現できる。

なおビッグデータとの関連は必ずしも高くないが、最近になり米マサチューセッツ工科大学（ＭＩＴ）の研究チームが開発した、果物が熟成すると発生するエチレンガスを微小量から検出できるセンサーが注目されている。

米国では、スーパーマーケットに並んでから、熟《う》れ過ぎや傷みのために廃棄される果物・野菜が全体の１割程度あるといわれる。だがＭＩＴが開発したこの安価なセンサーを果物・野菜の入った段ボール箱に取りつければ、箱の中に(ウ)ジュウマンしたエチレンガスの量を測定し、その測定結果を携帯型のデバイスに送ってくれる。この値により果物の熟れ具合が分かるため、小売店は果物が熟れ過ぎる前に販売し、ロスを減らすことができるというわけだ。

データ駆動型農業は、すべてはデータを集めることから始まるが、かといってどんなデータでも集めればそれだけでビジネスとして成立し、付加価値を創造できる、というものでもない。

取得するデータの精度を高め、集めたデータを深いレベルで分析するには相当に高度な仕組みをつくる必要があり、そのためには生産者から物流・流通業者、販売業者、消費者など農業のあらゆる段階にかかわる人々がそれぞれデータを持ち寄り、共同活用するための「場所」（プラットフォーム）を構築しなければならない。

この「場所」は何もリアルな空間である必要はない。クローズドなＳＮＳなど、インターネット上につくられた仮想の場所で十分である。

メーカーはメーカー、流通業者は流通業者、農業者は農業者という縦割りに安住しているだけでは、刻々と変化し、果てしなく多様化する消費者ニーズに対応できない。だが各分野のプレーヤーが自由に出入りできる環境が整えば、栽培管理、品質管理、物流管理、流通管理、販売管理、(エ)コキャク管理などそれぞれが集積したデータを持ち寄り、組み合わせることが可能になる。消費者が求める食品の開発やブランドづくり、集客効果アップのための戦略を考えることにもつながる。

欲を言えば、この「水平統合型プラットフォーム」では、公的機関が保有しているデータがオープンにされればなお効果的だ。わが国の農水省、気象庁、自治体などは膨大なデータを保有している。これらと民間のデータを連携していくことで、先に述べ(注)たようなクライメート・コーポレーションのように農業者にとって役立つ、新たなビジネス展開ができるだろう。

かつてピーター・ドラッカーは、「蒸気機関が鉄道の登場を促し、鉄道の登場がめぐりめぐって郵便、銀行、新聞の登場につながった」と喝破した。この言葉を情報通信の現状にあてはめるなら、「情報通信技術がインターネットや携帯電話の登場を促し、ネットや携帯電話の登場がめぐりめぐって新たな産業の登場につながった」と表現できるだろう。

蒸気機関という汎用技術が新たな産業の創出に貢献したのと同じように、情報通信技術は、農業、流通、交通、医療、環境・

エネルギーなど、これまで単独で存在してきた産業を密接に結びつけようとしているのである。

高速ブロードバンドや高機能携帯電話はすでに広く普及しつつあるが、農業分野においてはデータの収集および活用はまだまだ初期段階にある。流通、医療、教育、環境、都市問題、資源管理ほか、それぞれの産業を情報通信技術によって抜本的に変革し、プレーヤー同士のネットワークを深めていくことで、農業分野に新たなビジネスの創造が実現でき、やがては農業を成長産業へとつなげていくだろう。

（21世紀政策研究所『２０２５年 日本の農業ビジネス』・森川博之《もりかわひろゆき》執筆「デジタル農業の時代」による）

（注） 先に述べたようなクライメート・コーポレーションのように――「クライメート・コーポレーション」は米国の保険会社。同社が農業者向けに、天候条件の悪化などで農産物の収入量が減った場合、その損害を補償する「収入保険」を提供していることが、文章の省略した箇所に述べられている。

【資料】

● IT利活用におけるポイント

(1) 農業ITシステムを導入する際の留意点

農業に ITシステムを導入し、効果を上げるためには、以下の点に留意する必要があります。

① ITを活用して経営改善する戦略を明確にすること

ITをただ導入しても経営改善にはつながりません。経営戦略やITを導入して解決しようとする課題が明確であって、課題にあったシステムを選択し、その戦略や課題がそのシステムの導入によって解決することが明らかであることが必要です。

② 取得したデータをフル活用すること

単にデータは取得しただけでは意味がありません。取得したデータは、問題意識をもって分析・活用するほか、関係者と共有することにより改善点の発見等につながります。

③ 導入コストとメリットを比較すること

クラウドを使用した汎用的なシステムのほか、現場の状況にカスタマイズされたシステムなど、システムにも様々なタイプがありますが、導入コストと効果を意識しながらシステムを選択することが重要です。

なお、Google や Dropbox、Evernote 等のように無料で端末から作業記録の記帳等が可能なサービスや無料のＳＮＳを利用することもできますので利用を検討しましょう。

④ データの利用権や利用に関する取り決めを明確にしておくこと

栽培履歴等の情報は、生産者のノウハウが含まれており、知的財産となるため、価値創出につながります。

サービスの提供者（ベンダー等）との契約の際には、ユーザーが取得した情報をサービス提供者によってどのように取り扱われるのか確認し、情報の財産権を明確にしてから契約を行いましょう。

平成 28 年3月に内閣官房IT 総合戦略室で公表された「農業 IT サービス標準利用規約ガイド」では、権利やお互いの義務について記載されているサービスの利用規約について、どこを注意して確認する必要があるか、サービスを利用する生産者や生産者団体の担当者等を対象として示されていますので、こちらをよくお読みになり、システムを利用するようにしましょう。

※Google は、Google Inc. の登録商標です。
※Dropbox は、Dropbox,Inc. の登録商標です。
※Evernote は、Evernote Corporation の登録商標です。

出典：「農業分野における IT 利活用ガイドブック（ver1.0）」
（農林水産省）（https://www.maff.go.jp/j/kanbo/joho/it/itkanren.html）（2019 年 11 月に利用）

問1 次の(i)・(ii)の問いに答えよ。

(i) 傍線部(ア)・(イ)とは**異なる意味**を持つものを、次の各群の①～④のうちから、それぞれ一つずつ選べ。解答番号は 1 ・ 2 。

(ア) 決まった 1

① 決レツ
② 決シン
③ 決チャク
④ 決ダン

(イ) 事例 2

① ゼン例
② ルイ例
③ 例ガイ
④ 例ネン

(ii) 傍線部(ウ)・(エ)に相当する漢字を含むものを、次の各群の①～④のうちから、それぞれ一つずつ選べ。解答番号は 3 ・ 4 。

(ウ) ジュウマン 3
① ジュウオウに活躍する
② ジュウドウの練習
③ ジュウジツした休暇
④ 高速道路がジュウタイする

(エ) コキャク 4
① 部活のコモン
② コチョウした表現
③ ねじでコテイする
④ 交通ジコに注意する

問2　傍線部**A**「農業」とあるが、昔あるいは近年の農業事情の説明として最も適当なものを、次の①～⑤のうちから一つ選べ。解答番号は **5** 。

①　災害等の気象条件にかかわらず毎年安定した収穫を得るために、昔と変わらず近年でも一番大切なのは、農業者自身がこれまでの経験により培ってきた勘である。

②　気象条件に左右されやすいなか、安定した農業を行うために、昔の農業者はアナログ的な方法で記録または記憶することで、体感的に農業を行っていた。

③　ＩＴ機器の活用が当然となっている近年、デジタルの統計データよりも自分自身の勘を重要視するような農業者は皆無に等しい。

④　農業経験が浅い若年の生産者にとって、経験豊富な農家のデータを参考に生産できることのメリットは大きく、高齢者よりも若年層への技術の広がりが顕著である。

⑤　他業界では在庫管理のために重宝されているＰＯＳシステムも、高齢化が進んでいる農業業界ではＩＴ機器への馴染《なじ》みがないためにあまり広がらず、効果を出せていない。

問3　傍線部B「食品と健康の相関関係」とあるが、データ駆動型農業の普及によって実現可能と考えられる技術として**適当でないもの**を、次の①～⑤のうちから一つ選べ。解答番号は［6］。

①　特定の食品を多く摂取することで病気を患う可能性を減少させること。

②　消費者の健康ニーズに合わせて作物を開発し、流通へとつなげること。

③　消費者自身が自らの健康増進に役立つ野菜を生産する農家を探し、購入すること。

④　自己診断データを参考に、消費者が自分の健康状態に合わせた作物を自ら生産すること。

⑤　食生活の傾向と将来かかる可能性のある疾病との関係を明らかにすること。

問4　傍線部C「食品ロス」とあるが、食品ロスの削減についての説明として、データ駆動型農業の内容も踏まえて最も適当なものを、次の①～⑤のうちから一つ選べ。解答番号は **7** 。

① 消費者の立場から考えると、自分の購入した食材に関する情報を忘れないように機械がサポートする技術ができれば、家庭内の食品廃棄量を削減することができる。

② 生産者と販売者の双方が、各食材の時季に応じた消費者の消費傾向を把握することによって、より多数の生産物を家庭に届けることに注力できる。

③ ＭＩＴが開発したセンサーは、内蔵のカメラで食品の状態を視覚的に把握し、果物が熟れすぎる前に販売してしまうことができるため、食品ロスを削減できる。

④ 食品のリサイクルには多大な費用がかかるため、たとえ技術の進歩があったとしても、その観点から食品ロスを削減することは現実的ではない。

⑤ 野菜は鮮度が落ちて廃棄される作物がほとんどなので、ＩＴ技術の進歩によって鮮度の管理さえ徹底できれば食品ロス問題を解決することができる。

問5　情報通信技術を活用した農業ビジネスについての筆者の考えに関する説明として最も適当なものを、次の①～⑤のうちから一つ選べ。解答番号は **8** 。

①　データ駆動型においては、膨大な量のデータを収集することで、それぞれの課題における傾向や対策を打ち出すことができるため、どのような些末なデータであろうともとにかく集積していく姿勢が大切だ。

②　さまざまな分野の人間が互いのデータを持ち寄り、相互に利益を上げるための戦略を検討するためには、気軽に立ち寄れる共通のリアルな作業場が必要であり、これが実現すれば新たなビジネスチャンスを創出することができる。

③　官民の連携が重要である一方、公的機関は多数の機密事項を有しているため、農業の発展に向けて民間とのデータ連携が求められるものの、実際には積極的な情報公開には限界があり、実現が難しい。

④　ピーター・ドラッカーが蒸気機関について発言したように、情報通信技術は携帯電話やインターネットの登場を促すだけでなく、それらを取り巻く多くの産業においてその効力を発揮し、新たな産業の創出に貢献する。

⑤　高速ブロードバンドや高機能携帯電話と同様に、農業においても本文で紹介されているようなデータ活用技術がすでに十分に普及しており、今後はそれを過疎地など、環境を問わずに活用できるよう拡大していく段階に突入している。

問6　次に示すのは、生徒が**【文章】**と**【資料】**の内容について話しているところである。農業分野においてＩＴを活用することに対する生徒の意見として最も適当なものを、次の①〜④のうちから一つ選べ。解答番号は **9** 。

① 生徒Ａ――ＩＴ技術がさまざまな業界で広がって、農業分野でもそれを活用できる機会がたくさんあるけれども、一番重要なのはやはり農家の皆さんの長年の生産経験による勘であって、それがあってこそのＩＴ活用だと言えるよね。

② 生徒Ｂ――高齢の生産者は若い人たちに比べてＩＴ機器への馴染みが少ないけれど、勘だけに頼らないことは必要だ。戦略を練って難しく考えるのではなく、まずはどのような形でもよいからＩＴを利用しようとする姿勢が大事だね。

③ 生徒Ｃ――ひと口に情報システムと言ってもさまざまなツールが存在するから、生産者としてどのような事業展開をしていくのかを十分に検討した上で、一番効果的な方法で情報を最大限に利用することが重要だと思うな。

④ 生徒Ｄ――農業分野でも、多くの生産者が生き残りをかけて、さまざまな販売方法などを生み出してきている。情報を独自に入手・活用し、ビジネスチャンスをつくっていく姿勢が、農業全体の発展につながりそうだね。

第2問 次の文章は加能作次郎《かのうさくじろう》「恭三の父」（一九一〇年発表）の一節である。これを読んで、後の問い（**問1〜6**）に答えよ。
なお、設問の都合で本文の上に行数を付してある。（配点 45）

恭三は夕飯後例のごとく村を一周して帰って来た。

帰省してから一ヶ月余になった。昼はもとより夜も暑いのと蚊が多いのとで、予《かね》て計画していた勉強などは少しもできない。話相手になる友達は一人もなし毎日毎日単調無味な生活に苦しんでいた。仕事といえば昼寝と日に一度海に入るのと、それぞれ故郷へ帰っている友達へ手紙を書くのと、こうして夕飯後に村を一周して来ることであった。彼は以上の事を殆《ほとん》ど毎日欠かさなかった。中にも手紙を書くのと散歩とは欠かさなかった。方々にいる友達へ順繰《じゅんぐ》りに書いた。大方端書《はがき》（注1）であった。彼は誰《だれ》にも彼にも田舎生活の淋《さび》しい単調なことを訴えた。そして日々の出来事をどんなつまらぬ事でも書いた。隣家の竹垣に蝸牛《かたつむり》が幾ついたということでも彼の手紙の材料となった。何にも書くことがなくなると、端書に二字か三字の熟語のようなものを書いて送ることもあった。こんなことをするのは一つは淋しい平凡な生活をまぎらすためでもあるが、どちらかと言えば友達からも毎日返事をもらいたかったからである。友達からも殆ど毎日消息があったが時には三日も五日も続いて来ないこともあった。そんな時には彼は堪《たま》らぬ程淋しがった。郵便は一日に一度午後の八時頃《ごろ》に配達して来るので彼は散歩から帰って来ると来ているのが常であった。彼は狭い村を彼方《あちら》に一休み此方《こちら》に一休みして、なるべく時間のかかるようにしてまわった。そして帰る時には誰からか手紙が来ていればよい、いや来ているに相違ないという一種の予望《よぼう》（注2）を無理にでも抱いて楽しみながら帰るのが常であった。

今夜もやはりそうであった。

家のものは今蚊帳《かや》の中へ入った所らしかった。納戸の入口に洋灯《ランプ》が細くしてあった。

「もう寝たんですか。」

「寝たのではない、横に立っているのや。」と弟の浅七が洒落《しゃれ》を言った。

「起きとりゃ蚊が攻めるし、寝るより仕方がないわいの。」と母は蚊帳の中で団扇《うちわ》をバタつかせて大きな欠伸《あくび》をした。

恭三は自分の部屋へ行こうとして、

「手紙か何か来ませんでしたか。」と尋ねた。

「お、来とるぞ。」と恭三の父は鼻のつまったような声で答えた。彼は今日笹屋《ささや》の土蔵の棟上げ(注3)に手伝ったので大分酔っていた。

手紙が来ていると聞いて、恭三は胸を躍らせた。

「えっ、どれっ‼」慌《あわ》てて言ってすぐにまた、「何処《どこ》にありますか。」と努めて平気に言い直した。

「お前のとこへ来たのでない。」

「へぇい……。」

急に張り合いが抜けて、恭三はぼんやり広間に立っていた。一寸《ちょっと》間を置いて、

「家《うち》へ来たんですか。」

「おう。」

「何処から？」

「本家《おもや》の八重さのとこからと、清左衛門の弟様《おっさま》の所から。」と弟が引き取って答えた。

「一寸読んでみてくれ、別に用事はないのやろうけれど。」と父がやさしく言った。

「**A**浅七、お前読まなんだのかい。」

恭三は不平そうに言った。

「うむ、何も読まん。」

「何をへザモザ言うのやい。浅七が見たのなら、何もお前に読んでくれとは言わんない‼　あっさり読めばよいのじゃないか。」

父親の調子は荒かった。

恭三はハッとした。意外なことになったと思った。が妙な行きがかりでそのままあっさり読む気にはなれなかった。それで、

「何処にありますか。」と大抵その在所がわかっていたが殊更《ことさら》に尋ねた。

父は答えなかった。

「炉縁《ろぶち》（注4）の上に置いてあるわいの。浅七が蚊帳へ入ってから来たもんじゃさかい、読まなんだのやわいの。邪魔でも一寸読んでくんさい。」と母は優しく言った。

恭三は洋灯を明るくして台所へ行った。炉縁の角の所に端書と手紙とが載っていた。恭三は立て膝《ひざ》のままでそれを手に取った。生温《なまぬる》い灰の香が鼻についた。蚊が二三羽耳の傍《そば》で呻《うな》った。恭三は焦立《いらだ》った気持ちになった。呼吸がせわしくなって胸がつかえる様であった。腋《わき》の下に汗が出た。

まず端書を読んだ。京都へ行っている八重という本家の娘からの暑中見舞であった。手紙の方は村から一里余り離れた富来町《とぎまち》（注5）の清左衛門という呉服屋の次男で、つい先頃七尾（注6）のある呉服屋へ養子に行った男から来たのであった。彼は養子に行く前には毎日この村へ呉服物の行商に来た男で、弟様といえば大抵誰にも通ずるほどこの村に出入りしていた。恭三の家とは非常に懇意にしていたので、ここを宿にして毎日荷物を預けて置いて、朝来てはそれを担って売り歩いた。今度七尾へ養子に行ったのについて長々厄介《やっかい》になったという礼状をよこしたのであった。

恭三は両方共読み終えたが、ふとした心のはずみで妙に間拍子が悪くなって、何でもない事であるのに、B優しく説明して聞かせることができにくいような気持ちになった。で何か言われたら返事をするつもりで煙草《たばこ》に火をつけた。

蚊がしきりに攻めて来た。恭三は大袈裟《おおげさ》に、

「ひどい蚊だな！」と言って足を叩《たた》いた。

「蚊がおってくれねば、本当に極楽やれど。」と母は毎晩口癖のように言うことを言った。

恭三は何時《いつ》までも黙っているので、父は、

「読んだかい？」

「え、読みました。」とはっきりと答えた。

「何と言うて来たかい。」

「別に何でもありません。八重さのは暑中見舞ですし、弟様のは礼状です。」

「それだけか?」

「え、それっきりです。」

「ふーむ。」

恭三の素っ気ない返事がひどく父の感情を害したらしい。それに今晩は酒が手伝っている。それでも暫《しばら》くの間は何とも言わなかった。やがてもう一度「ふーむ。」と言ってそれから独《ひと》り言《ごと》のように「そうか、何ちゅうのー。」とC不平らしく恨めしそうに言った。

恭三は父の心を察した。済まないとは思ったが、さて何とも言い様がなかった。

「もうよい、もうよい、お前に読んでもらわんわい、これから……。へん、何たい。あんまり……。」

恭三はつとめて平気に、

「このお父様は何をおっしゃるんです。何も別にそれより外のことはないのですよ。」

父はかっと怒った。

「馬鹿言えっ! それならお前に読んでもらわいでも、おりゃちゃんと知っとるわい。」

「でも一つは暑中見舞だし、一つは長々お世話になったという礼状ですもの。他に言い様がないじゃありませんか。」

「それだけなら、おりゃ眼《め》が見えんでも知っとるわい。先刻《さきがた》郵便が来たとき、何処から来たのかと郵便屋に尋ねたのじゃ、そしたら、八重さ所からと、弟様とこから来たのやと言うさかい、そんなら別に用事はないのや、ははん、八重さなら時候の挨拶やし、弟様なら礼手紙をいくいたのやなちゅうことくらいはちゃんとわかっとるんじゃ。お前にそんな事を言うてもらうくらいなら何も読うでくれと頼まんわい。」

「だって……。」

「もうよい、よいとも! 明日の朝浅七に見てもらうさかい。さあ寝てくれ、でかい御苦労でござった。」と皮肉に言った。

こう言われると恭三も困った。黙って寝るわけにも行かぬし、そうかと言って屈従するほど淡泊でもなかった。ここで一寸気を変えて、「悪うございました。」と一言謝ってそして手紙をくわしく説明すれば、それで何の事もなく済んでしまうのであることは恭三は百も承知していたが、それを実行することは頗《すこぶ》る困難の様であった。妙な羽目に陥って蚊にさされながら暫くモジモジしていた。

「じゃどう言うたらよいのですか？」と仕方なしに投げ出すように言った。

「おりゃ知らんない。お前の心に聞け！」

（中略　父は母に愚痴をこぼし、やがて恭三と口論を始める。）

「おりゃこんな無学なもんじゃさかい、愚痴やも知れねど、手紙というものはそんなもんじゃないと思うのじゃ、同じ暑さ見舞でも種々書き様があろうがい。大変暑なったが、そちらも無事か私も息災にいる。暑いさかい身体を大切にせいとか何とか書いてあるじゃろうがい。それを只《た》だ一口に暑さ見舞じゃ礼手紙じゃと言うただけでは、聞かしてもらう者がそれで腹がふくれると思うかい。（中略）一々くわしく読んで聞かしてくれるもんじゃわい。」大分優しく意見するように言った。

恭三ももはや争うまいと思ったが、

「だってお父様、こんな拝啓とか頓首《とんしゅ》とかお定まり文句ばかりですもの、いくら長々と書いてあっても何にも意味《わけ》のないことばかりですから、そんなことを一々説明してもお父様にわからんと思ってああ言ったのですよ。悪かったら御免下さい。」

「わからんさかい聞くのじゃないか。お前はそう言うがそりゃ負け惜しみというものじゃ、むつかしい事はおれ等にはわからんかも知れねど、それを一々、さあこう書いてある、ああ言うてあると歌でも読むようにして片端から読うで聞かしてくれりゃうれしいのじゃ。お前が他人に頼まれた時に、それでよいと思うか考えてみい。無学な者ちゅう者は何にもわからんとって、一々聞きたがるもんじゃわい。わからいでも皆な読うでもらうと安心するというもんじゃわい。」と少し調子を変えて、「お前の所から来る手紙は、金を送ってくれって言うより外ね何もないのやれど、それでも一々浅七に初めから読ますのじゃ。それを聞いておれでも、お母さんでも心持ちよく思うのじゃ。」

「そりゃ私の手紙は言文一致《はなし》（注7）で、そのまま誰が聞いてもわかるように……。」と皆まで言わぬ中に、

D「もうよい!!」と父親は鋭く言い放った。そしてその後何とも言わなかった。

恭三は何とも言われぬ妙な気持ちになってなおしばらくたっていたが、やがて黙って自分の部屋へ行った。

（注）1　端書——ハガキ。

2　予望——期待。

3　棟上げ——家の骨組みが完成した区切りの時期に、これまで工事が無事に進んだことへの感謝と完成を祈願する儀式。

4　炉縁——いろりの壇の上に飾る木の枠。

5　富来町——石川県能登《のと》半島にある町。

6　七尾——石川県能登半島にある地名。現在は七尾市。

7　言文一致——文章を書く時、できるだけ話し言葉に近い形で書くこと。

問1　傍線部A「浅七、お前読まなんだのかい」とあるが、ここに見られる恭三の気持ちはどのようなものか。その説明として最も適当なものを、次の①〜⑤のうちから一つ選べ。解答番号は 10 。

① 期待していた自分への手紙もないことがわかって気落ちしてしまい投げやりな気持ちになっているなかで、酔っ払いの父親の面倒な頼みを弟に押しつけようと思っている。

② 自分への手紙もなく思いどおりにいかずに苛《いら》立っているなかで、さらに追い打ちをかけるような父親の回りくどい言い方に嫌気がさしている。

③ 本来ならばすでに弟が手紙を読んだはずだという疑念をもつなかで、父親がわざと嘘《うそ》を言っているのが透けて見え、弟に確認したいと思っている。

④ 来た手紙はたいした内容ではないと承知しているなかで、父親がその手紙を自分に読ませるということは嫌がらせ以外に考えられないので、わざととぼけようとしている。

⑤ 酔った父親が恭三への手紙があったような口ぶりでからかったことに怒りを感じるなかで、さらに無理難題を押しつけてきたので反抗しようと思っている。

問2　傍線部B「優しく説明して聞かせることができにくいような気持ちになった」とあるが、なぜこのような気持ちになったのか。その理由の説明として最も適当なものを、次の①〜⑤のうちから一つ選べ。解答番号は 11 。

① 端書や手紙はなじみの者からのものばかりで父親もその人柄をよく知っているので、これらの内容を父親に説明するのは意味があることだと思えなかったから。

② 端書や手紙について執拗《しつよう》に問いかけてくる父親は明らかに泥酔した様子だったので、この状況の中で父親に説明しても理解できないだろうとあきらめたから。

③ 端書や手紙は、苛立っている自分にとって簡素な内容と受け取れ、その上、泥酔して面倒を押しつけてくる父親にこれをかみ砕いて丁寧に説明する気にはなれなかったから。

④ 端書や手紙には暑中見舞や礼状の内容しかなく、それを大仰に長男が読むという儀式は、どこか田舎じみて馬鹿らしく思えて、プライドが許さなかったから。

⑤ 端書や手紙の内容は父親にとっては難しい内容が含まれており、それを父親にわかりやすく易しい言葉で言い直すのは骨が折れる作業だと思ったから。

問3　傍線部C「不平らしく恨めしそうに言った」とあるが、ここに見られる父の心境はどのようなものか。その説明として最も適当なものを、次の①〜⑤のうちから一つ選べ。解答番号は 12 。

① 書面の内容以上のものを恭三の口から聞きたいのに、それを自分なりに説明できない息子に不平をもったが、その恨みをどういう仕打ちで晴らそうか思案している心境。

② 書面を一言一句心を込めて読んでほしいのに、恭三はその気持ちを察さずに淡泊な受け答えしかしないのに苛立ったが、それを面と向かって口にするかどうか葛藤している心境。

③ 暑中見舞や礼状は本来気持ちを込めて書くべきものなのに、恭三の受け答えで気持ちがこもっていない文章であるとわかり悲しみを覚えたが、これを恭三に伝えるべきかどうか悩んでいる心境。

④ 端書や手紙の文言の内容は何でもよくて、それをきっかけに恭三と話したかっただけなのに、それに気づけない恭三に失望したので、これをどう悟らせようかと考えている心境。

⑤ 文面は相手を気遣いながら御礼を述べるような温かい内容なのに、それを読む恭三は冷淡な態度でその内容を台無しにしてしまっていることに怒りを覚えている心境。

問4　傍線部D「『もうよい‼』と父親は鋭く言い放った」とあるが、このときの父親の心情を説明したものとして最も適当なものを、次の①～⑤のうちから一つ選べ。解答番号は 13 。

① 恭三からの手紙は用件しか書いていなくても、浅七に言葉をおぎなって読ませることで言外の思いをくみ取ってきた。手紙はそういう読み方をするものだと教えたのに、恭三が、誰が読んでもわかる平易な表現にしているのでその必要はないという返事をしたので、自分が教えたことを無視する恭三に怒りを感じた。

② 恭三からの手紙は親に配慮して難解な表現を避けて要点だけを書いているので冷たい印象があったが、それを浅七に読ませることで温かみを感じるように工夫した。このような工夫で恭三の手紙をなるべく気持ちよく読めるようにしたのに、自分は言文一致に配慮したことだと自慢するので、反抗的な恭三の態度に怒りを感じた。

③ 恭三からの手紙には送金のお願いしか書かれていなかったが、浅七に何度もその文面を読ませる中で恭三の必死な思いを推察し、その気持ちに応えようとした。遠方にいる息子にできるだけ寄り添おうと努力したのに、恭三がその必要はないとあしらうので、親の気持ちを理解できない恭三に怒りを感じた。

④ 恭三からの手紙は話し言葉で書かれた言文一致の文体で、それを浅七に読ませると遠く離れた恭三の気持ちがいっそうリアルに感じられた。そのような配慮をした文面であったことを知らなかったので、改めてそれを伝えられると自分の無学を責められているようで、親に恥をかかせた恭三に怒りを感じた。

⑤ 恭三からの手紙は金の無心の内容しかなくとも、浅七に読ませて遠く離れた息子の様子をくみ取って気持ちをなぐさめていた。手紙を読ませる真意を伝えたつもりなのに、恭三が言文一致で書いたから内容が伝わりやすかっただけだという見当違いの返答をしたので、親の心を斟酌《しんしゃく》できない恭三に怒りを感じた。

問5　本文全体の表現の特徴として最も適当なものを、次の①～④のうちから一つ選べ。解答番号は 14 。

① 恭三と父親の会話から人間性がくみ取れ、弟の浅七と母親は会話こそ少ないが特徴のある話しぶりで、会話を中心としながらこの家族の人物像や関係が浮かび上がるよう工夫されている。

② 恭三の視点を中心にしながら物語が展開しているが、彼の心情などは極力省かれ、状況の変化を淡々と述べていくことで、恭三のこの家族に対する距離感を示すよう工夫されている。

③ 時間の経過やいつ起こったことなのかを示す表現の多用によって読み手に場面を想像しやすくしていることに加えて、物語が大きく変化していることを感じさせるよう工夫されている。

④ 恭三と父親の親子喧嘩《げんか》という深刻な場面ながら、一方で擬態語や様子を表す表現にカタカナでの表記を意図的に使うことで、この喧嘩が滑稽な寸劇のような感じになるよう工夫されている。

問6 次に示す【資料】は、この文章（加能作次郎「恭三の父」）の作品についての解説文である。【資料】の二重傍線部「加納作次郎はその後も写生文ふうな作風で親しまれた」とあるが、この「写生文ふうな作風」は、本文の「蚊」（蚊帳）に関する表現からもうかがえる。この表現の繰り返しによって描いた内容の説明として最も適当なものを、後の①～④のうちから一つ選べ。解答番号は 15 。

【資料】

「恭三の父」の作者加能作次郎は石川県羽咋《はくい》の漁師の子として生まれ、中学を志して京都に出てから各種の職業を転々としながら、明治三十八年に上京して国民英学会（注）に進み、同四十四年に早大英文学科を卒業した。

この作品は、作者が自分の父親を描いた最初の作品で、気が弱く、善良で、働きものの平凡な漁民の姿をあたたかい筆でとらえた好短編である。加能作次郎はその後も写生文ふうな作風で親しまれた。自然主義の末流などといわれたが、大正七年の自伝的な短篇《ぺん》『世の中へ』、昭和十三年に「恭三の父」をいっそう大写しにして書いた力作『父の生涯』などが、この作家の持ち味がよく生かされていて光っている。

（『現代日本文学大系91　現代名作集㈠』）

（注）　国民英学会——明治・大正期の進学予備学校の名前。

○本文の「蚊」（蚊帳）に関する表現

・昼はもとより夜も暑いのと蚊が多いのとで、予《かね》て計画していた勉強などは少しもできない。（2行目）

・家のものは今蚊帳《かや》の中へ入った所らしかった。（14行目）

・「起きとりゃ蚊が攻めるし、寝るより仕方がないわいの。」と母は蚊帳の中で団扇《うちわ》をバタつかせて大きな欠伸《あくび》をした。（17行目）

・浅七が蚊帳へ入ってから来たもんじゃさかい、読まなんだのやわいの。（39行目）
・生温《なまぬる》い灰の香が鼻についた。蚊が二三羽耳の傍《そば》で呻《うな》った。恭三は焦立《いらだ》った気持ちになった。（42行目）
・蚊がしきりに攻めて来た。恭三は大袈裟《おおげさ》に、「ひどい蚊だな！」と言って足を叩《たた》いた。「蚊がおってくれねば、本当に極楽やれど。」と母は毎晩口癖のように言うことを言った。（51〜53行目）
・妙な羽目に陥って蚊にさされながら暫くモジモジしていた。「じゃどう言うたらよいのですか？」と仕方なしに投げ出すように言った。（80〜82行目）

① 蚊に悩まされながら生活する田舎生活の実情を表しながら、一方で家族の確執に蚊が関わっているような様子を表すことで、些細《ささい》なことで家族が崩壊しそうになる危うい姿を描いている。

② 蚊が生活の中心になった田舎生活の実情を表しながら、一方で蚊が家族の会話が行き詰まった時にやり過ごす口実になっている様子を表すことで、蚊で家族関係が保たれている奇妙な姿を描いている。

③ 蚊が無数に飛び交う田舎生活の実情を表しながら、一方でその蚊を避けるための蚊帳を家族の象徴であるかのように表すことで、田舎で家族が寄り添って生きている慎《つつ》ましい姿を描いている。

④ 蚊が多く蚊帳がなくては生活できない田舎生活の実情を表しながら、一方で蚊がそこに暮らす人間の苛立ちを助長するように気持ちに寄り添う様子を表すことで、市井《しせい》の民の人間味あふれる姿を描いている。

（下書き用紙）

国語の試験問題は次に続く。

第3問　Kさんは、国が定める「食生活指針」についてレポートを書くことになった。次に示す【メモ】はKさんが作成したものであり、【資料Ⅰ】～【資料Ⅲ】はKさんの参照した参考文献の一部を整理したものである。これらを読んで、後の問い（問1～3）に答えよ。（配点　20）

【メモ】

・食生活指針とは……どのように食生活を組み立てればいいのかを示した指針。
・食生活指針の策定
　一九八三年に農林水産省が日本型食生活を提唱し、一九八五年に厚生省（当時）が「健康づくりのための食生活指針」を策定した。二〇〇〇年には文部省、厚生省、農林水産省（いずれも当時）が連携して「食生活指針」を策定、二〇一六年に改定が行われた。
・柄本《えのもと》三代子《みよこ》『健康の語られ方』（二〇〇二年）には、一九八五年の「食生活指針」とその解説が掲載されている（【資料Ⅰ】）。
・二〇一六年に改定された「食生活指針」は、農林水産省のウェブサイトに掲載されている（【資料Ⅱ】）。
・現在の食生活について、農林水産省のウェブサイトに「食育に関する意識調査報告書」が掲載されている（【資料Ⅲ】）。

【資料Ⅰ】

さて、食生活指針の特徴は、生活への入り込み方がきわめて巧妙である点にある。それは少なくとも抑圧的なものなどであるはずもなく、かなり懇切丁寧に私たちの食生活に口をはさんでくる。厚生省主導で一九八四年に、食生活指針策定検討委員会が設けられた。そして、食生活指針の趣旨は次のようにうたわれていた。「今後の本格的な高齢化の進展に伴ない、がん、脳卒中、心臓病、糖尿病等の成人病の一層の増加が予想されるが、成人病については、日頃の健康管理、特に適正な食生活の実践によって相当程度予防することができることから、国民のひとりひとりが自覚をもち、食生活の改善に努めることが重要である」。そこで策定されたのが次の食生活指針である。

1　多様な食品で栄養バランスを
　一日30食品を目標に
　主食、主菜、副菜をそろえて
2　日常の生活活動に見合ったエネルギーを
　食べすぎに気をつけて、肥満を予防
　よくからだを動かし、食事内容にゆとりを
3　脂肪は量と質を考えて
　脂肪はとりすぎないように
　動物性の脂肪より植物性の油を多めに
4　食塩をとりすぎないように
　食塩は一日10グラム以下を目標に
　調理の工夫で、むりなく減塩
5　こころのふれあう楽しい食生活を
　食卓を家族ふれあいの場に
　家庭の味、手づくりのこころを大切に

初期の段階からこの食生活指針の策定に深くかかわってきた専門家は次のように述べている。

「食生活指針」は厚生省の健康増進栄養行政における画期的な作品であったといえる。厚生省がアカデミックな、あるいはペダンティック（注1）な姿勢を弱めて、プラグマティック（注2）でプラクティカルな指針をつくり得たのである。このことは国民生活の中に、統制国家の統制的なアプローチではなく、なんとかガイドラインを導入して国民の自覚的な生活改善を成功させる必要性に迫られていたとはいえ、同課〔健康増進栄養課〕の英断に負うところ大である。（傍点と〔 〕は引用者）

この食生活指針の肝《きも》は、「一日三十食品」と「栄養バランス」という点にある。専門家の考えた科学言説を食生活のなかによく浸透させ、統制的なアプローチではなく、自覚的なセルフコントロールによる生活改善を可能にすること、このことこそが食生活指針作成の主眼だった。そしてこれがみごとに成功していることについてはあとで例証（注3）しよう。

「食事の楽しみ」さえも食生活指針には盛り込まれている。楽しく食べなければ指針の意味はないというところだろう。おそらく指針を守った食生活を送るということは、現代人にとって簡単なことではないだろう。いろいろとこまかいことやむずかしいことを守れなければ、「楽しく食事することがいちばん」と開きなおることも容易に想像がつく。このような開きなおりは、こうあるべきだという食生活指針の示す適切性を裏切っている。しかし、生存するために不可欠な行為とはいえ、本来、食べることはほとんどの人間にとっておおいなる楽しみでもあるのだ。イデオロギーを実践レベルで浸透させるためには、この楽しみに着目するほかないだろう。あるべき食生活についての説明の様式を、「楽しみ」にまで拡張していくことによって、より実践的なレベルにイデオロギーを落下させていくのだ。高尚な理念は高尚であることによって、正面きって簡単には批判できないという不可侵領域をつくることができるけれども、それだけではイデオロギーは実践のレベルまで落下していかない。親しみやすさ、簡単さ、わかりやすさ、楽しさ、そういった現実的な実践可能性も含めた説明の様式をとらなくてはならない。このような要件を兼ね備えているのが、まさに食生活指針なのである。

（柄本三代子『健康の語られ方』による）

（注）1　ペダンティック――学識や教養をひけらかすさま。

2　プラグマティックでプラクティカル――実用的で実践的なさま。

3　あとで例証しよう――筆者は【資料Ⅰ】のあとの箇所で例証している。

【資料Ⅱ】二〇一六年に改定された「食生活指針」（設問の都合で1～10の番号を付してある。）

食生活指針	食生活指針の実践
1 食事を楽しみましょう。	・毎日の食事で、健康寿命をのばしましょう。 ・おいしい食事を、味わいながらゆっくりよく噛んで食べましょう。 ・家族の団らんや人との交流を大切に、また、食事づくりに参加しましょう。
2 1日の食事のリズムから、健やかな生活リズムを。	・朝食で、いきいきした1日を始めましょう。 ・夜食や間食はとりすぎないようにしましょう。 ・飲酒はほどほどにしましょう。
3 適度な運動とバランスのよい食事で、適正体重の維持を。	・普段から体重を量り、食事量に気をつけましょう。 ・普段から意識して身体を動かすようにしましょう。 ・無理な減量はやめましょう。 ・特に若年女性のやせ、高齢者の低栄養にも気をつけましょう。
4 主食、主菜、副菜を基本に、食事のバランスを。	・多様な食品を組み合わせましょう。 ・調理方法が偏らないようにしましょう。 ・手作りと外食や加工食品・調理食品を上手に組み合わせましょう。
5 ごはんなどの穀類をしっかりと。	・穀類を毎食とって、糖質からのエネルギー摂取を適正に保ちましょう。 ・日本の気候・風土に適している米などの穀類を利用しましょう。
6 野菜・果物、牛乳・乳製品、豆類、魚なども組み合わせて。	・たっぷり野菜と毎日の果物で、ビタミン、ミネラル、食物繊維をとりましょう。 ・牛乳・乳製品、緑黄色野菜、豆類、小魚などで、カルシウムを十分にとりましょう。
7 食塩は控えめに、脂肪は質と量を考えて。	・食塩の多い食品や料理を控えめにしましょう。食塩摂取量の目標値は、男性で1日8g未満、女性で7g未満とされています。 ・動物、植物、魚由来の脂肪をバランスよくとりましょう。 ・栄養成分表示を見て、食品や外食を選ぶ習慣を身につけましょう。
8 日本の食文化や地域の産物を活かし、郷土の味の継承を。	・「和食」をはじめとした日本の食文化を大切にして、日々の食生活に活かしましょう。 ・地域の産物や旬の素材を使うとともに、行事食を取り入れながら、自然の恵みや四季の変化を楽しみましょう。 ・食材に関する知識や調理技術を身につけましょう。 ・地域や家庭で受け継がれてきた料理や作法を伝えていきましょう。
9 食料資源を大切に、無駄や廃棄の少ない食生活を。	・まだ食べられるのに廃棄されている食品ロスを減らしましょう。 ・調理や保存を上手にして、食べ残しのない適量を心がけましょう。 ・賞味期限や消費期限を考えて利用しましょう。
10 「食」に関する理解を深め、食生活を見直してみましょう。	・子供のころから、食生活を大切にしましょう。 ・家庭や学校、地域で、食品の安全性を含めた「食」に関する知識や理解を深め、望ましい習慣を身につけましょう。 ・家族や仲間と、食生活を考えたり、話し合ったりしてみましょう。 ・自分たちの健康目標をつくり、よりよい食生活を目指しましょう。

【資料Ⅲ】

「現在の食生活について」

問　あなたは、普段の食事を自分で準備していますか。

図　普段の食事の準備

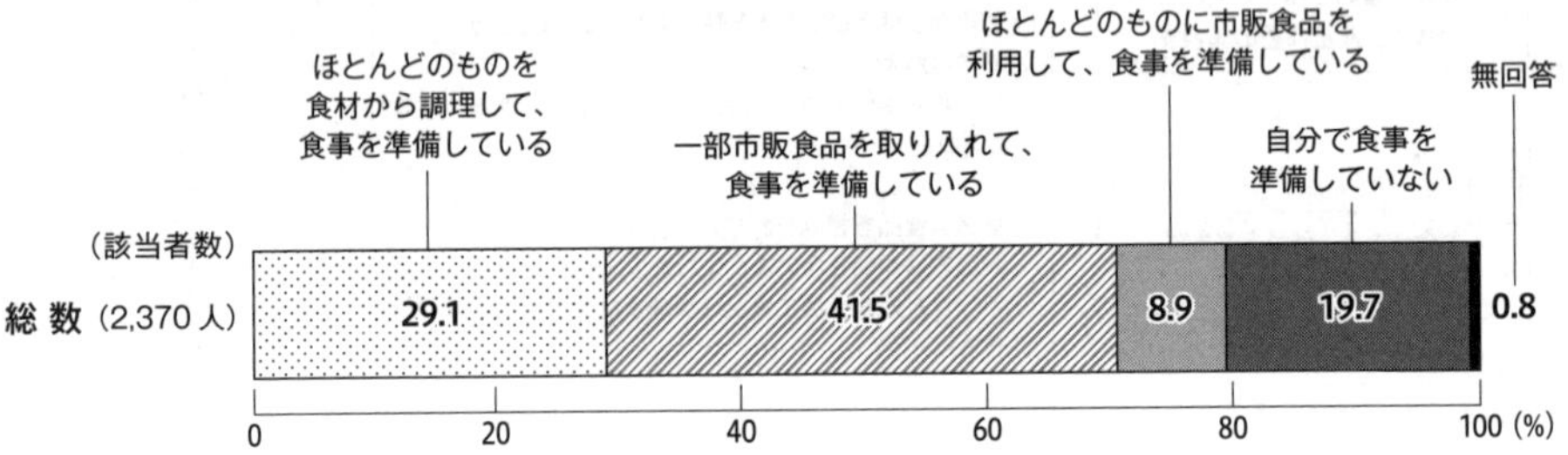

普段の食事の準備

普段の食事を自分で準備しているか聞いたところ、「ほとんどのものを食材から調理して、食事を準備している」と回答した人の割合が29.1％、「一部市販食品を取り入れて、食事を準備している」と回答した人の割合が41.5％、「ほとんどのものに市販食品を利用して、食事を準備している」と回答した人の割合が8.9％、「自分で食事を準備していない」と回答した人の割合が19.7％となっている。

（農林水産省「食育に関する意識調査報告書」〈令和5年3月〉による）

問1 **【資料Ⅰ】**の「食生活指針」に関する筆者の考えと合致するものとして最も適当なものを、次の①～⑤のうちから一つ選べ。解答番号は **16**。

① 生活を改善し健康を増進するために必要とされる食生活を、食事の楽しみに言及することによって、理念を示すだけではなく実践可能な形で説明し、読み手が自覚的に生活を改善できるようにしている。

② 「一日三十食品」と「栄養バランス」という目標を示し、高尚な理念を丁寧に説明する一方で、食事の楽しみに言及することによって、簡単には批判できないという不可侵領域をつくり出している。

③ 統制的ではなく自覚的に生活を改善することを目標にして設定されたが、懇切丁寧な説明に加え食事の楽しさにも言及することによって、結果として食生活指針の適切性を裏切ってしまっている。

④ 私たちの食生活に対して改善策を懇切丁寧に説明し、食事の楽しさを伝えるべく策定されたものではあるが、その説明においてセルフコントロールを前面に出したために、実践的ではない抽象的な理念になっている。

⑤ 人間にとって大いなる楽しみである食事の意義を、高尚な理念を示すのではなく実践可能な形で説明することによって、生活の改善や健康の増進よりも、本来あるべき食事の楽しみ方に重きを置いて伝えている。

問2 **【資料Ⅱ】**に関する次の(i)・(ii)の問いに答えよ。

(i) 「食生活指針」(**【資料Ⅱ】**)の構成について、Kさんは次のようにまとめた。空欄 **a** に当てはまる語として最も適当なものを、後の①~⑤のうちから一つ選べ。解答番号は **17**。

> 1・10では指針全体の **a** や全体像を包括的に示し、2~9でそのための具体的な指針を示している。

① 規範　② 効用　③ 理念　④ 指標　⑤ 類型

(ii) Kさんは項目2~9を、次のように見出しをつけて整理した。空欄 **b**・**c** に入る語句の組合せとして最も適当なものを、後の①~④のうちから一つ選べ。解答番号は **18**。

2	生活の質(QOL)の向上
3	**b**
4~7	バランスのとれた食事内容
8・9	**c**

① b 心身両面での自己管理の推奨
c 食の伝統や環境への理解と配慮

② b 適度な身体活動量と食事量の確保
c 食の伝統や環境への理解と配慮

③ b 心身両面での自己管理の推奨
c 食の安全に対する意識と公平な分配への努力

④ b 適度な身体活動量と食事量の確保
c 食の安全に対する意識と公平な分配への努力

問3　次に掲げるのは、Kさんと級友が**【資料Ⅰ】**中の「食生活指針」と**【資料Ⅱ】**の「食生活指針」を比較して話している場面である。**【資料Ⅰ】**～**【資料Ⅲ】**を踏まえて、空欄 d ・ e に入る内容として最も適当なものを、後の①～⑤のうちからそれぞれ一つずつ選べ。解答番号は 19 ・ 20 。

Kさん――どちらも、食事を楽しむという点では共通しているけれど、**【資料Ⅱ】**には**【資料Ⅰ】**の指針では書かれていなかったことがかなり加わっているよ。たとえば、**【資料Ⅱ】**には「ビタミン、ミネラル、食物繊維」「カルシウム」「栄養成分表示を見て」という記述があるね。

Aさん――**【資料Ⅱ】**では食品ロスの問題にも言及しているよ。

Bさん――それに、**【資料Ⅱ】**には「無理な減量はやめましょう」「特に若年女性のやせ、高齢者の低栄養にも気をつけましょう」というアドバイスがある。この問題も食品ロスの問題も、最近のニュースで取り上げられているよね。

Aさん――**【資料Ⅰ】**の指針では「家庭の味、手づくりのこころを大切に」と書かれていたのに、**【資料Ⅱ】**では「手作りと外食や加工食品・調理食品を上手に組み合わせましょう」に変わっている。

Bさん――それに**【資料Ⅲ】**も踏まえると、 d といえるね。

Kさん――そうだね。加えて、**【資料Ⅱ】**にある「『和食』をはじめとした日本の食文化を大切に」「地域の産物や旬の素材を使う」も、これまでのものにはなかったよね。

Aさん――どうやら、改定された「食生活指針」では、 e ということがいえそうだね。

空欄 d 19

① 「食事は一家の主婦が作るべきだ」という思い込みが見直されている
② 家庭の味にばかり固執せず、市販食品を適宜活用した調理も浸透している
③ 健康志向が高まり、外食でも栄養成分が明示されるようになっている
④ 自分で作った料理をSNSにアップして、見栄えを競うことが一般化した
⑤ 男女とも平均寿命は伸びたけれども、その反面、少子化が進んでいる

空欄 e 20

① 栄養素に関する知識が一般に浸透したことを踏まえて、社会の変化に惑わされることなく日本人らしく生きていくためにはどうすればよいのかを、食生活を通じて詳細に伝えていこうとしている
② 生活の習慣が大きく変化している日本の現状に理解を示しながら、日本人のこれまでの食生活や食習慣を続けるのが健康には最もよいということを、栄養学の知識を取り入れながら紹介している
③ 科学的な知識に頼らずに目標を提示するという点や、食事を楽しむという点はこれまでの指針と共通しているけれども、社会の変化や価値観の多様化に対応するため細かな部分まで言及している
④ 栄養学の知見を積極的に取り入れて、社会の変化や健康に関する課題の変化に対応しながら、日本の食文化や暮らしている地域を大切にする心も、食事を楽しみながら育てようとしている
⑤ 栄養素に関する知識が広く浸透したことに加えて、食生活が欧米化したことや外食が増えたことを踏まえて、栄養面での言及が簡潔になる一方で、「和食」の利点を多くの人に知ってもらおうとしている

第4問　次の文章は、源義経《みなもとのよしつね》の生涯を描いた『義経記《ぎけいき》』の一節である。義経は源平の合戦で武勲をたてたが、謀反の疑いを掛けられて兄の頼朝《よりとも》から追討されることとなった。本文は、身辺に危険が迫ってきたために、義経が京都からの脱出を決意した場面である。これを読んで、後の問い（問1〜6）に答えよ。（配点　45）

頃は正月《むつき》の末、二月《きさらぎ》の二日なり。判官殿《はうぐわん》（注1）、明日都を出《い》で給《たま》はむとて、「上下か様《やう》に出で立ち給ふと雖《いへど》も、猶《なほ》も都に思ひ置く事あり。中にも一条今出川辺《いまでがはべ》（注2）にある人、数多《あまた》あれども連れて下れなんど言ひしに、知らせずして下りなば、さこそ恨みも深くあるべければ、具《ぐ》して下らばや」と仰せられけり。武蔵坊《むさしばう》（注3）申しけるは、「御供《とも》申すべき者は、これに数多候ふ。その外《ほか》に今出川には誰か御渡り候ふやらむ。北の御方（注4）の事にて候ふやらむ」と申しければ、この御身して、さすがに仰せかね、つくづくと案じておはしけるを、「山伏の姿（注5）にて、女房を先に立て参らむことは、さらに行者とは見えじ。また敵《かたき》に追つかけられむ時、女房を静かに歩ませたらむに、よき事の候ふべきか」と申しけるが、つくづく思へば、(ア)いとほしやこの人は、久我大将殿《こがのだいしやう》（注6）の姫君、九つにて父大将殿に後《おく》れさせ給ひぬ。十三にて母御前に後れ給ひて後、御乳人十郎権頭《めのとじふらうごんのかみ》（注7）より外《ほか》に頼む方なし。容顔《ようがん》も美しく、御情けも深くおはします。十六の歳まで幽《かす》かなる御住居《すまゐ》なりしを、いかなる風の便《たよ》りにか、この君より外に知るべもましまさず。また奥州《あうしう》（注8）に下るとも、情けを知らぬ東《あづま》の女を見せ奉らむこともいたはし。御心の内を推量《おしはか》るに、おぼろげならではさも仰せ出だされじ。**A**さらば具し奉りて下らばやと思ひければ、「あはれ**a**人の心として、上下の分別候はずは、変はらぬ習ひの候ふぞ。さらば入らせ給ひて、事の体《てい》をも御覧ぜられ候へかし」と申しければ、判官殿、まことに嬉《うれ》しげにて、「いざさらば」とて、柿の衣の上に衣被《きぬかつ》きして、一条今出川の久我大将殿の古き御所へぞおはしける。

荒れたる宿の習ひにて、軒《のき》の忍《しのぶ》草に露置きて、籬《まがき》（注9）の梅も匂《にほ》ひあり。判官殿をば、中門の廊《らう》（注10）に隠し奉りて、弁慶《べんけい》妻戸の辺に立ち寄りて、「もの申さむ」と言ひければ、「何処《いづく》より」と答ふ。「堀川の方より」（注11）と申しければ、妻戸を開けて見ければ、弁慶にてぞありける。日頃は人伝《ひとづて》にこそ聞き給ひしに、余りの嬉しさに、北の御方御簾《みす》の際《きは》に立ち寄りて、**b**人は何処にぞと思ひ給ふ。「堀川におはしますが、明日陸奥《みちのく》へ御下り候ふが、『申せ』との仰せの候ひつるは、『日頃の御約束は、いかなる有り様をしても具足《ぐそく》し参らせむと申して候ひしかども、道々どもみな塞《ふさ》がれて候ふなれば、c人をさへ具足して B憂《う》き目を見せ参らせむ事いたはしく思ひ参らせ候へば、義経先に下りて、もしながらへて候はば、秋の頃は必ず御迎ひを参らせ候ふべし。それまで御心長く待たせおはしませ』とこそ仰せ候ひつれ」と申しければ、「この度だにも具して下り給はで、何故《なにゆゑ》に迎ひを給はるべき。下り給はば、さらん先に老少不定《らうせうふぢやう》(注12)の習ひなれば、ともかくもなりたらば、とてもかくても逃れざりけるもの故に、など具して下らざりけんと後悔し給ふとも、甲斐《かひ》あらじ。(イ)御こころざしありし程は、四国西国《さいこく》(注13)の波の上までも、具足せられしぞかし。さればいつしか変はり心のうらめしさよ。大物《だいもつ》(注14)の浦とかやより都へ帰されしその後は、思ひ絶えたる言の葉を、また廻《めぐ》り来て、とかく慰め給ひしかば、心弱くも打ち解けて、二度憂き言の葉にかかりぬるこそ悲しけれ。申すに付けて、いかにと覚ゆれども、我いかにもなりなば、後の世までも罪深き事と聞く程に申すなり。過ぎぬる夏の頃より心乱れて苦しかりしを、ただならず(注15)とd人の申すを、月日に添へて身も苦しくなりまされば、その隠れあるまじ。何と言ひても、e人の心の強きなれば、力なし」と、打ち解け涙もせきあへざりければ、武蔵坊も涙を催《もよほ》しける。

灯火の影にて、常に住み給へる御障子の程を見れば、御手と覚えて、かくぞあそばしける。

C　つらからば我もこころの変はれかしなど憂き人の恋《こひ》しかるらむ

とありけるを、弁慶見奉りて、今の御言葉は、忘れ参らせ給はざりけると哀れにて、急ぎ判官殿にかく申せば、「さらば」とておはしまして、「(ウ)御心みじかき御うらみかな。義経も御迎ひに参りて候ふ」とて、ふと入り給ひければ、夢の心地して、問ふにつらさの涙せきあへず。

(注) 1　判官殿――源義経のこと。
2　一条今出川辺にある人――京都の一条今出川にいる人。義経の正妻を指す。
3　武蔵坊――義経の家来である、武蔵坊弁慶のこと。
4　北の御方――義経の正妻。

5 山伏の姿――義経の一行は山伏の姿になって、正体を隠して旅することにしていた。
6 久我大将殿――北の御方の父親。
7 御乳人十郎権頭――守り役として北の御方の世話をした、十郎権頭兼房《かねふさ》のこと。義経の家来の一人。
8 奥州に下る――義経たちは、京都を逃れて陸奥（現在の東北地方）に下ることにしていた。
9 籬――竹などで編んだ垣根。
10 中門の廊――屋敷の別棟に通じる廊にある門。
11 堀川の方――「堀川」は京都の地名で、ここに義経の屋敷があった。
12 老少不定――人の生死は定めがたいという仏教の教え。
13 四国西国――義経が平家と戦った合戦の場所を指す。
14 大物の浦――摂津国の神崎川の河口にあった港。現在の兵庫県尼崎市に属する。
15 ただならず――懐妊の徴候があること。

問1 傍線部(ア)〜(ウ)の解釈として最も適当なものを、次の各群の①〜⑤のうちから、それぞれ一つずつ選べ。解答番号は 21 〜 23 。

(ア) いとほしや 21
① 気の毒なことであることよ
② とても心引かれることよ
③ 愛情を抱いたというのか
④ いたわしいとでもいうのか
⑤ ぜひ妻にしたかったのか

(イ) 御こころざしありし程 22
① 義経様をとても深く愛していた頃
② 私を愛《いと》おしくお思いであった頃
③ 立身出世への思いを強くおもちの頃
④ 平家を滅ぼす野望に満ちておられた頃
⑤ ともに源氏再興を目指していました頃

(ウ) 御心みじかき御うらみかな 23
① 軽々しい、他人をうらやむお気持ちであることよ
② 短気である、ご自身の人生へのご判断であることよ
③ 慎重さを欠いた、私に対する当て推量であるよ
④ 思慮の足らない、私へのお恨みであることよ
⑤ 分別に欠けた、ご自身へのお恨みであるよ

問2　波線部a～eの「人」に関する説明として最も適当なものを、次の①～⑤のうちから一つ選べ。解答番号は 24 。

① aは個人を特定できるものではなく、北の御方に対する弁慶の発言中にあるものである。
② bは義経のことを指していて、「人は何処に」と思ったのは北の御方である。
③ cは北の御方のことを指していて、北の御方の屋敷に仕える者の発言中にあるものである。
④ dは個人を特定できるものではなく、弁慶の発言中にあるものである。
⑤ eは弁慶のことを指していて、北の御方の発言中にあるものである。

問3　傍線部A「さらば具し奉りて下らばや」と弁慶が思うに至った理由として最も適当なものを、次の①～⑤のうちから一つ選べ。解答番号は 25 。

① 北の御方は若くして両親に先立たれてしまった不幸な身の上で、義経は北の御方の身のまわりの世話をする約束をしていたから。
② 義経は北の御方には深く愛されているものの、東の国の女性からはまったく相手にされないだろうと気の毒に思ったから。

③　北の御方は長く独身であったが、偶然義経からの手紙が届き恋仲になったという不思議な縁を大切にするべきだと感じたから。

④　北の御方は他に頼る人もいない不遇な身の上であるし、義経の北の御方に対する愛情も並一通りではないだろうと思ったから。

⑤　義経は北の御方のことを以前から気にかけて世話をしており、彼女もまた、ずっと長く一緒にいたいと義経に伝えていたから。

問4　傍線部**B**「憂き目を見せ参らせむ事いたはしく思ひ参らせ候へば」の文法的説明として正しいものを、次の①～⑤のうちから一つ選べ。解答番号は **26** 。

①　「見せ」の「せ」は尊敬の助動詞「す」の連用形で、発言者である弁慶が北の御方へ敬意を表したものである。

②　「見せ」の「せ」は使役の助動詞「す」の連用形であり、「見せ」るのは義経、「見せ」られるのは弁慶である。

③　「参らせむ」の「参らせ」は一語の謙譲の補助動詞「参らす」の未然形で、北の御方への敬意を表している。

④　「参らせむ」の「参らせ」は謙譲の動詞「参る」に尊敬の助動詞「す」が付いたもので、義経への敬意を表している。

⑤　「候へば」の「候へ」は丁寧の動詞の已然形であり、発言者である弁慶が義経への敬意を表したものである。

問5　Cの歌の説明として最も適当なものを、次の①～⑤のうちから一つ選べ。解答番号は 27 。

① この歌は、義経への思いをどうしても断ち切れない北の御方が、その切ない心情を詠んだものであり、「変はれかし」で切れる三句切れの歌である。

② この歌には、薄情な義経を憎悪している北の御方の姿が描かれており、「つらからば」の「つら」は掛詞《かけことば》で、顔の「面」と「辛い」の意を掛けている。

③ この歌には、東の国の女へ心移りした義経に対する北の御方の悲哀が表れていて、「憂き人」の「うき」は掛詞で「浮き」と「憂き」の意を掛けている。

④ この歌は、北の御方が自ら筆をとって、日頃過ごしている部屋の障子に遊び心で書き記したものであり、途中で切れる句切れのない歌である。

⑤ この歌は、北の御方が幼い頃からの辛い身の上をかえりみて詠んだものであり、「恋《こひ》しかるらむ」の「ひ」は掛詞で「火」と「恋」の「ひ」とが掛けられている。

問6　この文章の特徴を説明するために、次のような【メモ】を作成した。空欄 X ・ Y に入る組合せとして最も適当なものを、後の①～④のうちから一つ選べ。解答番号は 28 。

【メモ】

文学史としての位置づけ　X

表現の特徴　Y

① X　鎌倉時代に盛行した軍記物語の流れをくみ、同じ軍記物語の作品に『栄花物語』がある。
　 Y　弁慶の行動には謙譲語を用いることで、家来としての立場を明確にし、上下関係を重んじる当時の風習が描き出されている。

② X　鎌倉時代に盛行した軍記物語の流れをくみ、同じ軍記物語の作品に『太平記』がある。
　 Y　義経と北の方の感情表現を描写し、お互いのことを思い合っている様子を伝え、強い夫婦愛を浮き彫りにするという物語要素も含む文章である。

③ X　鎌倉時代に盛行した軍記物語の流れをくみ、同じ軍記物語の作品に『保元物語』がある。
　 Y　弁慶の発言や行動が、義経や北の方に対する思いとは異なることを示唆し、本心を抑えた弁慶の思慮深さを効果的に描いている。

④ X　鎌倉時代に盛行した説話文学の流れをくみ、同じ説話文学の作品に『十訓抄』がある。
　 Y　「老少不定」や「後の世」など、北の方の発言から出家の意志が潜んでいることが伺われ、当時の仏教思想が色濃く現れている。

第5問

次の【文章Ⅰ】は、龐企《ほうき》という人物が語った遠い先祖の話であり、【文章Ⅱ】は陽山県《ようざんけん》のある人が語った話である。これらを読んで、後の問い（問1～6）に答えよ。なお、設問の都合で返り点・送り仮名を省いたところがある。（配点　45）

【文章Ⅰ】

其ノ遠祖、坐シテレ事ニ繋《つな》ガレレ獄ニ、而非ザルモ二其ノ罪ニ一、不シテレ堪ヘ二拷掠《かうりやく》ニ一（注1）、自ラ誣《いつは》リテ服スレ之ニ。及ビ二獄ノ将ニレルニ上《たてまつ》ラレント一、有リ三螻蛄《ろうこ》ノ（注2）行ク二其ノ左右ニ一。乃チ謂ヒテレ之ニ曰ハク、「A使爾有神、能活我死、不亦善乎」。因リテ投ゲテレ飯ヲ与フレ之ニ。螻蛄食ラヒレ飯ヲ尽クシテ去ル。頃《しばら》クシテ復タ来ルニ、形体稍（ア）大ナリ。意フニ毎ニ異トシレ之ヲ、乃チ復タ与フレ食ヲ。如クレ此クノ去来スルコト、至リ二数十日間ニ一、其ノ大ナルコト如シレ豚ノ。及ビ二竟《を》ヘレ報（注3）ヲ一、当タルニレ行フニレ刑ヲ、螻蛄夜ニ掘リテ二壁根ヲ一為スニ大孔ヲ一。B乃チ破リテレ械《かせ》ヲ、従リレ之出デ去ル。

（干宝《かんぽう》『捜神記《そうじんき》』による）

（注）1　拷掠――厳しい尋問や取り調べのこと。

2　螻蛄――昆虫の名。ケラ。体長約三センチメートル。モグラの手に似た幅広い前足をもち、土に穴を掘って住む。

3　竟レ報――最終的な判決が下される。

【文章Ⅱ】

始興《しこう》郡陽山県ニ有リ二人ノ行クモノ一レ田ヲ。忽チ遇フ二一象ニ一。以テレ鼻ヲ巻キレ之ヲ、遥カニ入ル二深山ニ一。見テ三一象ノ脚ニ有ルヲ二巨刺一、此ノ人牽挽《けんばん》シテ得レ出ダスヲ。病メル者即チ起《た》チ、相ヒ(イ)与ニ躅陸《ちょくりく》シテ(注1)、状若シ二歓喜スルガ一。前ノ象復タ載セレ人ヲ、就キ二一汚湿地ニ一、以テレ鼻ヲ掘《ほ》リ二レ出ダシ数条ノ長キ牙ヲ一、送リ二レ還ス本ノ処《ところ》ニ一。彼ノ境ノ田稼《でんか》(注2)C常為象所困。其ノ象俗ニ呼ビテ為ス二大客ト一。因リテ語リテ云ハク、「我ガ田稼在リレ此ニ、恒為大客所犯。D若念我者、勿復見侵」。便チ見ルニ二蹢躅《てきちょく》スルヲ(注3)一如シレ有ルガ二馴解《じゅんかい》スルコト(注4)一。(ウ)於是一家ノ業田(注5)、絶エテ無シ二其ノ患ヒ一。

（劉敬叔《りゅうけいしゅく》『異苑《いえん》』による）

（注）1 躅陸――地面を踏み鳴らす。
2 田稼――農作物。
3 蹢躅――うろうろする様子。
4 馴解――素直に聞き入れる。
5 業田――田畑。

問1 波線部(ア)「稍」・(イ)「与」・(ウ)「於是」の読み方の組合せとして最も適当なものを、次の①〜⑤のうちから一つ選べ。
解答番号は 29 。

① (ア) やうやく　(イ) あたへて　(ウ) これにて
② (ア) やや　(イ) ともに　(ウ) ここにおいて
③ (ア) いよいよ　(イ) くみして　(ウ) これにおいて
④ (ア) やや　(イ) ために　(ウ) ここにおいて
⑤ (ア) やうやく　(イ) ともに　(ウ) これにおいて

問2 傍線部**A**「使爾有神、能活我死、不亦善乎」の(i)書き下し文・(ii)その解釈として最も適当なものを、次の各群の①～⑤のうちから、それぞれ一つずつ選べ。解答番号は 30 ・ 31 。

(i) 書き下し文 30

① 爾《なんぢ》をして神《しん》有らしめて、能く我が死を活《い》かすは、亦た善からざらん
② 爾の神をして能く我が死を活かすこと有らしむるは、亦た善からずや
③ 爾の有する神を使ひて、能く我が死を活かさば、亦た善からずや
④ 爾を使ふ神有りて、能く我が死を活かしめば、亦た善からざらん
⑤ 爾に神有りて、能く我が死を活かしめば、亦た善からずや

(ii) 解釈 31

① お前の神通力で死ぬ運命にある私を生き長らえさせることは、よくないことだろうか
② お前に神通力があって、死ぬ運命にある私を生き長らえさせてくれたなら、なんとよいことではないか
③ お前をあやつる神通力があって、死ぬ運命にある私を生き長らえさせたなら、なんとよいことではないか
④ お前に神通力をもたせて、死ぬ運命にある私を生き長らえさせるのは、なんともよくないことだろうよ
⑤ お前のもっている神通力を使って、死ぬ運命にある私が生き長らえるとしたら、なんとよいことだろう

問3 傍線部B「乃破レ械、従レ之出去」の内容の説明として最も適当なものを、次の①～⑤のうちから一つ選べ。解答番号は **32** 。

① 螻蛄が穴から入って龐企の祖先を拘束していた刑具を壊し、その穴を通って去っていったということ。

② 螻蛄が穴から入って龐企の祖先を拘束していた刑具を壊したので、遠祖は牢《ろう》屋から逃げることができたということ。

③ 螻蛄が穴を掘ったおかげで龐企の祖先を拘束していた刑具が壊れ、そのため牢屋から逃げることができたということ。

④ 龐企の祖先は、自分を拘束していた刑具を自ら壊し、螻蛄のあとに従って穴を通って脱走したということ。

⑤ 龐企の祖先は、自分を拘束していた刑具を自ら壊して、螻蛄の掘った穴を通って脱走したということ。

問4 傍線部C「常為象所困」の返り点の付け方と書き下し文との組合せとして最も適当なものを、次の①～⑤のうちから一つ選べ。解答番号は **33** 。

① 常為㆓象所㆒困　　常に象《ざう》の所の為《ため》に困《こま》る

② 常為㆓象所㆒㆑困　　常に象をして困《くる》しめらる所と為《な》す

③ 常為㆓象所㆒㆑困　　常に象の困しむる所と為る

④ 常為㆓象所㆒困　　常に象の所と為りて困る

⑤ 常為㆑象所㆑困　　常に象と為りて困しめらる所なり

問5 傍線部**D**「若念我者、勿復見侵」の解釈として最も適当なものを、次の①～⑤のうちから一つ選べ。解答番号は **34** 。

① お前は私に感謝しているようなので、もう二度とここに姿を見せて私を連れて行ったりするまい。
② お前が私を知っているようなので、私を二度とお前の住む深山に連れて行かないでくれ。
③ 私の思っている通りなら、お前は二度と姿を現して田畑を荒らしたりはしないだろう。
④ もしお前が私に感謝しているのなら、もう二度と姿を現して田畑を荒らさないでくれ。
⑤ もしお前が私のことを思うなら、もう一度、この田畑に来て私の前に姿を現してくれ。

問6　【文章Ⅰ】と【文章Ⅱ】の内容の説明として最も適当なものを、次の①～⑤のうちから一つ選べ。解答番号は 35 。

① 【文章Ⅰ】はエサを与えてくれた人に螻蛄が恩返しする話、【文章Ⅱ】は自分たちが負った傷を治してもらった象がお礼をする話で、ともに昆虫や動物を擬人化することで報恩の義務を説く内容となっている。

② 【文章Ⅰ】は豚のように巨大化した不思議な力をもつ螻蛄の話、【文章Ⅱ】は人間の言葉を理解する特殊な象の話で、ともに人知を超えた不思議な力をもつ昆虫や動物の特殊性を強調する内容となっている。

③ 【文章Ⅰ】はエサを与えた螻蛄によって無実の人が救われた話、【文章Ⅱ】は象を助けたことでその仲間の象にお礼をされる話で、ともに昆虫や動物でさえも恩義に報いる可能性を示唆する内容となっている。

④ 【文章Ⅰ】は偶然遭遇した螻蛄によって命を救われた人の話、【文章Ⅱ】は、象に連れ去られた人が咄嗟《とっさ》の機転で難を逃れた話で、ともに人の機知と運命の不思議さを強調する内容となっている。

⑤ 【文章Ⅰ】は小さな螻蛄にまで自分の食糧を分け与えた人の話、【文章Ⅱ】は田畑を荒らされているにもかかわらず象を救った人の話で、ともに人間は慈愛の心をもつべきことを暗示する内容となっている。

【メモ】

模試 第3回

（200点 90分）

〔国語〕

注　意　事　項

1　**国語解答用紙（模試 第3回）をキリトリ線より切り離し，試験開始の準備をしなさい。**

2　**時間を計り，上記の解答時間内で解答しなさい。**

ただし，納得のいくまで時間をかけて解答するという利用法でもかまいません。

3　問題は5問あり，第1問，第2問，第3問は「近代以降の文章」，第4問は「古文」，第5問は「漢文」の問題です。

なお，大学が指定する特定の分野のみを解答する場合でも，試験時間は90分です。

4　**解答用紙には解答欄以外に受験番号欄，氏名欄，試験場コード欄があります。その他の欄**は自分自身で本番を想定し，**正しく記入し，マークしなさい。**

5　**解答は解答用紙の解答欄にマークしなさい。**例えば，［10］と表示のある問いに対して③と解答する場合は，次の(例)のように**解答番号10の解答欄**の③**にマーク**しなさい。

(例)

解答番号	解答欄								
	1	2	3	4	5	6	7	8	9
10	①	②	●(③)	④	⑤	⑥	⑦	⑧	⑨

6　問題冊子の余白等は適宜利用してよいが，どのページも切り離してはいけません。

7　試験終了後，問題冊子は持ち帰りなさい。

第1問 次の文章は、筆者が宮城県登米町《とよま》（注1）（現在の登米《とめ》市）から能舞台の設計を依頼されたことに基づくものである。これを読んで、後の問い（**問1～6**）に答えよ。（配点 45）

充分な建設費のプロジェクトというのは、実際のところ、めったにあるものではない。すべての設計作業は、設計上の理想と現実の予算との闘いである。しかし、登米のプロジェクトと、他のプロジェクトとは、多少趣《おもむ》きが異なっていた。通常、設計上の理想と現実の予算とは対立という形をとる。建築の事業者も設計者も、広く豊かな空間、大きくて立派な建築をのぞむ。しかし予算は限られているために、一種の対立の図式が発生する。理想対予算、夢と現実という対立の図式が生まれる。ところが登米のプロジェクトの場合には、全く違う形式が存在していることが、次第に明らかになったのである。

その図式は能舞台というプログラムと深い関係があった。空間をマキシムにするのではなく、逆にミニマムにする事、使用する物質の量をミニマムにする事が、能の空間を作る上で、きわめて大事に思えたのである。大事という以上に、**A**物質のミニマライゼーション（注2）こそが、能の空間の目的ではないかと、思い到《いた》ったのである。とするならば、設計上の目的と、予算という現実とは少しも矛盾しない。夢と現実という手垢《てあか》にまみれた二項対立の構図は、消滅してしまうのである。むしろ、理想を追求すれば追求するほど、プロジェクトは現実的になる。夢に近づけば近づくほど、現実化の可能性も高まるのである。だからといって、設計の困難がなくなるわけではない。むしろ設計に費《ついや》される時間、エネルギーは通常の場合の数倍ともなった。しかし、少なくともそこには理想と現実の対立という形での困難はない。理想と現実の双方を超越したひとつの新しい地平で、設計の困難だけがあるというプロセスを体験する事になったのである。

物質のマキシマイゼーション（注3）を目標とする時代において、設計の困難は、理想と現実との対立という形をとった。そしてその解決とは、妥協や調停という形をとらざるを得なかった。ところが、物質のミニマライゼーションを目標とする文化が仮にあるとしたならば、設計の困難はまた別の形をとるに違いない。解決もまた別の形をとらざるを得ない。対立する二項の中間地点を探るという形式ではなく、**X**理想と現実とがともに手を携えて山を登るというイメージに近い。両者はともに身の廻《まわ》りのものを脱ぎ捨てなければならない。そのような重さ、(ア)フカを排除する事によってはじめて、ひとつの高みへと浮上できるというイメージである。それは問題の解決の新しい形であり、困難の新しい形でもある。登米は、その新しい形を有する困難の、ひとつのケーススタディーであった。

　もちろん、物質のミニマライゼーションという思想は、能という演劇と深いかかわりがある。そして物質のミニマライゼーションとミニマリズム(注4)とは、別の概念である。ミニマリズムとは形態の単純化であり、抽象化であり、そこには物質そのものに対する嫌悪はない。そしてモダニズムの中にはミニマリズムはあっても、ミニマライゼーションはキ(イ)ハクである。一方、能の基本にあるのは物質批判であり、現世への批判である。それゆえ、能には死霊がたびたび登場する。世阿弥が完成させた複式夢幻能と呼ばれる形式においては、登場人物は、ほぼ全員死霊である。ここでいう複式とは、死者の時間と、生者の時間の共存としての複式である。死霊を通じて、現世批判を行う事、その現世を構成する素材としての物質を批判する事。それが能の神髄である。この物質批判は、観阿弥、世阿弥の親子の信仰した、浄土宗の一派である時宗の教えとも通底している。時宗は平生を臨終と心得て念仏する事を旨とした。

　しかしもちろんの事、能の役者には現実の肉体があり、能舞台も、木や瓦《かわら》といった物質で構成されている。物質を用いて、しかも物質（オブジェクト）批判を行うこと。そこに能の逆説があり、またそこに能の醍醐味《だいごみ》がある。残念乍《なが》ら、B宗教においてはこの逆説は顕在化しない。宗教の中核は言説であると、一般的には理解されているからである。宗教はそもそも物質から隔離された心の世界の問題であると誤解されているからである。物質がなければ心もない事が、忘却されているからである。ゆえに宗教はテクスト(注5)による物質批判という、退屈な形式へと堕《お》ちやすい。しかし演劇においては、この逆説が顕在化せざるをえない。なぜなら演劇とはテクストのみで存在するわけではないからである。舞台という現実空間の上で、具体的な役者の身体を使って、テクストが実体化されてはじめて、それが演劇と呼ばれるからである。演劇において物質の使用は、不可避である。だからこそ、そこに物質を用いた物質批判という、自らの肉体を自ら傷つけるような、緊張感溢《あふ》れる行為が可能となる。そして物質のミニマライゼーションとはそのような逆説的な物質批判の別名である。

では、C<u>どのようにして、能は物質を批判するのか</u>。

ひとつめの手法は、物質の低さである。能の空間においても、能の演出においても、最も重要な事は重心の低さである。物質は高く立ちあげられたり、持ちあげられたりする事で、自己の存在を肯定し、強く主張してしまう。オブジェクトと呼ばれる存在形式に陥り、自己を主張してしまうのである。それゆえ能ではすべてにおいて低さが重要となる。低く低く抑え、立ち上がるものを極力排除した時、最後に床だけが残る。それゆえ床という部位がことさら大事となるのである。

能役者は、重心を徹底的に低くして、歩き、演じる。この独特の歩き方は、南蛮(注6)と呼ばれる歩行の形式であり、その原型は水田耕作の動作とも呼ばれている。しかし、能が狩猟民系の人々によって伝えられた事を考えれば、この低さを水田耕作にのみ帰す事は難しい。低さを求めるがゆえに、能役者は南蛮で歩き、床を摺《す》り、低く沈み込むのである。

能の空間においても、求められているのは低さであり、床への還元である。極論をいえば、能の空間は三つの床だけで構成されている。ひとつは舞台と呼ばれる三間《さんげん》四方《しほう》(注7)の床であり、ひとつは見所と呼ばれる観客のための床であり、もうひとつはその中間に介在する白州と呼ばれる、白い玉砂利敷きの地面である。舞台は、死霊の空間、あの世であり、見所はいまここにある現世であり、白州はその二つを区切り、その二つの空間の間に、決定的な切断を生成するために存在している。三つの機能を担った三つの床。それが能の空間のすべてである。すべてはその床の限りない近傍において、地を這《は》うようにしてとり行われる。観客は床の近傍に意識を集中させる。床への集中を(ウ)<u>カンキ</u>し、さらに強化するために、役者は床板を踏みならし、床を鳴らす。その音を共鳴させ、空間に響かせるために、床の下には壺《つぼ》が並べられるのである。すべてのデザインと仕掛けの目的は、床への意識の集中であり、演劇の重心を下げる事である。舞台の屋根を、見あげるものはいない。すなわち屋根は見られる客体、オブジェクトではない。舞台を雨風から守り、舞台を、黒い影で包み込むためだけに屋根はある。死霊は光を浴びて輝き、自立してしまってはいけない。あくまで屋根が作る黒い影の中に沈み込まなければならない。白州から照らしあげる微弱な反射光によって、かすかにその姿を認められる程度でなければならない。

ところが明治時代に到って、この構成が破壊された。明治十七年、芝《しば》(注8)に紅葉座と呼ばれる室内型の能楽堂が出現した。晴雨を問わず、季節を問わず、能の上演が可能な劇場という形で、紅葉座は登場し、たちまち能楽堂のプロトタイプ(注9)となってしまったのである。

室内型の能楽堂とは、舞台を囲んで椅子《いす》席を設け、舞台と観客席を含む全体空間を大きな上屋で覆う形式の建築物である。この形式ならば、確かに天候に左右される事はない。しかしそれとは引き換えに、多くのものが失われた。ひとつは重心の低さである。舞台の屋根をもさらに上から覆うために、能楽堂は高い天井をもつ巨大建築とならざるを得なかった。能楽堂は、それ自身が重心の高いオブジェクトとして、環境の中に突出するのである。室内に目を転じても、舞台の屋根は、天井の高い室内空間の中心に屹立《きつりつ》するオブジェクトとなった。さらに致命的であったのは、白州が消滅した事である。観客の席をより多く設けるために、白州の空間が縮小されてしまったのである。僅《わず》か一間にも満たない、玉砂利敷きの通路状の空間へと、白州は圧縮された。舞台と見所とを切断し、彼世と現世とを切断していた、能の中心的な空間が、実質的に消滅してしまったのである。

紅葉座の形式を批判、反転する事。それが登米の能楽堂の目標であった。その際、能楽堂という名称を用いる事は、誤解を生む原因となる。能楽堂という呼び名は、一つの完結して閉じた建築物を連想させる。すなわちオブジェクトを連想させる。しかし、われわれがめざしたものは、オブジェクトでもなく建築でもない。ただ三つの床面だけが自然の中にそっと配置されているような、ひとつの庭だったのである。

(隈研吾《くまけんご》『反オブジェクト　建築を溶かし、砕く』による)

(注) 1　登米町——宮城県の北東部に位置し、古くから能(登米能)が盛んだった。
2　ミニマライゼーション——物質の量的な最小化。
3　マキシマイゼーション——物質の量的な最大化。
4　ミニマリズム——形態(色や形)を極度に単純化しようとする抽象絵画および彫刻の運動。
5　テクスト——テキスト(文章)のことだが、とくに分析や解釈の対象となる文書や文芸作品を指すことが多い。

6　南蛮と呼ばれる歩行の形式――右手と右足、左手と左足を同時に前に出すような歩行法。「ナンバ」とも呼ばれる。

7　三間四方――間《けん》は長さの単位。一間は約一・八二メートル。

8　芝――東京都港区の地名。

9　プロトタイプ――典型。原型。

問1 傍線部(ア)〜(ウ)に相当する漢字を含むものを、次の各群の①〜④のうちから、それぞれ一つずつ選べ。解答番号は **1** 〜 **3** 。

(ア) フカ **1**
① ガクフの読み方を覚える
② 名演技とジフしている
③ 当地にフニンして一年がたつ
④ 家族をフヨウする

(イ) キハク **2**
① ハクリョクのある映画だ
② ハクジャクな意見を言う
③ ハクアイの精神
④ 船がテイハクしている

(ウ) カンキ **3**
① キフクに富んだ人生だった
② キゲキの俳優を目指す
③ キセイ概念にとらわれる
④ 世界の平和をキネンする

問2 傍線部**A**「物質のミニマライゼーションこそが、能の空間の目的ではないかと、思い到った」とあるが、このように「思い到った」のはなぜか。その説明として最も適当なものを、次の①～⑤のうちから一つ選べ。解答番号は **4**。

① 物質のマキシマイゼーションやミニマリズムを目標とする時代が終わり、死霊を通じて現世の物質そのものを批判する能のあり方が、ミニマライゼーションの姿勢と類似するものとして注目されたから。

② 能が備えている性質には、物質に対する否定的な見方はないものの、空間と使用する物質の量をミニマムにしていくことが大事だとするミニマライゼーションに通じる傾向があることがわかったから。

③ 役者や舞台という具体的物質を用いながらも、死霊を通じて、現世と現世を構成する物質を批判することが能の本質であり、ここにはミニマライゼーションと同じ発想があることに気づいたから。

④ 理想と現実の不毛な対立を解消し、設計の困難を克服していく手段として考えられた物質のミニマライゼーションと同じく、能も現世と彼世の対立を超越する手段として成立したことに気づいたから。

⑤ 能の基本とは、形態の単純化や抽象化を目標とするミニマリズムを否定することであり、物質によって物質を批判するミニマライゼーションと共通する動きが含まれるとわかったから。

問3　傍線部B「宗教においてはこの逆説は顕在化しない」とあるが、それはどういうことか。その内容を「宗教」と「能」の違いを踏まえて具体的に説明したものとして最も適当なものを、次の①〜⑤のうちから一つ選べ。解答番号は 5 。

① 能という演劇では、舞台や役者の身体などの物質に支えられているなかで、生者の世界と死者の世界との対比が明確になるが、宗教の場合は、物質的なものが重視されず、物質がなければ心もないという事実が忘却されているから、結局は生者の世界と死者の世界の違いが看過されてしまう。

② 能という演劇では、舞台で役者が、自らの演じる死霊を批判するという行為の矛盾に大きな魅力が見出《いだ》されるが、宗教の場合は、心の世界は物質から隔離されて存在するという誤解があるため、テクストによる物質批判という退屈な形式に終始してしまい、魅力が見出せなくなる。

③ 能という演劇では、舞台も役者の身体も物質だと見なされ、物質による物質批判という緊張感あふれる行為が観客の目を引くが、宗教の場合は、扱う対象が物質的な言説ではなく心の世界に限定されているため、物質を前提としない精神的緊張や苦悩はテクストのなかに隠されてしまう。

④ 能という演劇では、舞台や役者の身体などの物質の使用は不可避だから、物質を用いて物質を批判するという矛盾が露《あら》わになるが、宗教の場合は、物質よりも教義などの言説が中心となり、物質が存在しなくても心の世界は存在するという誤解があるため、物質による物質批判という矛盾は表面化されなくなる。

⑤ 能という演劇では、舞台という現実空間の上で具体的な役者の身体を使って、自らの体を傷つけるような物質批判のテクストが実体化されるが、宗教の場合は、物質から隔離された言説や心の世界だけしか注目されないため、物質批判という要素はテクストから除外され、緊張感が失われていく。

問4　傍線部C「どのようにして、能は物質を批判するのか」とあるが、「能」が「物質を批判する」方法の説明として最も適当なものを、次の①～⑤のうちから一つ選べ。解答番号は 6 。

① 能役者は重心を低くして歩き、舞台、見所、白州という三つの床でも重心の低さを保つ演技を行い、さらに、すべてを包み込む客体として舞台の屋根を設置する。

② 能役者が床板を踏みならして、観客の注意を床に集中させる一方、彼世と現世を切断する白州という空間から照らし出される微弱な反射光によって死霊を輝かせ、自立させる。

③ 能役者の演技は床の限りない近傍において、地を這うようにしてとり行われるが、床に観客の意識を集中させるために、床を鳴らす音を共鳴させて自らの演技を引き立たせる。

④ 能役者が重心を徹底的に低くした歩き方をするとともに、演じられる舞台、観客のための見所、彼世と現世を区切る白州という三つの床に観客の意識を集中させる。

⑤ 能役者も能舞台もすべてにおいて重心を低くしなければならないが、とりわけ死霊については、その存在を黒い影のなかに沈み込ませ、観客にその姿を認めさせないようにする。

問5　この文章を授業で読んだNさんは、登米の能楽堂がどのような趣旨でつくられたのかに興味をもった。そこで出典の『反オブジェクト　建築を溶かし、砕く』を読み、【ノート】を作成した。空欄 Y に入る最も適当なものを、後の①～④のうちから一つ選べ。解答番号は 7 。

【ノート】

本文の最終段落に、登米の能楽堂の目標は「紅葉座の形式を批判、反転する事」であったと書かれていた。これに関連して、本書には、登米の能楽堂において開かれた舞台という演劇空間をつくり出そうとし、そのために最も神経を注いだのが白州のデザインであったとある。そこでの白州の意味を理解する手がかりとして、次の部分に注目したい。

※出典の別の箇所からの引用

舞台の中だけで、別世界を立ち上げようとすれば、そこには巨大な空間が必要とされるであろう。手の込んだ舞台装置が必要とされるであろう。事実、西洋の舞台空間は、そのようにして巨大化するプロセスを辿《たど》った。

ところが能は、逆向きの道を選んだ。能の空間は、自らの物質を次々に殺《そ》ぎ落としていって、純粋なフレームとなるプロセスを選んだのである。フレームは自らの存在を主張してはならない。自らを消すことによって、あらゆるもの、あらゆる世界をそこに捕獲するのである。ゆえに、能の空間では、物質は嫌悪される。物質のミニマライゼーションが空間のテーマとなるのである。（中略）物質の世界（レイヤー（注））としての現世と非物質の世界としての彼世。その双方のメタレベルに立って、その二つの層状の世界を行き来するのである。

（注）　レイヤー――構成要素が階層状に積みあがっている構造のとき、それらを構成する一つ一つの階層のこと。

考察　紅葉座の出現によって、天候に左右されない室内型の能楽堂が一般的になった。しかしそれにより、伝統的な能空間は失われてしまった。そこで筆者は、［ Y ］ではないだろうか。

① いつでも能の上演が可能な室内型の劇場をつくるのではなく、舞台の屋根を低くし、白州は舞台や見所と一体化させつつ、環境と調和するような閉じた空間をつくろうとした。重心の低さを徹底的に保つことで、オブジェクトと呼ばれる存在形式が立ち上がることを抑え、床の近傍に意識を集中しやすくすることで観客を満足させようと考えたから

② 天井の高い室内空間をつくるのではなく、雨風から守るための屋根で舞台を覆うことのみによって能舞台を周囲の環境に溶け込ませようとした。死霊を影のなかに沈み込ませてしまうことがないようにし、また床にすべてを集中させるために、舞台と見所を切断するような純粋なフレームを用意することが能の生命を蘇《よみがえ》らせることになると考えたから

③ 舞台を覆う屋根をさらに上屋で覆うという形式をとらずに全体の重心を低くし、また、観客席の数を抑えて、彼世と現世を切断するための白州を舞台や見所以上に充実させようとした。それにより、能の空間は、自らの存在を適度なレベルで主張することができ、あらゆるもの、あらゆる世界をそのなかに捕獲することが可能になると考えたから

④ 高い天井をもつ巨大建築としてそびえ立ち、それ自身で完結しているようなオブジェクトという在り方を否定する一方、白州の機能を復活させようとした。死霊を通じて現世を批判し、その現世を構成する素材としての物質を批判する能において、彼世と現世を切断しつつも両者の行き来を可能にする白州こそが能の中心的な空間であると考えたから

問6　この文章の表現について、次の(i)・(ii)の問いに答えよ。

(i)　波線部X「理想と現実とがともに手を携えて山を登るというイメージ」という表現についての説明として最も適当なものを、次の①～④のうちから一つ選べ。解答番号は 8 。

①　理想の追求がプロジェクトの実現に結びつくという新しい問題解決のあり方を、比喩《ひゆ》を用いて示している。

②　理想と現実との対立によって生じる設計の困難を克服する方法を、登山という具体的な行動に即して説明している。

③　理想と現実という二項対立を解消する妥協や調停の新しいあり方を視覚的に具体化して、自説を補強している。

④　理想に近づけば現実化の可能性が高まり設計の困難もなくなることを、登山の例をもち出して主張している。

(ii)　この文章の構成の説明として最も適当なものを、次の①～④のうちから一つ選べ。解答番号は 9 。

①　物質批判の傾向をもつ能舞台をつくるという立場を明らかにしたあと、現代建築にみられるミニマリズムの風潮を否定し、彼世と現世をつなぐような宗教的な空間が必要となることを予測している。

②　理想と現実が対立する一般的なプロジェクトとは異なるプロジェクトを成功させるためには、物質のミニマライゼーションを重視すべきだと述べ、最後に、伝統的な能舞台の意義や価値の再認識を提唱している。

③　能舞台というプログラムが物質のミニマライゼーションといった要素をもつことを指摘した上で、物質を用いながらも物質を批判するという能の本質に即したプロジェクトの方向を明確にしている。

④　物質のミニマライゼーションの立場に立って進めた能舞台のプロジェクトの正当性を、物質やオブジェクトを重視するさまざまな建築物の欠陥を指摘することで証明するという帰納法的な手段をとっている。

第2問 次の文章は、菊池寛《きくちかん》の小説「出世」の一節である。譲吉は学校を出て就職し、貧乏学生だった頃に毎日のように通っていた上野(注1)の図書館を久しぶりに訪れることになった。以下はそれに続く場面である。これを読んで、後の問い(**問1〜5**)に答えよ。なお、設問の都合で本文の上に行数を付してある。(配点　45)

昼でも蝙蝠《こうもり》が出そうな暗い食堂や、取りつく島もないように、冷淡に真面目に見える閲覧室の構造や、司書係たちのセピア色の事務服などが頭に浮んだ。その人たちの顔も、たいていは空《そら》で思い浮《うか》べることがあった。「ああそうそう、あの下足番もいるなあ」と思った。あの下足番の爺《おやじ》、あいつのことは、時々思い出しておった、と思った。それは、譲吉が高等学校にいた頃から、あの暗い地下室に頑張っている爺だった。

上野の図書館へ行ったものが誰も知っているように、正面入口に面して、右へ階段を下りると、そこに乾燥床《ドライエリア》があって、そこから地下室の下足に入るようになっている。その入口には昼でもガスが灯《とも》っている。そのガスの灯を潜《くぐ》るようにして入ると、そこに薄暗いしかも広闊《こうかつ》な下足があった。譲吉はそこに働いている二人の下足番を知っていた。ことに譲吉の頭にはっきりと残っているのは、大男の方であった。六尺に近い大男で、眉毛の太い一癖あるような面構えであったが、もう六十に手が届いていたろう。もう一人の方は、頭のてかてか禿《は》げた小男であった。

二人は恐ろしく無口であった。下足を預ける閲覧者に対しても、ほとんど口を利かなかった。職務の上でもほとんど口を利かなかった。劇場や、寄席、公会場の下足番などが客の脱ぎ放した下駄を、取り上げて預かるようになっているのと違って、ここでは閲覧者自身に下駄を取り上げさせた。またそうしなければならぬような設備になっていた。もし初めての入館者などが下駄を脱いだままぼんやりと立っている場合などに、この大男の爺は、顎でその脱いだ下駄を指し示した。二人はいかなる場合にも、たいていは口を利かなかった。二人の間でも、ほとんど言葉を交わさなかった。深い海の底にいる魚が、だんだんその視力を無くすように、こうした暗い地下室に、他人の下駄をいじるという賤役《せんやく》に長い間従っているために、いつの間にか嫌人的《ミザンスロピック》になり、口を利くのが嫌になっているようであった。

二人はまた極端に利己的《イゴイスチック》であるように、譲吉には思われた。二人は、入場者を一人隔《お》きに引き受けているようであった。従って、大男の順番に当《あた》っている時に、入場者が小男の方に下駄を差し出すと、彼はそしらぬ顔をして、大男の方を顎で指し示した。小男の順番に当っている時、大男の方へ下駄を差し出した場合も、やっぱりそうであった。彼らは、下足の仕事を正確に二等分して、各自の配分のほかは、少しでも他人の仕事をすることを拒んだ。入場者の場合は、それでもあまり大した不都合も起《おこ》らなかったが、退場者の場合に、大男の受持《うけもち》の札の者が、五、六人もどやどやと続けて出て、大男が目の回るように立ち回っている時などでも、小男は澄まし返っていて、小さい火鉢にしがみつくようにして、悠然と腰を下《おろ》していた。が、大男の方も、小男の手伝いをせぬことを、当然として恨みがましい顔もしなかった。

　譲吉は、その頃よく彼らの生活を考えてみた。同じ下足番であっても、劇場の下足番や寄席の下足番とは違って、華やかなところが少しもなかった。その上にA彼らの社会上の位置を具体化したように、いつも暗い地下室で仕事をしている。下足番という職業が持っている本来の屈辱の上に、まだ暗い地下室で一日中蠢《うごめ》いている。勤務時間がどういう風であったかは知らないが、譲吉が夜遅く帰る時でも、やっぱり同じく彼らが残っていたように思う。来る年も来る年も、来る月も来る月も、毎日毎日、他人の下駄をいじるという、単調な生活を繰り返していったならば、どんな人間でもあの二人の爺のように、意地悪《モロース》に無口に利己的になるのは当然なことだと思った。いつまであんな仕事をしているのだろう。恐らく死ぬまで続くに違いない。おそらく彼らが死んでも、入場者の二、三人が、

「この頃あの下足番の顔が見えないな」と、軽く訝《いぶか》しげに思うにとどまるだろう。先の短い年でありながら、残り少ない月日を、一日一日ああした土の牢《ろう》で暮《くら》さねばならぬ彼らに、譲吉は心から同情した。

　　図書館の下足の爺何時《いつ》までか
　　下駄をいじりて世を終《おわ》るらん

これは、譲吉がいつだったか、ノートの端にかきつけた歌だった。もとより拙《つたな》かった。が、自分の心持ち、下足番の爺に対す

るあの同情的な心持だけは、出ているように思っていた。

あの爺も相変らずいるに違いないと思った。まだ俺の顔も、見忘れてはいまいと思った。高等学校時代に絶えず通っていた上に、譲吉は彼らと一度いさかいをしたことがあった。それは、何でも高等学校の二年の時だったろう。

彼は、その日何でも非常に汚い尻切れの草履をはいていた。その頃、彼は下駄などはほとんど買ったことがなく、たいていは同室者の下駄をはき回っていたのだったが、その日は日曜か何かで、皆が外出したので、はくべき下駄がなかったのであろう。彼が、いつもの通り、その汚い草履を手に取って、大男の方へ差し出すと、彼はそれを受け取ってすぐ自分の足元に置いたまま、しばらく待っても下足札をくれようとしなかった。

「どうしたんだ？　札をくれないか」と、譲吉は少しむっとしたので、荒っぽくいった。

「いや分かっています」と、大男はいかにも飲み込んだように、首を下げて見せた。

「君の方で分かっていようがいまいが、札をくれるのが規則だろう」

「いや間違えやしません。あなたの顔は知っています」

「知っていようがいまいが問題じゃない。札をくれたまえ。規則だろう」

「いくら規則でも、あんまりひどい草履ですね」と、彼は煙管《きせる》を、火鉢の縁にやけに叩《たた》いた。

「人をばかにするな。何だと思うんだ。いくら汚くても履物は履物だぜ」と、譲吉は本当に憤慨していった。

「あなたの帽子が、どこの学校の帽子かぐらいは知っている。が、何も札をあげなくたって、間違わないというんだから、いいでしょう」と、爺はまだ頑固に抗弁した。譲吉は、自分の方に、十二分の理由があるのを信じたが、大男の足のすぐそばに置かれている自分の草履を見ると、**B**どうもその理由を正当に主張する勇気までが砕けがちであった。下足に供えてある上草履のどれよりも、貧弱だった。先方から借りる上草履よりも、わるい草履を預けながら、下足札を要求する権利は、本当からいえば存在しないものかも知れなかった。

その時の喧嘩《けんか》の結末が、どう着いたか、譲吉はもう忘れている。自分の方が勝って下足札を貰《もら》ったようにも思うし、自分の方が負けてとうとう下足札を貰えなかったようにも思える。

が、とにかくあのこと以来、あの大男の爺は自分の顔を、はっきりと覚えているに違いないと彼は思った。むろん、譲吉はそうした喧嘩をしたために、あの男に対する同情を、少しも無くしはしなかった。ああした暗い生き甲斐《がい》のない生活をあわれむ心は、少しも変《かわ》っていなかった。

彼がどんなに窮迫している時でも、図書館へ行って、彼らが昔ながらにあの暗い地下室で蠢いているのを見ると、俺の生活がこの先どんなに逼迫《ひっぱく》しても、あすこまで行くのにはまだ間があるというような、妙な慰めを感ずると同時に、生涯日の目も見ずに、あの地下室で一生を送らねばならぬ彼らを、悼ましく思わずにはおられなかった。

あの二人は、やっぱりいるに違いない。火鉢にぶつりともいわずに、くすんだ顔をして向《むか》い合っているに違いない。あの生活から脱却する機会は死ぬまで彼らには来ないのだと譲吉は思った。あの図書館へ来る幾百幾千という青年が、多少の落伍《らくご》者はあるとして、それぞれ目的を達して、世の中へ打って出るにもかかわらず、あの爺は永久に下足番をしている。あの暗い地下室から、永久に這《は》い出されずにいる。そう思うと、譲吉は自分の心がだんだん暗くなっていった。二年前までは、ニコニコの絣《かすり》(注2)を着て、穴のあいたセルの袴《はかま》(注3)を着て、ニッケルの弁当箱を包んで毎日のように通っていた自分が、今では高貴織の揃《そろ》いか何かを着て、この頃新調したラクダの外套《がいとう》を着て、金縁の眼鏡をかけて、一個の紳士といったようなものになって下足を預ける。自分の顔を知っているかも知れないあの大男は、一体どんな気持ちで自分の下駄を預かるだろう。あの尻切れ草履を預けて、下足札を貰えなかった自分と、今の自分とは夢のようにかけはなれている。あの草履の代《かわ》りに、柾目《まさめ》の正しく通った下駄を預けることができるが、預ける人はやっぱり同じ大男の爺だ。そう思うと、譲吉はあの男に、心からすまないように思われた。どうか、自分を忘れてしまってくれ、自分がすまなく思っているような気持ちが、先方の胸に起らないでくれと譲吉は願った。

そんなことを思いながら、いつの間にか、美術学校に添うて、図書館の白い建物の前に来た。左手に婦人閲覧室のできているのが目新しいだけで、門の石柱も玄関の様子も、閲覧券売場の様子も少しも変っていなかった。彼は閲覧券売場の窓口に近づいて、十銭札を出しながら、

「特別一枚！」と、いった。すると、思いがけなく、

「やあ、長い間、来ませんでしたね」と、中から挨拶した。譲吉はおどろいて、相手を凝視した。それはまぎれもなくあの爺だった。

「ああ、君か！」と、譲吉も少しあわてて頓狂な声を出した。向うはその太い眉をちょっと微笑するような形に動かしたが、何もいわずに青い切符と、五銭白銅とを出した。

譲吉は、何ともいえない嬉《うれ》しい心持ちがしながら、下足の方へと下った。死ぬまで、下足をいじっていなければなるまいと思ったあの男が、立派に出世している。それは、判任官(注4)が高等官になり勅任官になるよりも、もっと仕甲斐《しがい》のある出世かも知れなかった。獣か何かのように、年百年中薄闇に蠢いているのとは違って、蒲団《ふとん》の上に座り込んで、小奇麗な切符を扱っていればいい。月給の昇額はほんのわずかでも、あの男にとっては、どれほど嬉しいか分からない。あんなに無愛想であった男が、向うから声をかけたことを考えても、あの境遇に十分満足しているに違いないと思った。人生のどんな隅にも、どんなつまらなそうな境遇にも、やっぱり望みはあるのだ。そう思うと、譲吉は世の中というものが、今まで考えていたほど暗い陰惨なところではないように思われた。C彼はいつもよりも、晴々《はればれ》とした心持ちになっている自分を見出した。

が、それにしても、もう一人の禿頭の小男はどうしたろうと思って注意して見ると、その男もやっぱり下足にはいなかった。むろん、図書館の中でなくてもいいが、あの男も世の中のどこかで、あの男相当の出世をしていてくれればいいと譲吉は思った。

（注）1　上野の図書館――現在の東京都台東区上野にあった国立の帝国図書館（一八七二年開館）。閲覧は有料制だった。

2　ニコニコの絣――子ども向けの安価な木綿絣。

3　セル――平織りで織られた先染の広幅の毛織物。

4　判任官が高等官になり勅任官になる――当時の役人（官吏）の階級では上から順に親任官・勅任官・奏任官・判任官となっていた。

問1 傍線部A「彼らの社会上の位置を具体化したように、いつも暗い地下室で仕事をしている」とあるが、それはどういうことか。その説明として最も適当なものを、次の①～⑤のうちから一つ選べ。解答番号は 10 。

① 図書館の下足番という仕事は、暗い地下室にでもいなければできない希望の感じられないものだということ。

② 二人の偏屈な態度は、地下室という場所と下足番という職業が相互に影響したことによっているということ。

③ 下足番の二人は、毎日を暗い地下室で過ごすことによって自らの職業の惨めさをより強く感じるということ。

④ 下足番の仕事をあえて暗い地下室で続けることで、二人は自らの境遇を逆説的に受け入れているということ。

⑤ 暗い地下室は、下足番という底辺の仕事に従事する二人のやりきれなさによく見合うものであったということ。

問2　傍線部Ｂ「どうもその理由を正当に主張する勇気までが砕けがちであった」とあるが、それはどういうことか。その説明として最も適当なものを、次の①～⑤のうちから一つ選べ。解答番号は 11 。

① 男が粗末な草履を差し出した自分を見下して札をくれようとしない態度には無性に腹が立ったが、自分も他人の草履をはいてきたことを負い目に感じていたという事情から、男と言い争うだけの気力を絞り出すのはどうしても無理だったということ。

② 草履が粗末であるという、下足を預かる仕事とは直接かかわりのないことを言い出して譲吉を侮辱した下足番の男の物言いは到底許せなかったが、常日頃から男には同情していたこともあり、相手の頑強な抗弁に屈しそうになってしまったということ。

③ 譲吉は下足札を渡すのが規則であることを盾にして自分の要求が正しいことを主張したが、帽子と草履の不釣り合いが我ながら恥ずかしくなり、帽子を見ればわかるという男の言い分にも納得させられたために、追及の手がつい緩んでしまったということ。

④ 下足札を出す決まりになっている以上、札を出そうとしない男の側に非があることは明白なのだが、男に託したのが預けることも憚《はばか》られるほど粗末な草履であったことは、自分の正当性を声高に述べ立てるのを躊躇《ちゅうちょ》させるのに十分であったということ。

⑤ 決められた仕事をしない上に草履が粗末であることを責め立てる男の言動にはあきれ返ったが、譲吉の顔を知っているという男の発言に意表を衝《つ》かれ、日頃からの男に対する同情心も手伝って、自分の正しさを主張し続ける気持ちが消えかけたということ。

問3 傍線部C「彼はいつもよりも、晴々とした心持ちになっている自分を見出した」とあるが、ここに至るまでの譲吉の心情の説明として最も適当なものを、次の①〜⑤のうちから一つ選べ。解答番号は 12 。

① 閲覧券を扱う仕事にまで「出世」していた男が以前とは対照的な表情で譲吉に接したのを見て、絶望的な状況から抜け出す道が用意されていたことを嬉しく思うとともに、譲吉の内部にくすぶっていた男への負い目や同情心が払拭されて明るい気分になった。

② 久しぶりに訪れた図書館で閲覧券の係へと「出世」していた男が自分を覚えていたことを意外に思いながら、快活になった様子を以前の不愛想な姿と重ね合わせると、以前男に感じていた同情心が報われたように感じられ何とも言えない暖かい気持ちに包まれた。

③ かつて自分と一悶着《ひともんちゃく》起こした下足番の男が見事な「出世」を遂げていたことで、図書館に来る道すがら感じていた男への引け目が身勝手な勘違いであったことを恥じるとともに、どんな人にも「出世」の機会が開かれている社会体制の存在が頼もしく思えた。

④ 来館者の下足を扱い続けて人生を終えてゆくはずだった男が「出世」していたことの意外さに驚きながらも、希望を捨てず努力を怠らない姿勢と意気込みがあれば現状から脱却できることを、人間一般に通じる真理として信じられることが心強く感じられた。

⑤ しばらく来館しないうちに下足番の男が窓口で閲覧券を扱う仕事に「出世」して性格まで明るくなっていた事実から翻って、職業上の立場が性格に多大な影響をもたらしてしまう人間の弱さを強く意識するとともに、男の「出世」を我がことのように喜ばしく感じた。

問4　本文中の表現に関して述べた文として適当なものを、次の①～⑥のうちから**二つ**選べ。ただし、解答の順序は問わない。
解答番号は 13 ・ 14 。

① 4行目「頑張っている」には、劣悪な環境でけなげに仕事をこなしている下足番の様子を皮肉を込めて回想する譲吉の内心が反映されている。

② 14・15行目「深い海の底にいる魚が、だんだんその視力を無くすように」という比喩は、社交性の乏しい環境に置かれた者はそれに見合った体質になることをたとえたものである。

③ 22行目や49行目に登場する「火鉢」は、下足番の二人が一般には取るに足らないと思われるものを心の支えとして精神の均衡を維持していることを象徴的に表している。

④ 44～52行目では、譲吉が下足番と交わした実際の言葉を現在の譲吉の視点で回想し再現してみせることで、下足番に対する譲吉の思いが今も変わらないことが強調されている。

⑤ 62行目「妙な慰め」という表現には、立場の違う下足番と自分をあえて比較して安心感を得ていること自体が筋違いであるという自嘲が込められている。

⑥ 84・85行目「もっと仕甲斐のある出世かも知れなかった」という感想は、社会的な地位の向上が難しい現実を譲吉本人の体験を踏まえて吐露したものである。

問5 本文を読んだMさんは、譲吉が下足番の男に向けた「まなざし」について考えるために【資料】を参照し、考えたことを【ノート】に整理した。このことについて、後の(i)・(ii)の問いに答えよ。

【資料】

〔和辻哲郎《わつじてつろう》「土下座」の一節。ある男が祖父の葬式に出席した。式が終わり会葬者を送る場面で、男は道端に立って会葬者にお辞儀をするものと思っていたが、父が地面に座り込んだので男もそれに倣った。〕

やがて式がすんで、会葬者がぞろぞろと帰って行きます。狭い田舎道ですから会葬者の足がすぐ眼《め》の前を通って行くのです。靴をはいた足や長い裾と足袋で隠された足などはきわめて少数で、多くは銅色にやけた農業労働者の足でした。彼はうなだれたままその足に会釈しました。せいぜい見るのは腰から下ですが、それだけ見ていてもその足の持ち主がどんな顔をしてどんなお辞儀をして彼の前を通って行くかがわかるのです。ある人はいかにも恐縮したようなそぶりをしました。ある人は涙ぐむように見えました。彼はこの瞬間にじじいの霊を中に置いてこれらの人々の心と思いがけぬ密接な交通をしているのを感じました。実際彼も涙する心持ちで、じじいを葬ってくれた人々に、――というよりはその人々の足に、心から感謝の意を表《あら》わしていました。そうしてこの人々の前に土下座していることが、いかにも当然な、似つかわしいことのように思われました。

【ノート】

●下足番に対する譲吉の思いが読み取れる表現
・「他人の下駄をいじるという賤役」(15行目)
・「下足番という職業が持っている本来の屈辱」(25・26行目)
・「獣か何かのように、年百年中薄闇に蠢いている」(85行目)

⇔

●和辻哲郎「土下座」の「彼」による発見
「彼」は父親の所作に倣って何気なく、あるいは仕方なく土下座をしたに過ぎなかった。しかし「彼」は土下座して人々の足を見つめることで、人々の心と「密接な交通」をしていることを感じた。

X

⇩

●〈考察〉
譲吉は下足番の男が「出世」して他人の履物を扱う仕事から解放されたことを素直に喜んでいるが、和辻哲郎「土下座」に登場する「彼」は実際に人々の足を見続けた末に、土下座を「いかにも当然な、似つかわしいこと」と思うに至った。

Y

(i) 【資料】の「土下座」の内容を踏まえて、【ノート】の空欄 X に入る最も適当なものを、次の①～④のうちから一つ選べ。解答番号は 15 。

① 身体と心は別物ではなく、身体の所作が心を開いたことに「彼」は気づいた。
② 心と身体は連動し、自他は身体を通して関係し合うことに「彼」は気づいた。
③ 人間の本質は心であり、心が身体を運んでいるということに「彼」は気づいた。
④ 人間の本質は身体であり、身体あってこその心であることに「彼」は気づいた。

(ii) 【ノート】の〈考察〉は「出世」と【資料】の「土下座」を読み比べて書かれたものである。空欄 Y に入る最も適当なものを、次の①〜④のうちから一つ選べ。解答番号は 16 。

① 「土下座」に登場する「彼」は祖父の葬儀という非日常的な空間で「土下座」に意味を見出《いだ》し、譲吉は図書館を一定期間離れることで下足番への認識を改めたのであり、日常からの離脱がこの二人に新しい発見をもたらしたと言える。

② 譲吉が屈辱的な「賤役」と捉えた下足番は「獣か何か」のような存在であり、男がそこから脱したことは大きな「出世」だと感じられたが、「土下座」に登場する「彼」の発見に従えば下足番になることの方がむしろ「出世」である。

③ 「土下座」に登場する「彼」はいわば下足番の立場に立って人々の足を見るという体験をして「密接な交通をしている」ことに気づいたのであり、それは下足番の男の「出世」を喜んだ譲吉とは次元の異なる真理の発見である。

④ 譲吉にとって下足番は自らの図書館通いの日々を象徴する暗い影であったが、下足番の男の視点で人間存在を思うことにより、譲吉は「土下座」に登場する「彼」と同様の「密接な交通」が男との間にあることを実感できたのである。

第3問　Eさんは【メモ】にある通り日本の森林資源のことを調べることにした。【資料Ⅰ】・【資料Ⅱ】はEさんが見つけた資料の一部である。これらを読んで、後の問い（問1～3）に答えよ。（配点　20）

【メモ】

・森林資源の生産量＝ある国や地域で一定期間内に伐採され原材料になる木材の総量。
・森林資源の消費量＝ある国や地域で一定期間内に使用される木材の総量。
〈疑問〉日本は保有する森林・木材の消費量に対して、国内の生産量が少なく森林を有効利用できていないのではないか。

【資料Ⅰ】

日本は森林面積が約2400万haあり、国土に占める割合は68％です（図表1）。これに対して、アメリカは桁《けた》違いです。森林面積が約3億ha、日本の12・5倍あります。ただし、国土に占める割合は33％です。**A**ドイツは非常に森林の利用が盛んですけれども、森林面積は日本の約半分の1100万haで、国土に占める割合は、32％にしかすぎません。森林王国で有名なノルウェーですら、森林面積が国土に占める割合は31％です。

このように、日本は全体から見て、まあまあの森林面積を持ち、森林の占める割合は非常に高いわけですから、もっと積極的に森林を使っていく必要があります。

では、一人当たり森林をどのくらい使っているかといいますと、日本での一人当たり森林消費量は0・89㎥です（図表2）。これは、たとえば中国の0・11から見ればずいぶん多いですし、ロシアの0・31の約3倍あります。ドイツは約0・8で日本と同じくらいです。つまり、**B**日本は自分の国の森林の利用度が低いのに、一人当たりの森林消費量は多いのです。

このように考えてくると、日本の森林をこれからどのように利用すればよいかが見えてきます。

地域	国	森林面積 （1万ha）	国土に占める割合 （%）
アジア	日本	2,487	68.2
	インド	6,770	22.8
	インドネシア	8,850	48.8
	中国	19,729	21.2
アメリカ	アメリカ合衆国	30,309	33.1
	カナダ	31,013	33.6
	アルゼンチン	3,302	12.1
	ブラジル	47,770	57.2
ヨーロッパ	イタリア	998	33.9
	スウェーデン	2,753	66.9
	ドイツ	1,108	31.7
	ノルウェー	939	30.7
	フィンランド	2,250	73.9
	フランス	1,555	28.3
	ロシア	80,879	47.9
オセアニア	オーストラリア	16,368	21.3
	ニュージーランド	831	31.0

図表１　各国の森林面積と国土に占める割合

（参考：Food and Agriculture Organization : Global Forest Resources Assessment 2005）

国名	消費量 （百万 m^3）	生産量 （百万 m^3）	比率 （生産量/消費量）	1人あたり消費量 （m^3/人）
米国	466.3	408.9	0.86	1.75
中国	122.2	93.5	0.77	0.11
日本	111.9	22.9	0.21	0.89
ドイツ	64.9	35.2	0.55	0.79
ブラジル	48.8	84.5	1.73	0.31
ロシア	46.4	82.8	1.78	0.31
カナダ	42.5	183.1	4.31	1.44
インド	38.4	24.9	0.65	0.04
フランス	37.6	36.6	0.89	0.65
イギリス	35.7	7.4	0.21	0.61
インドネシア	23.2	34.7	1.49	0.12
オーストラリア	15.1	19.6	1.31	0.85
スウェーデン	14.2	59.8	4.21	1.62
フィンランド	9.4	46.1	4.92	1.84
ニュージーランド	6.8	16.9	2.49	1.91
アルゼンチン	6.2	6.9	1.11	0.18
ノルウェー	5.7	8.6	1.51	1.32

図表２　各国の一人あたり森林消費量

（参考：FAO「世界森林白書」などより）

（武田《たけだ》邦彦《くにひこ》『偽善エコロジー』による）

【資料Ⅱ】

産業革命以降、さまざまなモノの素材が木から別の材料に変わっていったが、日本でも戦後、この傾向は加速した。さらに木材に限っても、より安価な外国産材の輸入によって国産材の需要は低下し、国内の林業は厳しい状況に追い込まれた。その結果、国内における生産地から消費地という流れに亀裂が入ったのである。もちろん木の伐採がおこなわれないことで、森林自体も再生するのであるが、森林は下草の除去・枝打ち・間伐をはじめ、一定程度、人間の手が入ることで、利用可能な木々を生み出し、持続可能たりえている。それゆえ、放置された人工林では光が地表まで届かず、光合成によって腐葉土が作られるといった循環サイクルが形成されない。その結果、土地がやせ、土砂災害などのリスクも生じる。当然、管理だけでは経済バランスが成り立たないから、木の利用と管理は表裏一体である。逆にいえば、管理をうながす適度な木の利用も循環サイクルには欠かせないのである。

一見、木の積極的な利用は森林破壊につながると考えがちであるが（割り箸を減らす目的のマイ箸運動などはその代表であろう）、適切な方法で得られた適度な木の利用はむしろ持続可能な森の一役を担うことにつながる。3Rのひとつであるリデュース（注1）が必ずしも環境の保全につながるわけではないというのは特殊であるが、木が時間を経ることで再生する生物資源であるがゆえに成立する資源循環サイクルの特徴である。

現代林業や脱炭素社会の課題解決について、論じるすべを筆者は持たないが、現代までの森林と人間の長い歴史の経験を踏まえると、少なくとも木に関しては、過去のモデルを参考に、二一世紀型の循環サイクルがみえてくる。すなわち、戦後において循環サイクルの難点となった木の利用を再興することで、木が真の循環資源となりうる可能性を秘めているのである。

（海野《うんの》聡《さとし》『森と木と建築の日本史』による）

（注）1　3Rのひとつであるリデュース――3Rとは、リデュース・リユース・リサイクルのこと。リデュースは、製品をつくる時に使う資源の量や廃棄物の発生を削減すること。

問1　**【資料Ⅰ】**の傍線部**A**「ドイツは非常に森林の利用が盛んですけれども、森林面積は日本の約半分の１１００万haで、国土に占める割合は、32％にしかすぎません」について、次の(i)・(ii)の問いに答えよ。

(i)　日本に比して「ドイツは非常に森林の利用が盛ん」であることは、**【資料Ⅰ】**の**図表１**・**図表２**に示されたどのデータから判断できるか。当てはまる組合せとして最も適当なものを、次の①～⑤のうちから一つ選べ。解答番号は **17** 。

① 森林面積(**図表１**)・消費量(**図表２**)・１人あたり消費量(**図表２**)
② 森林面積(**図表１**)・国土に占める割合(**図表１**)・生産量(**図表２**)
③ 国土に占める割合(**図表１**)・消費量(**図表２**)・１人あたり消費量(**図表２**)
④ 森林面積(**図表１**)・国土に占める割合(**図表１**)・比率(**図表２**)
⑤ 生産量(**図表２**)・消費量(**図表２**)・比率(**図表２**)

(ii) Eさんは**図表1・図表2**から読み取ったことを、次のような文にまとめた。空欄 X に入る内容として最も適当なものを、後の①～⑤のうちから一つ選べ。解答番号は 18 。

> スウェーデンおよびフィンランドは、「森林面積」および「国土に占める割合」の水準では日本と同程度だが、生産量・比率（生産量／消費量）・1人あたり消費量はいずれも日本を上回っている。 X 。

① つまり、森林資源の供給が需要に追いついていないということである
② したがって、森林の1人あたり消費量を減らすことが喫緊の課題である
③ しかし、生産量に比べ消費量が少なく、森林資源の国内活用に疑問がある
④ よって、生産と消費のバランス状態は、ブラジルときわめて類似している
⑤ さらに、生産と消費のバランス状態は、中国やロシアとは対照的である

問２　【資料Ⅰ】の傍線部Ｂ「日本は自分の国の森林の利用度が低い」とあるが、その背景について【資料Ⅱ】を踏まえて考えられることとして最も適当なものを、次の①～⑤のうちから一つ選べ。解答番号は 19 。

① もともと木材の需要が低迷していた上に、外国から輸入された安価な木材に依存することが多くなったことが森林を荒廃させ、さらなる林業の衰退という悪循環が起きていること。

② 国内産の木材供給が滞ったことに対して、外国産の安価な木材で補うことが常態化したために、木材の利用と管理の均衡が崩れ、国内の森林資源が活用されにくくなっていること。

③ 開発の進行による森林の減少と外国産木材への依存度の高まりが、木材の生産から消費に至るサイクルを成り立たなくさせたことから、働き手の確保が困難になり林業が衰退していること。

④ 木材を素材としない製品の増加や、諸外国の林業と比べて競争力が弱いことが国内の林業に打撃を与えたことに加え、環境保護の観点からも森林資源の伐採が手控えられていること。

⑤ 土地がやせたことによる樹木の発育不良が森林資源を減少させ、林業の存続が困難となったことが、木材の安定供給に関するリスクを高めるという悪い効果をもたらしていること。

問3　次に示すのは、【資料Ⅰ】と【資料Ⅱ】を読んだ二人の生徒が話し合っている場面である。これを読んで、空欄 Y ・ Z に入る発言の内容として最も適当なものを、後の①〜⑤のうちからそれぞれ一つずつ選べ。解答番号は 20 ・ 21 。

Kさん　【資料Ⅰ】の出典である『偽善エコロジー』を読んだことがあるよ。この本は日本の森林活用の現状を紹介しているだけでなく、森林資源の活用法にも言及しているんだ。著者の武田氏は【資料Ⅱ】にも出てくる「マイ箸運動」に否定的で、次のように述べているよ。

> 木片を使ういちばん環境にいいものは、「割り箸」です。割り箸は小さいですから、端材でも、間引きした細い木でも、角材をとった残りのところからも作ることができます。割り箸のように小さい木が利用できる用途がさらに広がってくると、日本の森林は生き返ります。
>
> （武田邦彦『偽善エコロジー』による）

Eさん　そうなんだ。【資料Ⅱ】の著者である海野氏の考えと比べてみよう。武田氏は割り箸を木材の積極的で有効な活用法だと述べているのに対して、海野氏は Y 。

Kさん　この武田氏の「割り箸」の主張をもとに考えるならば、 Z なども、資源を有効活用した事例と言えそうだね。

空欄 Y 20

① 割り箸の使用が森林破壊に直結するとは限らないとして、「マイ箸運動」には部分的に賛成するにとどまっている
② 木片の有効な活用法が見つかるまでの暫定的な措置として、木の割り箸を使うことを消極的ながら容認している
③ 一人一人の小さな行いが環境破壊を食い止めるとして、「マイ箸運動」を推し進めていくことを支持している
④ 環境の保全に対するリデュースの効果は疑問だとして、木の割り箸を使うことはやむを得ない策だと述べている
⑤ 効果的な資源の循環の一要素に組み込まれるものとして、木の割り箸が使われることも想定してよいと考えている

空欄 Z 21

① 農作物を守るために植えられた防風林が農村の特徴的な景観となっていること
② 加工中に出た木屑《きくず》を利用したバイオマス燃料がエネルギー資源となっていること
③ 一本の木をくりぬいて作る丸木舟の技術が今日まで伝統的に継承されていること
④ 環境保護と安全の観点からジャガイモのでんぷんを使った爪楊枝《つまようじ》が作られること
⑤ 木目調のデザインを施したフロアタイルが居住者に木のぬくもりを感じさせること

第4問 次の二つの文章は、それぞれ『撰集抄《せんじゅうしょう》』の一節である。【文章Ⅰ】【文章Ⅱ】を読んで、後の問い（問1～5）に答えよ。（配点 45）

【文章Ⅰ】

その昔、頭《かしら》おろして、尊き寺々参りありき侍《はべ》りし中に、(ア)神無月かみのゆみはりのころ、長谷寺(注1)に参り侍りき。日暮れかかり侍りて、入相(注2)の鐘の声ばかりして、もの寂しきありさま、梢《こずゑ》のもみぢ嵐にたぐふ姿、何となうあはれに覚え侍りき。

さて、観音堂に参りて、法施(注3)など手向け侍りて後、あたりを見めぐらすに、尼の念誦《ねんじゅ》する侍り。ことに心を澄まして念珠をすり侍る。あはれさに、かく、

　思ひ入りてする数珠音の声澄みて覚えずたまる我が涙かな

と詠みて侍るを聞きて、この尼声をあげて、「こはいかに」とて袖に取り付きたるを見れば、年ごろ偕《かい》老同穴の契り浅からざりし女の、早さま変へにけるなり。浅ましく覚えて、「いかに」と言ふに、しばしは涙胸にせける(注4)けしきにて、とかくもの言ふことなし。X やや程経て涙をおさへて言ふやう、「君心を起こして出《い》で給《たま》ひし後、何となく住み疲れて、宵《よひ》ごとの鐘もそぞろに涙をもよほし、暁の鳥の音もいたく身にしみて、あはれのみなりまさり侍りしかば、過ぎぬる弥生のころ、頭をおろしてかくまかりなれり。一人の娘をば、母方のをばなる人のもとに預け置きて、高野の奥天野の別所(注5)に住み侍るなり。さてもまた、Y 我を避けていかなる人にも慣れ給はば、よしなき恨みは侍りなまし。これはまことの道に赴き給ふめれば、つゆばかりの恨み侍らず。かへりて知識となり給ふなれば、嬉《うれ》しくこそ。別れ奉りし時は、浄土の再会をとこそ期し侍りしに、思はざるに見つる夢とこそ覚ゆれ」とて、涙せきかね侍りしかば、さま変へけることの嬉しく、恨みを残さざりけむことの喜ばしさに、そぞろに涙を流し侍りき。さてあるべきならねば、さるべき法文など言ひ教へて、高野の別所へ尋ね行かむと契りて、別れ侍りき。

(イ)年ごろもうるせかりつる者とは思ひ侍りしかども、かくまであるべしとは思はざりき。女の心のうたてさはかなはぬにつけても、よしなき恨みを含み、絶えぬ思ひにありかねては、この世はいたづらになしはつるものなるぞかし。しかあるに、別れの

思ひを a 知識として、まことの道に思ひ入りて、かなしき一人娘を捨てけむ、ありがたきには侍らずや。

【文章Ⅱ】

昔、播磨国《はりまのくに》(注6)竹の岡といふ所に、庵を結びて行ふ尼侍り。もとは室(注7)の遊女にて侍りけるが、みめさまなどもあしからざりけるにや、醍醐(注8)の中納言顕基《あきもと》に思はれ奉りて、ひととせの程、都になむ住みわたり侍りけるが、いかなることか侍りけむ、すさめられ奉りて、室に帰りて後、またも遊女のふるまひなどし侍らざりけるとかや。

ある時、中納言の内(注9)の人の、舟に乗りて、西国より都ざまへ行きけるをうかがひ見て、髪を切りて、陸奥《みちのく》紙にひき包みて、かく書きたり。

Z 尽きもせずうきをみるめの悲しさにあまとなりても袖ぞかわかぬ

と書きて、舟に投げ入れ侍りて後、ひたすら思ひ取りて、この所に、庵をとかくこしらへて、思ひ済まして侍りけるなり。中納言、これを見給ひて、雨しづくと泣きこがれ給ひけるなり。

さて、この尼は、ただわくかたなく朝暮れ念仏し侍りけるが、つひに本意のごとく往生して、来たりて拝む人、多く侍りけり。その庵の跡とて、今の世まで朽ちたるまろ木の見え侍りしは、柱などにこそ。ただ少し、すぐなる様にしたる木の節などもさながらいぶせくて侍りし。見侍りしに、(ウ)すずろに昔ゆかしく思ひやられて侍り。人里もはるかに遠ざかり侍るに、かなはぬ女の心にて、とかくしてあやしげにこそ、ひきつくろひ侍りけめ。糧などをばいかがかまへ侍りけむと、かへすがへすいぶせく侍り。同じ女といひながら、さやうの遊び人などになりぬれば、人にすさめられぬるわざをなど、いたく思ひ取るまではなかんなるものを、ひたすらうき世にことよせて、懲りはてにけむ心の程、いみじくおぼえて侍り。

この中納言も、いみじき往生人にていまそかりけむと、伝(注10)に載せて侍れば、さやう(注11)のことにてやいまそかりけむ。b つれもなき心の思ひおどろきて、世を秋風の吹きにけるにこそ。今はまた、むつましき新生の菩薩《ぼさつ》どもにてこそいまそかるらめと思はれて、そのこととなくあはれにも侍るなり。

（注）1　長谷寺――奈良の桜井市にある寺。
2　入相の鐘――夕暮れ時につく鐘。
3　法施――神仏に対して経文を読み、法語を唱えること。
4　せける――（胸に）こみ上げている、の意味。
5　高野の奥天野の別所――和歌山の高野山の奥にある、本寺から離れた修行場。
6・7　竹の岡・室――ともに地名で、「室」は「竹の岡」の近く。瀬戸内海沿岸の要港で、遊郭があった。
8　醍醐の中納言顕基――源《みなもとの》顕基のこと。出家後、醍醐山に隠棲《いんせい》した。
9　内の人――家の者、の意味。
10　伝――『続本朝往生伝《ぞくほんちょうおうじょうでん》』を指すとみられる。
11　さやうのことにてやいまそかりけむ――そのように往生なさったのだろうか、の意味。

問1 傍線部(ア)〜(ウ)の解釈として最も適当なものを、次の各群の①〜⑤のうちから、それぞれ一つずつ選べ。解答番号は 22 〜 24 。

(ア) 神無月かみのゆみはりのころ 22

① 旧暦八月の七、八日の頃《ころ》
② 旧暦八月の下弦の月の頃
③ 旧暦九月の望月の頃
④ 旧暦十月の七、八日の頃
⑤ 旧暦十月の下弦の月の頃

(イ) 年ごろもうるせかりつる者 23

① 長年気の利いた者
② 数年来親しかった者
③ 長年口うるさかった者
④ 数年来きちんとした者
⑤ 長年やっかいであった者

(ウ) すずろに昔ゆかしく思ひやられて侍り 24

① 何となく尼が生きていた当時に心引かれて思いを馳《は》せないではいられません
② 無性に尼が暮らしていた庵のそばの木々を自然と見たく思われることです
③ あてもなく尼が暮らした庵の様子が慕わしくてあちこちさまようのです
④ 何と言うこともなく昔の庭の様子をふとなつかしく思ってしまうのです
⑤ 思いがけず尼の生きていた頃のつらさを思って心配せずにはいられません

問2 傍線部**X**「やや程経て涙をおさへて言ふやう」に至るまでのこの場面の説明として最も適当なものを、次の①～⑤のうちから一つ選べ。解答番号は 25 。

① 長谷寺に参詣した僧は、念誦する尼が長年連れ添った妻だと気づき、あなたの思いを込めた数珠の音に思わず涙が目に溜《た》まるという内容の歌を詠んだ。

② 念珠をする尼は、見知らぬ僧との出会いにとまどいながらも僧の袖に取りついて顔を見ると、長年連れ添った夫であることに気づき感動した。

③ 念珠をする尼は、歌を詠んだのが夫であることがわかり、どうしてあなたは出家をしたのですかと大声で叫び、僧の袖に取りついて涙をぬぐった。

④ 思いがけない場所で尼と出会った僧は、その尼が長年連れ添った妻であったとわかり、どうして尼になったのかと予想外の事態に驚いた。

⑤ 長年連れ添った妻が尼になっているのにとまどった僧は、どうしてこのようなことになったのかと驚きの声を上げ、涙にむせびものを言うこともできなかった。

問3　傍線部Y「我を避けていかなる人にも慣れ給はば、よしなき恨みは侍りなまし」の内容の説明として最も適当なものを、次の①〜⑤のうちから一つ選べ。解答番号は 26 。

① 私を捨てて他の女と連れ添いなさるというわけではないのだから、決して恨みなどもつはずはありませんということ。
② 私以外のどのような女と親しくなさるのかはわからないのだから、つまらない嫉妬《しっと》を抱くはずはありませんということ。
③ 私よりもこの上なくすばらしい女と親しくなさるのならば、私にとってあきらめもつくでしょうということ。
④ 私を捨ててどのような女をそばに置こうかとお考えになっていると気づき、この上なくつらくなりましたということ。
⑤ 私から離れて別の女とお暮らしになっていることがわかったので、どうしようもない恨みを抱きましたということ。

問4　傍線部Z「尽きもせずうきをみるめの悲しさにあまとなりても袖ぞかわかぬ」の和歌の説明として最も適当なものを、次の①〜⑤のうちから一つ選べ。解答番号は 27 。

① 「尽きもせずうきをみるめ」は、「いつも私につらい目を見させる」の意味である。
② 「尽きもせずうきをみるめの」は、直後の「悲しさ」を導く序詞《じょことば》である。
③ 「うき（浮き）」「みるめ（海松布）」「あま（海女）」が縁語となっている。
④ この歌は「私は海女なので袖も乾かず涙が流れる」と詠んでいる。
⑤ この歌は「三句切れ」の歌で、係り結びも効果的に用いられている。

問5　次に掲げるのは、【文章Ⅰ】【文章Ⅱ】について、生徒と教師が交わした授業中の会話である。これらを踏まえて、この会話の後に生徒から出された発言①～⑥のうち、適当なものを二つ選べ。ただし、解答の順序は問わない。解答番号は 28 ・ 29 。

生徒　【文章Ⅰ】の二重傍線部a「知識」は、私たちが普通に使うのとは意味が違うように思うのですが……。

教師　よく気づいたね。「仏教用語」なのだよ。辞典には次のように説明されている。

【資料Ⅰ】

「知識」（仏教語）
㋐　人を仏法に導く人。すぐれた仏法の指導者。善知識。
㋑　堂塔や仏像などの建立に金品を寄進すること。また、その人や金品。
㋒　対象を外界に実在すると認める心の働き。

「善知識」（仏教語）
①　人々を仏道へ誘い導く人。
②　人を仏道へ導く機縁となる物事。

生徒　このような意味があるなんて知りませんでした。

教師　ここの「知識」はどの意味だろうか。また、具体的にどのようなことを指しているのかをみなで考えてみるといいね。

生徒　【文章Ⅱ】も、尼になるというよく似たストーリーですが、こちらも「知識」が関連しているのですか。

教師　二重傍線部bが参考になるよ。これは女が尼になったことを言っているのだが、上手に口語訳をしてみるといい。「秋」は漢字で書かれているが、別の漢字をあてることもできそうだね。

生徒　「掛詞《かけことば》」になっているんですね。

教師　そうだよ。そこまでわかるのなら、もう一つ資料を示すことにするよ。【文章Ⅱ】とほぼ同じ内容の話が『閑居友《かんきょのとも》』にあって、その文章の最後の部分は、次のようになっている。二重傍線部**b**と**c**とを比較して、「知識」との関連についてみなで意見を出し合ってごらん。

【資料Ⅱ】
中納言は、いみじき往生人にておはしけると、往生伝にも侍るめれば、さるべきことにて、**c** 驚かれぬ袂《たもと》にも染めかしとて、秋風も吹き初めけるやらむ、とまで覚ゆ。

① 生徒A――二重傍線部**a**の「知識」は「善知識」という①の意味で、すばらしい仏法の指導者としての夫を指しているんだね。だから夫が妻に「さるべき法文など言ひ教へて」という行動が意味をもつことになると思うよ。

② 生徒B――わたしは違う意見だよ。二重傍線部**a**の「知識」は「善知識」という②の意味で、夫に捨てられたのが原因で尼になったけど、夫を恨みはしても結果的にはよかったと思えるという複雑な心境を表しているんだと思う。

③ 生徒C――二重傍線部**b**は「男に対して冷たい女の心がふと目ざめて、飽きることなくずっと女は愛情を注ぎ続けたのであるなあ」の意味なので、人を仏道に導くという意味の「知識」とは無関係だと考えられるよ。

④ 生徒D――いや、二重傍線部**b**は「仏道に無縁な心がふと目覚めて、秋風が吹くようにこの世を飽き出家を思い立ったのであるなあ」の意味だよ。二重傍線部**b**には仏教用語の「知識」と直接関係があるとは書かれていないね。

⑤ 生徒E――二重傍線部**c**の前半は「自分では無常に気づくことのない遊女にもわからせようとする」の意味だよ。「わからせよう」の主体は出家の機縁となった秋風で、「秋風」が「知識」を指すと考えられるね。

⑥ 生徒F――たしかに、Eさんの口語訳は正しいけど、「知識」に関する理解が違うと思うな。ここは「わからせようとする」の主体が中納言であって、出家の契機という「知識」につながっているんだと思うよ。

第5問 次の文章を読んで、後の問い（**問1〜5**）に答えよ。なお、設問の都合で返り点・送り仮名を省いたところがある。（配点 45）

(注1)大高坂清介《おほたかさかせいすけ》著シ二適従録《てきじゆうろく》ヲ一、以テ駁《ばく》ス二(注2)仁斎《じんさい》ヲ一。弟子持チ来リテ眎《しめ》シテレ之ヲ曰ハク、「先生(ア)作セ二之レガ弁ヲ一。」仁斎笑ヒテ而不レ言ハ。弟子曰ハク、「人著シレ書ヲ以テ恣《ほしいまま》ニ議スレ己ヲ。A苟辞不塞、豈可黙而止乎。先生ニシテ而不レバ答ヘ、則チ請フ余代ハリテ折《くじ》カントレ之ヲ。」B仁斎曰ハク、「X。如シ彼果タシテ I ニシテ我果タシテ II ナレバ、彼ハ於イテレ我ニ為リ二益友一。如シ我果タシテ III ニシテ彼果タシテ IV ナレバ、他日彼其ノ学長進スレバ、則チ当ニシ二自ラ知ルレ之ヲ。(イ)小子宜シク二深ク戒ムベシ一。為スレ学ヲ之要ハ、惟《た》ダ虚シクシレ心ヲ平ラカニシレ気ヲ、以テ為ニスルヲレ己ガ為スト先ト。何ゾ毀《そし》リレ彼ヲ立テレ我ヲ、徒《いたづ》ラニ憎マント二茲《こ》ノ多口ヲ一。」

（原念斎《はらねんさい》『先哲叢談《せんてつそうだん》』による）

（注）1 大高坂清介——江戸時代の儒者。『適従録』を著して、伊藤仁斎の思想を批判した。

2 仁斎——伊藤仁斎。江戸時代の儒者。

問1 波線部(ア)「作二之弁一」・(イ)「小子」のここでの意味として最も適当なものを、次の各群の①～⑤のうちからそれぞれ一つずつ選べ。解答番号は **30** ・ **31** 。

(ア) 「作二之弁一」 **30**

① 『適従録』の内容を説明する
② 『適従録』と仁斎の考えとを区別する
③ 『適従録』の批判に対する反論を行う
④ 『適従録』に詳しい注をつける
⑤ 『適従録』と仁斎の考えの優劣を決める

(イ) 「小子」 **31**

① わたくし
② 子ども
③ 子孫
④ 愚か者
⑤ 弟子

問2 傍線部**A**「苟辞不塞、豈可黙而止乎」の(i)書き下し文と(ii)その解釈として最も適当なものを、次の各群の①～⑤のうちから、それぞれ一つずつ選べ。解答番号は 32 ・ 33 。

(i) 書き下し文 32

① 苟《かりそ》めの辞を塞ぐに、豈に黙すべくして止めざるか
② 苟《いや》しくも辞して塞がず、豈に黙するを可として止むか
③ 苟しくも塞がざれば、豈に黙して止むべきを辞さんや
④ 辞を苟めにして塞がざるよりは、豈に黙して止むべし
⑤ 苟しくも辞塞がらざれば、豈に黙して止むべけんや

(ii) 解釈 33

① かりにも相手の言葉を封じられないならば、黙ったままでいてよいはずはありません
② 遠慮して相手を封じずに、黙ったままでよいとみなして諦めてしまうのですか
③ もしも相手を封じないならば、黙ったままでは悪いという考えをやめなければなりません
④ 発言をいい加減にして言いたい放題にするくらいなら、黙って何も言わない方がましです
⑤ いい加減な発言を封じるためなのに、どうして黙っていて止めないのですか

問3　傍線部B「請余代折レ之」の内容の説明として最も適当なものを、次の①～⑤のうちから一つ選べ。解答番号は 34 。

① 大高坂清介の弟子が清介の代わりに、仁斎の考えを論駁《ろんばく》したいと申し出ているということ。
② 大高坂清介の弟子が仁斎に、清介の代わりに自分の師匠になってほしいと願い出ているということ。
③ 仁斎の弟子と大高坂清介の弟子が、それぞれの師匠の考え方を代弁して議論したいと願い出ているということ。
④ 仁斎の弟子が仁斎の代わりに、大高坂清介からの批判の矢面に立ちたいと申し出ているということ。
⑤ 仁斎の弟子が仁斎の代わりに、大高坂清介の考えを論駁したいと申し出ているということ。

問4　空欄 Ⅰ ・ Ⅱ ・ Ⅲ ・ Ⅳ に入る語の組合せとして最も適当なものを、次の①～⑤のうちから一つ選べ。解答番号は 35 。

①	Ⅰ 非	Ⅱ 非	Ⅲ 是	Ⅳ 是
②	Ⅰ 是	Ⅱ 非	Ⅲ 是	Ⅳ 非
③	Ⅰ 是	Ⅱ 非	Ⅲ 非	Ⅳ 是
④	Ⅰ 非	Ⅱ 是	Ⅲ 是	Ⅳ 非
⑤	Ⅰ 是	Ⅱ 是	Ⅲ 非	Ⅳ 非

問5 次の**【資料】**は伊藤仁斎『論語古義』の一節であり、空欄 X に入る語句が含まれた『論語』の一節と、それに対する仁斎の注釈である。これを読んで後の(i)・(ii)の問いに答えよ。

【資料】

子曰《ハク》、「君子《ハ》無《シ》レ所レ争《フ》。必《ズ》也《や》射《しや》乎《か》。揖《いふ》譲《じやうシテ》而升《のぼり》、下《リテ》而飲《マシム》。其《ノ》争《ヒ》也君子《ナリト》。」

此れ君子は唯《た》だ射に於いてのみ争ふ所有るを言ふ。則ち君子は事に於いて総じて人と争ふこと無きを見《あら》はすなり。君子は仁を以て心に存し、礼を以て心に存す。何の争ひか之れ有らん。其の人と争ふ者は、皆小人にして、不仁無礼の甚だしきなり。『論語』を読む者は、夫子の君子を言ふこと諸章に至れば、則ち心を潜《しづ》め思ひを覃《ふか》くし、佩服《はいふく》体取せざるべからず。此の章のごときは、最も其の切要なるものかな。

(i) **【資料】**の内容を踏まえて、空欄 X に入る語句として最も適当なものを、次の①～⑤のうちから一つ選べ。解答番号は 36 。

① 君子無レ所レ争
② 必也射乎
③ 揖譲而升
④ 下而飲
⑤ 其争也君子

(ii) 【資料】の内容を踏まえて、本文における仁斎の考え方の説明として最も適当なものを、次の①～⑤のうちから一つ選べ。
解答番号は 37 。

① 仁斎は、弟子を指導する上での要点として「何ぞ彼を毀り我を立て、徒らに茲の多口を憎まん」と述べているが、ここには、自分の思想ではなく君子のありかたを語ることで弟子を諭した孔子を理想の指導者とみなす考え方がある。

② 仁斎が、弟子の言葉に対して「笑ひて言はず」という反応をしているのは、弟子がまだ未熟な「小人」であり、「不仁無礼」であっても仕方がないと考え、何事においても争わない君子として寛大に受け止めようとする態度の表れである。

③ 仁斎が、自分を批判した大高坂清介に対して「笑ひて言はず」という反応をしているのは、君子が争うのは「射」の儀礼の時だけだという孔子の言葉を踏まえて、その手順を踏まない限りは相手にしないとする態度の表れである。

④ 仁斎は、学問をする上での要点として「心を虚しくし気を平らかにし、以て己が為にするを先と為す」と述べているが、その背後には、仁と礼によって行動する『論語』の君子のありかたを体得すべきであるという考え方がある。

⑤ 仁斎は、自分を批判する者への反論として「以て己が為にするを先と為す」と述べており、『論語』に見える仁と礼の心を体得すべく勤めても、なお、自己保身や自己中心的な気持ちを払拭できないでいることを正直に告白している。

【メモ】

模試 第4回

(200点 90分)

〔国語〕

注 意 事 項

1 **国語解答用紙(模試 第4回)をキリトリ線より切り離し，試験開始の準備をしなさい。**

2 **時間を計り，上記の解答時間内で解答しなさい。**

ただし，納得のいくまで時間をかけて解答するという利用法でもかまいません。

3 問題は5問あり，第1問，第2問，第3問は「近代以降の文章」，第4問は「古文」，第5問は「漢文」の問題です。

なお，大学が指定する特定の分野のみを解答する場合でも，試験時間は90分です。

4 **解答用紙には解答欄以外に受験番号欄，氏名欄，試験場コード欄があります。その他の欄**は自分自身で本番を想定し，**正しく記入し，マークしなさい。**

5 **解答は解答用紙の解答欄にマークしなさい。**例えば，[10] と表示のある問いに対して③と解答する場合は，次の(例)のように**解答番号10の解答欄の③にマーク**しなさい。

(例)

解答番号	解答欄								
	1	2	3	4	5	6	7	8	9
10	①	②	●	④	⑤	⑥	⑦	⑧	⑨

6 問題冊子の余白等は適宜利用してよいが，どのページも切り離してはいけません。

7 試験終了後，問題冊子は持ち帰りなさい。

第1問　次の【文章Ⅰ】【文章Ⅱ】を読んで、後の問い（問1～6）に答えよ。（配点　45）

【文章Ⅰ】

ことばそのものとは、大まかに言って、人が話すときに口から出てくるオトや、ラジオから出してくるオトのつらなりである。このオトのつらなり、オトそのものを最も自然にうつし出そうと思うならば、ローマ字でうつすことである。

もし外国人で、ローマ字をふだん自分のことばで使う人ならば、日本語をゆっくりテープでまわして聞けば、その聞いたオトをローマ字でつづることになるだろう。

ところが日本人にはそうはいかない。日本人はオトはカナでうつすから、子音と母音に分けてうつすことはできない。「カ」というオトは「k」という子音ではじまり、すぐそのあとに「a」という母音が続くのだということを理解するのが、カナになれた日本人にはまず一苦労である。英語にかぎらず、すべての外国語について、日本人は、オトを分析的につかもうとすれば、こうして第一歩からのつまずきが現れる。あとでも述べるが、これが、日本人がローマ字書き日本語を学ぶ効用の一つである。

こう言うとすぐに、次のように反論する人がいるだろう。――日本語では子音と母音を分けずに一体として意識することが確立しているのだから、それを分けることがジッタイに反している、カナで十分なのだと。私もこういう気持《きもち》のいいタンカを切ってみたいものだ。

ところが、日本語を分析的にみようとするとき、Aローマ字書きが日本語人自身にもどんなに多くのことを教えてくれるかを知っておかなければならない。

たとえば爪《ツメ》と摘《ツマ》むとは漢字で書けば一見全く関係のない別の単語のように見えるが、tume tuma-mu と子音、母音にわけてローマ字書きしてみると、両者は下線で示したようにeとaという、たった一つの母音のちがいで区別されることがまず明らかになり、aで終わるときは動詞だが、eになると、その動作と関係のある名詞になるという、いわゆる、e↓aの母音のいれかわりが大きな文法的役割をしていることがあきらかになる。このたいせつな、日本語にそなわった文法能力を、漢字は別の文字をあてがって(イ)ブンダンし、消し去ってしまうのである。

しかし、日本のカナは子音と母音をひとまとめにしているから、そのなかみが見えない（服部四郎が「漢字が日本語を破壊してしまった」〔中略〕と言っているのは、このことを指している）とは言え、しかし漢字に比べれば、まだはるかによくオトそのものを露出させている。つめ、つまむを漢字にすれば「爪」、「摘む、撮む、抓む」などと書かれ、このなかで「抓む」と言う字は「爪」との語源的つながりを示しているけれども、「摘む」のどこにも「ツメ（爪）」のかくれている気配がない。

以上述べてきたこと、すなわち、日本語では、子音をきりはなした母音そのものが、品詞の区別をしたり新しい単語を作る上で、いかに大活躍したか、そのさまをまとめて示しておいた。

ここにわざわざ書き出すこともないくらいすでに多くの人が気づいていることであろうが、古代日本語ではいきいきとはたらいていたこのような原理が、オトをかくしてしまう漢字によって、全く別の単語に切りはなされてしまったか、このことをよく味わっていただきたいのである。

すでに述べたように、私は、この言語を学ぼうとすればいろいろ問題があると知りながらも、それを知った上で、とにかく日本語共同体になるべく多くの人に参加してほしいと思う。こうしてできた、日本語にむすばれた同志、日本語なかまとも呼ぶべき人々の関係を、ガーベレンツ(注)にならってまことに心あたたまる Sprach《シュプラーハ》-genosse《ゲノッセ》 ということばで呼んでみよう。

この人たちの日本語共同体の参加に私が期待するわけは、日本語を書くにあたって私たちがふだん気がつかない問題、その使いにくさ、不具合を、かれらに指摘してほしいと思うからである。ことばというものは、さまざまな出自のちがう人が参加して使ってみることによって試され、改良されるのであって、独占的、特権的言語エリートが、高みから見おろして命令し、自分の趣味を絶対とし、それに従わせているだけでは発展しないし、活力がなく、ひろまらないのである。言語問題にも、事業仕分《しわけ》に劣らぬ、多くの仕分作業が残っているが、政府から任命された仕分け人たちは、ますます事態をわるい方に押しやるばかりである。

そこで日本語共同体の原人である我々には、そこに参入しようと志をたてた新参者が、なるべく日本語、その書きことばを身につけやすいように工夫しておくことが、共同体の安全、したがって自分の利益になる。

すでに述べたように、文法や発音はどんなに改良しようとしても、もはや手のつけようがないから、せめて文字のつづりがわかりやすく、すぐにおぼえられるようにしておかなければならない。この点では、もうすでにあんなにわかりやすく、うまくできているドイツ語の正書法が、さらに改良案を発表し、実行にうつされてから、もう十年にもなる。このようなドイツ語には、ドイツで最も規範的な辞書ドゥーデンがすでに一八七二年に「文字は学者のためならず、全人民のためにある」とたからかに宣言した歴史がある（中略）。

日本のように、おびただしい漢字をおぼえていることを得意がり、そのこった使いかたを見せびらかせていい気になっているときではない。きびしい言語の国際競争の場にさらされて、その［ X ］がせりにかけられているのである。

（田中克彦《たなかかつひこ》『漢字が日本語をほろぼす』による）

（注）ガーベレンツ――ドイツの言語学者（一八四〇―九三）。

【文章Ⅱ】

日本語の文字改革の二大主張は、①ローマ字化と②ひらがな化の二つです。前者の提唱者を「Bローマ字論者」、後者の提唱者を「Cかな文字論者」と呼んでいます。

私が小学校の五・六年生だったのは一九五〇年代の中頃ですが、週に一時間「ローマ字」の授業がありました。ローマ字だけで書かれた教科書があり、これを朗読して日本語に書き直すのが授業内容でした。私は、日本語に戻すくらいなら何で最初から日本語で書かないのかと甚《はなは》だ不思議な気がしたものです。ローマ字の授業は、私より二歳年下の弟の時にはなくなっていました。ローマ字論者は占領軍（当時は進駐軍と言っていましたが）の後押しもあり、なかなかの勢力でした。現在でも駅名の横には必ずローマ字表記がありますが、ああした表示方法が全国津々浦々《つつうらうら》にまで及んだのは占領軍の要請があってのことだそうです。

最近は、北海道や九州に行きますとハングルや中国の簡体字の駅名表示があり、世の中の推移が窺《うかが》われます。

　私が子供時分のローマ字論者としては、童話作家の小川未明氏が有名でした。氏は童話もローマ字で書いていましたが、そんなものをすらすら読める母親はおらず、売り上げに響いたのか、氏も童話をローマ字で書くことを永くは続けなかったようです。

　ローマ字論者に比べれば、「かな文字論者」は伝統もあり、勢力も遙《はる》かに大きなものでした。現在でも数は激減していますが(ウ)ケンザイなようです。明治期の提唱者の代表格は、私たちが〝近代郵便制度の父〟としてその名を知っている前島密《ひそか》氏です。以来、戦後まで永く勢力を保った「かな文字論者」の主張の基本は、漢字が煩雑で教育やタイプライターといった機械化に不向きだというものでした。それは単に日本の子供の負担になるばかりでなく、外国人が日本語を覚える際の負担にもなり、日本語が世界に普及しない原因となっているというのがホ(エ)ソクの主張でした。確かに、昔の和文タイプライターのバカでかさを見たら、ひらがな書きだけならどれほど能率が上がるだろうと思いたくなるのは無理からぬところだったかもしれません。一九八〇年代にワープロの開発と普及があれほど急速に進まなかったなら、かな文字論者が勢力を伸ばし、漢字が日本語表記に占める割合は今よりもずっと小さくなっていたかもしれません。

　一九世紀のアメリカにロブシャイドという言語学者がおり、彼が著した『ロブシャイド英語辞典』は明治期の日本で大変に(オ)チョウホウされましたが、彼はD米語の綴《つづ》りを発音と一致させるための運動家でもありました。例えば、「high《ハイ》 light《ライト》」を「hi《ハイ》lite《ライト》」と表記しようと提唱したのです。しかし、彼の提案はインテリ階層と上流階級の猛反発を喰《く》らい、運動資金も得られずにあえなく敗退してしまいました。もしも彼の提案が日の目を見ていたなら、外国人が米語を学ぶのに便利であるばかりか、移民国家アメリカの識字率を上げるのにおおいに貢献したことでしょう。

　というわけで、すべての文字改革に反対するのは誤りですが、文字改革というものは、いったん変えたなら元には戻せないものであることだけは肝に銘《めい》じておく必要があります。

　すでに触れたように韓国では漢字を廃してハングル表記化を推し進める際に、漢字は大学で古典や歴史を学びたい者が、大学入学後に習得すればよいと考えました。ところが、大学で初めて漢字を学ぶとなると実に膨大《ぼうだい》な時間とエネルギーを割《さ》かなければならないことが判明したのです。そこで改めて小学校の段階から基礎的な漢字を教えるよう修正しようとしたのですが、その時には漢字教育のノウハウが失われていました。そこでプロジェクトチームを創り、その一員が私が勤めていた高校へ来て、私の漢文の授業を参観していったことがありました。その時のリーダーは戦前の小学校で日本語教育を受けた流暢《りゅうちょう》な日本語を話す年輩の大学教授でしたが、高校二年の生徒がたどたどしく読む漢文の教科書を覗《のぞ》き込んで、「ああ、韓国の漢字教育はこの先五〇年たっても日本に追いつけないくらい破壊されてしまった」と涙を流さんばかりに慨嘆《がいたん》していました。

一九九一年にソ連が崩壊した直後に、モンゴルには民族主義的な政権が誕生し、それまでロシア文字で表記されていたモンゴル語をパスパ文字で表記する法案が議会で可決しました。当初は直《す》ぐにでも復活できると思われていたのですが、パスパ文字は七〇年以上も使用されていなかった上に、ロシア文字に比べれば煩雑であり、今では何年後に達成されるのか、果たして達成すべきか否かを巡《めぐ》って揉《も》め続けているようです。

（佐久《さく》協《やすし》『日本一愉快な国語授業』による）

問1 傍線部(ア)～(オ)に相当する漢字を含むものを、次の各群の①～④のうちから、それぞれ一つずつ選べ。解答番号は 1 ～ 5 。

(ア) ジッタイ 1
① 天下アンタイ
② キュウタイ依然とした考え方
③ タイギ名分
④ 秋雨前線がテイタイする

(イ) ブンダン 2
① 演説にトウダンする
② ボールのダンリョク
③ 国交がダンゼツする
④ 友人にソウダンする

(ウ) ケンザイ 3
① ケンギョウ農家
② ケンメイな選択
③ 高層ビルをケンセツする
④ ガンケンな身体

(エ) ホソク 4
① ジキュウジソクの生活
② チームのケッソク
③ ソクトウ部が痛む
④ ソクザに回答する

(オ) チョウホウ 5
① 裁判をボウチョウする
② 受付でキチョウをすませる
③ イチョウが弱い
④ テイチョウにもてなす

問2　傍線部A「ローマ字書きが日本語人自身にもどんなに多くのことを教えてくれるか」とあるが、どのようなことを教えてくれるのか。その説明として最も適当なものを、次の①～⑤のうちから一つ選べ。解答番号は 6 。

① 日本語では、当たり前のように子音と母音を一体としてとらえるが、そのような音の聞き方は世界的に見て少数派であり、外国語を学ぶには、子音と母音を分けてとらえる聞き方へ変えていかねばならないということ。

② 日本語では、母語とする人々は漢字で書き表された意味を重要視しがちであるが、本来言葉とは人が話すときに口から出てくるオトのつらなりであり、オトには文字に先立つ重要性があるということ。

③ 日本語では、古来、子音をきりはなした母音そのものが、文法的に大きな役割を果たしていたが、現代の日本語ではそのような原理が失われ、日本語が新しい単語を創り出す活力を失っているということ。

④ 日本語では、語に含まれる母音の違いが品詞の区別や新しい単語を作る上で重要な役割を果たしており、漢字やカナで書いている時には無関係に見える単語同士にも、意味上のつながりがあるということ。

⑤ 日本語では、多くの外国語と違って、ほとんどの場合子音と母音が一体となって発音されるため、子音と母音に分けて表記することには多大な労力が伴う、ということ。

問3　空欄 X に入るものとして最も適当なものを、次の①〜⑤のうちから一つ選べ。解答番号は 7 。

① 歴史的、民族的な意義
② 荘厳さ、高度な文化性
③ 学びやすさ、使いやすさ
④ 発音しやすさ、聞き取りやすさ
⑤ 革新性、柔軟性

問4 傍線部B「ローマ字論者」、傍線部C「かな文字論者」、傍線部D「米語の綴りを発音と一致させるための運動家」の間で共通する点についての説明として最も適当なものを、次の①～⑤のうちから一つ選べ。解答番号は 8 。

① 三者とも、外国の圧力や機械化など、外部的な要因を受けて主張を展開した。
② 三者とも、外国人のためではなく、自国民の利益のために自説を提唱した。
③ 三者とも、かつて精力的に自説を主張していたものの、その後勢いを失った。
④ 三者とも、ワープロの普及で文字を書くことが容易になったことで廃《すた》れた。
⑤ 三者とも、主に学校現場で自説を実践する教育者たちで構成されていた。

問5　次に掲げるのは、【文章Ⅰ】【文章Ⅱ】で論じられている日本語のローマ字表記について話し合った生徒の会話である。五人の生徒の発言①～⑤のうち、【文章Ⅰ】【文章Ⅱ】の内容を踏まえたものとして**適当でないもの**を一つ選べ。解答番号は 9 。

① 生徒A――【文章Ⅰ】では日本語のローマ字化を強く主張しているけど、【文章Ⅱ】の筆者は文字改革の説の一つとしてローマ字化を説明しているね。戦後に学校でローマ字教育を受けたけど、二年後にはその授業がなくなっていたという経験があるから、ちょっと退いた視点なのかな。

② 生徒B――そうだね。【文章Ⅰ】と【文章Ⅱ】に出てくるローマ字化は、違う時期の主張なんだよ。【文章Ⅰ】は現代、【文章Ⅱ】は戦後日本に占領軍がいた時代だね。

③ 生徒C――【文章Ⅱ】では、日本語を改良する二つの方向性として、ローマ字化とかな化を同列に扱っているけど、【文章Ⅰ】ではむしろ、かなを日本語の文法的原理を見えにくくしている壁と考えているのも違っているね。

④ 生徒D――【文章Ⅰ】で、日本語の音はローマ字でつづることが難しいと言いながらローマ字表記を主張しているのは、あえてローマ字表記にすることで、外国人にとって発音しやすいように言葉そのものを変えていこうということだね。【文章Ⅱ】で、文字改革はいったん変えたら元には戻せないと言っているのは、こういうことだよ。

⑤ 生徒E――【文章Ⅰ】の主張は外国人のためだけではないと思うよ。日本語共同体に新参者が参入することで、日本語が試され、改良されると書かれているよ。日本語そのものの発展や生き残りのためのローマ字化という視点は、【文章Ⅱ】には出てこないものだね。

問6　【文章Ⅰ】【文章Ⅱ】の構成・展開について説明したものとして最も適当なものを、次の①～④のうちから一つ選べ。解答番号は 10 。

① 【文章Ⅰ】は、ローマ字表記によって日本語の文法的原理がよりわかりやすくなることを例を挙げて示した上で、ローマ字表記によって外国人の日本語学習者が増えることが、日本語にとって有益であるとの自説を強く打ち出している。一方、【文章Ⅱ】は、これまで議論されてきた日本語の文字改革の二大主張について、自説を前面に出さない形で見解を出している。

② 【文章Ⅰ】は、日本語の使いにくさや不具合を指摘し、ローマ字表記の導入による改善を迫る厳しい論調だが、それはオトとしての日本語の伝統的な原理を守り伝えようとする愛着ゆえであることを暗示している。一方、【文章Ⅱ】は、日本語の表記改革の問題を、あくまで世界各国で試みられてきた表記改革の事例の一つとして扱い、客観的な立場から説明している。

③ 【文章Ⅰ】は、日本語の文法的原理をわかりにくくしているのはかな表記であるとして、漢字が日本語の文法的原理に及ぼす影響に関しては厳しい追及を行っていない。一方、【文章Ⅱ】では、日本語が世界に普及しない原因は漢字にあるととらえ、かな化はローマ字化と並び、外国人にとって日本語を学びやすくする打開策の一つであると肯定的に論じている。

④ 【文章Ⅰ】は、日本語の表記をローマ字に変えることで外国人の学習者が増え、文法や発音も、さまざまな日本語話者の視点を取り入れて改良されていくことを肯定的にとらえている。一方、【文章Ⅱ】は、ローマ字化を否定こそしないものの、表記の改革は単にそれだけの問題にとどまらず、教育や文化に与える影響が大きすぎるとして、否定的な見解を示している。

（下書き用紙）

国語の試験問題は次に続く。

第2問　次の文章は、芥川龍《あくたがわりゅう》之介《のすけ》の小説「煙管《きせる》」の一節である。これを読んで、後の問い（問1～5）に答えよ。（配点　45）

（注1）加州石川郡《かしゅういしかわごおり》金沢城の城主、前田斉広《まえだなりひろ》は、参覲中《さんきんちゅう》、江戸城の本丸へ登城《とじょう》する毎《ごと》に、必ず愛用の煙管を持って行った。当時有名な煙管商、住吉屋七兵衛《すみよしやしちべえ》の手に成った、金無垢地《きんむくじ》に、剣梅鉢《けんうめばち》の紋《もん》ぢらしと云《い》う、数寄《すき》を凝らした煙管である。

前田家は、幕府の制度によると、五世《ごせ》、加賀守綱紀《かがのかみつなのり》以来、大廊下詰《おおろうかづめ》で、席次は、世々尾紀水三家《びきすいさんけ》の次を占めている。勿論《もちろん》、裕福な事も、当時の大小名の中で、肩を比べる者は、ほとんど、一人もない。だから、その当主たる斉広が、金無垢の煙管を持つと云う事は、寧《むし》ろ身分相当の装飾品を持つのに過ぎないのである。

しかし斉広は、その煙管を持っている事を甚《はなは》だ、得意に感じていた。もっとも断って置くが、彼の得意は決して、煙管そのものを、どんな意味ででも、愛翫《あいがん》したからではない。彼はそう云う煙管を日常口にし得る彼自身の勢力が、他の諸侯に比して、優越な所以《ゆえん》を悦《よろこ》んだのである。つまり、彼は、A加州百万石《ひゃくまんごく》が金無垢の煙管になって、どこへでも、持って行けるのが、得意だった――と云っても差支《さしつか》えない。

そう云う次第だから、斉広は、登城している間中、殆《ほとん》どその煙管を離した事がない。人と話《はな》しをしている時は勿論、独《ひと》りでいる時でも、彼はそれを懐中から出して、鷹揚《おうよう》に口に啣《くわ》えながら、長崎煙草《たばこ》か何かの匂いの高い煙《けむ》りを、必ず悠々とくゆらせている。

勿論この得意な心もちは、煙管なり、それによって代表される百万石なりを、人に見せびらかすほど、増長慢《ぞうちょうまん》な性質のものではなかったかも知れない。が、彼自身が見せびらかさないまでも、殿中《でんちゅう》の注意は、明《あきら》かに、その煙管に集注されている観があった。そうして、その集注されていると云う事を意識するのが斉広にとっては、かなり愉快な感じを与えた。――現に彼には、同席の大名に、あまりお煙管が見事だからちょいと拝見させて頂きたいと、云われた後では、のみなれた煙草の煙までがいつもより、一層快く、舌を刺戟《しげき》するような気さえ、したのである。

斉広の持っている、金無垢の煙管に、眼《め》を駭《おどろ》かした連中の中で、最もそれを話題にする事を好んだのは所謂《いわゆる》、（注2）お坊主《ぼうず》の階級である。彼等《かれら》はよるとさわると、鼻をつき合《あわ》せて、この「加賀の煙管」を材料に得意の饒舌《じょうぜつ》を闘わせた。

「さすがは、大名道具だて。」
「同じ道具でも、ああ云う物は、つぶしが利きやす。」
「質《しち》に置いたら、何両貸す事かの。」
「貴公じゃあるまいし、誰が質になんぞ、置くものか。」

ざっと、こんな調子である。

するとある日、彼等の五六人が、円《まる》い頭をならべて、一服やりながら、例の如《ごと》く煙管の噂《うわさ》をしていると、そこへ、偶然、御数《おす》寄屋《きや》坊主の河内山宗俊《こうちやまそうしゅん》が、やって来た。——後年「天保六歌仙《てんぽうろっかせん》(注3)」の中の、主なrôleをつとめる事になった男である。

「ふんまた煙管か。」

河内山は、一座の坊主を、尻眼《しりめ》にかけて、空嘯《そらうそぶ》いた。

「彫《ほり》と云い、地金《じがね》と云い、見事な物さ。銀の煙管さえ持たぬこちとらには見るも眼の毒……」

調子にのって弁じていた了哲《りょうてつ》と云う坊主が、ふと気がついて見ると、宗俊は、いつの間にか彼の煙管入れをひきよせて、その中から煙草をつめては、悠然と煙を輪にふいている。

「おい、おい、それは貴公の煙草入れじゃないぜ。」
「いいって事よ。」

宗俊は、了哲の方を見むきもせずに、また煙草をつめた。そうして、それを吸ってしまうと、生あくびを一つしながら、煙草入れをそこへ抛《ほう》り出して、

「ええ、悪い煙草だ。煙管ごのみが、聞いてあきれるぜ。」

了哲は慌《あわ》てて、煙草入れをしまった。

「なに、金無垢の煙管なら、それでも、ちょいとのめようと云うものさ。」
「ふんまた煙管か。」と繰返《くりかえ》して、「そんなに金無垢が有難《ありがた》けりゃ何故《なぜ》お煙管拝領と出かけねえんだ。」

「お煙管拝領？」

「そうよ。」

さすがに、了哲も相手の傍若無人なのにあきれたらしい。

「いくらお前、わしが欲ばりでも、……せめて、銀でもあれば、格別さ。……とにかく、金無垢だぜ。あの煙管は。」

「知れた事よ。金無垢ならばこそ、貰《もら》うんだ。真鍮《しんちゅう》の駄六《だろく》（注4）を拝領に出る奴《やつ》がどこにある。」

「だが、そいつは少し恐れだて。」

了哲はきれいに剃《そ》った頭を一つたたいて恐縮したような身ぶりをした。

「手前が貰わざ、己《おれ》が貰う。いいか、あとで羨《うらやま》しがるなよ。」

河内山はこう云って、煙管をはたきながら肩をゆすって、せせら笑った。

それから間もなくの事である。

斉広がいつものように、殿中の一間で煙草をくゆらせていると、西王母《せいおうぼ》（注5）を描いた金襖《きんぶすま》が、静《しずか》に開いて、黒手《くろで》の黄八丈《きはちじょう》（注6）に、黒の紋附《もんつき》の羽織を着た坊主が一人、恭《うやうや》しく、彼の前へ這《は》って出た。顔を上げずにいるので、誰《だれ》だかまだわからない。――斉広は、何か用が出来たのかと思ったので、煙管をはたきながら、寛濶《かんかつ》（注7）に声をかけた。

「何用じゃ。」

「ええ、宗俊御願《おねがい》がございまする。」

河内山はこう云って、ちょいと言葉を切った。それから、次の語を云っている中《うち》に、だんだん頭《かしら》を上げて、しまいには、じっと斉広の顔を見つめ出した。こう云う種類の人間のみが持って居《い》る、一種の愛嬌《あいきょう》をたたえながら、蛇が物を狙うような眼で見つめたのである。

「別儀《べつぎ》でもございませんが、その御手許《おてもと》にございまする御煙管を、手前、拝領致しとうございまする。」

斉広は思わず手にしていた煙管を見た。その視線が、煙管へ落ちたのと、河内山が追いかけるように、語を次《つ》いだのとが、ほとんど同時である。

「如何《いかが》でございましょう。拝領仰《おお》せつけられましょうか。」

宗俊の語の中にあるものは懇請の情ばかりではない、**X** お坊主と云う階級があらゆる大名に対して持っている、威嚇《いかく》の意も籠《こも》っている。煩雑な典故《てんこ》（注8）を尚《とうと》んだ、殿中では、天下の侯伯も、お坊主の指導に従わなければならない。斉広には一方にそう云う弱みがあった。それからまた一方には体面上卑吝《ひりん》（注9）の名を取りたくないと云う心もちがある。しかも、彼にとって金無垢の煙管そのものは、決して得難い品ではない。――この二つの動機が一つになった時、彼の手は自《おのずか》ら、その煙管を、河内山の前へさし出した。

「おお、とらす。持ってまいれ。」

「有難うございまする。」

宗俊は、金無垢の煙管をうけとると、恭しく押頂《おしいただ》いて、そこそこ、また西王母（注10）の襖の向《むこ》うへ、ひき下《さが》った。すると、ひき下る拍子に、後《うしろ》から袖《そで》を引いたものがある。ふりかえると、そこには、了哲が、うすいものある顔をにやつかせながら、彼の掌《てのひら》の上にある金無垢の煙管をもの欲しそうに、指さしていた。

「こう、見や。」

河内山は、小声でこう云って、煙管の雁首《がんくび》（注11）を、了哲の鼻の先へ、持って行った。

「とうとう、せしめたな。」

「だから、云わねえ事じゃねえ。今になって、羨《うらや》ましがったって、後の祭だ。」

「今度は、私《わし》も拝領と出かけよう。」

「へん、御勝手になせえましだ。」

河内山は、ちょいと煙管の目方をひいて見て、それから、襖ごしに斉広の方を一瞥《いちべつ》しながら、また、肩をゆすってせせら笑った。

では、煙管をまき上げられた斉広の方は、不快に感じたかと云うと、必《かならず》しもそうではない。それは、彼が、下城《げじょう》をする際に、いつになく機嫌のよさそうな顔をしているので、供の侍《さむらい》たちが、不思議に思ったと云うのでも、知れるのである。

彼は、むしろ、宗俊に煙管をやった事に、一種の満足を感じていた。あるいは、煙管を持っている時よりも、その満足の度は、大きかったかも知れない。しかしこれは至極《しごく》当然な話である。何故と云えば、彼が煙管を得意にするのは、前にも断ったように、煙管そのものを、愛翫するからではない。実は、煙管の形をしている、百万石が自慢なのである。だから、彼のこの虚栄心は、金無垢の煙管を愛用する事によって、満足させられると同じように、その煙管を惜しげもなく、他人にくれてやる事によって、更によく満足させられる訳ではあるまいか。たまたまそれを河内山にやる際に、幾分外部の事情に、強いられたような所があったにしても、彼の満足が、そのために、少しでも損ぜられる事なぞはないのである。

そこで、斉広は、本郷《ほんごう》の屋敷へ帰ると、近習《きんじゅ》（注12）の侍に向《むか》って、愉快そうにこう云った。

「煙管は宗俊の坊主にとらせたぞよ。」

これを聞いた家中《かちゅう》の者は、斉広の宏量《こうりょう》なのに驚いた。しかし御用部屋《ごようべや》の山崎勘左衛門《やまさきかんざえもん》、御納戸掛《おなんどがかり》の岩田内蔵之助《いわたくらのすけ》、御勝手方《おかってがた》の上木九郎右衛門《かみきくろうえもん》――この三人の役人だけは思わず、眉《まゆ》をひそめたのである。

加州一藩の経済にとっては、勿論、金無垢の煙管一本の費用くらいは、何でもない。が、賀節朔望《がせっさくぼう》（注13）二十八日の登城の度《たび》に、必ず、それを一本ずつ、坊主たちにとられるとなると、容易ならない支出である。あるいは、そのために運上《うんじょう》（注14）を増して煙管の入《い》り目《め》をつぐなうような事が、起《おこ》らないとも限らない。そうなっては、大変である――三人の忠義の侍は、皆云い合せたように、それを未然に惧《おそ》れた。

そこで、彼等は、早速評議を開いて、善後策を講じる事になった。善後策と云っても、勿論一つしかない。――それは、煙管の地金を全然変更して、坊主共の欲しがらないようなものにする事である。が、その地金を何にするかと云う問題になると、岩田と上木とで、互《たがい》に意見を異《い》にした。

岩田は君公《くんこう》の体面上銀より卑《いや》しい金属を用いるのは、異なものであると云う。上木はまた、すでに坊主共の欲心を防ごうと云うのなら、真鍮を用いるのに越した事はない。今更体面を、顧慮する如きは、姑息《こそく》の見《けん》であると云う。――二人は、各々《おのおの》、自説を固守して、極力論駁《ろんばく》を試みた。

すると、老巧な山崎が、両説とも、至極道理がある。が、まず、一応、銀を用いて見て、それでも坊主共が欲しがるようだったら、その後に、真鍮を用いても、遅くはあるまい。と云う折衷説を持出《もちだ》した。これには二人とも、勿論、異議のあるべき筈《はず》がない。そこで評議は、とうとう、また、住吉屋七兵衛に命じて銀の煙管を造らせる事に、一決した。

斉広は、爾来《じらい》(注15)登城する毎に、銀の煙管を持って行った。やはり、剣梅鉢の紋ぢらしの、精巧を極めた煙管である。

彼が新調の煙管を、以前ほど、得意にしていない事は勿論である。第一人と話しをしている時でさえ滅多《めった》に手にとらない。手にとっても直《すぐ》にまたしまってしまう。B同じ長崎煙草が、金無垢の煙管でのんだ時ほど、うまくないからである。が、煙管の地金の変《かわ》った事は独り斉広の上に影響したばかりではない。三人の忠臣が予想した通り、坊主共の上にも、影響した。しかし、この影響は結果において彼等の予想を、全然裏切ってしまう事に、なったのである。何故と云えば坊主共は、金が銀に変ったのを見ると、今まで金無垢なるが故に、遠慮をしていた連中さえ、先を争って御煙管拝領に出かけて来た。しかも、金無垢の煙管にさえ、愛着のなかった斉広が、銀の煙管をくれてやるのに、未練のあるべき筈はない。彼は、請われるままに、惜《お》し気《げ》もなく煙管を投げてやった。しまいには、登城した時に、煙管をやるのか、煙管をやるために登城するのか、彼自身にも判別が出来なくなった――少《すくな》くともなったくらいである。

これを聞いた、山崎、岩田、上木の三人は、また、愁眉《しゅうび》(注16)をあつめて評議した。こうなっては、いよいよ上木の献策(注17)通り、真鍮の煙管を造らせるよりほかに、仕方がない。そこで、また、例の如く、命《めい》が住吉屋七兵衛へ下ろうとした――丁度、その時である。一人の近習が斉広の旨を伝えに、彼等の所へやって来た。

「御前《ごぜん》は銀の煙管を持つと坊主共の所望《しょもう》がうるさい。以来従前通り、金の煙管に致せと仰せられまする。」

C三人は、唖然《あぜん》として、為《な》す所を知らなかった。

（注）
1　加州石川郡金沢城――現在の石川県金沢市にあった前田氏の居城。加州は加賀藩のこと。
2　お坊主――城内で茶の湯、給仕などを行う者。
3　天保六歌仙――江戸市中で噂になった六人。二代目松林伯円《しょうりんはくえん》や河竹黙阿弥《かわたけもくあみ》が作品化した。「rôle」は俳優の役割のこと。
4　駄六――ろくでもないもの。価値のないもの。
5　西王母――中国で古くから信仰された仙女。
6　黄八丈――八丈島原産の絹織物。
7　寛濶――ゆったりとしていること。
8　典故――典拠となるべき昔からのしきたり、故事。
9　卑吝――けち。
10　うすいも――薄いあばた。あばたは天然痘《てんねんとう》の治った痕《あと》。
11　雁首――煙管の煙草を入れる部分。
12　近習の侍――主君のそばに仕える侍。
13　賀節朔望――祝日や一日・十五日。
14　運上――商・工・漁猟・運送などの営業者に課した雑税。
15　爾来――その時以来。
16　愁眉――心配そうな顔つき。
17　献策――身分が上の人に申し述べた方策。

問1　傍線部A「加州百万石が金無垢の煙管になって」とあるが、この部分の表現の説明として最も適当なものを、次の①～⑤のうちから一つ選べ。解答番号は 11 。

① 加州百万石という抽象的な概念を、煙管という形にして具体化することで、煙管の有用性を表現している。
② 加州百万石が煙管になるという、非現実的なたとえを用いることで、斉広の夢見がちな性格を表現している。
③ 加州百万石を煙管に置き換えるという詩的な技法を通して、史実とは異なる「物語」の虚構性を表現している。
④ 加州百万石の財力と権力とを、金無垢の煙管に象徴させることによって、煙管のもつ価値を表現している。
⑤ 加州百万石を持ち運び可能な煙管にするという奇抜な発想を通じて、斉広の思考の柔軟性を表現している。

問2 傍線部**B**「同じ長崎煙草が、金無垢の煙管でのんだ時ほど、うまくないからである」とあるが、なぜ斉広はこのように感じたのか。その理由として最も適当なものを、次の①〜⑤のうちから一つ選べ。解答番号は 12 。

① 煙管の地金が金無垢から銀へと劣化したことによって、煙草をのむ時の吸い口の感覚がこれまでとは変わり、結果として煙草そのものの味も悪くなった気がしたから。

② 銀の煙管を惜しげもなく坊主たちに与えているうちに、坊主がみんな銀の煙管で煙草をのむようになり、同じ煙管で煙草をのんでいる自分のことをみすぼらしく感じるようになったから。

③ 銀の煙管で煙草をのんでいると、坊主がひっきりなしに拝領を願いに来るので疲れてしまい、彼らの厚かましさにあきれながら煙草をのむようになったから。

④ 金無垢の煙管であったからこそ加州の権威を顕示し得たのだが、銀の煙管では以前に比べて加州の権威を強く見せつけることができず、不満を覚えるようになったから。

⑤ 金の煙管を宗俊に渡したことで加州の権力までも失ったように思い、銀の煙管になってからは坊主たちに以前のような権力を示すことができず、いらだちを感じたから。

問3　傍線部C「三人は、啞然として、為す所を知らなかった」とあるが、三人がこのような状況に陥るまでの経緯を説明したものとして最も適当なものを、次の①～⑤のうちから一つ選べ。解答番号は 13 。

① 斉広が金無垢の煙管を与え続けて財政難に陥ると、財政を任されている自分たちの評判も落ちると考えた三人は、地金を銀にして様子を見たが、坊主たちが遠慮もなく拝領に来るようになったので、あわてて地金を真鍮に変えようとしたところ、藩主である斉広にたしなめられたので、真鍮にする案をあきらめるしかなかった。

② 斉広が金無垢の煙管を坊主たちに際限なく与えると財政が圧迫されると考えた三人は、銀の煙管を作って様子を見たが、逆に拝領願が増えたので、真鍮の煙管にするしかないと思っていたところ、斉広は金の煙管で煙草をのみたいと考えて地金を金に戻すように指示を出したので、どうすることもできなくなった。

③ 斉広が金無垢の煙管を坊主たちに与え続けるとしたら増税もやむを得ない事態になると考えた三人は、銀の煙管を作って様子を見たが、坊主たちが金の煙管よりも銀の煙管の方を欲しがることがわかったため、真鍮の煙管をあきらめて、斉広の金の煙管に戻すという案を受け入れざるを得なくなった。

④ 斉広が金無垢の煙管を惜しみなく与え続けると藩の財政が崩壊すると考えた三人は、坊主たちの欲しがらない真鍮の煙管にすることで事を解決しようとしたところ、藩の財政を考えずにあくまで金の煙管にこだわる斉広からの予想外の命令を受け、口もきけないほど驚きあきれて斉広への忠義心を失ってしまった。

⑤ 斉広が際限なく金無垢の煙管を与えてしまうと藩の支出が容易ならぬものになると考え、最終的に真鍮の煙管を作って対処しようとした三人は、金の煙管にした方が坊主たちの所望が減るという斉広の提案を聞いて自分たちの見識の浅さに気づいたが、真鍮の煙管を作ることをもはや止めることはできなかった。

問4 この文章の表現に関する説明として適当なものを、次の①～⑥のうちから**二つ**選べ。ただし、解答の順序は問わない。解答番号は 14 ・ 15 。

① 金無垢の煙管で優雅に煙草をのむ斉広と、質の悪い煙草を鼻をつき合わせてのむ坊主とを対置させることによって、江戸時代の身分制度の厳しさを描いている。

② 漢文調の平明な文体の中に、「主な rôle をつとめる」といった外来語を挿入することで、歴史的事実の単なる記述ではない、作者独自の視点を強調している。

③ 斉広が煙管に対して抱いている思いを詳細な描写によって明らかにすることで、一見不可解に思える斉広の言動に対して、読者が納得できるように描かれている。

④ 坊主たちの会話は「　」を用いた会話文、三人の役人の会話は地の文というように書き分けることで、斉広がその会話の場に同席していたかどうかを明示している。

⑤ 宗俊が斉広に恭しく煙管の拝領を願い出る様子と、金の煙管を手に入れたあとでせせら笑う様子を対比的に描くことで、宗俊のもつしたたかさを表現している。

⑥ 宗俊の話し相手として、凡人である了哲を登場させることで宗俊の頭のよさを際立たせるとともに、両者を比較した上で、読者に宗俊への共感を促している。

問5　波線部X「お坊主と云う階級があらゆる大名に対して持っている、威嚇の意も籠っている」という記述について、疑問を抱いたNさんは、「お坊主」について調べた。そこで本文と、調べている中で見つけた【資料】を踏まえて、【ノート】を作成した。空欄 Y に入る最も適当なものを、後の①～⑤のうちから一つ選べ。解答番号は 16 。

【資料】

島津斉興《なりおき》は、茶坊主笑悦を、調所《ずしょ》笑左衛門と改名させて登用し、彼の献策によって、黒砂糖の専売、琉球《りゅうきゅう》を介しての密貿易を行って、極度の藩財政の疲弊を、あざやかに回復させた。

（直木三十五《なおきさんじゅうご》『南国太平記』）

【ノート】

「お坊主」とは

・江戸幕府の職。僧侶ではなく武士だが、剃髪《ていはつ》していたのでこう呼ばれた。「茶坊主」「御数寄屋坊主《おすきやぼうず》」とも。

・礼儀作法に通じ、将軍の側《そば》近くに仕えて、登城する大名のお茶の給仕、接待、茶器の管理を行った。

・現代では、権力者に取り入って出世を図る人物を揶揄《やゆ》する表現として「茶坊主」ということがある。

考察

『煙管』の中に、御数寄屋坊主の河内山宗俊が前田斉広から金無垢の煙管をせしめる場面が出てくる。大大名を相手に、宗俊がなぜこれほど自信たっぷりなのかが疑問だったが、これには「お坊主と云う階級」の特殊性が関連しているのではないか。権力者に仕えて来客のお世話をするという職務上、諸大名は彼らを通して自分の不名誉な評判が広まることを恐れたはずである。【資料】に登場する茶坊主笑悦（のちの調所広郷《ひろさと》）は手段を選ばない強引な改革を行ったことで知られているが、彼のように権力者に見込まれて能力を発揮する場を与えられた人物もいたようだ。「権力者に見込まれる」者と、「権力者に取り入る」者。いずれにしろ相手の心理や情勢を読むことに長《た》けた人材が多くいたのだろう。では、宗俊はどのような人物なのか。彼が「お煙管拝領」に成功したのは、［　Y　］だと考えられる。ここから、自分の立場を巧妙に利用する術を心得た老練な人物像が浮かび上がる。

① 斉広がどれほど身分の高い大名であっても、殿中では坊主の指導に従わなければならないということを、無言の威嚇《いかく》によって思い知らせることができたから

② 金無垢の煙管を自慢に思う斉広の虚栄心につけ込んで、煙管を与えることを断れば「斉広は卑吝である」という評判を広めるという意志をさりげなく匂わせたから

③ お坊主に対して強気に出づらい大名の心理を熟知し、また斉広が百万石のステータスである金無垢の煙管に執着するそぶりを見せることができないと見抜いていたから

④ 加州百万石の財力と自分の度量の広さを世間に見せつけたい斉広に、金無垢の煙管を卑賤《ひせん》な者に惜しげもなく与えるという格好の場を用意してやったから

⑤ 加州百万石の財力をもってすれば、新しい金無垢の煙管を作らせることなど造作もないだろうと考え、思い切って申し出た宗俊の目論見《もくろみ》が見事に的中したから

（下書き用紙）

国語の試験問題は次に続く。

第3問　次の【資料Ⅰ】と【資料Ⅱ】は、「専門家の倫理」について調べていたMさんが見つけた資料の一部である。これらを読んで、後の問い（問1～3）に答えよ。（配点　20）

【資料Ⅰ】

医師や弁護士は、サービスを行う相手が目の前にいる。つまり、患者であり依頼人である。この場合、倫理規範は、患者や依頼人に対して「危害を加えない」ということがまず基本である。専門家は当然、素人よりも多量の深い知識を持っている。その知識を悪用して依頼人に不当なことをしないということが、専門家の倫理の基本である。「素人を騙《だま》さない」とも言い換えられる。すると、患者に対するインフォームド・コンセントを医師が行うことや、弁護士が依頼人に対立する人の依頼を受けるべきではないという利益相反の問題が、典型的な専門職の倫理問題となる。

それに対して、エンジニアは、人工物を作っている。そして、テレビのような人工物が、消費者が使っているうちに発火して火事を起こすことがある。エンジニアの「設計」行為によって作られた人工物は、他人に被害を与える可能性がある。

普通、倫理的問題は、対人関係、つまり他人に対する行為について言われており、「人」対「人」の、二項対立が前提となっている。これは、目の前に患者や依頼人がいる弁護士にも当てはまる（**図1―1**）。

ところが、設計という行為においては、作る人（エンジニア）と使う人（消費者）の間に人工物が介在している（**図1―2**）。ものづくりで作られた人工物が、事故やトラブルを通じて他人を傷つけることがある。その意味で、エンジニアは、通常の倫理関係が問題としている他人――つまり同僚といった「目の前」の人だけでなく、人工物を使う第三者を配慮して設計・製造しなければならない。人工物に媒介された行為という点が、他の専門家や、普通の人々とは違ったエンジニアの倫理のポイントである。（中略）人間関係の学問であった倫理学が、その基本要素として人工物に特に着目せざるを得ない時代になったのである。

だが、このような人工物が介在した倫理関係は、なかなか複雑な問題をはらんでいる。

技術者が構造物を作ったとしよう。何年か経《た》ち、そこから部品が落下して下を歩く人に怪我《けが》をさせるとする。エンジニアは、故意に他人を陥れようとしたわけではないのに、他人に迷惑をかけることになる。こうして、人工物を媒介して倫理的行為をするエンジニアは、対人関係の倫理とは違ったことを顧慮して行動することが要請される。これが「人工物に媒介された倫理」の一つの典型事例である。

だが、果たして、この技術者は、設計時、その構造物の遠い将来を見通すことはできたのであろうか。この技術者に、どのような責任があるのだろうか。

さらに、エンジニアは、組織の中で働いているケースがほとんどである。そして、人工物の使用者が一人の個人ではなく公衆となる場合もある（**図1―3**）。この時、これまでの「人」対「人」の二項関係を前提とした倫理観では捉《とら》えられない問題が発生しよう。そして人工物をめぐる制度、法もまた、この倫理観を前提としているが故《ゆえ》、様々な問題をはらむことになる。

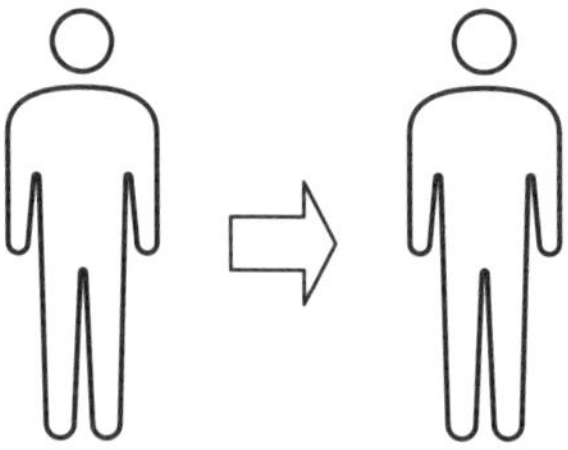

図1-1　倫理関係①

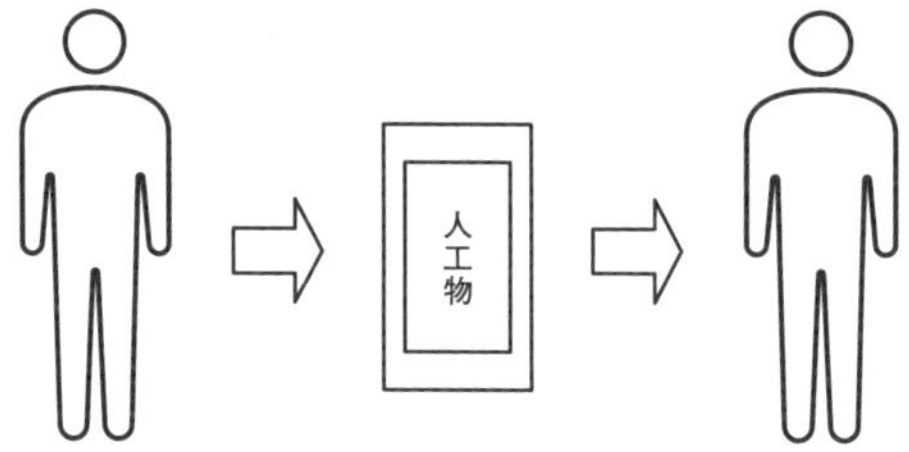

図1-2　倫理関係②

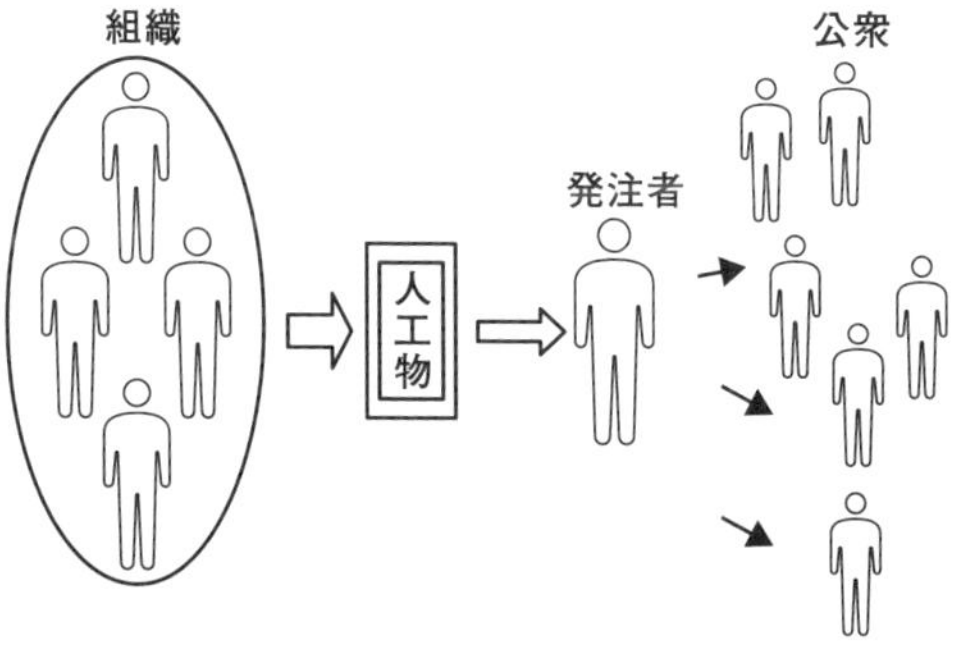

図1-3　倫理関係③

人工物が媒介する倫理関係②において、「作る人」が「組織」に属し、「使う人」が発注者に限らず多数存在し「公衆」となる場合には、「作る人」の倫理的行為は、単純に機能しない。

（齊藤了文《さいとうのりふみ》『事故の哲学――ソーシャル・アクシデントと技術倫理』による）

【資料Ⅱ】

敗戦から三年目の一九四八年八月。漢字を使うことがいかに日本人の識字率を低くしているか、いかにその識字率の低さが民主主義の広がりを阻むものであるか——それを立証しようと思い立ったのが、占領軍の民間情報教育局の将校、ジョン・ペルゼルである。彼は文部省に全国的な調査を行うのを命令し、その命令を受けた文部省の教育研修所は、日本人男女の十五歳から六十四歳までのうち、ランダムに選ばれた一万六千八百十四人を対象に広範囲にわたる調査を実施した（日本初の「無作為抽出法〈ランダムサンプリング〉」の実施だという）。だが、予想外のことに、この調査から、漢字が日本人の識字率を下げているという結論を導くことはできなかった。文盲の定義にあてはまったのは、調査の対象のうち、たった二・一パーセントしかいなかったのである。

この調査結果はペルゼルには信じがたいものであった。ある日彼は自分のホテルの一室に、調査に関わった若い言語学者、柴《しば》田武《たたけし》(注1)をよびつけ、結果を書き換えるのを求めた。柴田武は、その当時も、のちに東京大学の教授となってからも、一生を通じて(注2)ローマ字論者だった。だが彼は「学者として」そのような書き換えはできないと断った。ペルゼルはそれ以上押さなかった。かくして、二人の男による、このホテルの一室の短い話し合いでもって、日本語は、ローマ字表記にされる運命を危うく逃れたのである。

もちろん、これを機に、ローマ字化への動きが完全に止まったわけではない。本文でも述べたとおり、そのあとも、占領軍、そして、占領軍が消えたあとは、日本語改革論者が多数派を占めた国語審議会によってローマ字化、表音化への議論は進められた。くり返すが、これらの動きにおおやけに休止符が打たれたのは、一九六六年、国語審議会の総会で、当時の文部大臣であった中村梅吉《なかむらうめきち》が、「当然のことながら国語の表記は、漢字かな交じり文によることを前提」とすると述べたときである。だが、ジョン・ペルゼルと柴田武とのホテルでの会談が、別の方向へと流れていったとしたら、日本語はどういう道を辿《たど》ることになったのであろうか。

（水村美苗《みずむらみなえ》『増補　日本語が亡《ほろ》びるとき——英語の世紀の中で』による）

（注）1　柴田武――言語学者（一九一八〜二〇〇七）。
2　ローマ字論者――日本語の表記に使用する文字をローマ字（ラテン文字）にすべきだと主張する人。

問1　**【資料Ⅰ】**の**図1―1**、**図1―2**、**図1―3**は、問題文ではどのような役割を果たしているのか。その説明として適当なものを、次の①〜⑥のうちから**二つ**選べ。ただし、解答の順序は問わない。解答番号は 17 ・ 18 。

① **図1―1**と**図1―2**は、従来の専門家の倫理の前提となる通常の倫理関係と、エンジニアが直面する倫理関係を単純化して表し、両者の要素の違いを明確にしている。

② **図1―1**と**図1―2**は、通常の倫理関係と専門家の倫理関係の違いを示しており、倫理関係の前提となる考え方が時代の移り変わりに伴って変化していることを明示している。

③ **図1―1**と**図1―2**は、通常の倫理関係とエンジニアが直面する倫理関係との比較によって、人工物が介在する倫理関係自体に内包されている複雑な問題を表している。

④ **図1―3**の関係は、**図1―2**の関係に時間の経過という要素を加えたものであり、エンジニアの倫理関係と**図1―1**における関係との差異を明確にして、従来の倫理観の限界に関する筆者の主張につなげている。

⑤ **図1―3**の関係は、**図1―2**の関係が実際にはさらに複雑になる場合があることを示したものであり、**図1―1**や**図1―2**における関係を前提とした倫理観だけではとらえられない問題が生じうるという主張の根拠としている。

⑥ **図1―3**の関係は、**図1―2**の関係をさらに詳細に分析して現代における倫理関係を示したものであり、**図1―1**における関係を前提とした倫理観がもはや時代に合わなくなっている、という主張の裏づけとしている。

問2 次のア〜エの各文は、Mさんが**【資料Ⅰ】**と**【資料Ⅱ】**をもとに書いたメモの一部である。各文を**凡例**に基づいて分類したとき、その組合せとして最も適当なものを、後の①〜⑤のうちから一つ選べ。解答番号は 19 。

凡例

正しい―― 述べられている内容は、正しい。

誤っている―― 述べられている内容は、誤っている。

判断できない―― 述べられている内容の正誤について**【資料Ⅰ】【資料Ⅱ】**からは判断できない。

ア 医師や弁護士は、患者あるいは依頼人の意思を最大限に尊重しなければならない。

イ 人工物が媒介する倫理関係においては、エンジニアは人ではなく人工物とつながる。

ウ 柴田武が調査結果の書き換えを拒否したのは、依頼人と対立する人の依頼を引き受けるべきではないという利益相反の問題に抵触すると考えたからだ。

エ 柴田武が調査結果の書き換えを拒否したことは、日本語のローマ字表記化を阻止したという点で、公衆の言語生活のあり方に影響を与えた。

	ア	イ	ウ	エ
①	正しい	誤っている	正しい	判断できない
②	誤っている	判断できない	誤っている	正しい
③	判断できない	判断できない	正しい	誤っている
④	正しい	正しい	判断できない	誤っている
⑤	判断できない	誤っている	誤っている	正しい

問3　Mさんは**【資料Ⅰ】**と**【資料Ⅱ】**をもとにして「専門家の倫理」について考え、レポートを作成することにした。次に示す**【文章】**は、レポートの冒頭に掲げる要約として作成されたものである。これを読んで、後の(i)・(ii)の問いに答えよ。

【文章】

　一般の人よりも多量の深い知識をもって職業に携わる専門家の倫理の基本は、知識を悪用して不当なことをしない、ということである。弁護士や医師が個別の依頼人や患者と接する場合には、サービスを行う相手が目の前にいて、その依頼人や患者を「思いやる」ことが求められる。しかし人工物を制作するエンジニアは、三つの点で特殊な状況に置かれている。第一に、エンジニアと使う人は自分の制作した人工物を介しているため、エンジニアの目の前に使う人がいないということ。第二に、安全責任が将来問われる可能性もありうるが、設計の時点で人工物の将来の可能性と影響を完全に予測することは不可能であるということ。そして第三に、［　X　］。

　ただし、医師や弁護士、また一般の人と向き合うことを前提としない言語学者などであっても、エンジニアと同様の倫理規範に直面することがある。例えば専門知を生かして政策の決定に関わるケースでは、将来にわたって政策によって影響を受ける公衆がいることを忘れてはなるまい。

(i) **【資料Ⅰ】**を踏まえて、**【文章】**の空欄 X に入る内容として最も適当なものを、次の①～⑤のうちから一つ選べ。解答番号は 20 。

① 人工物を媒介して公衆と関わるエンジニアであっても、その多くは組織の中で働く立場にあることから、発注者や公衆を配慮することは求められていないということ

② エンジニアは組織に属する受動的な立場にあることから、人間が自発的であることを前提とする一般的な倫理観を人工物の世界に当てはめることは難しいということ

③ 人工物を媒介して直接向き合うのは組織の中で働く同僚のエンジニアと発注者であることから、人工物を使う公衆についての情報を事前に得ることは難しいということ

④ 人工物が媒介する倫理関係において作る人が求められているのは正しい設計であることから、安全な設計を心がけることが優先されるわけではないということ

⑤ 作る人が組織に属し、使う人が公衆となる場合もあることから、個人としてのエンジニアに求められるのは「目の前」にいる個人への配慮には必ずしもならないということ

(ii) 次に示すのは、Mさんの【文章】を読んで級友がコメントしたものである。空欄 Y に入る内容として最も適当なものを、後の①～⑤のうちから一つ選べ。解答番号は 21 。

【コメント】

【文章】の第二段落冒頭の「ただし」以下は、【資料Ⅰ】【資料Ⅱ】をもとにした、Mさん独自の考察となっているね。【資料Ⅰ】では構造物の劣化するケースが書かれていたけれど、【資料Ⅱ】にある言語政策の影響、あるいは地球の気候変動の問題においても、より Y が考えられるよね。このようなことについて倫理規範を考慮することは、なかなか困難な課題だと思うよ。

① 抽象的で想像の難しいケース
② 具体的で支持を得にくいケース
③ 長期的で予測がつかないケース
④ 哲学的で全体像が曖昧なケース
⑤ 恣意的で数値化できないケース

第4問 次の文章は、室町時代の物語『夢の通ひ路物語』の一節である。「かざしの君」と呼ばれる姫君は継母《ままはは》である北の方にいじめられ、古い建物に住まわせられており、通ってくる恋人の中将に支えられながらも、つらい日々を送っていた。そうしたなか、亡き母宮を恋い慕って寝るうちに夢の中に母宮が現れる。これを読んで、後の問い（**問1～5**）に答えよ。なお、設問の都合で本文の上に行数を付してある。（配点　45）

夜いたう更《ふ》け行くほど風になりて、落葉の音ものすごう、心細き御(注1)夜《よ》がれなれば、例の心知る限り召し出《い》でて、昔語りのみ慕はしうものし給《たま》ひつつ、ひたすらに嘆きがちにてうち休み給へば、ただ伏《ふ》し給ふ枕上《まくらがみ》に母宮のおはして、「何くれとさばかり(ア)嘆き屈《く》し給ひそ。我は、生ける限り犯せる罪もあらねば、(注2)今は見安きほどにて侍《はべ》る。されど、二葉《ふたば》に見えさせ給ひしを振り捨て侍りしかば、いかになり行き給ふらんと、さる(注3)閉《と》ぢめまでも御身の上のみ心に掛かり、今とてもいぶかしければ、雲に駆《か》けり、峰《みね》、谷をしのぐばかり過ぎ来つつ、今宵《こよひ》ここにものするになん」とて、泣く泣く御髪《ぐし》をなでまさぐり給ふと見て、夢覚めぬ。見上げ給へば、Aありしままなる殿の内、御格子近き萩《はぎ》の音のみさやさやと聞こえわたりて、なかなか悲しう、「a夢と知りせば」と嘆きわび給ひて、はかなき身一つを扱ひ給ふとて、さばかり激しう険《さが》しげなるくまぐままでも駆け給ふらんとかたじけなう、御枕のほどを見給へど、御気配だに残りもやらず、まことに日ごろ恋しう慕ひ奉れど、(イ)夢にもさだかならざりつるを、いかに寝し夜ぞと、「b夢てふものは」と伏し給へば、池の鴛鴦《をし》の声あはれにさへづり、子をやいたはりわぶらんと、かれさへ御耳に留《と》まりて、

X　今宵かく飽《あ》かずもぬるる袂《たもと》にも夢驚かす鴛鴦のもろ声

中将殿より御文《ふみ》侍りぬ。御覧ずるに、こまやかにてこの夕べおはすべきよし、のたまひ越しつるに、胸つぶれて、(注4)対《たい》の辺《あた》りまたもや聞こえなんと悲しければ、御返事むつかるを、(注5)御乳母、(注6)民部も御ことわりと思へば、否《いな》みもやらねど、「よからん様《さま》に聞こえよ」とばかりのたまひたるも、「Bあまりむくつけくや侍らん」と、民部、御硯《すずり》奉れば、渋々《しぶしぶ》に、

置く霜と(ウ)消えも失せばやとにかくにありて苦しき袖の白露

はかなう書きすさみ給ふを、御使ひに遣はしけり。あなたには、開《ひら》き給ふよりかたぶきがちにて、「いと心得ぬことぞや、例な（注7）らせ給はぬ御気色と見置きつるに、などや待ちつけ給はでつれなし顔に」と、うちも置かず御覧ずるに、「置く霜」と書かせ給ふも、いといみじうて、「かの辺りは、殿の内など人少なくもの恐ろしくおぼしつらむ。されば今日やは、こなたより言ひ寄らなくとも待ち受け給はんことぞかし。さるを否み聞こゆるぞ、C後ろめたき業《わざ》にぞや」と、様々おぼし比べて、あぢきなく御目も触れず御覧じやりて、あはれにおぼし寄りにけり。

（注）1　夜がれ――中将の訪れがないこと。
2　今は――極楽往生した今は。
3　閉ぢめ――世を去る時。
4　対の辺り――北の方のもと。
5　御乳母、民部――「かざしの君」の乳母と、女房。
6　ことわり――当然のこと。母宮の忌日の翌日にあたることを踏まえての表現。
7　例ならせ給はぬ御気色――ご懐妊の様子。

問1 傍線部(ア)〜(ウ)の解釈として最も適当なものを、次の各群の①〜⑤のうちから、それぞれ一つずつ選べ。解答番号は 22 〜 24 。

(ア) 嘆き屈し給ひそ 22

① ふさぎこみなさいますな
② どうして辛《つら》くお思いなのですか
③ 気をまわしてはいけない
④ ご心配には及びませんよ
⑤ 悲しいことなどありませんよ

(イ) 夢にもさだかならざりつるを 23

① 夢の中ではそれとわからなかったので
② 夢にいたと意識していなかったので
③ 夢にはっきりと現れなかったのに
④ 夢か現実かわからないままに
⑤ 夢とは思いもよらなかったのに

(ウ) 消えも失せばや 24

① 息が絶えてしまうのだろうか
② 消えないで残るだろうか
③ 消えてなくなってしまいたい
④ 消え失せたりしたくない
⑤ 消えてなくなるものだなあ

問2 傍線部**A**「はかなき身一つを扱ひ給ふとて、さばかり激しう険しげなるくまぐままでも駆けり給ふらんとかたじけなう」の語句や表現に関する説明として最も適当なものを、次の①～⑤のうちから一つ選べ。解答番号は 25 。

① 「はかなき身」は、姫君の頼りない身の上を表したもので、姫君を心配した母宮があの世から訪ねてくるたくましさと対比されている。

② 「さばかり」は「それほどまでに」の意の副詞、「くまぐままでも」は「隅々までも」の意で、姫君の苦労を過大に表現することで母君のいない姫君の孤独を訴えている。

③ 「扱ひ給ふ」は、「扱ふ」が「もてあます」の意で、悲観的に暮らす我が子を母宮が扱いかねてもてあましているという意味になる。

④ 「険しげなる」は、山などがけわしいことを示す語で、母宮がここにたどり着くまで越えてきた山や谷のけわしさを表したものである。

⑤ 「かたじけなう」は形容詞「かたじけなし」の連用形のウ音便形で、ここは、母宮に死後まで心配をかけた親不孝を恥ずかしく思う姫君の気持ちが表れている。

問3 傍線部B「あまりむくつけくや侍らん」とあるが、これは姫君にどのようなことを伝えようとしたものか。その説明として最も適当なものを、次の①～⑤のうちから一つ選べ。解答番号は 26 。

① 心配している中将からの来訪の意を告げる手紙を受け取りながら、返事をためらっている様子にじれったくなって返事を急ぐよう忠告した。

② 直前の姫君の発言の内容が、中将を邪魔者扱いするものであったので、それでは中将が不快に思われるでしょうと忠告した。

③ 中将からの手紙の返事として、姫君本人ではなく、乳母たちに「よいように返事せよ」とするのでは無作法すぎると忠告した。

④ 中将の突然の訪問は北の方にも知られることになり、乳母たちにとっても不都合なので、やんわりとお断りするのがよいと忠告した。

⑤ 中将にこれ以上心配をかけるのは、将来の関係がこじれることにもなりかねないので、丁寧なお返事をするようにと忠告した。

問4　傍線部C「後ろめたき業にぞや」には、中将のどのような気持ちが表れているか。その説明として最も適当なものを、次の①～⑤のうちから一つ選べ。解答番号は 27 。

① 姫君の詠んだ歌に別れをほのめかす言葉があったことに不信感を抱き、自分から心が離れたことを知って、情けなく思う気持ち。

② 姫君の詠んだ歌に「苦しき袖」とあることに心を痛め、姫君を思う自分の愛情の深さが伝わっていないのではないかという不安から焦る気持ち。

③ 今宵訪問する旨を伝える手紙の返事としては、喜びや感謝の言葉もなく、むしろ自分を責めるような歌をおくってきたことに絶望する気持ち。

④ 姫君がご懐妊と知って、これまで訪問できなかったことを詫《わ》びる手紙を送ったのに、その返事として歌が一首あるだけなので、物足りなく思う気持ち。

⑤ このような物寂しい宵に、お仕えする人も少ない姫君のお住まいでは、自分の訪れを待っていて当然なのに、それを拒むことを気がかりに思う気持ち。

問5　次に示す【資料】を読み、その内容を踏まえて、X・Y・Zの和歌、および、本文の内容についての説明として適当なものを、後の①～⑥のうちから二つ選べ。ただし、解答の順序は問わない。解答番号は 28 ・ 29 。

【資料】

本文の二重傍線部について、a「夢と知りせば」は、

Y「思ひつつ寝《ぬ》ればや人の見えつらむ夢と知りせば覚めざらましを」（小野小町『古今和歌集』）

また、b「夢てふものは」は、

Z「うたた寝に恋しき人を見てしより夢てふものは頼みそめてき」（小野小町『古今和歌集』）

とある古歌を踏まえている。これらの歌から、夢に人があらわれるのは自分がその人のことを思っているからだという考え方があったことがわかる。

さらに、Xの歌にある「鴛鴦のもろ声」についてである。この「鴛鴦」は鳥の名で、雌と雄が離れないといわれることから、仲のよい夫婦、男女にたとえられる。たとえば、次にあげる『千載和歌集』にある歌、

「かた身にやうは毛の霜をはらふらんとも寝の鴛鴦のもろ声になく」（源　親房《みなもとのちかふさ》）

〈歌意〉お互いに羽の上に置いた霜を払いあっているのだろうか。共寝をする鴛鴦が声をあわせて鳴いていることよ。

のように、男女の共寝にかけて詠まれることが多かった。しかし、Xの歌の「鴛鴦のもろ声」はそれと違った意味で用いられている。

① 和歌Xにある「飽かずもぬるる袂」は、和歌Yを踏まえたもので、和歌Xの上の句には、夢の中で母宮と逢《あ》い満足しないうちに夢から覚めて別れてしまった、夢と知っていたら覚めないようにしたのになあという思いが詠まれている。

② 本文8・9行目「いかに寝し夜ぞ」の表現は、どのように寝て母宮が夢に現れたのだろうかと知りたく思ったことで、和歌Zのように大切な人を思って寝たからといって、必ずしも夢に現れるものではないという思いが込められている。

③ 和歌Xにある「夢驚かす」は、夢から目覚めさせることを意味し、鴛鴦の鳴き声さえなければ、まだ夢の中で母宮と逢っていられたのにと、鴛鴦の鳴き声を恨めしく思う気持ちが詠み込まれている。

④ 和歌Xは、和歌Zのように、夢というものも頼りになるものだと思って、また横になって母宮が夢に現れるのを期待して待っていたのだが、鴛鴦の声にしみじみとした情趣を感じ、これからは達観して生きようという決意を詠んでいる。

⑤ 和歌Xの「鴛鴦のもろ声」には、母宮が自分を心配するあまり夢に現れたように、鴛鴦の親も子を思って鳴いているのだなあという心情を表しており、自分の見た夢の体験に重ねて詠んでいることがわかる。

⑥ 和歌Xは、中将の訪れがないなかで鴛鴦の親が子を思って鳴く声にしみじみと感動し、頼りにならない男女の仲よりも、やはり親子の情のありがたさに心を動かされ、これからも母宮の面影に寄り添おうという思いを詠んだものである。

第5問 次の文章は、明代の詩人・袁宏道《えんこうどう》の『狂言』という書物の序文（Ⅰ）と、そのなかに収められている「山居雑記」という文章（Ⅱ）である。これを読んで、後の問い（**問1～7**）に答えよ。なお、設問の都合で返り点・送り仮名を省いたところがある。（配点 45）

Ⅰ 余《よ》、落筆シテ多シ二戯《ぎ》弄《ろう》（注1）一。或イハ謂《おもフ》三恐ラクハ傷《そこなハント》二風雅ヲ一。余、既ニ貧ニシテ且ツ病アリ、乃チ A以戯弄為楽事。孔子嘗《かつテ》云ヘラク、「未ダトレ若カ二貧ニシテ而楽シムニ一。」 B然ラバ則チ楽シミハ固《もとヨリ》貧之道ナラン乎《か》。狂《きやう》（注2）夫《ふ》之言ハ、聖人モ采《とル》レ之ヲ。仮令《もし》夫子《ふうし》（注3）再来セバ、C未必不戯弄而風雅之也。因リテ題シテ曰ヒ二狂言ト一、以テ俟《まツ》(ア)二知ル者ヲ一。

Ⅱ 病中無クレ事、客モ亦タ不レ来タラ。飯後散二歩シ城頭ヲ一、俯《ふ》（注4）二仰《ぎやうスルニ》景色ヲ一、山川自ラ相ヒ映発シテ、D応接ニ不レ暇《いとまアラ》。軽雲遠ク去リ、数鳥徐《おもむろニ》来タル。人声四聚《ししゆうシ》（注5）、笑語非ズレ明ラカナルニ。一三目ニシテ両山ヲ一、条枝可シレ数フ。歩ミ疲レテ帰リ来タレバ、又月色溶溶タリ矣。胸次《きようじ》（注6）悠然タリ。乃チ従ヒテ而歌フレ之ヲ。歌ニ曰ハク、

世情貧自《ラ》少《ナク》　E 歳月 [　　　]

倚《よりテ》レ欄《らんニ》(注7)看《レバ》二明月《ヲ》一　盈盈《えいえいトシテ》(注8)上《ル》二石坡《せきはニ》(注9)一

南隣《ノ》好友聞《キ》二余之歌《ヲ》一、乃《チ》歩《ミテ》レ月《ニ》就《キ》レ余《ニ》促《せまラセ》(注10)レ膝《ヲ》(イ)傾《ケ》レ談《ヲ》、夜分《ニシテ》而去《ル》。此《レモ》亦《タ》因《リテ》レ病《ニ》得《タル》レ閑《ヲ》之一楽《いちらく》也。

(注)1 戯弄――戯《たわむ》れもてあそぶこと。
2 狂夫――自由気ままな人間。ここでは、作者である袁宏道のこと。
3 夫子――孔子先生。
4 俯仰――うつむいたり見上げたりして眺めること。
5 四聚――四方から集まること。
6 胸次――心のなか。
7 倚レ欄――手すりにもたれること。
8 盈盈――まんまるとしていること。
9 石坡――石の坂。
10 促レ膝――膝を突き合わせてすわること。

問1 傍線部(ア)「知」・(イ)「傾」のここでの意味として最も適当なものを、次の各群の①〜⑤のうちから、それぞれ一つずつ選べ。解答番号は **30** ・ **31** 。

(ア)「知」 **30**

① 理解する
② 知らせる
③ 尋ねる
④ 調べる
⑤ 治める

(イ)「傾」 **31**

① 迷わせる
② 横になる
③ 休ませる
④ 集中させる
⑤ くつがえす

問2　傍線部**A**「以戯弄為楽事」・**C**「未必不戯弄而風雅之也」の返り点の付け方と書き下し文との組合せとして最も適当なものを、次の各群の①～⑤のうちから、それぞれ一つずつ選べ。解答番号は 32 ・ 33 。

A　以戯弄為楽事　32

① 以二戯弄一為レ楽レ事　　戯弄を以てして事を楽《たの》しむと為《な》る

② 以二戯弄一為レ楽レ事　　戯弄を以てして事を楽《らく》にするを為《な》す

③ 以二戯弄一為二楽事一　　戯弄を以て楽事《らくじ》と為す

④ 以二戯弄一為二楽事一　　戯弄を以て楽事の為《ため》にす

⑤ 以レ戯弄為レ楽事　　戯を以て弄《もてあそ》び楽を為して事《こと》とす

C　未必不戯弄而風雅之也　33

① 未四必不三戯弄而風二‐雅之一也　　未だ必ずしも戯弄もて之を風雅とせずんばあらざるなり

② 未四必不三戯弄而風二‐雅之一也　　未だ必ず戯弄もて之を風雅とせざらんことあらざらんや

③ 未必不三戯弄而風二‐雅之一也　　未だ必ず戯弄もて之を風雅とせざらんや

④ 未三必不二戯弄一而風二‐雅之一也　　未だ必ずしも戯弄せずんばあらずして之を風雅とするか

⑤ 未三必不二戯弄一而風二‐雅之一也　　未だ必ず戯弄せずんばあらずして之を風雅とするなり

問3　傍線部B「然則楽固貧之道乎」の解釈として最も適当なものを、次の①〜⑤のうちから一つ選べ。解答番号は 34 。

①　どんな楽しみも貧しさに及ばないのならば、楽しみとはいうまでもなく貧乏人にしかわからない道である。

②　貧乏であるならば楽しむことができないというけれど、楽しみとは本来貧乏人の道のはずであろうか。

③　貧乏であるならば楽しむことはできないのだから、楽しみとはいうまでもなく貧乏人の道ではないはずだ。

④　貧乏であって楽しむ者には及ばないというけれど、楽しみとはもともと貧乏人の道ではないはずである。

⑤　貧乏であって楽しむ者に及ばないのならば、楽しみとは本来貧乏人の道だということなのだろうか。

問4　傍線部D「応接不レ暇」の意味内容として最も適当なものを、次の①〜⑤のうちから一つ選べ。解答番号は 35 。

① 病気のことが気になって、自然の美しさをゆっくり楽しむ精神的余裕がない、ということ。
② ゆっくり眺めている暇もないほど、景色は絶えず美しい姿を見せている、ということ。
③ 目まぐるしく変化する景色を追うのに忙しくて、周囲の人々の声もよく聞き取れない、ということ。
④ 自然のなかを散歩するのに時間を取られて、お客の相手をする時間的余裕がない、ということ。
⑤ お客がたくさん訪ねてきて、いろんな姿を見せてくれる景色を楽しめない、ということ。

問5　傍線部Eについて、(i)空欄に入る語句、(ii)その解釈として最も適当なものを、次の各群の①〜⑤のうちから、それぞれ一つずつ選べ。解答番号は 36 ・ 37 。

(i)　36
① 病甚重
② 戯弄為
③ 悠然過
④ 病偏多
⑤ 不重来

(ii)　37
① 過ぎ去った年月はもう戻ってこない。
② 病気ばかりのこの人生である。
③ 時間はゆっくりと過ぎていく。
④ 戯れながら人生を過ごしてきた。
⑤ ここ数年来、病気がとても重い。

問6　Ⅱの文章の表現上の特色に関する説明として最も適当なものを、次の①～⑤のうちから一つ選べ。解答番号は 38 。

① 「病中無事、客亦不来」のあとに「軽雲遠去、数鳥徐来」が対句的に配置されていることで、鳥が数羽訪れるのみであるもの寂しい生活を強調する表現になっている。

② 「人声四聚、笑語非明」と描写されることで、人の声が四方から集まりながらも、笑いかどうか判断することができないと述べ、筆者の無力感を表す表現になっている。

③ 山の様子が「一目両山、条枝可数」と描写されることで、山のなかに木の枝が数えきれないほど多く重なって見えていると述べ、鬱蒼《うっそう》とした山の様子を強調する表現になっている。

④ 月の様子が「月色溶溶」と描写されることで、周りの事物が暗い月の光に溶け込むように見えるなかで、不安な物思いにふけっている筆者の様子を表す表現になっている。

⑤ 「好友」と語り合う様子が「促膝傾談」と描写されることで、筆者と友人との心理的距離の近さ、親しさが強く伝わる表現になっている。

問7　Ⅰ・Ⅱの文章からうかがえる筆者の考え方と、生活態度はどのようなものか。最も適当なものを、次の①〜④のうちから一つ選べ。解答番号は 39 。

① 風雅の道は、戯れのなかにしか存在しないと考え、勤勉さを要求される官僚生活から逃れ、一人自然のなかに身をおくことで日々の気ままな生活を楽しんでいる。

② 風雅の道は、病気や貧乏を笑い飛ばすほどの強靱な精神力のなかから生まれると考え、病気や貧乏という状況を忘れさせてくれる自然の美しさのなかに身をおき、自然との一体感を楽しんでいる。

③ 風雅の道は、自然と一体となることのなかに存在していると考え、貧しさのなかで病気がどんどん重くなるという状況にあっても、自然と親しくふれあうという日常を楽しんでいる。

④ 病気や貧乏のなかにあってこそ手にできる楽しみというものもあると考え、病気や貧乏という状況にも心動かされることなく、自然の美しさに酔い、心からの風流を楽しんでいる。

【メモ】

模試 第5回

（200点 90分）

〔国語〕

注　意　事　項

1　**国語解答用紙（模試 第5回）をキリトリ線より切り離し，試験開始の準備をしなさい。**

2　**時間を計り，上記の解答時間内で解答しなさい。**

ただし，納得のいくまで時間をかけて解答するという利用法でもかまいません。

3　問題は5問あり，第1問，第2問，第3問は「近代以降の文章」，第4問は「古文」，第5問は「漢文」の問題です。

なお，大学が指定する特定の分野のみを解答する場合でも，試験時間は90分です。

4　**解答用紙には解答欄以外に受験番号欄，氏名欄，試験場コード欄があります。その他の欄**は自分自身で本番を想定し，**正しく記入し，マークしなさい。**

5　**解答は解答用紙の解答欄にマークしなさい。**例えば，［10］と表示のある問いに対して③と解答する場合は，次の(例)のように**解答番号10の解答欄**の③**にマーク**しなさい。

（例）

解答番号	解答欄 1	2	3	4	5	6	7	8	9
10	①	②	●(③)	④	⑤	⑥	⑦	⑧	⑨

6　問題冊子の余白等は適宜利用してよいが，どのページも切り離してはいけません。

7　試験終了後，問題冊子は持ち帰りなさい。

第1問 次の【文章Ⅰ】・【文章Ⅱ】を読んで、後の問い（問1～6）に答えよ。（配点 45）

【文章Ⅰ】 次の文章は、タンザニアに滞在してその社会を研究する筆者の文章である。なお、設問の都合で本文の段落に[1]～[12]の番号を付してある。

[1] タンザニアの人びとの日常には、いつも野菜を買う青空市場の露店、いつも昼食をとる路上総菜売り、いつも利用するタクシー、いつも(ア)ホコロびを修繕してもらう仕立て屋など、いくつもの「いつもの」がある。人びとは、それぞれの得意先と長い挨拶を交わし、たわいもない雑談をして、少しだけ互いの事情を斟酌《しんしゃく》しあって暮らしている。たとえば、いつもの露店商に「仕入れたじゃがいもがぜんぶ小粒だった」と嘆かれた日には、普段より多めにじゃがいもを買う。いつもの路上総菜売りが家賃の支払いを迫られていると聞けば、友だちや同僚と食べに行く。時間に余裕がある時には、いつものタクシーが持ち場に戻ってくるのを気長に待つ。そうすることで、親戚が訪ねてくる日にはいつもの値段でジャガイモを三、四個おまけに入れてもらったり、稼げなかった日にはツケで食べさせてもらったり、乗車賃をまけてもらったりすることもある。

[2] このように広がる関係性は、メンバーシップが明確なコミュニティとは異なり、A一対一の個人的な関係の束として存在している。この関係性をどれだけ持っているかが、個々人が生きていく上でのセーフティネットの強度を図るものとなる。「ツケ」で食べさせてくれる路上総菜売りがいて、仕事を見つけるまで空いている部屋を使わせてくれる大家がいて、無賃乗車させてくれるバスの添乗員がいて、一枚しか服を買わなくても卸価格で売ってくれる小売商がいて、携帯電話の修理を無料でしてくれる修理工がいる。そうなると、銀行預金がなくとも、将来が不確かでも、何とか乗り切る方途がみえてくるだろう。確固たるコミュニティを築かなくても、生きていくだけなら何とかなるのだ。

[3] ところで、他ならぬ私のために特別な便宜や融通をしてもらう関係は、日本の文脈では「コネ」と呼ばれることが多い。そしてコネを積極的に築こうとする個人は、表向きには批判的に語られがちである。個々の資質や事情を排除した世界を想像し、

「みんな同じ」という認識や地平に立てば、何かしらの認識や根拠に基づくルールや不公正などが問題となってくる。「あの人は、誰々との特別な関係を通じて便宜を図ってもらっている不公正な人だ」と。

4 たしかにタンザニアにおいて、融通や便宜を図るやり取りの中には、グレーなものが含まれてもいる。たとえば、長距離バス(注1)の知人は、私に特別な席を用意するために、予約の順番を操作していたし、深夜に腹痛を起こして友人からもらった抗生物質は、医療品の輸入商に便宜を図ることで横流ししてもらったものであった。

5 それでも、タンザニアの人びとが、(イ)過度に悪質でない限り、こうしたグレーな便宜を図る個人的な関係を生き抜くために必要なものとして肯定的にとらえる背景には、Bそれらの関係性に偶然性や不確定性が織り込まれているためであると考えられる。

6 話をすることから築かれる多くの関係は、「助けてあげれば、自分が困っている時にも助けてもらえる」ことが確約されるような厳密な互酬性が伴うような関係ではない。自身が困ったときに相手が私を助ける機会や余裕があるかどうかは不確かであるし、自身が融通を利かせて欲しい時に相手がそれを実現する機会がなければ、「借り」にも「負い目」にもならずに時は過ぎていく。

7 マルセル・モースの『贈与論』を出発点にアナキズムについて論じた山田広昭《やまだひろあき》は、モースが証明しようとしたのは、すべての社会の基底には、「贈与のモラル」が存在していると指摘し、次のように述べる。

8 彼(=モース)が共産主義《コミュニズム》と呼ぶのは、むしろ人と人とのあいだのある種の関係性のことである。「私があなたにものを頼む権利の限界は、あなたが将来私に頼むかもしれないことの限界だけだという関係」、「あなたと私が、お互いに必要な時に助け合うだろうという想定にもとづいて、いちいちどれだけ私があなたに贈与し、あなたは私にどれだけ贈与したか計量しない関係」、このような関係こそが共産主義の本質であり、そのようなものとしてみれば、共産主義はあらゆる社会に内在している(山田広昭『可能なるアナキズム――マルセル・モースと贈与のモラル』インスクリプト、二〇二〇年)。

9 普段は気に留めないけど、(ウ)キュウチに陥って初めて気に留める人びとの資質もある。バスで隣りあったり、買い物したりしたときに話をしたり、あるいは相手のピンチに食事をおごったり、モノを貸したりして仲良くなっただけなのだ。こうした自然な行為にとって、そこから開かれた関係が将来において私にとって役立ったりプラスになったりするかは問題ではない。「コネ」を築くといった「わざとらしさ」は、そういった人びとにはないのだ。

10 調査助手との待ち合わせ場所にしていた路肩でよく会う人がいた。付近を(エ)ジュンカイするコーヒー売りがおり、何度かコーヒーを奢《おご》りあうことで話をするようになった。私は、彼が何をしている人なのかは知らなかった。ある日、私は携帯電話を盗まれた。いつもの路肩で嘆いていると、居合わせた人びとが彼に連絡した。「サヤカが携帯を盗まれた。誰かが君のところに彼女の携帯を売りに来たら、すぐに連絡してくれ」。彼は、盗品ディーラーだったのだ。私は、彼のおかげで盗まれた携帯電話を取り返すことができた。しかし、私と彼との関係はいつも通り時々路肩でコーヒーを奢りあう仲のままだ。

11 その日暮らしの人びとは、自分自身が数か月先に何をしているのかがわからないと語る。それは他者の未来についても同様である。自身が誰かのために何らかの便宜を働かせられることや、他者が将来自分にどのように役立つか、あるいは自分が将来誰かの役に立つかどうかなどはわからないものだとされることが、誰とでも話をすることを促し、それぞれがそれぞれの仕事をして自律的かつ分散的に異なる利益を追求することを正当化してきたのだ。誰が今どの程度の(オ)支援を必要とし、どのように助けあうのが良いかを判断せずとも、それぞれの仕事をするなかで、自然にできる範囲内で便宜を働かせること、そのような個人主義的なコミュニズム、あるいはアナキズムを通じても、そのつど必要な人に財やサービス、情報が流れていく。

12 コミュニティを作ろう、助けあおう、シェアをしようという呼びかけがない社会。それは、とにかくおしゃべりな社会なのだ。

（小川《おがわ》さやか「話すことが支える『その日暮らし』」による）

（注）1 長距離バスの知人――本文よりも前の箇所で、筆者が知り合いの長距離バス運転手や添乗員に、友人として特等席の確保や荷物料金の割引などの便宜を受けていることが記されている。

【文章Ⅱ】　次の文章は、現代の日本にふさわしいコミュニケイション（「コミュニケーション」に同じ）のあり方について述べた文章である。

（注2）震災の後、「絆《きずな》」とは「心をひとつにすること」だと言われました。けれど、心はひとつにはできないのです。どんなにがんばっても、あなたと私は同一の価値観では生活してないのです。ひとつになることを目標にするのは、犠牲《ぎせい》と我慢《がまん》と無理解が広がるだけなのです。

ただし、特定のテーマについて、全員が同じ方向を向こうと決意することはできます。「絆」が、ひとつになることではなく、それぞれの立場にいながら、ある明確なテーマに関して手をつなぐことなら、できるのです。

Cコミュニケイションの理想も同じです。

とことんコミュニケイションするのは、ひとつになるためではありません。あなたと私がどう違うかを徹底的に発見するためです。お互いの違いが分かるからこそ、お互いは、どこまで歩み寄れるか分かるのです。

（鴻上尚史《こうかみしょうじ》『コミュニケイションのレッスン』による）

（注）　2　震災——二〇一一年の東日本大震災を指す。

問1 次の(i)・(ii)の問いに答えよ。

(i) 傍線部(ア)・(ウ)・(エ)に相当する漢字を含むものを、次の各群の①～④のうちから、それぞれ一つずつ選べ。解答番号は **1** ～ **3** 。

(ア) ホコロび **1**

① タンセイを込める
② 金融ハタンの恐れ
③ 技術をタンレンする
④ トタンの苦しみ

(ウ) キュウチ **2**

① 花壇にキュウコンを植える
② フキュウの名作
③ キキュウ存亡の秋《とき》
④ キュウヨの一策

(エ) ジュンカイ **3**

① 法令をジュンシュする
② ジュンサ部長に昇進する
③ ジュンキョウ者の墓
④ ジュンカツユの役割を果たす

(ii) 傍線部(イ)・(オ)とは**異なる意味**を持つものを、次の各群の①～④のうちから、それぞれ一つずつ選べ。解答番号は 4 ・ 5 。

(イ) 過度　4

① 過ロウ
② 過ダイ
③ 過ゴ
④ 過ビン

(オ) 支援　5

① 支リュウ
② 支チュウ
③ 支ジク
④ 支ジ

問2 傍線部**A**「一対一の個人的な関係の束として存在している」とあるが、どういうことか。その説明として最も適当なものを、次の①～⑤のうちから一つ選べ。解答番号は **6** 。

① 個人の努力や計画性よりも他者の援助を得るための人柄が問われる、人のよさが幅を利かせる世界であるということ。

② 相互に支え助け合う合理的な人間関係がいくつも積み重ねられ、社会全体のネットワークを構築しているということ。

③ 公的な人間関係に存在するようなルールやマナーとは無縁の、時々の感情に左右される脆弱《ぜいじゃく》な関係であるということ。

④ 安定した生活のためには臨機応変に立ち回る行動力を必要とするという、個人の機転に左右される社会だということ。

⑤ 特定の個人にだけ便宜を図ろうとするやり取りが、それぞれ独立して分散的に成り立っているに過ぎないということ。

問3　傍線部B「それらの関係性に偶然性や不確定性が織り込まれている」とあるが、どういうことか。その説明として最も適当なものを、次の①～⑤のうちから一つ選べ。解答番号は 7 。

① タンザニアの人びとの便宜を図り合う人間関係は厳密な契約関係とは異なり、先のことを見通せないなかで生きているという条件下において、無理のない範囲で他人に尽くすという緩いつながりであるということ。

② タンザニアの人びとの間に見られる融通と便宜の関係性は、短期的な視野において見返りを期待する行為というよりも、他者への施しがめぐりめぐって最後に自分に戻ってくるような非計画的な行為に由来するということ。

③ タンザニアの人びとの融通と便宜を核とする人間関係は生き抜くための知恵として成立した自然発生的なものであり、体系的でないにもかかわらず絶妙なバランスを保っている驚異的なシステムであるということ。

④ タンザニアの人びとの人間関係に内在する融通や便宜は道義的に許されるものではないが、偶然に左右されがちで不安定な生活環境を保つための必要悪として、厳密な関係性へと高めることが望まれるということ。

⑤ タンザニアの人びとが相互に便宜や融通を通して成立させている関係性は公正で平等な個人の集合という社会の理想像とはほど遠いが、円滑な人間関係を維持するという目的を一時的であれ達成しているということ。

問4　【文章Ⅰ】の10段落で紹介されている話を通して筆者が述べようとしているのはどのようなことか。その説明として最も適当なものを、次の①〜⑤のうちから一つ選べ。解答番号は 8 。

① 路肩で何度も顔を合わせていた男性は、盗品ディーラーであったことが発覚したあとも反社会的な行為に手を染めていることを悪びれるでもなく以前と全く同じように筆者に接してきた。ここには「わざとらしさ」を極度に嫌うタンザニアの人びとの対人意識が具体的に表れているということ。

② 盗品ディーラーの男性が筆者の携帯電話を取り戻してくれたのは将来の利益を勘案してのことではなく、筆者と日頃コーヒーを奢りあっていたという理由からだった。ここには他者との偶然の出会いや「開かれた関係」を何より重んじるタンザニアの人びとの人生観が典型的にうかがえるということ。

③ 筆者が携帯電話を盗まれたことを知るや、居合わせた人たちは迅速に協力体制を組んで携帯電話を取り戻し、再びそれぞれの仕事へと戻って行った。これは無関心を装うばかりで何ら問題の解決を導かない「わざとらしさ」とは対照的なタンザニアの人びとの合理性を端的に示しているということ。

④ 盗まれた携帯電話を取り戻すことができたのはコーヒーを奢りあう程度の関係にある男性の便宜によるものであったが、この件をきっかけとして男性との関係が深まったわけではなかった。ここには「その日暮らし」で生きているタンザニアの人びとの対人関係が象徴的に読み取れるということ。

⑤ 男性が盗品ディーラーであったことで筆者は携帯電話を取り戻すことができたが、男性は自分の「仕事」が発覚したあとも以前同様コーヒーを奢りあう関係を保った。これは「その日暮らし」を背景に変わらない日常を希求するタンザニアの人びとの思いを印象的に伝えているということ。

問5　傍線部C「コミュニケイションの理想も同じです」とあるが、どういうことか。その説明として最も適当なものを、次の①～⑤のうちから一つ選べ。解答番号は 9 。

① 「絆」とは言っても立場の違う人たちが心をひとつにすることはできないのと同様に、コミュニケイションの理想とは最大限の譲歩を通じて意見の一致を目指していくものだということ。

② 社会全体ではなく特定のテーマに限ることで「絆」が実現可能なものになるのと同様に、コミュニケイションを特定の人々との間で成り立つ限定的な営みとして考えるべきだということ。

③ 「絆」は人それぞれが違う考えをもつことを前提としたところに成り立つのと同様に、コミュニケイションとは各人の違いを確認しながら相手を理解して交渉する行為であるということ。

④ それぞれの価値観が異なる人どうしが「絆」で結ばれることが困難であるのと同様に、コミュニケイションでは互いの違いを発見し歩み寄ることの難しさへの自覚が問われるということ。

⑤ 「絆」という言葉を定義が明確でないまま唱えても空虚な掛け声でしかないのと同様に、コミュニケイションは異質な他者との交渉であることを意識しなければ成り立たないということ。

問6　Kさんは授業で**【文章Ⅰ】**と**【文章Ⅱ】**を読んで「人間関係」について自分の考えを整理するため、次のような**【メモ】**を作成した。これについて、後の(i)・(ii)の問いに答えよ。

【メモ】

〈1〉**【文章Ⅰ】**の最終段落には「コミュニティを作ろう、助けあおう、シェアをしようという呼びかけがない社会。それは、とにかくおしゃべりな社会なのだ。」とある。

⇩

タンザニアを「おしゃべりな社会」と規定し、［X］

⇩

〈2〉**【文章Ⅱ】**の次のような記述は、タンザニアの社会にも通じるのではないか。

・「それぞれの立場にいながら、ある明確なテーマに関して手をつなぐこと」

・「とことんコミュニケイションするのは、ひとつになるためではありません。」

⇩

〈3〉**【文章Ⅰ】**にある「おしゃべりな社会」と**【文章Ⅱ】**の筆者が考える「コミュニケイション」は、

［Y］

(i) Kさんは【文章Ⅰ】を踏まえて〈1〉をまとめた。空欄 X に入る最も適当なものを、次の①～④のうちから一つ選べ。解答番号は 10 。

① 一見無駄に見える何気ないやりとりが社会を円滑に機能させていることに着目して効率ばかりが重視される風潮に異を唱えている。

② 特に意識せずとも気軽に他者と言葉を交わし合うことによって困難を解決していくところに人間社会の一つの可能性を見出《みいだ》している。

③ 軽い挨拶程度の会話から相手の困りごとを読み取って助け合う高度な社会性を人間一般に広く浸透させていくべきだと考えている。

④ コミュニティやシェアという言葉ばかりが声高に叫ばれる現代日本との違いを浮き彫りにし現代日本の姿を痛烈に揶《や》揄《ゆ》している。

(ii) Kさんは〈1〉〈2〉を踏まえて〈3〉を書いた。空欄 **Y** に入る最も適当なものを、次の①～④のうちから一つ選べ。解答番号は **11** 。

① 仲間内で作り上げた強固な共同体が社会にいくつもあって互いにいがみ合いを続ける緊張した人間関係ではなく、自立した個人が複数のコミュニティに属することをも認める開放的な人間関係である点で通じ合う。

② どんな時も一緒に行動を共にしたり常に考えの一致を確認したりするといった気詰まりな人間関係ではなく、さまざまな立場や考えを認め合い相互に適度な距離を保ちながら共生を図ろうとしている点で通じ合う。

③ 貸し借りを契約としてとらえ会話に一言の冗談をさし挟むことも認めない無機的な人間関係ではなく、相手の個性や境遇を尊重しながら互いに切磋琢磨《せっさたくま》することでよりよい関係を切り結ぼうとしている点で通じ合う。

④ 大きく理想を振りかざして法からのわずかな逸脱や価値観の不一致も認めない厳格な人間関係ではなく、あくまでも損得勘定に基づいて行動し共通の利益を求めて理性よりも感情を行動の原理とする点で通じ合う。

（下書き用紙）

国語の試験問題は次に続く。

第2問　次の文章は、吉野弘《よしのひろし》「詩と言葉の通路」の一節である。これを読んで、後の問い（問1～5）に答えよ。なお、設問の都合で各詩の冒頭にアルファベット（【X】・【Y】）を置き、本文の段落に[1]～[11]の番号を付してある。また、出題の都合上、省略した箇所がある。（配点　45）

[1] 言葉を論ずること、あるいは言葉について論ずることは、私の場合、蟻《あり》地獄(注1)に落ちこむのと同じことで、落ちこんだら最後、無事に外へ這《は》い出すことは、まず至難に近い。そんな危険を冒してまで言葉を論ずるほど私には度胸がないし、第一、才覚がない。

[2] そこで私は、いろいろな詩の言葉に出会ったときの体験のごときものを軸にして話を進めてみたい。

【X】

——云《い》つておくれ　きかせておくれ、
わたしは治《なほ》るだらうか？
わたしの心臓のこの病気から？

——恋人よ　恋人よ
雪はその白さから
治る日はないだらう

[3] これは、フランシス・ジャムの「哀歌・第七」（堀口大學訳(注2)）という詩の初めの二連だが、〈雪はその白さから／治る日はないだらう〉という言葉に出会ったときの驚きは忘れられない。

4 東北は山形県の出身である私は、子供の頃から雪にはとりわけ縁が深く、私自身これまで雪についての詩を何篇か書いているが、このジャムの詩に太刀打ちできるような詩は一篇もない。

5 お読みになっておわかりのように、この二つの連は、恋人の一方が相手に「私の心臓の病気は治るだろうか」と問うたのに対し、相手が「治らないでしょう」と素気《そっけ》なく答えるかわりに「雪がその白さから治る日はないように、あなたの病気も治らないでしょう」といたわりをこめて答えた形になっている。

6 しかし、答えかたが巧みだというだけがこの詩の面白さなのでは勿論《もちろん》なくて、雪の本質を、これ以上望めないと思われるほど見事に言い当てているところに、この詩句の真髄がある。〈白さから治る〉の〈治る〉に当る原語は、詩友の大岡信（注3）に聞いたところでは〈guérir〉だそうで、恢復《かいふく》する、癒える、の意味があり、治る、は直訳といってもいいものである。しかし、この〈治る〉という A 直訳体（注4）のままで日本語に移し替えられたことは、読者である私にとって、何という幸いだったろう。ジャムという詩人にとっては質朴《しつぼく》で単純で率直な言葉がふさわしいのだと、訳者の堀口氏は考えられたのだろう。氏の語感はさすがなもので、この詩を享受する上で、〈治る〉は動かしがたいと感じられる。

7 雪はその白さから治る日はない——ということを B 散文風に言えば、雪は永久に白いという、只《ただ》それだけの意味にすぎない。しかし、白さから治る日はない、という表現のもたらす衝撃の強さは、散文で言い直した意味からは、まず生まれる可能性のないもので、雪が白という呪縛から逃れることはできないということを、いやおうなく読者に感知せしめる。同時に、人間の生命の中心に居坐《すわ》っているものが、必ずしも健康ではなくて、むしろ病いであるかもしれないことにも思い至らせる。生命が病い乃《ない》至《し》死から解放される日はないように、C 雪もまた、白い病いから解放される日はないと読むことは、雪に対する冒瀆《ぼうとく》とはなるまい。

8 人間の目から見て、雪の最も好ましい性質と思われる白さを、病いと想定することは、無理な想定ではない。たとえば、ある人の持っている最も好ましい性質——かりに他者へのやさしさとしておこう——が、その人自身への深い絶望に発しているというようなことは充分に考えられる。そういうことが了解されるなら、雪の白さが、白さではないところの別の因子に発している負い目としての病いと見ることも許されるだろう。

9 こう見てくると、雪の白さは幸福の色なのではなく、むしろ悲しみの色みたいなものであり、いかにも、白であることに耐えているように眺められもする。勿論、雪を、ここまで人間ふうに見なくてもいいのだが、魅力のある詩句は、いろいろな想像の楽しみの間に遊ばせてくれるものである。それを拒む必要もないだろう。

【Y】

部屋に入って　少したって
レモンがあるのに
気づく　痛みがあって
やがて傷を見つける　それは
おそろしいことだ　時間は
どの部分も遅れている

10 これは北村太郎(注5)の「小詩集」と題する四篇の短詩の中の初めの一篇であるが、〈時間はどの部分も遅れている〉という気がかりな言葉がある。**D**<u>どうして時間はどの部分も遅れているのか、それは何故おそろしいことなのか。</u>

11 部屋に入って少したってレモンがあるのに気づいた――匂いによって気づいたのか、あるいは鮮やかな色によって気づいたのか、ともあれ、レモンはそこにあると気づかれる前から部屋にあったものだ。レモンに気づくという行為が、レモンの存在に遅れている。まずここに一つの遅れがある。次《つ》ぎに、ある痛みに気づいて、傷を見つけた。本当は傷がまずあって痛みはあとなのに、痛みがあって傷に気がついた。ここにも一つの遅れがある。人は痛みがなければ傷のあることにいつまでも気がつかないでいるのだろうか。おそらく、そういうものなのだろう。

（注）1　蟻地獄――ウスバカゲロウの幼虫が床下の乾いた土を掘って作る、すり鉢状の穴のこと。幼虫はその一番下に身を潜め、アリなどが滑り落ちると捕食し体液を吸い取る。転じて、もがいても抜け出せない苦しい状況のたとえとして用いる。

2　堀口大學――詩人（一八九二～一九八一）。自らも詩作を行いつつ、フランス近代詩の翻訳詩集なども出版した。

3　大岡信――詩人・評論家（一九三一～二〇一七）。新聞記者、大学教授などを務めながら活発な詩作・評論活動を行った。

4　質朴――飾り気がなくて、素朴でまじめなこと。

5　北村太郎――詩人・翻訳家（一九二二～一九九二）。

問1　傍線部A「直訳体のままで」、傍線部B「散文風に言えば」に関する説明として最も適当なものを、次の①〜④のうちから一つ選べ。解答番号は 12 。

① 「直訳体のままで」とは原文のもともとの意味を忠実に再現するやり方で、ということを意味し、「散文風に言えば」とは原文に対する翻訳者の印象を大切にしてわかりやすい日本語にする、ということを意味する。

② 「直訳体のままで」とは原文からにじみ出る作者の性格を反映させるやり方で、ということを意味し、「散文風に言えば」とは作者の性格や心情を無視してなるべく無個性的な日本語にする、ということを意味する。

③ 「直訳体のままで」とは訳者の語感を大事にしながら率直に翻訳するやり方で、ということを意味し、「散文風に言えば」とは原文の内容を重視して作者の意図を忠実に伝える日本語にする、ということを意味する。

④ 「直訳体のままで」とは原文の単語の意味を同じ意味の日本語に置き換えるやり方で、ということを意味し、「散文風に言えば」とは趣きや面白みをなくして単なる事実として日本語にする、ということを意味する。

問2　傍線部C「雪もまた、白い病いから解放される日はないと読むことは、雪に対する冒瀆とはなるまい」とあるが、本文で述べられている「雪」の性質に関する内容と一致する俳句を、次の①〜⑤のうちから一つ選べ。解答番号は 13 。

① 夏草や兵《つはもの》どもが夢の跡（松尾芭蕉）
② 去年今年《こぞことし》貫《つらぬ》く棒の如《ごと》きもの（高浜虚子）
③ 門松《かどまつ》は冥土《めいど》の旅の一里塚《いちりづか》（一休宗純）
④ 鶏頭《けいとう》の十四五本もありぬべし（正岡子規）
⑤ 菜の花や月は東に日は西に（与謝蕪村）

問3　傍線部D「どうして時間はどの部分も遅れているのか、それは何故おそろしいことなのか」とあるが、「時間」に関する本文の記述に即して考えた時、その答えとして最も適当なものを、次の①～⑤のうちから一つ選べ。解答番号は 14 。

① 気づきとは常にそれに先行する「起こった事柄」に対する時間の経過を必要とする、という意味で「人間は時間に対して遅れている」のであり、それが「気づかれない事柄によって人間の存在が脅かされる可能性」を表しているから。

② 過ぎ去ってしまってからでないとそれが何であるのかを理解することができない、という意味で「人間は時間に対して遅れている」のであり、それが人間として生きることの本質と取り返しのつかなさを端的に表しているから。

③ 人間が知覚を用いて対象を把握するより前に対象はすでにそこに存在している、という意味で、「人間は時間に対して遅れている」のであり、それが人間に気づかれなければ存在を認められない対象のかなしみを端的に表しているから。

④ 人間が何かに気づく時にはその原因となる事象はすでに終わっている、という意味で「人間は時間に対して遅れている」のであり、それが時代の流れに取り残される人間の孤独とそれを自覚できない愚かさを端的に表しているから。

⑤ 感覚を通した認識が対象の存在を前提する点で人間より対象が優位にある、という意味で「人間は時間に対して遅れている」のであり、それが「対象への無自覚がそのまま環境破壊に対する無自覚に通じる」ことを端的に表しているから。

問4　次に示すのは、二つの詩【X】【Y】について、それぞれのエッセイの内容に関連づけて五人の生徒が話し合っている場面である。二つの詩の関係の説明として最も適当なものを、次の①～⑤のうちから一つ選べ。解答番号は 15 。

① 生徒A――筆者は【X】について、第5段落で「いたわりをこめて答えた形になっている」として直訳体で書いた詩の〈やさしさ〉を強調している。【Y】も【X】と同様に、痛みを通してしか自分の傷を見つけられない人間の愚かさを〈時間の遅れ〉のせいにしてかばうところが〈やさしい〉と思う。二つの詩に共通するのは〈やさしさ〉じゃないかな。

② 生徒B――【X】で重視しなければいけないのは、第6段落の「雪の本質を、これ以上望めないと思われるほど見事に言い当てている」だと思う。詩というのは、物事の本質を簡潔な言葉で言い当てるところに、その面白さがある。【Y】はそれを〈時間の本質は遅れである〉と簡潔に言い当てている。だから〈本質をとらえる〉のが共通点なんだよ。

③ 生徒C――第11段落にあるように、【Y】のテーマは「痛みがなければ傷のあることにいつまでも気がつかない」という人間の特質にある。【X】でも、恋人から指摘されなければ〈自分の心臓の病気が治らない〉ことに気づかないという話がテーマになっている。人間は〈主観〉を手に入れることで逆に自分を見失う、という〈逆説〉が共通点だと思うよ。

④ 生徒D――第7段落の「人間の生命の中心に居坐っているものが、必ずしも健康ではなくて、むしろ病いであるかもしれない」という指摘は重要だと思う。【X】の〈心臓の病気〉の話も【Y】の〈時間に遅れる人間〉の話も、〈抗《あらが》いがたいものを受け入れる〉しかない、ということが〈人間の生命の宿命〉だ、ということを共通して伝えているんだと思う。

⑤ 生徒E――第8段落の「負い目としての病い」という指摘は見逃せない。【X】の〈心臓の病気〉も恋人に対する負い目から生じたものかもしれないし、【Y】の〈レモンがあるのに気づく痛み〉も〈時間の遅れ〉に対する負い目から生じたものかもしれない。何かに負い目を感じて生きていくしかないのが〈人間の本質〉だ、というのが両者の共通点だと思う。

問5 この文章の表現と内容に関する説明として適当なものを、次の①～⑥のうちから**二つ**選べ。ただし、解答の順序は問わない。解答番号は 16 ・ 17 。

① 第4段落の「このジャムの詩に太刀打ちできるような詩は一篇もない」という記述は、筆者の詩人としての資質の限界を間接的に示すと共に、第1段落で述べた〈言葉を論ずる才覚のなさ〉という主張を裏づける証拠ともなっている。

② 第6段落の「質朴で単純で率直な言葉」という言い方は、ジャムという詩人のもつ気質の素朴さを暗示しつつ、詩を翻訳する際の言葉の選び方が、詩人の性格に対する読者の印象を左右するほどの重さをもつことも示唆している。

③ 第7段落の「雪が白という呪縛から逃れることはできない」という記述は、雪の美しさの象徴である「白」という色に対するイメージを反転させるとともに、雪に苦しめられる雪国の人間の悲しみを間接的に示すという役割も担っている。

④ 第8段落の「かりに……しておこう」「……というようなこと」「了解されるなら」「許されるだろう」という一連の表現は、筆者自身の想定の根拠の薄さをあらかじめ提示して、読者に寛容な読解を要求するという役割も果たしている。

⑤ 【Y】の「レモンがあるのに　気づく　痛みがあって　やがて傷を見つける」という記述は、レモンに気づいた際の心の痛みを体の傷の痛みに重ね合わせており、そのことで読者に〈痛みの強さ〉を印象づける効果をもっている。

⑥ 第11段落の「人は痛みがなければ傷のあることにいつまでも気がつかないでいるのだろうか」という問いかけは、読者にいったん考えさせた上で、直後の「おそらく、そういうものなのだろう」という結論に共感させる目的をもっている。

（下書き用紙）

国語の試験問題は次に続く。

第3問　次の【資料Ⅰ】～【資料Ⅲ】を読んで、後の問い（問1～4）に答えよ。（配点　20）

【資料Ⅰ】インターネットでの人権侵害の事例

　大好きなアイドルKのコンサートに持って行くために、Kの顔写真入りのうちわをインターネットの通信販売で購入したミドリさんは、品物が届いて驚きました。販売画面では、Kの笑顔が美しくプリントされた丈夫なつくりのうちわに見えたのですが、実物は薄いプラスチックで、大きく振るとグニャグニャとなってしまいます。不愉快に思ったミドリさんは、同じ物を買った友人にその話をすると、彼女もやはり同様の感想を持っており、販売会社に商品の質に対するクレームの電話をしたが、聞き入れてもらえなかったということを教えてくれました。そこでミドリさんは、きっと自分と同じ気持ちでいる人が多くいるに違いないと思い、あるインターネットの掲示板に、通信販売の会社が売っている品はサイトにあげているものとは別物の不良品で、その会社の社長は誠実さやモラルに欠ける経営者にちがいない、といった中傷を書き込みました。友達と一緒に会社を批判してすっきりする、その程度の軽い気持ちでした。もちろん匿名です。

　しかし結果として、ミドリさんの家に地方裁判所から訴訟が提起された旨の通知が届きます。それは通信販売の会社が、インターネットの掲示板の書き込みによって名誉が毀損《きそん》されたというものです。そもそも、ミドリさんの家が特定された理由として、この会社による「　X　」によって、プロバイダの契約者であるミドリさんの父親が特定されたことによります。

（Z会オリジナル文章による）

【資料Ⅱ】2018年8月発刊、法律を踏まえたインターネットと名誉棄損《きそん》の解説文

[1]名誉権

「名誉」といっても様々な意味がありますが、法律上で名誉棄損というときの「名誉」とは、ある人が社会から受けている客観的評価のことを指します。

人が社会でどのような評価を受けているか、ということは、その人が社会生活を営むうえで重要なものです。こうした社会的評価を低下させることは、その人の尊厳が傷つけられるため、人権として守られるべき権利と考えられています（名誉権として憲法13条により保障されます)。

なお、指摘した事実が真実であれば名誉棄損にはならない、という誤解がありますが、真実であってもそれが人の社会的評価を低下させる場合には名誉棄損になる可能性があります。

ただし、政治家による不正など、社会に広めることが必要な事実もあります。そこで、公益目的で公共の利害に関する事実を摘示することは、それが真実であること（あるいは真実であると信じるに足る根拠があったこと）を要件として正当な行為として許されることになっています。

[2]インターネットにおける人権侵害

さて、このように人の名誉は厚く保護されているのですが、インターネット上の掲示板やＳＮＳでは、人の名誉を貶《おとし》める投稿が後を絶ちません。

今回は名誉棄損の事例を取り上げましたが、ほかにも無断で個人の住所や氏名がインターネットにさらされるような事例や、人の写真が無断で投稿されるケースもあります。前者はプライバシー権の侵害、後者は肖像権の侵害として、同様に問題になることが多いものです。

[3]削除を要求することができるか

こうした人の権利を侵害する情報がインターネットにアップされた場合に、サイトの管理者やプロバイダに削除を要求することはできるのでしょうか。

被害者の側からすると、「名誉毀損だ。即刻削除してくれ！」という要求をするでしょう。しかし一方で発信者は、「みんなの利益となる事実だ。公にして是正させるためにネットに載せたんだ」という主張をするでしょう。

プロバイダは、削除しても、しなくても、両方から損害賠償責任を追及される恐れがあり板挟み状態に陥ります。これでは権利を侵害する投稿も削除することができず野放しになってしまいます。

そこで、プロバイダの責任に制限をかけるため、いわゆる A プロバイダ責任制限法、という法律が制定されました。

[4] プロバイダ責任制限法上の送信防止措置

プロバイダが記事の削除（法令上「送信防止措置」といいます）に応じた結果、実は後からそれが公益目的の正当な記事だったと判明するようなこともあります。プロバイダ責任制限法では、こうした場合でも、削除した時点で、①プロバイダがその記事によって他人の権利が不当に侵害されていると信じるだけの相当な理由があるか、または②情報の発信者に削除に同意するかどうか問い合わせても７日以内に返答がなければ、記事を削除しても、あとから損害賠償責任を負わされないとされています。

逆に、被害者からの削除要求に応じない結果、プロバイダが損害賠償請求される可能性もあるわけですが、こうした場合でもプロバイダが権利侵害を知っていたか、知ることができたような場合でない限りは損害賠償責任を負わないとされています。

このように法律でプロバイダの責任を軽減してあげることで、権利侵害の速やかな救済が図れるように工夫されているのです。

[5] 発信者情報開示請求

プロバイダ責任制限法は発信者情報の開示という手続きも定めています。

いかにインターネットの匿名性が高いといっても、インターネットの入り口であるインターネット業者（接続プロバイダ[注1]）や携帯電話会社には利用者の住所や氏名などの個人情報があります。

もっとも、利用者の個人情報はプライバシーにかかわるものですし、通信の秘密は憲法で保障されていますから、こうした情報が安易に開示されることはありません。しかし、それではインターネット上で権利を侵害された人の救済ができませんので、一定の手続《てつづき》で記事を投稿した人の情報（以下、「発信者情報」と略します）が開示されるようになっているのです。

プロバイダ責任制限法では、①その情報の流通による権利の侵害が明らかで、②発信者情報が損害賠償請求権の行使のために必要である場合その他正当な理由があるときには、インターネットプロバイダ等に対して発信者の情報の開示を請求できるとされています。

[注2]多くの投稿では**図１**のように、記事が投稿された[注3]コンテンツプロバイダに対する請求でＩＰアドレスを特定して、そのＩＰアドレスに基づいて接続プロバイダなどに再度開示請求を行う、という手順で記事を投稿した人の氏名や住所などの個人情報の開示までたどり着きます。

図1　発信者情報開示の手順

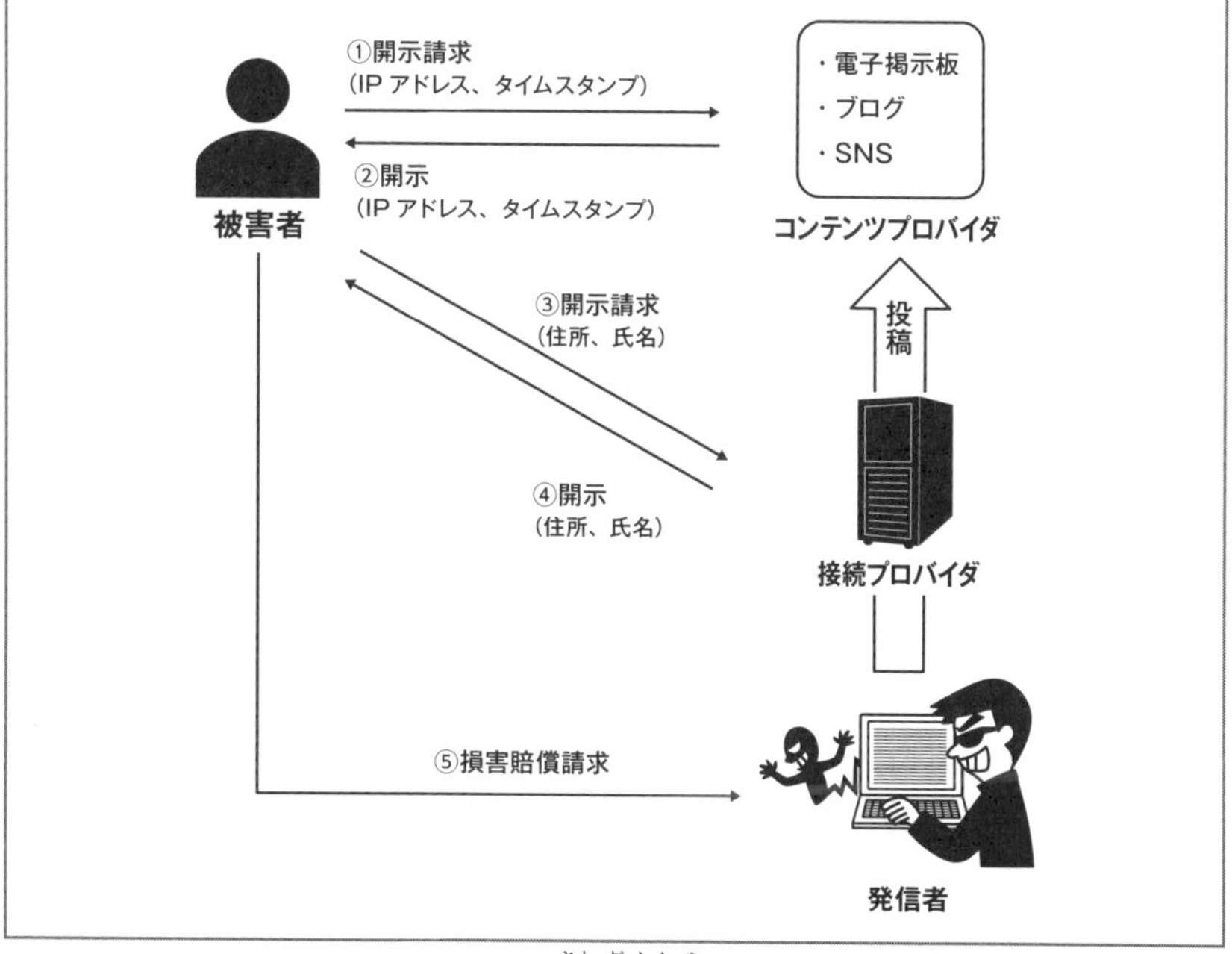

（澤田《さわだ》真哉《しんや》「ＩＴ・情報と法律問題」による）

（注）１　接続プロバイダ――インターネット接続の際の電気通信役務を提供する組織。

２　多くの投稿では**図1**のように――以下、2022年10月の改正プロバイダ責任制限法施行前の手順である。

３　コンテンツプロバイダ――検索サービスやニュース配信など、デジタル化されている情報を提供する事業者。

【資料Ⅲ】

日本国憲法第十三条

すべて国民は、個人として尊重される。生命、自由及び幸福追求に対する国民の権利については、公共の福祉に反しない限り、立法その他の国政の上で、最大の尊重を必要とする。

刑法　第三十四章 名誉に対する罪〈抄〉

（名誉毀損）

第二百三十条　公然と事実を摘示し、人の名誉を毀損した者は、その事実の有無にかかわらず、三年以下の懲役若《も》しくは禁錮《きんこ》又は五十万円以下の罰金に処する。

（公共の利害に関する場合の特例）

第二百三十条の二　前条第一項の行為が公共の利害に関する事実に係り、かつ、その目的が専ら公益を図ることにあったと認める場合には、事実の真否を判断し、真実であることの証明があったときは、これを罰しない。

2　前項の規定の適用については、公訴が提起されるに至っていない人の犯罪行為に関する事実は、公共の利害に関する事実とみなす。

3　前条第一項の行為が公務員又は公選による公務員の候補者に関する事実に係る場合には、事実の真否を判断し、真実であることの証明があったときは、これを罰しない。

問1　【資料Ⅰ】の空欄 X には、【資料Ⅱ】を踏まえると、どのような語句が入るか。次の①～⑤のうちから一つ選べ。解答番号は 18 。

① 送信防止措置
② 損害賠償請求権の行使
③ 意見照会
④ 情報保全命令
⑤ 発信者情報開示請求

問2　【資料Ⅱ】における「名誉棄損」・「プライバシー権の侵害」・「肖像権の侵害」はどのような関係にあるといえるか。【資料Ⅱ】に従ってその関係を図示したものとして最も適当なものを、次の①～⑤のうちから一つ選べ。解答番号は 19 。

①

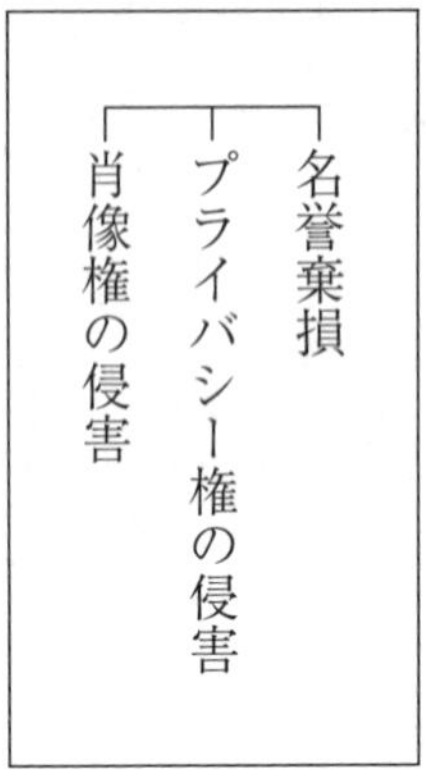

②

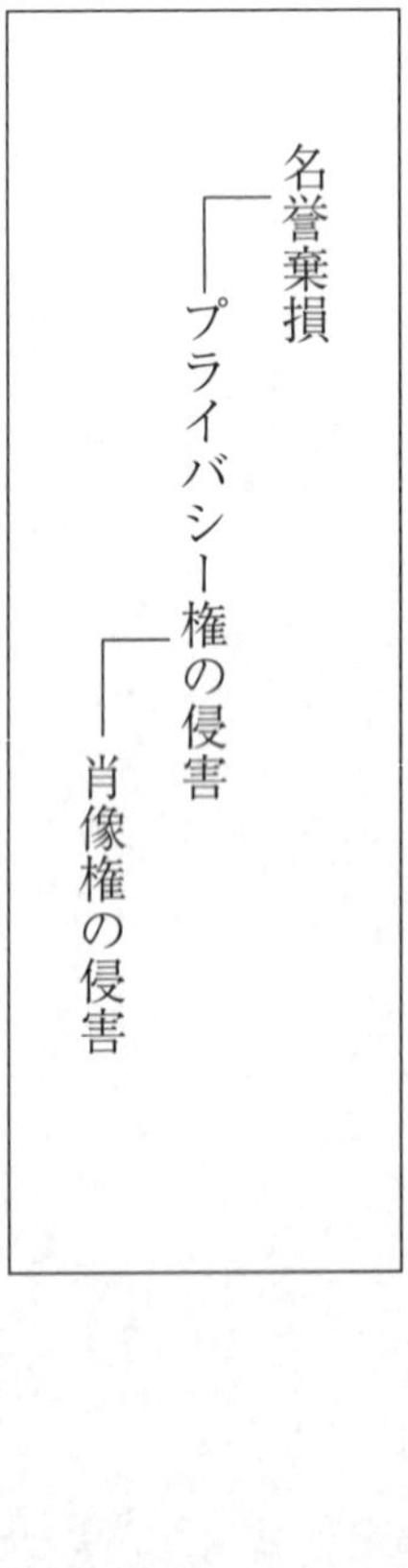

③

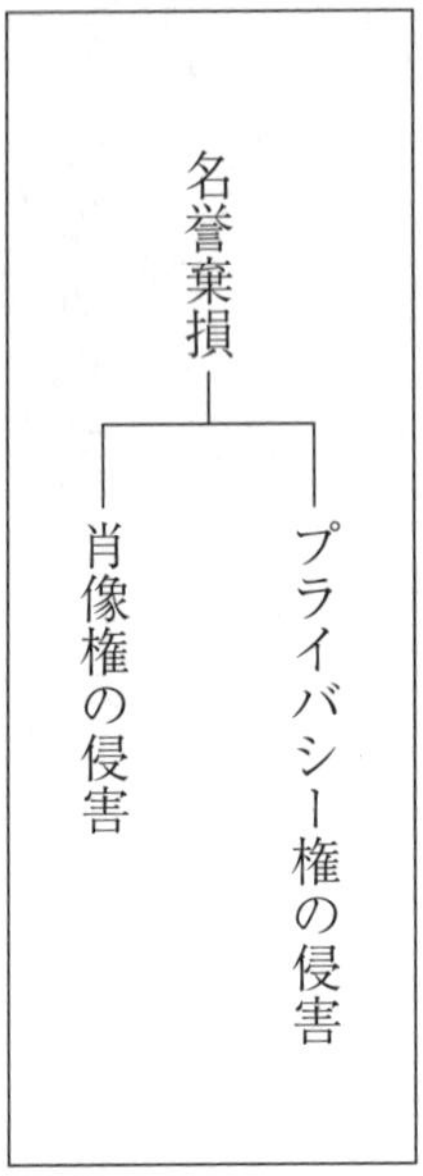

④

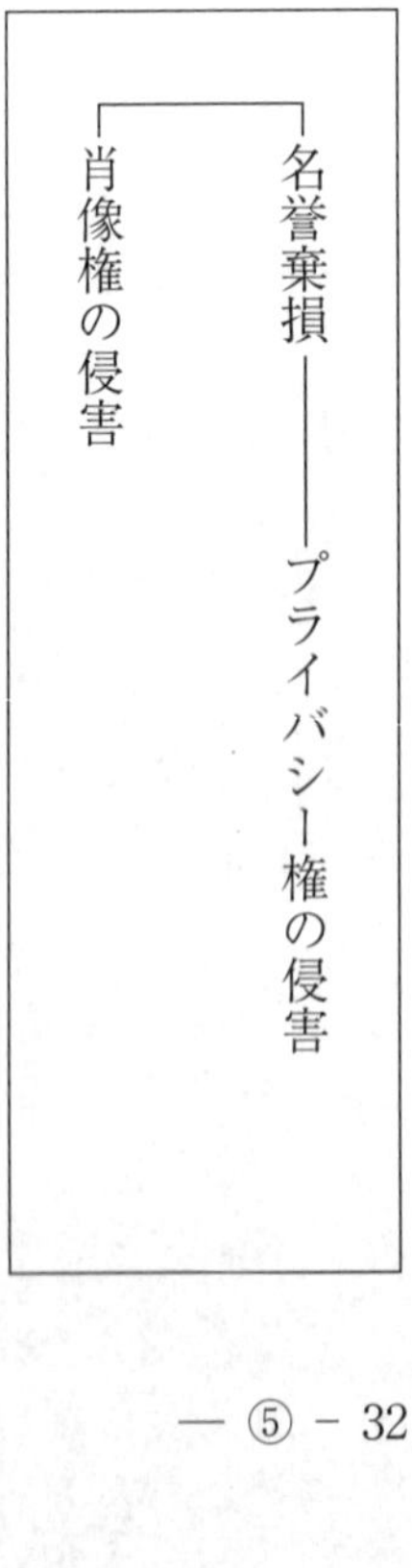

⑤

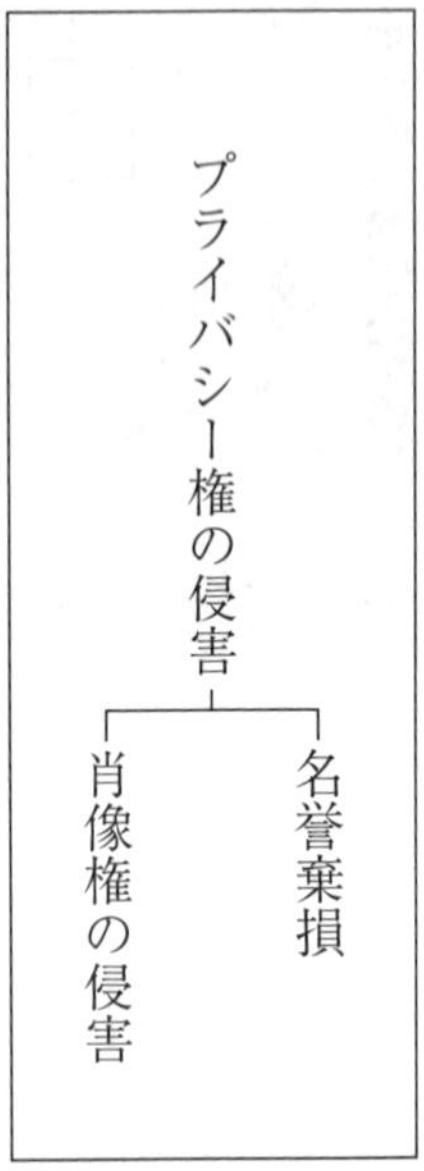

問3　傍線部A「プロバイダ責任制限法」について、**【資料Ⅱ】**を踏まえた説明として**適当でないもの**を、次の①〜④のうちから一つ選べ。解答番号は 20 。

① 権利を侵害されたとする者から、侵害にあたる情報をプロバイダに削除するよう申し出があった場合に、情報を書き込んだ相手に対して削除に同意するかどうかを照会してから七日経過しても、その旨を承諾しないという意思表示がなければ、削除によって情報の発信者に生じた損害についての責任を負わなくてもよい。

② 違法な情報や有害な情報、特定の個人を傷つけるような情報が公然と流通する中で、プロバイダが権利を侵害している情報の存在を認知したうえで、それを削除しなかった場合でも、プロバイダは無関係であり、傷つけられた当事者個人の名誉に対する責任を負う必要はない。

③ プロバイダがある情報について第三者の権利を不当に侵害していることが明白であると判断して情報を削除したことで、情報を発信した者が損害を被っても、プロバイダは責任を負う必要はない。

④ 不特定多数が閲覧可能なインターネットの掲示板などに誹謗《ひぼう》や名誉棄損だと思われる書き込みがなされた場合、書き込まれた情報の当事者は、発信者の情報の開示や情報の削除をプロバイダに要求できるが、必ずしも削除の要求が通るわけではない。

問4　次に掲げるのは、【資料Ⅰ】～【資料Ⅲ】を読んだ生徒が話し合っている会話文である。これを読んで、後の(i)・(ii)の問いに答えよ。

生徒A――Xネット上の個人情報や名誉棄損の問題に関連して、法律も変わったよね。前は【資料Ⅱ】の【5】・図1にあるように開示請求の際には二段階の手続きが必要だったけど、2022年10月施行の改正プロバイダ責任制限法では、この二段階の手続きだったものが一連の手続きで開示請求ができるようになって、手続きが一回減ったんだよ。そうすると、より私たちにとっても他人事じゃないよね。

生徒B――うん。たとえば、部活でのいざこざで、つい学校名や個人名が特定できるような書き込みをSNSでしてしまったり、悪意はなくても一緒に撮った写真を第三者が公開してしまったことで思わぬトラブルに巻き込まれたりっていう話も聞くようになったよね。

生徒A――名誉を守るために法律が適用されるというのはわかったけど、子ども同士のトラブルは、大人のケースよりも丁寧に解決を考えないといけないこともあるんじゃないかな。悪口を書き込んだ当事者が、実はその相手から不当な嫌がらせを受けていて、いたたまれなくなってついやってしまった場合とか。

生徒B――なるほど。そういう書き込みはよくないけれど、人間関係や子ども自身の心の問題をケアしていくことの両輪で解決を図るべきだね。その点では、Y法律というものも万能な問題解決策ではないってことか。

(i)　波線部X「ネット上の個人情報や名誉棄損の問題」について、【資料Ⅰ】～【資料Ⅲ】および話し合いの内容を踏まえた説明として**適当でないもの**を、次の①～⑤のうちから一つ選べ。解答番号は 21 。

① インターネット上の書き込みがたとえ事実であることが明らかであっても、書き込まれた側の社会的信用や評価を著しく低下させてしまった場合には、名誉棄損の事例にあたる可能性がある。

② ある事実を公表することが公益のためであり、かつ、公表された内容が真実であると判断された場合や、真実であると信じるに足る根拠がある場合には、事実を公表する行為は名誉棄損とはみなされない。

③ 名誉棄損などが理由で個人の特定を求めてIPアドレスが開示されるためには、まずコンテンツプロバイダに対して名誉棄損の事実を訴え、それが事実と認定された段階で接続プロバイダに再度名誉棄損が立証されなければならない。

④ すべての国民は個人として尊重されるが、いくら個人の意見といっても、人の名誉を貶めるものや他人の個人情報を含むものを不特定多数に公表することは問題が発生するケースが多いので注意が必要である。

⑤ 社会から受けている客観的評価というものは、社会生活を営む上で重要なものであり、それが低下した場合には著しい不利益を被ることになるため、名誉権は憲法において守られるべきものだと保障されている。

(ii) 波線部**Y**「法律というものも万能な問題解決策ではない」とあるが、この発言をした生徒Bの考えとして最も適当なものを、次の①～⑤のうちから一つ選べ。解答番号は 22 。

① 未成年者は社会経験や法の知識が十分でないので、法的な争いでは不利になりがちであることが懸念される。

② 法律を適用して補塡することができるのは経済的な損失に限られ、精神的な苦痛が補償されないことが問題である。

③ 法律は個人と個人の間で発生したトラブルを想定しているので、集団の争いを仲裁することには向いていない。

④ 加害者側に損害賠償や刑罰を負わせることと、当事者間に生じた軋轢《あつれき》を解消することはそれぞれで対応が必要である。

⑤ インターネット教育の充実や、被害者・加害者の両方に対する心のケアを視野に入れた法律を整備すべきである。

第4問　次の文章は、『源氏物語』のなかで描かれていない光源氏と六条御息所《ろくじょうのみやすどころ》の馴《な》れ初《そ》めを、江戸時代の国学者である本《もと》居宣長《おりのりなが》が創作した『手枕《たまくら》』の一節で、光源氏が、年長の女性である六条御息所（本文では「女君」「女」）と文《ふみ》を交わすようになったものの、それ以上の進展がなかなか見られない頃に、御息所を訪問した場面である。これを読んで、後の問い（**問1**～**6**）に答えよ。（配点　45）

女君は端近う、まだ（注1）御格子《かうし》も参らで、雨雲の晴間の月の、あはれにうち霞《かす》みて艶《えん》なる空を、眺め出《い》だしておはするほどなりけり。とかう（注2）かかづらひ入りつつ、障子のもとに忍び寄り給《たま》ひて、いとかうしめやかなる夜のさまに、思ふこともうち出でば、女君もあはれと思《おぼ》しぬべき折かなと思すに、立ち帰らん心地もし給はず、

「**A**　今宵《こよひ》だにあはれはかけよ明日はよもながらふべくもあらぬ玉の緒《を》

恋《こ》ひ死なば、長くや（注3）人を」と、独り言のやうにのたまふ気配の、いと気近きに、女君はむくつけうなりぬれど、さすがによそながらも年ごろ聞こえ馴れ給ひぬれば、むげに知らぬ人の入り来たらんやうに、気うとくすずろはしく（注4）などはあらねばにや、

「**B**　消えぬとて露の心も知らぬ身は世のあはれをもいかがかくべき

かごとがましや」と、忍びやかにのたまふともなきを、いかに言ひつるぞとかたはらいたくて、やをらづつ引き入り給ふ気配なれば、障子をやをら押しあけて、ゐざり寄りつつ、御衣《おほんぞ》の裾《すそ》を引きとどめて、「かたじけなけれど、御耳なれぬる年月も重なりぬらんを、などかうとうとしく、よそにはもて離れ給はん。おのづから（注5）聞こしめし合はするやうも侍《はべ》りなん。世の常の、うちつけに心浅く、(ア)すきずきしき筋は、さらに思ひかけ侍《はべ》らず。御許されなからんほどは、これよりおほけなき心は、さらにさらに遣《つか》ひ侍らじ。ただかくながら徒《いたづ》らに朽ちはてなん嘆きのほどを、片端(イ)聞こえさせんとばかりになん」とて、いとのどやかに、さまよくもて沈めて、ここら思ふ心の忍びがたくなりぬるさまを、いとよう聞こえ知らせ給ふ御気配の、いひ知らずなつかしう、あてになまめかしきに、女もあはれと思し知る節々なきにしもはたあらぬを、かうあやにくなる御気色《けしき》に、**X**え心強うもてなし給はず。

風冷《ひや》やかにうち吹きて、夜いたう更けゆくほど、御格子もさながらにて、晴れゆく月影もはしたなきやうなれば、御傍《かたはら》なる短き几帳《きちやう》（注6）をさし隔てて、かりそめなるやうにて添ひ臥《ふ》し給へり。人々は、かうなりけりと気色《けしき》どりて、皆さし退きて遠う臥しぬ。いとかく遁《のが》れがたき宿世《すくせ》のほどを、女君はいみじう心うく、くちをしう思ししみて、ありありて今さらに若々しくにげなきことを、さぶらふ人々の思ふらんほども死ぬばかりわりなく恥づかしう、かつは人の物言ひも隠れなき世に、あはつけく軽々しき名や漏りいでんと、とかく思し乱れつつ、御涙にくれ惑ひて、**Y**うちとけぬ御気色を、心苦しう見給ひて、おろかならず契り慰め給ふこと多かるべし。

いとどしき春の夜のならひいとはかなくて、明け方近くなりぬるに、入るかたの月いと心細く霞みたり。

「**C**　かはす間もはかなき夢の手枕になごり霞める春の夜の月

いかが御覧ずる」と聞こえ給へば、

「**D**　おぼろけの身のうさならば春の夜の霞める月もともに見ましを」

とて、御衣引きかづきて見もやり給はぬを、濃《こま》やかになつかしう語らひ置きて、出で給ふとて、なほ御かたちもゆかしければ、「あはれなるほどの空の気色も、同じ心に御覧ぜばなん、いみじき心惑ひも、少しは思ひのどむるやうも侍らましを、あまり(ウ)埋もれいたきわざになん」とて、せちに端近くいざなひ聞こえ給ふも、いとわりなく恥づかしけれど、少しゐざり出で給ふに、明けゆく空あやしくはしたなくて、とかく紛らはし給へる御もてなしなど、あくまで用意あり、あてにらうたげなり。心にくきほどの明け方の月影に、御髪《みぐし》のこぼれかかりたる傍目《かたはらめ》（注7）など、いはん方なく、あなめでたと見ゆるにも、いとど御心留まりて、なほ出でがてに休《やす》らひ給ふほど、御供の人々声づくり、立ちさわぎて、「明けはて侍りぬ」とそそのかし立つるも心あわただしく、憎くさへ思さるれど、あながちにつつましく思ししみにし御心のほどもいとほしく、かつはわが御ためにもかたはならんと思し返して、あらはならぬほどの明けぐれの空の、霞のまぎれに立ち隠れて出で給ふとぞ。

（注）1　まだ御格子も参らで――六条御息所に仕える女房たちがまだ格子窓を下げていないことを表す。

2　とかうかかづらひ入りつつ――室内が暗いために光源氏があれこれ簾《すだれ》にからまりながら入るさまを表す。

3　長くや人を――「逢《あ》はずして今宵明けなば春の日の長くや人をつらしと思はん」（『古今和歌集』）を踏まえる。

4　すずろはしく――そら恐ろしく。

5　おのづから聞こしめし合はする――自然と風のうわさで私の気持ちをお聞き及びになる。

6　几帳――室内で隔てにする調度品。

7　傍目――そばから見た姿。横顔。

問1　傍線部(ア)～(ウ)の解釈として最も適当なものを、次の各群の①～⑤のうちから、それぞれ一つずつ選べ。解答番号は 23 ～ 25 。

(ア)　すきずきしき筋　23
①　見え透いたこと
②　風流そうなこと
③　頻繁すぎること
④　好色めいたこと
⑤　馬鹿らしいこと

(イ)　聞こえさせん　24
①　語り合いたい
②　察してほしい
③　申し上げよう
④　聞いてほしい
⑤　お返ししよう

(ウ) 埋もれいたきわざ 25

① お気の毒なこと
② 我慢しがちなこと
③ みっともないこと
④ 目立ちそうなこと
⑤ 控えめすぎること

問2 波線部「いとかうしめやかなる夜のさまに、思ふこともうち出でば、女君もあはれと思しぬべき折かなと思すに、立ち帰らん心地もし給はず」の説明として最も適当なものを、次の①～⑤のうちから一つ選べ。解答番号は 26 。

① 「しめやかなる夜のさま」は、夜露がおりてしっとりした様子であることを表している。
② 「うち出でば」は、「女君が自分の心情を打ち明けたので」という意味である。
③ 「思しぬべき」は、光源氏が、女君の気持ちを推し量って考えているということを表している。
④ 「折かなと思すに」の「に」は、「折だなあとお思いになるけれども」という意となる逆接の接続助詞である。
⑤ 「立ち帰らん心地」の「ん」は、「帰るだろう」という推量の意を表す助動詞である。

問3　傍線部X「え心強うももてなし給はず」とあるが、その説明として最も適当なものを、次の①～⑤のうちから一つ選べ。
解答番号は 27 。

① 光源氏は、六条御息所に対して無理やり訪問したことを詫《わ》びたところ、思いのほかに御息所がよく理解を示してくれたので、今夜はもう遠慮する必要を感じることができないでいる。

② 光源氏は、六条御息所の袖を引きとめて無骨に言い寄ったところ、御息所から不愉快な感情をもたれてしまったので、今日はもはや深い仲になるのを期待することができないでいる。

③ 光源氏は、六条御息所が態度を落ち着かせてこらえがたい思いを十分に語ってくれたので、その親しみやすく優雅な様子に心打たれ、御息所に強引に言い寄ることができないでいる。

④ 六条御息所は、気位が高い光源氏から思いがけない求婚の言葉を聞いても、なかなか好感を抱くことができないので、今さら前向きな考えで源氏を受け入れることができないでいる。

⑤ 六条御息所は、光源氏の求愛を迷惑に感じながらも、その気品のある優美な態度に心を動かされることもあるために、源氏に対してはっきりと冷淡に振る舞うことができないでいる。

問4 傍線部Y「うちとけぬ御気色」とあるが、そのときの女君の心情の説明として最も適当なものを、次の①～⑤のうちから一つ選べ。解答番号は 28 。

① 六条御息所は、女房たちが今夜の事態をみっともないことと感じ、自分を見捨てて立ち去ったのだろうと考えて、つらく思っている。

② 六条御息所は、女房たちから年甲斐《がい》もない色恋をどう思われているかときまりが悪く、浅はかな女だと人の口にのぼることも気がかりになっている。

③ 六条御息所は、結局自らの意志で光源氏と関係を深めてしまったと反省しつつも、女房たちの思いや外聞を考えると、後ろめたくなっている。

④ 六条御息所は、女房たちや光源氏の従者たちの胸中を察すると気まずいうえに、源氏との交際が本当に名誉なことかどうかもわからなくなっている。

⑤ 六条御息所は、光源氏との関係が世間に漏れるはずがないとは思うものの、女房たちに知られてしまったことは体裁が悪く、心が乱れている。

問5　A・B及びC・Dの和歌や会話のやりとりに関する説明として最も適当なものを、次の①～④のうちから一つ選べ。
解答番号は 29 。

① 生徒Ⅰ――Aは、「あはれ」が六条御息所の光源氏に対する愛情を表していて、自分は明日までに死にそうなので、今夜だけでも愛情をかけてほしいと訴え、このまま死ぬのは悲しすぎる、と言っているよ。一方のBは、「露」が光源氏の命を指していて、あなたの命が消えることさえなければ、人並みの愛情くらいはかけるつもりだ、と応じているね。

② 生徒Ⅱ――Aは、「玉の緒」が光源氏の命を表していて、余命わずかな自分に今夜だけは情けをかけてほしいと訴え、このまま死ねばあなたを薄情だと思おう、と言っているね。対してBは、「心」が光源氏の気持ちを表していて、死んでしまってもそんなあなたの気持ちを理解できない私は、世間並みの情けのかけ方もわからない、と切り返しているよ。

③ 生徒Ⅲ――Cは、「手枕」が光源氏と六条御息所の添い寝を表していて、春霞の月夜のうちに二人の関係がようやくわずかに進展したと詠み、この月をどのようにご覧になるか、と尋ねているよ。そしてDは、「身」が六条御息所の身を指していて、もしも私自身のつらい気持ちがなくなったら、ぜひあなたとともに月を眺めてみたい、と応じているね。

④ 生徒Ⅳ――Cは、「夢」が光源氏の命を表していて、あなたと強い契りを結んでも私の命はごく短いので、月が名残惜しく見えると詠み、この月をどのようにご覧になるか、と尋ねているよ。だけどDは、「身」が六条御息所の身を指していて、私自身は普通のつらさではないので、あなたと一緒に月を眺めることは到底できない、と切り返しているんだよ。

問6　この文章の内容に関する説明として最も適当なものを、次の①～④のうちから一つ選べ。解答番号は 30 。

① 光源氏は、六条御息所に自分の恋心を理解してもらおうと考え、恨み言も含めて思いのほどを訴えた結果、わずかながらも情事を遂げることができた。しかし、気兼ねがちな御息所の心中を思うと気の毒でもあり、また自分の体面も気になるので、朝早く隠れるようにして帰った。

② 六条御息所は、光源氏から和歌を詠みかけられて最初は気味悪く思ったが、情熱的に言い寄られるうちに心ひかれるようになり、少しだけ添い寝することになった。そして、明け方の月の光に照らされた源氏の容姿に魅了され、部屋を出て源氏を見送りながら立ち止まっていた。

③ 光源氏の従者たちは、大声で騒ぎ立てるようにして、光源氏に夜が明けたことを告げたが、源氏がなかなか帰ろうとしてくれないので、腹立たしくさえ思った。しかし、御息所との別れを名残惜しく感じている源氏を見て気の毒だと思い直し、朝の霞に紛れてその場を退出した。

④ 六条御息所の女房たちは、御息所と光源氏が深い男女の仲になるのではないかと心配しながら、二人のそばから退出して遠くで寝ることにした。そして、ついに二人が深い関係になったのを知って、死ぬほど恥ずかしく思ったが、もうどうしようもないとあきらめるしかなかった。

第5問

次の【漢詩】は、詩人・呉偉業《ごいぎょう》が、勉強させている自分の娘のことを詠んだものである。また、【文章】は孔子の弟子で、徳行に優れた閔子騫《びんしけん》の幼い頃《ころ》の逸話である。【漢詩】と【文章】を読んで、後の問い（問1～7）に答えよ。なお、設問の都合で返り点・送り仮名を省いたところがある。（配点　45）

【漢詩】

課ス（注1）レ女ニ　　呉偉業

漸ク長ジテ憐レミ二渠《かれ》ノ（注2）（ア）易一

A 将レ衰覚二子 [W] 一

晩ニ来タリテ二灯下ニ一立チ

携ヘテ就キテ二月中ニ一看ル

（イ）弱喜ビ二従ヒテレ師ニ慧ナルヲ一

貧シケレバ疑フ二失ヒテレ母ヲ寒カランカト一

B 亦知ルレ談ズルヲ二往事ヲ一

生日在リト二長（注3）安ニ一

（『梅村集《ばいそんしゅう》』による）

（注）1　課女——娘に勉強させる。
2　渠——「彼」に同じ。ここでは娘・女の子、という意味。
3　長安——都の意味。当時の都は北京。

【文章】

閔損《びんそん》字ハ子騫《しけん》、早ク喪フレ母ヲ。父娶《めとり》二後妻ヲ一、生ム二二子ヲ一。損至孝ニシテ不レ怠ラ。**C** 母疾悪之、所生子以綿絮《めんじょ》（注1）衣之、損ニハ以テス二蘆花絮《ろくわのじょ》（注2）ヲ一。父冬月令ム二損ヲシテ御セ一レ車ヲ。体寒《こごエテ》失フレ靷《たづな》ヲ。父責ムルモレ之ヲ、損不二自ラ理ラ（注3）一。**D** 父察シテ知リレ之ヲ、欲スレ遣ラント二後母ヲ一。損泣キテ啓《けい》シテ（注4）レ父ニ曰ハク、「母在レバ X 寒エ、母去レバ Y 単ナラント（注5）。」父善シトシテレ之ヲ而止ム。母モ亦悔イ改メ、待ツコトレ Z ヲ平均ニシテ、遂ニ成ル二慈母ト一。

（李瀚《りかん》撰『蒙求《もうぎゅう》』による）

（注）1　綿絮――暖かい綿入れ。「絮」も、綿という意味。

2　蘆花絮――葦《あし》の穂を綿の代わりにした粗末な服。

3　理――言い訳をする。

4　啓――申し上げて、という謙譲の意味。

5　単――裏地のない、非常に粗末な服。

問1 二重傍線部(ア)「易」・(イ)「弱」のここでの意味として最も適当なものを、次の各群の①～⑤のうちから、それぞれ一つずつ選べ。解答番号は 31 ・ 32 。

(ア)「易」 31

① 育てやすい
② 病気になりやすい
③ すぐに気が変わる
④ 簡単に勉強をやめる
⑤ 性格が穏やかである

(イ)「弱」 32

① 学力は劣るけれども
② 幼い頃から
③ 何も知らない頃から
④ 知恵もつかないうちに
⑤ 弱々しくても

問2 傍線部**A**「将㆑衰覚㆓子**W**㆒」について、(a)空欄**W**に入る語と、(b)傍線部**A**全体の解釈との組合せとして最も適当なものを、次の①～⑤のうちから一つ選べ。解答番号は **33**。

① (a) 安――(b) 私は老年になろうとするが、子どもたちは官職に就き心配がない
② (a) 苦――(b) 私はもう死んでもかまわないが、残された子どもたちの生活が苦しくなるだろうと不安だ
③ (a) 絶――(b) 私はすでに死にそうなのに、正式な跡継ぎがいなくなってしまうことが気がかりだ
④ (a) 賢――(b) 私は老年というべき年齢になって、やっとやはり男子の方が賢いとわかった
⑤ (a) 難――(b) 私はもう老年になろうとしていて、今さら男子をもうけることは難しいと感じる

問3 傍線部**B**「亦知㆑談㆓往事㆒　生日在㆓長安㆒」の解釈として最も適当なものを、次の①～⑤のうちから一つ選べ。解答番号は **34**。

① この娘はまた、昔の出来事を語ることを心得ていて、「私は都で生まれたの」などと言う
② この娘はまた、昔に語ったことを覚えていて、「私はまた都に行ってみたいの」などと言う
③ この娘はまた、行った先々の思い出話をして、「私は都で誕生日祝いをしたの」などと言う
④ この娘はまた、昔の話を聞きかじっていて、「私は都で暮らしたことがあるの」などと言う
⑤ この娘はまた、以前の出来事を聞き知っていて、「私は都で大きくなったの」などと言う

問4 傍線部**C**「母疾悪之、所生子以綿絮衣之」の返り点の付け方と書き下し文との組合せとして最も適当なものを、次の①〜⑤のうちから一つ選べ。解答番号は **35** 。

① 母疾悪之、所レ生子以二綿絮一衣レ之　　母疾悪して之《ゆ》き、生まるる所の子には綿絮を以て之に衣《き》せ

② 母疾二悪之一、所下生レ子以二綿絮一衣上レ之　　母之を疾悪すとも、子を生めば綿絮を以て之に衣する所にして

③ 母疾悪之、所レ生レ子以二綿絮一衣レ之　　母疾悪して之き、子を生む所には綿絮を以て之を衣て

④ 母疾二悪之一、所レ生子以二綿絮衣之一　　母之を疾悪すれども、生む所の子には綿絮衣を之に以てし

⑤ 母疾二悪之一、所レ生子以二綿絮一衣レ之　　母之を疾悪し、生む所の子には綿絮を以て之に衣せ

問5 傍線部**D**「父察知レ之」とあるが、父はどのような事情を察知したのか。その説明として最も適当なものを、次の①〜⑤のうちから一つ選べ。解答番号は **36** 。

① 母を亡くした損が喪に服し粗末な服しか着ないせいで、体が震えて手綱を放したこと。

② 継母が損には粗末な服しか着せていないせいで、損は体が凍えて手綱を放したこと。

③ 損は冬の馬車の扱いに不慣れで、手綱を放したことを注意しても言い訳をしなかったこと。

④ 継母《ままはは》と損とは仲が悪く、損は十分な食事もできず、体が凍えて力も出ずに手綱を放したこと。

⑤ 損は親孝行で継母に暖かい服を着せ、自分は寒さで手綱を放しても言い訳をしなかったこと。

問6　空欄[X]・[Y]・[Z]に入る語の組合せとして最も適当なものを、次の①〜⑤のうちから一つ選べ。解答番号は[37]。

① X　一子　　Y　二子　　Z　二子
② X　二子　　Y　一子　　Z　三子
③ X　一子　　Y　三子　　Z　三子
④ X　二子　　Y　三子　　Z　二子
⑤ X　三子　　Y　二子　　Z　三子

問7　【漢詩】と【文章】を踏まえた、内容と表現に関する説明として**適当でないもの**を、次の①～⑤のうちから一つ選べ。
解答番号は 38 。

① 【漢詩】では呉偉業が、娘が勉強に励むことを喜んで大切にしている様子が描かれているのに対し、【文章】では、継母が、孝行を尽くす閔子騫を冷遇する様子が描かれている。

② 【文章】では、閔子騫は勉強熱心で怠けなかった人物として描かれているのに対し、【漢詩】では、呉偉業の娘は、幼いうちから先生につかせないといけないほど勉強に意欲的でなかった人物として描かれている。

③ 【漢詩】で描かれている、幼いうちに母親が亡くなって、貧しい生活をしているという状況が、【文章】で描かれている閔子騫のエピソードを想起させる関係になっている。

④ 【漢詩】の「貧しければ母を失ひて寒からんかと疑ふ」という句の発想は、【文章】の「早く母を喪ふ」「損には蘆花の絮を以てす」「体寒えて」をベースにして描かれている。

⑤ 【文章】の内容を踏まえて【漢詩】を読むと、母親を失った子どもに対する、父親としての親心がよりいっそう深く詠まれていることがわかるような効果がもたらされる。

【メモ】

模試 第6回

（200点
90分）

〔国語〕

注 意 事 項

1 **国語解答用紙（模試 第6回）をキリトリ線より切り離し，試験開始の準備をしなさい。**

2 **時間を計り，上記の解答時間内で解答しなさい。**

ただし，納得のいくまで時間をかけて解答するという利用法でもかまいません。

3 問題は5問あり，第1問，第2問，第3問は「近代以降の文章」，第4問は「古文」，第5問は「漢文」の問題です。

なお，大学が指定する特定の分野のみを解答する場合でも，試験時間は90分です。

4 **解答用紙には解答欄以外に受験番号欄，氏名欄，試験場コード欄があります。その他の欄**は自分自身で本番を想定し，**正しく記入し，マークしなさい。**

5 **解答は解答用紙の解答欄にマークしなさい。**例えば，［10］と表示のある問いに対して③と解答する場合は，次の(例)のように**解答番号10の解答欄**の③**にマーク**しなさい。

（例）

解答番号	解答欄								
	1	2	3	4	5	6	7	8	9
10	①	②	●（③にマーク）	④	⑤	⑥	⑦	⑧	⑨

6 問題冊子の余白等は適宜利用してよいが，どのページも切り離してはいけません。

7 試験終了後，問題冊子は持ち帰りなさい。

第1問　次の文章を読んで、後の問い（問1～6）に答えよ。（配点　45）

では、コミュニティ再生のためのソフトの基盤整備として、具体的に何をすればよいのだろうか。それは、「住民の話し合いの場」の提供である。そしてそこから、地域を元気にする住民発の活性化の具体的な事業を生み出し、公共事業として実行する。その過程を通して、地域のヨコ糸の組織とタテ糸の組織を再生していくのである。

その住民の話し合いの場として、具体的な手立てが、筆者が実践的に開発してきたのがA「寄りあいワークショップ」という手法である。その基本的な考え方や思想について簡単に述べたい。

子どもの頃、信州の田舎での地区の「寄りあい」に父親に連れられて同席したことが何回かある。地区の役員決めや行事について和やかに話し合っていたように記憶する。

山梨県の農村部で暮らし始めて、自治区の年次総会に出席したときのこと。そこでは総会資料が準備され、議題に従って、議長の選出、第何号議案という形で会議が進められていた。議長の選出は、「○○さんを推薦します」「異議なし」と続いて、拍手で承認。選出された議長の下で、議案ごとに総会資料が読み上げられ、「異議がなければ拍手で承認ください」「異議なし」と続いて、拍手が起こる、といった展開であった。やや形式化してしまっているが、これこそ寄りあいの現代版なのである。

日本列島をくまなく歩いた民俗学者・宮本常一《みやもとつねいち》氏の著書『忘れられた日本人』（岩波文庫、一九八四）によれば、古来日本の村では「寄りあい」で取り決めごとがなされてきた伝統があるという。かつて宮本は、離島・対馬《つしま》の集落で古文書の資料を借り出そうとしたとき、寄りあいの承認が必要だということで、丸二日がかりで村人たちが協議する場面に立ち会った。別の集落でも同様に資料を借りようとしたら、村役の人が別の島から船で来た。寄りあいに参加している全員が納得するまで話し合いが行われていたという。時代を遡れば、「そういう会合では郷士も百姓も区別はなかったようである。領主―藩士―百姓という系列の中へおかれると、百姓の身分は低いものになるが、村落共同体の一員ということになると発言は(ア)ゴカクであったようである」（同、一九～二〇頁）。「反対の意見が出れば出たで、しばらくそのままにしておき、そのうちに賛成意見が出ると、またそのままにしておき、それについてみんなが考えあい、最後に最高責任者に決をとらせるのである」（同、二〇～二一頁）。

このように、平等かつ民主的に意見交換、決定がなされていたようである。

こうした話し合いの伝統が、やや形式化しつつも寄りあいという形で、日本の伝統社会の中には受け継がれてきた。それを再度蘇《よみがえ》らせる取り組みが、ソフトの基盤整備事業としていま必要なのである。

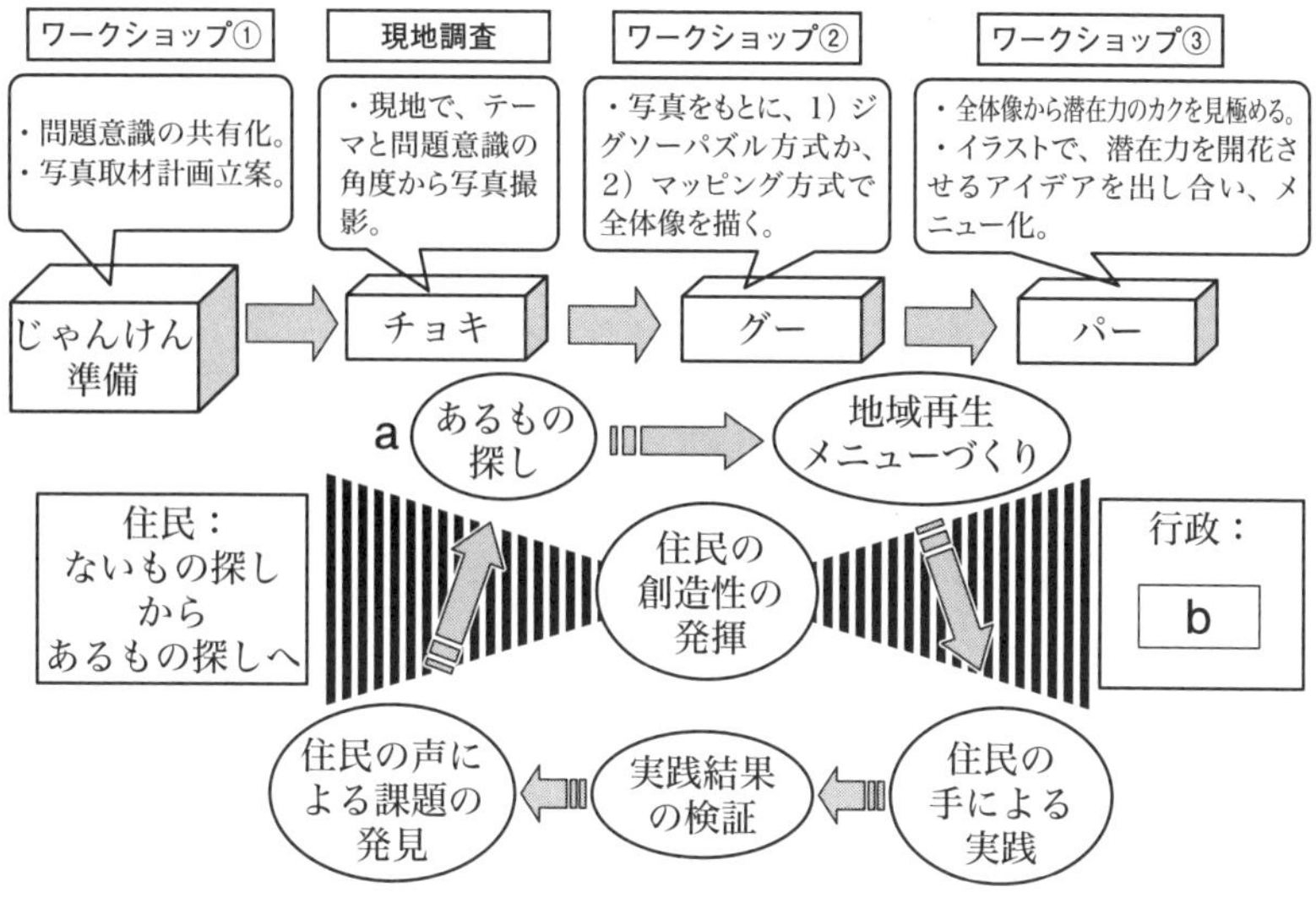

図１　寄りあいワークショップ手法：じゃんけん方式

戦後の民主主義教育を受けてきた現代人は、物事を決めるにあたって、科学的な手続きによって透明性が保証されていないと、その決定は受け入れられない。本書で紹介する「寄りあいワークショップ」という方法は、そのような要件を満たし、かつ日本古来の村の会合で行われていた平等かつ民主的に意見交換、決定をなす方法なのだ。それゆえ、現在地域住民にも受け入れられている。また、行政の立場からは、「住民の話し合いの場」の提供として事業化できるように技術化がなされている必要があるが、これにも応えられる方法となっている。

ここではまず、寄りあいワークショップの概要を説明しよう。図1を参照されたい。

じゃんけんの手を順番に展開するところから、住民に親しみをもってもらいやすくするために「じゃんけん方式」という愛称をつけて方法や手順を説明している。

入りぐちはワークショップ①で、「住民の声による課題の発見」である。住民自ら地域の実態を振り返り、問題や悩み、将来像を、(イ)ヒハンせずたがいに自由に意見交換する。その後、各自が意見カードを記入して出し合い、全員で「意見地図」を作成する。その上で、どの部分が重要かを点数で重みづけ評価する。通常は、五点、四点、……一点、と、点数が高い順に一位、二位……と重みづけしている。集計の結果、得点の高いところが重点課題として浮かび上がる。この作業を「じゃんけん準備」の場面と位置づけている。

次は現地調査で、「あるもの探し」を行う。参加者全員が簡易カメラを用いて、重点課題を解決するために役立つ資源や宝物、改善箇所などを写真撮影する。シーンや事、人、ものなどを写真にして切り取ってくることから、「チョキ」の場面と位置づけている。

次いでワークショップ②となる。「あるもの探し」の続きで、撮影した写真を用いて「資源写真地図」を作成し、地域の実態を把握する。この作成方法は、KJ法の原理を応用した写真分析法である。KJ法とは、創案者である文化人類学者・川喜田二《かわきたじ》郎《ろう》氏の頭文字をとって命名された方法で、様々なデータのうち、ポイントとなるものをカードに書き、そのカードをグループごとにまとめて整理するものである。これにより課題抽出や実態把握が可能となる。正確には、データの整理というよりも、データの「統合（まとめ）」になる。

この手法によって、資源の発見や新たな課題を見つけることができる。あわせて、住民間での地元認識の共有化を図ることも可能となる。個々の写真をジグソーパズルのように組み立て、実態を(ウ)ショウアクすることから、握るという意味で「グー」の場面と呼んでいる。

次いでワークショップ③で、「地域再生メニューづくり」を行う。重点課題を解決するために把握した地元の資源や改善すべき点を使って、どのようなアイデアで地域再生を図っていくかを考え、メニューをつくる。

写真のイメージをよりどころにし、アイデアをイラストや漫画を用いて形にし、解説文を付記する。このアイデアカードを持ち寄り、全員で「アイデア地図」を作成する。そして、どこから優先的に行っていくのかの重みづけの投票評価を行う。投票方法は、意見地図が重要度評価であるのに対して、ここでは優先度評価を行うが、点数の投票方法は同じである。

その上で優先度の高いアイデアについて、①難易度、②実現の目標時期（短期・中期・長期の別）、③実行主体（住民・行政・

協働の別）を見定める。加えて、これら三項目の見定めの結果と地域の実情を考慮しながら、④着手順位を見定めることで「実行計画」を立案する。この場面は大いにアイデアを広げようということから、広げた手にちなんで「パー」の場面と呼んでいる。

これらを受けて、実行リーダーと実行組織を立ち上げ、行政との連携によって「住民の手で実践」へと進める。

実践過程では、取り組む姿と、そこからもたらされる結果、成果を写真撮影する。一定期間後に写真をもとに分析して「検証写真地図」を作成し、「実践結果の検証」を行う。その上で、実行計画の改訂版を作成し、二回目の住民の手による実践へと歩みを進める。このような取り組みのサイクル、すなわち「地域再生起動エンジン」を地域の中につくり込むことで、内発的な地域再生が可能となる。

寄りあいワークショップとは、このようにじゃんけんの手を、「じゃんけん準備⇓チョキ⇓グー⇓パー」という順番になぞるプロセスとなっている。

寄りあいワークショップの狙いは、「住民の創造性の発揮」を支援することにある。従来の地域開発は、課題の発見から資源調査、解決の計画までを専門家や研究者が行い、住民はそれを受けて実行するだけになっていた。先にも触れたが、これでは事業予算が切れると住民も実行の手を止めてしまい、元の木阿弥《あみ》になってしまう。

住民は、その地域に住む〝暮らしの専門家〟である。寄りあいワークショップでは、住民が創造性を発揮して地域再生に取り組むことで生きがいを見出《いだ》し、自分たちの地域に「誇り」をもてるようになることを狙いとしている。

さらに言うなら、住民に作業だけをさせて、創造性を発揮させてこなかったことが、今日の地域の疲弊した状況を招いてしまった本質的な要因だと筆者は考える。住民一人一人の創造性の開発にとどまらず、Bコミュニティとしての組織の創造性開発が重要なのだ。

また住民は、「ないもの探し」の姿勢で、「あれがない、これもない」、挙句の果てには(エ)イクドウオンに「コンビニもない」などと言い出しがちである。これではいけない。寄りあいワークショップはこれを「あるもの探し」の姿勢に転換する狙いがある。

一方、行政は従来「ハード型」の傾向が強く、「やれ道路をつくれ、建物を建てろ」、といった姿勢がうかがえた。寄りあいワークショップでは、その姿勢を「ソフト型」に転換し、何をやるのかについて案を出し、その上で必要ならハードもつくる、となることを狙っている。

このように、寄りあいワークショップを展開しつつ、行政の仕事のやり方と住民の地域づくりの姿勢転換も行うのだ。これこそが、ソフトの基盤整備のチュウカク(オ)をなす。その上でさらに、実行のメニューの内容に応じて部会をつくり、各種の横断的な組織を形成していく。それによりヨコ糸とタテ糸が再生されていくのだ。

（山浦《やまうら》晴《はる》男《お》『地域再生入門』による）

問1 傍線部(ア)～(オ)に相当する漢字を含むものを、次の各群の①～④のうちから、それぞれ一つずつ選べ。解答番号は [1] ～ [5]。

(ア) ゴカク [1]
① 試行サクゴする
② ソウゴ理解を深める
③ 新しいゴラク施設
④ 向き合うカクゴを決める

(イ) ヒハン [2]
① ヒデンの技
② 二つの案をタイヒする
③ 発言のゼヒを論じる
④ 作品をヒヒョウする

(ウ) ショウアク [3]
① 条件をショウダクする
② コウショウな趣味
③ ガッショウ造りの民家
④ ハッショウの地

(エ) イクドウオン [4]
① 新しい技術をクシする
② クゲンを呈する
③ 金銭をクメンする
④ 喧嘩《けんか》クチョウで話す

(オ) チュウカク [5]
① カクジツに実行する
② ヒカク検討する
③ 問題のカクシンに迫る
④ カクメイ的な手法

問2　傍線部A「『寄りあいワークショップ』という手法」とあるが、これを筆者が提唱する理由は何か。その説明として最も適当なものを、次の①～⑤のうちから一つ選べ。解答番号は 6 。

① 古来日本の村では「寄りあい」で取り決めごとがなされてきた伝統があり、各地域の「寄りあい」の形式に手を加えることなく受け継ぐことこそ、地域の特色を守りながら再生するために重要なことだから。

② 「寄りあい」という意見交換・決定の方法は、古来日本の村で行われてきた伝統的なものであるが、会合の中では郷士も百姓も区別なく対等であり、現代に通ずる民主的な手法だから。

③ 賛否さまざまの意見が出てもしばらくそのままにしておき、それについてみんなが考えあうという日本古来の「寄りあい」の手法は、ＫＪ法に通ずるところがあり、極めてすぐれた意見統合の手法と考えられるから。

④ 日本古来の村の会合同様に平等性・民主性を保ちながら、透明性の保証された手続きによって意思決定することができ、行政側からも「住民の話し合いの場」の提供として事業化できるから。

⑤ 日本の伝統からいって、あまりにもはっきり意見への賛否を表すことはなじまないため、形式化しつつも和やかな雰囲気の中で話し合いの行われる「寄りあい」という手法が有効と考えられるから。

問3　**図1**の**a**（＝あるもの探し）はどのように説明できるか。最も適当なものを、次の①～⑤のうちから一つ選べ。解答番号は **7** 。

① 参加者が撮影した写真を用いて資源写真地図を作り、実態を把握する作業
② 地域の課題解決に役立つ資源や改善箇所などを現地で写真撮影する作業
③ 地域に存在する資源を使って、どのように課題解決するかを考える作業
④ 地域に既にある資源を把握することで、欠けているものを明らかにする作業
⑤ 地域の問題や課題について意見を出し合い、重要課題を洗い出す作業

問4　**図1**の空欄**b**に当てはまるものを、次の①～⑤のうちから一つ選べ。解答番号は **8** 。

① 寄りあい型から事業型へ
② 住民主導から行政主導へ
③ 調査計画から実行へ
④ 作業型から創造型へ
⑤ ハード型からソフト型へ

問5　傍線部B「コミュニティとしての組織の創造性開発」とあるが、これに関する筆者の考えの説明として**適当でないもの**を、次の①～⑤のうちから一つ選べ。解答番号は 9 。

① 従来、行政の地域再生の取り組みは、大規模な施設を造ることを優先しがちだったが、やりたいことの内容を先に考え、必要な施設を造るように発想を転換する必要がある。

② 事業予算が切れて地域開発の計画が頓挫《とんざ》してしまうことがないよう、寄りあいワークショップに専門家や研究者も加わった上で、綿密で長期的な計画を立てる必要がある。

③ 住民への話し合いの場の提供が重要なのは、話し合いを通じて住民自身が地域にすでにある資源に気づき、自らの創造性を発揮して地域再生に取り組むことができるようになるからである。

④ 寄りあいワークショップで作成した地域再生メニューの実行には、行政と連携した上での住民の手による実践、成果を検証して二回目の実践につなげる取り組みサイクルの確立が重要である。

⑤ 住民が創造性を発揮して地域再生に取り組み、地域に誇りを持つことができるようになるためには、住民自身も地域の持つ魅力や長所を探すよう、発想を転換する必要がある。

問6 地域再生のための寄りあいワークショップの「主体」について議論する場合、文章全体を踏まえて成り立つ意見として適当なものを、次の①～⑥のうちから**二つ**選べ。ただし、解答の順序は問わない。解答番号は 10 ・ 11 。

① 戦後になって造成された住宅地では、寄りあいの伝統は存在しないため、寄りあいの形式化した部分は省略し、行政がある程度主導して、初めから事業化を見すえた議論をしてもよい。

② 古くからの住民と新しい住民が混在する地域では、古くからの住民の同意が得られなければ計画が進まないため、寄りあいの手法を取り入れ、古くからの住民の意見を尊重することが重要である。

③ 「じゃんけん方式」という愛称や「じゃんけん準備⇓チョキ⇓グー⇓パー」という説明により、ワークショップの手法を親しみやすい形で理解してもらうことで、住民自らがワークショップを主導することができる。

④ 住民が発案した取り組みを事業化しやすくするため、専門家や研究者の参加によって計画の方向性を修正したり、施設を造ったりすることによって、行政は住民が作業に専念できる環境を整えるべきである。

⑤ 寄りあいワークショップの手法では、取り組みにつながらないアイデアが出てきたり、初めはうまくいかない計画があったりしても、住民自ら実践結果を検証し創造性を発揮して改善することが、長期的な成功につながる。

⑥ 伝統的な寄りあいでは郷士も百姓も対等な立場であったように、寄りあいワークショップでも行政側が住民との間の垣根を取り払い、一生活者としての視点をもって、ともに取り組みに参加することが必要である。

第2問

次の文章は、【文章Ⅰ】夏目漱石《なつめそうせき》『門』の冒頭部と、【文章Ⅱ】中島敦《なかじまあつし》『文字禍《もじか》』の一節である。これを読んで、後の問い（問1～5）に答えよ。なお、設問の都合で本文の上に行数を付してある。（配点 45）

【文章Ⅰ】

（親友であった安井《やすい》から、彼の妻御米《およね》（「細君」）を奪った野中宗助《のなかそうすけ》は、実家と断絶し、大学も辞めて、妻と二人、罪の意識を抱えながらひっそりと暮らしていた。）

宗助は先刻《さっき》から縁側へ坐蒲団《ざぶとん》を持ち出して、日当《あた》りの好《よ》さそうな所へ気楽に胡坐《あぐら》をかいてみたが、やがて手に持っている雑誌を放り出すと共に、ごろりと横になった。秋日和と名のつくほどの上天気なので、往来を行く人の下駄の響《ひびき》が、静かな町だけに、朗らかに聞《きこ》えて来る。肱枕《ひじまくら》をして軒から上を見上げると、奇麗《きれい》な空が一面に蒼《あお》く澄んでいる。その空が自分の寝ている縁側の窮屈な寸法に較《くら》べて見ると、非常に広大である。たまの日曜にこうして緩《ゆっ》くり空を見るだけでもだいぶ違うなと思いながら、眉を寄せて、ぎらぎらする日をしばらく見つめていたが、眩《まぶ》しくなったので、今度はぐるりと寝返りをして障子の方を向いた。障子の中では細君が裁縫《しごと》をしている。

A「おい、好《い》い天気だな」と話しかけた。細君は、「ええ」と云《い》ったなりであった。宗助も別に話がしたい訳《わけ》でもなかったと見えて、それなり黙ってしまった。しばらくすると今度は細君の方から、

「ちっと散歩でもしていらっしゃい」と云った。しかしその時は宗助がただうんと云う(ア)生返事を返しただけであった。

二三分して、細君は障子の硝子《ガラス》の所へ顔を寄せて、縁側に寝ている夫の姿を覗《のぞ》いて見た。夫はどう云う了見か両膝《ひざ》を曲げて海老《えび》のように窮屈になっている。そうして両手を組み合わして、その中へ黒い頭を突っ込んでいるから、肱《ひじ》に挟まれて顔がちっとも見えない。

「あなたそんな所へ寝ると風邪引いてよ」と細君が注意した。細君の言葉は東京のような、東京でないような、現代の女学生に共通な一種の調子を持っている。

　宗助は両肱の中で大きな眼をぱちぱちさせながら、

「寝やせん、大丈夫だ」と小声で答えた。

　それからまた静かになった。外を通る護謨《ゴム》(注1)車のベルの音が二三度鳴った後から、遠くで鶏の時音《とき》をつくる声が聞えた。宗助は仕立おろしの紡績織(注2)の背中へ、自然《じねん》と浸《し》み込んで来る光線の暖味《あたたかみ》を、シャツの下で貪《むさ》ぼるほど味わいながら、表の音を聴くともなく聴いていたが、急に思い出したように、障子越しの細君を呼んで、

「御米、近来の近の字はどう書いたっけね」と尋ねた。細君は別に呆《あき》れた様子もなく、若い女に特有なけたたましい笑声《わらいごえ》も立てず、

「近江《おうみ》のおうの字じゃなくって」と答えた。

「その近江のおうの字が分《わか》らないんだ」

　細君は立て切った障子を半分ばかり開けて、敷居の外へ長い物指を出して、その先で近の字を縁側へ書いて見せて、

「こうでしょう」と云ったぎり、物指の先を、字の留った所へ置いたなり、澄み渡った空を一しきり眺め入った。宗助は細君の顔も見ずに、

「やっぱりそうか」と云ったが、冗談でもなかったと見えて、別に笑《わらい》もしなかった。細君も近の字はまるで気にならない様子で、

「本当に好い御天気だわね」と半ば独り言のように云いながら、障子を開けたまままた裁縫を始めた。すると宗助は肱で挟んだ頭を少し擡《もた》げて、

「どうも字と云うものは不思議だよ」と始めて細君の顔を見た。

「なぜ」

「なぜって、いくら容易《やさし》い字でも、こりゃ変だと思って疑《うた》ぐり出すと分らなくなる。この間も今日《こんにち》の今《こん》の字で大変迷った。紙の上へちゃんと書いて見て、じっと眺めていると、何だか違ったような気がする。しまいには見れば見るほど今らしくなくなって来る。――御前《おまい》そんな事を経験した事はないかい」

「まさか」

「おれだけかな」と宗助は頭へ手を当てた。

「あなたどうかしていらっしゃるのよ」

「やっぱり神経衰弱のせいかも知れない」

「そうよ」と細君は夫の顔を見た。夫はようやく立ち上った。

【針箱と糸屑《いとくず》の上を飛び越すように跨《また》いで茶の間の襖《ふすま》を開けると、すぐ座敷である。南が玄関で塞《ふさ》がれているので、突き当りの障子が、日向《ひなた》から急に這入《はい》って来た眸《ひとみ》には、うそ寒く映った。そこを開けると、廂《ひさし》に逼《せま》るような勾配の崖が、縁鼻《えんばな》から聳《そび》えているので、朝の内は当って然《しか》るべきはずの日も容易に影を落《おと》さない。崖には草が生えている。下からして一側《ひとかわ》も石で畳んでないから、いつ壊《くず》れるか分らない虞《おそれ》があるのだけれども、不思議にまだ壊れた事がないそうで、そのためか家主も長い間昔のままにして放ってある。もっとも元は一面の竹藪《たけやぶ》だったとかで、それを切り開く時に根だけは掘り返さずに土堤《どて》の中に埋めて置いたから、地は存外緊《しま》っていますからねと、町内に二十年も住んでいる八百屋の爺《おやじ》が勝手口でわざわざ説明してくれた事がある。その時宗助はだって根が残っていれば、また竹が生えて藪になりそうなものじゃないかと聞き返して見た。すると爺は、それがね、ああ切り開かれて見ると、そううまく行くもんじゃありませんよ。しかし崖だけは大丈夫です。どんな事があったって壊《く》えっこはねえんだからと、あたかも自分のものを弁護でもするように力んで帰って行った。】

崖は秋に入っても別に色づく様子もない。ただ青い草の匂《におい》が褪《さ》めて、不揃《ぶそろ》（注3）にもじゃもじゃするばかりである。薄《すすき》だの蔦《つた》だのと云う洒落《しゃれ》たものに至ってはさらに見当らない。その代《かわ》り昔の名残《なごり》の孟宗《もうそう》が中途に二本、上の方に三本ほどすっくりと立っている。それが多少黄に染まって、幹に日の射《さ》すときなぞは、軒から首を出すと、土手の上に秋の暖味を眺められるような心持《こころもち》がする。宗助は朝出て四時過《すぎ》に帰る男だから、日の詰まるこの頃は、滅多《めった》に崖の上を覗《のぞ》く暇を有《も》たなかった。暗い便所から出て、手水鉢《ちょうずばち》の水を手に受けながら、ふと廂《ひさし》の外を見上げた時、始めて竹の事を思い出した。幹の頂に濃《こま》かな葉が集まって、まるで坊主頭のように見える。それが秋の日に酔って重く下を向いて、寂《ひっ》そりと重なった葉が一枚も動かない。

宗助は障子を閉《た》てて座敷へ帰って、机の前へ坐《すわ》った。座敷とは云いながら客を通すからそう名づけるまでで、実は書斎とか居間とか云う方が(イ)穏当である。北側に床があるので、申訳のために変な軸を掛けて、その前に朱泥(注4)の色をした拙《せつ》な花活《はないけ》が飾ってある。欄間《らんま》には額も何もない。ただ真鍮《しんちゅう》の折釘《おれくぎ》だけが二本光っている。その他には硝子戸の張った書棚が一つある。けれども中には別にこれと云って目立つほどの立派なものも這入っていない。

宗助は銀金具の付いた机の抽出《ひきだし》を開けてしきりに中を検《しら》べ出したが、別に何も見つけ出さないうちに、はたりと締めてしまった。それから硯箱《すずりばこ》の蓋《ふた》を取って、手紙を書き始めた。一本書いて封をして、ちょっと考えたが、

「おい、佐伯《さえき》(注5)のうちは中六番町何番地だったかね」と襖越《ふすまごし》に細君に聞いた。

「二十五番地じゃなくって」と細君は答えたが、宗助が名宛《なあて》を書き終る頃になって、

「手紙じゃ駄目よ、行ってよく話をして来なくっちゃ」と付け加えた。

「まあ、駄目までも手紙を一本出しておこう。それでいけなかったら出掛けるとするさ」と云い切ったが、細君が返事をしないので、

「ねえ、おい、それで好いだろう」と念を押した。

細君は悪いとも云い兼ねたと見えて、その上争いもしなかった。宗助は郵便を持ったまま、座敷から直《す》ぐ玄関に出た。細君は夫の足音を聞いて始めて、座を立ったが、これは茶の間の縁伝いに玄関に出た。

「ちょっと散歩に行って来るよ」

B「行っていらっしゃい」と細君は微笑しながら答えた。

(夏目漱石『門』による)

（注）1　護謨車――人力車。それまでは車輪が木製だったが、ゴム製のものが作られるようになった。
2　紡績織――紡績機械でつむいだ綿糸で織った布地。ここではその布地でできた着物のこと。
3　孟宗――孟宗竹《もうそうちく》。大型の竹の一種。
4　朱泥――中国江蘇《こうそ》省や日本の岡山県・愛知県などでつくられる硬質の陶器で、赤褐色が特徴。
5　佐伯――宗助の亡くなった叔父の家。宗助の亡父の財産の管理をしていたが、叔父の死後、そこから出していた宗助の弟の学資を出せないとの連絡があり、叔母と話し合いをする必要に迫られていた。

【文章Ⅱ】

（アシュル・バニ・アパル大王の治世第二十年目の頃、宮廷内の図書館に夜な夜な文字の精霊の声が聞こえるという噂《うわさ》が立った。王は老博士ナブ・アヘ・エリバを図書館に遣わし、文字の精霊の性質を調べさせる。）

その日以来、ナブ・アヘ・エリバ博士は、日ごと問題の図書館（それは、その後二百年にして地下に埋没し、更に二千三百年にして偶然発掘される運命をもつものであるが）に通って万巻の書に目をさらしつつ研鑽《けんさん》に耽《ふけ》った。両河地方《メソポタミヤ》では埃及《エジプト》と違って紙草《パピルス》を産しない。人々は、粘土の板に硬筆をもって複雑な楔《くさび》形の符号を彫りつけておった。書物は瓦であり、図書館は瀬戸物屋の倉庫に似ていた。老博士の卓子《テーブル》（その脚には、本物の獅子《しし》の足が、爪さえそのままに使われている）の上には、毎日、累々たる瓦の山がうずたかく積まれた。それら重量ある古知識の中から、彼は、文字の霊についての説を見出そうとしたが、無駄であった。①文字はボルシッパなるナブウの神の司《つかさど》りたもう所とより外《ほか》には何事も記されていないのである。文字に霊ありや無しやを、彼は自力で解決せねばならぬ。博士は書物を離れ、ただ一つの文字を前に、終日それと睨《にら》めっこをして過《すご》した。卜者《ぼくしゃ》（注6）は羊の肝臓を凝視することによってすべての事象を直観する。彼もこれに倣《なら》って凝視と静観とによって真実を見出そうとしたのである。その中《うち》に、おかしな事が起《おこ》った。②一つの文字を長く見詰めている中に、いつしかその文字が解体して、意味の無い一つ一つの線の交錯としか見えなくなって来る。単なる線の集《あつま》りが、なぜ、そういう音とそういう意味とを有《も》つことが出来るのか、どうしても解《わか》らなくなって来る。老儒ナブ・アヘ・エリバは、生れて初めてこの不思議な事実を発見して、驚いた。今まで七十年の間当然と思って(ウ)看過していたことが、決して当然でも必然でもない。彼は眼《め》から鱗《うろこ》の落ちた思《おもい》がした。単なるバラバラの線に、一定の音と一定の意味とを有たせるものは、何か？　ここまで思い到った時、老博士は躊躇《ちゅうちょ》なく、文字の霊の存在を認めた。③魂によって統《す》べられない手・脚・頭・爪・腹等が、人間ではないように、一つの霊がこれを統べるのでなくて、どうして単なる線の集合が、音と意味とを有つことが出来ようか。

この発見を手初めに、今まで知られなかった文字の霊の性質が次第に少しずつ判《わか》って来た。④文字の精霊の数は、地上の事物の数ほど多い、文字の精は野鼠《ねずみ》のように仔《こ》を産んで殖《ふ》える。

（中島敦『文字禍』による）

（注）　6　卜者――占い師。

問1 傍線部(ア)〜(ウ)の本文中における意味として最も適当なものを、次の各群の①〜⑤のうちから、それぞれ一つずつ選べ。解答番号は 12 〜 14 。

(ア) 生返事 12
① はっきりとした返事
② 気のない返事
③ 歯切れのよい返事
④ わざとらしい返事
⑤ 乱暴な返事

(イ) 穏当である 13
① 漠然としている
② 不審な点がある
③ 礼節をわきまえている
④ 恣《し》意的になっている
⑤ 無理なく筋が通っている

(ウ) 看過していた 14
① 見逃していた
② 注視していた
③ 勘違いしていた
④ 思案していた
⑤ 容認していた

問2 傍線部**A**「『おい、好い天気だな』と話しかけた。細君は、『ええ』と云ったなりであった」とあるが、ここから読み取れる宗助夫婦の様子として最も適当なものを、次の①～⑤のうちから一つ選べ。解答番号は **15** 。

① おたがいに心に根深いうらみを抱えていることを相手に隠しており、何気ない風を装ってはいるが上の空で、相手の話をよく聞いていない様子。

② 夫婦の関係はすでに冷め切っており、夫のほうは修復を試みようと熱心に話しかけてみるものの、妻のほうは冷淡に拒絶する態度で接している様子。

③ 打ち解けた気の置けない間柄であり、夫からの他愛ない語りかけも妻はあっさりと受け止めて、おだやかな日常を淡々と過ごしている様子。

④ 思慮深く相手を思いやり合って、日差しの心地よさを共有しようと話しかけた意図を妻も敏感に感じ取り、言葉少なだが細やかにその思いに応える様子。

⑤ 妻は夫に訴えたいことがあるが、気の重い話であるため、夫がなんとか避けようと別の話題を持ち出したことを、妻が不満に感じている様子。

問3　【文章Ⅰ】の【　】でくくった箇所で表現されている、二人が住む家についての描写は、文章全体の中でどのような効果をもたらしているか。その説明として最も適当なものを、次の①～⑤のうちから一つ選べ。解答番号は 16 。

① 宗助の家が非常に環境の悪い場所に建てられていることを示すことによって、そのような環境を選ばざるを得ない夫婦の貧しい暮らしが暗示されている。立地は悪くてもその地盤は竹のために堅固であることから、困窮しても夫婦の気持ちの結びつきは揺るぎないものであることを表現している。

② 崖の前に建つ家に不安を感じる宗助に、「根があるから土は大丈夫だが、竹が生えて藪になることはない」という、理屈に合わない言い訳をする八百屋の爺がユーモラスに描かれており、会話の続かない二人の姿が淡々と描かれた、閉塞感に満ちた場面にあって、爽快感を与える役割を果たしている。

③ これまでの部分では夫婦のごくありふれた会話を中心に物語が進行しており、宗助が無気力な様子で、御米との会話にも上の空である理由は示されていないが、この場面の描写によって、宗助の心痛が安全性を担保されない現在の暮らしに不安を抱えているからであるということが明らかにされている。

④ 日が当たらない、崖の前の家という陰鬱《いんうつ》とした場面設定が、一見おだやかに見える二人の生活の根底に拭《ぬぐ》いがたい罪の意識があることを表現しており、この家の安定が「昔、一面の竹藪であった」という不確かな根拠のもとに成り立つのと同じく、二人の行く末にも不安定さが漂っていることが示唆されている。

⑤ 宗助と御米夫婦の仲睦《むつ》まじい様子を中心に描き、二人の幸福な日々が淡々と続いていくことを描写するこの物語の中にあって、この場面だけが、二人が置かれている厳しい状況を対照的に浮き彫りにしており、現実から目を背けて生きようとする二人の姿を鮮やかに表現している。

問4　傍線部B「『行っていらっしゃい』と細君は微笑しながら答えた」とあるが、ここから読み取れる御米の心情として最も適当なものを、次の①～⑤のうちから一つ選べ。解答番号は 17 。

① 一日を無為に過ごす宗助の姿をかたわらで見守らなければならないことに辟易《へきえき》しており、ようやく宗助が出かける気になったことによって解放感を覚え、ほっとしている。

② 向き合ってきちんと話し合いがしたいと願う自分を避け、散歩に行くふりをしてその場を逃げ出した宗助に対し、軽い失望を感じ、期待しても無駄だとあきらめている。

③ 漢字だけでなく番地もあやふやになり、明らかに衰弱している宗助の様子から、散歩に行ったまま帰ってこないのではないかという不安を抱き、それを打ち消そうとしている。

④ 宗助が自分の提案を言葉では拒絶していても、散歩に行くふりをして実は佐伯の家に直談判に行くつもりであることを察し、自分の思いどおりの結果になったことに満足している。

⑤ やるべきことを避けている宗助の態度には不満もあるが、先ほどは聞き流していた「散歩に行くとよい」という自分の提案を受け入れた宗助なりの譲歩の姿勢に、理解を示している。

問5 次に掲げるのは、本文を読んだ後に、教師と二人の生徒が話し合っている場面である。本文の趣旨を踏まえた、空欄に入る発言として最も適当なものを、空欄Xは【文章Ⅱ】の波線部①～④（後の【a群】の①～④）のうちから、空欄Yは後の【b群】の①～④のうちから、それぞれ一つずつ選べ。解答番号は 18 ・ 19 。

教　師――夏目漱石の『門』は一九一〇年、中島敦の『文字禍』は一九四二年に書かれた小説です。ここで取り上げられた文字についての知覚現象は「ゲシュタルト崩壊」と呼ばれ、認知心理学でこの概念がはじめて報告されたのは一九四七年であるとされていますが、それより以前に、日本の文学の中で相次いでこれが取り上げられているのは興味深いですね。

生徒A――宗助は、いつも書いている「近」という字が急にわからなくなったのですね。このとき宗助が感じたのと同じ感覚が、『文字禍』の中では「 X 」と描写されています。

生徒B――同じような感覚、私も覚えがあります！　でも、宗助と博士では、これにいたる経緯やその背景はまったく違っていますね。 Y 。

生徒A――これは、夏目漱石と中島敦の主題の違いにも結びついているのかもしれませんね。

【a群】 18

① 文字はボルシッパなるナブウの神の司りたもう所とより外には何事も記されていないのである

② 一つの文字を長く見詰めている中に、いつしかその文字が解体して、意味の無い一つ一つの線の交錯としか見えなくなって来る

③ 魂によって統べられない手・脚・頭・爪・腹等が、人間ではないように、一つの霊がこれを統べるのでなくて、どうして単なる線の集合が、音と意味とを有つことが出来ようか

④ 文字の精霊の数は、地上の事物の数ほど多い、文字の精は野鼠のように仔を産んで殖える

【b群】 19

① 宗助の文字に対する違和感は世界からの疎外感を象徴的に示し、【文章Ⅰ】38行目の「おれだけかな」というつぶやきからも宗助の不安が感じられるのに対し、博士の感覚が文字という記号のあり方を通して世界観の変化に結びつき、「精霊」という存在の発見に至ったことが、【文章Ⅱ】12行目の「眼から鱗の落ちた思」という言葉からもわかります

② 妻との関係修復という動機から宗助の文字についての話題が始まり、【文章Ⅰ】37行目の「まさか」という御米の短い返答によって思惑が破綻《はたん》した後は急速に関心を失うのに対し、博士は王の命令という外的な働きかけを発端とし、【文章Ⅱ】6・7行目「文字に……自力で解決せねばならぬ」という責任感から、ひたすら突き詰めようとしています

③ 宗助は心地よい陽気と対照的に無気力な様子ですが、文字の話題をきっかけにして【文章Ⅰ】40行目の「神経衰弱のせいかも知れない」と独白することから、彼がすでに精神を蝕《むしば》まれていると明らかになるのに対し、博士は、【文章Ⅱ】1・2行目「日ごと問題の……研鑽に耽った」などの表現から、強い意志と自主性をもつ人物だと読み取れます

④ 宗助は役人として勤めていますが、【文章Ⅰ】34行目の「今日の今の字で大変迷った」という言葉から、彼が事務仕事に不向きであり、この時代ならではの生きづらさを感じていることが読み手に示唆されるのに対し、博士はもともと言葉についての専門家であるからこそ、【文章Ⅱ】8行目の「凝視と静観」が文字への違和感を引き起こしています

第3問　Ｉさんは生態学者の宮脇昭《みやわきあきら》（一九二八～二〇二一）の提唱した植林活動について調べ、【レポート】にまとめた。【資料Ⅰ】・【資料Ⅱ】は、【レポート】に引用するために参考文献の一部を整理したものである。これらを読んで、後の問い（問1～4）に答えよ。（配点　20）

【レポート】

宮脇昭氏は、土地本来の植生を生かしつつ、ポット苗を用いて植える方法による環境保全林造り（「宮脇方式」と呼ばれる）を提唱し、国内外で多数の植林活動を行った。

【資料Ⅰ】によると、宮脇氏は、遷移に要するとされる二〇〇～三〇〇年の間で変わるのは土壌条件のみであることに着目し、有機質に富む通気性のよい表層土を復土することで、遷移にかかる時間を短縮できることを実践・実証した。その手法は、表層土、下層土、［　　X　　］を用いた心土《しんど》、などからなるほっこらマウンド（盛り土）を造成し、そこに選択した幼木のポット苗を混植・密植することで、自然の成り行きと特性を生かしながら自然の状態を蘇《よみがえ》らせるというものである。

私は宮脇方式について、自然の成り行きに任せることを基本的な姿勢としつつも、それとは裏腹に、植林という事業によって自然に対して積極的に介入する姿勢があることに注目する。この自然に対して積極的に介入する姿勢からうかがえるのは、「人間もまた自然の一員であり、自然は人間と共に変化していく」という自然観である。これは、人間と自然は対立するものではなく、例えば人間の手が加わった［　　Y　　］もまた「自然」であるとする【資料Ⅱ】の自然観と通じているといえるだろう。

【資料Ⅰ】

遷移というのは、ある植物共同体が、他の植物共同体に移り変わる過程のこと。確かに火山の噴火などによって生じた裸地上の自然の遷移では、時間をかけてゆっくりと植物が土壌をつくり、その土壌がより安定した植生の発展を許容することになります。

従って、一次的な自然遷移の場合には、日本では二〇〇～三〇〇年、熱帯地域では三〇〇～五〇〇年以上かけないと土地本来の自然林は成立しないと教科書は教えてきました。実際に海岸の埋立《うめたて》地などでも、自然林に遷移するのにその程度の時間がかかると思われます。

しかし、広域的な気候条件は数千年来ほぼ同じです。異なるのは土壌条件のみ。私はこの点に着目しました。そこで、有機質に富む通気性のよい表層土を復土することにより、短期間で土地本来の「ふるさとの森」づくりができるのではないかと考え、実践し、実証してきたのです。

最初は最低厚さ二〇～三〇センチ程度の表層土を復土する。というのも、植物の根が三大要素である窒素・リン酸・カリウムをはじめとする養分を吸収するのは、地表から二〇～三〇センチ、深くても五〇センチなのです。もちろん木を支える主根は、通気性のよい土壌で呼吸さえできれば、三～六メートルくらいまで地中深く伸びていきます。

表層土に、潜在自然植生(注1)に基づく樹種をポット育苗で根を発達させてから混植・密植することにより、短期間で土地本来の森としての機能を備えさせる。その時点で、植物はゆっくりと自分の土をつくるようになる。そう考えたわけです。

〝宮脇方式〟のポット苗は、最初は樹高三〇～四〇センチ、植樹して三年で三メートル、五年で五メートルと順調に育っていきます。植樹後三年ないし五年も経《た》てば、小さいながらも土地本来の森の原形を整えていきます。その後、生育するにしたがって、自然淘汰《とうた》を繰り返しながら木々は、自分たちで自分たちの落葉などで、土をつくるようになります。その結果、二〇年から三〇年ほどで限りなく自然に近い土地本来の多層群落の森、潜在自然植生の顕在化が可能になるのです。

植えてからの二～三年は草取りなどの管理が年に一～二回は必要です。しかし三年目以降は、剪定《せんてい》、枝打ち、間伐、下草刈りなどの無理な管理をしないこと。基本的には自然自体の管理、自然淘汰に任せることが重要です。

その前提条件は、有機物などの混じった表層土などから構成されるほっこらマウンド（盛り土）を造成し、そこに、潜在自然植生に基づくその土地に応じた樹種の選択を行い、その幼木のポット苗を混植・密植することです。

（中略）

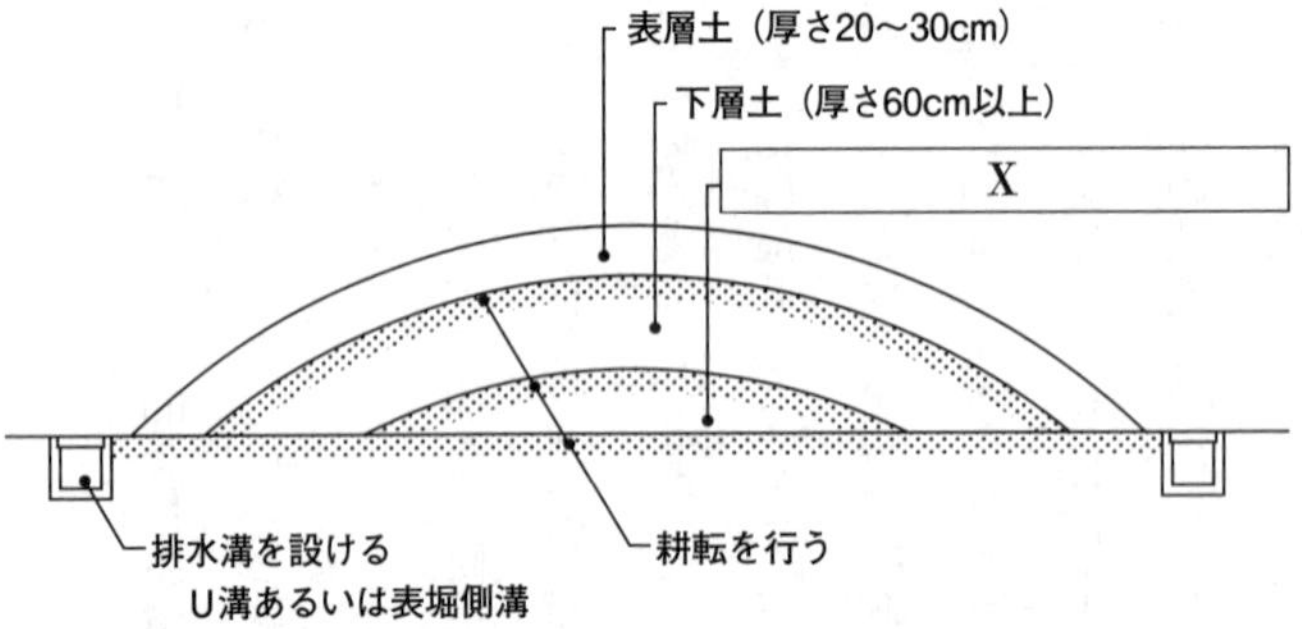

図１　ほっこらマウンドの形状例

表層土は、できるだけ多くの落ち葉、枯れ草、廃木、廃材などの有機物をたっぷりと土に混ぜて復元します。そして、心土には、新日鐵《てつ》大分製鉄所の実践で示したように、まず穴を掘り、その発生土に毒や分解困難なビニールなどを取り除いた後のまわりの刈り草、家庭のゴミや建設廃材や毒がないことが確認されたいわゆる産業廃棄物、さらには瓦礫《がれき》など、地球資源を掘り起こした土とよく混ぜて埋めることを勧めます。そうすることでマウンドをより高くしながら、予算も抑えることができるはずです。

また、瓦礫などがあるために土壌の間に空気層が生まれ、根が酸素を求めてより深く地中に入り込もうとします。シイ、タブ、カシ類の深根性・直根性という特性を最大限に活《い》かすことで、台風、洪水、地震、津波、土砂崩れなどにもびくともしない、いのちと財産を守る森の力を生み出すのです。

こうして植樹されたシイ、タブ、カシ類は数百年以上生き延び、時間とともに多層群落の森林、みどり豊かな自然環境を形成します。生物多様性に恵まれたダイナミックな森の力を維持します。

（注）1　潜在自然植生――人間の影響を一切停止した場合に、その立地に生じると判定される自然植生。

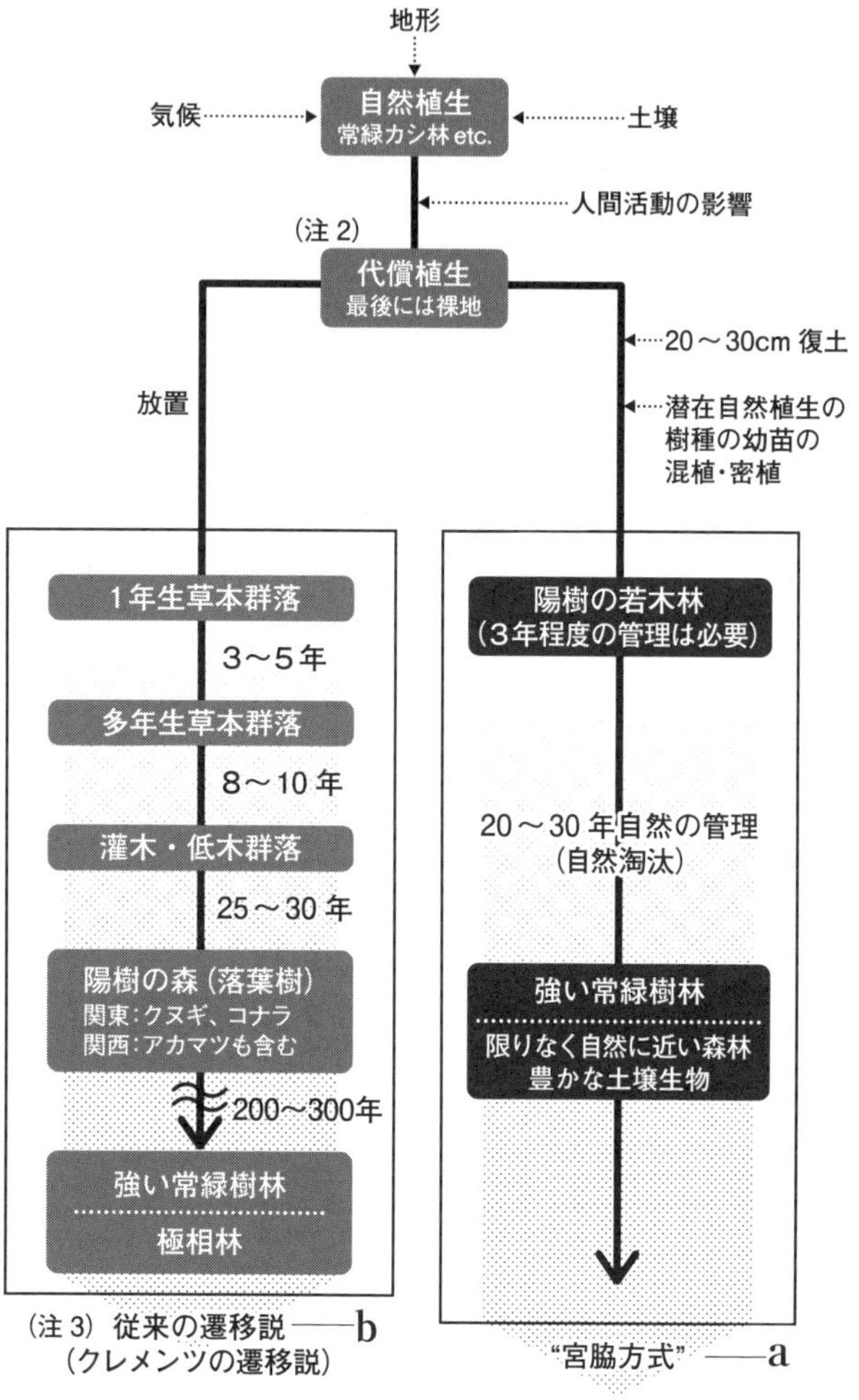

図２　従来の二次遷移説と"宮脇方式"の違い

（宮脇昭『森の力――植物生態学者の理論と実践』による）

（注）２　代償植生――人間活動の影響下で成立・維持されている植生。

３　クレメンツの遷移説――アメリカの植物生態学者フレデリック・クレメンツ（1874～1945年）が唱えた説。土地本来の森を「クライマックス（極相《きょくそう》）」と呼び、あらゆる植生は最終的にはそのクライマックスの単一群落になるという「単極相説」を提唱した。

【資料Ⅱ】

何もない裸地は、時間とともに苔《こけ》や草が生え、低木が育ち、生長の早い先駆種の樹木によって雑木林となる。それも時間が経つと、常緑系のゆっくり大きく育つ種に置き換わって天然林となる。それはやがて一切の人為を感じさせない原生林となるが、この状態さえも時間は変えてしまう。火災や洪水、老木の倒壊、気象の変動による樹種の変化、みんな原生林を安定させずに次の段階へと移り変えていく。そうした「破壊」は、新たな自然の始まりだ。生物の種類や数は変化し、全体として生物多様性は保たれる。

人間の活動も、その中に含まれる。日本人は、一度国土を丸裸にしたが、丹念な努力によって再び緑を甦《よみがえ》らせた。また農林業と巧妙に結びついた里山の生態系を生み出した。しかし、再生した緑は、今度は放置されることで、変化を続けて人間にとって好ましくない状況に陥りつつある。

日本だけではない。たとえばヨーロッパは、かつて全域が深い森林に覆われていたが、中世以降にほとんど伐採されてしまった。イギリスは、牧場を広げ続けた結果、森林率は前世紀初めで三%程度になった。今では約一二%まで回復しているが、裏返せば、現在の森林の大半が、人工林ということだ。また牧場の周りに隣の牧場との境界線として残された茂みは、常に人が手入れを怠らず維持してきたところであり、そこには独特の生態系が成立している。これも小規模ながら日本の里山と同じであろう。

フランスに広がる地平線が見えそうなたおやかな田園風景も、森林破壊の長い歴史の結果だし、北欧にも原生林と呼べる森林はそんなに多くない。

（田中淳夫《たなかあつお》『森林からのニッポン再生』による）

問1　【レポート】と【資料Ⅰ】の図1の空欄 X に共通して入る内容として最も適当なものを、次の①～⑤のうちから一つ選べ。解答番号は 20 。

① 落ち葉、枯れ草、廃木、廃材などの有機物
② できるだけ人の手を加えない、その土地本来の土
③ 傾斜したマウンドを支える密度の高い固い土
④ 毒性のない建築残土、産業廃棄物など
⑤ 植樹した木々が落とした葉でできた土

問2 **【資料Ⅰ】**にある**図2**の**a**と**b**の違いはどのように説明できるか。**適当でないもの**を、次の①～⑤のうちから一つ選べ。
解答番号は 21 。

① **a**では二〇～三〇年で森林が目標とする姿に遷移するのに対し、**b**では遷移に二〇〇～三〇〇年かかる。

② **a**では最初の段階は人の手を加えるのに対し、**b**では代償植生のあと裸地になってからは人の手をまったく加えない。

③ **a**ではどのような樹種の森に遷移させるかを予《あらかじ》め人が特定する必要があるが、**b**では人が樹種を特定する必要はない。

④ **a**でははじめから樹種を選択して植樹するが、**b**では最終的な森が成立する前に草や低木が茂る段階がある。

⑤ **a**は人の管理で森の遷移を助けるという考え方だが、**b**は人の介入を排することで早く遷移が進むという考え方である。

問3 **【レポート】**の空欄 **Y** には、**【資料Ⅱ】**で用いられている語句が入る。その語句として最も適当なものを、次の①～⑤のうちから一つ選べ。解答番号は 22 。

① 原生林

② 火災や洪水

③ 里山

④ 農林業

⑤ 地平線

問4　Ｉさんは、**【レポート】**の主張をより理解してもらうためには論拠が不十分であることに気づき、補足しようと考えた。その内容として適当なものを、次の①～⑥のうちから**二つ**選べ。ただし、解答の順序は問わない。解答番号は 23 ・ 24 。

① 人間の管理を徹底した樹木成長の実例を挙げて、人為が不可欠であることを補足する。

② 宮脇氏の携わった植林活動の件数などを記して、宮脇方式の有効性を補足する。

③ 植林に失敗した逸話を紹介して、宮脇方式完成までの紆《う》余曲折の過程を補足する。

④ 遷移について書かれた先行文献を参照して、遷移が長時間を要することを補足する。

⑤ 宮脇氏とは異なる自然の捉え方と対照させて、別の見方も成り立つことを補足する。

⑥ 宮脇氏の自然に対する考え方を紹介して、宮脇方式の背景にある自然観を補足する。

第4問　次の【文章Ⅰ】【文章Ⅱ】を読んで、後の問い（問1～6）に答えよ。（配点　45）

【文章Ⅰ】『御伽《おとぎ》物語』「くも人をとる事」

ある人、まだ朝まだき、宮へまゐりて、瑞垣《みづがき》（注1）のほとりうそぶく（注2）に、拝殿の天井にこちたくもうめくものあり。いぶかしかりければ、あがりてこれを見るに、大きなる土蜘蛛《つちぐも》、おのが糸にて人をまき、首筋にくひつきてゐたり。あがるとそのまま蜘蛛はにげぬ。やがて a たちより、取りまく蜘蛛の糸筋をとりて、さていかなる人ぞといへば、さればとよ、これは旅いたす者に侍《はべ》るが、きのふのたそがれ、このところにきたり。求むべき宿しなければ、(ア)この宮居《みやゐ》にあかさんとおもひ、ゆくへもしらぬ旅の空、うさもつらさも身をかこちて、つれづれに侍りしに、また跡より座頭《ざとう》（注3）、これもつかれがほのをちかた人（注4）とみえてきたる。ともによりゐてあだくらべの旅の物がたりなどするにぞ、我にひとしき人もあめりとおもふに、かの琵琶《びは》法師、香箱《かうばこ》のやさしきをとりだし、これよきものか見て給《たま》はれとて、わがかたへなげたり。さらばとて、右の手にとるに、とりもちのごとくしてはなれず。左にておさふるにもまたとりつく。左右の足にてふみおとさんとせしに、足もはなれず。とかくとする内に、かの座頭蜘蛛と現じて、我をまとひて天井へのぼり、ひたもの血をすひくらふ。いたくたへがたうして、命もきゆべきにきはまりしに、ふしぎにすくひ給ふ。いのちのおやなりと b かたり侍りしとなり。

（注）1　瑞垣――神社のまわりに設けた垣根。玉垣。

2　うそぶく――詩歌を口ずさむ。

3　座頭――もと琵琶法師に与えられた官名。のちに、剃髪《ていはつ》して僧体となり、琵琶の演奏や按摩《あんま》や鍼《はり》を生業とした者の総称。

4　をちかた人――遠くにいる人。ここでは遠くから来た旅人のこと。

【文章Ⅱ】『曾呂利《そろり》物語』「温石《をんじやく》(注1)のこと」

(注2)信濃の国末木《すゑき》の観音とて、山の峰に立ち給ふありけり。ここに若き者寄り合ひ、さるにても誰《た》れかある。今夜観音堂へ行き、明日まで居侍らんと言ひければ、言葉の下《もと》に(注3)をこの者一人、それこそやすきことなれ。さらば我行きてみんと(イ)言ひもあへず出《い》でぬ。かの堂は人家より二十四町(注4)行きて深山なれば、昼だにも往来《ゆきき》まれなる所にて、狐狼野干《こらうやかん》(注5)の声ならでは、音するものもなかりけり。かの者、堂の内に入りて夜の明くるをぞ待ち居たり。夜半すぐるほどになりて、朧月《おぼろづき》に見れば座頭一人、琵琶箱を負ひて杖《つゑ》をつき、堂の内に入り来たる。不思議に思ひ、如何様《いかさま》ただものにてはあらじと、先《ま》づ何者なればここに来たれるぞと言ひければ、さては人のおはしけるか。そなたは何人《なにびと》ぞ。我はこの山に居侍る座頭にていつもこの観音に歩みを運び、夜は声を使ひ候はんため詣で侍る。つねに参り通ひ候へども、人のありけることはなし。いと不審にこそ候へとA咎《とが》めければ、しかじかの子細ありて来たり。さてはよき連れにて侍るものかな。向後《きやうこう》は我らが方へも来たり候へ。そんぢやうそこ程に居侍るなど語り、平家を一句c所望しければ、やすきことなりとて琵琶を調べて一句語りければ、よのつね平家を聞き侍れども、かやうの面白きことはなし。節よりはじめ、音声《おんじやう》、息つぎ、なかなか目を覚ましたることどもなり。今一句と所望すれば、また語る、(ウ)いよいよ感にたへにけり。

平家すぎて後転手《てんじゆ》(注6)きしみければ、温石を取り出だし糸に塗りけるを、それは何といふ物ぞと問ふ。これは温石といふ物なり。ちと見せ給へといひて手に取りけるが、左右の手にとりつき、何とすれどもはなれず。手は板敷きにつきて働かざる時、かの座頭たけ一丈《ぢやう》(注7)もあるらんと覚しく、頭《かしら》は焔《ほのほ》立ち夥《おびただ》しき口大きに裂け、角生ひて恐ろしともいはんかたなし。おのれは何とてここに来たれるぞとて頭を撫《な》で、いろいろに嬲《なぶ》りおどして後、いづくともなく失せぬ。男はやうやう温石をはなしけるが、無念類ひもなくて居たる所に、松明《たいまつ》の数あまた見えて人来たれり。見れば宵の座敷にありつる友達なり。やうやう夜も明け方になれば迎ひに来たり候。さて何事もめづらしきことはなかりつるかと言へば、そのことにて候とて、はじめよりのことどもこまごまと語りければ、皆人手をうちてどつと笑ふを見れば、また件《くだん》の化け物のかたちなり。その時にこそd消え入りにけれ。夜明けて人来たり、やうやう気をつけれども、見る人ごとに化け物の来たりて我をたぶらかすとのみ人に言ひて、しばらく人の心地もなかりしが、つひには本性《ほんしやう》になりてかく語り侍る。

（注）1　温石――からだをあたためる用具。石を焼いて布に包み、ふところなどに入れて持つ。
2　信濃の国末木――今の長野県にある釈尊寺かとされる。
3　をこの者――愚かな人、思慮の足りない人。ここでは無鉄砲でばかげた人ほどの意。
4　町――約一一〇メートル。
5　狐狼野干――キツネやオオカミ。「野干」は狐《きつね》の異称。
6　転手――琵琶や三味線の棹《さお》にある、弦を巻きつけるための棒。
7　丈――約三メートル。

問1　傍線部(ア)〜(ウ)の解釈として最も適当なものを、次の各群の①〜⑤のうちから、それぞれ一つずつ選べ。解答番号は 25 〜 27 。

(ア)　この宮居にあかさん 25
① この神社の謎を解き明かしたい
② この神社に明かりを灯《とも》して泊まろう
③ この神社は明るくなるだろう
④ この神社は人がいない空き屋だろう
⑤ この神社で夜を明かそう

(イ)　言ひもあへず出でぬ 26
① 言うべき言葉もなく出ていった
② 相談することもなく出ていった
③ 文句を言ってなかなか出ていかなかった
④ 断りきれずに出ていこうとしなかった
⑤ 言い終わらないうちに出ていった

(ウ)　いよいよ感にたへにけり 27
① よりいっそう感動的であった
② だんだん息もたえだえになってきた
③ ますます感情をこめて演奏した
④ だんだん感動が薄れていった
⑤ とうとう気絶してしまった

問2　二重傍線部「ともによりゐてあだくらべの旅の物がたりなどするにぞ、我にひとしき人もあめりとおもふに」の説明として**適当でないもの**を、次の①～⑤のうちから一つ選べ。解答番号は 28 。

① 「ともに」とは「一緒に」の意で、旅いたす者と座頭のことを指す。
② 動詞が四語含まれ、そのうち「よりゐ」はワ行上一段活用動詞である。
③ 「あだ」は「仇」の意で、「あだくらべの旅の物がたり」は旅中の恨み言を指す。
④ 「ひとしき」はシク活用形容詞の連体形である。
⑤ 「あめり」はラ行変格活用動詞「あり」に推定の助動詞「めり」が接続している。

問3　波線部a～dの主語の組合せとして最も適当なものを、次の①～⑤のうちから一つ選べ。解答番号は 29 。

① a　ある人　b　ある人　c　をこの者　d　をこの者
② a　ある人　b　旅いたす者　c　座頭　d　友達
③ a　ある人　b　旅いたす者　c　をこの者　d　をこの者
④ a　旅いたす者　b　旅いたす者　c　座頭　d　座頭
⑤ a　旅いたす者　b　ある人　c　をこの者　d　友達

問4　傍線部A「咎めければ」とあるが、誰がどのような理由でそうしたのか。その説明として最も適当なものを、次の①～⑤のうちから一つ選べ。解答番号は 30 。

① 先に堂に滞在していた男が、後からやって来たにもかかわらず座頭が我が物顔で琵琶の練習をし始めたため。
② 常日頃堂に参っていた座頭が、肝試しというふざけた理由で男が堂に滞在していると知ったため。
③ 山に住み、普段から参詣している座頭が、人がいないはずの堂に男がいることをいぶかしんだため。
④ 度胸試しのために堂にいた男が、座頭がいては本当に度胸があるかどうかを友人に示せないと思ったため。
⑤ 山に住んでいる座頭が、いつものように琵琶の練習をしようとしたが、男がその場所からどかずに邪魔されたため。

問5　【文章Ⅰ】【文章Ⅱ】のそれぞれの文章における「香箱」「温石」についての説明として最も適当なものを、次の①～⑤のうちから一つ選べ。解答番号は 31 。

① 温石が琵琶を弾く上で用いる道具であるのに対し、香箱にその意味合いはない。
② 温石と香箱は、品定めを求められて触れたために男の手が離れなくなるという点が同じである。
③ 温石は座頭の持ち物であったが、香箱は舞台となった神社に伝わる宝物であった。
④ 化け物が退散するまで手足がくっついて離れない点は、香箱・温石に共通する。
⑤ 温石はその後観音堂にまつられるが、香箱がどうなったかは書かれていない。

問6 【文章Ⅰ】【文章Ⅱ】の二つの文章の内容についての説明として最も適当なものを、次の①～⑤のうちから一つ選べ。解答番号は 32 。

① 【文章Ⅰ】は「ある人」の話を語り手が書き記したものだが、【文章Ⅱ】は若者たちの集まりで語り継がれている話という形式をとっている。

② 【文章Ⅰ】の蜘蛛は男を食い殺すために蜘蛛の糸を、【文章Ⅱ】の化け物は男にいたずらするために琵琶の糸を使っており、どちらにも糸が共通している。

③ 【文章Ⅰ】【文章Ⅱ】ともに化け物が座頭に姿を変え、その見事な琵琶の演奏によって男と打ち解け油断させることで、男を捕まえることに成功する。

④ 【文章Ⅰ】では座頭が正体を現して男を捕らえるが、【文章Ⅱ】の化け物は一度正体を現した後に、さらに男の友人に姿を変えて二度化かす。

⑤ 人気のない場所で男を捕まえた化け物であったが、夜が明けて他の人間がやって来ることで逃げ出すという共通点が【文章Ⅰ】【文章Ⅱ】に見出せる。

（下書き用紙）

国語の試験問題は次に続く。

第5問

次の文章を読んで、後の問い（問1～7）に答えよ。なお、設問の都合で返り点・送り仮名を省いたところがある。（配点 45）

孔子行游《いうス》。馬逃《レテ》食《ム》レ稼《ヲ》（注1）。野人（注2）怒《リ》繋《グ》二其《ノ》馬《ヲ》一。子貢（注3）往《キテ》説《キ》レ之《ニ》、(1)卑レ詞《ヲ》而不レ得。孔子曰《ハク》、「夫《レ》以《テ》二人之所《ヲ》レ不《ル》レ能《ハ》レ聴《ク》説《クハ》レ人《ニ》、A譬《たとフルナリト》下以《テ》二太牢（注4）《ヲ》一享《シ》二野獣《ニ》一、以《テ》二九韶（注5）《ヲ》一楽《シマシムルニ》中飛鳥《ヲ》上也。」乃《チ》使《メ》二馬圉（注6）《ヲシテ》往《カ》一、謂《ヒテ》二野人《ニ》一曰《ハク》、「子不レ耕《サ》二于東海（注7）《ニ》一、予不《ル》レ游《バ》二西海《ニ》一也。吾馬《ガ》B安得レ不レ犯二子之稼一。」野人大《イニ》喜《ビ》、解《キテ》レ馬《ヲ》而予《あたフ》レ之《ニ》。

人各ゝ以《テ》レ類《ヲ》相通《ズ》。述《ブルハ》（注8）二詩・書《ヲ》于野人之前《ニ》一、C此腐儒（注9）之所以誤国也。[Ⅰ]之説《ハ》誠《ニ》善《ナルモ》、仮使《たとひ》出《ヅレバ》二[Ⅱ]之口《ヨリ》一、野人乃《チ》不《ラン》レ従《ハ》。何《なんトナレバ》則《チ》文質（注10）貌(2)殊《ニシテ》、其《ノ》人固《ヨリ》已《ニ》離《ルレバナリ》矣。然《ラバ》則《チ》D孔子曷不即遺馬圉而聴子貢之往耶。先《ニ》遣《レバ》二[Ⅲ]《ヲ》一則《チ》[Ⅳ]之心不《ラン》レ服《セ》。既《ニ》屈《シテ》二[Ⅴ]《ヲ》一、而[Ⅵ]之神始《メテ》至《ル》。聖人達人之情《ハ》故《ニ》能《ク》尽《クス》二人之用《ヲ》一。後世以《テ》二文法（注11）《ヲ》一束《つかネ》レ人《ヲ》、以《テ》二資格《ヲ》一限《リ》レ人《ヲ》、又以《テ》二兼長（注12）《ヲ》一望《ム》レ人《ヲ》。E天下事豈有済乎。

（馮《ふう》夢《む》龍《りゅう》『智《ち》嚢《のう》』による）

（注）1 稼——畑の作物のこと。
2 野人——農夫のこと。
3 子貢——孔子の弟子の名。理論的で弁舌に優れていた。
4 太牢——牛、豚などを用いた祭礼用の一級品の供えもの。
5 九韶——高貴な宮廷の雅楽。
6 馬圉——馬を飼う人。馬子。
7 東海・西海——東と西の両端にある海。ここでは非常にかけ離れた地域のことをいう。
8 詩・書——儒家の基本的な教えを記した『詩経』と『書経』のこと。
9 腐儒——儒家の教えにかぶれて、ところかまわず儒家の教えを振りかざす者。
10 文質——言葉と内容。
11 文法——規律や法則。
12 兼長——いくつもの「長」という肩書きを持つ者。

問1　傍線部(1)「卑」・(2)「殊」のここでの意味として最も適当なものを、次の各群の①～⑤のうちから、それぞれ一つずつ選べ。解答番号は 33 ・ 34 。

(1)「卑」 33
① わかりやすくした
② さげすんだ
③ へりくだった
④ 押しつけがましくした
⑤ 田舎者っぽくした

(2)「殊」 34
① 一致していない状態で
② 多岐に渡っている状態で
③ よく理解している状態で
④ 見えていない状態で
⑤ すぐれている状態で

問2 傍線部**A**「譬下以二太牢一享二野獣一、以二九韶一楽中飛鳥上也」から読み取れる孔子の考えを説明したものとして最も適当なものを、次の①～⑤のうちから一つ選べ。解答番号は **35** 。

① いくら贅沢《ぜいたく》な供えものや高貴な宮廷雅楽でも、野生の獣や鳥はその良さを理解しないということ。

② 相手が受け入れることができないものを用いて説得しても、聞き入れられることはなく無駄だということ。

③ 贅沢な肉の供えもので野獣を楽しませるのは、高貴な宮廷雅楽で野生の鳥を楽しませるのと同じだということ。

④ 相手が日頃聞きなれない言葉を用いて語りかけたとしても、相手は獣のように怒り出すだけだということ。

⑤ 野生の獣を用いた贅沢な供えものは、野生の鳥の羽を用いた高貴な宮廷雅楽にたとえられるということ。

問3 傍線部Ｂ「安得㆑不㆑犯㆓子之稼㆒」の解釈として最も適当なものを、次の①～⑤のうちから一つ選べ。解答番号は **36** 。

① どこにもあなたの畑の作物を食い荒らした犯人がいるはずはない
② どうしてあなたの畑の作物は食い荒らされずに済んだのだろうか
③ 何としてもあなたの畑の作物を食い荒らしたかったのだろう
④ どこでならあなたの畑の作物を落ち着いて食い荒らせただろうか
⑤ どうしてあなたの畑の作物を食い荒らさずにいられるものか

問4　傍線部C「此腐儒之所以誤国也」の書き下し文として最も適当なものを、次の①～⑤のうちから一つ選べ。解答番号は 37 。

① 此れ腐儒の以て国の誤つ所なり
② 此れ腐儒の所以は国を誤つや
③ 此れ腐儒の以て国を誤たしむる所か
④ 此れ腐儒の所は以て誤つ国なり
⑤ 此れ腐儒の国を誤たしむる所以なり

問5 空欄 Ⅰ ・ Ⅱ ・ Ⅲ ・ Ⅳ ・ Ⅴ ・ Ⅵ に入る語の組合せとして最も適当なものを、次の①～⑤のうちから一つ選べ。解答番号は **38** 。

	Ⅰ	Ⅱ	Ⅲ	Ⅳ	Ⅴ	Ⅵ
①	馬圉	子貢	馬圉	子貢	子貢	馬圉
②	子貢	馬圉	子貢	馬圉	馬圉	子貢
③	馬圉	馬圉	子貢	馬圉	子貢	馬圉
④	子貢	子貢	馬圉	子貢	馬圉	子貢
⑤	馬圉	子貢	馬圉	子貢	馬圉	子貢

問6　傍線部**D**「孔子曷不即遣馬圉而聴子貢之往耶」の返り点の付け方と書き下し文との組合せとして最も適当なものを、次の**①**〜**⑤**のうちから一つ選べ。解答番号は **39** 。

① 孔子曷不㆘即遣㆓馬圉㆒而聴㆗子貢之往㆖耶
　孔子曷《なん》ぞ即ち馬圉《ばぎよ》を遣《や》れども子貢の往くを聴《ゆる》さざるや

② 孔子曷不㆔即遣㆓馬圉㆒而聴㆓子貢之往㆒耶
　孔子曷ぞ即ち馬圉を遣らずして子貢の往くを聴すや

③ 孔子曷不㆔即遣㆓馬圉㆒而聴㆓子貢之往㆒耶
　孔子曷ぞ即ち馬圉を遣らずんば子貢の往くを聴すや

④ 孔子曷不㆔即遣㆓馬圉㆒而聴子貢之往耶
　孔子曷ぞ即ち馬圉を遣らざるは聴す子貢を之れ往かしむるや

⑤ 孔子曷不㆘即遣㆓馬圉㆒而聴㆗子貢之往㆖耶
　孔子曷ぞ即ち馬圉を遣りして子貢の往くを聴さざるや

問7　傍線部E「天下事豈有済乎」の読み方と筆者の主張の説明について最も適当なものを、五人の生徒から出された発言①～⑤のうちから一つ選べ。解答番号は 40 。

① 生徒A――この文は「天下の事豈に済《な》る有《あ》るか」と訓読するよ。「天下のことが成就できるだろうか」と述べる筆者は、聖人や達人と違って表面的な規律や法則や肩書きで人材を絞り込もうとした孔子の行動から、優秀な人材を養成するのがよいという考えを導き出しているね。

② 生徒B――この文は「天下の事豈に済るを有《たも》たんや」と訓読すると思う。「天下の平穏を保つことはできない」と述べる筆者は、表面的な規律や法則や肩書きで人材を絞り込んだ孔子を見習うのではなく、人情に注目して登用を決めた聖人や達人のような意識が大切だと読者に示しているんじゃないかな。

③ 生徒C――この文は「天下の事豈に済る有らんや」と訓読するよ。「天下のことは何も成就できない」と述べる筆者は、表面的な規律や法則や肩書きによって人材を絞り込むのではなく、孔子の行動に見られるようにその場の適性によって活躍させるのがよいと考えているんだ。

④ 生徒D――この文は「天下の事豈に有りて済らんや」と訓読するのが正しいよ。「天下のことは有能なものがいてこそ成り立つ」と述べる筆者は、人材は規律や法則や肩書きによって絞り込むのではなく、孔子が考えたように、活用の場があればいつでも使うべきものだと考えているね。

⑤ 生徒E――この文は「天下の事豈に有るは済るか」と訓読すると思う。「天下の人材は仕事をすべきだ」と述べる筆者は、規律や肩書きによって埋もれている人材を、孔子の行動を見習ってその場その場で発掘し、隠れた才能を天下のために活用すべきだと指摘しているんだ。

試作問題

〔国語〕

試作問題掲載の趣旨と注意点

この試作問題は，独立行政法人大学入試センターが公表している，大学入学共通テスト「令和７年度試験の問題作成の方向性、試作問題等」のウェブサイトに記載のある内容を再掲したものです。本書では，学習に取り組まれる皆様のために，これに詳細の解答解説を作成し，より学びを深めていただけるように工夫をいたしました。

本問題は，令和7年度大学入学共通テストについての具体的なイメージを共有することを目的として作成されていますが，過去の大学入試センター試験や大学入学共通テストと同様の問題作成や点検のプロセスは経ていないものとされています。本試作問題と同じような内容，形式，配点等の問題が必ず出題されることを保証するものではありませんので，その点につきましてご注意ください。

第A問

次の【資料Ⅰ】（文章、図、グラフ1～グラフ3）と【資料Ⅱ】は、気候変動が健康に与える影響について調べていたひかるさんが見つけた資料の一部である。これらを読んで、後の問い（問1～3）に答えよ。（配点　20）

【資料Ⅰ】

文章　**健康分野における、気候変動の影響について**

ⓐ気候変動による気温上昇は熱ストレス[注1]を増加させ、熱中症リスク[注2]や暑熱による死亡リスク、その他、呼吸器系疾患等の様々な疾患リスクを増加させる。特に、ⓑ暑熱に対して脆《ぜい》弱性が高い高齢者を中心に、暑熱による超過死亡[注3]が増加傾向にあることが報告されている。年によってばらつきはあるものの、熱中症による救急搬送人員・医療機関受診者数・熱中症死亡者数は増加傾向にある。

ⓒ気温の上昇は感染症を媒介する節足動物[注4]の分布域・個体群密度・活動時期を変化させる。感染者の移動も相まって、国内での感染連鎖が発生することが危惧される。これまで侵入・定着がされていない北海道南部でもヒトスジシマカの生息が拡大する可能性や、日本脳炎ウイルスを媒介する外来性の蚊の鹿児島県以北への分布域拡大の可能性などが新たに指摘されている。

外気温の変化は、水系・食品媒介性感染症[注5]やインフルエンザのような感染症類の流行パターンを変化させる。感染性胃腸炎やロタウイルス感染症、下痢症などの水系・食品媒介性感染症、インフルエンザや手足口病などの感染症類の発症リスク・流行パターンの変化が新たに報告されている。

猛暑や強い台風、大雨等の極端な気象現象の増加に伴いⓓ自然災害が発生すれば、被災者の暑熱リスクや感染症リスク、精神疾患リスク等が増加する可能性がある。

2030 年代までの短期的には、ⓔ温暖化に伴い光化学オキシダント・オゾン等の汚染物質の増加に伴う超過死亡者数が増加するが、それ以降は減少することが予測されている。

健康分野における、気候変動による健康面への影響の概略は、次の**図**に示すとおりである。

（注）1　熱ストレス……高温による健康影響の原因の総称。
　2　リスク……危険が生じる可能性や度合い。
　3　超過死亡……過去のデータから統計的に推定される死者数をどれだけ上回ったかを示す指標。
　4　感染症を媒介する節足動物……昆虫やダニ類など。
　5　水系・食品媒介性感染症……水、食品を介して発症する感染症。

図

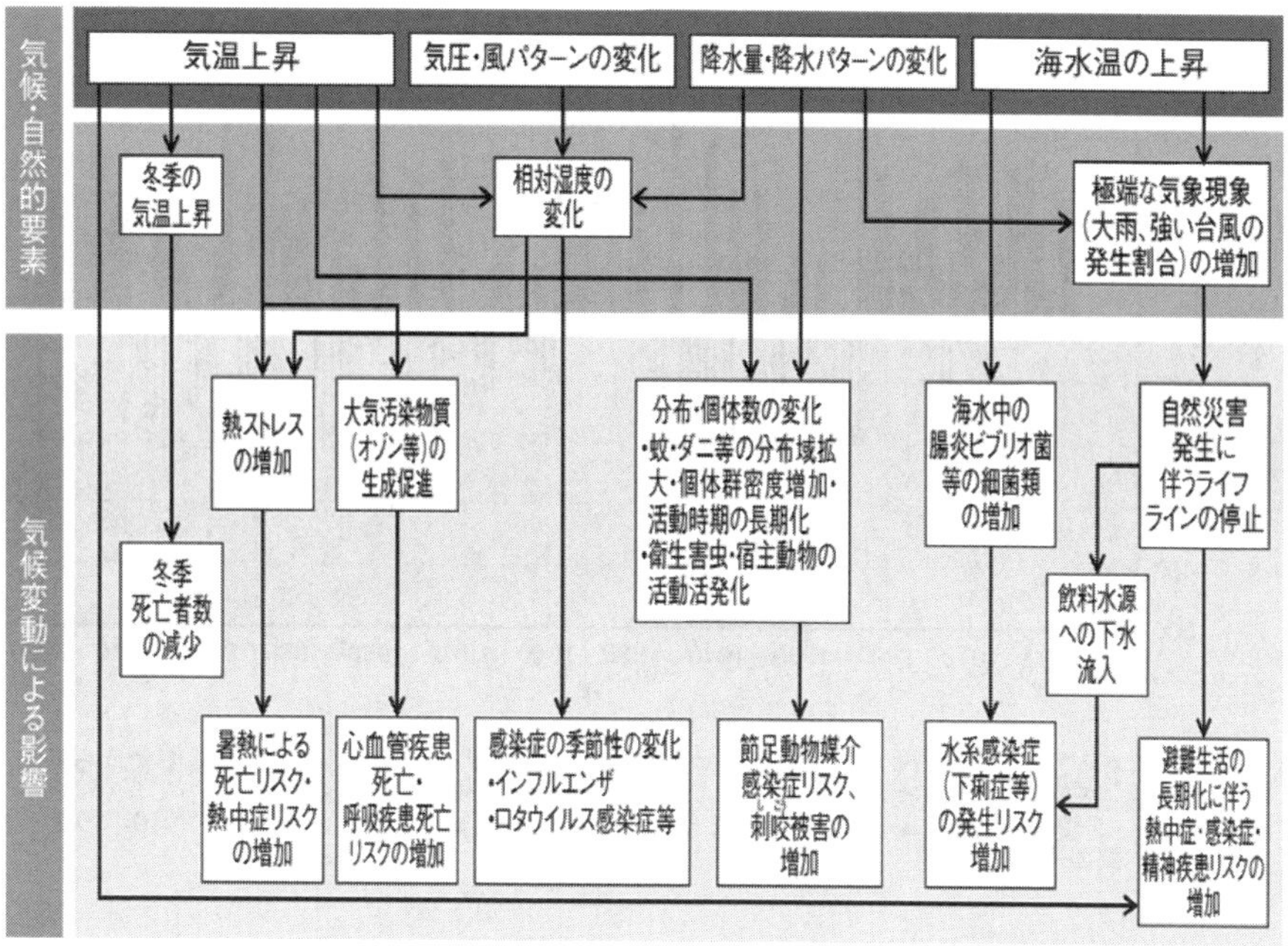

（文章と図は、環境省「気候変動影響評価報告書 詳細（令和２年12月）」をもとに作成）

グラフ1　日本の年平均気温偏差の経年変化

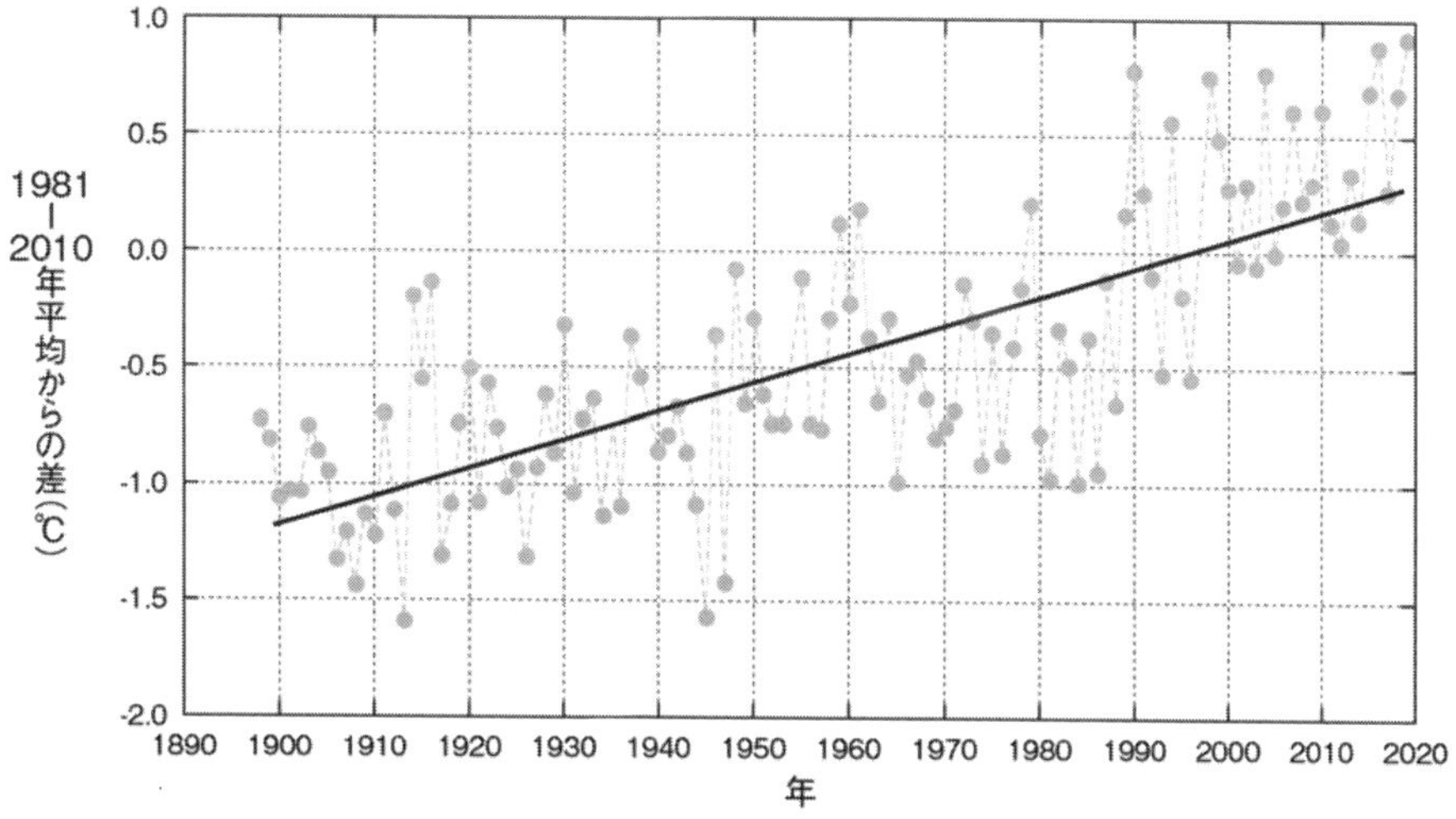

点線で結ばれた点は、国内15観測地点での年平均気温の基準値からの偏差を平均した値を示している。直線は長期変化傾向（この期間の平均的な変化傾向）を示している。基準値は1981～2010年の30年平均値。

グラフ2 日本の年降水量偏差の経年変化

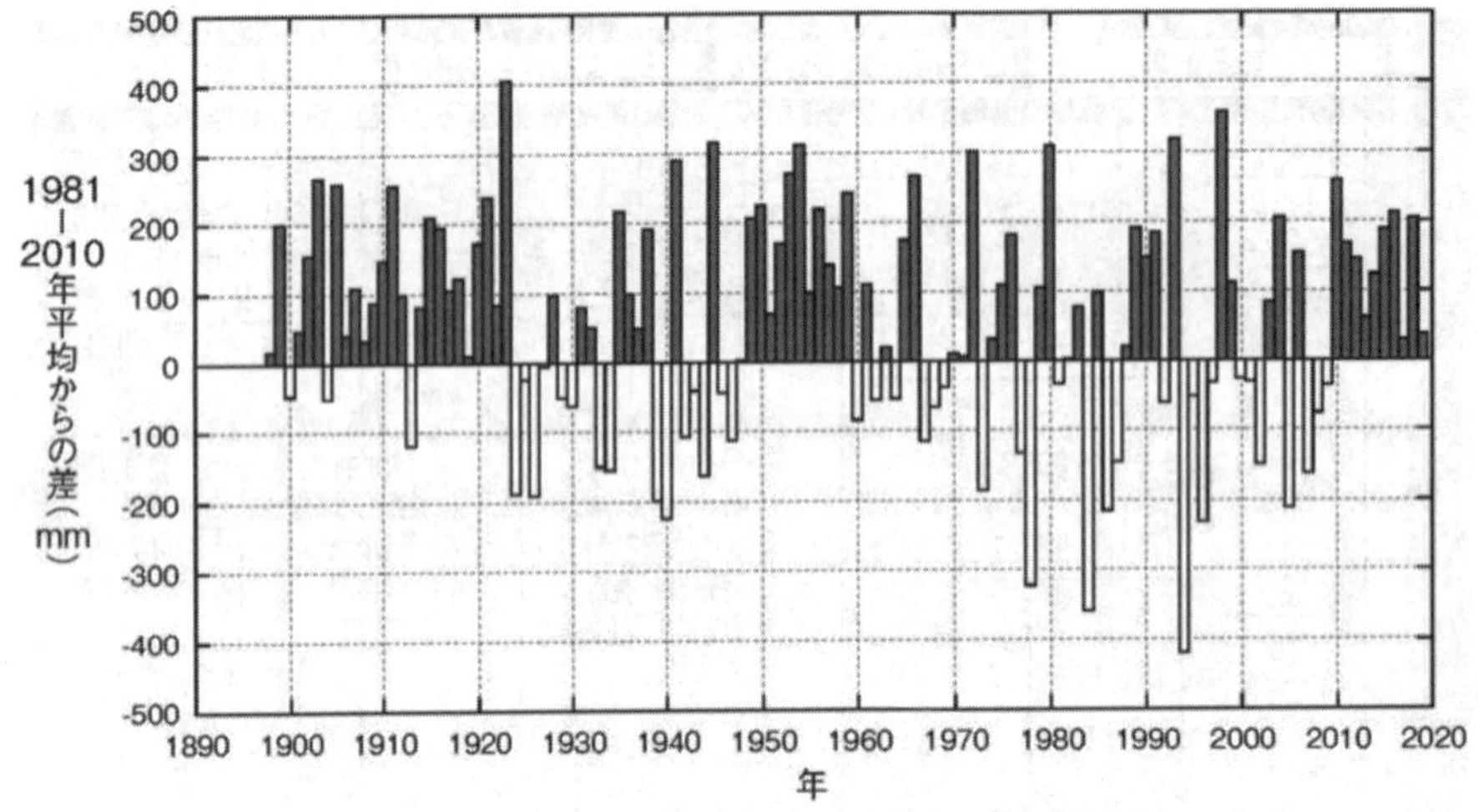

棒グラフは気象庁の観測地点のうち、国内51地点での各年の年降水量の基準値からの偏差を平均した値を示している。0を基準値とし、上側の棒グラフは基準値と比べて多いことを、下側の棒グラフは基準値と比べて少ないことを示している。基準値は1981～2010年の30年間の平均値。

グラフ3 台風の発生数及び日本への接近数

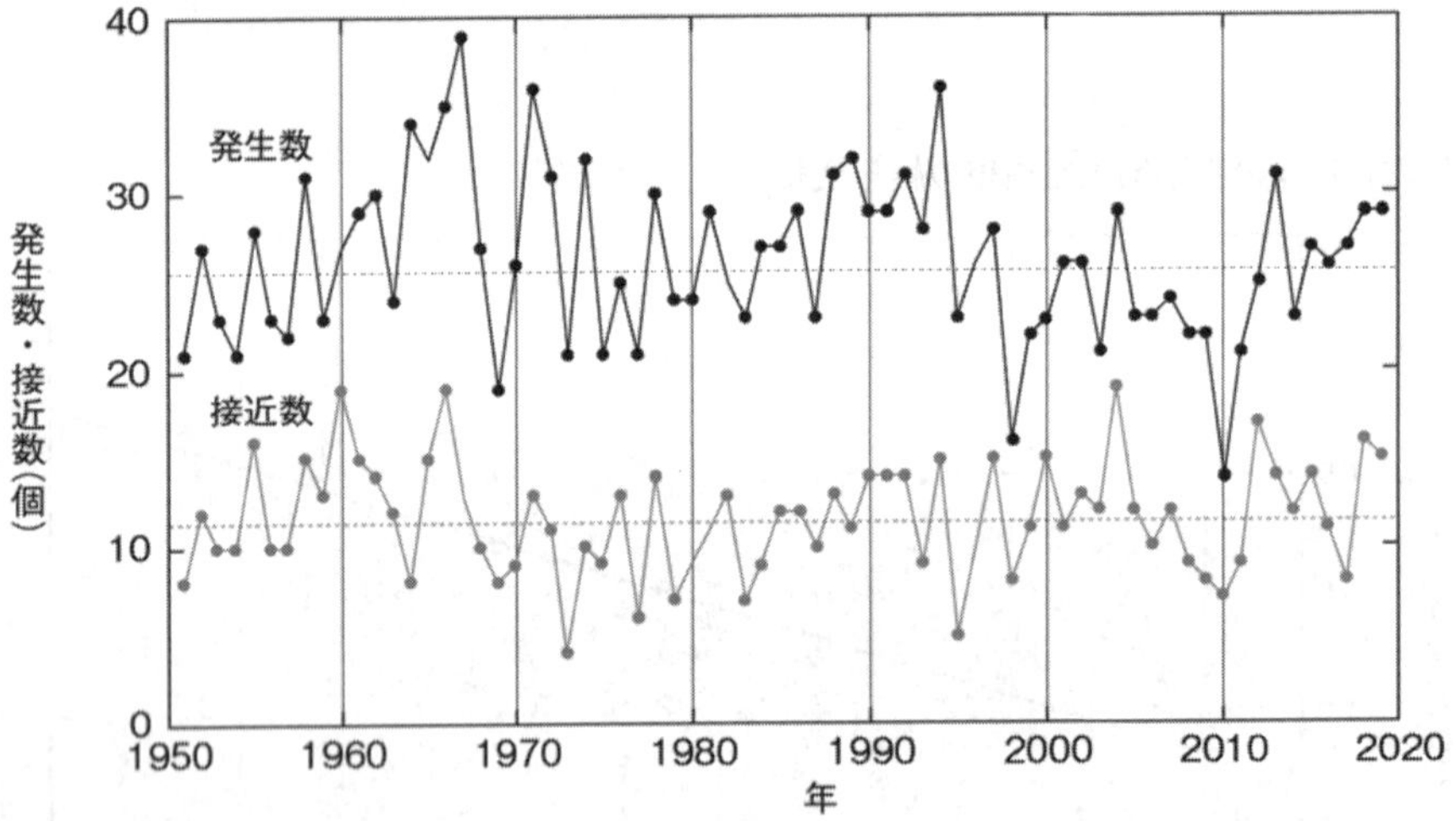

点線は平年値（1950年～2020年の平均）を表す。

（グラフ１～グラフ３は、気象庁「気候変動監視レポート 2019（令和２年７月）」をもとに作成）

【資料Ⅱ】

地球温暖化の対策は、これまで原因となる温室効果ガスの排出を削減する「緩和策」を中心に進められてきた。しかし、世界が早急に緩和策に取り組んだとしても、地球温暖化の進行を完全に制御することはできないと考えられている。温暖化の影響と考えられる事象が世界各地で起こる中、その影響を抑えるためには、私たちの生活・行動様式の変容や防災への投資といった被害を回避、軽減するための「適応策」が求められる。例えば、環境省は熱中症予防情報サイトを設けて、私たちが日々の生活や街中で熱中症を予防するための様々な工夫や取り組みを紹介したり、保健活動にかかわる人向けの保健指導マニュアル「熱中症環境保健マニュアル」を公開したりしている。これも暑熱に対する適応策である。また、健康影響が生じた場合、現状の保健医療体制で住民の医療ニーズに応え、健康水準を保持できるのか、そのために不足しているリソース[注1]があるとすれば何で、必要な施策は何かを特定することが望まれる。例えば、21世紀半ばに熱中症搬送者数が 2 倍以上となった場合、現行の救急搬送システム（救急隊員数、救急車の数等）ですべての熱中症患者を同じ水準で搬送可能なのか、受け入れる医療機関、病床、医療従事者は足りるのか、といった評価を行い、対策を立案していくことが今後求められる。また緩和策と健康増進を同時に進めるコベネフィット[注2]を追求していくことも推奨される。例えば、自動車の代わりに自転車を使うことは、自動車から排出される温室効果ガスと大気汚染物質を減らし（緩和策）、自転車を漕《こ》ぐことで心肺機能が高まり健康増進につながる。肉食を減らし、野菜食を中心にすることは、家畜の飼育過程で糞《ふん》尿などから大量に排出されるメタンガスなどの温室効果ガスを抑制すると同時に、健康増進につながる。こうしたコベネフィットを社会全体で追求していくことは、各セクター[注3]で縦割りになりがちな適応策に横のつながりをもたらすことが期待される。

（橋爪真弘《はしづめまさひろ》「公衆衛生分野における気候変動の影響と適応策」による）

（注）1　リソース……資源。
2　コベネフィット……一つの活動が複数の利益につながること。
3　セクター……部門、部署。

問1 【資料Ⅰ】文章と図との関係について、次の(i)(ii)の問いに答えよ。

(i) 文章の下線部ⓐ〜ⓔの内容には、図では**省略されているものが二つ**ある。その二つの組合せとして最も適当なものを、次の①〜⑤のうちから一つ選べ。解答番号は 1 。

① ⓑとⓔ
② ⓐとⓓ
③ ⓒとⓔ
④ ⓑとⓓ
⑤ ⓐとⓒ

(ii) 図の内容や表現の説明として**適当でないもの**を、次の①〜⑤のうちから一つ選べ。解答番号は 2 。

① 「気候変動による影響」として環境及び健康面への影響を整理して図示し、文章の内容を読み手が理解しやすいように工夫している。
② 気温上昇によって降水量・降水パターンの変化や海水温の上昇が起こるという因果関係を図示することによって、文章の内容を補足している。
③ 「気候・自然的要素」と「気候変動による影響」に分けて整理することで、どの要素がどのような影響を与えたかがわかるように提示している。
④ 「気候・自然的要素」が及ぼす「気候変動による影響」を図示することにより、特定の現象が複数の影響を生み出し得ることを示唆している。
⑤ 気候変動によって健康分野が受ける複雑な影響を読み手にわかりやすく伝えるために、いくつかの事象に限定して因果関係を図示している。

問2 次のア～エの各文は、ひかるさんが**【資料Ⅰ】**、**【資料Ⅱ】**を根拠としてまとめたものである。**【凡例】**に基づいて各文の内容の正誤を判断したとき、その組合せとして最も適当なものを、後の①～⑤のうちから一つ選べ。解答番号は 3 。

【凡例】

正しい――述べられている内容は、正しい。
誤っている――述べられている内容は、誤っている。
判断できない――述べられている内容の正誤について、**【資料Ⅰ】**、**【資料Ⅱ】**からは判断できない。

ア 気候変動による気温の上昇は、冬における死亡者数の減少につながる一方で、高齢者を中心に熱中症や呼吸器疾患など様々な健康リスクをもたらす。
イ 日本の年降水量の平均は一九〇一年から一九三〇年の三〇年間より一九八一年から二〇一〇年の三〇年間の方が多く、気候変動の一端がうかがえる。
ウ 台風の発生数が平年値よりも多い年は日本で真夏日・猛暑日となる日が多く、気温や海水温の上昇と台風の発生数は関連している可能性がある。
エ 地球温暖化に対して、温室効果ガスの排出削減を目指す緩和策だけでなく、被害を回避、軽減するための適応策や健康増進のための対策も必要である。

① ア 正しい　イ 誤っている　ウ 誤っている　エ 判断できない
② ア 誤っている　イ 判断できない　ウ 誤っている　エ 誤っている
③ ア 正しい　イ 誤っている　ウ 判断できない　エ 正しい
④ ア 誤っている　イ 正しい　ウ 判断できない　エ 正しい
⑤ ア 判断できない　イ 正しい　ウ 判断できない　エ 誤っている

問3 気候変動が健康に影響を与えることを知り、高校生として何ができるか考えたひかるさんは、**【資料Ⅰ】**と**【資料Ⅱ】**を踏まえたレポートを書くことにした。次の**【目次】**は、ひかるさんがレポートの内容と構成を考えるために作成したものである。これを読んで、後の（ｉ）（ⅱ）の問いに答えよ。

【目次】

テーマ：気候変動が健康に与える影響と対策

はじめに：テーマ設定の理由

第１章　気候変動が私たちの健康に与える影響
　a 暑熱による死亡リスクや様々な疾患リスクの増加
　b 感染症の発生リスクの増加
　c 自然災害の発生による被災者の健康リスクの増加

第２章　データによる気候変動の実態
　a 日本の年平均気温の経年変化
　b 日本の年降水量の経年変化
　c 台風の発生数及び日本への接近数

第３章　気候変動に対して健康のために取り組むべきこと
　a 生活や行動様式を変えること
　b 防災に対して投資すること
　c ［　　X　　］
　d コベネフィットを追求すること

おわりに：調査をふりかえって
参考文献

（ⅰ）**【資料Ⅱ】**を踏まえて、レポートの第3章の構成を考えたとき、**【目次】**の空欄 X に入る内容として最も適当なものを、次の①～⑤のうちから一つ選べ。解答番号は **4** 。

① 熱中症予防情報サイトを設けて周知に努めること

② 保健活動にかかわる人向けのマニュアルを公開すること

③ 住民の医療ニーズに応えるために必要な施策を特定すること

④ 現行の救急搬送システムの改善点を明らかにすること

⑤ 縦割りになりがちな適応策に横のつながりをもたらすこと

（ⅱ）ひかるさんは、級友に**【目次】**と**【資料Ⅰ】【資料Ⅱ】**を示してレポートの内容や構成を説明し、助言をもらった。**助言の内容に誤りがあるもの**を、次の①～⑤のうちから一つ選べ。解答番号は **5** 。

① Aさん　テーマに掲げている「対策」という表現は、「健康を守るための対策」なのか、「気候変動を防ぐための対策」なのかわかりにくいから、そこが明確になるように表現すべきだと思うよ。

② Bさん　第1章のbの表現は、aやcの表現とそろえたほうがいいんじゃないかな。「大気汚染物質による感染症の発生リスクの増加」とすれば、発生の原因まで明確に示すことができると思うよ。

③ Cさん　気候変動と健康というテーマで論じるなら、気候変動に関するデータだけでなく、感染症や熱中症の発生状況の推移がわかるデータも提示できると、より根拠が明確になるんじゃないかな。

④ Dさん　第1章で、気候変動が健康に与えるリスクについて述べるんだよね。でも、その前提として気候変動が起きているデータを示すべきだから、第1章と第2章は入れ替えた方が、流れがよくなると思うよ。

⑤ Eさん　第1章から第3章は、調べてわかった事実や見つけた資料の内容の紹介だけで終わっているように見えるけど、それらに基づいたひかるさんなりの考察も書いてみたらどうだろう。

第B問

ヒロミさんは、日本語の独特な言葉遣いについて調べ、「言葉遣いへの自覚」という題で自分の考えを【レポート】にまとめた。【資料Ⅰ】～【資料Ⅲ】は、【レポート】に引用するためにアンケート結果や参考文献の一部を、見出しを付けて整理したものである。これらを読んで、後の問い（問1～4）に答えよ。（配点　20）

【レポート】

男女間の言葉遣いの違いは、どこにあるのだろうか。【資料Ⅰ】によると、男女の言葉遣いは同じでないと思っている人の割合は、七割以上いる。実際、「このバスに乗ればいいのよね？」は女の子の話し方として、「このカレーライスうまいね！」は男の子の話し方として認識されている。これは、性差によって言葉遣いがはっきり分かれているという、日本語の特徴の反映ではないだろうか。

一方、［ X ］にも着目すると、男女の言葉遣いの違いを認識しているものの、女性らしいとされていた言葉遣いがあまり用いられず、逆に男性らしいとされる言葉遣いをしている女性も少なからず存在することが分かる。

ここで、【資料Ⅱ】【資料Ⅲ】の「役割語」を参照したい。これらの資料によれば、言葉遣いの違いは性別によるとはかぎらない、そして、［ Y ］ということである。

たしかに、マンガやアニメ、小説などのフィクションにおいて、このような役割語は、非常に発達している。役割語がなければ、「キャラクタ」を描けないようにすら感じる。とくに、文字は映像と違って、顔は見えないし声も聞こえない。役割語が効率的にキャラクタを描き分けることによって、それぞれのイメージを読者に伝えることができる。その一方で、キャラクタのイメージがワンパターンに陥ってしまうこともある。

それでは、現実の世界ではどうだろうか。私たちの身近にある例を次にいくつか挙げてみよう。

［ Z ］

以上のように、私たちの周りには多くの役割語があふれている。したがって、役割語の性質を理解したうえで、フィクションとして楽しんだり、時と場所によって用いるかどうかを判断したりするなど、自らの言葉遣いについても自覚的でありたい。

【資料Ⅰ】　性別による言葉遣いの違い

調査期間　2008/11/23～2008/12/08

調査対象　小学生～高校生 10,930 人（男子 5,787 人、女子 5,107 人、無回答 36 人）

調査方法　任意で回答

単位　　　全て％

質問 1

男の子（人）が使うことばと、女の子（人）が使うことばは、同じだと思いますか？

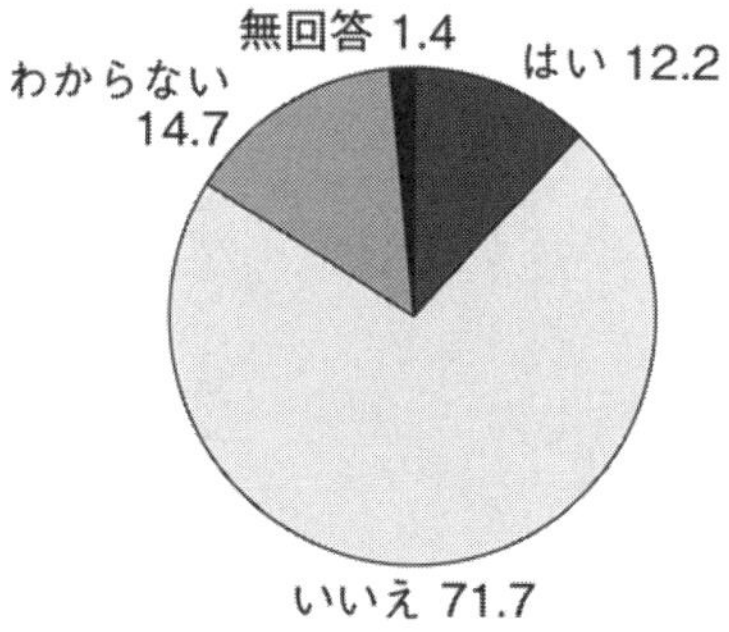

質問 2

①次の各文は、男の子、女の子、どちらの話し方だと思いますか？

「このバスに乗ればいいのよね？」　　「このカレーライスうまいね！」

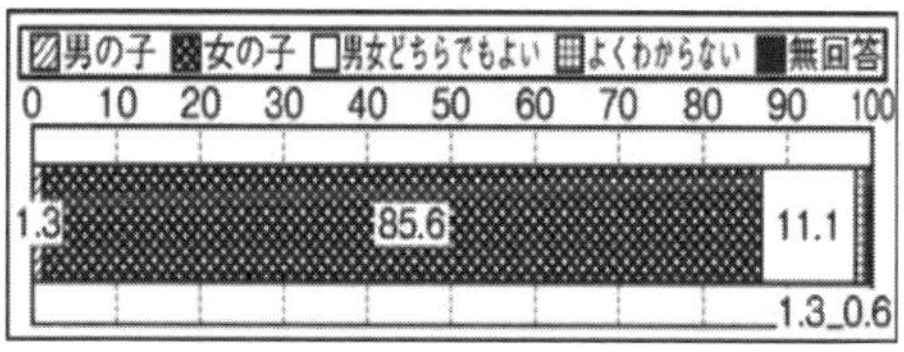

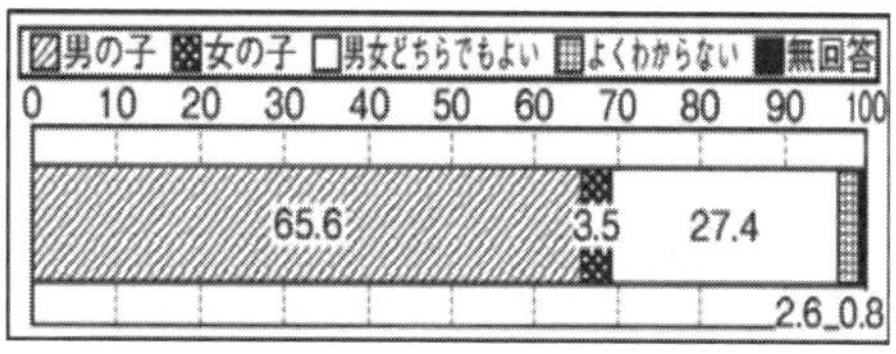

②次のようなことばづかいはしますか？

「このバスに乗ればいいのよね？」　　「このカレーライスうまいね！」

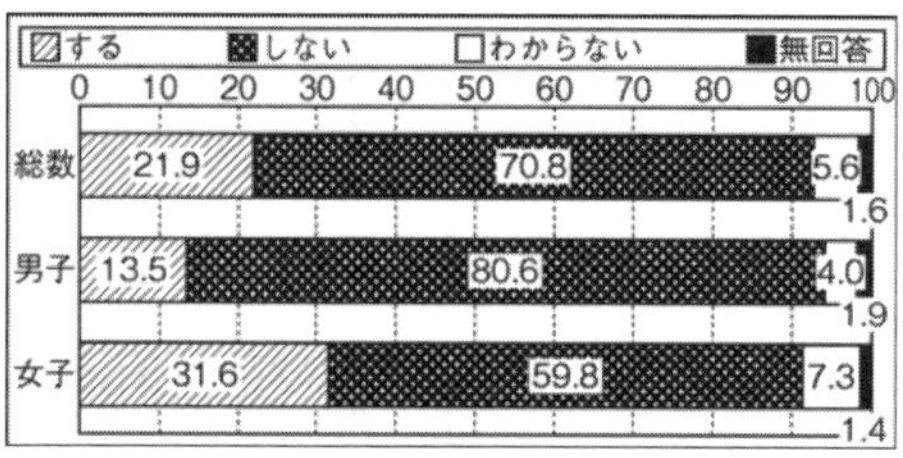

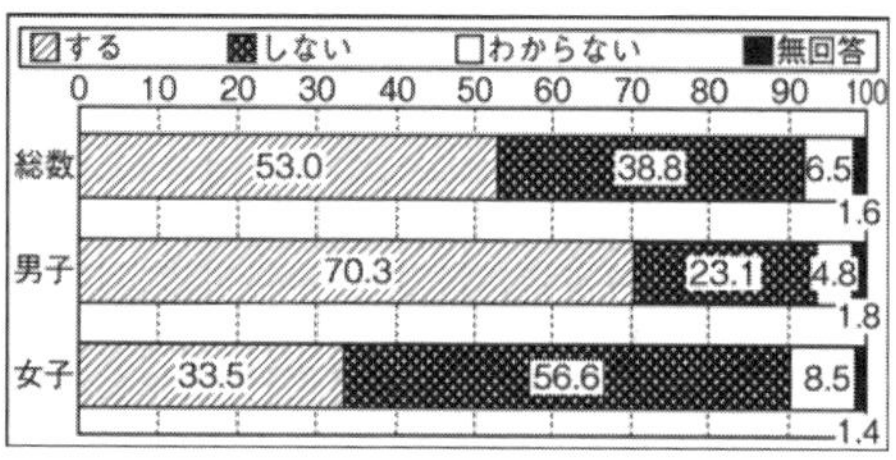

（旺文社「第 6 回ことばに関するアンケート」による）

【資料Ⅱ】　役割語の定義

役割語について、金水敏『ヴァーチャル日本語　役割語の謎』（岩波書店、二〇〇三年、二〇五頁）では次のように定義している。

ある特定の言葉遣い（語彙・語法・言い回し・イントネーション等）を聞くと特定の人物像（年齢、性別、職業、階層、時代、容姿・風貌、性格等）を思い浮かべることができるとき、あるいはある特定の人物像を提示されると、その人物がいかにも使用しそうな言葉遣いを思い浮かべることができるとき、その言葉遣いを「役割語」と呼ぶ。

すなわち、特定の話し方あるいは言葉遣いと特定の人物像（キャラクタ）との心理的な連合であり、（注）ステレオタイプの言語版であるとも言える。役割語の分かりやすい例として、次のようなものを挙げることができる。

a　おお、そうじゃ、わしが知っておるんじゃ。
b　あら、そうよ、わたくしが知っておりますわ。
c　うん、そうだよ、ぼくが知ってるよ。
d　んだ、んだ、おら知ってるだ。
e　そやそや、わしが知ってまっせー。
f　うむ、さよう、せっしゃが存じております。

上記の話し方はいずれも論理的な内容が同じであるが、想起させる話し手が異なる。例えばaは男性老人、bはお嬢様、cは男の子、dは田舎もの、eは関西人、fは武士などの話し手が当てられるであろう。

（金水敏《きんすいさとし》「役割語と日本語教育」『日本語教育』第一五〇号による）

（注）　ステレオタイプ——型にはまった画一的なイメージ。紋切り型。

【資料Ⅲ】　役割語の習得時期

多くの日本語話者は、「あら、すてきだわ」「おい、おれは行くぜ」のような言い方が女性や男性の話し方を想起させるという知識を共有している。しかし、現実の日常生活の中でこのようないかにも女性的、いかにも男性的というような表現は今日の日本ではやはりまれになっている。

日常的な音声言語に、語彙・語法的な特徴と性差に関する積極的な証拠が乏しいにもかかわらず、多くのネイティブの日本語話者は、〈男ことば〉と〈女ことば〉を正しく認識する。むろんこれは、絵本やテレビなどの作品の受容を通して知識を受け入れているのである。この点について考えるために、私が代表者を務める(注)科研費の研究グループで、幼児の役割語認識の発達に関する予備的な実験調査を紹介しよう。図１として示すのは、その実験に用いたイラストである。

この図を被実験者の幼児に示し、さらに音声刺激として次のような文の読み上げを聞かせ、絵の人物を指し示させた。

図１　役割語習得に関する実験刺激

a　おれは、この町が大好きだぜ。
b　あたしは、この町が大好きなのよ。
c　わしは、この町が大好きなんじゃ。
d　ぼくは、この町が大好きさ。
e　わたくしは、この町が大好きですわ。

その結果、三歳児では性差を含む役割語の認識が十分でなかったのに対し、五歳児ではほぼ完璧にできることが分かった(音声的な刺激を用いたので、語彙・語法的な指標と音声的な指標のどちらが効いていたかはこれからの検討課題である)。

幼児が、これらの人物像すべてに現実に出会うということはほとんど考えにくい。これに対して、幼児が日常的に触れる絵本やアニメ作品等には、役割語の例があふれている。

（金水敏「役割語と日本語教育」『日本語教育』第一五〇号による）

（注）　科研費――科学研究費補助金の略。学術研究を発展させることを目的にする競争的資金。

問１　**【レポート】**の空欄 X には、**【レポート】**の展開を踏まえた**【資料Ⅰ】**の説明が入る。その説明として最も適当なものを、次の①〜⑤のうちから一つ選べ。解答番号は 1 。

① 「このバスに乗ればいいのよね？」を使わない女子は六割近くにのぼり、「このカレーライスうまいね！」を使わない男子は二割を超えていること

② 「このバスに乗ればいいのよね？」を使う女子は三割程度にとどまり、「このカレーライスうまいね！」を使う女子は三割を超えていること

③ 「このバスに乗ればいいのよね？」を使わない女子は六割近くにのぼり、「このカレーライスうまいね！」を使わない男女は四割近くにのぼること

④ 「このバスに乗ればいいのよね？」を使わない女子は六割近くにのぼり、「このカレーライスうまいね！」を使うか分からないという女子は一割程度にとどまっていること

⑤ 「このバスに乗ればいいのよね？」を使う女子は三割程度にとどまり、「このカレーライスうまいね！」を男女どちらが使ってもいいと考える人は三割近くにのぼること

問2　【レポート】の空欄 Y には、【資料Ⅱ】及び【資料Ⅲ】の要約が入る。その要約として最も適当なものを、次の①～⑤のうちから一つ選べ。解答番号は 2 。

① イラストと音声刺激を用いた発達段階に関する調査によって、役割語の認識は、五歳でほぼ獲得されることが明らかになったが、それは絵本やアニメといった幼児向けのフィクションの影響である

② 役割語とは、特定の人物像を想起させたり特定の人物がいかにも使用しそうだと感じさせたりする語彙や言い回しなどの言葉遣いのことであり、日本語の言葉遣いの特徴を端的に示した概念である

③ 年齢や職業、性格といった話し手の人物像に関する情報と結びつけられた言葉遣いを役割語と呼び、私たちはそうした言葉遣いを幼児期から絵本やアニメ等の登場人物の話し方を通して学んでいる

④ 日本語話者であれば言葉遣いだけで特定の人物のイメージを思い浮かべることができるが、こうした特定のイメージが社会で広く共有されるに至ったステレオタイプとしての言語が役割語である

⑤ 特定の人物のイメージを喚起する役割語の力が非常に強いのは、幼児期からフィクションを通して刷り込まれているためであるが、成長の過程で理性的な判断によってそのイメージは変えられる

問3　**【レポート】**の空欄 Z には、役割語の例が入る。その例として**適当でないもの**を、次の①〜⑤のうちから一つ選べ。解答番号は **3** 。

① 家族や友だちに対してはくだけた言葉遣いで話すことが多い人が、他人の目を意識して、親密な人にも敬語を用いて話し方を変える場合が見受けられる。

② アニメやマンガ、映画の登場人物を真似るなどして、一般的に男性が用いる「僕」や「俺」などの一人称代名詞を用いる女性が見受けられる。

③ ふだん共通語を話す人が話す不自然な方言よりも、周りが方言を話す環境で育てられた人が話す自然な方言の方が好まれるという傾向が見受けられる。

④ 「ツッコミキャラ」、「天然キャラ」などの類型的な人物像が浸透し、場面に応じてそれらを使い分けるというコミュニケーションが見受けられる。

⑤ スポーツニュースで外国人男性選手の言葉が、「俺は〜だぜ」、「〜さ」などと男性言葉をことさら強調して翻訳される場合が見受けられる。

問4 ヒロミさんは、**【レポート】**の主張をより理解してもらうためには論拠が不十分であることに気づき、補足しようと考えた。その内容として適当なものを、次の①～⑥のうちから**二つ**選べ。ただし、解答の順序は問わない。解答番号は 4 ・ 5 。

① 「今日は学校に行くの」という表現を例にして、日本語における役割語では語彙や語法より音声的な要素が重要であるため、文末のイントネーションによって男女どちらの言葉遣いにもなることを補足する。

② 英語の「I」に対応する日本語が「わたし」、「わたくし」、「おれ」、「ぼく」など多様に存在することを例示し、一人称代名詞の使い分けだけでも具体的な人物像を想起させることができることを補足する。

③ マンガやアニメなどに登場する武士や忍者が用いるとされる「～でござる」という文末表現が江戸時代にはすでに使われていたことを指摘し、役割語の多くが江戸時代の言葉を反映していることを補足する。

④ 役割語と性別、年齢、仕事の種類、見た目などのイメージとがつながりやすいことを踏まえ、不用意に役割語を用いることは人間関係において個性を固定化してしまう可能性があるということを補足する。

⑤ 絵本やアニメなどの幼児向けの作品を通していつの間にか認識されるという役割語の習得過程とその影響力の大きさを示し、この時期の幼児教育には子どもの語彙を豊かにする可能性があるということを補足する。

⑥ 役割語であると認識されてはいても実際の場面ではあまり用いられないという役割語使用の実情をもとに、一人称代名詞や文末表現などの役割語の数が将来減少してしまう可能性があるということを補足する。

2024 本試

（200点
80分）

〔国語〕

注　意　事　項

1　解答用紙に，正しく記入・マークされていない場合は，採点できないことがあります。

2　問題は4問あり，第1問，第2問は「近代以降の文章」，第3問は「古文」，第4問は「漢文」の問題です。

なお，大学が指定する特定分野のみを解答する場合でも，試験時間は80分です。

3　試験中に問題冊子の印刷不鮮明，ページの落丁・乱丁及び解答用紙の汚れ等に気付いた場合は，手を高く挙げて監督者に知らせなさい。

4　解答は，解答用紙の解答欄にマークしなさい。例えば，10 と表示のある問いに対して ③ と解答する場合は，次の(例)のように**解答番号10の解答欄**の ③ に**マーク**しなさい。

(例)

解答番号	解答欄								
	1	2	3	4	5	6	7	8	9
10	①	②	●（③をマーク）	④	⑤	⑥	⑦	⑧	⑨

5　問題冊子の余白等は適宜利用してよいが，どのページも切り離してはいけません。

6　**不正行為について**

①　不正行為に対しては厳正に対処します。

②　不正行為に見えるような行為が見受けられた場合は，監督者がカードを用いて注意します。

③　不正行為を行った場合は，その時点で受験を取りやめさせ退室させます。

7　試験終了後，問題冊子は持ち帰りなさい。

第1問　次の文章を読んで、後の問い（問1〜6）に答えよ。なお、設問の都合で本文の段落に[1]〜[10]の番号を付してある。また、表記を一部改めている。（配点　50）

[1] モーツァルトの没後二〇〇年の年となった一九九一年の、まさにモーツァルトの命日に当たる一二月五日に、ウィーンの聖シュテファン大聖堂でモーツァルトの《レクイエム》(注1)の演奏が行われた（直後にLD(注2)が発売されている）。ゲオルク・ショルティ(注3)の指揮するウィーン・フィル(注4)、ウィーン国立歌劇場の合唱団などが出演し、ウィーンの音楽界の総力をあげた演奏でもあるのだが、ここで重要なのは、これがモーツァルトの没後二〇〇年を記念する追悼ミサという「宗教行事」であったということである。それゆえ、随所に聖書の朗読や祈りの言葉等、「音楽」ではない台詞《せりふ》の部分や聖体拝領(注5)などの様々な儀式的所作が割り込む形になる。まさに「音楽」でもあり「宗教行事」でもあるという典型的な例である。

[2] モーツァルトの《レクイエム》という音楽作品として聴こうとする人は、これをどのように認識するのか？　あるCDショップのウェブサイトに(ア)ケイサイされているこの演奏のCDのレビュー欄には、「キリスト教徒でない並みの音楽好きには延々と続く典礼の割り込みには正直辟易《へきえき》としてくるのも事実。CDプレイヤーのプログラミング機能が(イ)カツヤクする」というコメントが見られる。これを「音楽」として捉えようとするこの聴き手が、音楽部分だけをつなぎ合わせてひとまとまりとして捉えるような認識の仕方をしているさまが彷彿《ほうふつ》としてくる。

[3] それに対して、この(ウ)モヨオし物は「音楽」である以前に典礼であり、この聴き手のような本来のあり方を無視した聴き方は本末顚倒《てんとう》だとする立場も当然考えられる。こういうものは、典礼の全体を体験してこそその意味を正しく認識できるのであり、音楽部分だけつまみだして云々《うんぬん》するなどという聴き方は、あらゆる音楽を、コンテクストを無視してコンサートのモデルで捉える一九世紀的なアク(エ)ヘイにすぎない、一刻も早く、そういう歪《ゆが》みを取り去って、体験の本来の姿を取り戻さなければならない、そういう主張である。

4 この主張はたしかに一面の真理ではあろう。だがここでの問題は、一九世紀には音楽が典礼から自立したとか、それをまた、本来のコンテクストに戻す動きが生じているというような単純な二分法的ストーリーにおさまるものではない。もちろん、物事には見方によっていろいろな側面があるのは当然なのだから、音楽か典礼かというオールオアナッシングのような議論で話が片付かないのはあたりまえだが、何よりも重要なのは、ここでの問題が、音楽vs.典礼といった図式的な二項関係の説明にはおさまりきれない複合的な性格をもった、しかもきわめてアクチュアル(注6)な現代的問題を孕《はら》んでいるということである。

5 A これが典礼なのか、音楽なのかという問題は、実はかなり微妙である。たしかに、モーツァルトの命日を記念して聖シュテファン大聖堂で行われている追悼ミサであるという限りでは(オ)マギれもなく宗教行事であるには違いないが、ウィーン・フィルと国立歌劇場合唱団の大部隊が大挙してシュテファン大聖堂に乗り込んで来ているという段階で、すでにかなり異例な事態である。DVDの映像を見ても、前方の祭壇を中心に行われている司式(注7)を見る限りでは通常の「典礼」のようだが、通常の典礼にはない大規模なオーケストラと合唱団を後方に配置するために、聖堂の後ろにある通常の出入り口は閉め切られてしまっている。聖堂での通常の儀礼という範囲に到底おさまりきれないものになっているのだ。客(信徒と言うべきだろうか)もまた、典礼という限りでは、前の祭壇で行われている司式に注目するのが自然であり、実際椅子もそちら向きにセットされているのだが、背後から聞こえてくる音楽は、もはや典礼の一部をなす、というようなレベルをはるかにこえて、その音楽自体を「鑑賞」の対象にしている様子が窺《うかが》える(実際、映像を見ると、「客」が半ば後ろ向きになって、窮屈そうな様子で背後のオーケストラや合唱の方をみている様子が映し出されている)。

6 そして何といっても極めつきなのが、この典礼の映像がLD、DVDなどの形でパッケージ化されて販売され、私を含めた大多数の人々はその様子を、これらのメディアを通して体験しているという事実である。これはほとんど音楽的なメディア・イヴェントと言っても過言ではないものになっているのだが、ここで非常におもしろいのは、典礼という宗教行事よりもモーツァルトの「音楽作品」に焦点をあてるという方向性を推し進めた結果、典礼の要素が背景に退くのではなくかえって、典礼をも巻き込む形で全体が「作品化」され、「鑑賞」の対象になるような状況が生じているということである。

7 このことは、B今「芸術」全般にわたって進行しつつある状況とも対応している。それは「博物館化」、「博物館学的欲望」などの語で呼ばれる、きわめて現代的な現象である。コンサートホール同様、一九世紀にそのあり方を確立した美術館や博物館においては、様々な物品を現実のコンテクストから切り取って展示する、そのあり方が不自然だという批判が出てきた。たしかに、寺で信仰の対象として長いこと使われ、皆が頭をなでてすり減っているような仏像が、それ自体、美術的な、あるいは歴史的な価値をもつものとして、寺から持ち出されてガラスケースの中に展示され、それを遠くから鑑賞する、というような体験はとても不思議なものではある。最近ではその種の展示でも、単に「もの自体」をみせるのでなく、それが使われたコンテクスト全体をみせ、そのものが生活の中で使われている状況を可能な限りイメージさせるような工夫がなされたり、作家や作品そのものではなく、その背景になった時代全体を主題化した展覧会のようなものが増えたり、といった動きが進んできた。ところがそのことが、単に元のコンテクストに戻す、ということにとどまらない結果を生み出しているのである。

8 美術館や博物館の展示が、物そのものにとどまらず、それを取り巻くコンテクストをも取り込むようになってきていることは、別の見方をすれば、かつては「聖域」として仕切られた「作品そのもの」の外に位置していたはずの現実の時空もろとも、美術館や博物館という「聖域」の中に引きずり込まれた状況であるとみることもできる。それどころか、一九世紀以来、こうした場で育まれてきた「鑑賞」のまなざしが今や、美術館や博物館の垣根をのりこえて、町全体に流れ込むようになってきていると言ってよいかもしれない。ディズニーランドやハウステンボスは言うに及ばず、ウィーンでも京都でも、ベルリンや東京でも、いたるところに「歴史的町並み」風の場所が出現し、さながら町全体がテーマパーク化したような状況になっている。そういう場所で人々が周囲の景物に向けるまなざしは、たぶん美術館や博物館の内部で「物そのもの」に向けられていたものに近いものだろう。「博物館化」、「博物館学的欲望」といった語はまさに、そのような心性や状況を言い表そうとしているものである。これまで問題にしてきたシュテファン大聖堂での《レクイエム》のケースも、それになぞらえれば、単に音楽をコンサートから典礼のコンテクストに戻したのではなく、むしろ典礼そのものをもコンサート的なまなざしのうちに置こうとする人々の「コンサートホール的欲望」によって、コンサートの外なる場所であったはずの現実の都市の様々な空間が、どんどん「コンサートホール化」されている状況の反映と言い換えることができるように思われる。

9 「音楽」や「芸術」の概念の話に戻り、今のそういう状況に重ね合わせて考え直してみるならば、この状況は、近代的なコンサートホールの展開と相関的に形成されてきた「音楽」や「芸術」に向けるまなざしや聴き方が今や、その外側にまであふれ出てきて、かつてそのような概念の適用範囲外にあった領域にまでどんどん浸食してきている状況であると言いうるだろう。逆説的な言い方になるが、一見したところ「音楽」や「芸術」という伝統的な概念や枠組みが解体、多様化しているようにみえる状況と裏腹に、むしろコンサートホールや美術館から漏れ出したそれらの概念があらゆるものの「音楽化」や「芸術化」を促進しているように思われるのである。だがそうであるならば、「音楽」や「芸術」という概念が自明の前提であるかのように考えてスタートしてしまうような議論に対しては、C なおさら警戒心をもって周到に臨まなければならないのではないだろうか。このような状況自体、特定の歴史的・文化的コンテクストの中で一定の価値観やイデオロギーに媒介されることによって成り立っているのだとすれば、そこでの「音楽化」や「芸術化」の動きの周辺にはたらいている力学や、そういう中で「音楽」や「芸術」の概念が形作られたり変容したりする過程やメカニズムを明確にすることこそが決定的に重要になってくるからである。

10 問題のポイントを簡単に言うなら、「音楽」や「芸術」は決して最初から「ある」わけではなく、「なる」ものであるということになろう。それにもかかわらず、「音楽」や「芸術」という概念を繰り返し使っているうちに、それがいつの間にか本質化され、最初から「ある」かのような話にすりかわってしまい(ちょうど紙幣を繰り返し使っているうちに、それ自体に価値が具《そな》わっているかのように錯覚するようになってしまうのと同じである)、その結果は、気がついてみたら、「音楽は国境を越える」、「音楽で世界は一つ」という怪しげなグローバリズムの論理に取り込まれていたということにもなりかねないのである。

(渡辺裕《わたなべひろし》『サウンドとメディアの文化資源学——境界線上の音楽』による)

（注）

1　レクイエム――死者の魂が天国に迎え入れられるよう神に祈るための曲。

2　ＬＤ――レーザーディスク。映像・音声の記録媒体の一つ。

3　ゲオルク・ショルティ――ハンガリー出身の指揮者、ピアニスト（一九一二―一九九七）。

4　ウィーン・フィル――ウィーン・フィルハーモニー管弦楽団のこと。

5　聖体拝領――キリストの血と肉を象徴する葡萄《ぶどう》酒とパンを人々が受け取る儀式。

6　アクチュアルな――今まさに直面している。

7　司式――教会の儀式をつかさどること。ここでは儀式そのものを指す。

問1　傍線部(ア)〜(オ)に相当する漢字を含むものを、次の各群の①〜④のうちから、それぞれ一つずつ選べ。解答番号は［1］〜［5］。

(ア)　ケイサイ　［1］
① 名著にケイハツされる
② 連絡事項をケイシュツする
③ 方針転換のケイキになる
④ 一族のケイズを作る

(イ)　カツヤク　［2］
① 神仏のごリヤクにすがる
② あの人はケンヤク家だ
③ 面目ヤクジョの働きをする
④ 重要なヤクショクに就く

(ウ)　モヨオし物　［3］
① 議案をサイタクする
② サイミン効果のある音楽
③ カッサイを浴びた演技
④ 多額のフサイを抱える

(エ)　アクヘイ　［4］
① 機会のコウヘイを保つ
② 心身がヒヘイする
③ 室内にユウヘイされる
④ オウヘイな態度をとる

(オ)　マギれ　［5］
① 不満がフンシュツする
② フンベツある大人になる
③ 議論がフンキュウする
④ 決算をフンショクする

問2　傍線部A「これが典礼なのか、音楽なのかという問題は、実はかなり微妙である。」とあるが、筆者がそのように述べる理由として最も適当なものを、次の①～⑤のうちから一つ選べ。解答番号は 6 。

① 追悼ミサにおける《レクイエム》は、音楽として捉えることもできるが、それ以前に典礼の一部なのであり、典礼の全体を体験することによって楽曲本来のあり方を正しく認識できるようにもなっているから。

② 追悼ミサにおける《レクイエム》は、もともと典礼の一要素として理解されてはいたが、聖書の朗読や祈りの言葉等の儀式的な部分を取り去れば、独立した音楽として鑑賞できると認識されてもいるから。

③ 追悼ミサにおける《レクイエム》は、典礼の一要素として演奏されたものではあったが、参列者のために儀式と演奏の空間を分けたことによって、聖堂内でありながら音楽として典礼から自立することにもなったから。

④ 追悼ミサにおける《レクイエム》は、典礼の一部として受容されてはいたが、演奏を聴くことを目的に参列する人やCDを購入する人が増えたことで、典礼が音楽の一部と見なされるようにもなっていったから。

⑤ 追悼ミサにおける《レクイエム》は、典礼を構成する一要素であるが、その典礼から切り離し音楽として鑑賞することもでき、さらには典礼全体を一つのイヴェントとして鑑賞するような事態も起きているから。

問3　傍線部B「今『芸術』全般にわたって進行しつつある状況」とあるが、それはどのような状況か。その説明として最も適当なものを、次の①～⑤のうちから一つ選べ。解答番号は 7 。

① 展示物をその背景とともに捉えることで、美術館や博物館の内部で作品に向けられていたまなざしが周囲の事物にも向けられるようになり、現実の空間まで鑑賞の対象に組み込まれてきたという状況。

② 展示物を取り巻くコンテクストもイメージすることで、美術館や博物館内部の空間よりもその周辺に関心が移り、物そのものが置かれていた生活空間も鑑賞の対象とする考え方がもたらされてきたという状況。

③ 作品の展示空間を美術館や博物館の内部に限ったものと見なすのではなく、地域全体を展示空間と見なす新たな鑑賞のまなざしが生まれ、施設の内部と外部の境界が曖昧になってきたという状況。

④ 生活の中にあった事物が美術館や博物館の内部に展示物として取り込まれるようになったことで、作品と結びついたコンテクスト全体が鑑賞の対象として主題化されるようになってきたという状況。

⑤ 美術館や博物館内部の展示空間からその外に位置していた現実の時空にも鑑賞の対象が拡大していくにつれて、町全体をテーマパーク化し人々の関心を呼び込もうとする都市が出現してきたという状況。

問4　傍線部C「なおさら警戒心をもって周到に臨まなければならないのではないだろうか」とあるが、筆者がそのように述べる理由として最も適当なものを、次の①～⑤のうちから一つ選べ。解答番号は 8 。

① 「音楽」や「芸術」は、コンサートホールや美術館の内部で形成された「博物館学的欲望」に基づいて更新され続けてきた概念である。その過程を無視して概念を自明のものとしてしまうと、概念化を促す原動力としての人々の心性を捉え損ねてしまうから。

② 「音楽」や「芸術」は、コンサートホールや美術館における演奏や展示を通して多様に評価され変容してきた概念である。その過程を無視して概念を自明のものとしてしまうと、「音楽で世界は一つ」などというグローバリズムの論理に取り込まれてしまうから。

③ 「音楽」や「芸術」は、コンサートホールや美術館といった「聖域」が外部へと領域を広げていったことで発展してきた概念である。その過程を無視して概念を自明のものとしてしまうと、あらゆるものが「音楽化」や「芸術化」の対象になってゆく状況を説明できなくなるから。

④ 「音楽」や「芸術」は、コンサートホールや美術館の中で生まれた価値観やイデオロギーを媒介として形作られてきた概念である。その過程を無視して概念を自明のものとしてしまうと、それらの周辺にはたらいている力学の変容過程を明確にすることができなくなるから。

⑤ 「音楽」や「芸術」は、コンサートホールや美術館で育まれた「鑑賞」のまなざしと関わり合いながら成り立ってきた概念である。その過程を無視して概念を自明のものとしてしまうと、それ自体が本質化され、普遍的な価値を持つものとして機能してしまいかねないから。

問5　この文章の構成・展開に関する説明として**適当でないもの**を、次の①～④のうちから一つ選べ。解答番号は[9]。

①　[1]段落は、議論の前提となる事例をその背景や補足情報とともに提示して導入を図っており、[2]・[3]段落は、[1]段落で提示された事例について説明しながら二つの異なる立場を紹介している。

②　[4]段落は、[2]・[3]段落で紹介された立場を基に問題を提起しており、[5]・[6]段落は、[4]段落で提起された問題についてより具体的な情報を付け加えた上で議論の方向づけを行っている。

③　[7]段落は、前段落までの議論をより一般的な事例を通して検討し直すことで新たに別の問題への転換を図っており、[8]段落は、[7]段落から導き出された観点を基に筆者の見解を提示している。

④　[9]段落は、[7]・[8]段落で導き出された観点に基づいて問題点を指摘しており、[10]段落は、その問題点を簡潔に言い換えつつ[9]段落の議論から導かれた筆者の危惧を示している。

問6　授業で本文を読んだSさんは、作品鑑賞のあり方について自身の経験を基に考える課題を与えられ、次の【文章】を書いた。その後、Sさんは提出前にこの【文章】を推敲《すいこう》することにした。このことについて、後の(i)～(iii)の問いに答えよ。

【文章】

本文では現実を鑑賞の対象とすることに注意深くなるよう主張されていた。しかし、ここでは作品を現実世界とつなげて鑑賞することの有効性について自分自身の経験を基に考えてみたい。

小説や映画、漫画やアニメの中には、現実に存在する場所を舞台にした作品が多くある。そのため、私たちは作品を読み終えたり見終わったりした後に、実際に舞台となった場所を訪れることで、現実空間と作品をつなげて鑑賞することができる。

最近、近くの町がある小説の舞台になっていることを知った。私は何度もそこに行ったことがあるが、これまでは何も感じることがなかった。ところが、小説を読んでから訪れてみると、今までと別の見方ができて面白かった。（**a**）このように、私たちは、作品世界というフィルターを通じて現実世界をも鑑賞の対象にすることが可能である。（**b**）一方で、小説の舞台をめぐり歩いてみたことによって小説のイメージが変わった気もした。（**c**）実際の町の印象を織り込んで読んでみることで、作品が新しい姿を見せることもあるのだ。（**d**）作品を読んで町を歩くことで、さまざまな発見があった。

(i) Sさんは、傍線部「今までと別の見方ができて」を前後の文脈に合わせてより具体的な表現に修正することにした。修正する表現として最も適当なものを、次の ① ～ ④ のうちから一つ選べ。解答番号は 10 。

① なにげない町の風景が作品の描写を通して魅力的に見えてきて
② その町の情景を思い浮かべながら作品を新たな視点で読み解けて
③ 作品そのままの町の様子から作者の創作意図が感じられて
④ 作品の情景と実際の風景のずれから時間の経過が実感できて

(ii) Sさんは、自身が感じ取った印象に理由を加えて自らの主張につなげるため、【文章】に次の一文を加筆することにした。加筆する最も適当な箇所は(a)～(d)のどの箇所か。後の ① ～ ④ のうちから一つ選べ。解答番号は 11 。

それは、単に作品の舞台に足を運んだということだけではなく、現実の空間に身を置くことによって得たイメージで作品を自分なりに捉え直すということをしたからだろう。

① (a)
② (b)
③ (c)
④ (d)

(iii) Sさんは、この【文章】の主張をより明確にするために全体の結論を最終段落として書き加えることにした。そのための方針として最も適当なものを、次の①～④のうちから一つ選べ。解答番号は 12 。

① 作品世界をふまえることで現実世界への認識を深めることができるように、自分が生きている現実世界を知るために作品理解は欠かせない。その気づきを基に、作品世界と現実世界が不可分であることに留意して作品を鑑賞する必要があるといった結論を述べる。

② 作品世界と重ね合わせることで現実世界の見方が変わることがあり、それとは逆に、現実世界と重ね合わせることで作品の印象が変わることもある。その気づきを基に、作品と現実世界の鑑賞のあり方は相互に作用し得るといった結論を述べる。

③ 現実世界をふまえることで作品世界を別の角度から捉えることができるが、一方で、現実世界を意識せずに作品世界だけを味わうことも有効である。その気づきを基に、読者の鑑賞のあり方によって作品の意味は多様であるといった結論を述べる。

④ 現実世界と重ね合わせることで作品世界の捉え方が変わることがあり、そのことで作品に対する理解がさらに深まることになる。その気づきを基に、作品世界を鑑賞するには現実世界も鑑賞の対象にすることが欠かせないといった結論を述べる。

（下書き用紙）

国語の試験問題は次に続く。

第2問 次の文章は、牧田真有子《まきたまゆこ》「桟橋」(二〇一七年発表)の一節である。一六歳の高校生「イチナ」の家に、八歳年上の「おば」が訪れ、同居するようになる。イチナが幼少期に祖父母の家で親しく接していたおばは、中学生の頃から演劇の才能を発揮し、その後は劇団に所属しながら住居を転々としていた。これを読んで、後の問い(**問**1〜7)に答えよ。なお、設問の都合で本文の上に行数を付してある。(配点 50)

イチナが幼い頃のおばの印象は、「ままごと遊びになぜか本気で付き合ってくれるおねえさん」だった。幼稚園や小学校から祖父母の家に直行するときのイチナの目当ては、おばと定まっていた。学者だった祖父の書斎のソファで昼寝をして、おばが中学校から帰ってくるのを待った。やがて路地の角を曲がってざくざくと砂利を踏む足音で目がさめ、跳ね起きて玄関へ急ぐ。

「イチナ、少しはあの子にも羽を伸ばさせてあげなさい」

背後から祖父が神経質な口調でたしなめ、おばは靴を脱がないままかばんだけどすんと置いて、「いいよ。休みに行くようなもんだから」と書斎の方角に言い放つ。イチナはおばにまとわりつくようにして一緒に家を出る。

杉の木立に囲まれた児童公園が遊び場だった。おばは一度も足をとめずすたすたと砂場へ向かう。滑り台や鉄棒で遊んでいた、年齢にばらつきのある七、八人が我先にと集ってくる。

ままごとといっても、ありふれた家庭を模したものであったためしはない。専業主婦の正体が窃盗団のカシラだとか、全面闘争よりも華やかな記憶とともに滅びていく方を選ぶ王家の一族だとか、(ア)うらぶれた男やもめ(注1)と彼を陰に陽に支えるおせっかいな商店街の面々だとか、凝っている。「我が領土ではもはや革命分子らが徒党を組んでおるのだ」「後添え(注2)をもらうんなら早いに越したこたあないぜ」等々、子どもには耳慣れないせりふが多い。おばは一人で何役もこなす。彼女からは簡単な説明があるだけなので、子どもたちは的外れなせりふを連発するが、**A**おばがいる限り世界は崩れなかった。

家にいるときには決してしない足の組み方。「三行半《みくだりはん》(注3)」という言葉を口にするときだけ異様に淡くなるまなざし。寂しげな舌打ち。ここと、ここにあるはずのない場所とががらりと入れ替わっていく一つの大きな動きに、子どもたちは皆、巻き込まれたがった。全力を尽くして立ちこぎするブランコよりも、たしかに危険な匂いがした。

　夕暮れの公園を斜めに突っ切っていく通行人も多い。おばの同級生が苦笑まじりに声を掛けてくる。会社帰りらしい年配の男性が立ちどまってしげしげと見ていくこともある。制服姿のおばは全然かまわずに続ける。さまざまな遊具の影は誰かが引っ張っているかのように伸びつづけて、砂の上を黒く塗っていく。

　公園の砂場で三文役者(注4)を務めた幼《おさな》馴染《なじみ》たちの一人と、イチナは今も親交がある。

　映画を見に行く日取りを決めるため、その年上の友人と電話していた夕方のことだ。話の切れ目にイチナは、「なんと今あのおばが居候(注5)中でね」と言った。電話口の向こうに、すばやい沈黙があった。階下の台所からは天ぷらを揚げる母親の声と手伝っているおばの声が、一箇所に重なったり離れたりして聞こえていた。二人の声質はそっくりで、わずかに小さいおばの声は、母の声の影のようだった。一拍おいて友人は「フーライボー(注6)とか、なまで見んのはじめてかも」とちぐはぐなことを言った。

「なまで見てた頃は定住してたしね。懐かしくない？　電話代わろうか」

　イチナが冗談半分で勧めると、相手も「結構です」と笑って言ったが、そこには何か、拭いきれていない沈黙が交じっているようだった。

「おばさんと話すのは億劫《おっくう》?」とイチナは訊《き》いた。

「いや、これ言っていいのかな。おばさんさ、私の家にもちょっと住んでたんだよね。去年の春。いきなりだった。寝袋かついで玄関に立ってる人が誰なのか、最初ぴんと来なかったもん。あ、別にいいんだよ、じゅうぶんな生活費入れてくれてたし。私もほら、一人暮らしも二年目で飽きてたし」

　空いている方の手で絨毯《じゅうたん》の上の糸屑《いとくず》を拾っていたイチナの動きがとまる。言ってしまうと友人は、B<u>もう気安い声を出した。</u>

「私まで『おばさん』呼ばわりは悪いと思いつつ。イチナのがうつっちゃって」

「昔、それとなく『おねえさん』にすり替えようとする度おじいちゃんから威嚇されてね」

イチナは狼狽《ろうばい》を引きずったまま再び手を動かし始める。彼女の祖父は言葉の正式な使用を好む。続柄の呼称についての勝手な改変は、たとえ幼い孫相手であっても許さなかった。

台所ではおばが、水で戻すわかめの引きあげが早い、と母から厳しく指摘されている。

「しかしあのおばさんてのは、全っ然、ぼろ出さないね」

友人は思い出したように言った。イチナはすかさず反論した。

「けっこうずぼらだしそっかしいけど」

「失敗しないって意味じゃなくて、失敗してもぜったい言い訳しないとか。痛いときは存分に痛がるとか、年上だからって虚勢張らないとか。自然体の人ってのはいるけど、おばさんの場合いっそ自然の側みたいに思える時ない？　他人なのに不透明感なさすぎて。朝顔の観察日記みたいに記録をつけられそうっていうか。共同生活、悪くなかったよ。なぜかはっきり思い出せないけど」

イチナは今度は、絨毯の上の糸屑を拾う手をとめない。上手《うま》くとめられなかったのだ。電話を切ると、「終わったなら早く手伝いに来なさい」という母親からの伝言を携えておばが上がってくる。肩までの髪をざっと束ね、腕まくりした格好のおばに、イチナは先の通話相手の名を挙げる。

「もう泊めてくれるような知り合いが底をついたからってさ、私の友達のとこにまで勝手に押しかけるのやめてよ。おばさんとあの子って、ほぼ見ず知らずの人ってくらいの関係じゃん、今となっては」

「けど完全に見ず知らずの人の家ってわりと暮らしにくいものだよ」

「嘘《うそ》でしょ試したの？　ていうか、そもそもなんでまた居候？」

「たしかにする理由はない。でもしない理由もなくない？」

「迷惑がかかる。セキュリティの問題。不躾《ぶしつけ》で厚かましい。しない方の理由はひっきりなしに湧いてくるんだけど？」

「それはその人が決めることでしょう。その人のことを私が予《あらかじ》め決めるわけにはいかないでしょう」

「(イ)もっともらしい顔で言わないでよ」

イチナが物の単位を誤ったりすると、すかさず正して復唱させる祖父に、おばは目鼻立ちが似ている。しかし厳格な祖父ですら、本当のことを受け入れれば自分自身を損なうような場面では(ウ)やにわに弁解し、自分の領域を護《まも》ろうとするときがあった。友人の言うとおりなのかもしれない、とイチナは考える。普通、人にはもっと、内面の輪郭が露《あら》わになる瞬間がある。肉体とは別に、その人がそこから先へ出ることのない領域の、縁。当人には自覚しきれなくても他人の眼《め》にはふしぎとなまなましく映る。たしかにおばには、どこからどこまでがおばなのかよくわからない様子があった。氷山の一角みたいに。

居候という根本的な問題に対して母が得意の批評眼を保てなくなったのは、おば自身の工夫による成果ではない、とイチナはふむ。母だけではない、おばを住まわせた人たちは皆その、果てのなさに途中で追いつけなくなってしまうのだ。だから居候が去った後、彼らはおばとの暮らしをはっきりと思い出せない。思い出したいなら観察日記でもつけるしかない。C私はごまかされたくない、とイチナは思う。

「そうかイチナ、する方の理由これでいい?」階段を下りかけていたおばの、言葉だけが部屋に戻ってくる。「私の肉体は家だから。だから、これより外側にもう一重の、自分の家をほしいと思えない」

演じるごとに役柄に自分をあけ払うから。そういう意味だとイチナが理解したときには、おばはもう台所にいる。イチナは何してるのよ、という母親の声と、のんきそうにしてる、というおばの声が、空をよぎる鳥と路上を伝う鳥影のような一対の質感で耳に届く。

(注)
1 男やもめ――妻を失った男。
2 後添え――二度目の配偶者。
3 三行半――夫から妻に出す離縁状。
4 三文――価値の低いこと。
5 居候――他人の家に身を寄せ、養ってもらっていること。
6 フーライボー――風来坊。居どころを気まぐれに変えながら生きている人。

問1　傍線部(ア)〜(ウ)の語句の意味として最も適当なものを、次の各群の①〜⑤のうちから、それぞれ一つずつ選べ。解答番号は 13 〜 15 。

(ア) うらぶれた 13
① 度量が小さく偏屈な
② だらしなく大雑把な
③ 不満げで投げやりな
④ みすぼらしく惨めな
⑤ 優柔不断で不誠実な

(イ) もっともらしい 14
① 悪びれず開き直るような
② まるで他人事だと突き放すような
③ へりくだり理解を求めるような
④ いかにも正しいことを言うような
⑤ 問い詰めてやりこめるような

(ウ) やにわに 15
① 多弁に
② 即座に
③ 強硬に
④ 半端に
⑤ 柔軟に

問2　傍線部A「おばがいる限り世界は崩れなかった」とあるが、どういうことか。その説明として最も適当なものを、次の①～⑤のうちから一つ選べ。解答番号は［16］。

①　おばの「ままごと」は、ありきたりの内容とは異なるものだったが、子どもたちが役柄に合わない言動をしても、自在な演技をするおばに生み出された雰囲気によってその場が保たれていたということ。

②　おばの「ままごと」は、もともと子ども相手のたわいのない遊戯だったが、演技に魅了されたおばの姿勢によって本格的な内容になり、そのことで参加者全員を夢中にさせるほどの完成度に達していたということ。

③　おばの「ままごと」は、その中身が非日常的で大人びたものであったが、子どもたちの取るに足りない言動にもおばが相応の意味づけをしたため、結果的に子どもたちを退屈させない劇になっていたということ。

④　おばの「ままごと」は、奇抜なふるまいを子どもたちに求めるものだったが、人目を気にしないおばが恥じることなく演じたため、子どもたちも安心して物語の設定を受け入れることができたということ。

⑤　おばの「ままごと」は、子どもたちにとって設定が複雑で難解なものであったが、おばが状況にあわせて話の筋をつくりかえることで、子どもたちが楽しんで参加できる物語になっていたということ。

問3　傍線部B「もう気安い声を出した」とあるが、友人がこのような対応をしたのはなぜか。その理由の説明として最も適当なものを、次の①〜⑤のうちから一つ選べ。解答番号は 17 。

① 同居していたことをおばに口止めされていた友人は、イチナが重ねて尋ねてくるのを好機としてありのままを告げた。そのうえで、おばの生活についてイチナと語り合う良い機会だと思ってうれしくなったから。

② おばと同居していた事実を黙っていた友人は、イチナに隠し事をしている罪悪感に耐えきれず打ち明けてしまった。そのうえで、イチナとの会話を自然に続けようと考えてくつろいだ雰囲気をつくろうとしたから。

③ 同居するなかでおばと親密になった友人は、二人の仲を気にし始めたイチナに衝撃を与えないようにおばとの関係を明かした。そのうえで、現在は付き合いがないことを示してイチナを安心させようとしたから。

④ おばとの同居を伏せていた友人は、おばを煩わしく感じているとイチナに思われることを避けようとして事実を告げた。そのうえで、話さずにいた後ろめたさから解放されてイチナと気楽に会話できると考えたから。

⑤ おばと同居していたことをイチナには隠そうとしていた友人は、おばがイチナにうっかり話してしまうことを懸念して自分から打ち明けた。そのうえで、友人関係が破綻しないようにイチナをなだめようとしたから。

問4　本文33行目から47行目にかけて糸屑を拾うイチナの様子が何度か描かれているが、その描写についての説明として最も適当なものを、次の①～⑤のうちから一つ選べ。解答番号は 18 。

① 友人からおばとの関係を打ち明けられ、自分とおばの関係に他人が割り込んでくることの衝撃をなんとか押さえようとするイチナの内面が、手を止めたり止めなかったりという動作に暗示的に表現されている。

② 友人の家におばが居候していたことに驚かされ、さらに友人が自分の意識していなかったおばの一面を伝えてきたことに揺さぶられるイチナの心のありようが、糸屑を拾う手の動きを通して表現されている。

③ おばとの共同生活を悪くなかったとする友人の意外な言葉に接し、おばの居候の生活を厚かましく迷惑なものと捉えていた見方を覆されたイチナの心の動きが、手で糸屑を拾う動きになぞらえて表現されている。

④ 友人とおばとの関係が親密であったと告げられたことにうろたえ、現在とは違いおばに懐いていた頃を思い返すイチナの物寂しい思いが、糸屑を拾う手遊びという無自覚な動作に重ねられて表現されている。

⑤ おばとの共同生活を思い出せないと友人が言ったことを受けて、おばに対して同じ思いを抱いていたことにあらためて気づいたイチナの驚きが、意思と関係なく動いてしまう手の動作に象徴的に表現されている。

問5　傍線部C「私はごまかされたくない、とイチナは思う。」とあるが、このときのイチナの思いとして最も適当なものを、次の①～⑤のうちから一つ選べ。解答番号は 19 。

① おばとの生活は突然訪問された人にも悪い印象を残すものではなかったため、同居していた友人や母はおばの居候生活を強く責めてこなかったが、自分だけは迷惑なものとして追及し続けたいという思い。

② おばの自然なふるまいは同居人にも内面のありようを感じさせないため、これまでともに生活してきた者たちはおばという人のあり方を捉えられなかったが、自分だけはどうにかして見誤らずに捉えたいという思い。

③ 明確な記憶を残させないようおばがふるまっているため、これまでともに暮らしてきた者たちはおばとの生活をはっきりと思い出せないが、自分だけはおばを観察することによって記憶にとどめておきたいという思い。

④ 共同生活をしてもおばの内面が見えてこないため、同居していた友人や母ですらどこまでが演技か見抜くことができなかったが、自分だけは個々の言動からおばの本心を解き明かして理解したいという思い。

⑤ 何を質問してもおばがはぐらかすような答えしかしないため、ともに暮らした友人や母にもおばの居候生活の理由は隠し通されてきたが、自分だけは口先で丸め込まれることなく観察を通して明らかにしたいという思い。

問6　本文の表現に関する説明として**適当でないもの**を、次の①～⑤のうちから一つ選べ。解答番号は 20 。

① 「ざくざくと砂利を踏む」(3行目)、「どすんと置いて」(5行目)、「すたすたと砂場へ向かう」(7行目)は、擬音語・擬態語が用いられることで、おばの中学校時代の様子や行動が具体的にイメージできるように表現されている。

② 「さまざまな遊具の影は誰かが引っ張っているかのように伸びつづけて、砂の上を黒く塗っていく。」(18～19行目)は、遊具の影の動きが比喩で表されることで、子どもたちの意識が徐々に変化していく様子が表現されている。

③ イチナが電話で友人と話している場面(22～47行目)では、友人の話すイチナの知らないおばの話と階下から聞こえてくる身近なおばの様子とが交互に示されることで、おばの異なる姿が並立的に表現されている。

④ イチナとおばの会話場面(50～57行目)では、情景描写が省かれそれぞれの発言だけで構成されることで、居候をめぐってイチナとおばの意見が対立しイチナが言い募っていく様子が臨場感をもって表現されている。

⑤ 「たしかにおばには、どこからどこまでがおばなのかよくわからない様子があった。氷山の一角みたいに。」(62行目)は、比喩と倒置が用いられることで、イチナから見たおばのうかがいしれなさが表現されている。

問7　「おば」は居候する理由をイチナに問われ、「私の肉体は家だから。」（67〜68行目）と答えた。この言葉をイチナは「演じるごとに役柄に自分をあけ払うから。」（69行目）ということだと理解した。イチナによるこうしたおばの捉え方について理解を深めるために、教師から**【資料】**が配付された。以下は**【資料】**とそれに基づいた教師と生徒の対話である。このことについて後の(i)・(ii)の問いに答えよ。

【資料】

演出家・太田省吾《おおたしょうご》が演技について論じた文章「自然と工作――現在的断章」より

われわれは、日常、己《おの》れの枠をもたずに生活している。そして、枠をもつことができるのは、死の場面であると言ってもよい。死ぬとき、いや死んだときには、われわれは、〈私〉の枠をもつ、これこれの者であったと。しかし、そのときの〈私〉は存在しているとはいえぬ状態にあるとすれば、われわれは〈私〉を枠づけることのできぬ存在であるということになるのだが、〈私〉を枠づけたいという欲求は、われわれの基礎的な生の欲求である。

われわれは、なに者かでありたいのだ。なに者かである者として〈私〉を枠づけ自己実現させたいのだ。

演技の欲求を、自分でないなに者かになりたいという言い方で言うことがある。このとき、自分でないなに者かとは、自分でない者ではなく、なに者かの方が目指されているのであり、そのなに者とは、実は自分のことである。つまり、それは自分になりたい欲求を基礎とした一つの言い方である。

教　師――イチナはおばの人物像を捉えかねているようですね。人には普通「内面の輪郭」（60行目）が明らかになるときがあるのに、おばにはそれがないとされています。この問題を考えるために、**【資料】**を読んでみましょう。この**【資料】**によると、「われわれは、日常、己れの枠をもたずに生活している」ので「〈私〉を枠づけたいという欲求」を持つとのことです。「枠」を使って考えると、本文の中にもわかりやすくなるところがありませんか。

生徒M――イチナはおばのことを「**X**」と思っていました。それは**【資料】**の「**Y**」ようという様子がおばには見られないことを示しているのではないでしょうか。

生徒N――一方で、友人はおばを「ぼろ出さない」（40行目）と評しています。これは、「枠」がないようにイチナには見えるおばのあり方を、意思的なふるまいと見る言い方ではないでしょうか。はじめはこれに反論したイチナも友人の言葉に触発されているようです。

教　師――おばについて、「枠」を観点にしてそれぞれ意見が出ましたが、おばは演じる者でもありました。イチナの「演じるごとに役柄に自分をあけ払うから」という理解の仕方については、どう言えるでしょうか。

生徒N――イチナはおばのことを、日常生活で**Z**と考えています。幼い頃に体験した中学生のおばの演技の様子も考えると、役者としてもおばは様々な役になりきることで自分であることから離れている、とイチナは捉えていると思います。この理解が、「演じるごとに役柄に自分をあけ払う」という言葉につながったのではないでしょうか。

教　師――**【資料】**では、「自分でないなに者かになりたい」欲求の現れとして演技がみなされていますが、イチナの考えているおばのあり方とは隔たりがありそうですね。

(i) 空欄 X ・ Y に入るものの組合せとして最も適当なものを、次の①～④のうちから一つ選べ。解答番号は 21 。

① X ままごと遊びになぜか本気で付き合ってくれる　Y なに者かである者として〈私〉を枠づけ

② X けっこうずぼらだしそっかしい　Y 日常、己れの枠をもたずに生活し

③ X 内面の輪郭が露わになる瞬間がある　Y 日常、己れの枠をもたずに生活し

④ X どこからどこまでがおばなのかよくわからない　Y なに者かである者として〈私〉を枠づけ

(ii) 空欄 Z に入るものとして最も適当なものを、次の①～④のうちから一つ選べ。解答番号は 22 。

① 演技を通して「枠」を隠し「実現」させたい「自己」を人に見せないよう意識している

② 「〈私〉を枠づけたいという欲求」の内容を常に更新しながらその欲求を実現している

③ 自分は「これこれの者」だという一つの「枠」にとらわれないふるまいをしている

④ 「自分になりたい」という「欲求」に基づいて多様な「己れの枠」を所有できている

(下書き用紙)

国語の試験問題は次に続く。

第3問 次の文章は、「車中雪《しゃちゅうのゆき》」という題で創作された作品の一節である（『草縁集《そうえんしゅう》』所収）。主人公が従者とともに桂《かつら》（京都市西京区の地名）にある別邸（本文では「院」）に向かう場面から始まる。これを読んで、後の問い（問1～4）に答えよ。なお、設問の都合で本文の上に行数を付してある。（配点 50）

桂の院つくりそへ給《たま》ふものから、(ア)あからさまにも渡り給はざりしを、友待つ雪(注1)にもよほされてなむ、ゆくりなく思《おぼ》し立た(注2)すめる。かうやうの御歩《あり》きには、源少将、藤式部をはじめて、今の世の有職《いうそく》と聞こゆる若人のかぎり、必ずしも召しまつはしたりしを、(イ)とみのことなりければ、かくとだにもほのめかし給はず、「ただ親しき家司《けいし》(注3)四人五人《よたりいつたり》して」とぞ思しおきて給ふ。

やがて御車引き出《い》でたるに、「空より花の」(注4)と **a** うち興じたりしも、めでゆくまにまにいつしかと散りうせぬるは、かくてやみぬとにやあらむ。「さるはいみじき出で消えにこそ」と、人々死に返り(注5)妬《ねた》がるを、「げにあへなく口惜し」と思せど、「さて **b** 引き返さむも人目悪《わろ》かめり。なほ法輪の八講(注6)にことよせて」と思しなりて、ひたやりに急がせ給ふほど、またもつつ闇(注7)に曇りみちて、ありしよりけに散り乱れたれば、道のほとりに御車たてさせつつ見給ふに、何がしの山、くれがしの河原も、ただ時の間に **c** 面《おも》変はりせり。

かのしぶしぶなりし人々も、いといたう笑み曲げて、「これや小倉《をぐら》(注8)の峰ならまし」「それこそ梅津(注9)の渡りならめ」と、口々に定めあへるものから、松と竹とのけぢめをだに、とりはづしては違《たが》へぬべかめり。「あはれ、世に面白しとはかかるをや言ふならむかし。なほここにて(注10)を見栄《は》やさまし」とて、やがて下簾《したすだれ》(注11)かかげ給ひつつ、

ここもまた月の中なる里ならし雪の光もよに似ざりけり

など **d** 興ぜさせ給ふほど、(ウ)かたちをかしげなる童《わらは》の水干《すいかん》着たるが、手を吹く吹く御あと尋《と》め来て、榻《しぢ》(注12)のもとにうずくまりつつ、「これ御車に」とて差し出でたるは、源少将よりの御消息なりけり。**e** 大夫《たいふ》とりつたへて奉るを見給ふに、「いつも後《おく》らかし給はぬを、かく、

X 白雪のふり捨てられしあたりには恨みのみこそ千重に積もれれ」

とあるを、ほほ笑み給ひて、畳紙《たたうがみ》に、

Y 尋め来やとゆきにしあとをつけつつも待つとは人の知らずやありけむ

やがてそこなる松を雪ながら折らせ給ひて、その枝に結びつけてぞたまはせたる。

やうやう暮れかかるほど、さばかり天霧《あまぎ》(注13)らひたりしも、いつしかなごりなく晴れわたりて、名に負ふ里の月影はなやかに差し出でたるに、雪の光もいとどしく映えまさりつつ、天地《あめつち》のかぎり、白銀《しろかね》うちのべたらむがごとくきらめきわたりて、あやにまばゆき夜のさまなり。

院の預かり(注14)も出で来て、「かう渡らせ給ふとも知らざりつれば、とくも迎へ奉らざりしこと」など言ひつつ、頭《かしら》もたげで、よろづに追従するあまりに、牛の額の雪かきはらふとては、軛《くびき》に触れて烏帽子《えぼし》を落とし、御車やるべき道清むとては、あたら雪をも踏みしだきつつ、足手の色を海老《えび》(注15)になして、桂風《かつらかぜ》を引き歩く。人々、「いまはとく引き入れてむ。かしこのさまもいとゆかしきを」とて、もろそそき(注16)にそそきあへるを、「げにも」とは思すものから、ここもなほ見過ぐしがたうて。

(注) 1 友待つ雪——後から降ってくる雪を待つかのように消え残っている雪。

2 思し立たす——「す」はここでは尊敬の助動詞。

3 家司——邸《やしき》の事務を担当する者。後出の「大夫」はその一人。

4 空より花の——『古今和歌集』の「冬ながら空より花の散りくるは雲のあなたは春にやあるらむ」という和歌をふまえた表現。

5 死に返り——とても強く。

6 法輪の八講——「法輪」は京都市西京区にある法輪寺。「八講」は『法華経』全八巻を講義して讃《たた》える法会。

7 つつ闇——まっくら闇。

8 小倉の峰——京都市右京区にある小倉山。

9 梅津の渡り——京都市右京区の名所。桂川左岸に位置する。

10　ここにてを見栄やさまし――ここで見て賞美しよう。
11　下簾――牛車《ぎっしゃ》の前後の簾（下図参照）の内にかける帳《とばり》。
12　榻――牛車から牛をとり放したとき、「轅《くびき》」を支える台（下図参照）。牛車に乗り降りする際に踏み台ともする。
13　天霧らひ――「天霧らふ」は雲や霧などがかかって空が一面に曇るという意。
14　院の預かり――桂の院の管理を任された人。
15　海老になして――海老のように赤くして。
16　もろそそき――「もろ」は一斉に、「そそく」はそわそわするという意。

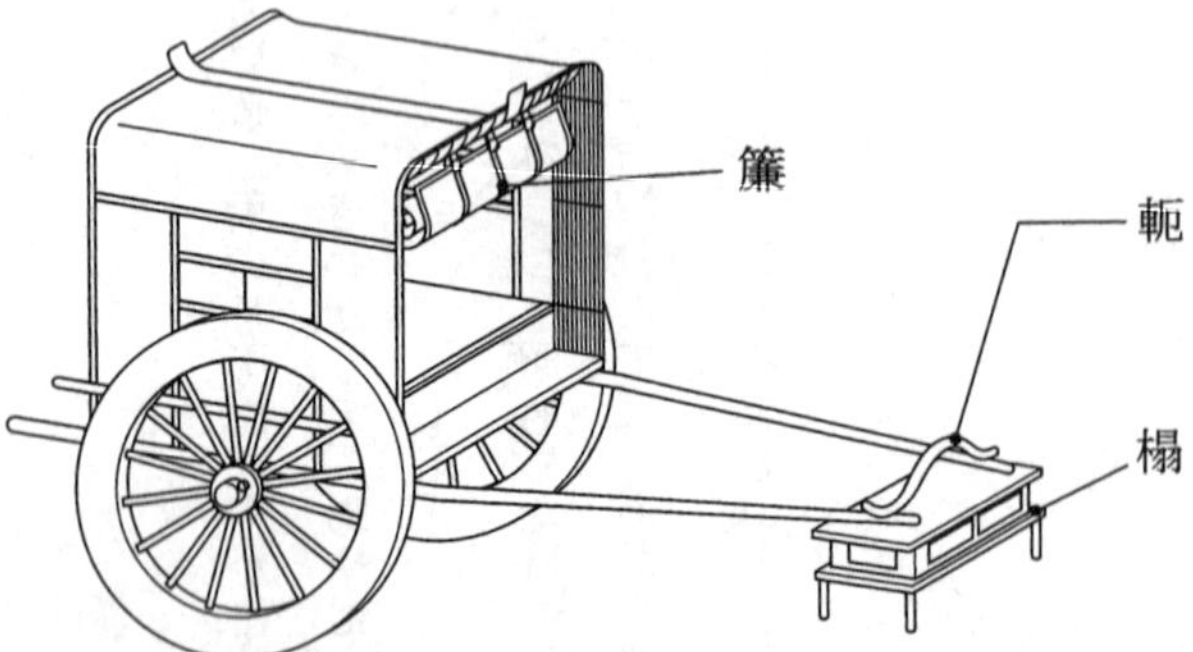

牛車図

問1　傍線部(ア)〜(ウ)の解釈として最も適当なものを、次の各群の①〜⑤のうちから、それぞれ一つずつ選べ。解答番号は 23 〜 25 。

(ア) あからさまにも 23
① 昼のうちも
② 一人でも
③ 少しの間も
④ 完成してからも
⑤ 紅葉の季節にも

(イ) とみのこと 24
① 今までになかったこと
② にわかに思いついたこと
③ ひそかに楽しみたいこと
④ 天候に左右されること
⑤ とてもぜいたくなこと

(ウ) かたちをかしげなる 25
① 格好が場違いな
② 機転がよく利く
③ 和歌が上手な
④ 体を斜めに傾けた
⑤ 見た目が好ましい

問2　波線部**a**〜**e**について、語句と表現に関する説明として最も適当なものを、次の①〜⑤のうちから一つ選べ。解答番号は 26 。

① **a**「うち興じたりしも」の「し」は強意の副助詞で、雪が降ることに対する主人公の喜びの大きさを表している。

② **b**「引き返さむも」の「む」は仮定・婉曲の助動詞で、引き返した場合の状況を主人公が考えていることを表している。

③ **c**「面変はりせり」の「せり」は「り」が完了の助動詞で、人々の顔色が寒さで変化してしまったことを表している。

④ **d**「興ぜさせ給ふ」の「させ」は使役の助動詞で、主人公が和歌を詠んで人々を楽しませたことを表している。

⑤ **e**「大夫とりつたへて奉るを見給ふ」の「給ふ」は尊敬の補助動詞で、作者から大夫に対する敬意を表している。

問3　和歌**X**・**Y**に関する説明として最も適当なものを、次の①～④のうちから一つ選べ。解答番号は 27 。

① 源少将は主人公の誘いを断ったことを気に病み、「白雪」が降り積もるように私への「恨み」が積もっているのでしょうね、という意味の和歌**X**を贈った。

② 源少将は和歌**X**に「捨てられ」「恨み」という恋の歌によく使われる言葉を用いて主人公への恋情を訴えたため、主人公は意外な告白に思わず頬を緩めた。

③ 主人公は和歌**Y**に「待つ」という言葉を用いたのに合わせて、「待つ」の掛詞《かけことば》としてよく使われる「松」の枝とともに、源少将が待つ桂の院に返事を届けさせた。

④ 主人公は「ゆき」に「雪」と「行き」の意を掛けて、「雪に車の跡をつけながら進み、あなたを待っていたのですよ」という和歌**Y**を詠んで源少将に贈った。

問4 次に示すのは、「桂《かつら》」という言葉に注目して本文を解説した文章である。これを読んで、後の(i)～(iii)の問いに答えよ。

本文は江戸時代に書かれた作品だが、「桂」やそれに関連する表現に注目すると、平安時代に成立した『源氏物語』や、中国の故事がふまえられていることがわかる。以下、順を追って解説していく。

まず、1行目に「桂の院」とある。「桂」は都の中心地からやや離れたところにある土地の名前で、『源氏物語』の主人公である光源氏も「桂の院」という別邸を持っている。「桂の院」という言葉がはじめに出てくることで、読者は『源氏物語』の世界を思い浮かべながら本文を読んでいくことになる。

次に、12行目の和歌に「月の中なる里」とある。実はこれも「桂」に関わる表現である。古語辞典の「桂」の項目には、「中国の伝説で、月に生えているという木。また、月のこと」という説明がある。すなわち、「月の中なる里」とは「桂の里」を指す。したがって、12行目の和歌は、「まだ桂の里に着いていないはずだが、この場所もまた『月の中なる里』だと思われる。なぜなら、［Ⅰ］」と解釈できる。

「桂」が「月」を連想させる言葉だとすると、20行目で桂の里が「名に負ふ里」と表現されている意味も理解できる。すなわち、20～22行目は［Ⅱ］、という情景を描いているわけである。

最後に、25行目に「桂風を引き歩く」とある。「桂風」は「桂の木の間を吹き抜ける風」のことであるが、「桂風を引き」には「風邪を引く」という意味も掛けられている。実は『源氏物語』にも「浜風を引き歩く」という似た表現がある。光源氏の弾く琴の音が素晴らしく、それを聞いた人々が思わず浜を浮かれ歩き風邪を引くというユーモラスな場面である。『源氏物語』を意識して読むと、23～26行目では主人公がどのように描かれているかがよくわかる。すなわち、［Ⅲ］。

以上のように、本文は「桂の院」に向かう主人公たちの様子を、移り変わる雪と月の情景とともに描き、最後は院の預かりや人々と対比的に主人公を描いて終わる。作者は『源氏物語』や中国の故事をふまえつつ、「桂」という言葉が有するイメージをいかして、この作品を著したのである。

(i) 空欄 **I** に入る文章として最も適当なものを、次の①～④のうちから一つ選べ。解答番号は **28** 。

① 小倉や梅津とは比較できないくらい月と雪が美しいから
② 雪がこの世のものとは思えないほど光り輝いているから
③ ひどく降る白い雪によって周囲の見分けがつかないから
④ 月の光に照らされた雪のおかげで昼のように明るいから

(ii) 空欄 **Ⅱ** に入る文章として最も適当なものを、次の①～④のうちから一つ選べ。解答番号は **29** 。

① 空を覆っていた雲にわずかな隙間が生じ、月を想起させる名を持つ桂の里には、一筋の月の光が鮮やかに差し込んできて、明るく照らし出された雪の山が、目がくらむほど輝いている

② 空を覆っていた雲がいつの間にかなくなり、月を想起させる名を持つ桂の里にふさわしく、月の光が鮮やかに差し込み、雪明かりもますます引き立ち、あたり一面が銀色に輝いている

③ 空を覆っていた雲が少しずつ薄らぎ、月を想起させる名を持つ桂の里に、月の光が鮮やかに差し込んでいるものの、今夜降り積もった雪が、その月の光を打ち消して明るく輝いている

④ 空を覆っていた雲は跡形もなく消え去り、月を想起させる名を持つ桂の里だけに、月の光が鮮やかに差し込んできて、空にちりばめられた銀河の星が、見渡す限りまぶしく輝いている

(iii) 空欄 Ⅲ に入る文章として最も適当なものを、次の①～④のうちから一つ選べ。解答番号は 30 。

① 「足手の色」を気にして仕事が手につかない院の預かりや、邸の中に入って休息をとろうとする人々とは異なり、「ここもなほ見過ぐしがたうて」とその場に居続けようとするところに、主人公の律儀な性格が表現されている

② 風邪を引いた院の預かりを放っておいて「かしこのさまもいとゆかしきを」と邸に移ろうとする人々とは異なり、「『げにも』とは思す」ものの、院の預かりの体調を気遣うところに、主人公の温厚な人柄が表現されている

③ 軽率にふるまって「あたら雪をも踏みしだきつつ」主人を迎えようとする院の預かりや、すぐに先を急ごうとする人々とは異なり、「ここもなほ見過ぐしがたうて」と思っているところに、主人公の風雅な心が表現されている

④ 「とくも迎へ奉らざりしこと」と言い訳しながら慌てる院の預かりや、都に帰りたくて落ち着かない人々とは異なり、「『げにも』とは思す」ものの、周囲の人を気にかけないところに、主人公の悠々とした姿が表現されている

第4問　次の文章は、唐の杜牧《とぼく》(八〇三―八五二)の【詩】「華清宮《かせいきゅう》」とそれに関連する【資料】Ⅰ～Ⅳである。これを読んで、後の問い(問1～6)に答えよ。なお、設問の都合で返り点・送り仮名を省いたところがある。(配点　50)

【詩】

華(注1)清宮

長安ヨリ回望スレバ繡《しう》(注2)成スレ堆ヲ
山頂ノ千門次(注3)第ニ開ク
一騎紅《こう》(注4)塵《ぢん》妃(注5)子笑フ
無シ三人ノ知ル二是《こ》レ荔《れい》(注6)枝《し》ノ来タルヲ一

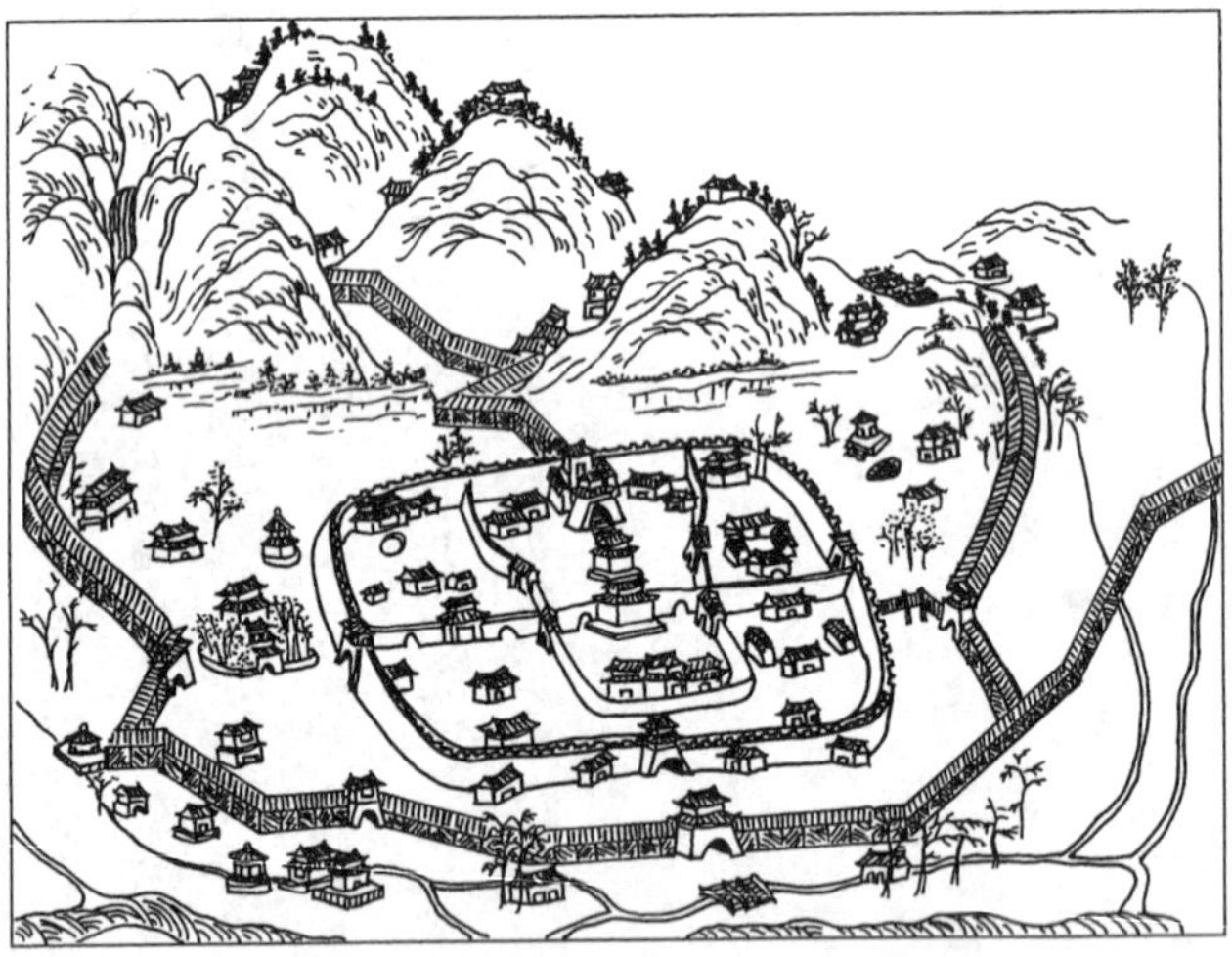

多くの門や御殿が並ぶ華清宮の全景

【資料】

Ⅰ　『天(注7)宝遺事』ニ云《い》フ、「貴妃嗜《たしな》ム二茘枝ヲ一。当時涪《ふう》(注8)州《しう》致スレ貢ヲ以テシ二馬逓(注9)ヲ一、馳《ち》載《さい》スルコト七日七夜ニシテ至ルレ京ニ。人馬多ク斃《たふ》レ二於路ニ一、(ア)百姓苦シムトレ之ニ。」

Ⅱ　『畳(注10)山詩話』ニ云フ、「明(注11)皇致シテ二遠物ヲ一以テ悦《よろこ》バシム二婦人ヲ一。窮人力絶人命、有所不顧。」

Ⅲ　『遯《とん》(注12)斎《さい》閑《かん》覧《らん》』ニ云フ、「杜牧ノ華清宮詩尤《もつと》モ(イ)膾《くわい》二炙《しや》ス人口ニ一。拠レバ二唐(注13)紀ニ一、明皇以テ二十月ヲ一幸シ二驪《り》山《ざん》ニ一、至リテレ春ニ即チ還《かへ》ルレ宮ニ。是レ未ダ三ル嘗テ六月ニハ在ラ二驪山ニ一也。然ルニ茘枝ハ盛暑ニシテ方《はじ》メテ熟ス。」

（【詩】と【資料】Ⅰ～Ⅲは蔡《さい》正《せい》孫《そん》『詩林広記』による）

Ⅳ

『甘(注14)沢謡』曰ハク、「天宝十四年六月一日、貴妃誕《たん》(注15)辰《しん》、駕《が》(注16)幸ス二驪山ニ一。命ジテ二小(注17)部音声ニ一奏シ二楽ヲ長(注18)生殿ニ一、進メシムルモ二新曲ヲ一、未ダレ有ラレ名。会《たまたま》南(注19)海献ジ二茘枝ヲ一、因(ウ)名ヅクト二茘《れい》枝《し》香《かう》ト一。」

（【資料】Ⅳは程大昌《ていだいしょう》『考古編』による）

（注）
1 華清宮――唐の都長安の郊外にある、驪山《りざん》の温泉地に造営された離宮。
2 繡成レ堆――綾絹《あやぎぬ》を重ねたような驪山の山容の美しさをいう。
3 次第――次々と。
4 紅塵――砂煙。
5 妃子――楊貴妃《ようきひ》のこと。唐の皇帝玄宗《げんそう》（六八五―七六二）の妃《きさき》。
6 茘枝――果物のライチ。中国南方の特産物。
7 『天宝遺事』――唐の天宝年間（七四二―七五六）の逸話を集めた書。王仁裕《おうじんゆう》著。
8 涪州――中国南方の地名。
9 馬逓――早馬の中継による緊急輸送。公文書を運ぶのが本来の目的。
10 『畳山詩話』――詩の解説・批評や詩人の逸話を載せた書。謝枋得《しゃぼうとく》著。

11　明皇――玄宗を指す。
12　『邇斎閑覧』――学問的なテーマで書かれた随筆集。陳正敏《ちんせいびん》著。
13　唐紀――唐の時代についての歴史記録。
14　『甘沢謡』――唐の逸話を集めた書。袁郊《えんこう》著。
15　誕辰――誕生日。
16　駕――皇帝の乗り物。
17　小部音声――唐の宮廷の少年歌舞音楽隊。
18　長生殿――華清宮の建物の一つ。
19　南海――南海郡のこと。中国南方の地名。

問1　この【詩】の形式と押韻の説明として最も適当なものを、次の①～⑥のうちから一つ選べ。解答番号は 31 。

① 形式は七言律詩であり、「開」「来」で押韻している。
② 形式は七言律詩であり、「堆」「開」「来」で押韻している。
③ 形式は七言律詩であり、「堆」「開」「笑」「来」で押韻している。
④ 形式は七言絶句であり、「開」「来」で押韻している。
⑤ 形式は七言絶句であり、「堆」「開」「来」で押韻している。
⑥ 形式は七言絶句であり、「堆」「開」「笑」「来」で押韻している。

問2　波線部(ア)「百姓」・(イ)「膾ヨ炙 人 口ニ」・(ウ)「因」のここでの意味として最も適当なものを、次の各群の①～⑤のうちから、それぞれ一つずつ選べ。解答番号は 32 ～ 34 。

(ア)　「百姓」 32
① 民衆
② 旅人
③ 皇帝
④ 商人
⑤ 罪人

(イ)　「膾ヨ炙 人 口ニ」 33
① 異口同音に批判する
② 一言では到底表せない
③ 詳しく分析されている
④ 広く知れわたっている
⑤ 人々が苦痛に感じている

(ウ)　「因」 34
① そのために
② やむをえず
③ ことさら
④ とりあえず
⑤ またもや

問3 傍線部「窮人力絶人命、有所不顧。」について、返り点の付け方と書き下し文との組合せとして最も適当なものを、次の①～⑤のうちから一つ選べ。解答番号は 35 。

① 窮三人力絶二人命一、有二所不一レ顧。　人力の人命を絶たんとするを窮めて、所として顧みざる有りと。

② 窮二人力絶人命一、有所レ不レ顧。　人の力《つと》めて絶人の命を窮むるは、有れども顧みざる所なりと。

③ 窮人力絶人命、有所不レ顧。　窮人の力は絶人の命にして、有る所顧みざるのみと。

④ 窮二人力一絶二人命一、有レ所レ不レ顧。　人力を窮め人命を絶つも、顧みざる所有りと。

⑤ 窮レ人力絶レ人命、有レ所不レ顧。　人を窮めて力《つと》めしめ人を絶ちて命じ、所有るも顧みずと。

問4 【詩】の第三句「一 騎 紅 塵 妃 子 笑」について、【資料】Ⅰ・Ⅱをふまえた解釈として最も適当なものを、次の①～⑤のうちから一つ選べ。解答番号は 36 。

① 玄宗のため楊貴妃が手配した茘枝を早馬が砂煙を上げながら運んで来る。それを見て楊貴妃は笑う。
② 楊貴妃のため茘枝を手に入れようと早馬が砂煙のなか産地へと走りゆく。それを見て楊貴妃は笑う。
③ 楊貴妃の好物の茘枝を運ぶ早馬が宮殿の門の直前で倒れて砂煙を上げる。それを見て楊貴妃は笑う。
④ 玄宗の命令で楊貴妃の好物の茘枝を運ぶ早馬が砂煙を上げ疾走して来る。それを見て楊貴妃は笑う。
⑤ 玄宗に取り入りたい役人が茘枝を携えて砂煙のなか早馬を走らせて来る。それを見て楊貴妃は笑う。

問5　【資料】Ⅲ・Ⅳに関する説明として最も適当なものを、次の①～⑤のうちから一つ選べ。解答番号は 37 。

① 【資料】Ⅲは、玄宗一行が驪山に滞在した時期と茘枝が熟す時期との一致によって、【詩】の描写が事実に符合することを指摘する。【資料】Ⅳは、玄宗一行が夏の華清宮で賞玩したのは楽曲「茘枝香」であったことを述べており、【資料】Ⅲの見解に反論する根拠となる。

② 【資料】Ⅲは、玄宗一行が驪山に滞在した時期と茘枝が熟す時期との一致によって、【詩】の描写が事実に符合することを指摘する。【資料】Ⅳは、夏の華清宮で玄宗一行に献上された茘枝が特別に「茘枝香」と名付けられたことを述べており、【資料】Ⅲの見解を補足できる。

③ 【資料】Ⅲは、玄宗一行が驪山に滞在した時期と茘枝が熟す時期との不一致によって、【詩】の描写が事実に反することを指摘する。【資料】Ⅳは、夏の華清宮で玄宗一行に献上された「茘枝香」が果物の名ではなく楽曲の名であることを述べており、【資料】Ⅲの見解を補足できる。

④ 【資料】Ⅲは、玄宗一行が驪山に滞在した時期と茘枝が熟す時期との不一致によって、【詩】の描写が事実に反することを指摘する。【資料】Ⅳは、玄宗一行が「茘枝香」という名の茘枝を賞味した場所は夏の南海郡であったことを述べており、【資料】Ⅲの見解を補足できる。

⑤ 【資料】Ⅲは、玄宗一行が驪山に滞在した時期と茘枝が熟す時期との不一致によって、【詩】の描写が事実に反することを指摘する。【資料】Ⅳは、「茘枝香」という楽曲名が夏の華清宮で玄宗一行に献上された茘枝に由来すると述べており、【資料】Ⅲの見解に反論する根拠となる。

問6 【資料】をふまえた【詩】の鑑賞として最も適当なものを、次の①～⑤のうちから一つ選べ。解答番号は 38 。

① 驪山の華清宮を舞台に、開放される宮殿の門、公文書を急送するはずの早馬、楊貴妃の笑みと、謎めいた描写が連ねられたうえで、それらが常軌を逸した茘枝の輸送によるものであったことが明かされる。事実無根の逸話をあえて描き、玄宗が政治を怠り宮殿でぜいたくに過ごしていたことへの憤慨をぶちまけている。

② 驪山の遠景から華清宮の門、駆け抜ける早馬へと焦点が絞られ、視点は楊貴妃の笑みに転じる。笑みをもたらしたのは不適切な手段で運ばれる茘枝であった。事実かどうか不明な部分があるものの、玄宗と楊貴妃の逸話を巧みに用い、玄宗が為政者の道を踏み外して楊貴妃に対する情愛に溺れたことを慨嘆している。

③ 驪山の山容や宮殿の門の配置を詳しく描き、早馬が上げる砂煙や楊貴妃の笑みなどの細部も見逃さない。早馬がもたらすであろう茘枝についても写実的に描写している。玄宗と楊貴妃に関する事実を巧みに詠み込んでおり、二人が華清宮でどのような生活を送っていたかについての歴史的知識を提供している。

④ 美しい驪山に造営された華清宮の壮麗さを背景に、一人ほほ笑む楊貴妃の艶《あで》やかさが印象的に描かれたうえで、ほほ笑みをもたらした茘枝の希少性について語られる。事実かどうかわからないことを含むものの、玄宗が天下のすべてを手に入れて君臨していたことへの感嘆を巧みに表現している。

⑤ 驪山に建つ宮殿の門は後景に退き、ほほ笑む楊貴妃の眼中には一騎の早馬しかない。早馬がもたらそうとしているのは、玄宗が楊貴妃とともに賞味する茘枝であった。事実かどうかを問題とせず、玄宗と楊貴妃の仲睦《むつ》まじさが際立つ逸話を用いることで、二人が永遠の愛を誓ったことを賛美している。

2023 本試

（200点
80分）

〔国語〕

注　意　事　項

1　解答用紙に，正しく記入・マークされていない場合は，採点できないことがあります。

2　この問題冊子は，50ページあります。問題は４問あり，第１問，第２問は「近代以降の文章」，第３問は「古文」，第４問は「漢文」の問題です。

なお，大学が指定する特定分野のみを解答する場合でも，試験時間は80分です。

3　試験中に問題冊子の印刷不鮮明，ページの落丁・乱丁及び解答用紙の汚れ等に気付いた場合は，手を高く挙げて監督者に知らせなさい。

4　解答は，解答用紙の解答欄にマークしなさい。例えば，**10** と表示のある問いに対して③と解答する場合は，次の(例)のように**解答番号10の解答欄**の③に**マーク**しなさい。

（例）

解答番号	解答欄								
	1	2	3	4	5	6	7	8	9
10	①	②	●(③)	④	⑤	⑥	⑦	⑧	⑨

5　問題冊子の余白等は適宜利用してよいが，どのページも切り離してはいけません。

6　**不正行為について**

①　不正行為に対しては厳正に対処します。

②　不正行為に見えるような行為が見受けられた場合は，監督者がカードを用いて注意します。

③　不正行為を行った場合は，その時点で受験を取りやめさせ退室させます。

7　試験終了後，問題冊子は持ち帰りなさい。

第1問
次の【文章Ⅰ】は、正岡子規《まさおかしき》の書斎にあったガラス障子と建築家ル・コルビュジエの建築物における窓について考察したものである。また、【文章Ⅱ】は、ル・コルビュジエの窓について【文章Ⅰ】とは別の観点から考察したものである。どちらの文章にもル・コルビュジエ著『小さな家』からの引用が含まれている（引用文中の（中略）は原文のままである）。これらを読んで、後の問い（問1～6）に答えよ。なお、設問の都合で表記を一部改めている。（配点　50）

【文章Ⅰ】

寝返りさえ自らままならなかった子規にとっては、室内にさまざまなものを置き、それをながめることが楽しみだった。そして、ガラス障子のむこうに見える庭の植物や空を見ることが慰めだった。味覚のほかは視覚こそが子規の自身の存在を確認する感覚だった。子規は、視覚の人だったともいえる。障子の紙をガラスに入れ替えることで、A子規は季節や日々の移り変わりを楽しむことができた。

『墨汁一滴』(注1)の三月一二日には「不平十ケ条《じっかじょう》」として、「板ガラスの日本で出来ぬ不平」と書いている。この不平を述べている一九〇一（明治三四）年、たしかに日本では板ガラスは製造していなかったようだ。石井研堂(注2)の『増訂明治事物起原』には、「（明治三十六年、原料も総《すべ》て本邦のものにて、完全なる板硝子《いたがらす》を製出せり。大正三年、欧州大戦の影響、本邦の輸入硝子は其《その》船便を失ふ、是《ここ》に於《おい》て、旭《あさひ》硝子製造会社等の製品が、漸《ようや》く用ひらるることとなり、わが板硝子界は、大発展を遂ぐるに至れり」とある。

これによると板ガラスの製造が日本で始まったのは、一九〇三年ということになる。子規が不平を述べた二年後である。してみれば、虚子(注3)のすすめで子規の書斎（病室）に入れられた「ガラス障子」は、輸入品だったのだろう。高価なものであったと思われる。高価であってもガラス障子にすることで、子規は、庭の植物に季節の移ろいを見ることができ、青空や雨をながめることができるようになった。ほとんど寝たきりで身体を動かすことができなくなり、絶望的な気分の中で自殺することも頭によぎっていた子規。彼の書斎（病室）は、ガラス障子によって「見ることのできる装置（室内）」あるいは「見るための装置（室内）」へと変容したのである。

映画研究者のアン・フリードバーグ(注4)は、『ヴァーチャル・ウインドウ』の(ア)ボウトウで、「窓」は「フレーム」であり「スクリーン」でもあるといっている。

> 窓はフレームであるとともに、プロセニアム〔舞台と客席を区切る額縁状の部分〕でもある。窓の縁〔エッジ〕が、風景を切り取る。窓は外界を二次元の平面へと変える。つまり、窓はスクリーンとなる。窓と同様に、スクリーンは平面であると同時にフレーム――映像〔イメージ〕が投影される反射面であり、視界を制限するフレーム――でもある。スクリーンは建築のひとつの構成要素であり、新しいやり方で、壁の通風を演出する。

子規の書斎は、ガラス障子によるプロセニアムがつくられたのであり、それは外界を二次元に変えるスクリーンでありフレームとなったのである。B ガラス障子は「視覚装置」だといえる。

子規の書斎(病室)の障子をガラス障子にすることで、その室内は「視覚装置」となったわけだが、実のところ、外界をながめることのできる「窓」は、視覚装置として、建築・住宅にもっとも重要な要素としてある。

建築家のル・コルビュジエは、いわば視覚装置としての「窓」をきわめて重視していた。そして、彼は窓の構成こそ、建築を決定しているとまで考えていた。したがって、子規の書斎(病室)とは比べものにならないほど、ル・コルビュジエは、視覚装置としての窓の多様性を、デザインつまり表象として実現していった。とはいえ、窓が視覚装置であるという点においては、子規の書斎(病室)のガラス障子といささかもかわることはない。しかし、ル・コルビュジエは、住まいを徹底した視覚装置、まるでカメラのように考えていたという点では、子規のガラス障子のようにおだやかなものではなかった。子規のガラス障子は、フレームではあっても、操作されたフレームではない。他方、C ル・コルビュジエの窓は、確信を持ってつくられたフレームであった。

ル・コルビュジエは、ブエノス・アイレスで(イ)行った講演のなかで、「建築の歴史を窓の各時代の推移で示してみよう」といい、また窓によって「建築の性格が決定されてきたのです」と述べている。そして、古代ポンペイの出窓、ロマネスクの窓、ゴシックの窓、さらに一九世紀パリの窓から現代の窓のあり方までを歴史的に検討してみせる。そして「窓は採光のためにあり、換気のためではない」とも述べている。こうしたル・コルビュジエの窓についての言説について、アン・フリードバーグは、ル・コルビュジエのいう住宅は「住むための機械」であると同時に、それはまた「見るための機械でもあった」のだと述べている。さらに、ル・コルビュジエは、窓に換気ではなく「視界と採光」を優先したのであり、それは「窓のフレームと窓の形、すなわち「アスペクト比」の変更を引き起こした」と指摘している。ル・コルビュジエは窓を、外界を切り取るフレームだと捉えており、その結果、窓の形、そして「アスペクト比」(ディスプレイの長辺と短辺の比)が変化したというのである。

実際彼は、両親のための家をレマン湖のほとりに建てている。まず、この家は、塀(壁)で囲まれているのだが、これについてル・コルビュジエは、次のように記述している。

　囲い壁の存在理由は、北から東にかけて、さらに部分的に南から西にかけて視界を閉ざすためである。四方八方に蔓延《まんえん》する景色というものは圧倒的で、焦点をかき、長い間にはかえって退屈なものになってしまう。このような状況では、もはや〝私たち〟は風景を〝眺める〟ことができないのではなかろうか。景色を(ウ)望むには、むしろそれを限定しなければならない。思い切った判断によって選別しなければならないのだ。すなわち、まず壁を建てることによって視界を遮《さえ》ぎり、つぎに連《つ》らなる壁面を要所要所取り払い、そこに水平線の広がりを求めるのである。(注5)(『小さな家』)

風景を見る「視覚装置」としての窓(開口部)と壁をいかに構成するかが、ル・コルビュジエにとって課題であったことがわかる。

(柏木《かしわぎ》博《ひろし》『視覚の生命力――イメージの復権』による)

【文章Ⅱ】

一九二〇年代の最後期を飾る初期の古典的作品サヴォア邸(注6)は、見事なプロポーション(注7)をもつ「横長の窓」を示す。が一方、「横長の窓」を内側から見ると、それは壁をくりぬいた窓であり、その意味は反転する。それは四周を遮る壁体となる。「横長の窓」は、「横長の壁」となって現われる。「横長の窓」は一九二〇年代から一九三〇年代に入ると、「全面ガラスの壁面」へと移行する。スイス館(注8)がこれをよく示している。しかしながらスイス館の屋上庭園の四周は、強固な壁で囲われている。大気は壁で仕切られているのである。

かれは初期につぎのようにいう。「住宅は沈思黙考の場である」。あるいは「人間には自らを消耗する〈仕事の時間〉があり、自らをひき上げて、心の(エ)キンセンに耳を傾ける〈瞑想《めいそう》の時間〉とがある」。

これらの言葉には、いわゆる近代建築の理論においては説明しがたい一つの空間論が現わされている。一方は、いわば光の(オ)ウトんじられる世界であり、他方は光の溢《あふ》れる世界である。つまり、前者は内面的な世界に、後者は外的な世界に関わっている。

かれは『小さな家』において「風景」を語る：「ここに見られる囲い壁の存在理由は、北から東にかけて、さらに部分的に南から西にかけて視界を閉ざすためである。四方八方に蔓延する景色というものは圧倒的で、焦点をかき、長い間にはかえって退屈なものになってしまう。このような状況では、もはや〝私たち〟は風景を〝眺める〟ことができないのではなかろうか。景色を望むには、むしろそれを限定しなければならない。(中略)北側の壁と、そして東側と南側の壁とが〝囲われた庭〟を形成すること、これがここでの方針である」。

ここに語られる「風景」は動かぬ視点をもっている。かれが多くを語った「動く視点」にた

サヴォア邸

本誌での掲載に当たって写真を差しかえました。(編集部)

いするこの「動かぬ視点」は風景を切り取る。視点と風景は、一つの壁によって隔てられ、そしてつながれる。風景は一点から見られ、眺められる。**D**壁がもつ意味は、風景の観照の空間的構造化である。この動かぬ視点《テオリア》(注9) theōria の存在は、かれにおいて即興的なものではない。

かれは、住宅は、沈思黙考、美に関わると述べている。初期に明言されるこの思想は、明らかに動かぬ視点をもっている。その後の展開のなかで、沈思黙考の場をうたう住宅論は、動く視点が強調されるあまり、ル・コルビュジエにおいて影をひそめた感がある。しかしながら、このテーマはル・コルビュジエが後期に手がけた(注10)「礼拝堂」や「修道院」において再度主題化され、深く追求されている。「礼拝堂」や「修道院」は、なによりも沈思黙考、瞑想の場である。つまり、後期のこうした宗教建築を問うことにおいて、動く視点にたいするル・コルビュジエの動かぬ視点の意義が明瞭になる。

（呉谷充利《くれたにみつとし》『ル・コルビュジエと近代絵画――二〇世紀モダニズムの道程』による）

（注）
1 『墨汁一滴』――正岡子規（一八六七―一九〇二）が一九〇一年に著した随筆集。
2 石井研堂――ジャーナリスト、明治文化研究家（一八六五―一九四三）。
3 虚子――高浜虚子（一八七四―一九五九）。俳人、小説家。正岡子規に師事した。
4 アン・フリードバーグ――アメリカの映像メディア研究者（一九五二―二〇〇九）。
5 『小さな家』――ル・コルビュジエ（一八八七―一九六五）が一九五四年に著した書物。自身が両親のためにレマン湖のほとりに建てた家について書かれている。
6 サヴォア邸――ル・コルビュジエの設計で、パリ郊外に建てられた住宅。
7 プロポーション――つりあい。均整。
8 スイス館――ル・コルビュジエの設計で、パリに建てられた建築物。
9 動かぬ視点《テオリア》 theōria――ギリシア語で、「見ること」「眺めること」の意。
10 「礼拝堂」や「修道院」――ロンシャンの礼拝堂とラ・トゥーレット修道院を指す。

問1　次の(i)・(ii)の問いに答えよ。

(i)　傍線部(ア)・(エ)・(オ)に相当する漢字を含むものを、次の各群の①〜④のうちから、それぞれ一つずつ選べ。解答番号は［1］〜［3］。

(ア)　ボウトウ［1］
① 流行性のカンボウにかかる
② 今朝はネボウしてしまった
③ 過去をボウキャクする
④ 経費がボウチョウする

(エ)　キンセン［2］
① ヒキンな例を挙げる
② 食卓をフキンで拭く
③ モッキンを演奏する
④ 財政をキンシュクする

(オ)　ウトんじられる［3］
① 裁判所にテイソする
② 地域がカソ化する
③ ソシナを進呈する
④ 漢学のソヨウがある

(ii) 傍線部(イ)・(ウ)と同じ意味を持つものを、次の各群の①～④のうちから、それぞれ一つずつ選べ。解答番号は 4 ・ 5 。

(イ) 行った 4

① 行シン
② 行レツ
③ リョ行
④ リ行

(ウ) 望む 5

① ホン望
② ショク望
③ テン望
④ ジン望

問2　傍線部A「子規は季節や日々の移り変わりを楽しむことができた」とあるが、それはどういうことか。その説明として最も適当なものを、次の①～⑤のうちから一つ選べ。解答番号は 6 。

① 病気で絶望的な気分で過ごしていた子規にとって、ガラス障子越しに外の風物を眺める時間が現状を忘れるための有意義な時間になっていたということ。

② 病気で塞ぎ込み生きる希望を失いかけていた子規にとって、ガラス障子から確認できる外界の出来事が自己の救済につながっていったということ。

③ 病気で寝返りも満足に打てなかった子規にとって、ガラス障子を通して多様な景色を見ることが生を実感する契機となっていたということ。

④ 病気で身体を動かすことができなかった子規にとって、ガラス障子という装置が外の世界への想像をかき立ててくれたということ。

⑤ 病気で寝たきりのまま思索していた子規にとって、ガラス障子を取り入れて内と外が視覚的につながったことが作風に転機をもたらしたということ。

問3　傍線部B「ガラス障子は『視覚装置』だといえる。」とあるが、筆者がそのように述べる理由として最も適当なものを、次の①～⑤のうちから一つ選べ。解答番号は［7］。

① ガラス障子は、季節の移ろいをガラスに映すことで、隔てられた外界を室内に投影して見る楽しみを喚起する仕掛けだと考えられるから。

② ガラス障子は、室外に広がる風景の範囲を定めることで、外の世界を平面化されたイメージとして映し出す仕掛けだと考えられるから。

③ ガラス障子は、外の世界と室内とを切り離したり接続したりすることで、視界に入る風景を制御する仕掛けだと考えられるから。

④ ガラス障子は、視界に制約を設けて風景をフレームに収めることで、新たな風景の解釈を可能にする仕掛けだと考えられるから。

⑤ ガラス障子は、風景を額縁状に区切って絵画に見立てることで、その風景を鑑賞するための空間へと室内を変化させる仕掛けだと考えられるから。

問4 傍線部C「ル・コルビュジエの窓は、確信を持ってつくられたフレームであった」とあるが、「ル・コルビュジエの窓」の特徴と効果の説明として最も適当なものを、次の①〜⑤のうちから一つ選べ。解答番号は 8 。

① ル・コルビュジエの窓は、外界に焦点を合わせるカメラの役割を果たすものであり、壁を枠として視界を制御することで風景がより美しく見えるようになる。

② ル・コルビュジエの窓は、居住性を向上させる機能を持つものであり、採光を重視することで囲い壁に遮られた空間の生活環境が快適なものになる。

③ ル・コルビュジエの窓は、アスペクト比の変更を目的としたものであり、外界を意図的に切り取ることで室外の景色が水平に広がって見えるようになる。

④ ル・コルビュジエの窓は、居住者に対する視覚的な効果に配慮したものであり、囲い壁を効率よく配置することで風景への没入が可能になる。

⑤ ル・コルビュジエの窓は、換気よりも視覚を優先したものであり、視点が定まりにくい風景に限定を施すことでかえって広がりが認識されるようになる。

問5　傍線部D「壁がもつ意味は、風景の観照の空間的構造化である。」とあるが、これによって住宅はどのような空間になるのか。その説明として最も適当なものを、次の①～⑤のうちから一つ選べ。解答番号は 9 。

① 三方を壁で囲われた空間を構成することによって、外光は制限されて一方向からのみ部屋の内部に取り入れられる。このように外部の光を調整する構造により、住宅は仕事を終えた人間の心を癒やす空間になる。

② 外界を壁と窓で切り取ることによって、視点は固定されてさまざまな方向から景色を眺める自由が失われる。このように壁と窓が視点を制御する構造により、住宅はおのずと人間が風景と向き合う空間になる。

③ 四周の大部分を壁で囲いながら開口部を設けることによって、固定された視点から風景を眺めることが可能になる。このように視界を制限する構造により、住宅は内部の人間が静かに思索をめぐらす空間になる。

④ 四方に広がる空間を壁で限定することによって、選別された視角から風景と向き合うことが可能になる。このように一箇所において外界と人間がつながる構造により、住宅は風景を鑑賞するための空間になる。

⑤ 周囲を囲った壁の一部を窓としてくりぬくことによって、外界に対する視野に制約が課せられる。このように壁と窓を設けて内部の人間を瞑想へと誘導する構造により、住宅は自己省察するための空間になる。

問6　次に示すのは、授業で**【文章Ⅰ】【文章Ⅱ】**を読んだ後の、話し合いの様子である。これを読んで、後の(i)〜(iii)の問いに答えよ。

生徒A――**【文章Ⅰ】**と**【文章Ⅱ】**は、両方ともル・コルビュジエの建築における窓について論じられていたね。

生徒B――**【文章Ⅰ】**にも**【文章Ⅱ】**にも同じル・コルビュジエからの引用文があったけれど、少し違っていたよ。

生徒C――よく読み比べると、［ X ］。

生徒B――そうか、同じ文献でもどのように引用するかによって随分印象が変わるんだね。

生徒C――**【文章Ⅰ】**は正岡子規の部屋にあったガラス障子をふまえて、ル・コルビュジエの話題に移っていた。

生徒B――なぜわざわざ子規のことを取り上げたのかな。

生徒A――それは、［ Y ］のだと思う。

生徒B――なるほど。でも、子規の話題は**【文章Ⅱ】**の内容ともつながるような気がしたんだけど。

生徒C――そうだね。**【文章Ⅱ】**と関連づけて**【文章Ⅰ】**を読むと、［ Z ］と解釈できるね。

生徒A――こうして二つの文章を読み比べながら話し合ってみると、いろいろ気づくことがあるね。

(i) 空欄 X に入る発言として最も適当なものを、次の①～④のうちから一つ選べ。解答番号は 10 。

① 【文章Ⅰ】の引用文は、壁による閉塞とそこから開放される視界についての内容だけど、【文章Ⅱ】の引用文では、壁の圧迫感について記された部分が省略されて、三方を囲んで形成される壁の話に接続されている

② 【文章Ⅰ】の引用文は、視界を遮る壁とその壁に設けられた窓の機能についての内容だけど、【文章Ⅱ】の引用文では、壁の機能が中心に述べられていて、その壁によってどの方角を遮るかが重要視されている

③ 【文章Ⅰ】の引用文は、壁の外に広がる圧倒的な景色とそれを限定する窓の役割についての内容だけど、【文章Ⅱ】の引用文では、主に外部を遮る壁の機能について説明されていて、窓の機能には触れられていない

④ 【文章Ⅰ】の引用文は、周囲を囲う壁とそこに開けられた窓の効果についての内容だけど、【文章Ⅱ】の引用文では、壁に窓を設けることの意図が省略されて、視界を遮って壁で囲う効果が強調されている

(ⅱ) 空欄 **Y** に入る発言として最も適当なものを、次の ①〜④ のうちから一つ選べ。解答番号は 11 。

① ル・コルビュジエの建築論が現代の窓の設計に大きな影響を与えたことを理解しやすくするために、子規の書斎にガラス障子がもたらした変化をまず示した

② ル・コルビュジエの設計が居住者と風景の関係を考慮したものであったことを理解しやすくするために、子規の日常においてガラス障子が果たした役割をまず示した

③ ル・コルビュジエの窓の配置が採光によって美しい空間を演出したことを理解しやすくするために、子規の芸術に対してガラス障子が及ぼした効果をまず示した

④ ル・コルビュジエの換気と採光についての考察が住み心地の追求であったことを理解しやすくするために、子規の心身にガラス障子が与えた影響をまず示した

(iii) 空欄 Z に入る発言として最も適当なものを、次の①～④のうちから一つ選べ。解答番号は 12 。

① 病で絶望的な気分の中にいた子規は、書斎にガラス障子を取り入れることで内面的な世界を獲得したと言える。そう考えると、子規の書斎もル・コルビュジエの主題化した宗教建築として機能していた

② 病で外界の眺めを失っていた子規は、書斎にガラス障子を取り入れることで光の溢れる世界を獲得したと言える。そう考えると、子規の書斎もル・コルビュジエの指摘する仕事の空間として機能していた

③ 病で自由に動くことができずにいた子規は、書斎にガラス障子を取り入れることで動かぬ視点を獲得したと言える。そう考えると、子規の書斎もル・コルビュジエの言う沈思黙考の場として機能していた

④ 病で行動が制限されていた子規は、書斎にガラス障子を取り入れることで見るための機械を獲得したと言える。そう考えると、子規の書斎もル・コルビュジエの住宅と同様の視覚装置として機能していた

（下書き用紙）

国語の試験問題は次に続く。

第2問　次の文章は、梅崎春生《うめざきはるお》「飢えの季節」（一九四八年発表）の一節である。第二次世界大戦の終結直後、食糧難の東京が舞台である。いつも空腹の状態にあった主人公の「私」は広告会社に応募して採用され、「大東京の将来」をテーマにした看板広告の構想を練るよう命じられた。本文は、「私」がまとめ上げた構想を会議に提出した場面から始まる。これを読んで、後の問い（問1〜7）に答えよ。（配点　50）

私が無理矢理に拵《こしら》え上げた構想のなかでは、都民のひとりひとりが楽しく胸をはって生きてゆけるような、そんな風の都市をつくりあげていた。私がもっとも念願する理想の食物都市とはいささか形はちがっていたが、その精神も少《すく》なからずこの構想には加味されていた。たとえば緑地帯には柿の並木がつらなり、夕昏《ゆうぐれ》散歩する都民たちがそれをもいで食べてもいいような仕組《しくみ》になっていた。私の考えでは、そんな雰囲気のなかでこそ、都民のひとりひとりが胸を張って生きてゆける筈《はず》であった。絵柄や文章を指定したこの二十枚の下書きの中に、私のさまざまな夢がこめられていると言ってよかった。このような私の夢が飢えたる都市の人々の共感を得ない筈はなかった。町角に私の作品が並べられれば、道行く人々は皆立ちどまって、微笑《ほほえ》みながら眺めて呉《く》れるにちがいない。そう私は信じた。だから之《これ》を提出するにあたっても、私はすこしは晴れがましい気持でもあったのである。

会長も臨席した編輯《へんしゅう》（注1）会議の席上で、しかし私の下書きは散々の悪評であった。悪評であるというより、てんで問題にされなかったのである。

「これは一体どういうつもりなのかね」

私の下書きを一枚一枚見ながら、会長はがらがらした声で私に言った。

「こんなものを街頭展に出して、一体何のためになると思うんだね」

「そ、それはです」と**A**私はあわてて説明した。「只今《ただいま》は食糧事情がわるくて、皆意気が衰え、夢を失っていると思うんです。だからせめてたのしい夢を見せてやりたい、とこう考えたものですから――」

会長は不機嫌な顔をして、私の苦心の下書きを重ねて卓の上にほうりだした。

「――大東京の将来というテーマをつかんだら」しばらくして会長ははき出すように口をきった。「現在何が不足しているか。理想の東京をつくるためにはどんなものが必要か。そんなことを考えるんだ。たとえば家を建てるための材木だ」

会長は赤らんだ掌《てのひら》をくにゃくにゃ動かして材木の形をしてみせた。

「材木はどこにあるか。どの位のストックがあるか。そしてそれは何々材木会社に頼めば直《す》ぐ手に入る、とこういう具合《ぐあい》にやるんだ」

会長は再び私の下書きを手にとった。

「明るい都市？　明るくするには、電燈《でんとう》だ。電燈の生産はどうなっているか。マツダランプの工場では、どんな数量を生産し、将来どんな具合に生産が増加するか、それを書くんだ。電燈ならマツダランプという具合だ。そしてマツダランプから金を貰《もら》うんだ」

ははあ、とやっと胸におちるものが私にあった。会長は顔をしかめた。

「緑地帯に柿の木を植えるって？　そんな馬鹿な。土地会社だ。東京都市計画で緑地帯の候補地がこれこれになっているから、そこの住民たちは今のうちに他に土地を買って、移転する準備したらよい、という具合だ。そのとき土地を買うなら何々土地会社へ、だ。そしてまた金を貰う」

佐藤や長山アキ子や他の編輯員たちの、冷笑するような視線を額にかんじながら、私はあかくなってうつむいていた。飛《と》んでもない誤解をしていたことが、段々判《わか》ってきたのである。思えば戦争中情報局(注2)と手を組んでこんな仕事をやっていたというのも、憂国の至情にあふれてからの所業ではなくて、たんなる儲《もう》け仕事にすぎなかったことは、少し考えれば判る筈であった。そして戦争が終《おわ》って情報局と手が切れて、掌をかえしたように文化国家の建設の啓蒙《けいもう》をやろうというのも、私費を投じた慈善事業である筈がなかった。会長の声を受けとめながら、椅子に身体《からだ》を硬くして、頭をたれたまま、B私はだんだん腹が立ってきたのである。私の夢が侮蔑されたのが口惜しいのではない。この会社のそのような営利精神を憎むのでもない。佐藤や長山の冷笑的な視線が辛《つら》かったのでもない。ただただ私は自分の間抜けさ加減に腹を立てていたのであった。

その夕方、私は憂鬱《ゆううつ》な顔をして焼け(注3)ビルを出、うすぐらい街を昌平橋《しょうへいばし》(注4)の方にあるいて行った。あれから私は構想のたてなおしを命ぜられて、それを引受《ひきう》けたのであった。しかしそれならそれでよかった。給料さえ貰えれば始めから私は何でもやるつもりでいたのだから。憂鬱な顔をしているというのも、ただ腹がへっているからであった。膝をがくがくさせながら昌平橋のたもとまで来たとき、私は変な老人から呼びとめられた。共同便所の横のうすくらがりにいるせいか、その老人は人間というより一枚の影に似ていた。

「旦那」声をぜいぜいふるわせながら老人は手を出した。「昨日から、何も食っていないんです。ほんとに何も食っていないんです。たった一食でもよろしいから、めぐんでやって下さいな。旦那、おねがいです」

老人は外套《がいとう》(注5)も着ていなかった。顔はくろくよごれていて、上衣《うわぎ》の袖から出た手は、ぎょっとするほど細かった。身体が小刻みに動いていて、立っていることも精いっぱいであるらしかった。老人の骨ばった指が私の外套の袖にからんだ。私はある苦痛をしのびながらそれを振りはらった。

「ないんだよ。僕も一食ずつしか食べていないんだ。ぎりぎり計算して食っているんだ。とても分けてあげられないんだよ」

「そうでしょうが、旦那、あたしは昨日からなにも食っていないんです。何なら、この上衣を抵当(注6)に入れてもよござんす。一食だけ。ね。一食だけでいいんです」

老人の眼《め》は暗がりの中でもぎらぎら光っていて、まるで眼球が瞼《まぶた》のそとにとびだしているような具合であった。頰はげっそりしなびていて、そこから咽喉《のど》にかけてざらざらに鳥肌が立っていた。

「ねえ。旦那。お願い。お願い。お願いです」

頭をふらふらと下げる老爺《ろうや》よりもどんなに私の方が頭を下げて願いたかったことだろう。あたりに人眼がなければ私はひざまずいて、これ以上自分を苦しめて呉れるなと、老爺にむかって頭をさげていたかも知れないのだ。しかし私は、C自分でもおどろくほど邪険な口調で、老爺にこたえていた。

「駄目だよ。無いといったら無いよ。誰か他の人にでも頼みな」

暫《しばら》くの後私は食堂のかたい椅子にかけて、変な臭いのする魚の煮付と芋まじりの少量の飯をぼそぼそと噛《か》んでいた。しきりに胸を熱くして来るものがあって、食物の味もわからない位だった。私をとりまくさまざまの構図が、ひっきりなしに心を去来した。毎日白い御飯を腹いっぱいに詰め、鶏にまで白米をやる下宿のあるじ、闇売り(注7)でずいぶん儲けたくせに柿のひとつやふたつで怒っている裏の吉田さん。鼠《ねずみ》のような庶務課長。膝頭が蒼《あお》白く飛出《とびで》た佐藤。長山アキ子の腐った芋の弁当。高価な莨《たばこ》をひっきりなしに吸って血色のいい会長。国民服(注8)一着しかもたないT・I氏。お尻の破れた青いモンペ(注9)の女。電車の中で私を押して来る勤め人たち。ただ一食の物乞いに上衣を脱ごうとした老爺。それらのたくさんの構図にかこまれて、朝起きたときから食物のことばかり妄想し、こそ泥のように芋や柿をかすめている私自身の姿がそこにあるわけであった。こんな日常が連続してゆくことで、一体どんなおそろしい結末が待っているのか。Dそれを考えるだけで私は身ぶるいした。

食べている私の外套の背に、もはや寒さがもたれて来る。もう月末が近づいているのであった。かぞえてみるとこの会社につとめ出してから、もう二十日以上も経っているわけであった。

私の給料が月給でなく日給であること、そしてそれも一日三円の割であることを知ったときの私の衝動はどんなであっただろう。それを私は月末の給料日に、鼠のような風貌の庶務課長から言いわたされたのであった。庶務課長のキンキンした声の内容によると、私は(私と一緒に入社した者も)しばらくの間は見習《みならい》社員というわけで、実力次第ではこれからどんなにでも昇給させるから、力を落《おと》さずにしっかりやるように、という話であった。そして声をひそめて、

「君は朝も定刻前にちゃんとやってくるし、毎日自発的に一時間ほど残業をやっていることは、僕もよく知っている。会長も知っておられると思う。だから一所懸命にやって呉れたまえ。君にはほんとに期待しているのだ」

私はその声をききながら、私の一日の給料が一枚の外食券(注10)の闇価(注11)と同じだ、などということをぼんやり考えていたのである。日給三円だと聞かされたときの衝動は、すぐ胸の奥で消えてしまって、その代《かわ》りに私の手足のさきまで今ゆるゆると拡《ひろ》がってき

たのは、水のように静かな怒りであった。私はそのときすでに、此処《ここ》を辞める決心をかためていたのである。課長の言葉がとぎれるのを待って、私は低い声でいった。

「私はここを辞めさせて頂きたいとおもいます」

なぜ、と課長は鼠のようにずるい視線をあげた。

「一日三円では食えないのです。**E**食えないことは、やはり良くないことだと思うんです」

そう言いながらも、ここを辞めたらどうなるか、という危惧がかすめるのを私は意識した。しかしそんな危惧があるとしても、それはどうにもならないことであった。私は私の道を自分で切りひらいてゆく他はなかった。ふつうのつとめをしていては満足に食べて行けないなら、私は他に新しい生き方を求めるよりなかった。そして私はあの食堂でみる人々のことを思いうかべていた。鞄《かばん》の中にいろんな物を詰めこんで、それを売ったり買ったりしている事実を。そこにも生きる途《みち》がひとつはある筈であった。そしてまた、あの惨《みじ》めな老爺にならって、外套を抵当にして食を乞う方法も残っているに相違なかった。

「君にはほんとに期待していたのだがなあ」

ほんとに期待していたのは、庶務課長よりもむしろ私なのであった。ほんとに私はどんなに人並みな暮《くら》しの出来る給料を期待していただろう。盗みもする必要がない、静かな生活を、私はどんなに希求していたことだろう。しかしそれが絶望であることがはっきり判ったこの瞬間、**F**私はむしろある勇気がほのぼのと胸にのぼってくるのを感じていたのである。

その日私は会計の係から働いた分だけの給料を受取《うけと》り、永久にこの焼けビルに別れをつげた。電車みちまで出てふりかえると、曇り空の下で灰色のこの焼けビルは、私の飢えの季節の象徴のようにかなしくそそり立っていたのである。

（注）

1 編輯――「編集」に同じ。

2 情報局――戦時下にマスメディア統制や情報宣伝を担った国家機関。

3 焼けビル――戦災で焼け残ったビル。「私」の勤め先がある。

4 昌平橋――現在の東京都千代田区にある、神田川にかかる橋。そのたもとに「私」の行きつけの食堂がある。

5 外套――防寒・防雨のため洋服の上に着る衣類。オーバーコート。

6 抵当――金銭などを借りて返せなくなったときに、貸し手が自由に扱える借り手側の権利や財産。

7 闇売り――公式の販路・価格によらないで内密に売ること。

8 国民服――国民が常用すべきものとして一九四〇年に制定された服装。戦時中に広く男性が着用した。

9 モンペ――作業用・防寒用として着用するズボン状の衣服。戦時中に女性の標準服として普及した。

10 外食券――戦中・戦後の統制下で、役所が発行した食券。

11 闇価――闇売りにおける価格。

問1　傍線部A「私はあわてて説明した」とあるが、このときの「私」の様子の説明として最も適当なものを、次の①～⑤のうちから一つ選べ。解答番号は 13 。

① 都民が夢をもてるような都市構想なら広く受け入れられると自信をもって提出しただけに、構想の主旨を会長から問いただされたことに戸惑い、理解を得ようとしている。

② 会長も出席する重要な会議の場で成果をあげて認められようと張り切って作った構想が、予想外の低評価を受けたことに動揺し、なんとか名誉を回復しようとしている。

③ 会長から頭ごなしの批判を受け、街頭展に出す目的を明確にイメージできていなかったことを悟り、自分の未熟さにあきれつつもどうにかその場を取り繕おうとしている。

④ 会議に臨席した人々の理解を得られなかったことで、過酷な食糧事情を抱える都民の現実を見誤っていたことに今更ながら気づき、気まずさを解消しようとしている。

⑤ 「私」の理想の食物都市の構想は都民の共感を呼べると考えていたため、会長からテーマとの関連不足を指摘されてうろたえ、急いで構想の背景を補おうとしている。

問2　傍線部B「私はだんだん腹が立ってきたのである」とあるが、それはなぜか。その理由として最も適当なものを、次の①～⑤のうちから一つ選べ。解答番号は 14 。

① 戦後に会社が国民を啓蒙し文化国家を建設するという理想を掲げた真意を理解せず、給料をもらって飢えをしのぎたいという自らの欲望を優先させた自分の浅ましさが次第に嘆かわしく思えてきたから。

② 戦時中には国家的慈善事業を行っていた会社が戦後に方針転換したことに思い至らず、暴利をむさぼるような経営にいつの間にか自分が加担させられていることを徐々に自覚して反発を覚えたから。

③ 戦後に営利を追求するようになった会社が社員相互の啓発による競争を重視していることに思い至らず、会長があきれるような提案しかできなかった自分の無能さがつくづく恥ずかしくなってきたから。

④ 戦後の復興を担う会社が利益を追求するだけで東京を発展させていく意図などないことを理解せず、飢えの解消を前面に打ち出す提案をした自分の安直な姿勢に自嘲の念が少しずつ湧いてきたから。

⑤ 戦時中に情報局と提携していた会社が純粋な慈善事業を行うはずもないことに思い至らず、自分の理想や夢だけを詰め込んだ構想を誇りをもって提案した自分の愚かさにようやく気づき始めたから。

問3　傍線部C「自分でもおどろくほど邪険な口調で、老爺にこたえていた」とあるが、ここに至るまでの「私」の心の動きはどのようなものか。その説明として最も適当なものを、次の①～⑤のうちから一つ選べ。解答番号は 15 。

①　ぎりぎり計算して食べている自分より、老爺の飢えのほうが深刻だと痛感した「私」は、彼の懇願に対してせめて丁寧な態度で断りたいと思いはしたが、人目をはばからず無心を続ける老爺にいら立った。

②　一食を得るために上衣さえ差し出そうとする老爺の様子を見た「私」は、彼を救えないことに対し頭を下げ許しを乞いたいと思いつつ、周りの視線を気にしてそれもできない自分へのいらだちを募らせた。

③　飢えから逃れようと必死に頭を下げる老爺の姿に自分と重なるところがあると感じた「私」は、自分も食べていないことを話し説得を試みたが、食物をねだり続ける老爺に自分にはない厚かましさも感じた。

④　頬の肉がげっそりと落ちた老爺のやせ細り方に同情した「私」は、彼の願いに応えられないことに罪悪感を抱いていたが、後ろめたさに付け込み、どこまでも食い下がる老爺のしつこさに嫌悪感を覚えた。

⑤　かろうじて立っている様子の老爺の懇願に応じることのできない「私」は、苦痛を感じながら耐えていたが、なおもすがりつく老爺の必死の態度に接し、彼に向き合うことから逃れたい衝動に駆られた。

問4　傍線部D「それを考えるだけで私は身ぶるいした。」とあるが、このときの「私」の状況と心理の説明として最も適当なものを、次の①～⑤のうちから一つ選べ。解答番号は 16 。

① 貧富の差が如実に現れる周囲の人びとの姿から自らの貧しく惨めな姿も浮かび、食物への思いにとらわれていることを自覚した「私」は、農作物を盗むような生活の先にある自身の将来に思い至った。

② 定収入を得てぜいたくに暮らす人びとの存在に気づいた「私」は、芋や柿などの農作物を生活の糧にすることを想像し、そのような空想にふける自分は厳しい現実を直視できていないと認識した。

③ 経済的な格差がある社会でしたたかに生きる人びとに思いを巡らせた「私」は、一食のために上衣を手放そうとした老爺のように、その場しのぎの不器用な生き方しかできない我が身を振り返った。

④ 富める人もいれば貧しい人もいる社会の構造にやっと思い至った「私」は、会社に勤め始めて二十日以上経ってもその構造から抜け出せない自分が、さらなる貧困に落ちるしかないことに気づいた。

⑤ 自分を囲む現実を顧みたことで、周囲には貧しい人が多いなかに富める人もいることに気づいた「私」は、食糧のことで頭が一杯になり社会の動向を広く認識できていなかった自分を見つめ直した。

問5　傍線部E「食えないことは、やはり良くないことだと思うんです」とあるが、この発言の説明として最も適当なものを、次の①〜⑤のうちから一つ選べ。解答番号は 17 。

① 満足に食べていくため不本意な業務も受け入れていたが、あまりにも薄給であることに承服できず、将来的な待遇改善や今までの評価が問題ではなく、現在の飢えを解消できないことが決め手となって退職することを淡々と伝えた。

② 飢えた生活から脱却できると信じて営利重視の経営方針にも目をつぶってきたが、営利主義が想定外の薄給にまで波及していると知り、口先だけ景気の良いことを言う課長の態度にも不信感を抱いたことで、つい感情的に反論した。

③ 飢えない暮らしを望んで夢を侮蔑されても会社勤めを続けてきたが、結局のところ新しい生き方を選択しないかぎり静かな生活は送れないとわかり、課長に正論を述べても仕方がないと諦めて、ぞんざいな言い方しかできなかった。

④ 静かな生活の実現に向けて何でもすると決意して自発的に残業さえしてきたが、月給ではなく日給であることに怒りを覚え、課長に何を言っても正当な評価は得られないと感じて、不当な薄給だという事実をぶっきらぼうに述べた。

⑤ 小声でほめてくる課長が本心を示していないことはわかるものの、静かな生活は自分で切り開くしかないという事実に変わりはなく、有効な議論を展開するだけの余裕もないので、負け惜しみのような主張を絞り出すしかなかった。

問6　傍線部F「私はむしろある勇気がほのぼのと胸にのぼってくるのを感じていたのである」とあるが、このときの「私」の心情の説明として最も適当なものを、次の①～⑤のうちから一つ選べ。解答番号は 18 。

① 希望していた静かな暮らしが実現できないことに失望したが、その給料では食べていけないと主張できたことにより、これからは会社の期待に添って生きるのではなく自由に生きようと徐々に思い始めている。

② これから新しい道を切り開いていくため静かな生活はかなわないと悲しんでいたが、課長に言われた言葉を思い出すことにより、自分がすべきことをイメージできるようになりにわかに自信が芽生えてきている。

③ 昇給の可能性もあるとの上司の言葉はありがたかったが、盗みをせざるを得ないほどの生活不安を解消するまでの説得力を感じられないのでそれを受け入れられず、物乞いをしてでも生きていこうと決意を固めている。

④ 人並みの暮らしができる給料を期待していたが、その願いが断たれたことで現在の会社勤めを辞める決意をし、将来の生活に対する懸念はあるものの新たな生き方を模索しようとする気力が湧き起こってきている。

⑤ 期待しているという課長の言葉とは裏腹の食べていけないほどの給料に気落ちしていたが、一方で課長が自分に期待していた事実があることに自信を得て、新しい生活を前向きに送ろうと少し気楽になっている。

問7　Wさんのクラスでは、本文の理解を深めるために教師から本文と同時代の【資料】が提示された。Wさんは、【資料】を参考に「マツダランプの広告」と本文の「焼けビル」との共通点をふまえて「私」の「飢え」を考察することにし、【構想メモ】を作り、【文章】を書いた。このことについて、後の(i)・(ii)の問いに答えよ。なお、設問の都合で広告の一部を改めている。

【資料】

●マツダランプの広告

雑誌『航空朝日』（一九四五年九月一日発行）に掲載

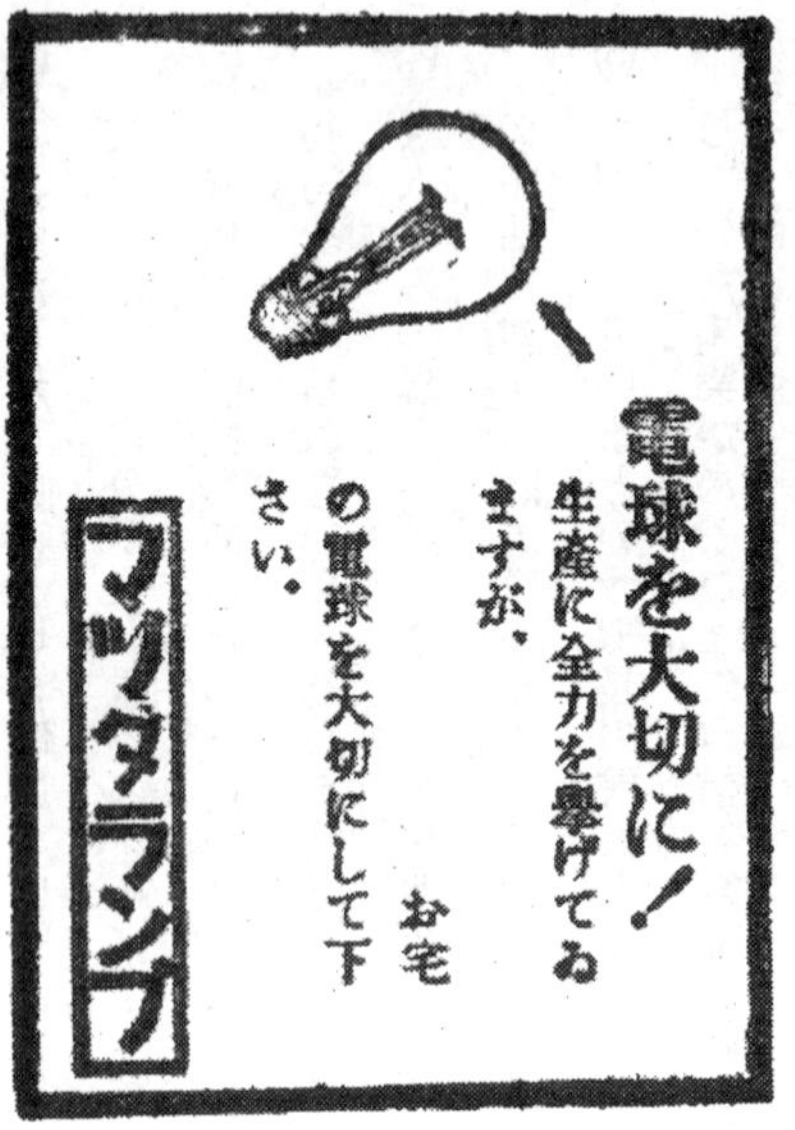

●補足

この広告は、戦時中には「生産《せいさん》に全力《ぜんりよく》を擧《あ》げてゐますが、御家庭用は尠《すく》なくなりますから、お宅の電球を大切にして下さい。」と書かれていた。戦後も物が不足していたため、右のように変えて掲載された。

【構想メモ】

(1)　【資料】からわかること
・社会状況として戦後も物資が不足していること。
・広告の一部の文言を削ることで、戦時中の広告を終戦後に再利用しているということ。

(2)　【文章】の展開
①　【資料】と本文との共通点
・マツダランプの広告
・「焼けビル」（本文末尾）
↓
②　「私」の現状や今後に関する「私」の認識について
↓
③　「私」の「飢え」についてのまとめ

【文章】

【資料】のマツダランプの広告は、戦後も物資が不足している社会状況を表している。この広告と「飢えの季節」本文の最後にある「焼けビル」とには共通点がある。 I この共通点は、本文の会長の仕事のやり方とも重なる。そのような会長の下で働く「私」自身はこの職にしがみついていても苦しい生活を脱する可能性がないと思い、具体的な未来像を持つこともないままに会社を辞めたのである。そこで改めて【資料】を参考に、本文の最後の一文に注目して「私」の「飢え」について考察すると、「かなしくそそり立っていた」という「焼けビル」は、 II と捉えることができる。

(i) 空欄 I に入るものとして最も適当なものを、次の①～④のうちから一つ選べ。解答番号は 19 。

① それは、戦時下の軍事的圧力の影響が、終戦後の日常生活の中においても色濃く残っているということだ。
② それは、戦時下に生じた倹約の精神が、終戦後の人びとの生活態度においても保たれているということだ。
③ それは、戦時下に存在した事物が、終戦に伴い社会が変化する中においても生き延びているということだ。
④ それは、戦時下の国家貢献を重視する方針が、終戦後の経済活動においても支持されているということだ。

(ii) 空欄 II に入るものとして最も適当なものを、次の①～④のうちから一つ選べ。解答番号は 20 。

① 「私」の飢えを解消するほどの給料を払えない会社の象徴
② 「私」にとって解消すべき飢えが継続していることの象徴
③ 「私」の今までの飢えた生活や不本意な仕事との決別の象徴
④ 「私」が会社を辞め飢えから脱却する勇気を得たことの象徴

第3問　次の文章は源俊頼《としより》が著した『俊頼髄脳《としよりずいのう》』の一節で、殿上人たちが、皇后寛子のために、寛子の父・藤原頼通の邸内で船遊びをしようとするところから始まる。これを読んで、後の問い(**問1～4**)に答えよ。なお、設問の都合で本文の段落に 1 ～ 5 の番号を付してある。(配点　50)

1 宮司《みやづかさ》(注1)ども集まりて、船をばいかがすべき、紅葉《もみぢ》を多くとりにやりて、船の屋形にして、船《ふな》さし(注2)は侍《さぶらひ》の**a**若からむをさしたりければ、俄《にはか》に狩袴《かりばかま》(注3)染めなどしてきらめきけり。その日になりて、人々、皆参り集まりぬ。「御船はまうけたりや」と尋ねられければ、「皆まうけて侍り」と申して、その期《ご》になりて、島(注4)がくれより漕《こ》ぎ出《い》でたるを見れば、なにとなく、ひた照《て》りなる船を二つ、装束《さうぞ》き出でたるけしき、いとをかしかりけり。

2 人々、皆乗り分かれて、管絃《くわんげん》の具ども、御前(注5)より申し出だして、そのことする人々、前におきて、(ア)やうやうさしまはす程に、南の普賢堂に、宇治の僧正(注6)、僧都《そうづ》の君と申しける時、御修法《みずほふ》しておはしけるに、かかることありとて、もろもろの僧たち、大人、若き、集まりて、庭にゐなみたり。童部《わらはべ》、供《とも》法師にいたるまで、繡花《しうくわ》(注7)装束きて、さし退《の》きつつ群がれゐたり。

3 その中に、良暹《りやうぜん》といへる歌よみのありけるを、殿上人、見知りてあれば、「良暹がさぶらふか」と問ひければ、良暹、目も(注8)なく笑みて、平《ひら》がりてさぶらひければ、かたはらに若き僧の侍りけるが知り、「**b**さに侍り」と申しければ、「あれ、船に召して乗せて連歌《れんが》(注9)などせさせむは、いかがあるべき」と、いま一つの船の人々に申しあはせければ、「いかが。あるべからず。後の人や、さらでもありぬべかりけることかなとや申さむ」などありければ、さもあることとて、乗せずして、ただささながら連歌などはせさせてむなど定めて、近う漕ぎよせて、「良暹、さりぬべからむ連歌などして参らせよ」と、人々申されければ、さる者にて、もしさやうのこともやあるとて**c**まうけたりけるにや、聞きけるままに程もなくかたはらの僧にものを言ひければ、その僧、(イ)ことごとしく歩みよりて、

「もみぢ葉のこがれて見ゆる御船《みふね》かな

と申し侍るなり」と申しかけて帰りぬ。

4 人々、これを聞きて、船々に聞かせて、付けむとしけるが遅かりければ、船を漕ぐともなくて、やうやう築島《つくじま》をめぐりて、一めぐりの程に、付けて言はむとしけるに、え付けざりければ、むなしく過ぎにけり。「いかに」「遅し」と、たがひに船々あらそひて、二《ふた》めぐりになりにけり。なほ、え付けざりければ、船を漕がで、島のかくれにて、「(ウ)かへすがへすもわろきことなり、これを d 今まで付けぬは。日はみな暮れぬ。いかがせむずる」と、今は、付けむの心はなくて、付けでやみなむことを嘆く程に、何事も e 覚えずなりぬ。

5 ことごとしく管絃の物の具申しおろして船に乗せたりけるも、いささか、かきならす人もなくてやみにけり。かく言ひ沙汰する程に、普賢堂の前にそこばく多かりつる人、皆立ちにけり。人々、船よりおりて、御前にて遊ばむなど思ひけれど、このことにたがひて、皆逃げておのおの失《う》せにけり。宮司、まうけしたりけれど、いたづらにてやみにけり。

(注)
1 宮司 —— 皇后に仕える役人。
2 船さし —— 船を操作する人。
3 狩袴染めなどして ——「狩袴」は狩衣を着用する際の袴。これを、今回の催しにふさわしいように染めたということ。
4 島がくれ —— 島陰。頼通邸の庭の池には島が築造されていた。そのため、島に隠れて邸《やしき》側からは見えにくいところがある。
5 御前より申し出だして —— 皇后寛子からお借りして。
6 宇治の僧正 —— 頼通の子、覚円。寛子の兄。寛子のために邸内の普賢堂で祈禱《きとう》をしていた。
7 繡花 —— 花模様の刺繡《ししゅう》。
8 目もなく笑みて —— 目を細めて笑って。
9 連歌 —— 五・七・五の句と七・七の句を交互に詠んでいく形態の詩歌。前の句に続けて詠むことを、句を付けるという。

問1　傍線部(ア)〜(ウ)の解釈として最も適当なものを、次の各群の①〜⑤のうちから、それぞれ一つずつ選べ。解答番号は 21 〜 23 。

(ア) やうやうさしまはす程に 21
① さりげなく池を見回すと
② あれこれ準備するうちに
③ 徐々に船を動かすうちに
④ 次第に船の方に集まると
⑤ 段々と演奏が始まるころ

(イ) ことごとしく歩みよりて 22
① たちまち僧侶たちの方に向かっていって
② 焦った様子で殿上人のもとに寄っていって
③ 卑屈な態度で良暹のそばに来て
④ もったいぶって船の方に近づいていって
⑤ すべてを聞いて良暹のところに行って

(ウ) かへすがへすも 23
① 繰り返すのも
② どう考えても
③ 句を返すのも
④ 引き返すのも
⑤ 話し合うのも

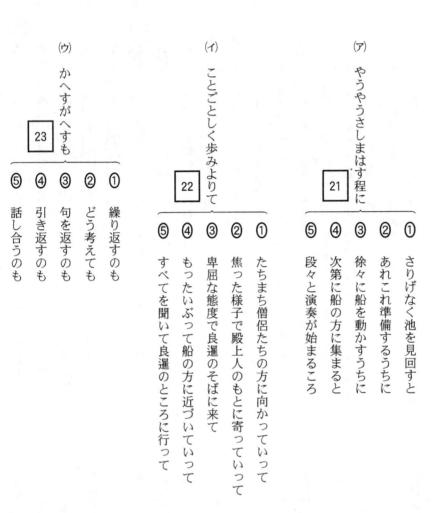

問2　波線部a～eについて、語句と表現に関する説明として最も適当なものを、次の①～⑤のうちから一つ選べ。解答番号は 24 。

① a　「若からむ」は、「らむ」が現在推量の助動詞であり、断定的に記述することを避けた表現になっている。

② b　「さに侍り」は、「侍り」が丁寧語であり、「若き僧」から読み手への敬意を込めた表現になっている。

③ c　「まうけたりけるにや」は、「や」が疑問の係助詞であり、文中に作者の想像を挟み込んだ表現になっている。

④ d　「今まで付けぬは」は、「ぬ」が強意の助動詞であり、「人々」の驚きを強調した表現になっている。

⑤ e　「覚えずなりぬ」は、「なり」が推定の助動詞であり、今後の成り行きを読み手に予想させる表現になっている。

問3 [1]〜[3]段落についての説明として最も適当なものを、次の①〜⑤のうちから一つ選べ。解答番号は[25]。

① 宮司たちは、船の飾り付けに悩み、当日になってようやくもみじの葉で飾った船を準備し始めた。
② 宇治の僧正は、船遊びの時間が迫ってきたので、祈禱を中止し、供の法師たちを庭に呼び集めた。
③ 良暹は、身分が低いため船に乗ることを辞退したが、句を求められたことには喜びを感じていた。
④ 殿上人たちは、管絃や和歌の催しだけでは後で批判されるだろうと考え、連歌も行うことにした。
⑤ 良暹のそばにいた若い僧は、殿上人たちが声をかけてきた際、かしこまる良暹に代わって答えた。

問4　次に示すのは、授業で本文を読んだ後の、話し合いの様子である。これを読んで、後の(i)~(iii)の問いに答えよ。

教　師——本文の[3]~[5]段落の内容をより深く理解するために、次の文章を読んでみましょう。これは『散木奇歌集《さんぼくきかしゅう》』の一節で、作者は本文と同じく源俊頼《としより》です。

人々あまた八幡《やはた》(注1)の御神楽《みかぐら》に参りたりけるに、こと果てて又の日、別当法印《べつたうほふいん》(注2)光清《くわうせい》が堂の池の釣殿《つりどの》に人々ゐなみて遊びけるに、「光清、連歌作ることなむ得たることとおぼゆる。ただいま連歌付けばや」など申しゐたりけるに、かたのごとくとて申したりける、

釣殿の下には魚《いを》やすまざらむ　俊重《とししげ》(注3)

光清しきりに案じけれども、え付けでやみにしことなど、帰りて語りしかば、試みにとて、

うつばり(注4)の影そこに見えつつ　俊頼

(注)
1　八幡の御神楽——石清水八幡宮《いわしみずはちまんぐう》において、神をまつるために歌舞を奏する催し。
2　別当法印——「別当」はここでは石清水八幡宮の長官。「法印」は最高の僧位。
3　俊重——源俊頼の子。
4　うつばり——屋根の重みを支えるための梁《はり》。

教　師――この『散木奇歌集』の文章は、人々が集まっている場で、連歌をしたいと光清が言い出すところから始まります。その後の展開を話し合ってみましょう。

生徒A――俊重が「釣殿の」の句を詠んだけれど、光清は結局それに続く句を付けることができなかったんだね。

生徒B――そのことを聞いた父親の俊頼が俊重の句に「うつばりの」の句を付けてみせたんだ。

生徒C――そうすると、俊頼の句はどういう意味になるのかな？

生徒A――その場に合わせて詠まれた俊重の句に対して、俊頼が機転を利かせて返答をしたわけだよね。二つの句のつながりはどうなっているんだろう……。

教　師――前に授業で取り上げた「掛詞《かけことば》」に注目してみると良いですよ。

生徒B――掛詞は一つの言葉に二つ以上の意味を持たせる技法だったよね。あ、そうか、この二つの句のつながりがわかった！　**X**　ということじゃないかな。

生徒C――なるほど、句を付けるって簡単なことじゃないんだね。うまく付けられたら楽しそうだけど。

教　師――そうですね。それでは、ここで本文の『俊頼髄脳』の 3 段落で良暹《りょうぜん》が詠んだ「もみぢ葉の」の句について考えてみましょう。

生徒A――この句は　**Y**　。でも、この句はそれだけで完結しているわけじゃなくて、別の人がこれに続く七・七を付けることが求められていたんだ。

生徒B――そうすると、4・5 段落の状況もよくわかるよ。　**Z**　ということなんだね。

教　師――良い学習ができましたね。『俊頼髄脳』のこの後の箇所では、こういうときは気負わずに句を付けるべきだ、と書かれています。ということで、次回の授業では、皆さんで連歌をしてみましょう。

(i) 空欄 **X** に入る発言として最も適当なものを、次の ① 〜 ④ のうちから一つ選べ。解答番号は 26 。

① 俊重が、皆が釣りすぎたせいで釣殿から魚の姿が消えてしまったと詠んだのに対して、俊頼は、「そこ」に「底」を掛けて、水底《みなそこ》にはそこかしこに釣針が落ちていて、昔の面影をとどめているよ、と付けている

② 俊重が、釣殿の下にいる魚は心を休めることもできないだろうかと詠んだのに対して、俊頼は、「うつばり」に「鬱」を掛けて、梁の影にあたるような場所だと、魚の気持ちも沈んでしまうよね、と付けている

③ 俊重が、「すむ」に「澄む」を掛けて、水は澄みきっているのに魚の姿は見えないと詠んだのに対して、俊頼は、「そこ」に「あなた」という意味を掛けて、そこにあなたの姿が見えたからだよ、と付けている

④ 俊重が、釣殿の下には魚が住んでいないのだろうかと詠んだのに対して、俊頼は、釣殿の「うつばり」に「針」の意味を掛けて、池の水底には釣殿の梁ならぬ釣針が映って見えるからね、と付けている

(ii) 空欄 Y に入る発言として最も適当なものを、次の ①～④ のうちから一つ選べ。解答番号は 27 。

① 船遊びの場にふさわしい句を求められて詠んだ句であり、「こがれて」には、葉が色づくという意味の「焦がれて」と船が漕がれるという意味の「漕がれて」が掛けられていて、紅葉に飾られた船が池を廻《めぐ》っていく様子を表している

② 寛子への恋心を伝えるために詠んだ句であり、「こがれて」には恋い焦がれるという意味が込められ、「御船」には出家した身でありながら、あてもなく海に漂う船のように恋の道に迷い込んでしまった良暹自身がたとえられている

③ 頼通や寛子を賛美するために詠んだ句であり、「もみぢ葉」は寛子の美しさを、敬語の用いられた「御船」は栄華を極めた頼通たち藤原氏を表し、順風満帆に船が出発するように、一族の将来も明るく希望に満ちていると讃《たた》えている

④ 祈禱を受けていた寛子のために詠んだ句であり、「もみぢ葉」「見ゆる」「御船」というマ行の音で始まる言葉を重ねることによって音の響きを柔らかなものに整え、寛子やこの催しの参加者の心を癒やしたいという思いを込めている

(iii) 空欄 Z に入る発言として最も適当なものを、次の①～④のうちから一つ選べ。解答番号は 28 。

① 誰も次の句を付けることができなかったので、良暹を指名した責任について殿上人たちの間で言い争いが始まり、それがいつまでも終わらなかったので、もはや宴《うたげ》どころではなくなった

② 次の句をなかなか付けられなかった殿上人たちは、自身の無能さを自覚させられ、これでは寛子のための催しを取り仕切ることも不可能だと悟り、準備していた宴を中止にしてしまった

③ 殿上人たちは良暹の句にその場ですぐに句を付けることができず、時間が経っても池の周りを廻るばかりで、ついにはこの催しの雰囲気をしらけさせたまま帰り、宴を台無しにしてしまった

④ 殿上人たちは念入りに船遊びの準備をしていたのに、連歌を始めたせいで予定の時間を大幅に超過し、庭で待っていた人々も帰ってしまったので、せっかくの宴も殿上人たちの反省の場となった

第4問

唐の白居易は、皇帝自らが行う官吏登用試験に備えて一年間受験勉強に取り組んだ。その際、自分で予想問題を作り、それに対する模擬答案を準備した。次の文章は、その**【予想問題】**と**【模擬答案】**の一部である。これを読んで、後の問い（**問1**～7）に答えよ。なお、設問の都合で本文を改め、返り点・送り仮名を省いたところがある。（配点 50）

【予想問題】

問フ、自レリ古《いにしへ》以来、A君タル者無レク不レルハ思レハ求二ムルヲ其ノ賢一ヲ、賢ナル者罔《な》レシ不レルハ思レハ効《いた》二スヲ其ノ用一ヲ。

然レドモ両《ふた》ツナガラ不二ルハ相《あひ》遇一ハ、其ノ故ハ何ゾ哉。今欲レスルニ求レメント之ヲ、其ノ術ハ安クニ在リヤ。

【模擬答案】

臣(注1)聞ク、人君タル者無レク不レルハ思レハ求二ムルヲ其ノ賢一ヲ、人臣タル者無レシト不レルハ思レハ効二スヲ其ノ用一ヲ。然リ

而シテ君ハ求レメントシテ賢ヲ而不レ得、臣ハ効レサントシテ用ヲ而(ア)無レ由者、B豈不以貴賤相懸、

朝(注2)野相隔、堂(注3)遠於千里、門(注4)深於九重。

臣以為《(イ)》、求ムルニレ賢ヲ有リレ術、弁《(ウ)》レ賢ヲ有リレ方。方術者、各《おのおの》審《つまびラカニシ》ニ其ノ族類ヲ、使ムル二

之ヲシテ推薦セ一而已。近ク取レバ二諸《これヲ》喩《たとヘニ》一、C 其レ猶ホキ二線《いとト》ノ与レ矢也。線ハ因リテレ針ニ而入リ、矢ハ待チテレ

弦ヲ而発ス。雖モレ有リト二線矢一、苟クモ無クンバ二針弦一、求ムルモ二自ラ致スヲ一焉、不ルレ可カラレ得也。夫レ必ズ以テスル二

族類ヲ一者、蓋シ賢愚有リレ貫クコト、善悪有リレ倫《ともがら》、若シ以テレ類ヲ求ムレバ、D X 以類至。此レ

亦タ猶ホク二水ノ流レ湿ニ、火ノ就クガレ燥ニ一、E 自然之理也。

（白居易『白氏文集』による）

（注）
1 臣——君主に対する臣下の自称。
2 朝野——朝廷と民間。
3 堂——君主が執務する場所。
4 門——王城の門。

問1　波線部(ア)「無レ由」、(イ)「以　為」、(ウ)「弁」のここでの意味として最も適当なものを、次の各群の①～⑤のうちから、それぞれ一つずつ選べ。解答番号は 29 ～ 31 。

(ア)「無レ由」 29
① 方法がない
② 伝承がない
③ 原因がない
④ 意味がない
⑤ 信用がない

(イ)「以　為」 30
① 考えるに
② 同情するに
③ 行うに
④ 目撃するに
⑤ 命ずるに

(ウ)「弁」 31
① 弁償するには
② 弁護するには
③ 弁解するには
④ 弁論するには
⑤ 弁別するには

問2 傍線部**A**「君者無レ不レ思レ求二其賢一、賢者罔レ不レ思レ効二其用一」の解釈として最も適当なものを、次の①～⑤のうちから一つ選べ。解答番号は 32 。

① 君主は賢者の仲間を求めようと思っており、賢者は無能な臣下を退けたいと思っている。

② 君主は賢者を顧問にしようと思っており、賢者は君主の要請を辞退したいと思っている。

③ 君主は賢者を登用しようと思っており、賢者は君主の役に立ちたいと思っている。

④ 君主は賢者の意見を聞こうと思っており、賢者は自分の意見は用いられまいと思っている。

⑤ 君主は賢者の称賛を得ようと思っており、賢者は君主に信用されたいと思っている。

問3 傍線部**B**「豈不以貴賤相懸、朝野相隔、堂遠於千里、門深於九重」の返り点の付け方と書き下し文との組合せとして最も適当なものを、次の①～⑤のうちから一つ選べ。解答番号は **33** 。

① 豈不レ以二貴賤相懸一、朝野相隔、堂遠二於千里一、門深二於九重一
豈に貴賤相懸《あひへだ》たるを以てならずして、朝野相隔たり、堂は千里よりも遠く、門は九重よりも深きや

② 豈不レ以二貴賤相懸、朝野相隔一、堂遠二於千里一、門深二於九重一
豈に貴賤相懸たり、朝野相隔たるを以てならずして、堂は千里よりも遠く、門は九重よりも深きや

③ 豈不レ以三貴賤相懸、朝野相隔、堂遠二於千里一、門深二於九重一
豈に貴賤相懸たり、朝野相隔たり、堂は千里よりも遠きを以てならずして、門は九重よりも深きや

④ 豈不下以三貴賤相懸、朝野相隔、堂遠二於千里一、門深中於九重上
豈に貴賤相懸たり、朝野相隔たり、堂は千里よりも遠きを以て、門は九重よりも深からずや

⑤ 豈不レ以下貴賤相懸、朝野相隔、堂遠二於千里一、門深中於九重上
豈に貴賤相懸たり、朝野相隔たり、堂は千里よりも遠く、門は九重よりも深きを以てならずや

問4 傍線部C「其 猶二線 与レ矢 也」の比喩は、「線」・「矢」のどのような点に着目して用いられているのか。最も適当なものを、次の①～⑤のうちから一つ選べ。解答番号は 34 。

① 「線」や「矢」は、単独では力を発揮しようとしても発揮できないという点。

② 「線」と「矢」は、互いに結びつけば力を発揮できるという点。

③ 「線」や「矢」は、針や弦と絡み合って力を発揮できないという点。

④ 「線」と「矢」は、助け合ったとしても力を発揮できないという点。

⑤ 「線」や「矢」は、針や弦の助けを借りなくても力を発揮できるという点。

問5 傍線部**D**「**X** 以 類 至」について、(a)空欄 **X** に入る語と、(b)書き下し文との組合せとして最も適当なものを、次の①～⑤のうちから一つ選べ。解答番号は **35** 。

① (a) 不 (b) 類を以てせずして至ればなり
② (a) 何 (b) 何ぞ類を以て至らんや
③ (a) 必 (b) 必ず類を以て至ればなり
④ (a) 誰 (b) 誰か類を以て至らんや
⑤ (a) 嘗 (b) 嘗《かつ》て類を以て至ればなり

問6　傍線部E「自　然　之　理　也」はどういう意味を表しているのか。その説明として最も適当なものを、次の①～⑤のうちから一つ選べ。解答番号は［36］。

① 水と火の性質は反対だがそれぞれ有用であるように、相反する性質のものであってもおのおの有効に作用するのが自然であるということ。

② 水の湿り気と火の乾燥とが互いに打ち消し合うように、性質の違う二つのものは相互に干渉してしまうのが自然であるということ。

③ 川の流れが湿地を作り山火事で土地が乾燥するように、性質の似通ったものはそれぞれに大きな作用を生み出すのが自然であるということ。

④ 水は湿ったところに流れ、火は乾燥したところへと広がるように、性質を同じくするものは互いに求め合うのが自然であるということ。

⑤ 水の潤いや火による乾燥が恵みにも害にもなるように、どのような性質のものにもそれぞれ長所と短所があるのが自然であるということ。

問7　**【予想問題】**に対して、作者が**【模擬答案】**で述べた答えはどのような内容であったのか。その説明として最も適当なものを、次の①～⑤のうちから一つ選べ。解答番号は 37 。

① 君主が賢者と出会わないのは、君主が賢者を採用する機会が少ないためであり、賢者を求めるには採用試験をより多く実施することによって人材を多く確保し、その中から賢者を探し出すべきである。

② 君主が賢者と出会わないのは、君主と賢者の心が離れているためであり、賢者を求めるにはまず君主の考えを広く伝えて、賢者との心理的距離を縮めたうえで人材を採用するべきである。

③ 君主が賢者と出会わないのは、君主が人材を見分けられないためであり、賢者を求めるにはその賢者が党派に加わらず、自分の信念を貫いているかどうかを見分けるべきである。

④ 君主が賢者と出会わないのは、君主が賢者を見つけ出すことができないためであり、賢者を求めるには賢者のグループを見極めたうえで、その中から人材を推挙してもらうべきである。

⑤ 君主が賢者と出会わないのは、君主が賢者を受け入れないためであり、賢者を求めるには幾重にも重なっている王城の門を開放して、やって来る人々を広く受け入れるべきである。

共通テスト対策 おすすめ書籍

① 基本事項からおさえ、知識・理解を万全に　問題集・参考書タイプ

ハイスコア！共通テスト攻略

Z会編集部 編／A5判／リスニング音声はWeb対応
定価：数学II・B・C、化学基礎、生物基礎、地学基礎 1,320円（税込）
それ以外 1,210円（税込）

全9冊　英語リーディング　英語リスニング　数学I・A　数学II・B・C　国語 現代文　国語 古文・漢文　化学基礎　生物基礎　地学基礎

ここがイイ！
新課程入試に対応！

こう使おう！
- 例題・類題と、丁寧な解説を通じて戦略を知る
- ハイスコアを取るための思考力・判断力を磨く

② 過去問5回分＋試作問題で実力を知る　過去問タイプ

※表紙デザインは変更する場合があります。

共通テスト 過去問 英数国

Z会編集部 編／A5判／定価 1,870円（税込）
リスニング音声はWeb対応

収録科目
英語リーディング｜英語リスニング
数学I・A｜数学II・B｜国語

収録内容
2024年本試　2023年本試　2022年本試
試作問題　2023年追試　2022年追試

→ 2025年度からの試験の問題作成の方向性を示すものとして大学入試センターから公表されたものです

ここがイイ！
3教科5科目の過去問がこの1冊に！

こう使おう！
- 共通テストの出題傾向・難易度をしっかり把握する
- 目標と実力の差を分析し、早期から対策する

③ 実戦演習を積んでテスト形式に慣れる　模試タイプ

※表紙デザインは変更する場合があります。

共通テスト 実戦模試

Z会編集部編／B5判
リスニング音声はWeb対応
解答用のマークシート付
※1 定価 各1,540円（税込）
※2 定価 各1,210円（税込）
※3 定価 各　880円（税込）
※4 定価 各　660円（税込）

全13冊　英語リーディング※1　英語リスニング※1　数学I・A※1　数学II・B・C※1　国語※1　化学基礎※2　生物基礎※2　物理※1　化学※1　生物※1　歴史総合、日本史探究※3　歴史総合、世界史探究※3　地理総合、地理探究※4

ここがイイ！
オリジナル模試は、答案にスマホをかざすだけで「自動採点」ができる！
得点に応じて、大問ごとにアドバイスメッセージも！

こう使おう！
- 予想模試で難易度・形式に慣れる
- 解答解説もよく読み、共通テスト対策に必要な重要事項をおさえる

④ 本番直前に全教科模試でリハーサル　模試タイプ

※表紙デザインは変更する場合があります。

共通テスト 予想問題パック

Z会編集部編／B5箱入／定価 1,650円（税込）
リスニング音声はWeb対応

収録科目（7教科17科目を1パックにまとめた1回分の模試形式）
英語リーディング｜英語リスニング｜数学I・A｜数学II・B・C｜国語｜物理｜化学｜化学基礎
生物｜生物基礎｜地学基礎｜歴史総合、世界史探究｜歴史総合、日本史探究｜地理総合、地理探究
公共、倫理｜公共、政治・経済｜情報I

ここがイイ！
☑ 答案にスマホをかざすだけで「自動採点」ができ、時短で便利！
☑ 全国平均点やランキングもわかる

こう使おう！
- 予想模試で難易度・形式に慣れる
- 解答解説もよく読み、共通テスト対策に必要な重要事項をおさえる

書籍の詳細閲覧・ご購入が可能です　Z会の本　検索　https://www.zkai.co.jp/books/

2次・私大対策 おすすめ書籍

英語

入試に必須の1900語を生きた文脈ごと覚える
音声は二次元コードから無料で聞ける！

速読英単語 必修編 改訂第7版増補版
風早寛 著／B6変型判／定価 各1,540円(税込)

速単必修7版増補版の英文で学ぶ

英語長文問題 70
Z会出版編集部 編／B6変型判／定価 880円(税込)

この1冊で入試必須の攻撃点314を押さえる！

英文法・語法のトレーニング 1戦略編 改訂版
風早寛 著／A5判／定価 1,320円(税込)

自分に合ったレベルから無理なく力を高める！

合格へ導く 英語長文 Rise 読解演習
2. 基礎～標準編(共通テストレベル)
塩川千尋 著／A5判／定価 1,100円(税込)
3. 標準～難関編
(共通テスト～難関国公立・難関私立レベル)
大西純一 著／A5判／定価 1,100円(税込)
4. 最難関編(東大・早慶上智レベル)
杉田直樹 著／A5判／定価 1,210円(税込)

難関国公立・私立大突破のための1,200語
未知語の推測力を鍛える！

速読英単語 上級編 改訂第5版
風早寛 著／B6変型判／定価 1,650円(税込)

3ラウンド方式で
覚えた英文を「使える」状態に！

大学入試 英作文バイブル 和文英訳編 解いて覚える必修英文100
米山達郎・久保田智大 著／定価1,430円(税込)
音声ダウンロード付

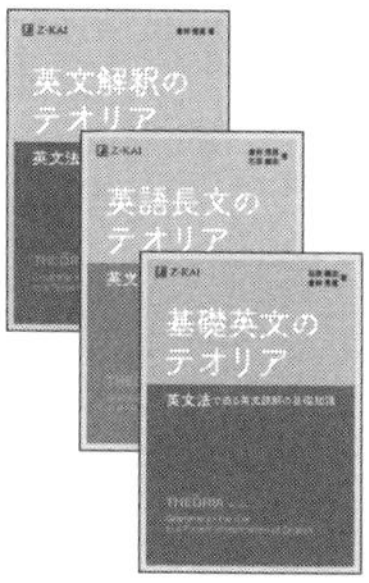

英文法をカギに読解の質を高める！
SNS・小説・入試問題など多様な英文を掲載

英文解釈のテオリア
英文法で迫る英文解釈入門
倉林秀男 著／A5判／定価 1,650円(税込)
音声ダウンロード付

英語長文のテオリア
英文法で迫る英文読解演習
倉林秀男・石原健志 著／A5判／定価 1,650円(税込)
音声ダウンロード付

基礎英文のテオリア
英文法で迫る英文読解の基礎知識
石原健志・倉林秀男 著／A5判／定価 1,100円(税込)
音声ダウンロード付

数学

教科書学習から入試対策への橋渡しとなる
厳選型問題集 ［新課程対応］

Z会数学基礎問題集
チェック&リピート 改訂第3版
数学Ⅰ・A／数学Ⅱ・B+C／数学Ⅲ+C
亀田隆・髙村正樹 著／A5判／
数学Ⅰ・A：定価 1,210円(税込)／数学Ⅱ・B+C:定価 1,430円(税込)
数学Ⅲ+C：定価 1,650円(税込)

入試対策の集大成！

理系数学 入試の核心 標準編 新課程増補版
Z会出版編集部 編／A5判／定価 1,100円(税込)

文系数学 入試の核心 新課程増補版
Z会出版編集部 編／A5判／定価 1,320円(税込)

国語

全受験生に対応。現代文学習の必携書！

正読現代文 入試突破編
Z会編集部 編／A5判／定価 1,320円(税込)

現代文読解に不可欠なキーワードを網羅！

現代文 キーワード読解 改訂版
Z会出版編集部 編／B6変型判／定価 990円(税込)

基礎から始める入試対策！

古文上達 基礎編
仲光雄 著／A5判／定価 1,100円(税込)

1冊で古文の実戦力を養う！

古文上達
小泉貴 著／A5判／定価 1,068円(税込)

基礎から入試演習まで！

漢文道場
土屋裕 著／A5判／定価 961円(税込)

地歴・公民

日本史問題集の決定版で実力養成と入試対策を！

実力をつける日本史 100題 改訂第3版
Z会出版編集部 編／A5判／定価 1,430円(税込)

難関大突破を可能にする実力を養成します！

実力をつける世界史 100題 改訂第3版
Z会出版編集部 編／A5判／定価 1,430円(税込)

充実の論述問題。地理受験生必携の書！

実力をつける地理 100題 改訂第3版
Z会出版編集部 編／A5判／定価 1,430円(税込)

政治・経済の2次・私大対策の決定版問題集！

実力をつける政治・経済 80題 改訂第2版
栗原久 著／A5判／定価 1,540円(税込)

理科

難関大合格に必要な実戦力が身につく！

物理 入試の核心 改訂版
Z会出版編集部 編／A5判／定価 1,540円(税込)

難関大合格に必要な、真の力が手に入る1冊！

化学 入試の核心 改訂版
Z会出版編集部 編／A5判／定価 1,540円(税込)

書籍の詳細閲覧・ご購入が可能です　Z会の本　検索　https://www.zkai.co.jp/books

書籍のアンケートにご協力ください

抽選で**図書カード**を

プレゼント！

Ｚ会の「個人情報の取り扱いについて」はＺ会Webサイト(https://www.zkai.co.jp/home/policy/)に掲載しておりますのでご覧ください。

2025年用　共通テスト実戦模試

⑤国語

初版第1刷発行…2024年7月1日

編者…………Z会編集部
発行人………藤井孝昭
発行…………Z会
〒411-0033　静岡県三島市文教町1-9-11
【販売部門：書籍の乱丁・落丁・返品・交換・注文】
TEL 055-976-9095
【書籍の内容に関するお問い合わせ】
https://www.zkai.co.jp/books/contact/
【ホームページ】
https://www.zkai.co.jp/books/

装丁…………犬飼奈央
印刷・製本…日経印刷株式会社

©Ｚ会　2024　★無断で複写・複製することを禁じます
定価は表紙に表示してあります
乱丁・落丁はお取り替えいたします

ISBN978-4-86531-617-9 C7381

キ リ ト リ 線

国語 予[illegible] 解答用紙

マーク例

良い例	悪い例
●	⊙ ⊗ ◐ O

受験番号欄				
千位	百位	十位	一位	英字
—	⓪	⓪	⓪	Ⓐ
①	①	①	①	Ⓑ
②	②	②	②	Ⓒ
③	③	③	③	Ⓗ
④	④	④	④	Ⓚ
⑤	⑤	⑤	⑤	Ⓜ
⑥	⑥	⑥	⑥	Ⓡ
⑦	⑦	⑦	⑦	Ⓤ
⑧	⑧	⑧	⑧	Ⓧ
⑨	⑨	⑨	⑨	Ⓨ
—	—	—	—	Ⓩ

A B C H K M R U X Y Z

フリガナ	
氏 名	

試験場コード	十万位	万位	千位	百位	十位	一位

解答番号	解答欄 1	2	3	4	5	6	7	8	9
1	①	②	③	④	⑤	⑥	⑦	⑧	⑨
2	①	②	③	④	⑤	⑥	⑦	⑧	⑨
3	①	②	③	④	⑤	⑥	⑦	⑧	⑨
4	①	②	③	④	⑤	⑥	⑦	⑧	⑨
5	①	②	③	④	⑤	⑥	⑦	⑧	⑨
6	①	②	③	④	⑤	⑥	⑦	⑧	⑨
7	①	②	③	④	⑤	⑥	⑦	⑧	⑨
8	①	②	③	④	⑤	⑥	⑦	⑧	⑨
9	①	②	③	④	⑤	⑥	⑦	⑧	⑨
10	①	②	③	④	⑤	⑥	⑦	⑧	⑨
11	①	②	③	④	⑤	⑥	⑦	⑧	⑨
12	①	②	③	④	⑤	⑥	⑦	⑧	⑨
13	①	②	③	④	⑤	⑥	⑦	⑧	⑨
14	①	②	③	④	⑤	⑥	⑦	⑧	⑨
15	①	②	③	④	⑤	⑥	⑦	⑧	⑨
16	①	②	③	④	⑤	⑥	⑦	⑧	⑨
17	①	②	③	④	⑤	⑥	⑦	⑧	⑨
18	①	②	③	④	⑤	⑥	⑦	⑧	⑨
19	①	②	③	④	⑤	⑥	⑦	⑧	⑨
20	①	②	③	④	⑤	⑥	⑦	⑧	⑨
21	①	②	③	④	⑤	⑥	⑦	⑧	⑨
22	①	②	③	④	⑤	⑥	⑦	⑧	⑨
23	①	②	③	④	⑤	⑥	⑦	⑧	⑨
24	①	②	③	④	⑤	⑥	⑦	⑧	⑨
25	①	②	③	④	⑤	⑥	⑦	⑧	⑨
26	①	②	③	④	⑤	⑥	⑦	⑧	⑨
27	①	②	③	④	⑤	⑥	⑦	⑧	⑨
28	①	②	③	④	⑤	⑥	⑦	⑧	⑨
29	①	②	③	④	⑤	⑥	⑦	⑧	⑨
30	①	②	③	④	⑤	⑥	⑦	⑧	⑨
31	①	②	③	④	⑤	⑥	⑦	⑧	⑨
32	①	②	③	④	⑤	⑥	⑦	⑧	⑨
33	①	②	③	④	⑤	⑥	⑦	⑧	⑨
34	①	②	③	④	⑤	⑥	⑦	⑧	⑨
35	①	②	③	④	⑤	⑥	⑦	⑧	⑨
36	①	②	③	④	⑤	⑥	⑦	⑧	⑨
37	①	②	③	④	⑤	⑥	⑦	⑧	⑨
38	①	②	③	④	⑤	⑥	⑦	⑧	⑨
39	①	②	③	④	⑤	⑥	⑦	⑧	⑨
40	①	②	③	④	⑤	⑥	⑦	⑧	⑨
41	①	②	③	④	⑤	⑥	⑦	⑧	⑨
42	①	②	③	④	⑤	⑥	⑦	⑧	⑨
43	①	②	③	④	⑤	⑥	⑦	⑧	⑨
44	①	②	③	④	⑤	⑥	⑦	⑧	⑨
45	①	②	③	④	⑤	⑥	⑦	⑧	⑨
46	①	②	③	④	⑤	⑥	⑦	⑧	⑨
47	①	②	③	④	⑤	⑥	⑦	⑧	⑨
48	①	②	③	④	⑤	⑥	⑦	⑧	⑨
49	①	②	③	④	⑤	⑥	⑦	⑧	⑨
50	①	②	③	④	⑤	⑥	⑦	⑧	⑨
51	①	②	③	④	⑤	⑥	⑦	⑧	⑨
52	①	②	③	④	⑤	⑥	⑦	⑧	⑨

キリトリ線

国語 予備 解答用紙

マーク例

良い例	悪い例
●	⊙ ⊗ ◐ O

解答番号	1	2	3	4	5	6	7	8	9
1	①	②	③	④	⑤	⑥	⑦	⑧	⑨
2	①	②	③	④	⑤	⑥	⑦	⑧	⑨
3	①	②	③	④	⑤	⑥	⑦	⑧	⑨
4	①	②	③	④	⑤	⑥	⑦	⑧	⑨
5	①	②	③	④	⑤	⑥	⑦	⑧	⑨
6	①	②	③	④	⑤	⑥	⑦	⑧	⑨
7	①	②	③	④	⑤	⑥	⑦	⑧	⑨
8	①	②	③	④	⑤	⑥	⑦	⑧	⑨
9	①	②	③	④	⑤	⑥	⑦	⑧	⑨
10	①	②	③	④	⑤	⑥	⑦	⑧	⑨
11	①	②	③	④	⑤	⑥	⑦	⑧	⑨
12	①	②	③	④	⑤	⑥	⑦	⑧	⑨
13	①	②	③	④	⑤	⑥	⑦	⑧	⑨

解答番号	1	2	3	4	5	6	7	8	9
14	①	②	③	④	⑤	⑥	⑦	⑧	⑨
15	①	②	③	④	⑤	⑥	⑦	⑧	⑨
16	①	②	③	④	⑤	⑥	⑦	⑧	⑨
17	①	②	③	④	⑤	⑥	⑦	⑧	⑨
18	①	②	③	④	⑤	⑥	⑦	⑧	⑨
19	①	②	③	④	⑤	⑥	⑦	⑧	⑨
20	①	②	③	④	⑤	⑥	⑦	⑧	⑨
21	①	②	③	④	⑤	⑥	⑦	⑧	⑨
22	①	②	③	④	⑤	⑥	⑦	⑧	⑨
23	①	②	③	④	⑤	⑥	⑦	⑧	⑨
24	①	②	③	④	⑤	⑥	⑦	⑧	⑨
25	①	②	③	④	⑤	⑥	⑦	⑧	⑨
26	①	②	③	④	⑤	⑥	⑦	⑧	⑨

解答番号	1	2	3	4	5	6	7	8	9
27	①	②	③	④	⑤	⑥	⑦	⑧	⑨
28	①	②	③	④	⑤	⑥	⑦	⑧	⑨
29	①	②	③	④	⑤	⑥	⑦	⑧	⑨
30	①	②	③	④	⑤	⑥	⑦	⑧	⑨
31	①	②	③	④	⑤	⑥	⑦	⑧	⑨
32	①	②	③	④	⑤	⑥	⑦	⑧	⑨
33	①	②	③	④	⑤	⑥	⑦	⑧	⑨
34	①	②	③	④	⑤	⑥	⑦	⑧	⑨
35	①	②	③	④	⑤	⑥	⑦	⑧	⑨
36	①	②	③	④	⑤	⑥	⑦	⑧	⑨
37	①	②	③	④	⑤	⑥	⑦	⑧	⑨
38	①	②	③	④	⑤	⑥	⑦	⑧	⑨
39	①	②	③	④	⑤	⑥	⑦	⑧	⑨

解答番号	1	2	3	4	5	6	7	8	9
40	①	②	③	④	⑤	⑥	⑦	⑧	⑨
41	①	②	③	④	⑤	⑥	⑦	⑧	⑨
42	①	②	③	④	⑤	⑥	⑦	⑧	⑨
43	①	②	③	④	⑤	⑥	⑦	⑧	⑨
44	①	②	③	④	⑤	⑥	⑦	⑧	⑨
45	①	②	③	④	⑤	⑥	⑦	⑧	⑨
46	①	②	③	④	⑤	⑥	⑦	⑧	⑨
47	①	②	③	④	⑤	⑥	⑦	⑧	⑨
48	①	②	③	④	⑤	⑥	⑦	⑧	⑨
49	①	②	③	④	⑤	⑥	⑦	⑧	⑨
50	①	②	③	④	⑤	⑥	⑦	⑧	⑨
51	①	②	③	④	⑤	⑥	⑦	⑧	⑨
52	①	②	③	④	⑤	⑥	⑦	⑧	⑨

受験番号欄

千位	百位	十位	一位	英字	
—	⓪	⓪	⓪	Ⓐ	A
①	①	①	①	Ⓑ	B
②	②	②	②	Ⓒ	C
③	③	③	③	Ⓗ	H
④	④	④	④	Ⓚ	K
⑤	⑤	⑤	⑤	Ⓜ	M
⑥	⑥	⑥	⑥	Ⓡ	R
⑦	⑦	⑦	⑦	Ⓤ	U
⑧	⑧	⑧	⑧	Ⓧ	X
⑨	⑨	⑨	⑨	Ⓨ	Y
—	—	—	—	Ⓩ	Z

フリガナ	
氏名	

試験場コード	十万位	万位	千位	百位	十位	一位

キ リ ト リ 線

国語 予 備 解答用紙

マーク例

良い例	悪い例
●	⊙ ⊗ ◔ ０

受験番号欄					
千位	百位	十位	一位	英字	
—	⓪	⓪	⓪	Ⓐ	A
①	①	①	①	Ⓑ	B
②	②	②	②	Ⓒ	C
③	③	③	③	Ⓗ	H
④	④	④	④	Ⓚ	K
⑤	⑤	⑤	⑤	Ⓜ	M
⑥	⑥	⑥	⑥	Ⓡ	R
⑦	⑦	⑦	⑦	Ⓤ	U
⑧	⑧	⑧	⑧	Ⓧ	X
⑨	⑨	⑨	⑨	Ⓨ	Y
—	—	—	—	Ⓩ	Z

フリガナ	
氏 名	

試験場コード	十万位	万位	千位	百位	十位	一位

解答番号	解答欄 1	2	3	4	5	6	7	8	9	解答番号	解答欄 1	2	3	4	5	6	7	8	9	解答番号	解答欄 1	2	3	4	5	6	7	8	9	解答番号	解答欄 1	2	3	4	5	6	7	8	9
1	①	②	③	④	⑤	⑥	⑦	⑧	⑨	14	①	②	③	④	⑤	⑥	⑦	⑧	⑨	27	①	②	③	④	⑤	⑥	⑦	⑧	⑨	40	①	②	③	④	⑤	⑥	⑦	⑧	⑨
2	①	②	③	④	⑤	⑥	⑦	⑧	⑨	15	①	②	③	④	⑤	⑥	⑦	⑧	⑨	28	①	②	③	④	⑤	⑥	⑦	⑧	⑨	41	①	②	③	④	⑤	⑥	⑦	⑧	⑨
3	①	②	③	④	⑤	⑥	⑦	⑧	⑨	16	①	②	③	④	⑤	⑥	⑦	⑧	⑨	29	①	②	③	④	⑤	⑥	⑦	⑧	⑨	42	①	②	③	④	⑤	⑥	⑦	⑧	⑨
4	①	②	③	④	⑤	⑥	⑦	⑧	⑨	17	①	②	③	④	⑤	⑥	⑦	⑧	⑨	30	①	②	③	④	⑤	⑥	⑦	⑧	⑨	43	①	②	③	④	⑤	⑥	⑦	⑧	⑨
5	①	②	③	④	⑤	⑥	⑦	⑧	⑨	18	①	②	③	④	⑤	⑥	⑦	⑧	⑨	31	①	②	③	④	⑤	⑥	⑦	⑧	⑨	44	①	②	③	④	⑤	⑥	⑦	⑧	⑨
6	①	②	③	④	⑤	⑥	⑦	⑧	⑨	19	①	②	③	④	⑤	⑥	⑦	⑧	⑨	32	①	②	③	④	⑤	⑥	⑦	⑧	⑨	45	①	②	③	④	⑤	⑥	⑦	⑧	⑨
7	①	②	③	④	⑤	⑥	⑦	⑧	⑨	20	①	②	③	④	⑤	⑥	⑦	⑧	⑨	33	①	②	③	④	⑤	⑥	⑦	⑧	⑨	46	①	②	③	④	⑤	⑥	⑦	⑧	⑨
8	①	②	③	④	⑤	⑥	⑦	⑧	⑨	21	①	②	③	④	⑤	⑥	⑦	⑧	⑨	34	①	②	③	④	⑤	⑥	⑦	⑧	⑨	47	①	②	③	④	⑤	⑥	⑦	⑧	⑨
9	①	②	③	④	⑤	⑥	⑦	⑧	⑨	22	①	②	③	④	⑤	⑥	⑦	⑧	⑨	35	①	②	③	④	⑤	⑥	⑦	⑧	⑨	48	①	②	③	④	⑤	⑥	⑦	⑧	⑨
10	①	②	③	④	⑤	⑥	⑦	⑧	⑨	23	①	②	③	④	⑤	⑥	⑦	⑧	⑨	36	①	②	③	④	⑤	⑥	⑦	⑧	⑨	49	①	②	③	④	⑤	⑥	⑦	⑧	⑨
11	①	②	③	④	⑤	⑥	⑦	⑧	⑨	24	①	②	③	④	⑤	⑥	⑦	⑧	⑨	37	①	②	③	④	⑤	⑥	⑦	⑧	⑨	50	①	②	③	④	⑤	⑥	⑦	⑧	⑨
12	①	②	③	④	⑤	⑥	⑦	⑧	⑨	25	①	②	③	④	⑤	⑥	⑦	⑧	⑨	38	①	②	③	④	⑤	⑥	⑦	⑧	⑨	51	①	②	③	④	⑤	⑥	⑦	⑧	⑨
13	①	②	③	④	⑤	⑥	⑦	⑧	⑨	26	①	②	③	④	⑤	⑥	⑦	⑧	⑨	39	①	②	③	④	⑤	⑥	⑦	⑧	⑨	52	①	②	③	④	⑤	⑥	⑦	⑧	⑨

キ リ ト リ 線

国語 予 備 解答用紙

マーク例

良い例	悪い例
●	◌ ⊗ ◌ O

受験番号欄					
千位	百位	十位	一位	英字	
—	⓪	⓪	⓪	Ⓐ	A
①	①	①	①	Ⓑ	B
②	②	②	②	Ⓒ	C
③	③	③	③	Ⓗ	H
④	④	④	④	Ⓚ	K
⑤	⑤	⑤	⑤	Ⓜ	M
⑥	⑥	⑥	⑥	Ⓡ	R
⑦	⑦	⑦	⑦	Ⓤ	U
⑧	⑧	⑧	⑧	Ⓧ	X
⑨	⑨	⑨	⑨	Ⓨ	Y
—	—	—	—	Ⓩ	Z

フリガナ	
氏 名	

試験場コード	十万位	万位	千位	百位	十位	一位

解答番号	解答欄 1	2	3	4	5	6	7	8	9
1	①	②	③	④	⑤	⑥	⑦	⑧	⑨
2	①	②	③	④	⑤	⑥	⑦	⑧	⑨
3	①	②	③	④	⑤	⑥	⑦	⑧	⑨
4	①	②	③	④	⑤	⑥	⑦	⑧	⑨
5	①	②	③	④	⑤	⑥	⑦	⑧	⑨
6	①	②	③	④	⑤	⑥	⑦	⑧	⑨
7	①	②	③	④	⑤	⑥	⑦	⑧	⑨
8	①	②	③	④	⑤	⑥	⑦	⑧	⑨
9	①	②	③	④	⑤	⑥	⑦	⑧	⑨
10	①	②	③	④	⑤	⑥	⑦	⑧	⑨
11	①	②	③	④	⑤	⑥	⑦	⑧	⑨
12	①	②	③	④	⑤	⑥	⑦	⑧	⑨
13	①	②	③	④	⑤	⑥	⑦	⑧	⑨

解答番号	解答欄 1	2	3	4	5	6	7	8	9
14	①	②	③	④	⑤	⑥	⑦	⑧	⑨
15	①	②	③	④	⑤	⑥	⑦	⑧	⑨
16	①	②	③	④	⑤	⑥	⑦	⑧	⑨
17	①	②	③	④	⑤	⑥	⑦	⑧	⑨
18	①	②	③	④	⑤	⑥	⑦	⑧	⑨
19	①	②	③	④	⑤	⑥	⑦	⑧	⑨
20	①	②	③	④	⑤	⑥	⑦	⑧	⑨
21	①	②	③	④	⑤	⑥	⑦	⑧	⑨
22	①	②	③	④	⑤	⑥	⑦	⑧	⑨
23	①	②	③	④	⑤	⑥	⑦	⑧	⑨
24	①	②	③	④	⑤	⑥	⑦	⑧	⑨
25	①	②	③	④	⑤	⑥	⑦	⑧	⑨
26	①	②	③	④	⑤	⑥	⑦	⑧	⑨

解答番号	解答欄 1	2	3	4	5	6	7	8	9
27	①	②	③	④	⑤	⑥	⑦	⑧	⑨
28	①	②	③	④	⑤	⑥	⑦	⑧	⑨
29	①	②	③	④	⑤	⑥	⑦	⑧	⑨
30	①	②	③	④	⑤	⑥	⑦	⑧	⑨
31	①	②	③	④	⑤	⑥	⑦	⑧	⑨
32	①	②	③	④	⑤	⑥	⑦	⑧	⑨
33	①	②	③	④	⑤	⑥	⑦	⑧	⑨
34	①	②	③	④	⑤	⑥	⑦	⑧	⑨
35	①	②	③	④	⑤	⑥	⑦	⑧	⑨
36	①	②	③	④	⑤	⑥	⑦	⑧	⑨
37	①	②	③	④	⑤	⑥	⑦	⑧	⑨
38	①	②	③	④	⑤	⑥	⑦	⑧	⑨
39	①	②	③	④	⑤	⑥	⑦	⑧	⑨

解答番号	解答欄 1	2	3	4	5	6	7	8	9
40	①	②	③	④	⑤	⑥	⑦	⑧	⑨
41	①	②	③	④	⑤	⑥	⑦	⑧	⑨
42	①	②	③	④	⑤	⑥	⑦	⑧	⑨
43	①	②	③	④	⑤	⑥	⑦	⑧	⑨
44	①	②	③	④	⑤	⑥	⑦	⑧	⑨
45	①	②	③	④	⑤	⑥	⑦	⑧	⑨
46	①	②	③	④	⑤	⑥	⑦	⑧	⑨
47	①	②	③	④	⑤	⑥	⑦	⑧	⑨
48	①	②	③	④	⑤	⑥	⑦	⑧	⑨
49	①	②	③	④	⑤	⑥	⑦	⑧	⑨
50	①	②	③	④	⑤	⑥	⑦	⑧	⑨
51	①	②	③	④	⑤	⑥	⑦	⑧	⑨
52	①	②	③	④	⑤	⑥	⑦	⑧	⑨

キ リ ト リ 線

国語 予備 解答用紙

マーク例

良い例	悪い例
●	・ ⊗ ◔ ○

受験番号欄

千位	百位	十位	一位	英字	
—	⓪	⓪	⓪	Ⓐ	A
①	①	①	①	Ⓑ	B
②	②	②	②	Ⓒ	C
③	③	③	③	Ⓗ	H
④	④	④	④	Ⓚ	K
⑤	⑤	⑤	⑤	Ⓜ	M
⑥	⑥	⑥	⑥	Ⓡ	R
⑦	⑦	⑦	⑦	Ⓤ	U
⑧	⑧	⑧	⑧	Ⓧ	X
⑨	⑨	⑨	⑨	Ⓨ	Y
—	—	—	—	Ⓩ	Z

フリガナ	
氏 名	

試験場コード	十万位	万位	千位	百位	十位	一位

解答番号	解答欄 1	2	3	4	5	6	7	8	9
1	①	②	③	④	⑤	⑥	⑦	⑧	⑨
2	①	②	③	④	⑤	⑥	⑦	⑧	⑨
3	①	②	③	④	⑤	⑥	⑦	⑧	⑨
4	①	②	③	④	⑤	⑥	⑦	⑧	⑨
5	①	②	③	④	⑤	⑥	⑦	⑧	⑨
6	①	②	③	④	⑤	⑥	⑦	⑧	⑨
7	①	②	③	④	⑤	⑥	⑦	⑧	⑨
8	①	②	③	④	⑤	⑥	⑦	⑧	⑨
9	①	②	③	④	⑤	⑥	⑦	⑧	⑨
10	①	②	③	④	⑤	⑥	⑦	⑧	⑨
11	①	②	③	④	⑤	⑥	⑦	⑧	⑨
12	①	②	③	④	⑤	⑥	⑦	⑧	⑨
13	①	②	③	④	⑤	⑥	⑦	⑧	⑨

解答番号	解答欄 1	2	3	4	5	6	7	8	9
14	①	②	③	④	⑤	⑥	⑦	⑧	⑨
15	①	②	③	④	⑤	⑥	⑦	⑧	⑨
16	①	②	③	④	⑤	⑥	⑦	⑧	⑨
17	①	②	③	④	⑤	⑥	⑦	⑧	⑨
18	①	②	③	④	⑤	⑥	⑦	⑧	⑨
19	①	②	③	④	⑤	⑥	⑦	⑧	⑨
20	①	②	③	④	⑤	⑥	⑦	⑧	⑨
21	①	②	③	④	⑤	⑥	⑦	⑧	⑨
22	①	②	③	④	⑤	⑥	⑦	⑧	⑨
23	①	②	③	④	⑤	⑥	⑦	⑧	⑨
24	①	②	③	④	⑤	⑥	⑦	⑧	⑨
25	①	②	③	④	⑤	⑥	⑦	⑧	⑨
26	①	②	③	④	⑤	⑥	⑦	⑧	⑨

解答番号	解答欄 1	2	3	4	5	6	7	8	9
27	①	②	③	④	⑤	⑥	⑦	⑧	⑨
28	①	②	③	④	⑤	⑥	⑦	⑧	⑨
29	①	②	③	④	⑤	⑥	⑦	⑧	⑨
30	①	②	③	④	⑤	⑥	⑦	⑧	⑨
31	①	②	③	④	⑤	⑥	⑦	⑧	⑨
32	①	②	③	④	⑤	⑥	⑦	⑧	⑨
33	①	②	③	④	⑤	⑥	⑦	⑧	⑨
34	①	②	③	④	⑤	⑥	⑦	⑧	⑨
35	①	②	③	④	⑤	⑥	⑦	⑧	⑨
36	①	②	③	④	⑤	⑥	⑦	⑧	⑨
37	①	②	③	④	⑤	⑥	⑦	⑧	⑨
38	①	②	③	④	⑤	⑥	⑦	⑧	⑨
39	①	②	③	④	⑤	⑥	⑦	⑧	⑨

解答番号	解答欄 1	2	3	4	5	6	7	8	9
40	①	②	③	④	⑤	⑥	⑦	⑧	⑨
41	①	②	③	④	⑤	⑥	⑦	⑧	⑨
42	①	②	③	④	⑤	⑥	⑦	⑧	⑨
43	①	②	③	④	⑤	⑥	⑦	⑧	⑨
44	①	②	③	④	⑤	⑥	⑦	⑧	⑨
45	①	②	③	④	⑤	⑥	⑦	⑧	⑨
46	①	②	③	④	⑤	⑥	⑦	⑧	⑨
47	①	②	③	④	⑤	⑥	⑦	⑧	⑨
48	①	②	③	④	⑤	⑥	⑦	⑧	⑨
49	①	②	③	④	⑤	⑥	⑦	⑧	⑨
50	①	②	③	④	⑤	⑥	⑦	⑧	⑨
51	①	②	③	④	⑤	⑥	⑦	⑧	⑨
52	①	②	③	④	⑤	⑥	⑦	⑧	⑨

キ リ ト リ 線

国語予備解答用紙

マーク例

良い例	悪い例
●	⊙⊗◔O

解答番号	解	答						欄		解答番号	解	答						欄		解答番号	解	答						欄		解答番号	解	答						欄	
	1	2	3	4	5	6	7	8	9		1	2	3	4	5	6	7	8	9		1	2	3	4	5	6	7	8	9		1	2	3	4	5	6	7	8	9
1	①	②	③	④	⑤	⑥	⑦	⑧	⑨	14	①	②	③	④	⑤	⑥	⑦	⑧	⑨	27	①	②	③	④	⑤	⑥	⑦	⑧	⑨	40	①	②	③	④	⑤	⑥	⑦	⑧	⑨
2	①	②	③	④	⑤	⑥	⑦	⑧	⑨	15	①	②	③	④	⑤	⑥	⑦	⑧	⑨	28	①	②	③	④	⑤	⑥	⑦	⑧	⑨	41	①	②	③	④	⑤	⑥	⑦	⑧	⑨
3	①	②	③	④	⑤	⑥	⑦	⑧	⑨	16	①	②	③	④	⑤	⑥	⑦	⑧	⑨	29	①	②	③	④	⑤	⑥	⑦	⑧	⑨	42	①	②	③	④	⑤	⑥	⑦	⑧	⑨
4	①	②	③	④	⑤	⑥	⑦	⑧	⑨	17	①	②	③	④	⑤	⑥	⑦	⑧	⑨	30	①	②	③	④	⑤	⑥	⑦	⑧	⑨	43	①	②	③	④	⑤	⑥	⑦	⑧	⑨
5	①	②	③	④	⑤	⑥	⑦	⑧	⑨	18	①	②	③	④	⑤	⑥	⑦	⑧	⑨	31	①	②	③	④	⑤	⑥	⑦	⑧	⑨	44	①	②	③	④	⑤	⑥	⑦	⑧	⑨
6	①	②	③	④	⑤	⑥	⑦	⑧	⑨	19	①	②	③	④	⑤	⑥	⑦	⑧	⑨	32	①	②	③	④	⑤	⑥	⑦	⑧	⑨	45	①	②	③	④	⑤	⑥	⑦	⑧	⑨
7	①	②	③	④	⑤	⑥	⑦	⑧	⑨	20	①	②	③	④	⑤	⑥	⑦	⑧	⑨	33	①	②	③	④	⑤	⑥	⑦	⑧	⑨	46	①	②	③	④	⑤	⑥	⑦	⑧	⑨
8	①	②	③	④	⑤	⑥	⑦	⑧	⑨	21	①	②	③	④	⑤	⑥	⑦	⑧	⑨	34	①	②	③	④	⑤	⑥	⑦	⑧	⑨	47	①	②	③	④	⑤	⑥	⑦	⑧	⑨
9	①	②	③	④	⑤	⑥	⑦	⑧	⑨	22	①	②	③	④	⑤	⑥	⑦	⑧	⑨	35	①	②	③	④	⑤	⑥	⑦	⑧	⑨	48	①	②	③	④	⑤	⑥	⑦	⑧	⑨
10	①	②	③	④	⑤	⑥	⑦	⑧	⑨	23	①	②	③	④	⑤	⑥	⑦	⑧	⑨	36	①	②	③	④	⑤	⑥	⑦	⑧	⑨	49	①	②	③	④	⑤	⑥	⑦	⑧	⑨
11	①	②	③	④	⑤	⑥	⑦	⑧	⑨	24	①	②	③	④	⑤	⑥	⑦	⑧	⑨	37	①	②	③	④	⑤	⑥	⑦	⑧	⑨	50	①	②	③	④	⑤	⑥	⑦	⑧	⑨
12	①	②	③	④	⑤	⑥	⑦	⑧	⑨	25	①	②	③	④	⑤	⑥	⑦	⑧	⑨	38	①	②	③	④	⑤	⑥	⑦	⑧	⑨	51	①	②	③	④	⑤	⑥	⑦	⑧	⑨
13	①	②	③	④	⑤	⑥	⑦	⑧	⑨	26	①	②	③	④	⑤	⑥	⑦	⑧	⑨	39	①	②	③	④	⑤	⑥	⑦	⑧	⑨	52	①	②	③	④	⑤	⑥	⑦	⑧	⑨

受験番号欄					
千位	百位	十位	一位	英字	
—	⓪	⓪	⓪	Ⓐ	A
①	①	①	①	Ⓑ	B
②	②	②	②	Ⓒ	C
③	③	③	③	Ⓗ	H
④	④	④	④	Ⓚ	K
⑤	⑤	⑤	⑤	Ⓜ	M
⑥	⑥	⑥	⑥	Ⓡ	R
⑦	⑦	⑦	⑦	Ⓤ	U
⑧	⑧	⑧	⑧	Ⓧ	X
⑨	⑨	⑨	⑨	Ⓨ	Y
—	—	—	—	Ⓩ	Z

フリガナ	
氏名	

試験場コード	十万位	万位	千位	百位	十位	一位

Z-KAI

2025年用

共通テスト 実戦模試

5 国語

解答・解説編

Z会編集部 編

共通テスト書籍のアンケートにご協力ください

ご回答いただいた方の中から、抽選で毎月50名様に「図書カード500円分」をプレゼント!
※当選者の発表は賞品の発送をもって代えさせていただきます。

学習診断サイトのご案内※1

『実戦模試』シリーズ（試作問題・過去問を除く）では, 以下のことができます。

- マークシートをスマホで撮影して自動採点
- 自分の得点と，本サイト登録者平均点との比較
- 登録者のランキング表示（総合・志望大別）
- Ｚ会編集部からの直前対策用アドバイス

手順

①本書を解いて，以下のサイトにアクセス（スマホ・PC 対応）

Z会共通テスト学習診断　検索

https://service.zkai.co.jp/books/k-test/

二次元コード →

②購入者パスワード **60400** を入力し，ログイン

③必要事項を入力（志望校・ニックネーム・ログインパスワード）※2

④スマホ・タブレットでマークシートを撮影　→**自動採点**※3，**アドバイス Get ！**

※１　学習診断サイトは 2025 年 5 月 30 日まで利用できます。

※２　ID・パスワードは次回ログイン時に必要になりますので、必ず記録して保管してください。

※３　スマホ・タブレットをお持ちでない場合は事前に自己採点をお願いします。

目次

模試　第1回　解答

自動採点・学習診断

第1問小計	第2問小計	第3問小計	第4問小計	第5問小計	合計点
					/200

問題番号(配点)	設問	解答番号	正解	配点	自己採点
第1問 (45)	1	1	①	2	
		2	②	2	
		3	③	2	
		4	④	2	
		5	②	2	
	2	6	④	6	
	3	7	③	6	
	4	8	④	6	
	5	9	③	6	
	6	10	④	5	
		11	②	6	
第2問 (45)	1	12	①	3	
		13	③	3	
		14	⑤	3	
	2	15	⑤	6	
	3	16	①	6	
	4	17	③	6	
	5	18	②	6	
	6	19	④	5	
		20	③	7	
第3問 (20)	1	21	③	4	
	2	22	②	4	
	3	23	⑤	4	
	4	24	②	4	
		25	①	4	

問題番号(配点)	設問	解答番号	正解	配点	自己採点
第4問 (45)	1	26	②	5	
		27	④	5	
		28	④	5	
	2	29	④	6	
	3	30	④	6	
	4	31	②	6	
	5	32	③	6	
		33	②	6	
第5問 (45)	1	34	④	5	
		35	③	5	
	2	36	①	7	
	3	37	②	7	
	4	38	①	7	
	5	39	⑤	7	
	6	40	④	7	

第1問

出典 内山節《うちやまたかし》『日本人はなぜキツネにだまされなくなったのか』（講談社 二〇〇七年）の一節。

内山節は、一九五〇年生まれの哲学者。主な著書に『哲学の冒険』『森にかよう道』『「里」という思想』『戦争という仕事』などがある。

【出題のねらい】

大学入学共通テストでは、「言語活動」を重視する出題が定着してきている。今回の出題でも最終設問に「言語活動」を絡めた設問を用意した。問題文は近代社会論で、センター試験から引き続き頻出テーマである。一般的に近代社会論では、近代社会以前において絶対化された価値原理が現代社会において行き詰まりを見せたため、その正当性が問い直され、その結果として新しい価値原理を構築していくべきだとする論調が多い。今回のポイントは、現代の日本において自然観や死生観、人間観などあらゆるものが根本的に変化し、伝統的な世界観が失われてしまったとする内容を正確に読み取ることである。

【概要】 本文は大きく二つに分けることができる。

1 **伝統社会について（1〜35行目）**

山村に生きる人々は、すべてのものを自分たちに合うようにつくり変えながら生きてきた。彼らにとって、知性や身体性、生命性の継続は不可欠で、知性を働かせつつ、さまざまな技術を身体に刻み込ませながら受け継ぎ、さらに自然や神々とともに生命的世界のなかで暮らしてきた。このように、日本の伝統社会においては、個人とは知性、身体性、生命性という三つの歴史のなかに生まれた個体のことであり、三つの歴史と切り離すことができないのである。といっても、身体性の歴史や生命性の歴史とは異なり、知性の歴史は、「私」というものが人間に内在する以上、純粋さを失って誤りをも生み出しかねない歴史だということを忘れてはならないだろう。

2 **知性偏重の社会について（36〜74行目）**

ところが、一九六五年頃から、身体性の歴史や生命性の歴史が衰弱していった。その結果、知性によってとらえられた歴史が肥大化した。もっとも、身体性や生命性と結びついた歴史は、もともと知性からはみることができず、村人にとっては、つかみとられ、感じとられる歴史であった。そして身体性の歴史は身体を通して実感することができるが、生命性の歴史はそれ自体としてはとらえようがない。すなわち、この歴史は生命的世界を「神のかたち」だけでなく、村の人々の通過儀礼や里の儀式、作法、さらにはさまざまな物語などに仮託しなければつかみとることができないのである。この生命性の歴史が感じとられ、諒解されていた時代に、人々はキツネにだまされていたのではないかと筆者は考えている。キツネにだまされたという物語を生みだしながら人々が暮らしていた社会では、自然と人間の生命の歴史のなかでみいだされていたものが語られていた。それは生命性の歴史を衰弱させた私たちには、もはやみえなくなった歴史である。

さらに、本文の要旨をまとめれば、次のようになる。

日本の伝統社会では、知性や身体性、生命性といった歴史が生きていて、キツネにだまされたという物語が存在していたが、高度経済成長をきっかけに知性によってとらえられた歴史だけが肥大化し、身体性や生命性と結びついた歴史が徐々に感じられなくなってしまった。

問1 1 ① 2 ② 3 ③ 4 ④ 5 ② 《漢字問題》

(ア)「採取」。①「伐採」、②「祭壇」、③「色彩」、④「裁量〈＝自分の判断で処理すること〉」。

(イ)「属性〈＝あるものに属する性質〉」。①「俗世間」、②「所属」、③「親族」、④「海賊」。

(ウ)「隆盛〈＝勢いが盛んなこと〉」。①「制御」、②「更生〈＝立ち直らせること〉」、③「全盛」、④「内省〈＝反省すること〉」。

(エ)「消耗」。①「網羅〈＝残らず取り入れること〉」、②「盲導」、③「設ける」、④「摩耗・磨耗〈＝すりへること〉」。

(オ)「循環」。①「栄冠」、②「環境」、③「感心〈＝すばらしいと感じること〉」、④「歓迎」。

問2 6 ④ 《内容把握問題》

まず、傍線部Aの前後の文脈を押さえて、知性の継続、身体性の継続、生命性の継続、という言葉の意味をそれぞれ補足する。

知性の継続については、傍線部Aの直後に「人々は知性を働かせて生きなければならない」とある。

次に、身体性の継続については、その先に「田畑をつくる技、用水路を維持する技、道を守る技、石組みや建築の技、山からいろいろなものを採取する技、さらにさまざまなものを加工する技。そういったものが身体に刻み込まれるかたちで受け継がれていくことが必要だった」とある。つまり、山村で生きていくための技術を身体で学び、そしてそれを次世代へ伝えながら生きてきたという意味である。

最後に、生命性の継続については、さらに続いて「自然の生命と人間の生命が結び合いながら生きてきた」や「自然は自然の力だけで生命的世界を築いているわけではなく、『ご先祖様』の力が加わってつくられているものでもあった」「自然の歴史と人間の歴史は一体なのである」とある。つまり、村人たちは自然や神々とともに生命的世界のなかで暮らしてきたという意味である。

以上の説明を整理すれば、次のようになる。

(1)知性の継続 ← 知性を働かせながら生きてきた

(2)身体性の継続 ← 山村で生きていくための技術を身体で学び、そしてそれを次世代へ伝えながら生きてきた

(3)生命性の継続 ← 自然や「ご先祖様」でもある神々とともに生命的世界のなかで暮らしてきた

したがって、これらのポイントを押さえた④が正解である。「人々は頭を働かせながら生き」は傍線部Aの直後の「人々は知性を働かせて生きなければならない」と合致する。「山村で生活するための技術をしっかり体得し」は身体性の継続、「自然やさまざまな神とともに暮らし続ける」は生命性の継続についてそれぞれ述べている。

①は選択肢後半の「祖先の人々がのこした遺産を守り続ける」が、本文に書かれていないので不適切である。

②は選択肢前半に「農作業を行うために必要な技術を考え出したために」とあるが、技術の内容を農作業に限定している点と、身体性の継続について触れていない点で不適切である。その他に、用水路を維持したり道を守ったりする技、石組みや建築の技なども必要である。さらに因果関係を示す「ために」とあるが、「『ご先祖様』を敬い……」以降の原因とはならない。

③は選択肢前半の「自然の研究を日々続け」が、本文に書かれていないので

不適切である。また、選択肢中ほどの「技術を観念的に（＝頭のなかで）習得し」が「身体に刻み込まれるかたちで受け継がれていく」と矛盾するし、選択肢後半の「村人自身の力で純粋なる自然を守り続ける」が、本文に書かれていないので不適切である。

⑤は選択肢前半の「科学技術の研究とその発展に貢献しながら」が、本文に書かれていないので不適切である。また、選択肢後半に「自分たちに合うように改変した自然」とあるが、人智を超えた、純粋な自然とも生き続けるのであり、このように限定していないので不適切である。

問3　7　③　《理由説明問題》

まず、傍線部B周辺の文脈を押さえて、知性の歴史のみがなぜ誤りを生みだしうるのかを考える。すると、傍線部Bのあとに「人間には『私』があるからだ」とあり、さらに続いて「『私』があるから私の欲望も生まれるし、私の目的も生まれる。そういうものに影響されながら思考するとき、人間は純粋さを失ない誤った判断を下す」とあるのがわかる。つまり、人間にはそもそも主観があるので、正確で客観的な判断ができないという意味である。したがって、③「知性の歴史は、人間の主観に影響された思考や判断に基づくものだから」がこのポイントを押さえている。さらに身体性や生命性と結びついた歴史についてはどうであろうか。読み進めると、次のようにある。

> 身体性や生命性と結びついた歴史は、もともと知性からはみえない歴史だったといってもよい。それは村人にとっては、つかみとられた歴史、感じられた歴史であり、納得された歴史、諒解された歴史であった。
> （本文44・45行目）

これを踏まえると、身体性や生命性と結びついた歴史は人々に感じとられ納得されたものであった。③はその内容を踏まえていることからも正解である。

①は選択肢前半の「神によって創造された完璧なものである」、選択肢後半の「人間の不完全な能力によってつくり出されたものにすぎない」が、それぞれ本文に書かれていないので不適切である。

②は選択肢前半に「人間とは無関係に存在する」とあるが、身体性や生命性の歴史はともに人間と関わりがあるものなので不適切である。

④は選択肢前半で「人間の欲望や目的が入り込む余地のないもの」と言い切っているが、そこまでは本文で述べられていない。また、選択肢後半の「誤った認識を必然的に内包する」とあるが、傍線部Bは「知性の歴史は誤りをも生みだしかねない」と述べており、「必然的に」とまではいえず不適切である。

⑤は選択肢前半の「普遍的な事実として存在する」が、本文に書かれていないので不適切である。

問4　8　④　《内容把握問題》

まず、傍線部Cの前後の文脈を押さえて「身体性や生命性と結びついてとらえられてきた歴史」の意味内容を把握する。

まず、身体性の歴史とは、**問2**で確認した内容を踏まえると、村の暮らしに必要な技術が身体に刻み込まれるかたちで受け継がれてきたという身体性の継続によってつくられた歴史であった。一方、生命性の歴史とは、自然の生命と人間の生命がともに暮らしてきたという生命性の継続によった歴史をいう。

そして、それらが一九六五年頃を境にして衰弱していったということになる。この一九六五年頃とは、本文の37・38行目にあるように「高度成長の展開、合理的な社会の形成、進学率や情報のあり方の変化、都市の隆盛と村の衰弱」がおこった頃である。

したがって、これらのポイントを押さえた④が正解である。「村人たちによって身体的に技術が継承されてきたという歴史」が身体性の歴史に、「人々が神と生命の世界を重ね合わせることで形づくってきた歴史」が「生命性の歴史」に該当する。

①は「多くの村人たちの知性によって確立してきた技術の歴史」が誤り。本文においては、「技術」は「知性」というよりも「身体性」と結びついていると説明されている。

②は「長い年月をかけて村人たちが仲間と共生してきた」が、本文に書かれ

ていない内容なので不適切である。

③は「村人たちの知恵によって自然を克服してきた」が、「生命性の歴史」の内容に合わず不適切である。また、「歴史が一九六五年頃から消え去ってしまった」も不適切。一九六五年頃を境にあくまで「衰弱した」のであり、消え去ったとまではいっていない。

⑤は「先祖代々にわたって伝統的な儀式を重んじてきた」が、「身体性の歴史」とも「生命性の歴史」とも無関係なので不適切である。

問5 9 ③ **《構成把握問題》**

筆者が本文の冒頭で上野村のエピソードを挙げたのは、人々はすべてのものを自分の村のなかでつくり変えながら生きてきたということを説明するためであり、さらに、そういう生き方をしていた人々は、知性や身体性、生命性を継続させる必要があったという話へと論を展開させている。そうすると、上野村のエピソードは、人々にとって知性や身体性、生命性を継続させる必要があったという次の論点へ話をつなげる役割があるといえよう。

したがって、このポイントを踏まえた③が正解である。他の選択肢を検討しよう。

①は選択肢の「すべて画一化してしまった現代日本の無機的な社会と対比的に説明する」が、本文と合致しないので不適切である。筆者は上野村のエピソードを、伝統社会の一例として紹介しているに過ぎず、現代の日本の社会と対比させようとしているわけではない。

②は「日本では古くから、さまざまな宗教が混在する多神教の文化が存在していたことを読者に印象づける」が、本文と合致しないので不適切である。筆者は多神教の文化について論を展開しようとしているわけではない。

④は「導入部分を筆者自身の身近な話題から始めることで、読者にとっても卑近な話であるということを強調する」が、本文と合致しないので不適切である。筆者にとって身近な話題だから、読者にとっても卑近な〈＝日常的で手近な〉話になるとはいえない。

問6 (i) 10 ④ (ii) 11 ② **《メモ形式を踏まえた内容把握問題》**

(i) まず、生命性の歴史について確認しよう。本文44～51行目で、筆者は身体性や生命性と結びついた歴史はもともと知性からはみえない歴史だとした上で、身体性に結びついた歴史と、生命性の歴史とを対比して述べている。

> **身体性や生命性と結びついた歴史**は、もともと知性からはみえない歴史だった。
>
> ←
>
> **身体性と結びついた歴史**は、身体と結びついた力が受け継がれていくかぎり、感じられる歴史でありつづける。
>
> **⇔ところが**
>
> **生命性の歴史**は、**それ自体としてはとらえようがない**。
>
> **←だから**
>
> **この歴史は何かに仮託されなければみえることはない**のである。

身体性の歴史については、身体と結びついた力が受け継がれていくかぎり、感じられる歴史だとつかめる。一方、生命性の歴史はそれ自体とらえようがなく、何かに仮託されるものとある。そこで何に仮託されていたのかを考えて読み進める。そうすると、本文63行目に「生命的世界を仮託したのは『神のかたち』だけではなかった」と述べ、「仮託されたものとしては、村の人々の通過儀礼や里の儀式、作法などがあった」と挙げている。さらに、本文67行目で「仮託していくものとして、人々はさまざまな物語を生みだしていた」とあり、その物語は「この村が生まれたときの物語。……さらには亡くなったおじいさんやおばあさんの物語」などであった。

つまり、生命性の歴史は、「神のかたち」だけでなく、通過儀礼や里の儀式、作法、さまざまな物語などに仮託されてつかみとられていたという意味である。

したがって、これらのポイントを押さえた④「神や儀式、物語といったかたちでやっとみることができる」が正解である。

①「さまざまな知識を駆使することでとらえることができる」が、本文に書かれていないので不適切である。生命性の歴史が、知性でとらえることができるということは述べられていない。

②「生命的世界を偶像化することによってしか諒解できない」は、本文に書かれていないので不適切である。

③「『神のかたち』でなければ認識することができない」は、「生命的世界を仮託したのは『神のかたち』だけではなかった」と矛盾するので不適切である。

(ii)　まず、(i)で確認したように生命性の歴史は、もともと知性からはみえないものであった。さらに、生命性の歴史はそれ自体とらえようがなく「神や儀式、物語といったかたちでやっとみることができる」ものである。本文71・72行目で、筆者はそうした「生命性の歴史が感じとられ、納得され、諒解されていた時代」には、「キツネにだまされていた」とし、それを「キツネにだまされたという物語」としている。さらに本文36行目に戻ると、身体性や生命性と結びついてとらえられてきた歴史が息づいていた伝統社会のことを、筆者は象徴的な表現で「キツネにだまされたという物語を生みだしながら人々が暮らしていた社会」としている。言い換えれば、知性を偏重した現代人にはみえないのが「キツネにだまされたという物語」にもなる。したがって、これらのポイントを踏まえた②が正解である。

①は「自然や動物との共生を求める意識が人々の心に浸透していた」が、本文と合致しないので不適切である。また、筆者独特の言い回しになっているので「直接的に述べ」ているとはいえない。

③は「日本の近代的な発展に伴って身体性や生命性の歴史といったものが希薄化していた」が不適切である。「キツネにだまされたという物語」は、身体性や生命性と結びついてとらえられてきた歴史が息づいていた伝統社会のことであり、「生命性の歴史が感じとられ、納得され、諒解されていた時代」のものである。また、「戯画〈＝物事をこっけいに風刺的に描き出すこと〉的」も当てはまらない。

④は「迷信や呪術などの非常識なもの」が不適切である。筆者が「迷信や呪術」を「非常識なもの」とみなした記述はない。また、迷信や呪術などが「物語という形式で統一的に語り継がれ」たとも書かれていない。物語については、この村が生まれたときの物語などさまざまにあった、とある。

第2問

出典 橋本紡《はしもとつむぐ》「永代橋《えいたいばし》」（『いつかのきみへ』所収　文藝春秋　二〇一一年）の一節。**【資料】** 武田砂鉄《たけださてつ》「解説」（辻村深月《つじむらみづき》『家族シアター』所収　講談社　二〇一八年）。

問題文は、小学校五年生の少女とその両親、そして祖父との関係を通して、少女の人間的成長を描いたものである。作者は一九六七年三重県生まれ。一九九七年に『猫目狩り』でデビューした。『半分の月がのぼる空』シリーズは、映画化やアニメ化されるヒット作となった。

武田砂鉄は、一九八二年生まれの文筆家。主な著書に『紋切型社会』『父ではありませんが』などがある。

【出題のねらい】

少年や少女が家族や友人との関わりを通じて成長していくさまを描いた小説は、過去のセンター試験でも出題されたことがあり、大学入学共通テストでも出題される可能性がある。今回の出題もこうした傾向を踏まえたものである。このような受験生にとって身近なテーマを扱った文章に対しては、感情移入しやすいためについ自分勝手な読みをしてしまいがちである。しかし、高得点につなげるためには過度な感情移入をせず、本文に忠実に読んでいくようにしたい。大学入学共通テストは複数テクストからの出題に代表されるように、より広い視野から文章を読解することが求められている。**問6**で **【資料】** や **【文章】** を提示しているのは、この傾向にならったものである。

【概要】

（リード文）

東京の世田谷にあるマンションに住む小学五年生の千恵は、自分の進路で父と母がもめたことから、夏休みの間、東京の下町にある祖父のエンジの家で暮らすことになった。

1 **千恵は父に対して、父なのか父ではないのかわからない不思議な感覚を抱く。**（1～52行目）

千恵の父がやってきたのは、八月に入って、しばらくしたころだった。父は、腹が減っているとエンジに訴え、勝手に食事の準備をした。まったく迷いのない父の動きから、千恵はこの家が父の家であったことに気づく。さらに、エンジと話す父の口調と、千恵に話しかける時の父の口調が大きく異なるものであったことに千恵は違和感を覚える。また、父は普段の父とは別人のような行儀の悪い振る舞いを見せる一方で、いつも通りの口調で千恵に話しかけ、千恵は、目の前にいるのが父でありながら父ではないような感覚にとらわれた。

2 **世田谷の家に帰ることになった千恵は、ひどく動揺する。**（53～81行目）

父は、千恵をエンジの家から世田谷の家に帰すことをエンジに伝える。千恵は、今では自分の家のように感じるようになったエンジの家を去らねばならない。そのことは千恵の意向を無視して決められてしまったため、千恵のさまざまな思いが大きく動き出し、泣きそうになるが、泣くことはないのだと自らに言い聞かせる。気持ちが収まらないまま、「ふう――。ふう――。」という息ばかりが漏れた。そのうち、階下から父がやって来た。

3 **千恵は、父や母に対する思いを感情にまかせて訴える。**（82～125行目）

二階の部屋は、父が幼い頃に使っていた部屋であった。父は、自らが幼い頃と様子の変わらない部屋を見て、かつて自らの家や自分の父を嫌悪したことを語る。その一方で部屋が昔のままであることから沸き上がる辛さについても千恵に語った。千恵はうずうずした。父はさまざまなことを考えているのだろうが、千恵のことはまったく考えていないように感じられた。

←

千恵は、思わずエンジの家に残ると父に言う。言葉を放ってから、千恵は自分自身で驚いた。父も意外だったようで、口をぽかんと開けている。千恵は、世田谷の自宅や両親への不満を感情のままに訴える。誰かが階段を上ってくる音がしたが、今はふたりとも、それどころではなかった。

【資料】 武田砂鉄の文章

家族について、価値観が「似ている」と同時に「違う」ことに着目する。そして、この「ズレと一致」が家族でいることの楽しさであり、厄介なところでもあるという。

問1 12 ① 13 ③ 14 ⑤ **《語句の意味問題》**

(ア)「怪訝」は〈納得できず変だと思うさま、不思議そうにするさま〉という意味である。正解は①「不思議に思っているような」。②「いらだちが表れているような」、③「あっけにとられているような」、④「けだるさを感じているような」、⑤「相手を挑発するような」という意味は「怪訝」にはない。

(イ)「目を細めた」の「目を細める」は、単純に目を細めるという動作以外にも〈うれしそうな様子で笑みを浮かべる〉という意味がある。ここは父がエンジに対して、千恵が身を寄せていたことを「本当に面倒かけた」と言ったところ。エンジは「いや」と言って、面倒ではなかったと答えている。それと語義を踏まえると、③「笑みを浮かべた」が正解である。①「困惑した」、②「無表情になった」、④「憤っていた」、⑤「悲しい顔をした」は、ここでの「目を細める」の語義に合わない。

(ウ)「さして面倒じゃなかった」の「さして」は〈それほど、たいして〉という意味である。「面倒」は〈わずらわしい〉という意味なので、正解は⑤「たいして煩わしくはなかった」である。①「思ったよりも」や②「まったく」は「さして」の意味から外れている。③は「無謀」が「面倒」の意味から外れている。④は「何も」が「さして」と対応していないうえに、「気になる」が「面倒」の意味から外れているので誤りである。

問2 15 ⑤ **《理由説明問題》**

傍線部Aを含め、千恵が「変な感じ」を抱いている箇所は三箇所ある。まず、「本当にお腹が空いているんだよ」(22行目)の直後「あれ、なんだろう。変な感じがした。さっきと……エンジと話してたときと、言葉や、声の調子が違う。こっちの方が、いつものお父さんだった」という箇所である。次に、傍線部A前後では、エンジの家で食事をする父の様子を見て、千恵は、

> 世田谷の家では、お父さんはこんな食べ方をしない。もっと上品だ。味噌汁を啜るとき、音なんか絶対に立てない。
> ←
> やっぱり変な感じだった。喋り方は家にいるときと同じなのに、食べ方はまったく違う。

と感じている。さらに、父が食事を終え、汚れた食器を流し台に置いたまま居間に向かったことを見て、

> これも変だった。家でのお父さんは、自分だけが食べたときは、ちゃんと食器を洗う。
> ここにいるのは、お父さんなのか、お父さんじゃないのか――。

と感じていることが確認できる。つまり、

> エンジと話す父の口調と、千恵に話しかける時の父の口調が異なるものであったことに千恵は違和感を覚える。また、父は普段の父とは別人のような行儀の悪い振る舞いを見せる一方で、いつも通りの口調で千恵に話しかけ、千恵は、目の前にいるのが父でありながら父ではないような感覚にとらわれた

のである。そのため、千恵は「変な感じ」がしたのだ。これに合致する⑤が正解である。

①は、「実家で甘えている父の意外な一面に気づき」が誤り。父の様子を「甘えている」と千恵が判断しているような記述は、本文中にはない。

②は、「父は何かにいらだっていた」「いらだちを千恵に隠しているように思えた」が誤り。父が普段とは異なる振る舞いを見せているのは「いらだち」を感じているからだ、と千恵が考えていることを示す表現は、本文中にはない。

③は、「父ではなくエンジと話しているような気がした」が誤り。確かに、千恵は、父とエンジがよく似ていると思っている。しかし、あくまでも「ここにいるのは、お父さんなのか、お父さんじゃないのか――」（38行目）と感じているのであって、エンジと話しているように思ったわけではない。

④は、「冷静に分析する自分の姿に気づかされ困惑した」が誤り。傍線部Aに関連する場面では、千恵が自分自身の様子について考えている箇所はない。また、父でありながら父ではないような感覚について、選択肢中でいっさい言及していない点からも不適切な選択肢であると判断できる。

問3　16　①　《心情把握問題》

傍線部Bの前後を確認すると、

> ふう――。ふう――。
>
> それが自分の息だと気付いたのは、しばらくたってからだった。心の中で、なにかが暴れまわっていた。いろんなものが零れそうだった。だけど泣くものかと思った。……ほんのちょっと……お祖父ちゃんちに来てただけだ。そして、これから帰る。ちっともおかしなことじゃない。

となっており、千恵自身で表現できない「なにか」「いろんなもの」が心の中で大きく動き出し、それが表に出そうになって、泣きそうになっていることが確認できよう。そうでありながら、エンジの家から自分の家に帰ることは当然のことであり、泣くことなどないのだと千恵は自分に言い聞かせているのである。この思いは、「今は、ここが自分の家みたいだった」（65行目）と感じているエンジの家を出て、千恵が自分の家に帰ることを、父とエンジで「勝手に決めようとしている」（56・57行目）ことによって生じたものである。これらを踏まえれば、傍線部Bにおいて千恵は、

> 愛着のあるエンジの家から去ることが千恵の意向を無視して決められたことによる、悲しみなどを含んださまざまな思いが大きく動き出し、それが表に出そうになって、泣きそうになっているが、泣くことはないのだと自らに言い聞かせている

ことが理解できよう。これに最も近い①が正解である。選択肢中の「憤り」については明確には書かれていないが、「なにもかも勝手に決めようとしている」（56・57行目）という表現から矛盾なく導けるものであり、本文後半部において千恵が父に怒りをぶつけていることからも妥当な説明であるといえる。

②は、「この場所が父とエンジの家であるということに気づき、孤独感にとらわれている」が、「今は、ここが自分の家みたいだった」（65行目）と矛盾するので誤りである。

③は、「二人の思いも理解できるので、父やエンジを困らせるようなことはしたくない」が誤り。確かに、千恵は自分の家に帰るのは当然だと思うようにしている。しかし、父やエンジを困らせたくないという、二人を思いやるような心情は本文では明示されていない。

④は、「今までの自分が崩壊しそうに思えた」が誤りである。本文では「心の中で、なにかが暴れまわっていた。いろんなものが零れそうだった」（71・72行目）と表現されているが、これは千恵がうまく表現できない思いを描いたものである。「今までの自分が崩壊しそうに」とまで感じたわけではない。

⑤は、「冷静に考えれば……当然のことなので、泣く必要はないのだと気づき始めている」が誤り。傍線部は、千恵が泣かないように自らに言い聞かせていることを表現しているのであって、自分自身で「泣く必要はないのだ」と気

づいたことを表現しているのではない。

問4 17 ③ **《心情把握問題》**

傍線部Cの前後は、千恵の父が、かつて過ごした部屋で千恵に対して自らの子ども時代の思いを語っている場面である。父は「この家がすごく嫌いだった。……おまえのお祖父ちゃんのことも本当に嫌いだった」(95行目)、「なのに、この部屋は、そっくり残ってるんだな。ここにいると、お父さん、なんだか辛いよ」(101・102行目)のように語っている。ここからは、

> 自分の幼い頃と様子の変わらない部屋を見て、自らの家や父(＝千恵の祖父)を嫌悪していたかつての自分を思い出し、そのまま部屋が残っていたことに対して感傷的になっている……a

という父の様子が読み取れよう。

一方、千恵は「お父さんは、勝手に話し続けている」(100行目)、「たぶん、お父さんは今、いろいろ考えてるんだろう。でも、それはお父さん自身のことだった。千恵のことじゃなかった」(104・105行目)とあるように、

> 父は千恵のことを考えず、自らの思い出を勝手に話している……b

と感じている。以上のaとbを踏まえている③が正解である。

①は、「かつての自分の醜い姿を思い出し、後悔の念を抱いている」が誤り。本文では、父が生家や実父を嫌っていたことが述べられているが、そのような過去の自分を「醜い」とまで評価している記述は見あたらない。また、父の「後悔」を示す表現も本文中にはない。

②は、「千恵は、千恵のことよりも自分の成功体験に固執する父の様子にあきれている」が誤り。千恵は、父がさまざまなことを考えていることは理解しているものの、千恵のことを考えていないことに対して「勝手」だと思っているのであり、父が「自分の成功体験に固執」していると考えているわけではない。

④は、「今も憎んでいる生家や実父」が誤り。父の会話中に出てくる「嫌い」「嫌」といった表現は、あくまでも過去のことを語る文脈で用いられている。

⑤は、父に対して「わかる気もするけど、ちっともわからない気もした」(104行目)と思っている千恵の心情を、「父に対してこの上ない共感を覚えている」としている点が不適切である。

問5 18 ② **《内容把握問題》**

傍線部D中の「それどころじゃなかった」の「それ」とは、〈誰かが階段を上ってくる音に関心を向けること〉を指す。この時、千恵は「あんな家、戻りたくもないよ」(112行目)、「わたしのことを勝手に決めようとしてるお父さんもお母さんも大嫌いだよ」(116行目)、「わたしはここがいい。エンジと一緒に住む」(123行目)のように、世田谷の自宅や両親への不満、エンジの家への愛着を感情のままに訴えている。一方、父は「ずっとここにいる」(108行目)という千恵の「意外」(110行目)な言葉に「どうして」と言って、「口をぽかんと開けて」おり、千恵から感情のままの言葉を浴びせられている。父は階下からの足音を少し気にした様子ではあるものの、その音に関心を向けられる状態ではなかったことが理解できよう。以上を踏まえると、傍線部Dは、

> 千恵は、世田谷の自宅や両親への不満を感情のままに訴えており、父は千恵の思いもよらない発言に気をとられているため、誰かが階段を上ってくる音に関心を向けるどころではなかったこと

を表現していることがわかる。これと合致する②が正解である。

①は、「千恵は、……人間にとっての家族の意義を理解してもらおうとしており」が誤り。千恵の不満は、世田谷の自宅や両親という具体的な存在に向けられている。「人間にとっての家族の意義」というような抽象的な問題について語っているのではないことに注意したい。また「エンジの今後まで考える余

裕はなかった」とあるが、あくまでここは誰かが階段を上ってくる音に対する関心であるので、エンジのことではない。

③は、「千恵は、日頃から抱いていた両親への不満を伝える好機と捉えて」が誤り。「千恵は感情のまま訴えた」（111行目）とあるように、千恵は明確なねらいをもって話しているのではない。また「父は、娘の思いを真剣に受け止めたいと考えている」にあたる表現も本文にはなく、「この場にいないエンジのことまでは考えていなかった」とするのも誤りである。

④は、「父は、感情的になっている娘の気持ちを鎮めることを第一に行動を起こした」が誤り。娘の気持ちを鎮めようと行動を起こしたという父の様子は描かれていない。本文から把握できる父の様子は「お父さんも意外だったみたいで、口をぽかんと開けている」（110行目）という様子と、千恵の感情のままの言葉を浴びせられる様子である。

⑤は、「父は、娘が自分の本心を見抜いていたことを嘆いていた」が誤り。父が〈娘に本心を見抜かれたと思っている〉ことを嘆く記述は、本文にはない。

問6　(i)　**19**　④　(ii)　**20**　③

《複数テキストを踏まえた内容把握問題》

(i)　三箇所に出てくる「ふう――。ふう――。」に込められた千恵の心情を把握することが求められている。「ふう――。ふう――。」は「自分の息」の音であり、「心の中で、なにかが暴れまわっていた」ことにより発した音である。そして、この「ふう――。ふう――。」は、千恵の「気持ちが収まらない」ことを表現している。「気持ちが収まらない」の「収まる」には〈落ち着く、納得する〉など複数の意味がある。しかし、この前の段落に「心の中で、なにかが暴れまわっていた。いろんなものが零れそうだった」とあることから、〈整理のつかないさまざまな思いが整理されず、落ち着かないまま〉という意味であることが理解できよう。

この時、千恵が直面しているのは父とのすれ違いであり、**【資料】**の言葉を引いていえば「価値観」の違いである。祖父の家で一定期間を過ごした千恵は、そこでの暮らしにも慣れ、親しみも感じ始めていたのに、父は自分の都合で家に帰ることを促す。このことを「大人の意向に振り回されることに対して自分の感情を整理できないでいる気持ち」と書いている④が正解である。

①は「父に対して隠していた本心を表現できないでいる」とあるが、千恵は父に感情のままの言葉を浴びせているので不適切。

②について、千恵は父に、父は千恵の祖父に、それぞれ「反発して」いるという指摘はあるが、「ふう――。ふう――。」は、「反発してしまうことに深く恥じ入る」さまとするのは不適切。本文では、感情の整理がついていない千恵の姿は描かれているが、千恵がそれを客観視して恥じ入る様子は描かれていない。

③について、千恵は祖父の家に身を寄せていることにはそれなりに満足しており、ここを離れたくないと思っているので、祖父の家に身を寄せたままでいることをよくないとするのは不適切である。

(ii)　**【資料】**の筆者は家族を表すキーワードとして「価値観」の「ズレと一致」を指摘している。**【文章】**はこのことを受けたものであり、空欄Ⅱの直前の「すなわち」が受けているのは「千恵は父や母とは異なる価値観をもっている」と同時に「千恵と父にも重なり合うところがある」ということである。またこの二面性は、空欄Ⅱの次の文では「『すれ違い』と『つながり』」と端的に書かれている。この点を「反発を感じること」と「わかり合える下地を共有している」ことの二面性として説明している③が正解である。

①は「身を寄せている」と「呼び戻そうとしている」は相反する内容ではあるが、「価値観」と直接関わるものではないので誤り。

②は「千恵自身もまた父母との『ズレと一致』を把握している」とあるが、「ふう――。ふう――。」という「音」が聞こえてしまうこの場面での千恵にしてみれば、「『ズレと一致』を把握している」といった客観的な視点があるとは考えられないだろう。

④について、**【資料】**は家族に「ズレと一致」があるとはしているが、千恵の一家が将来的に「唯一無二の家族関係を築いていくこと」が「必然のなりゆき」とまではいい切れない。

第3問

出典　**【資料Ⅰ】**文化庁「令和3年度『国語に関する世論調査』」（二〇二一年）
【資料Ⅱ】産経新聞「主張　国語世論調査　漢字を書く力伸ばしたい」（二〇二二年一〇月八日）
【資料Ⅲ】滝浦真人《たきうらまさと》「書いて覚えるという文化――山田孝雄の筆録に事寄せて」（『本』二〇〇九年一一月号掲載　講談社）

【資料Ⅲ】の筆者の滝浦真人（一九六二～）は言語学者。日本のポライトネス研究の第一人者。主な著書に『お喋《しゃべ》りなことば――コミュニケーションが伝えるもの』『日本の敬語論――ポライトネス理論からの再検討』『ポライトネス入門』『山田孝雄――共同体の国学の夢』『日本語は親しさを伝えられるか』などがある。

【出題のねらい】

共通テストの第3問での出題が予想される実用的なテーマ、図やグラフを含む複数のテクストの組合せによる出題に慣れてもらうことをねらいとして出題した。テーマには頻出の「言語」を選んだ。思い込みや私見によることなく資料を客観的かつ論理的に読み解くことができたかどうかを確認してほしい。

【概要】

【資料Ⅰ】

1では国語に「非常に関心がある」「ある程度関心がある」と答えた人の合計の割合は全体の80％を超えている。そして質問の回答としては「日常の言葉遣いや話し方」「敬語の使い方」が上位に挙がっている。ここからは、対人関係でどのような発言が望ましいかということに関心のある人が多いことがわかる。

2は「言葉や言葉の使い方」に関する「社会全般」の課題、3は「自分自身」の課題を問うたもので、どちらも課題が「あると思う」と答えた人が多い。質問の回答としては、2の「社会全般」の課題としてはインターネット環境での言葉遣い、3の「自分自身」の課題としては敬語の使い方を挙げている人が目立つ。

4は情報機器の普及が言葉や言葉の使い方に及ぼす影響を質問したもので、**【資料Ⅱ】**とも関連することとして「手で字を書くことが減る」という回答の多さが目を引く。また、直接対面して話す機会が減っていることを挙げた人が多いのも特徴的である。

【資料Ⅱ】

令和3年度「国語に関する世論調査」の調査結果の紹介（2～5段落）

中でも「情報機器の普及」によって「手で字を書くことが減る」「漢字を手で正確に書く力が衰える」と答えた人が多数いたことを受けて、冒頭の「読めても書けない漢字が増えたと感じている」という実感を多くの人が共有していることを示す。その上で、後半の「手書き文化」の話題へとつなぐ。

「書く」という文化（6・7段落）

漢字を「日本文化のプラットフォーム」と位置づける。小中学校で漢字を「何度も手で書いて覚えた経験」は**【資料Ⅲ】**とも共通している。

漢字を手で書くことの重要性（8・9段落）

手で書くことは脳の活性化、漢字の習得にも寄与するとし、手書き自体が大切な文化だとして、「書く力のリハビリ」を推奨している。

【資料Ⅲ】

書いて覚えるという文化

国語学・国史学者の山田孝雄について、どうやら〈書きながらの読書〉を実践していたらしいということを発見し、その傍証ともなる証言を発掘する。山田孝雄は「まず読みながら書き」、「記憶したものを、書きながら整理し」、それはそのまま「講義の原稿」「本の原稿」となっていた。

↓書くことは思想の構築の中核をなす「文化」的行為といえる。

問1　**21**　③　**《グラフの内容把握問題》**

【資料Ⅰ】のグラフから読み取れる内容に合うものを選ぶ。

①の「どう書くか」は[1]の質問項目にある「文字や表記の仕方あるいは文章の書き方」が該当するが、「どう読むか」については[1]の質問項目に直接該当するものは見られない。よって「『どう読むか』の方に関心をもっている人が多い」とは判断できないことから、不適切である。

②は「社会で使われている言葉が日々刻々と変化していくことを肯定的にとらえる傾向がある」が不適切。[2]では「言葉や言葉の使い方」に「社会全般」で課題があると答えたのが84・6%であり、その課題として質問項目で「流行語や言葉の使い方の移り変わりが早過ぎる」と挙げた人が45・1%にのぼっている。これらから、むしろ否定的にとらえる傾向があると判断できる。

③の「改まった場での適切な言葉遣いを課題だと思う」ことは、[3]の一つ目の質問項目「改まった場で、ふさわしい言葉遣いができないこと」に該当する。まず、「言葉や言葉の使い方」について「自分自身」に課題があると回答したのが67・6%であり、そのうち、この項目を挙げたのも63・5%（およそ１５３６人）にのぼる。一方、言葉の使い方に課題があると思わない人は31・5%（およそ１１２７人）であり、「改まった場での適切な言葉遣いを課題だと思う人は……課題があると思わない人よりも多い」と判断できる。

④と関わるのは[2]の質問項目「日本語を母語としない人との意思疎通がしにくい」、[3]の質問項目「日本語を母語としない人とうまく意思疎通が図れない」であり、これらを課題として挙げた人の割合はそれぞれ6・8%と14・8%である。しかし、これらは調査時点での数字であって、その調査時点の数字だけからでは「日本語を母語としない人と日本語で意思疎通をしなければならない機会が増えてきている」のかどうか、変化を読み取ることはできず不適切。

⑤は「情報機器の普及」が「言葉や言葉の使い方」に与える影響に関するもの。ただし、[4]の質問の回答はあくまで「どのような形で影響があると思」うかを答えたものであり、それらの回答から「まったくよい影響を与えていないと考える人が多い」とまでは判断できない。よって、不適切。

以上から、③が正解である。

問2　**22**　②　**《グラフと文章の比較読解問題》**

【資料Ⅱ】では、2～5段落に**【資料Ⅰ】**の調査結果に言及した箇所がある。そのうち、調査結果を具体的に引用するなどして示しているのは次の通り。

> 3段落――「国語に関心があるか」との問い（→**【資料Ⅰ】**の[1]）に82%が「ある」と回答した。関心がある点については、うち79%が「日常の言葉遣いや話し方」と答え、次いで「敬語の使い方」が49%だった。
>
> 4段落――「情報機器の普及で言葉や言葉の使い方が影響を受けると思うか」という問い（→**【資料Ⅰ】**の[4]）に対し、「思う」と答えた人が全体の9割を超えた（**【資料Ⅰ】**によれば90・6%）。
>
> 5段落――「手で字を書くことが減る」「漢字を手で正確に書く力が衰える」とした人がともに89%にのぼった（→これも**【資料Ⅰ】**の[4]）。

これを踏まえると、②の[1]・[4]の組合せが正解である。

問3　**23**　⑤　**《複数資料の趣旨把握問題》**

【資料Ⅱ】は前半で「国語に関する世論調査」の結果を紹介したあと、後半で（出典のタイトルにもある）「漢字を書く力伸ばしたい」という書き手の主張が続いている。さらに**【資料Ⅲ】**では冒頭の囲み内で「日本には書いて覚える記憶法が記憶法の中心だった時代があったという仮説を立て」、考察している。

> **【資料Ⅱ】**　「『手書き文化』が消えつつある」（7段落）が、「漢字を手で書くこと」（8段落）は重要であり、手で書くことを励行すべきであるという主張。
>
> **【資料Ⅲ】**　「書いて覚える文化」（最終段落）。

【資料Ⅱ】【資料Ⅲ】には「文化」という語が共通して使われており、「書くこと」を日本の「文化」としてとらえている点が共通している。⑤が正解。

①前半の「漢字は日本文化の根底をなし」は**【資料Ⅱ】**には当てはまるが、

【資料Ⅲ】には当てはまらない。また、後半に「人々の他の文化よりも高い記憶力を支えてきた」とあるが、他の文化の記憶力と比較した記述は【資料Ⅱ】【資料Ⅲ】のどちらにも見られない。よって不適切。

②「どう読むか」と「どう書くか」を比較して、後者を重んじる伝統であるとしているが、【資料Ⅱ】【資料Ⅲ】のどちらも「読むこと」と「書くこと」の比較はされていない。

③「勉学の重要性」については、【資料Ⅱ】【資料Ⅲ】ともに「勉学」という言葉は見られるが、どちらも勉学の重要性の有無は述べられていない。

④「書いて覚える行為」が「衰退に追い込まれている」ことについて、「情報機器の普及によって」という背景（理由）を示しているのは【資料Ⅱ】のみであり、【資料Ⅲ】には当てはまらない。

問4 (i) **24** ② (ii) **25** ① **《複数資料の整理・再構成問題》**

【メモ】は【資料Ⅰ】～【資料Ⅲ】をもとに作成されたものなので、【メモ】の設問に関わる部分が〈どの資料のどの部分〉と対応するかを最初に確認しよう。

(i) 空欄Xのすぐ前に「文化庁の調査に対する回答によれば」、また、続く箇所に「～に悩んでいると考えられる」とある。「文化庁の調査」すなわち【資料Ⅰ】の「国語に関する世論調査」で、漢字に関して「悩んでいると考えられる」項目とは何か。そうすると、主として次の項目が挙げられよう。

> 1の「文字や表記の仕方」
> 2の「漢字で書くべきか仮名で書くべきか、判断しにくい」
> 3の「漢字で書くべきか仮名で書くべきか、適切に判断できない」

この1～3の内容を踏まえた②「漢字とひらがなやカタカナを使い分ける基準が曖昧であること」が正解である。

①「年齢層が異なる人」とのやり取りに課題があるという意識は2や3に見られるが、「漢字の使い方」に関するものではないので誤り。

③「漢字は中国からもたらされたものなので使いにくい」は「国語に関する世論調査」の結果からはわからないので、空欄に入るものとしては不適切。

④「パソコン上」でのことは4に該当するが、「漢字に変換する際に間違った変換をしてしまう」ことに関わる内容は質問項目に見られないので不適切。

⑤「漢字の読み書きができない外国人との意思疎通に困難がある」が不適切。2・3の項目は「日本語を母語としない人」との意思疎通に関するものであり、さらに「漢字の読み書きができない」とまではいっていない。

(ii) 【メモ】の2の「『書くこと』の意義」は次のように整理できる。

> ・脳を活性化させる
> ・記憶の定着に有効である＋［ Y ］

一つ目の「脳を活性化」は【資料Ⅱ】にある。また、二つ目の「記憶の定着」は【資料Ⅲ】の冒頭の囲み内にあり、空欄Yにも【資料Ⅲ】にある「書くこと」の「意義」にあたる内容が入ると考えられる。【資料Ⅲ】では、「書くこと」を繰り返しながら読書をした山田孝雄のことが書かれている。山田孝雄は「読みながら書き、そうして記憶したものを、書きながら整理し」、それを「本の原稿」すなわち自分の著作としてまとめあげた。すると、①の「体系的な思想を構築していくこと」がこの論旨と合うので正解である。

②は「文字にして記録に残すこと」とあるが、【資料Ⅲ】の論旨は「記録に残すこと」ではなく〈書きながら覚えること〉である。また、「伝統文化を継承すること」も【資料Ⅲ】に見られない内容である。

③の「書いて覚える記憶法をもつこと」は日本の文化とされているが、それで「異文化に対し優位性を発揮する」とは書かれておらず、不適切。

④は「書いたものは容易に保存や複製ができる」とは書かれていないことに加え、「作業を効率的にする」も誤り。書き写すことは手間がかかる作業であり「効率的」であるとは言いがたい。

⑤「異文化との接触や異文化の本質を学ぶことができる」とあるが、【資料Ⅲ】にあるのは〈書いて覚えること〉や〈自らの考えを整理、体系化すること〉なのでこれも合わない。

第4問

出典　飛鳥井雅有《あすかいまさあり》『春の深山路《みやまじ》』の一節。**【問5・資料】**『十訓抄』

『春の深山路』は、弘安三年（一二八〇年）に書かれた日記。作者の飛鳥井雅有は、『新古今和歌集』の撰者の一人である藤原雅経《まさつね》の孫で、雅経の代から、鎌倉幕府と朝廷に「蹴鞠・和歌・古典学」をもって仕えた。とくに、蹴鞠は雅経が得意だったため、飛鳥井家は代々権威ある蹴鞠の家系となった。

雅有は二十代前半までは父教定《のりさだ》とともに幕府に仕え、鎌倉を中心とする生活であったが、父の死後、京と鎌倉を往来する生活を送るようになる。『春の深山路』は、弘安三年（作者四〇歳）にほぼ一年にわたって東宮御所に仕えた時の様子を記したもの。

『十訓抄』は鎌倉中期の説話集。約二八〇話の世俗説話を収める。「序文」に、善きことを勧め悪《あ》しきことを戒めて少年たちが思慮分別をつける縁としようとしたと書かれ、「人倫を侮《あなづ》らざる事〈＝人を馬鹿にしないこと〉」「朋友《ほうゆう》を撰《えら》ぶべき事」「思慮を専らにすべき事」のような十の教訓を掲げ、該当する説話を収録している。今回の出典はそのうちの第十「才芸を庶幾《しょき》すべき事」の一話である。「庶幾」とは〈こいねがう〉の意味で、学問芸能を推奨する話を集めた部分である。

【出題のねらい】

共通テストの傾向に準拠し、複数テクストの出題形式とし、共通テストに対する実戦力を試すことをねらいとした。**問1**の語句の解釈問題は、センター試験時代から引き続き出題されている。古語の語彙力に加えて、正確な文脈把握力も求められる設問とした。**問2**の心情把握問題、**問4**の理由把握問題もセンター試験時代からの定番である。**問3**の語句や表現の説明問題は、一部文法事項も絡めている。この形式は共通テスト頻出の出題形式である。また、**問5**の**【資料】**と会話文を絡めた問題は、共通テストで最も大きな特徴の一つといえる出題形式である。これらに対応し得る力を今から養っておこう。

【概要】　本文の概要は次の通り。

1 **別れの宴**（第1段落）
鎌倉に下向することになった作者は、東宮のもとへ挨拶に出かけ、そこで別れを惜しむ宴が開かれた。人々は歌や楽器に興じて時を過ごした。その夜のことはあまりに感慨深く、表現しきれないので、心の中にしまっておいて、後々思い出すことにした。

2 **下向の延期**（第2段落）
十三日の明け方に出発しようとしていたが、鎌倉の住まいが火事にあったという知らせが入り、出発は明後日（十四日）に延期になった。

3 **門出**（第3段落）
今日は日がよいというので、門出をすることになった。御所へ参上して、院からご命令を受け、高内侍にも挨拶をし、別れを惜しみながら退出した。
※なお、当時は家から一度別の場所に移り（門出）、そこから出発するという風習があった。実際に鎌倉へ旅立ったのは、門出の翌日の十四日である。

【問5・資料】
斉の宰相であった孟嘗君はものの情趣を解さず、琴の名手の雍門の琴にも泣かないと言っていた。しかし、実際、雍門の琴の演奏を聞くと、感動して曲が終わらないうちに涙を落とした。

問1 26 ② 27 ④ 28 ④ **《語句の解釈問題》**

(ア)「やがて」は、〈そのまま〉〈すぐに〉の意。「参らむ」は動詞「参る」の未然形「参ら」に助動詞「む」がついた形である。ここは、作者自身の動作について述べたものなので、助動詞「む」は意志の用法。したがって、〈すぐに帰ってまいりましょう〉となる。正解は②。ここでの「参る」は謙譲語で、退出して再び参上する相手、つまり東宮に対する敬意を示したものである。

①「やがて」を「しばらく」と解釈している点が文脈上不適切。また、「帰ることでしょう」では、助動詞「む」を推量として解釈していることになる。

③「そのうち」は「やがて」の解釈として不適切。また、「お戻りになりましょう」というように、「参る」を尊敬語として、助動詞「む」を推量として解釈している点も不適切。

④「帰ってくるだろう」では、謙譲語「参る」を訳出できていない。また、助動詞「む」を推量で解釈している点も不適切。

⑤「戻ることはない」というような打消表現は、傍線部に含まれていないので不適切。また、謙譲語「参る」、助動詞「む」の意志の用法も解釈できていない。

○助動詞「む」の意味と判別方法

(1) **推量〈～だろう〉**
主語が三人称の場合に多い。

(2) **意志〈～よう〉**
主語が一人称の場合に多い。

(3) **適当・勧誘〈～がよい〉〈～したらどうだ〉**
主語が二人称の場合に多い。
係助詞「こそ」「や」を伴うことが多い。
例 とくこそ試みさせ給はめ。〈早くお試しなさるのがよい。〉（適当）
例 忍びては参り給ひなむや。〈こっそりと参内なさいませんか。〉（勧誘）

(4) **婉曲《えんきょく》・仮定〈～のような〉〈～としたら〉**
「む」の下に体言や「に」「は」「には」「こそ」の語がつくことが多い。
例 思はむ子を法師になしたらむこそ心苦しけれ。
〈かわいいと思うような子を法師にしたとしたら気の毒だ。〉（仮定）
※助動詞「むず」も意味は「む」と同じ。

(イ)「なかなか（中中）」は副詞で、〈どっちつかずで中途半端な様子〉というのが本来の意味。そこから〈中途半端でよくない・むしろ、そうしないほうがよい〉→〈かえって・むしろ〉という意味が派生したと考えられる。「何と」は、副詞の場合〈どのように〉〈どうして・なぜ〉といった疑問・反語の意となり、感動詞の場合〈どうだ〉〈なんとまあ〉といった意味になる。ここでは、別れの宴での話や演奏などが素晴らしくて「なかなか何と記し置きがたし」というのだから、④「かえってどうにも書き記しにくい」が正解。

①「何も」、「書き記さないのがよい」が、それぞれ「何と」、「記し置きがたし」の解釈として不適切。「～がたし」は動詞の連用形に接続する接尾語で、〈～するのが難しい・～しにくい〉という意味を表す。

②「中途半端で」は「なかなか」の本来の意味を踏まえたものだが、宴の素晴らしさを述べるという本文の文脈に合わない。また、「何も書き記すことがない」といった表現も、「何と記し置きがたし」の解釈として不適切。

③「意外なことに」が「なかなか」の解釈として不適切。

⑤「思った通り」が「なかなか」の解釈として不適切。

(ウ)「すずろに」は形容動詞「すずろなり」の連用形。「すずろなり」は〈何となく心が動く様子〉〈むやみやたらな様子〉〈思いがけない様子〉などを表す。ここでは、高内侍から手鞠や扇などをいただいて、言葉にできないほど感激しているという文脈なので、④「やたらと涙ばかりが流れ出ることよ」が正解。「流れ出づるや」の「や」は間投助詞で詠嘆を表す。

①「なぜ……だろうか」と、間投助詞「や」を疑問の係助詞として解釈している点が不適切。作者自身は、涙が流れる理由を理解しているはずである。

②「なぜか」も①と同様に、作者は涙の理由がわかっているはずなので不適切。「すずろに」の解釈としても、ややずれる。

③「流れ出たのだった」というように、間投助詞「や」を詠嘆の形で訳出していない点が不適切。また、限定・強調を表す「のみ〈～だけ・～ばかり〉」が訳出されていないのも誤り。

⑤「何となく」では、涙が流れる様子が不明瞭ということになってしまうので、ここでの「すずろに」の解釈としては不適切。また、「のみ」が訳出されていない点も不適切。

問2　29　④《心情把握問題》

ここは、作者が東宮と対面している時に、「仲頼」という北面の武士が作者に挨拶するために訪ねてきたという場面。その「仲頼といふ新院の上北面、名残とてまうで来たり」という知らせを受けて、作者は傍線部のように感じた、ということをまず押さえよう。すると、「ただ今出でむ」の「出でむ」は仲頼への応対に出ることだとわかる。しかし、応対に出るとなると、今東宮とともにしみじみ別れを惜しんでいるこの場を離れることになる。通常であれば、喜んで応対するところであろうが、今は時が時だけに応対に出るのは「口惜し〈＝残念だ〉」と思うのである。ただ、応対に出ないというのも、「情なかるべし」ということになるだろう。「情なし」は、〈思いやりに欠ける・薄情だ〉〈無風流だ〉〈あきれるほどだ〉などの意味があるが、ここは、〈思いやりに欠ける・薄情だ〉の意が適切。「人のため」の「人」は仲頼を指し、「ために」は〈～に対して〉という意だから、〈仲頼に対して思いやりに欠けるだろう〉といった意味になる。以上より、④が正解。

①作者が「口惜し」と思う内容の理解を誤っている。仲頼に「場を乱される」ことではなく、東宮の元を離れなければならないことを「口惜し」と思っているのである。また、「人のため」の「人」を東宮と誤解している。

②「出でむ」を東宮からの退出ではなく、「関東下向」と取り違えている。また、「人」を東宮と解釈している点も誤り。

③「仲頼への配慮を欠いてしまって申し訳なく思う」が誤り。傍線部のあとを見ると、「とばかりありて、ちとこの由を申して……出でぬ。……又参りぬ」というように、結局作者は一時的に退出して仲頼に応対しているので、仲頼への「配慮を欠いて」はいない。

⑤「仲頼を誘う」と解釈する根拠が本文中にないし、「出でむ」も解釈できていない。

問3　30　④《語句や表現の説明問題》

各選択肢の内容について、文法・単語・文脈に留意しながら丁寧に検討していこう。

①「よろしき」とある形容詞「よろし」は〈まあ悪くない・普通だ〉の意で、「よし〈＝とてもよい〉」よりも程度が落ちて、最高の賛辞ではないことに注意。「よろしき事〈＝普通のこと〉」ならば「筆にいひなすこと〈＝言葉で表現すること〉」もできる、というのである。「最高に素晴らしい」としたのでは、あとの「これ」＝「今宵の仕儀」と区別がつかなくなってしまうので不適切。また、「よろしき事……侍れ」と「これは……及びがたければ」の内容が逆接の関係になっていることに着目できたかどうか。「こそ」の結びの語を「侍れ」とすると、そのあとは文が切れないでさらに下の文に続いていくため、逆接の意味を伴う。ここは「意味を強め」ているわけではないので要注意。

> **○「こそ」＋已然形の用法**
> 「こそ＋已然形」の形で、そこで文が切れず、あとの文に続く場合〈～のに・～けれども〉などの逆接の意味を伴う。

つまり、傍線部の前半は〈普通のことならば言葉で表現することもできるが〉ということ。「強い思い」も文脈から読み取ることはできないので誤り。

②、①で触れた「よろしき事」との対として取り上げられるのが、「これ」＝「今宵の仕儀」である。ただ、こちらの方は「言の葉も心も及びがたけれ」というのであるから、「筆にいひなすこと」はできない、ということ。つまり、〈言葉では表現できないくらい素晴らしい〉という最高の賛辞を意味する。作

者は名高い紫式部を引き合いに出しており、本気で表現しようとしているわけではないとわかるので、「無念な思い」は不適切。よって誤り。

③「ただの人」は、ここでは「紫式部」と対比される〈普通の人〉のことをいう。確かに「直人（＝ただびと）」で天皇・皇族以外の人、つまり〈臣下〉や、官位・家柄の低い人をいう場合もあるが、「作者のような身分では……表現できない」としたのは誤り。本文中に身分についての記述は見出《いだ》せない。

④「紫式部ならでは」は、「なら」が断定の助動詞「なり」の未然形、「で」が打消の接続助詞、「は」が係助詞なので、〈紫式部でなくては〉ということ。また、文末の「心地及びがたからむかし」の「む」は推量の助動詞、「かし」は終助詞で念を押す表現である。つまり、〈紫式部ほどの筆力でなければ（＝普通の人では）、今宵の仕儀の素晴らしさを表現しつくせないだろうよ〉ということ。選択肢は本文の内容と一致する。④が正解。

⑤「及びがたからむ」は、「及び／がたから／む」と単語に分けることができる。「及び」は、〈⑴達する・至る　⑵追いつく〉の意になる四段活用動詞「及ぶ」の連用形。「がたから」は、動詞の連用形に接続する接尾語「がたし」の未然形で、〈～するのが難しい・～しにくい〉との意になる。「む」「かし」は④の解説で触れた通り。〈とても及ばないだろうよ〉と解してもよいが、「紫式部でも……表現するに至らない」としたのは不適切。これは「ならでは」を〈～でも〉と誤訳したものなので誤り。

問4　31　②　**《理由把握問題》**

作者は十三日の夜明けには出発しようとしていたのだが、「明後日とて延びぬ」とある。下向が延期になった理由は、同じ段落の、傍線部Cよりも前で語られている。着目すべき箇所は次の三つ。

・鎌倉より人上りて、住み慣れし故郷、むなしき空の煙となりぬる由告ぐ
→鎌倉から人が上京して、住み慣れた故郷が、大空の煙となってしまった〈＝火事で焼けてしまった〉ことを知らせる

・下りてもいづくにいかにと思ひ遣る方なければ、暁は延びぬ
→下向してもどこにどうやって（暮らせばよいのか）思いをめぐらすことができないので、夜明け（の出発）は延期になった

・まづ人を下して、暫しばかりの立ち入り所尋ね侍るとて、明後日とて延びぬ
→まず誰かを下向させて、しばらく住めるところを探しましょうということで、（出発は）明後日に延期になった

まとめると、〈鎌倉の住み慣れた故郷が火事で焼けて住むところがないため、まずは誰かにしばらく住めるところを探させよう〉ということで、出発が明後日に延期になったのである。正解は②。

①「誰かに被害の状況を調べさせようとした」が誤り。誰かを下向させるのは、しばらく住めるところを探すためである。また、被害の状況は「大方残る家すくなく焼け侍る」とあるように、すでに判明している。

③の選択肢では「まづ人を下して……尋ね侍る」という要素が不足している。また、「慌てふためいた」ことは下向延期の直接の理由ではない。

④「あきらめた」とあるのが誤り。そのような記述は本文にないし、「あきらめた」のであれば、誰かに住まいを探させようとはしないはずである。

問5　(i)　32　③　(ii)　33　②　**《会話文を踏まえた複数文章の内容把握問題》**

共通テストの特徴的な出題の一つである【資料】を含む先生と生徒の会話を想定した設問。

(i)　空欄Xに入る発言について、生徒の会話から【資料】の内容が問われている。選択肢を順に見ながら確認する。

①の「私が泣くのだろうかと不安に思っており」は、副詞「いかで」の知識が問われている。

○いかで（か）
(1) 疑問〈どうして～か〉
(2) 反語〈どうして～か。いや、～ない〉
(3) 願望〈なんとかして～たい〉
※(3)の意になるのは、「いかで」を受ける語句に願望表現がある場合である。願望表現としては終助詞「ばや」「てしがな」「にしがな」などがある。

ここは疑問にとるか反語にとるか文脈から判断するしかないが、直前に「よく琴をひくとも」とあり、この「とも」は逆接仮定条件の接続助詞で〈たとえ上手に琴を弾くにしても〉の意になる。よって〈私はどうして泣くだろうか、いや、泣きはしない〉と反語に解すのがよい。これを不安に解しているので不適切。また「負けを認めた」にあたる内容も【資料】にない。

②は「いかで」の部分は押さえられているが、「きくとほとんどの人が泣く」としたのが不適切。【資料】には「きく人、涙を落とさずといふことなし」とあり、直訳すると〈きく人は、涙を落とさないということがない〉となるが、これはつまり〈皆が涙を流した〉ということである。よって、選択肢の「ほとんどの人」とする点が不適切なので誤り。

③は、まず「もののあはれを知らざりけり」について解釈する。「もののあはれ」は〈しみじみとした情趣〉のことであり、それを「知らざりけり」とあることから〈しみじみとした情趣を解さなかった〉ということである。続いて「折にあへる調べをかき合せて」について解釈する。これは琴を弾くにあたって、この時や場に合わせて楽曲の調子を整えたということ。本文『春の深山路』でも「もとは盤渉調なるを反風香調に調めあげて」と似た表現がある。最後に「いまだその声終はらざるに〈＝まだその曲が終わらないうちに〉」、孟嘗君は涙を落としたのである。選択肢は、この内容を的確に押さえているので、③が正解。

④は「それほど上手でもない」とあるが、「わりなく琴をひく」の部分に着目する。この「わりなく」は形容詞「わりなし」の連用形。これは〈(1)道理にあわない・わけがわからない　(2)どうしようもなくつらい　(3)〈感じる程度が〉はなはだしい〉などの意がある語だが、中世以降は〈(4)格別に優れている〉の意でも用いられるようになった。ここも(4)の意があたり、雍門は〈格別上手に琴を弾く〉ということなので、「それほど上手でもない」は不適切。また「この世の快楽……悔いて」も【資料】からは読み取れない内容である。よって誤り。

(ii) 空欄Yに入る発言については、直前の生徒の会話に「どうして作者はここで孟嘗君の故事を取り上げたのだろう」とあるのが解答を導く上でのヒントになる。本文『春の深山路』の二重傍線部前後でも【資料】と同じような状況が描かれているものと推測できる。

本文『春の深山路』の第一段落に「更闌け夜更けて、月入り方になりぬ。御物語ども優にて、人々思はぬ涙も、折からにや、しぼるばかりなり〈＝夜が更けていって、月も入る頃になった。さまざまなお話も優雅で、人々が思わず流す涙も、時が時だからであろうか、袖を絞るくらいである〉」といった記述がある。そこで、東宮が琵琶を取り寄せてひっそりと演奏するや、「信有感に堪へず、折に合ふ朗詠・今様しつつ……頼成笛とり出でて吹く。顕範笙持たずして口惜しがれど、甲斐なし。……皮笛吹く。ふつつかなる音とかや申したれど、いと興あり」とあるように、参列者が思い思いにこの場にふさわしい演奏や歌で盛り上げていく様子が描かれている。ここで、笙の笛を持っていなかった顕範が皮笛〈＝口笛〉で参加する。その音色に「いと興あり」と思われたというのである。もちろん、この風雅な宴が最高潮に達する時だったからこそのこと。さらに二重傍線部にある「思ひ知らる」の「る」は自発の助動詞であり、作者は、情趣を解さなかった孟嘗君が雍門の琴の音に感動して涙したという故事を思い出さずにはいられなかったとわかる。その故事が思い起こされるほど「感極まっ」ており、それを踏まえた②が正解となる。

①は、まず「頼成が吹いた口笛」としているが、「顕範」の誤り。笙の笛を持っていなかった顕範が口笛を吹いたのであり、頼成は笛を取り出して吹いている。また「失礼なものにきこえる」としているが、ここでは「いと興あり」

と評価している。さらに「失礼にならないと、孟嘗君の故事を踏まえて主張したかった」とするのも本文から読み取ることはできない。

③、選択肢の前半部分は、前述のように本文にある内容だが、「孟嘗君と同じく別れを惜しむ涙」としたのが誤り。孟嘗君は雍門の琴の音に感動して涙したのであり、別れを惜しんで涙したのではない。また、作者は孟嘗君の故事が思い起こされるほど「感極ま」って涙したのである。

④「笛を持たない顕範の残念がる様子も……興趣があり」としたのは誤り。顕範は残念がったものの、すかさず「時々唱歌し、皮笛吹く」とあるように口笛などで参加している。さらに、その宴の風雅さの中での演奏に対して作者は興趣を覚えたのである。

全訳

十一日、（関東に）下向するまでどれほどもないので〈＝間近であるから〉、いっそう名残惜しさも募り、夕暮れの頃に東宮御所へ参上した。（東宮は）廂の間にお出ましであった。（出発したあとは）どのように思うだろうかなどと落ち込んでいらっしゃり、灯火もつけさせなさらずに、月をご覧になっていらっしゃる。ただでさえこぼれそうな涙なのに、どうしてこのような（東宮の）ご様子に平気でいられるだろうか。言いようもないくらい（涙に濡れる）袖の上である。（その袖に）月さえ宿して見るとしたら、本当に濡れた（ように輝く）月光であろう。「仲頼という新院の北面の武士が、お別れをと言って参上しております」と（傍《そば》のものが）申すのであるが、今（東宮の御前を）退出するのもたいそう残念だ。また退出しないのも相手〈＝仲頼〉に対して思いやりに欠けるだろう。しばらくいて、ちょっとこのことを申し上げて、すぐに帰ってまいりましょうと言って、頼成を申し受け一緒に退出した。盃が一巡する間もなくまた（御所に）参上した。（東宮は）またお出ましになって、今夜はお別れであるから、おやすみになることはすまいとおっしゃって、月ばかり眺めていらっしゃる。御前には顕範、信有、頼成だけである。女房は、按察局、右衛門督の君である。夜が更けていって、月も入る頃になった。（さまざまな）お話も優雅で、人々が思わず流す涙も、時が時だからであろうか、（袖を）絞るくらいである。（東宮は）琵琶を取り寄せなさって、掻き合わせるだけで、ひっそりした様子である〈＝ひっそりと演奏する〉。信有は感動に堪えきれず、その場にふさわしい朗詠・今様を歌い、しみじみとした情趣がある。頼成は笛を取り出して吹く。顕範は笙を持っていないので残念がるが、どうしようもない。（そこで）時々唱歌をし、口笛を吹く。太く野暮ったい音とか申すけれど、たいそう興趣がある。あの孟嘗君が雍門（の弾く琴の音）に落涙したというのも（こういうことであったかと）思い知られる。和琴は（弾けという）お指図がないので、（こちらから）進んで申し受けるにも及ばない。楽曲一つ二つの後に、右衛門の君に琵琶を下さる。「お別れに一曲」と（東宮から）お言葉があるので、もとの曲は盤渉調であるのを反風香調に調子を変えて、丘泉を二くぎり、また「思い出のために」と（私が）申すと、一くぎり演奏があった。身にしみて（素晴らしく）思われる。今夜の事の次第は、（あまりに素晴らしくて）かえってどうにも書き記しにくい。普通の程度のことは筆で表すこともできましょうが、これは言葉も心も及びがたいので、昔の紫式部でなくては、普通の人の心では表現しきれないだろうよ。ただひたすら心にしまっておいて、後々にも思い出すこととしようよ。夜が明けてから退出した。

十三日の、夜明けには出発しましょうということで、一方では昨夜の御前のことも、もう一度参上してお礼申し上げようとして、（十二日の）夕方頃に参上したところ、鎌倉から人が上京して、住み慣れた故郷が、大空の煙となってしまった〈＝火事で焼けてしまった〉ことを知らせる。およそ残った家が少ないくらいに焼けましたという次第を申したので、下向してもどこにどうやって（暮らせばよいのか）と思いをめぐらすことができないので、（十三日の）夜明け（の出発）は延期になった。まず誰かを下向させて、しばらく住めるところを探しましょうということで、（出発は）明後日に延期になった。伯三位が御所に近いところにいますといって呼びますので、行ってお話などをして、別れを惜しむ。（餞別《せんべつ》に）馬などをくれた。嵯峨の老人がおいでになったといって知らせたので、（家に）帰って、今夜は個人的な別れを惜しむ。

今日は日がよいので、門出をするのがよいと、在秀が申すので、そうすることになった。康能朝臣が（ご命令を）承るようにといってお呼びになるので、日暮れ頃に（御所に）参上した。院〈＝後深草院〉からお言葉が下される事柄が多い〈＝後深草院からのお言葉がたくさんある〉。どうにもおそれ多くて身の置きどころもないかとばかり思われるほどのことも混じっていた。すぐに東宮の御前で、関東で申し上げるべきことの文書などを（作者に）お与えになった。ご手配の次第はありがたくてもったいない。女房のお呼び出しがあるので、常の御所の御縁に参上したところ、高内侍が手鞠を十個、銀で作られた五葉の松の枝に付けられたものを押し出されて、また白い薄様を二枚重ねて扇の二十本包まれたものも添えて下さった。何と（お礼を）申し上げることもできず、やたらと涙ばかりが流れ出ることよ。月はすっかり曇るわけではなく光が差している中を、雪がちらついて、わざわざこうあってほしいと思うような夜の様子である。（東宮が）すぐにお出ましになって、ご覧になる。しばらくの間もそのまま伺候して、尽きないお名残なども申し上げたく思いますものの、かえって前途の妨げが多く、（嘆きの）数が多くなるに違いないことなので、無理に退出してしまった。門出のところで、（旅に出る時に着る）旅衣の褄《つま》ではないが妻と別れる名残惜しさは、言いようもなく悲しい。

【問5・資料】

孟嘗君は楽しむことに十分満足していたが、しみじみとした情趣を解さなかった。雍門という人は、格別上手に琴を弾く。（その琴の演奏を）きく人は、涙を落とさないということがない〈＝皆が涙を流した〉。孟嘗君が言うことには、「雍門が、たとえ上手に琴を弾くにしても、私はどうして泣くだろうか、いや、泣きはしない」と言って、（雍門に琴を）弾かせたところ、（雍門は）まずこの世の無常を話し続けて、折に合っている琴の調べ〈＝楽曲〉を弾いて、まだその曲が終わらないうちに、（孟嘗君は）涙を落とした。

第5問

出典　**【文章Ⅰ】**『晋書《しんじょ》』王戎伝、**【文章Ⅱ】**『孝経《こうきょう》』喪親章

『晋書』は、中国の正史の一つで、西晋（二六五～三一六年）および東晋（三一七～四二〇年）の歴史を記した書物。帝紀・志・列伝に加えて、五胡《こ》十六国の歴史を記した載記を含む。唐の太宗の勅命により、房玄齢らが、それまでに作られていた晋の歴史書を参考にして作成した。

『孝経』は孔子の弟子で孝行者として著名だった曽参の著ともされるが、詳しいことはよくわかっていない。孝行とは何か、そして天子から庶民に至るまでの孝行のあり方を述べた書物。本文はその中でも親の喪に対して子は深く悲しむべきであるが、かといって親の死を悼むあまり、生きている子どもの命を損なうことがあってはならないと述べた部分である。

【出題のねらい】

共通テストでほぼ定着したといえる、複数の資料を読み比べる出題形式を踏まえた出題構成とした。読み比べ以外の設問も、共通テストの出題傾向を踏まえたものとなっている。**問1**は漢文頻出の漢字の読みを問うている。**問2**は解釈の問題、**問3**は内容説明の問題であるが、いずれも漢文の基本となる漢字や再読文字、間違いやすい表現理解を問うている。**問4**は返り点・書き下し文の問題。句法の理解が主眼であるが、テクニックではなく、内容を理解した上で解答することが求められている。**問5**は**【文章Ⅰ】**の登場人物に関する内容を問うたが、**問2**・**問3**の内容を踏まえて考えてほしい。**問6**は**【文章Ⅰ】**と**【文章Ⅱ】**との関係を問うたもの。**【文章Ⅱ】**の内容を正確に理解した上で、**問5**までに確認してきた**【文章Ⅰ】**の内容を再解釈する力が求められている。

【概要】

【文章Ⅰ】

王戎の服喪……死孝

・礼にとらわれない＝飲酒・肉食・囲碁の観戦
・悲しみのために命が危ぶまれるほど衰えている

和嶠の服喪……生孝

・礼にのっとって自制する＝わずかな量の粥をすする

【文章Ⅱ】

親が亡くなった時の孝行な子どもの振る舞い

①大いに嘆いて声も出せないほど
②礼儀の所作を整えることがない
③言葉を飾る気力がない
④美しい服を着ても安心できない
⑤音楽を聞いても楽しめない
⑥うまいものを食べてもおいしくない

↓親を喪《うしな》った孝行な子どもの心情

⇔

親が死んで三日後には食べ物を口にする

＝

亡くなった親を悲しむあまりに生きている子が命を損なわないようにさせる

↓聖人の政治のあり方

問1　**34**　④　**35**　③　**《語句の読みの問題》**

(1)　「亦」は「まタ」と読む重要漢字。しばしば「〜もまタ」とつながり、〈〜も一緒に・〜も同じく〉といった意味になる。ここも〈王戎は〜であったし、和嶠も同じく〜だった〉という意味になる。よって、正解は④。なお、「まタ」と読む漢字は漢文に多い。頻出のものを次に挙げておこう。

「まタ」と読む主な漢字の意味

又　加えて（累加）・並びに（並列）
亦　〜もまた（累加）
復　ふたたび

(2)　「甚」は「はなはダシ」と読む重要漢字。「甚大な被害」という場合の「甚」であり、〈はなはだ・大変に〉という副詞のような意味や、文末に用いられて〈大変なことである・実に大きいことである〉といった意味にもなる。ここは「甚」が文末にあるので、「はなはダシ」は〈大変なことである→ひどいことである〉といった意味で理解するとよい。よって、正解は③である。

問2　**36**　①　**《解釈問題》**

傍線部A「哀毀不レ踰二於戎一」で気をつけたいのは、「哀毀」という漢字のかたまりと「不レ踰二於〜一」という比較表現である。「哀毀」はそれぞれ「哀（かなシ）」と「毀（こぼツ・やぶル）」という漢字である。選択肢を比べてみても、「哀」は〈悲しい〉、「毀」は〈やせ細る〉といった意味で理解できることがわかるだろう。この時点で選択肢の③や④のように「哀毀」を「心配（する）」とするのは、やや意訳のしすぎであろう。さらに「踰」は〈超える〉という意味である。

このように漢字一字一字の意味を踏まえながら選択肢を絞る力を身につけておくと、漢文の読解力がぐっと上がる。

次に「不レ踰二於〜一」という比較表現である。「不」という打消の表現を踏まえて直訳すれば〈超えない〉であるから、「a不レ踰二於b一」で〈aはbを超えない・aはbに及ばない〉となるが、理解するときはより明快に〈bはaを超えている〉と考えておくとよい。傍線部Aの場合、bは王戎にあたるから、「aは王戎に及ばない」、あるいは「王戎はaを超えている」となる。

では王戎と比較するaとは誰か。傍線部Aに明記されていないが、傍線部Aまでに登場する人物で考えると、王戎と和嶠しかいない。「帝」や「劉毅」の名が見えるのは傍線部Aの直後であり、王戎の母や和嶠の父の存在も記されているが、ここでは、母の死に対する王戎の態度と、父の死に対する和嶠の態度を述べているのだから、aは王戎の母や和嶠の父ではない。もちろん王戎は王戎を超えているとすると、意味が通じなくなる。

したがって、素直に考えれば、aは和嶠であり、傍線部Aの内容は〈和嶠が悲しみやせ細るさまは、王戎に及ばない〉、わかりやすくいえば、〈王戎が悲しみやせ細るさまは和嶠を超えている〉となる。この内容に合う選択肢は①である。

他の選択肢は、いずれも傍線部Aの内容に反するものである。②は和嶠が自分のやせ細るさまを悲しむ描写が本文にない点で誤り。③は「皇帝の……心配」とする点、④は「劉毅が……心配する」点が、それぞれ不適切。「皇帝の」「劉毅が」とする人物関係の解釈が誤っており、また「哀毀」を「心配（する）」とするのも先に述べたようによろしくない。⑤は、和嶠と王戎が逆なので不適切である。

問3　**37**　②　**《内容把握問題》**

傍線部Bは「陛下」「先」「憂」「之」、そして「当」の理解が問われている。まず「陛下」は、選択肢のいずれも「武帝」（皇帝）を指している。「先」は、現在の日本語と同じく〈まず・第一に〉といった意味である。気をつけたいのは、何かを後にするから「先」があるという点である。続く「憂」は「憂鬱」のように〈心が晴れないさま〉という意味の他に、「憂患・憂慮」のように〈心配する〉の意味でもよく用いられる。ここもそうで「憂フ」と読んで〈心配する〉が当てはまる。これらから、何を先に「憂〈＝心配する〉」のか、何をあとに「憂〈＝心配する〉」のかを考えておこう。

続く「之」は、指示語「これ」。例外もあるが、「之」の前の物事や内容を指す。「之」を解読するには本文全体の流れを理解する必要があり、ここは和嶠よりも疲弊している王戎のことを指す。すると、劉毅が〈和嶠よりも王戎の方が疲弊しているのだから、武帝は王戎を先に憂い、和嶠を後に憂えた方がよい〉と言ったとつかめよう。

さて、「当」の解釈に移ろう。「当」は代表的な再読文字の一種である。再読文字は漢文学習の初歩であるが、共通テストでも頻出の最重要事項である。

再読文字

	読み方	主な意味
未	いまダ～ず	まだ～でない（未定）
将・且	まさニ～〔セント〕す	～しようとする（将来）
当・応	まさニ～ベシ	～しなければならない（当然）
宜	よろシク～ベシ	～するのが適当である（適宜）
須	すべかラク～ベシ	～しなければならない（必須）
猶・由	なホ～ごとシ	ちょうど～と同じである
盍	なんゾ～ざル	どうして～しないのか（～すればよい）

「当」は頻出の再読文字の一つで、「まさニ～ベシ」と読み、〈（当然）～しなければならない〉の意味をもつ。同じく頻出の「将」（まさニ～〔セント〕す）と紛らわしいので注意が必要である。

以上を踏まえると、傍線部Bは「陛下当に先づ之を憂ふべし」と書き下し、〈陛下（武帝・皇帝）は当然第一に（和嶠よりも）王戎を心配しなければならない〉と解釈できる。この内容に一致する選択肢は②である。

①は「王戎のことを配慮しようとするはずだ」が、当然第一に〈和嶠よりも）王戎を心配しなければならないという内容に合わないので不適切。「当」には〈きっと～するはずだ〉という意味もあるが、文脈上ここでは〈～しなければならない〉と解釈するべきである。

③は「和嶠よりも王戎を配慮したりはしないはずだ」が、和嶠を心配するべきだという反対の内容になるので不適切。

④は「どうして……するのか」という疑問の意味が、再読文字「当」を踏まえていないので不適切。

⑤は「和嶠のことを気遣わなければならない」が反対の内容で不適切。当然第一に王戎を心配しなければならないと述べている。

問4 **38** ① **《返り点と書き下し文の問題》**

傍線部Cに「教」があることに着目する。これは〈教える・指導する〉という意味の漢字だが、ここから派生して〈aはbを指導して、（bに）～させた〉＝〈aはbが～するように指導した〉という使役的な意味をもつことがある。使役的な意味を強くもつ場合は、使役形となる。すなわち「a教bc」＝「aハbヲシテc（セ）シム」〈aはbにcさせた〉という形である。

使役形となる漢字には主に「使・令・教・遣・俾」がある。このうち「教・遣」は〈教える〉〈派遣する〉の意味が強い場合、「a教（遣）bc」＝「aはbニ教ヘテ（ヲ遣ハシテ）c（セ）シム」と読むことがある。なお、このように「～をして……しむ」と読まないが、実質的に使役の意味を含む漢字を使役暗示動詞とよぶ。他に「命・勅・勧」などの漢字も同様である。傍線部Cの「教」は、「～ヲシテ……シム」でも、「教ヘテ……シム」でも、読み方としてはどちらにも読める。ただし選択肢④のように、「～をして……を教へしむ」と読むのは、使役形の訓読法に反するので間違いである。なお、他の選択肢は、読み方としては間違いではないので（⑤のように、単に「教える」という意味で「教」が用いられることもある）、**【文章Ⅱ】**の内容を見ていこう。

【文章Ⅱ】は、孝行者の子どもが親を亡くした時にする振る舞いについての規定である。難しい部分もあるが、〈よい服を着ても心が落ち着かず、音楽を聞いても楽しめず、うまいものを食べてもおいしくない〉などは、〈親を亡くした哀惜の情〉として理解しやすい。その後、〈（服喪のあと）三日後から物を食べるのは〉、傍線部C「教民無以死傷生、毀不滅性」ということであり、〈これが聖人の政治である〉と締めくくられている。**【文章Ⅰ】**をヒントにすれば、「毀不滅性」の「毀」は〈やせ細ること〉、「滅性」は〈生命を失うこと〉であり、あわせて〈やせ細っても生命を失うことがない〉となる。【文章Ⅱ】の前半部分とあわせて考えると、食べてもうまくない食事を（強いて）三日後にとるのは、〈生命を失わないようにさせるためであり、これが聖人の政治である〉となる。これが全体の論旨である。そこで傍線部Cは、「教民」＋「無以死傷生」〈死者によって生者を損なうことがない〉＋「毀不滅性」〈やせ細っても生命を失うことがない〉という構成である。

そうすると書き下し文は「民をして死を以て生を傷《やぶ》る無く、毀《こぼ》つも性を滅せざらしむ」、あるいは「教」を動詞とした「民に教ふるに死を以て生を傷る無く、毀つも性を滅せざらしむ」となる。以上から、正解は①である。

②の「滅せざる性を毀つ」は、〈失わない生命を損なう〉ということになり、【文章Ⅱ】の内容と合わない。

③は、「教民無以死傷生」と「毀不滅性」との関係を「より」（比較）でとらえている点が不適切。この選択肢の内容だと、〈『死者によって生者を損なうことがない』ことよりも、『やせ細って生命を失うことがない』ように『させよ』〉となって意味が通らない。

④は、先に確認したように「～をして……を教へしむ」と読んでおり、使役形の訓読法に反する。

⑤は、書き下し文としては意味が通りそうだが、返り点を見ればわかるように、「教民」＋「無（以死傷生、毀不滅性）」という構造になる。そうすると、「無」が「以死傷生」と「毀不滅性」の両方の内容を受けることになる。内容としては、まず〈死者によって生者を損なうことがなく〉とするが、〈やせ細って生命を喪わないことがない（＝生命を失う）〉ということを〈民に教える〉ということになってしまい、【文章Ⅱ】の論旨に反する。

問5　39　⑤　《人物把握問題》

本問は【文章Ⅰ】で王戎と和嶠がどう記されているかが問われている。選択肢を一つずつ確認していこう。

①は「王戎は心から礼儀作法を守って」が不適切。【文章Ⅰ】には「礼制に拘はらず、酒を飲み肉を食らひ、或いは弈棋を観る」とあり、礼制にはこだわっていない。また「武帝の賞賛を得」たとまでは記されていない。

②は「和嶠は王戎よりも強く親の死を悼んだ」が不適切。これは問2で確認した内容である。ただし問2がわからなくとも、「体を壊し早くに命を失ってしまった」とは、【文章Ⅰ】のどこにも記されていない。

③は、王戎が「長生きすることができた」が不適切。【文章Ⅰ】に王戎が長生きした記述はない。また【文章Ⅰ】は〈王戎は欲望のままに生活したから長生きした〉ことを述べているわけでもない。

④の「和嶠は親の死を嘆き悲しんでいた」は正しい。しかし「武帝から褒美をもらうことはできなかった」とするのは不適切である。【文章Ⅰ】の最後の「帝医をして之を療さしめ、幷びに薬物を賜ふ」が少し紛らわしいが、これは皇帝がやせ衰えた王戎に養生をさせたという意味であって、〈（孝行だから）褒美を与えた〉ということではない。したがって、この点を踏まえて〈和嶠は皇帝から褒美をもらえなかった〉と類推することも不適切である。

⑤は、「王戎は礼儀作法を守らず粗野に振る舞っていた」が、①でも確認した「礼制に拘はらず、酒を飲み肉を食らひ、或いは弈棋を観る」という箇所と合致する。また「親の死への嘆きは人一倍強かった」とする点も、王戎が和嶠よりも親の死を悲しみやせ細り（問2を参照）、「戎先づ吐疾有り、喪に居ること増甚だし」〈王戎には以前から吐疾の持病があったが、喪に服す間にますますひどくなっていた〉という内容に合う。

したがって⑤が正解である。

問6　40　④　《文章の比較読解問題》

これまでの設問を踏まえつつ、【文章Ⅰ】と【文章Ⅱ】を関連させて考えることが求められる。簡単に【文章Ⅰ】と【文章Ⅱ】の内容をまとめておこう。

【文章Ⅰ】は、親を亡くした人物として王戎と和嶠の二人が登場する。王戎は酒を飲み、囲碁を観戦し、歓楽にふけっていたが、親の死を悲しむ気持ちは非常に大きく、悲しみやせ細ってしまった。一方の和嶠も同じように激しく嘆き悲しんだが、礼儀作法をしっかり守っていた。

【文章Ⅱ】は親の死に対する子の振る舞い方が述べられている。内容はここまでで確認した通りである。孝行な子どもは親を亡くすとひどく落ち込むものだが、死んだ親を思うあまり、生きている子どもが命を落とすようなことはさせないよう、聖人は子どもにしっかりと食事をとらせる、というものである。

　両者は独立して理解することもできるが、【文章Ⅰ】の背景に【文章Ⅱ】の考え方があることに気づいてほしい。親を亡くした孝行な子どもは、悲しみのあまり、遊んでも食べても無味乾燥で、何もすることができない状態になる。それが孝行者の証《あかし》である。ところが、王戎は親が死んだというのに、囲碁で遊び、酒を飲んで楽しんでいた。これは孝行者のすることではない。しかし、王戎は親の死を非常に悲しんでいた。その悲しみ方、やせ細り方は尋常ではなく、それは【文章Ⅱ】のような振る舞いを守った和嶠よりも激しいものであった。だから、模範的な孝行者である和嶠を心配した武帝（帝・皇帝）に対して、劉毅は、和嶠は生孝であるが、王戎は死孝ともいえ、王戎こそ心配しなければならないと助言したのである。【文章Ⅰ】と【文章Ⅱ】の関係を整理すると次のようになる。

> 【文章Ⅱ】模範的な孝行者＝【文章Ⅰ】の和嶠→**生孝**
> ≠
> 【文章Ⅰ】の王戎
> ←（しかし）
> 親の死を心から悲しんでいた→**死孝**

　なお王戎は「竹林七賢」の一人としても知られている。なぜ王戎がわざわざ礼儀作法を破り、まわりくどい方法で親の死を悼んだのかは、竹林の七賢全体に関係するテーマの一つである。興味のある人は調べてみるとよいだろう。

　最後に選択肢を確認しておく。

　①は「心に秘めておく」という理解が【文章Ⅱ】の解釈として不適切であり、そもそも王戎の態度と合わない。

　②は「君主はどのような遺児に対しても保全につとめるべき」が【文章Ⅱ】にない内容なので不適切。あくまで、亡くなった親を悲しむあまりに生きている子が命を損なわないようにさせるというのが、聖人の政治のあり方だとしている。

　③は「子がどのような状態であっても君主は平等に」が【文章Ⅰ】で劉毅が帝に示した意見と異なる点で不適切である。

　④は「親の死に対して孝行な子が悲しむのは当然だが、子は自分の命を損なうようなことをしてはならない」という点が【文章Ⅱ】の内容として適切である。また、これを守った【文章Ⅰ】の登場人物として和嶠を挙げている点も正しい。

　⑤の「細かな礼儀作法にとらわれず」は、王戎に対する説明としてはよいかもしれないが、それを【文章Ⅱ】の説明とした点で不適切である。

　以上から、④が正解である。

書き下し文

【文章Ⅰ】

　王戎母《わうじうはは》の憂《いう》を以《もつ》て職《しよく》を去《さ》る。性《せい》は至孝《しかう》、礼制《れいせい》に拘《かか》はらず、酒《さけ》を飲《の》み肉《にく》を食《く》らひ、或《ある》いは弈棋《えきき》を観《み》るも、容貌毀悴《ようばうきすい》し、杖《つゑ》ありて然《しか》る後《あと》に起《た》つ。裴頠《はいき》往《ゆ》きて之《これ》を弔《とむら》ひ、人《ひと》に謂《い》ひて曰《い》はく、「若使《も》し一《ひと》たび慟《なげ》かば能《よ》く人《ひと》を傷《やぶ》らん。濬沖《しゆんちゆう》性《せい》を滅《めつ》するの譏《そし》りを免《まぬが》れざるなり」と。時《とき》に和嶠《わけう》も亦《ま》た父《ちち》の喪《も》に居《を》り、礼法《れいはふ》を以《もつ》て自《みづか》ら持《じ》し、米《こめ》を量《はか》りて食《く》らひ、哀《かな》しみ毀《こぼ》つこと戎《じう》を踰《こ》えず。帝劉毅《みかどりうき》に謂《い》ひて曰《い》はく、「和嶠《わけう》の毀頓《きとん》は礼《れい》を過《す》ぐ。人《ひと》をして之《これ》を憂《うれ》へしむ」と。毅曰《きい》はく、「嶠《けう》は苫《とま》に寝《い》ね粥《かゆ》を食《く》らふと雖《いへど》も、乃《すなは》ち生孝《せいかう》のみ。王戎《わうじう》に至《いた》りては、所謂《いはゆる》死孝《しかう》なり。陛下《へいか》当《まさ》に先《ま》づ之《これ》を憂《うれ》ふべし」と。戎《じう》先《ま》づ吐疾《としつ》有《あ》り、喪《も》に居《を》ること増《ますます》甚《はなは》だし。帝医《みかどい》をして之《これ》を療《なほ》さしめ、并《なら》びに薬物《やくぶつ》を賜《たま》ふ。

【文章Ⅱ】

　孝子《かうし》の親《おや》を喪《うしな》ふや、哭《こく》して偯《い》せず、礼《れい》は容《よう》無《な》く、言《げん》は文《かざ》らず、美《び》を服《ふく》するも安《やす》からず、楽《がく》を聞《き》くも楽《たの》しからず、旨《うま》きを食《く》らふも甘《うま》からず。此《こ》れ哀戚《あいせき》の情《じやう》なり。三日《さんじつ》にして食《く》らふは、民《たみ》をして死《し》を以《もつ》て生《せい》を傷《やぶ》る無《な》く、毀《こぼ》つも性《せい》を滅《めつ》せざらしむ。此《こ》れ聖人《せいじん》の政《まつりごと》なり。

全訳

【文章Ⅰ】

王戎は母親の喪のために官職を辞した。本性が至孝であり、礼制にはこだわらず、酒を飲み肉を食べ、あるいは囲碁を観戦するも、その容貌は憔悴し、杖をついてようやく立ち上がる（というありさまであった）。裴頠は出かけていって王戎を弔問し、人に語って言うことには、「もし一度でも声を上げて嘆くならば彼自身の命を損なってしまうだろう。濬沖は生命を失うことの譏りを免れないのだ」と。その頃和嶠もまた父親のために喪に服していたが、礼法によって自分を律し、わずかな量の粥をすすり、王戎よりも悲しみやせ細るようなことはなかった。帝が劉毅に語って言うことには、「和嶠の憔悴ぶりは礼の範囲を超えている。人に心配させるような憔悴ぶりだ」と。毅が言うことには、「和嶠はむしろに寝て粥を食べてはおりますが、それは生孝にすぎません。王戎に至っては、（あれは）いわゆる死孝です。陛下はまず王戎のご心配をなさるべきでしょう」と。王戎には以前から吐疾の持病があったが、喪に服す間にますますひどくなっていた。帝は医者に王戎を治療させ、加えて薬をお与えになった。

【文章Ⅱ】

孝行な子どもが親を喪った時は、嘆いて声も出ないほどであり、礼儀作法に気をつけている余裕もなく、言葉も飾る気力もなく、美しい服を着ても心が安らかでなく、音楽を聞いても楽しくなく、うまいものを食べてもおいしくない。これが（親の）死を悲しむ（子どもの）心である。（しかし、親が死んで）三日後には物を食べるというのは、民に親の死を嘆くあまり生きている子どもがその命を損なわないようにさせ、やせ細っても命を失わぬようにさせたものである。これが聖人の政治のあり方である。

【メモ】

模試　第2回　解答

自動採点・学習診断

第1問小計	第2問小計	第3問小計	第4問小計	第5問小計	合計点
					/200

問題番号(配点)	設問	解答番号	正解	配点	自己採点
第1問(45)	1	1	①	2	
		2	④	2	
		3	③	2	
		4	①	2	
	2	5	②	7	
	3	6	④	7	
	4	7	①	7	
	5	8	④	8	
	6	9	③	8	
第2問(45)	1	10	①	7	
	2	11	③	7	
	3	12	②	7	
	4	13	⑤	8	
	5	14	①	8	
	6	15	④	8	
第3問(20)	1	16	①	5	
	2	17	③	3	
		18	②	4	
	3	19	②	4	
		20	④	4	
第4問(45)	1	21	①	5	
		22	②	5	
		23	④	5	
	2	24	②	6	
	3	25	④	6	
	4	26	③	6	
	5	27	①	6	
	6	28	②	6	
第5問(45)	1	29	②	5	
	2	30	⑤	6	
		31	②	6	
	3	32	⑤	7	
	4	33	③	7	
	5	34	④	7	
	6	35	③	7	

第1問

出典 【文章】21世紀政策研究所『2025年 日本の農業ビジネス』・森川博之執筆「デジタル農業の時代」（講談社 二〇一七年）

【資料】農林水産省「農業分野におけるIT 利活用ガイドブック（ver1.0）」

21世紀政策研究所は、一九九七年の創設以来、経団連（日本経済団体連合会）の公共政策のシンクタンク（研究機関）として多くの政策提言を行っている団体である。成長戦略、外交、税財政・金融・社会保障、環境・エネルギーなど、広範な領域にわたり研究を進めている。【文章】の出典は五年後、一〇年後の日本農業のあるべき姿を見据えつつ、五人の専門家がそれぞれの関心領域から、農業を成長産業にするための提言を行った内容となっている。

【出題のねらい】

問題文は、少子高齢化によって衰退の一途をたどっている農業の現状打開策として、IT技術の活用という方策を提案している。同時に、環境問題にも関連する食品ロスという内容を取り上げており、大学入試で問われやすいテーマを幅広く取り入れている点で注目に値する。多様なテーマが交錯しているが、筆者の主張を一つ一つ押さえて、正確に読み解いていこう。

【概要】

Ⅰ デジタル農業（第1段落～第8段落）

以前の農業……農業者自身の「経験」による「勘」が安定した生産量につながる。細かな記録、あるいは記憶が必要。

↓

近年の農業……「アナログ」的なデータ管理から「デジタル」による管理へ。

↓

経験の浅い農業者でもデータを教材にすれば、ベテランの技術水準に効率的に近づくことが可能。

農産物直売所にPOSシステムを導入。

↓

時代は確実に変わりつつある。

Ⅱ 健康と食物の関係（第9段落～第18段落）

※ニンジンについての情報（ℓ33～36）は第13段落としている。

「クラウド」技術＝インターネット上のデータの保存先から、自由に情報の保存・取り出しができる

ビッグデータビジネス＝膨大なデータを解析し、ビジネスに応用する

↓これらを活用する「データ駆動型農業」は、食品と健康の相関関係の解明により、消費者の健康維持・増進に効果を発揮する。

・現代のICT技術を農業に応用した例

1本のニンジンから

↓育った土壌、水、品質、農薬などの情報が得られる。

農業を通じて得られるデータ×自己診断データ

↓

栽培方法・品質と健康との相関関係の裏付けは必要だが、

・自らの健康のために、食べるべき、買うべき野菜の自由な選択

・現在の食生活から未来の健康状態を予測

・農産物の栽培履歴を消費者の健康管理に活用

などがいずれ可能になる。

Ⅲ 食品ロスへの対策（第19段落～第28段落）

野菜における食品ロスの問題（鮮度や見た目による廃棄）。

↓

データ駆動型農業なら、食品ロスの削減・資源リサイクルの推進が可能。

コストを分担すれば、持続可能な社会の実現にも貢献。

※メリット
消費者……冷蔵庫との連動による、期限切れによる食品廃棄の予防
販売者と生産者……消費タイミングに応じた無駄のない物流・流通により、廃棄の最小化と収益最大化を図れる

Ⅳ 横断的なデータの活用と新たな農業ビジネスの創出 **（第29段落〜第36段落）**

◎データ駆動型農業には、精度の高いデータを深いレベルで分析する仕組みと、あらゆる人々がデータを共同活用するための「場所」が必要。

あらゆる人々がデータを共同活用するための「場所」
＝各分野のプレーヤーによる「水平統合型プラットフォーム」。
民間と公的機関がデータを連携できれば、農業分野で新たなビジネスを創造し、やがては成長産業へつなげることが可能。

問1 (i) **1** ① **2** ④ (ii) **3** ③ **4** ① **《漢字問題》**

(i) 大学入学共通テストから出題された、漢字の意味を問う問題。

(ア) 「決」には〈決まる・決める〉という以外に、〈裂ける・切れる〉の意味がある。②「決心」、③「決着」④「決断」の「決」は〈決まる・決める〉の意味だが、①「決裂」の「決」は〈裂ける・切れる〉の意味にあたる。よって、正解は①。

(イ) 「事例」の「例」は、〈同じ種類のものを取り上げる事柄〉を示す。同じ意味のものは①「前例」、②「類例」、③「例外」があたる。「例」にはそれ以外に〈以前からのやり方、ならわし、いつも通りの〉という意味があり、④「例年」がそれにあたる。よって、正解は④。

(ii) 従来出題されてきた、同一の漢字を含む選択肢を選ぶ問題。

(ウ) 「充満」は〈いっぱいになること〉。「充」は〈満ちる〉の意。①は「縦横」、②は「柔道」、③は「充実」、④は「渋滞」。

(エ) 「顧客」。「顧」は〈心にかける〉の意。①は「顧問」、②は「誇張」、③は「固定」、④は「事故」。

問2 **5** ② **《傍線部の内容把握問題》**

本問の内容は**【概要】**のⅠにあたる問題文に集約されている。過去と現在の農業を取り巻く状況の変化を、正確に読み取っていこう。

さまざまな分野でＩＴ技術の活用が広がるなか、農業分野においてもそれは例外ではない。膨大なデータをアナログ的な方法で蓄積する労力を、ＩＴ技術の活用により削減することができるようになった。デジタルで代用することにより若い未熟な農家にも熟練した技術の継承が容易になり、少子高齢化が進む農業分野においてはさらにＩＴ技術活用の流れの拡大が予想される。以前のアナログ的な管理方法について正しく説明している②が正解。

①、「農業者自身がこれまでの経験により培ってきた勘」は、従来は確かに重視されていた。しかし、「アナログ的なデータ管理方法はデジタルに置き換わりつつある」（ℓ8）と書かれているため、「昔と変わらず近年でも一番大切なのは……」という説明は誤り。

③、「自分自身の勘を重要視するような農業者は皆無に等しい」のように、完全に否定をしている選択肢には注意が必要だ。「その場で入力する農業者はもはや珍しくない」（ℓ9）という書き方がなされているように、現在はあくまでも徐々にＩＴ活用が広がってきている段階にすぎないため、選択肢の表現は言いすぎで不適切である。

④、経験が浅い農家にとって技術を継承しやすくなるという大きなメリットがあることは、文中に記載されている通りである。しかし、高齢者よりも若年層に広がっているという記述は文中には見られない。したがって、誤り。文中の記述からの推測によって選択肢を選ばないように注意しよう。

⑤、「今日では全国各地にある農産物直売所でもＰＯＳ（販売時点情報管理。商品が販売された時点での売上情報に基づいて売上や在庫を管理する）システ

ムの導入が進んでいる」（ℓ16・17）と書かれているように、農業分野でもPOSシステムの導入が進んでおり、「あまり広がらず、効果を出せていない」にあたる記述は本文に見あたらない。したがって、誤り。

問3 **6** ④ **《傍線部に関連する内容把握問題》**

データ駆動型農業とは、「膨大なデータを『エンジン』として活用する農業」のことである。**【概要】**のⅡにあたる問題文には具体的な活用方法が掲載されているので、言い換え部分に注意して本文の記述と選択肢とを比較していく。すると、本文ではあくまで作物の生産者と消費者の立場は別であるとして論が展開されていることが読み取れるので、④「消費者が……作物を自ら生産する」という趣旨の記述は見られない。したがって、④が適切でなく、この選択肢が正解。

①、「『有機野菜を多く食べているグループは、一般的な野菜を食べているグループよりもガンになりにくい』とか、『風邪をひきにくい』といった相関関係が統計的に明らかにされれば」（ℓ43・44）と条件付きではあるが、データ活用によって特定の食品と疾患の関係性を明らかにし、それを活用することは実現可能と考えられる。よって、この選択肢は正しい。

②、「消費者からのリクエストにもとづき、そうした（＝消費者からのリクエストにもとづいた）成分が豊富に含まれる農産物を種の段階から開発し、生産から流通へとつなげていくこともできる」（ℓ45・46）と書かれているため、正しい。

③、「消費者の側も、自らの健康増進に有益な野菜をつくっている農家を探して、定期的に送ってもらうことが可能になる」（ℓ46・47）と書かれているため、正しい。

⑤、「ある人の現在の食生活から未来の健康状態を予測したり、農産物の栽培履歴を消費者の健康管理に活用していくようなこともやがて可能になるだろう」（ℓ48・49）と書かれているため、正しい。

問4 **7** ① **《傍線部の内容把握問題》**

傍線部Cについては、**【概要】**のⅢにあたる問題文から確認しよう。

日本では本来食べられるはずの食品が多く廃棄処分されており、野菜も例外ではない。この問題を解決するためにデータ駆動型農業によってできることを、筆者は**【概要】**のⅢにあたる部分に列記している。そのなかで、「商品ごとの賞味期限や消費期限に関するデータを読み取り、期限が近付くとショートメッセージで知らせてくれる機能を持つような冷蔵庫が普及すれば、期限切れによる食品廃棄は、今よりずっと減らせる」（ℓ65～67）と書かれており、消費者に身近な家庭用機械が、食品ロス削減の一助になる可能性を指摘しているため、①が正解。

②、「より多数の生産物を家庭に届けることに注力できる」が誤り。問題文に「これにより販売者が廃棄を最小化できる一方、生産者の収益最大化にも資することができる」（ℓ69）と書かれているように、多く生産することではなく、作物の浪費をなくし無駄のない生産をすることに重点を置いている。

③、MITのセンサーが食品ロスの削減に有益なのは事実である。しかし、「内蔵のカメラで食品の状態を視覚的に把握」という記述が誤り。問題文では「果物が熟成すると発生するエチレンガスを微小量から検出できるセンサー」（ℓ73）のように説明されている。

④、食品リサイクルに対して否定的な考えの選択肢となっている。しかし、問題文では「データの活用次第では……高度なリサイクル社会を実現できる」（ℓ70・71）と指摘され、データの活用によって高度なリサイクル社会を実現できる可能性が示唆されているため、誤りである。

⑤、「野菜は鮮度が落ちて廃棄される作物がほとんど」が誤り。問題文には「大きすぎる、変形している、といった理由で、出荷前の段階で農家が廃棄している食品が多い」（ℓ57・58）と書かれている。

問5 **8** ④ **《内容把握問題》**

「情報通信技術」という表現は、第34段落で初めて登場している。**【概要】**のⅣにあたる問題文を中心に確認していこう。

データ駆動型農業にとっては、精度の高いデータと、そのデータを深いレベルで分析するための高度な仕組み、そして各分野のプレーヤーが自由にデータを持ち寄り共同活用するためのリアル・仮想を問わない「場所」が必要である。この「場所」、すなわち「水平統合型プラットフォーム」では、公的機関が保有するデータも活用できるなら、さらなるビジネスの展開を見込むことができる。筆者はかつてピーター・ドラッカーが蒸気機関の登場について述べた言葉を引用し、情報通信技術も新たな産業を創出することを推測している。したがって、その内容について正しくまとめた④が正解。

①、「どのような些末なデータであろうともとにかく集積していく」が誤り。問題文には「どんなデータでも集めればそれだけでビジネスとして成立し、付加価値を創造できる、というものでもない」（ℓ79・80）、「取得するデータの精度を高め」（ℓ81）と書かれている。このように、筆者はデータの精度も重要視している。

②、「気軽に立ち寄れる共通のリアルな作業場が必要」という記述が誤り。問題文には「この『場所』は何もリアルな空間である必要はない」（ℓ84）と明言され、仮想空間も推奨されている。

③、公的機関の情報公開について、一見すると正しいことを述べているようにも受け取られる。しかし、問題文ではこのような情報管理の難しさについては言及されていない。公的機関の情報公開に関しては、「新たなビジネス展開ができるだろう」（ℓ92）という指摘のようにポジティブな側面しか述べられていない。したがって、筆者の考えとしては不適切であるため誤り。

⑤、「すでに十分に普及しており……拡大していく段階に突入している」が誤り。問題文には「高速ブロードバンドや高機能携帯電話はすでに広く普及しつつあるが、農業分野においてはデータの収集および活用はまだまだ初期段階にある」（ℓ98・99）と書かれており、農業分野においては発展途上の段階にあるため誤り。

問6　9　③《複数資料の内容把握問題》

問題文の内容に関連する別の資料の読み取りと合わせて、選択肢の正誤を判断する。一方の資料だけで判断できる選択肢もあれば、両方の資料を合わせて判断する必要のある選択肢も含まれている。二つの資料から該当する箇所を読み取り、正誤を判断したい。

①、「一番重要なのはやはり農家の皆さんの長年の生産経験による勘」という発言が不適切。筆者は「アナログ的なデータ管理方法はデジタルに置き換わりつつある」（ℓ8）と述べ、デジタル化に肯定的である。

②、「戦略を練って難しく考えるのではなく、まずはどのような形でもよいからITを利用しようとする姿勢が大事」という発言が不適切。**【資料】**の①には「ITをただ導入しても経営改善にはつながりません」と書かれており、戦略を明確にすることが提唱されている。

③、**【資料】**の③には「クラウドを使用した汎用的なシステムのほか、現場の状況にカスタマイズされたシステムなど、システムにも様々なタイプがありますが、導入コストと効果を意識しながらシステムを選択することが重要です」と書かれている。この内容は生徒Cの発言内容と合致するので、③が正解。

④、「情報を独自に入手・活用し、ビジネスチャンスをつくっていく姿勢」に重点を置いている点が誤り。**【概要】**のⅣにあたる問題文を通して書かれているように、「それぞれが集積したデータを持ち寄り、組み合わせること」（ℓ88）を筆者は重要視している。

第2問

出典　【文章】加能作次郎《かのうさくじろう》「恭三の父」

【資料】『現代日本文学大系91　現代名作集㈠』（筑摩書房　一九七三年）

　加能作次郎（一八八五〜一九四一）は石川県生まれ。京都の伯父の家で育てられ、職業を転々とするも早稲田大学文学部英文科に進学。問題文の「恭三の父」は在学中に文芸雑誌「ホトトギス」に発表された彼の最初の作品である。彼の死後、長らく世間から忘れられた作家であったが、近年、彼のみずみずしい感性と自然主義的な作風から再評価されている。

【出題のねらい】

　今回の作品は二〇二一年度共通テスト本試（第一日程）の第2問「羽織と時計」と同作家である。主人公の視点から心情の機微を表現する作風であることから、共通テストでねらわれやすく、また出題形式も共通テストの出題傾向にあわせている。問題文は父の切ない心情とそこに距離をもって接している恭三とのかけあいを中心に描かれており、恭三、父の心情読解を中心に問題を作成している。青年期にありがちな父への反発心に加え、無学な父の情に訴える姿に一種の嫌悪感をもって接している恭三と、親だからこその情があることを訴える父の、両者の対立点を中心に読み解いてほしい。

【概要】

《恭三の帰省》（1行目〜12行目）

恭三が実家に「帰省してから一ヶ月余」（＝夏）

「毎日毎日単調無味な生活に苦しんでいた」　友人に手紙を書く日々

・「田舎生活の淋しい単調なことを訴えた」

・「友達からも毎日返事をもらいたかった」↓淋しさ

↓退屈な毎日に加え、友人も周囲におらず、彼の淋しさを紛らわせてくれるのは、時折届く友人からの返事だけだった。

《父の要求》（13行目〜48行目）

手紙が届いたと父から聞いたが、家に届いたものだった。↓落胆

父から「一寸読んでみてくれ」と言われる。

恭三は「あっさり読む気にはなれなかった」

↓自分宛の手紙ではなかった落胆と、泥酔も手伝って何かの意図を含んだようなつまらない要求をしてくる父に対して、恭三は感覚的に警戒している。

《父とのいさかい》（49行目〜83行目）

父から中身について問われるが、単なる暑中見舞と礼状だと答える。

「それならお前に読んでもらわいでも、おりゃちゃんと知っとるわい」

他に言いようがないのに、父はその中身を知りたがっている。

↓「恭三は父の心を察した」上でわからないと伝える。父に謝り丁寧に中身を伝えればこの場が丸く収まることは承知していたが、あえてそれをする気にはなれなかった。

《父の悲痛な訴え》（87行目〜最終行）

「手紙というものはそんなもんじゃないと思うのじゃ」

金の無心をする恭三の手紙を、弟の浅七に読ませていたことを話す。

↓丁寧に文面を読む中で、聞き手はそれを想像する中で書き手の思いをくみとってゆくものだと訴える。

←

「そりゃ私の手紙は言文一致で」

↓話し言葉だから音読しても身近に感じられるはずだと答える。

←

「もうよい‼」

↓父は自分の思いが通じず怒り、また恭三はそんな父の思いも知った上で、面倒さから和解もせず自分の部屋に行く。

　恭三は父に迎合しようとはしないが、それは青年期にありがちな反発心と理知を重んじる近代的インテリならではの情に訴えてくることへの嫌悪からきている。さらに、退屈と淋しさを紛らわせるために友人からの手紙を望んでいたが、それがなかったことへの落胆と苛立ちが、父に対して優

しい気持ちになることをさせず、加えて蚊がその苛立ちを助長させていることもあわせて読み取りたい。

問1 **10** ① **《心情把握問題》**

恭三は退屈と淋しさを紛らわせるために、友人からの手紙を心待ちにしていたが、結局届いていなかった。

「急に張り合いが抜けて、恭三はぼんやり広間に立っていた」(25行目)

ここから**恭三の落胆ぶり**がうかがえる。そこへ酔った父親から手紙を読んでみてくれと言われる。恭三が父親から「一寸読んでみてくれ」と言われているのに、傍線部にあるように、読んでやらなかったのかと弟の浅七に「不平そうに」言うのである。また、父の様子も、

「彼は今日笹屋の土蔵の棟上げに手伝ったので大分酔っていた」(20行目)

とあり、**先ほどの落胆に加えて酔った父の面倒な頼みを聞いたことで苛立っており、浅七に話を振って、面倒なことを弟に押しつけようとしている。**これらを踏まえた選択肢は①となり、これが正解。

②の前半は合致しているが、後半の「父親の回りくどい言い方に嫌気がさしている」が誤り。「読んでみてくれ」と直言しているし、その言い方に嫌気がさしているのではない。酔った父の、面倒を予感させるような頼みに警戒しているのである。

③は弟が先に読んでいるはずだという「疑念」をもっと導ける表現は問題文になく、「父親がわざと嘘を言っているのが透けて見え」るという内容も見られないので誤り。

④は父親から「嫌がらせ」をされているという認識がうかがえる内容は問題文にない。

⑤は「恭三への手紙があったような口ぶりでからかった」という認識が恭三にあったとする内容は問題文にはない。よって誤り。

問2 **11** ③ **《理由説明問題》**

傍線部に至る心情を、問題文34行目からの場面で確認する。父が語気を強めて「あっさり読めばよいのじゃないか」と言ったことに、

「恭三はハッとした。意外なことになったと思った。が妙な行きがかりでそのままあっさり読む気にはなれなかった」(36行目)

とあるように、**父が何かしらの思うところがあって頼んでいるのだということを恭三は察知しているし、面倒くさいことだとも思っている。**

「恭三は立て膝のままでそれを手に取った」(41行目)

ここからもまた**恭三の、立ちあがることも面倒な様子がうかがえる。**

「恭三は焦立った気持ちになった。呼吸がせわしくなって胸がつかえる様であった。腋の下に汗が出た」(42・43行目)

先ほどの自分への手紙が来なかったことへの落胆から、泥酔した父親の面倒な頼みに対する苛立ちへと変容していることがうかがえる。しかも手紙自体は無味乾燥な内容でそれを丁寧に読み聞かせるのは骨の折れることであり、今の恭三にとってはそこまでの優しさは出て来ない。だから、傍線部の直後にもあるように、

「で何か言われたら返事をするつもりで煙草に火をつけた」(50行目)

のである。これらを踏まえた③が正解。

①は確かに「これらの内容を父親に説明するのは意味がある」とは思っていない。しかし、父親がそれ以上のことを要求していることを恭三は察知しているので、内容だけを取り出して説明することを面倒だと思っているわけではない。よって誤り。

②は「泥酔した様子」の「父親に説明しても理解できないだろう」が誤り。泥酔していることだけが「優しく説明して聞かせることができにくい」理由ではない。恭三の苛立ちも手伝っている。

④は「大仰に長男が読むという儀式」が誤り。「大仰」とは〈おおげさなさま〉を表すが、「儀式」とはいえない。また「田舎じみて馬鹿らしく思えて、プライドが許さなかった」も誤り。そのような心情がうかがえる表現は問題文にない。

⑤は「難しい内容が含まれており」が誤り。確かに問題文後半で恭三が「そんなことを一々説明してもお父様にわからんと思って」（93行目）とあるが、これは簡素でお定まりの言葉をかみ砕いて説明しても無学な父親には難しいということであり、内容が難しいわけではない。

問3 **12** ② **《心情把握問題》**

手紙を読んでほしいという父親の頼みに対して、恭三は素っ気ない返事をした。それを受けて、

> 「恭三の素っ気ない返事がひどく父の感情を害したらしい」（62行目）

とあるように、父は何か思うところがあって「不平らしく恨めしそうに言った」のである。**ここでのポイントは父の思うところが何なのかということである。**傍線部の後には、会話を中心としながら恭三と父のいさかいが描かれている。父に何か含むところがありそうだということはうかがえるが、本心は見えてこない。これが次の口論の中で見えてくる。

> 「おりゃこんな無学なもんじゃさかい、愚痴やも知れねど、手紙というものはそんなもんじゃないと思うのじゃ、……」（87行目）
> 「……わからいでも皆な読うでもらうと安心するというもんじゃわい」（97行目）

金の無心をする恭三の手紙ですらも、

> 「……それでも一々浅七に初めから読ますのじゃ。それを聞いておれでも、お母さんでも心持ちよく思うのじゃ」（98・99行目）

これらから、**父親は、表面的な文句が並べられている手紙であっても、丁寧に心を込めて読んでもらえれば、聞き手も差出人の気持ちなどを想像しながら聞けるのだと思っていることが**うかがえる。

そういう思いをもった父からすれば、恭三の「それっきりです」という素っ気ない返事は気にくわないものだったと推測できる。**ただ、それを息子に面と向かって言うことについて、酒も入って感情をぶちまけたいところではあるが、**「これから……。へん、何たい。あんまり……。」（66行目）とあるように、**父親としての体面もあり、ためらっている。**その葛藤まで説明しているのは②であり、これが正解。

①は「その恨みをどういう仕打ちで晴らそうか思案している」が誤り。息子に腹を立てていても、復讐《ふくしゅう》したいという思いまでは問題文にない。

③は「暑中見舞や礼状は本来気持ちを込めて書くべきもの」だという父の思いは問題文にはなく、父の思いとずれている。「気持ちがこもっていない文章であるとわかり」というのも誤り。

④は「それをきっかけに恭三と話したかっただけ」が誤り。帰省した息子と話したいという気持ちはあるかもしれないが、このやりとりを契機にしようという意図はここにはない。

⑤の「それを読む恭三は冷淡な態度でその内容を台無し」にしたことへの不

平というのが不適切。あくまでも、表面的な内容で終わらせようとする恭三の素っ気ない態度が気にくわなかったのである。

ちなみに、ここでさらに深く読み取ってほしいのが、父親も恭三も似たもの同士の面があるということである。問2でも説明したように、恭三も退屈な田舎生活に淋しさを感じており友人からの手紙を心待ちにしていた。父親も暑中見舞や礼状などの簡素な内容であっても、そこから想像することで差出人の思いをくもうとしている。**これらから見えてくるのは、恭三も父親も人恋しい気持ちをもっているという姿である。田舎の閉塞的な生活と人間関係の中で、外部の人間とのつながりは何よりの楽しみでありなぐさめであるというありようが見て取れる。**

問4 13 ⑤ **《心情把握問題》**

問3でも確認したように、父親の本心が吐露されている場面の中で、とうとう恭三とは不和のまま終わるという結末を迎える。そこでの、決別の一言にある心情が問われている。恭三が金の無心をする親宛ての手紙ですらも、弟の浅七に読ませて、**どれだけ恭三が金に困っているか、どれだけ親を頼ってくれているのかなど、親として子を思う気持ちを込めながら聞いているのだということを打ち明ける。**

> 「お前の所から来る手紙は、金を送ってくれって言うより外ね何もないのやれど、それでも一々浅七に初めから読ますのじゃ。それを聞いておれでも、お母さんでも心持ちよく思うのじゃ」(97~99行目)

これを聞いた恭三が、

> 「そりゃ私の手紙は言文一致で、そのまま誰が聞いてもわかるように……」(100行目)

と答えたことに、父はその続きをさえぎるように「もうよい!!」と言い放ったのである。ここでの恭三は、自分の手紙は話し言葉で書いてあるので、音読すればまるでそこに恭三が話しているかのように聞こえるはずだから、書き手である恭三のイメージをつけやすいし、感情も喚起されるはずだという返答をした。しかし、**ここでの父は恭三からの素っ気ない手紙でも親心をなぐさめてくれるものだということを訴えているのに、恭三は文体論の話にすり替えていることにやりきれない怒りを感じている。**これを説明している⑤が正解である。

①は「浅七に言葉をおぎなって読ませることで」が誤り。問題文では、ただ浅七に読ませたとしか書いてない。

②の「恭三からの手紙は親に配慮して難解な表現を避けて要点だけを書いている」が誤り。そこまでの配慮をしたということは、問題文で触れられていない。またそのために「言文一致」させたということも問題文にはないので誤り。

③の「浅七に何度もその文面を読ませる中で」が問題文に見られない内容である。また恭三の気持ちに寄り添おうとする父親としての努力に対して「その必要はないとあしらう」も誤り。これは口論の論点ではない。

④は「言文一致」が自分の気持ちをリアルに感じさせる「配慮をした文面」だというのが誤り。そこまでの配慮をしたかどうか問題文ではわからず、ここでは親の思いを訴えている中で、見当違いの文体論で答えていることに怒っている。また「自分の無学を責められているようで、親に恥をかかせた」も誤り。こういう面も読めなくはないが、やはり問題文の内容にきちんと準拠しているとは言いがたい。よって誤り。

なお、ここでのいさかいは親としての情と文体の問題という、すれ違いからくるものだけではない、複雑な要素もある。父に対して反発心を垣間見せるような恭三の態度に怒っているという側面もあるし、恭三がインテリぶりをひけらかし、親に対して加虐的な態度を見せることへの怒りもあろう。**さまざまな読みを引き起こす場面なので、読み手によって受け取り方が変わる可能性もあるし、そこが文学のおもしろさでもある。ただ、こういった客観式の問題では、まず問題文の内容や表現に準拠しながら解答を選ぶ力が試されていることを忘れてはならない。**

問5 **14** ① **《表現把握問題》**

問題文の表現の特徴を問う問題は、本当にそこまで言い切れるのかという観点から検証するとよい。

①は「会話から人間性がくみ取れ」「会話を中心としながらこの家族の人物像や関係が浮かび上がる」と言えるかどうか、確認しよう。

> 「何をヘザモザ言うのやい。浅七が見たのなら、何もお前に読んでくれとは言わんない‼　あっさり読めばよいのじゃないか」（34行目）

終始冷静で、敬語を使いながら応答している恭三に比べ、父親の荒っぽい口調と粗暴な印象が見られる箇所である。母親についても、

> 「『炉縁の上に置いてあるわいの。浅七が蚊帳へ入ってから来たもんじゃさかい、読まなんだのやわいの。邪魔でも一寸読んでくんさい。』と母は優しく言った」（39・40行目）

と、夫と息子に挟まれながら、落ち着いて対応している様子がうかがえる。弟については、

> 「『寝たのではない、横に立っているのや。』と弟の浅七が洒落を言った」（16行目）

とあり、明るい性格が見てとれる。よって①は正解と言える。

②は「彼の心情などは極力省かれ」が誤り。地の文を中心に恭三の心情が示されている。

③は「物語が大きく変化していることを感じさせる」が誤り。物語の舞台自体は変化がなく、恭三と父親が口論している場面というのも変わらない。

④は擬態語やカタカナ表記が「この喧嘩が滑稽な寸劇のような感じになるよう」という関係が成り立つかどうか確認しよう。

> 「何をヘザモザ言うのやい」（34行目）
> 「恭三はハッとした」（36行目）
> 「暫くモジモジしていた」（80・81行目）

どれも一時的な描写であり、滑稽な寸劇に変えるほどの大きな効果をもたらしてはいない。よってこれも誤り。

問6 **15** ④ **《問題文・資料の内容把握問題》**

【資料】で指摘されている内容が問題文に見られるかを検証する問題。**【資料】**の「加能作次郎はその後も写生文ふうな作風で親しまれた」という箇所から、問題文でも写生文ふうな表現をしたものとして「蚊」を挙げている。この「蚊」の描写からどういう姿を浮かび上がらせようとしたのか検証する問題である。まず、文中で「蚊」（蚊帳）に触れている箇所を挙げていく。

> ・昼はもとより夜も暑いのと蚊が多いのとで、予て計画していた勉強などは少しもできない。（2行目）
> ・家のものは今蚊帳の中へ入った所らしかった。（14行目）
> ・「起きとりゃ蚊が攻めるし、寝るより仕方がないわいの。」と母は蚊帳の中で団扇をバタつかせて大きな欠伸をした。（17行目）
> ・浅七が蚊帳へ入ってから来たもんじゃさかい、読まなんだのやわいの。（39行目）

これらから、蚊が多く発生し、ふだんから蚊に悩まされている生活実態が読み取れる。

> ・生温い灰の香が鼻についた。蚊が二三羽耳の傍で呻った。恭三は焦立った気持ちになった。（42行目）

・蚊がしきりに攻めて来た。恭三は大袈裟に、「ひどい蚊だな！」と言って足を叩いた。「蚊がおってくれねば、本当に極楽やれど。」と母は毎晩口癖のように言うことを言った。（51～53行目）
・妙な羽目に陥って蚊にさされながら暫くモジモジしていた。「じゃどう言うたらよいのですか？」と仕方なしに投げ出すように言った。
（80～82行目）

とあるように、**蚊に対して苛立っている様子がうかがえるとともに、恭三がもともと感じていた苛立ちを助長するかのような象徴として登場してきている。蚊が彼等の生活に与える影響も含めて、田舎暮らしの雰囲気のようなものが醸し出され、それに感情が動かされている人々の姿も見られる。**それらを説明した④が正解である。

①の「家族の確執に蚊が関わっている」は言い過ぎ。家族の確執があるわけではなく、恭三と父親との口論にすぎない。母親の沈着冷静な対応からもわかるだろう。また「家族が崩壊しそうになる危うい姿」も言い過ぎである。

②「蚊が家族の会話が行き詰まった時にやり過ごす口実になっている」とあるが、そこまでのことはいえない。会話の合間に蚊の描写はあるが、それは会話を遮断するかのように群がる蚊の姿と苛立ちを表している。

③の「蚊帳を家族の象徴であるかのように表す」は問題文から読み取れない。

資料などが使われた問題は何から手をつければよいか迷うかも知れないが、問題文に誘導が入っている場合はその誘導に従って検証してゆけばよい。

第3問

出典　【資料Ⅰ】　柄本三代子《えのもとみよこ》『健康の語られ方』（青弓社　二〇〇二年）

【資料Ⅱ】「食生活指針」（二〇一六年）

【資料Ⅲ】　農林水産省「食育に関する意識調査報告書　令和5年3月」（二〇二三年）

　柄本三代子の専門は社会学。主な著書に『リスクを食べる――食と科学の社会学』『リスクと日常生活』などがある。

【出題のねらい】

　共通テストの問題作成方針では、「近代以降の文章」に、従来の論理的文章や文学的文章に加えて、実用的文章が含まれている。また、第3問の試作問題では、文章と図表、実用的文章を組み合わせた問題が出題されている。以上の点を踏まえて、今回は【資料Ⅰ】の文章に加え、実用的文章を【資料Ⅱ】【資料Ⅲ】として提示し、それらを比較検討する問題を出題した。

【概要】

　【資料Ⅰ】は一九八五年に定められた「食生活指針」を引用し、そこに見える特徴や考え方などを解説した文章である。「生活への入り込み方がきわめて巧妙である」から始まり、「食生活指針」を筆者ならではの視点から読み解いている。これを第一の立場として押さえた上で、【資料Ⅱ】以下に進もう。【資料Ⅱ】は最新の「食生活指針」を示した図表であり、【資料Ⅲ】は日本の現在の食生活に関する調査の結果である。二つの「食生活指針」を比較し、その間にどのような変化があるかを、社会背景などを考慮しながら読み取っていくことが求められている。

【資料Ⅰ】「食生活指針」の特徴

・食生活指針の特徴は、生活への入り込み方がきわめて巧妙である点にある。それは少なくとも抑圧的なものなどであるはずもなく、かなり懇切丁寧に私たちの食生活に口をはさんでくる。（1段落）

↓

・専門家の考えた科学言説を食生活のなかによく浸透させ、統制的なアプローチではなく、自覚的なセルフコントロールによる生活改善を可能にすること、このことこそが食生活指針作成の主眼だった。（3段落）

↓

・「食事の楽しみ」さえも食生活指針には盛り込まれている。あるべき食生活についての説明の様式を、「楽しみ」にまで拡張していくことによって、より実践的なレベルにイデオロギーを落下させていくのだ。親しみやすさ、簡単さ、わかりやすさ、楽しさ、そういった現実的な実践可能性も含めた説明の様式をとらなくてはならない。このような要件を兼ね備えているのが、まさに食生活指針なのである。（4段落）

【資料Ⅱ】

・二〇一六年に改定された「食生活指針」である。【資料Ⅱ】で新たに加えられた記述を整理する。

Ⅰ　一九八五年版では見られなかった、栄養素や食品成分についての記述がある。

Ⅱ　無理な減量・低栄養についての記述がある。

Ⅲ　食品ロスの問題が取り上げられている。

Ⅳ　一九八五年版では「家庭の味、手づくりのこころを大切に」とあったが、二〇一六年版では「外食や加工食品・調理食品」もあわせて利用することが想定されている。

Ⅴ　「『和食』をはじめとした日本の食文化を大切に」「地域の産物や旬の素材を使う」などの記述がある。

【資料Ⅲ】

・現在の日本の食生活に関する調査の結果である。普段の食事の準備について、「一部市販食品を取り入れて、食事を準備している」と回答した人の割合が41・5％を占める。→前述の【資料Ⅱ】のⅣと関連する内容

問1 **16** ① **《趣旨把握問題》**

【資料Ⅰ】の「食生活指針」に関する記述を確認しよう。

> ・食生活指針の特徴は、生活への入り込み方がきわめて巧妙である点にある。（1段落）
> ・専門家の考えた科学言説を食生活のなかによく浸透させ、統制的なアプローチではなく、自覚的なセルフコントロールによる生活改善を可能にすること、このことこそが食生活指針作成の主眼だった。（3段落）
> ・「食事の楽しみ」さえも食生活指針には盛り込まれている。イデオロギー（＝人間の生活や行動を制約している観念の体系）を実践レベルで浸透させるためには、この楽しみに着目するほかないだろう。あるべき食生活についての説明の様式を、「楽しみ」にまで拡張していくことによって、より実践的なレベルにイデオロギーを落下させていくのだ。（4段落）
> ・親しみやすさ、簡単さ、わかりやすさ、楽しさ、そういった現実的な実践可能性も含めた説明の様式をとらなくてはならない。このような要件を兼ね備えているのが、まさに食生活指針なのである。（4段落）

これらを整理すると、「食生活指針」とは、〈専門家の考えた科学言説を食生活のなかによく浸透させ、自覚的なセルフコントロールによる生活改善を実践可能にするために、食事の楽しみに着目して説明したもの〉だといえる。これに合致するのは①。

②は、「簡単には批判できないという不可侵領域をつくり出している」が誤り。4段落によると、不可侵領域をつくるのは高尚な理念であり、この高尚な理念を実践のレベルに落とし込もうとしたものが「食生活指針」だといえる。

③は、「結果として食生活指針の適切性を裏切ってしまっている」が誤り。4段落によると、懇切丁寧な説明や食事の楽しさにも言及するという「食生活指針」の説明の様式についてではなく、「楽しく食事することがいちばん」という開きなおりについて、適切性の裏切りを指摘している。

④は、「実践的ではない抽象的な理念になっている」が誤り。「食生活指針」の特徴は、生活改善を実践可能なレベルで説明したことにある。

⑤は、「生活の改善や健康の増進よりも、本来あるべき食事の楽しみ方に重きを置いて」が誤り。自覚的に生活改善をするために「食生活指針」は策定されている。

問2 (i) **17** ③ (ii) **18** ② **《構成と主題に関する問題》**

(i) **【資料Ⅱ】**の「食生活指針」は十の項目からなるが、大きく1・10と2〜9に分けられるという。

では、1・10と2〜9の質的な違いとは何か。空欄を含む文では、後者の2〜9について、「具体的な指針を示している」と書かれている。実際2〜9では、朝食、エネルギー源、塩分量、和食や食品ロスなど、食事の時間や内容、食べ方に関する具体的な指針が示されている。

これに対して、前者の1・10では「毎日の食事」「食生活」など、2〜9に比べ総括的、概念的な指針が示されている。後者の指針が「〜を。」「〜と。」「〜て。」と指導の形になっているのに対して、前者は「〜ましょう。」という呼びかけの形になっている。したがって、1・10は食事に関する理念を総括的に示していると考えられる。③が正解。

(ii) 2〜9を小項目に分類し、各指針に共通するテーマを考えていく。「食」は各項目に共通する事柄なので、「食」のなかでも特にどのような観点を取り上げているかを確認してみよう。

3は「適度な運動とバランスのよい食事」「適正体重の維持」に着目すると、身体機能を健全な状態に保つため、特に〈食事によって摂取するエネルギーと運動によって消費するエネルギーのバランスを調整しましょう〉という指針だとわかる。①と③は「心身両面での自己管理の推奨」、②と④は「適度な身体活動量と食事量の確保」とあるが、「運動」や「適正体重」とあることに合うのは②と④の「適度な身体活動量と食事量の確保」である。①・③のうち「心身両面」は当てはまらない。

8・9から手がかりとなる語句を拾ってみると、「食文化」「地域」「旬」

「食品ロス」といった語句は、食にまつわる文化や食の資源としての一面を取り上げているとわかる。①・②は「食の伝統や環境への理解と配慮」、③・④は「食の安全に対する意識と公平な分配への努力」とある。このうち食の文化的側面と資源的な性格と合うのは①・②の「食の伝統や環境への理解と配慮」である。一方の③・④の「食の安全に対する意識と公平な分配への努力」のうち、「公平な分配」は指針では触れられていない。また「賞味期限や消費期限」には「食の安全」と関連する部分もあるものの、ここでは「食品ロス」との関連で記されている事項なので、「食の安全」という主題を立てることには無理がある。以上から、②が正解である。

問3 19 ② 20 ④《**複数資料の比較問題**》

空欄dは、【資料Ⅰ】と【資料Ⅱ】の違いについて指摘したあとで、この違いに関するコメントをしているところである。

> 【資料Ⅰ】「家庭の味、手づくりのこころを大切に」
> 【資料Ⅱ】「手作りと外食や加工食品・調理食品を上手に組み合わせましょう」

こう並べると、「家庭の味」に代えて「外食や加工食品・調理食品」との組合せが推奨されるようになったという変化がわかる。「手作り」を大切にするという点は変わらないが、必ずしも「家庭の味」にばかり固執することはないという姿勢がここには見える。さらに【資料Ⅲ】では、現在の日本の食生活について、次の内容が読み取れる。

> 【資料Ⅲ】 普段の食事の準備について、「一部市販食品を取り入れて、食事を準備している」と回答した人の割合が41・5％を占める。

すると、「外食や加工食品・調理食品」を適宜活用することが容認され、「家庭の味」にばかり固執する必要はなく、そのような調理スタイルもある程度浸透しているとわかる。選択肢の②が、以上のことと整合性があり正解である。

①は「『食事は一家の主婦が作るべきだ』という思い込み」は、性別と役割分担の関係に関するもので、外食等との組合せの推奨や「家庭の味」にばかり固執することはないという資料の記述とは直接関係しない。

③「外食でも栄養成分が明示されるようにな」ったことによって「家庭の味」の大切さがあえて説かれることがなくなった、とする根拠を資料から読み取ることはできない。

④料理の「見栄えを競う」ために外食や加工食品・調理食品との組合せを推奨するという理屈になってしまうが、そのような論旨は資料から読み取ることはできない。

⑤「少子化」についても、外食等との組合せの推奨や「家庭の味」にばかり固執することはないという姿勢とはつながらない。

空欄eについてである。【資料Ⅰ】の「食生活指針」に比べ、【資料Ⅱ】の「食生活指針」には、栄養学の知見が積極的に取り入れられており、社会状況や時代の変化に合うように改定されていることがわかる。また、日本の食文化や地域の特性について自覚的になるように促していることもわかる。以上を踏まえた内容として空欄eに入るのは④。

①の「社会の変化に惑わされることなく」は、社会の変化に対応して改定された指針の説明になっていないので、誤り。

②は、「日本人のこれまでの食生活や食習慣を続けるのが健康には最もよい」が誤り。確かに、日本の食文化を大切にすることの意義が新しい指針では指摘されているが、「食生活指針」は生活の改善を目指したものである。単に従来の食生活や食習慣を続けることの意義を紹介したものではない。

③の「科学的な知識に頼らずに目標を提示する」は、栄養素や食品成分に言及している新たな指針と合わず、不適切。

⑤の「栄養面での言及が簡潔になる」は、かつての指針よりも栄養素や食品成分に関する記述が多くなったことを踏まえていないので、誤りである。

第4問

出典 『義経記』の一節（問題作成の都合上、本文を一部省略した箇所がある）。

『義経記』は、源義経の生涯を描いた軍記物語。作品の成立については、鎌倉時代後期か室町時代前期かで説が分かれており、決定していない。この作品の源流は『平家物語』で、平家との合戦での活躍と、さらに『平家物語』には描かれていない義経の誕生から少年期、平家滅亡以後の兄頼朝に追われ死に至るまでの話が加えられている。

【出題のねらい】

共通テストの古文は最近の国公立大学・私立大学の入試問題に比べてやや文章が長く、読解も容易でないことが多い。文章は物語的要素の強い箇所からの出題が多く、登場人物の心情把握も重要となる。さらに、多くの受験生が苦手とする和歌についての解釈や修辞も頻出する。限られた時間内で標準レベル以上の文章を読解するためには、単語力・文法力・古文常識という基礎的な学力とともに、現代文とは異なる文の構成の仕方・文脈の展開などに習熟する必要がある。さらに、共通テストの古文では、ほとんどの受験生が未読の作品、または著名作品であっても有名でない箇所から出題されることが多い。そうした傾向を踏まえつつ、本問題はジャンルとしては軍記物語の『義経記』から選び、必修単語や重要な文法事項などの基礎学力、および主語の識別、文脈把握などの読解力を確認できるものとした。

【概要】 本文の概要は以下の通り。

・［前書き］源平の合戦で手柄を立てた源義経であったが、かえってその才気と人気によって兄頼朝に疎まれ、謀反の疑いを掛けられて追っ手をさし向けられる事態となり、危機の迫った義経は京都を離れて奥州（現在の東北地方）に旅立つ決意をする。

・旅立つ折には同伴すると約束した北の御方を連れて行きたいと義経は述べるが、家来たちの反対にあう。しかし、家来の一人である武蔵坊弁慶は、北の御方の置かれた状況に同情し、また、彼女への義経の情愛も理解できて、義経に北の御方の屋敷に行くことを勧め、自らも同行する。まず北の御方には弁慶のみが対面し、北の御方の安全を考慮して京都にとどまるようにしてほしいという義経の伝言を伝える。それに対して、北の御方は義経の薄情さを嘆き、どうしても別れがたい義経への思いを述べる。その真情に弁慶は打たれて義経に北の御方の言葉を伝え、それを聞いた義経は北の御方と対面する。

問1 21 ① 22 ② 23 ④ **《語句の意味を問う問題》**

(ア) 「いとほし」は、基本単語である形容詞「いとほし」の終止形で、胸がいっぱいになる気持ちを表す語。〈気の毒だ・かわいそうだ〉〈いじらしい・切ない〉の意になる。ここは、弁慶が北の御方について、若くして肉親に次々に先立たれたことを思う箇所なので〈気の毒だ〉の意味である。また、助詞「や」には、(1)係助詞（疑問または反語を表す用法）、(2)間投助詞（詠嘆を表す用法）がある。弁慶は北の御方の生い立ちにはっきりと同情を抱いているのだから、この「や」は(1)係助詞ではなく、(2)間投助詞と解釈すべきもの。これらのポイントを押さえた①が正解。

②「心引かれる」、③「愛情を抱いた」、⑤「妻にしたかった」はここでの「いとほし」の意に合致しない。さらに、③・④・⑤は「や」を疑問の意味に解釈しているので、不適切。

(イ) 古語の「こころざし」は〈心が指し向かうところ〉が原義で、そこから〈意向〉〈好意・愛情〉〈感謝の意を表す贈り物〉〈故人のために行う追善供養〉の意となったもの。ここは、都にとどまるようにという義経からの伝言を聞いた北の御方が義経の不実を嘆き、どうしても自分を一緒に連れて行ってほしいと述べる部分の中にある。傍線部直後の「四国西国の波の上までも、具足せられしぞかし」に注目すると、「具足せ」は〈一緒に伴う・連れる〉の意であるサ行変格活用動詞「具足す」の未然形、「られ」は尊敬の助動詞「らる」の連用形、「し」は過去の助動詞「き」の連体形だから、〈お連れくださった〉ということ。「四国西国の波の上」は（注）にもある通り、かつて瀬戸内海沿岸で繰り広げられた平家との戦いを指していて、その際に、義経が北の御方を同伴していたということである。その時には「御こころざし」があった（「ありし程」の「し」も過去の助動詞「き」の連体形）というのだから、この「こころざし」は義経の北の御方に向けた〈愛情〉の意とわかる。〈私へのご愛情があった頃は、平家と戦った四国西国の波の上までも、お連れくださったのに〉と述べているのである。正解は②。

③「立身出世への思い」、④「平家を滅ぼす野望」、⑤「源氏再興を目指して」はここでの「こころざし」の意ではなく、また、①は義経ではなく北の御方の「こころざし」とする点が不適切。

(ウ) 傍線部は、姿を現した義経が北の御方に向けて述べた発言の中にある。義経は弁慶から、北の御方が義経の薄情さを嘆いていることを聞き、その誤解を解いて北の御方を伴うというのであるから、傍線部の「御うらみ」は〈北の御方が義経を恨むこと〉。「心みじかき」は、〈短気だ・せっかちだ〉の意である形容詞「心みじかし」の連体形である。つまり、〈軽率で思慮の足りないお恨みであることよ〉という意味になる。以上から、正解は④。

①の「他人をうらやむ」、②の「ご自身の人生」、⑤の「ご自身へのお恨み」は、それぞれ〈義経への恨み〉になっていないので不適切。③は義経に向けての思いではあるものの、「当て推量」は〈確かな根拠もなく自分勝手に推し量ること〉という意味なので、「うらみ」の意からはずれてしまう。

問2　24　②　《文脈把握問題・主語識別問題》

各々の「人」について検討する。

aは弁慶の発言中にあり、直後の「上下の分別候はずは、変はらぬ習ひの候ふぞ」は〈（恋する者が相手を大切に思うことは）身分の上下の違いもなく、変わらない〉ということを述べたもの。したがって**a**の「人」は、特定の個人ではない〈人というもの〉である。そして、この発言を聞いて「判官殿、まことに嬉しげにて」とあるので、この発言は義経に対してされたものである。①は**a**の「人」を「個人を特定できるものではなく」としているのはよいが、「北の御方に対する弁慶の発言中」としているので不適切。

bでは、まず「思ひ給ふ」の主語を確認すると、尊敬の補助動詞が用いられていることから、直前に記述がある「御簾の際（＝部屋と外とを隔てる御簾のすぐ近くで、弁慶と間近な所）に立ち寄」った「北の御方」だとわかる。いつもは来訪者があっても直接その話を聞く場所にはいないのに、弁慶が来たことを聞いた北の御方がうれしさのあまり近寄って**b**の「人」はどこにいるのかと思うということだから、この「人」は北の御方が会いたいと願っている「義経」を指したもの。選択肢②を見ると、**b**を「義経」のこととしているし、「思ひ給ふ」の主語を「北の御方」としているので、これが正解。

cは、弁慶が義経の伝言を述べている箇所にあり、その中で義経は**c**の「人」を連れて下ると、その「人」を辛《つら》い目にあわせるので都にとどまってほしいとしているので、**c**の「人」は「北の御方」を指したもの。③は「北の御方のことを指していて」とする点はよいが、「北の御方の屋敷に仕える者の発言中にある」としているので不適切である。

dは北の御方の発言中にあり、北の御方に懐妊の徴候があることを申した者であるから、この「人」は〈北の御方の身辺に仕える者〉と推測されるが、はっきり誰とは特定できない。この点で④が**d**を「個人を特定できるものではなく」としているのはよいが、「弁慶の発言中にある」としているので不適切。

eは北の御方の発言中にある。**e**の前まで、彼女は自分を連れて行こうとしない義経に対して恨み言を述べているが、**e**の「人」の心が強ければどうにも仕方がないと言っているので、この「人」は「義経」を指しているのだとわかる。⑤は「人」を「弁慶」としているので不適切。北の御方から見れば、弁慶は義経の言葉を伝えているにすぎず、弁慶自身が北の御方を同伴しないと心に決めているわけではない。

問3　25　④　《文脈把握問題》

「さらば具し奉りて下らばや」は弁慶が思ったことである。「奉り」は「具し」に接続しているので謙譲の補助動詞、「ばや」は未然形に接続しているので願望の終助詞である。したがって、傍線部は〈それならばお連れ申し上げて（奥州に）下りたい〉の意。北の御方を連れて行きたいと義経が述べたことに対して、弁慶は当初「山伏の姿にて……よき事の候ふべきか」と反対したのにもかかわらず、一転して考えを変えたのである。そのように転じた理由は「いとほしやこの人は」から傍線部直前の「仰せ出だされじ」までの箇所に示されている。弁慶が思った内容を整理すると次のようになる。

(1)北の御方は高貴な家の出身であるが、若くして両親と死別した（この人は……母御前に後れ給ひて）
(2)その後、十郎権頭に頼って暮らしてきた（御乳人……頼む方なし）
(3)顔立ちが美しく、深く情趣を解する人である（容顔も美しく、御情けも深くおはします）
(4)十六歳まで質素な暮らしだったが、この女性のうわさを聞いた義経に見出されて恋仲となり、義経だけが頼りとなった（十六の歳まで幽かなる御住居なりしを、いかなる風の便りにか……知るべもましまさず）
(5)奥州で情趣のわからぬ女を義経に見せるのは気の毒だ（奥州に下るも……いたはし）
(6)義経の心中を察すると、北の御方に格別の愛情をもっていないならば同伴したいなどとは言い出すはずはないだろう（御心の内を……仰せ出だされじ）

補足して説明すると、(3)「御情けも深く」の「情け」は〈愛情〉の意ではなく〈情趣・風流心〉の意。この北の御方と対比させて、弁慶は義経一行が向かう「東」国の「女」を「情けを知らぬ」者だと言っているが、「東の女」はまだ義経と出会っておらず、「愛情」を抱くかどうかは弁慶にわかりようがない。そのため、この「情け」は〈愛情〉の意にはならないのである。〈洗練された都の貴族の姫君と比較して奥州の田舎の女性は「情趣」を理解しない〉と言っているのだ。

また、(4)の「風の便り」は〈うわさ・風聞〉の意。古語では「雁《かり》のたより」などと「たより」を〈手紙〉の意で用いることもあるが、ほとんどの場合は〈頼りになるもの・縁・機会・使者・つて〉の意味である。

以上の内容をもとに選択肢を検討すると、正解は④。「北の御方は……不遇な身の上である」が(1)・(2)・(4)に、「義経の北の御方に対する愛情も並一通りではないだろうと思った」が(6)に合致する。

①の前半はよいが、後半の「義経は北の御方の身のまわりの世話をする約束をしていた」というのが不適切。本文には「この君より外に知るべもましまさず（＝この主君以外に縁者もいらっしゃらない）」とはあるものの、「義経は北の御方の身のまわりの世話をする約束をしていた」というような記述はない。

②は、「東の国の女性からはまったく相手にされないだろう」という箇所が本文中にはない内容。「情けを知らぬ」は前述した通り、〈情趣を解さない〉ということである。

③は、「長く独身」「偶然……手紙が届き」が不適切。北の御方が独身であったかどうかの記述は本文にはない。また、先ほども説明したように、(4)の「風の便り」は〈うわさ〉の意である。

⑤は、「彼女もまた、ずっと長く一緒にいたいと義経に伝えていた」が不適切。(1)から(6)でそのことに触れている箇所は見られない。

問4　26　③　《文法問題》

傍線部を単語に区切ると、「憂き目／を／見せ／参らせ／む／事／いたはしく／思ひ／参らせ／候へ／ば」となる。「見せ」はサ行下二段活用の動詞「見す」の連用形であって、マ行上一段動詞「見る」に助動詞「す」が付いた二語ではない。尊敬と使役の用法をもつ助動詞「す」は「四段・ナ変・ラ変動詞の未然形」に接続し、上一段動詞には接続しない（上一段動詞に接続するのは助動詞「さす」）。したがって、「見す」を二語ととらえている①・②は不適切。

続いて、「見せ参らせ」の「参らす」は一語の動詞で、直後に助動詞「む」があるので活用形は未然形である。「参らす」には〈（謙譲の動詞）差し上げる〉〈（謙譲の補助動詞）……申し上げる〉の二つの用法がある。ここでは動詞「見す」の連用形に接続しているので、補助動詞の用法である。傍線部は弁慶が北の御方に義経の伝言を述べているところで、謙譲は動作の受け手・対象への敬意を表すので、奥州に連れて行かれると辛い目を〈見せられる〉者である

「北の御方」への敬意を表している。したがって、③の説明は一致するが、「義経への敬意」としている④は一致していない。④は「参らせ」を二語ととっている点も不適切である。

なお、「参らせ」は、一語ではなく二語からなっている場合もある。たとえば、「帝、清水寺に参らせ給ふ」のように、貴人（＝帝）が貴い場所（＝清水寺）に〈参上する〉意で、「参らせ」の直後に「給ふ」などの尊敬表現がある場合には、〈謙譲の動詞「参る」の未然形「参ら」＋尊敬の助動詞「す」の連用形「せ」〉という二語になる。ここではこの形ではないので、一語の動詞〈補助動詞であっても品詞的には動詞〉の「参らす」となる。

次に、「思ひ参らせ候へば」を確認すると、この「参らせ」も、「思ひ」に接続するので、やはり謙譲の補助動詞。この「参らせ」は、直後に動詞「候へ」があるので、活用形は連用形である。「候ふ」には〈（謙譲の動詞）お仕え申し上げる・お側《そば》に控える・伺候する〉〈（丁寧の動詞）あります・おります〉〈（丁寧の補助動詞）……です・……ます〉の三つの用法がある。傍線部のように「候ふ」が活用語の連用形に接続して、〈仕える・貴人の側にいる〉意にならない時は補助動詞となるので、この「候へ」は丁寧の補助動詞。丁寧表現は、地の文では「読者」、会話文ではその「聞き手」への敬意を表す。ここでの聞き手は「北の御方」であるから、⑤の「義経への敬意」が不適切。

以上から、正解は③となる。

問5　27　①　《和歌の修辞と解釈問題》

まず、和歌の句切れについて整理しておこう。和歌の句切れは、文でいえば文末に相当する箇所で、次の箇所が句切れとなる。

(1)命令形・終止形になっている箇所。
※直後に終止形に接続する「べし・らむ・なり（伝聞推定）」などの助動詞がある場合の終止形は除く。
(2)係助詞「ぞ・なむ・や・か・こそ」の係り結びの「結び」になっている箇所。または、「結び」が省略されている箇所。
(3)終助詞のある箇所。
(4)倒置となっている箇所。
(5)体言止めになっている箇所。

Cの和歌では、「変はれかし」に着目する。「変はれ」はラ行四段活用の動詞「変はる」の命令形。「かし」は念を押して直前の語を強調する強意の終助詞である。したがってここが句切れとなるので、この歌は三句切れである。

次に、掛詞について確認する。

掛詞…同音異義語を用い、一つの箇所で異なる二つの意を兼ねさせる技巧。
(1)「掛詞」の箇所は、二重に解釈できる。
(2)「掛詞」では、「上から続く意味」と「下へ続く意味」とが重なっている場合が多い。
例　霞《かすみ》立ち木《こ》の芽もはるの雪降れば花なき里も花ぞ散りける
〈霞が立ち、木の芽も膨らむ春に（季節はずれの）雪が降ると、花が咲いていない里にも、まるで花が散っているように見えることだ〉
※「はる」が掛詞で、「木の芽も」からの続きでは〈ふくれる〉の意の「張る」、「の雪」という下への続きでは季節の「春」の意。

さて、和歌の前後の文脈を確認すると、北の御方は薄情な義経に対して恨み言を述べており、それを聞いた弁慶は涙を流している。そして、「常に住み給へる御障子の程を見れば、御手と覚えて……とありけるを、弁慶見奉りて（＝いつもいらっしゃるお部屋の障子を見ると、ご筆跡と思われて……とあったのを、弁慶は拝見して）」と続いており、「常に住み給へる」のは北の御方なので、Cの和歌は北の御方が詠んだものだとわかる。

和歌の内容を見てみると、「つらからば」は形容詞「辛し」の未然形に接続助詞「ば」がついたもので、〈辛いならば〉の意。②はこの部分を〈辛い〉と〈面（＝顔）〉の掛詞としているが、〈「顔」が「から」ならば〉といった解釈は意味不明なので、掛詞ではない。続く「我もこころの変はれかし」は〈私の心も変わってしまえ〉ということで、先ほど見た通り、ここが句切れである。

次に、「など憂き人の」の「など」は副詞で、疑問または反語の意を表す。「憂き人」は〈辛い人〉の意で、ここでは〈薄情な義経〉のこと。③は「憂き人」に「浮き」を掛けているとしているが、前後に「水・海・川・涙」など「浮く」と関わるものはないので、ここでは「浮き」の意にはとれない。

最後の「恋しかるらむ」の「恋しかる」は形容詞で、ラ変型に活用するカリ活用（補助活用）の連体形。続く「らむ」はラ変型活用語の連体形に接続しているので、現在の原因推量の助動詞。したがって〈恋しいのだろうか〉ということ。⑤は「恋」に「火」を掛けているとしているが、前後に「火」に関わる表現（「燃ゆ」「立つ」など）はないので、ここでは「火」の意にとることはできない。

以上を踏まえて和歌を直訳すると、〈辛いならば私の心も変わってしまえ。どうして薄情なあの人が恋しいのだろうか〉となる。副詞の「など」を反語の用法で解釈すると、〈どうしてあの人が恋しいのだろうか、いや、恋しくない〉となってしまい、文脈に合わない。したがって、ここでの「など」は疑問の用法。〈辛い思いをするのならば、義経の愛情が冷めてしまったように自分の心も変わってしまえと思う。それなのに、どうして薄情なあの人を恋しく思ってしまうのだろうか〉という北の御方の心情が詠まれているのである。

以上の理解をもとに、各選択肢を見ていこう。

①は「義経への思いをどうしても断ち切れない」が和歌の内容に合致するし、「変はれかし」で句切れとなるという説明も正しい。正解の選択肢である。

②、北の御方は義経の薄情さを恨んでいるが、「義経を憎悪している」とまではいえない。また、すでに確認した通り、掛詞の指摘も不適切である。

③は「東の国の女へ心移りした義経」が不適切。本文中では、北の御方が義経の薄情さについて「変はり心のうらめしさよ（＝心変わりが恨めしいことよ）」と言っている箇所はあるものの、北の御方が「（義経は）東の国の女へ心移りした」と考えている部分は見当たらない。そもそも、この時点では義経は奥州へ旅立っておらず、出会ってもいない「東の国の女へ心移り」するはずもない。また、先ほども指摘した通り、掛詞の解釈も不適切である。

④「北の御方が……遊び心で書き記したもの」という記述が不適切。「あそばす」は詩歌を詠んだり、管弦楽器を演奏したりする行為を尊敬していう表現で、ここでの「あそばしける」は〈お詠みになっていた〉ということである。また、「句切れのない歌」としている点も不適切。

⑤は和歌を「北の御方が幼い頃からの辛い身の上をかえりみて詠んだ」ものとしている点が誤り。義経への思いを断ち切れない北の御方の辛い心情が込められているという点を踏まえていない。また、前述の通り掛詞の指摘も不適切。

問6 **28** **②** **《メモ形式を踏まえた文学史・表現把握問題》**

文学史知識と表現の特徴が問われる問題。

まず空欄**X**の文学史知識について検討し、選択肢を絞り込もう。本出典の『義経記』は軍記物語であるので、「説話文学の流れをくみ」という記述のある④はまず除外できる。なお④『十訓抄』は鎌倉中期に成立した説話集である。

残り①～③の選択肢についてだが、各選択肢の後半の記述について検討する。①『栄花物語』、②『太平記』、③『保元物語』が、それぞれ「同じ軍記物語の作品」であるとされているが、『栄花物語』は平安時代の歴史物語であるため①は除外できる。残る②『太平記』と③『保元物語』はその通り軍記物語であるため、ここからは正誤の判断はできない。よって、ここからは空欄**Y**の表現の特徴についての記述に注目して選択肢を検討しよう。

②は義経が北の御方を心配する様子や、自分を連れて行ってくれないことを悲嘆する北の御方の様子から、「お互いのことを思い合っている様子」や、「強い夫婦愛」が読み取れる。本出典は軍記物語ではあるが、男女の愛を描き、物語要素の強い文章となっている。正解は②。

③は「弁慶の発言や行動が、義経や北の方に対する思いとは異なることを示唆」が不適当。弁慶の心中描写は、義経が妻を連れて行こうと提案した時や、障子に書かれた北の御方の和歌を見つけた時などで描かれているが、どちらも、そこで抱いた気持ちと、その時の彼の行動が「異なる」とはいえない。前者の場合は、北の御方の境遇や義経の情愛を思いやって、義経が北の御方に会いに

行くことに賛成しているし、後者の場合は、和歌で述べられた北の御方の義経に対する愛情に感動して、その旨を義経に伝えている。

全訳

頃は正月の末から、二月二日のことである。判官殿〈＝義経〉は、明日都を出発なさろうということで、「（我らが一行で）身分の高い者も低い者も皆がこのように出立なさるということであるが、やはり都に心残りなことがある。中でも一条今出川の辺りにいる人〈＝北の御方〉は、（私が寵《ちょう》愛する女性は）たくさんいるけれども連れて下ってほしいなどと言ったが、（私が明日出発することを）知らせないで下ったならば、さぞ（私への）恨みも深くなるはずなので、連れて下りたい」とおっしゃった。（家来の一人である）武蔵坊（弁慶）が申し上げたことには、「お供いたそうという者は、ここにたくさんいます。その他に今出川には誰がいらっしゃるのでしょうか。北の御方のことでありましょうか」と申し上げると、このような（危機の迫った義経の）身の上では、やはり（それ以上強く）おっしゃることができなくて、ずっと思案に暮れていらっしゃると、「（正体を隠すため）山伏姿で、女房を一行の先に立て申すようなことでは、まったく修行者の山伏には見えないだろう。また敵に追いかけられるような時、女房を静かに歩ませていると、よいことがございましょうか、いいえ、よいはずがありません」と（弁慶は）申し上げたが、つくづく考えると、気の毒なことであるよ、この人〈＝北の御方〉は、久我大将殿の姫君で、九歳で父大将殿に先立たれなさった。十三歳で母上様に先立たれなさってのち、御乳人十郎権頭以外に頼りになる者もいない。顔立ちは美しく、深く情趣をわきまえていらっしゃる。十六の年までみすぼらしいご住居であったが、どのような（北の御方についての）うわさによるのか（義経様と契りを結んで）、この主君〈＝義経〉以外に縁者もいらっしゃらない。また奥州に下るにしても、（都の女性を連れて行かず）情趣を解さない東国の女を（義経様に）見せ申し上げるようなこともお気の毒だ。（一方で、義経様の）ご心中を察すると、格別（のご情愛）でなくてはそのようにも（連れて行きたいとは）口に出されることはないだろう。そうであるならば（北の御方を）お連れ申し上げて下りたいと思ったので、「ああ人の真情として、（愛しい相手を大切にしようとするのは）身分の上下の違いもございませんで、変わることない世の常のことであります。そうであるなら（北の御方の所に）お入りなさって、（北の御方が）どのような様子かをご覧になるのがよろしいでしょう」と申し上げたので、判官殿は、本当にうれしそうで、「さあそれでは（参ろう）」といって、（山伏の装束の）柿色の衣の上に薄衣をかぶって、一条今出川の久我大将殿の古びたお屋敷へいらっしゃった。

荒れている家の常として、軒に生えた忍草（の葉）に露がたまり、垣根近くに植えた梅も匂っている。判官殿を、中門の廊に隠し申し上げて、弁慶は妻戸の辺りに立ち寄って、「もしもし」と言ったところ、「どこから（おいでになったのか）」と返事がある。「（義経様の屋敷がある）堀川の方から（参りました）」と申し上げたので、（北の御方に仕える者が）妻戸を開けて見たところ、弁慶であったことだ。普段は（来訪者がある時は北の御方は部屋の外近くに出ることはなく、来訪者の話を）仕える者を介してお聞きなさったが、（来たのが弁慶と聞いて）あまりのうれしさに、北の御方は（部屋の外近くの）御簾の際に立ち寄って、あの方〈＝義経〉はどこに（いらっしゃるのか）とお思いなさる。「（義経様は）堀川にいらっしゃるが、明日陸奥へお下りしますが、『申し上げよ』とのご命令がありましたのは、『以前からのお約束は、どのような状況になってもお連れ申し上げようと申していましたけれども、道中が皆（敵に）ふさがれていますので、あなた〈＝北の御方〉までをもお連れして（あなたに）辛い目を見せ申し上げるようなことは気の毒に思い申し上げますので、（私、）義経が先に下って、あるいは生きながらえていますならば、秋の頃には必ずお迎えを差し上げましょう。それまで気長にお待ちください』とおっしゃいました」と申し上げたところ、「今回でさえ連れて下りなさらないで、どうして迎えをくださることがありましょうか、いいえ、あるはずがありません。下りなさるならば、その（寄越してくれるという迎えが来る）前に人の生死は定めがたいというものなので、（私が）死んでしまうようなことになったら、（死というものは）いかにしても逃れられないものなのだから、どうして連れて下らなかったのだろうと（義経様が）後悔しなさっても、どうしようもないだろう。（私を）愛しくお思いであった頃は、（平家と戦った）四国西国の波の上までも、お連れくださったのに。だからいつの間にかの心変わりが恨めしいことよ。大物の浦とかから都に帰されたそののちは、（私への）愛情を述べる言葉もなくなったのに、またおいでになって、あれこれ慰めなさったので、心弱くも気を許して、二度も辛い言葉にかかってしまったのが悲しい。申し上げるのも、どうかと思われるが、私がどうにかなったならば〈＝死んでしまったら〉、（私のことを後悔してこの世に未練が残り）あの世への極楽往生の差し障りになると聞くので申し上げるのだ。昨年の夏の頃から気持ちが乱れ苦しかったのを、（私の体が）普通ではない〈＝懐妊した〉と人が申すが、月日が過ぎるにつれて体もいっそう苦しくなるので、（懐妊が）誤解だということはあるはずがない。（しかし、このように）あれこれ言っても、あの方〈＝義経〉の（私を連れて行かないという）決意が強いので、どうしようもない」と、気を許した涙もとどめかねたので、武蔵坊も涙を浮かべた。

灯火の光で、いつもいらっしゃるお部屋の障子を（弁慶が）見ると、（北の御方の）ご筆跡と思われて、このように書いていらっしゃった。

つらからば……辛い思いをするならば、私も心が変わればよい。（そうであるのに）どうして薄情な人が恋しいのであろうか。

とあったのを、弁慶は拝見して、今のお言葉は、（北の御方が、義経様を）忘れ申し上げなさらなかったのだといたわしくて、急いで判官殿にかくかくしかじかと申し上げると、「そうであるなら（屋敷に入ろう）」といっていらっしゃり、「思慮の足らない（私への）お恨みであることよ。（私、）義経もお迎えに参上しました」といって、さっとお入りなさったので、（北の御方は）まるで夢のような気持ちがして、尋ねる言葉も涙で言い出せない。

第5問

出典 **【文章Ⅰ】** 干宝《かんぽう》『捜神記《そうじんき》』、**【文章Ⅱ】** 劉敬叔《りゅうけいしゅく》『異苑《いえん》』

『捜神記』は中国、六朝《りくちょう》時代の志怪小説集。東晋《とうしん》の干宝の著。民間説話、神仙、道術、妖怪から動植物の怪異などの不思議な話を簡潔な文章で記したもの。同じような怪異を記した書（志怪小説という）のなかでは成立が早く、また後世の唐代の伝奇小説などにも影響を与えた。『異苑』も六朝時代の志怪小説集で、南朝宋の劉敬叔の著。

【出題のねらい】

共通テストの問題形式と解法を学ぶことで実戦力を養い、同時に弱点を補強することを目的として作成した。問題文は共通テストを予想して、二つの文章を読み比べる形を採用した。二つとも内容が比較的易しいこともあり、実際の試験よりも文章量を多めにしている。また漢文頻出の漢字や句形が多く見られるため、**問1**で漢文頻出の漢字の読みの問題を、また**問2**・**問4**・**問5**に白文の形で句形の設問を配した。**問3**は指示語の内容把握がポイントとなる内容読解問題、**問6**は二つの文章を比較検討して、その共通点を問うものである。

【概要】

【文章Ⅰ】

・龐企の遠祖は無実の罪だが、厳しい尋問に耐えきれず、嘘《うそ》の自白をする。
・獄中で遠祖は側にいた螻蛄に、「お前に神通力があって、死ぬ運命にある私を生き長らえさせてくれたなら、なんとよいことではないか」と嘆き、飯を与える。

↓

・しばらくしてまたやって来た螻蛄の体は、少し大きくなっていた。

↓

・遠祖が飯を与え続けると、螻蛄は豚のような大きさになった。

↓

・刑が執行される前の晩、螻蛄が牢獄の壁の下に大きな穴を掘った。遠祖は自らかせを壊して、穴から脱出した。

【文章Ⅱ】

・陽山県のある人が象に捕らえられ、山奥に連れて行かれた。
・そこには脚に大きなトゲが刺さったもう一頭の象がいた。
・ある人がその象のトゲを抜いてあげると、二頭の象は喜んだ。
・象はある人に象牙を渡して、もとの場所に送り返した。

↓

・ある人の住む地域は、いつも象の被害に悩まされていた。
・ある人は「もしお前が私に感謝しているのなら、もう二度と姿を現して農作物を荒らさないでくれ」と象に言う。
・象は素直に聞き入れたようであった。

↓

・以後、ある人の田畑は、象に荒らされなくなった。

問1 29 ② **《漢字の読み問題》**

(ア)「稍」は漢文ではよく用いられる漢字で、「やや」〈＝やや、すこし〉と、「やうやク」〈＝ようやく、次第に、だんだん〉の二つの読み方に注意したい。まず「いよいよ」と読んでいる選択肢③は除外される。結論から言えば、ここは「やや」と読み、飯を与えた螻蛄が戻って来ると少し大きくなっていたことを表している。

(イ)「与」には、次のようにいろいろな用法・読み方がある。漢文頻出の漢字なのでしっかりチェックしておこう。

◆「与」の用法

(1) 動詞

・与フ「あたフ」〈＝与える〉

・与ル「あづかル」〈＝……に関係する〉
・与ス「くみス」〈＝……を支持する、……と仲間になる〉
・与ニス「ともニス」〈＝一緒にする〉

(2)副詞

・与ニ「ともニ」〈＝一緒に、互いに〉
・与ニ「ためニ」〈＝……のために〉　＊下から返る場合が多い。

(3)名詞と名詞とをつなぐ＝「と」

・Aト与レB「AとBと」〈＝AとBと〉＊この場合は返読文字。

(4)比較＝「よりハ」

・与リハ二其ノ……（セ）ン一「そノ……（セ）ンよりハ」〈＝……（する）よりは〉

(例)礼ハ与リハ二其ノ奢ラン一也、寧ロ倹ナレ。

礼は其の奢らんよりは、寧ろ倹なれ。

〈＝儀礼は派手であるよりも、むしろつつましい方がよい。〉

(5)疑問の終助詞＝「……か。」

(例)子ハ非ザル二大夫ニ一与。

子は大夫に非ざるか。

〈＝あなたは大夫ではないのか。〉

これを踏まえて「与」の前後を確認しよう。「与」の字のすぐ下に「躅陸シテ」と動詞を含む表現がある。するとこの「与」は動詞を修飾する副詞であることがわかる。選択肢のうち、「与」を副詞で読んでいるのは②・⑤「ともに」、④「ために」である。ここは「与」の上の「相」が「あヒ」と読むことからも、〈互いに〉の意。漢文では「相ヒ与ニ」と「与」とセットで使われることも多く、「ともに」が適切。

(ウ)「於是」は「於レ是」と返る形で、「ここニおイテ」と読む。接続詞的な意味をもっており〈そこで〉などと訳す。なお、「以レ是」は「これヲもつテ」、「是以」は「ここヲもつテ」と読む表現。

以上から、②が正解である。

問2　30　⑤　31　②　**《書き下し文と解釈問題》**

(i)と(ii)をまとめて説明する。傍線部**A**の「爾」は「なんぢ」と読む二人称。他に「なんぢ」と読むことがある字に「汝」「若」がある。「神」はここでは〈神通力〉の意。この字は漢文だと、〈天の神〉の意で使われる他に、〈心、精神、心神〉の意や〈死者の霊魂〉の意でも使われるので注意しよう。「活」は自動詞の場合は「いク」、他動詞の場合は「いカス」と読む。ここでは他動詞の「いカス」と読んで〈命を助ける〉の意。死ぬ運命にある私（＝遠祖）を助けるということになる。

続いて、句形が使われていないか確認しよう。すると「使爾有神……」の「使」が使役、「不亦善乎」が詠嘆の句形であることに気づく。まず「使」は使役の用法の「使ム二AヲシテB（セ）一」か「使メバ二……B（セ）一」のどちらかだが、この文の場合、どちらでも読める可能性がある。また使役の場合、下にある動詞（前にBで示した部分）から返って「使」を読むのだが、「爾有神」の「有」から「使」に返るのか、「能活我死」の「活」から「使」に返るのか、一見しただけでは判断しづらい。これに対して「不亦善乎」の方は、詠嘆の句形をそのまま当てはめれば、選択肢を絞り込むことができる。したがって、傍線部**A**の前半部分は保留して、まず後半部分に着目して解いていこう。

◆詠嘆形

・……哉［夫・矣・乎］　……かな〈＝……だなあ〉
・何ゾ［其レ］……也　なんゾ［そレ］……や〈＝なんと……なことよ〉

(例)何ゾ楚人ノ多キ也。

何ぞ楚人の多きや。

〈＝何と楚の人が多いことか。〉

・不二亦タ……一乎　まタ……ずや〈＝なんと……ではないか〉
・豈ニ非ズ二……一哉　あニ……ニあらズや
豈ニ不二……一哉　あニ……ずや　〈＝まことに……ではないか〉

(例)豈ニ非ズ二天命ニ一哉。

豈に天命に非ずや。

〈＝まことに天命ではないか。〉

これを踏まえると「不亦善乎」は「亦た善からずや」と読むことがわかる。(i)の選択肢のうち、そのように書き下されているのは②・③・⑤。解釈は〈なんとよいことではないか〉となるので、(ii)の選択肢のうち、②・③が残る。

前半の「使爾有神、能活我死」だが、「神有らしめて」と読むと、〈遠祖が螻蛄に神通力をもたせて〉という意で、遠祖がそもそも不思議な力を与える能力をもっていたことになってしまい、文脈に合わない。遠祖のはかない願望が吐露されている文脈を考えても、螻蛄を主語として「活かしめば」と読む方がよいだろう。

次に解釈の方で残した②と③に対応する書き下し文を検討しよう。解釈の②の選択肢は、「お前に神通力があって」の箇所が、書き下し文⑤の「爾に神有りて」と対応する。一方、解釈の選択肢③「お前をあやつる神通力があって」に対応する書き下し文の選択肢は、②でも③でもなく、すでに除外されている④「爾を使ふ神有りて」である。よって、(i)書き下し文の正解は⑤、(ii)の解釈の正解は②となる。ちなみに他の選択肢の対応関係を書き下し文―解釈の順で示すと、①―④、②―①、③―⑤、④―③となる。

問3 32 ⑤ **《傍線部の内容把握問題》**

傍線部Bの「乃」は「すなはチ」と読み、文脈に応じて、(1)順接〈＝そこで、そうして〉、(2)逆接〈＝ところが、意外にも〉、(3)強意〈＝これこそ（訳さない時もある)〉の用法があるが、ここは(1)順接の用法。「械」は罪人などが逃げ出さないように、手や足にはめて自由を奪う刑具。現代語でいう「手かせ足かせ」の「かせ」である。「従」はここだと「よリ」と読み、「従」の下の語が起点〈＝～から〉や経路〈＝～を通って〉であることを示す。

これらを踏まえて解答を考えよう。ポイントは全体の主語と「従レ之出去」の「之」の指示内容である。まず傍線部の主語について、「破レ械」と「出去」の主語は同一であることを押さえよう。可能性としては「遠祖」か「螻蛄」だが、いくら豚のように大きくなったとはいえ、昆虫の螻蛄にかせが破壊できるとは考えにくいだろう。ここでは「遠祖」と考える方が自然である。次に「従レ之」の「之」について、「従」の下の語が経路を表すことから「之」も何らかの経路を指すと考えられる。それに該当する言葉を傍線部Bの前から探すと、すぐ前の「大孔」〈＝大きな穴〉が見つかる。螻蛄が「壁根」を「掘」ったという表現からも「大孔」が「穴」と推測でき、「之」の指示内容であることがわかる。この二つを踏まえて傍線部Bを解釈すると、〈そこで遠祖はかせを破壊して、螻蛄の掘った穴から牢獄の外に脱出した〉となる。選択肢を検討すると、「破レ械」と「出去」の主語が「遠祖」であり、「従レ之」の「之」の内容が「螻蛄の掘った穴」となっているのは⑤だけである。

遠祖は傍線部A（↓問2）で螻蛄に向かって「自分の命を助けてほしい」という実現するはずもない空《むな》しい願いを口にしていたが、その言葉通り螻蛄のお陰で窮地を脱することができたのである。

①は「螻蛄が……刑具を壊し」、②は「螻蛄が……刑具を壊した」とあるが、ともに「破レ械」の主語を「螻蛄」としていることから、不適切。

③は、穴を掘ったために刑具が壊れたわけではない。

④は「螻蛄のあとに従って」の部分が問題文に記されていない。

問4 33 ③ **《返り点と書き下し文の問題》**

傍線部Cの「困」の字義を確認しておこう。「困」には、〈(1)こまる（「困惑」など)、(2)くるしむ（「困窮」「貧困」など)、(3)つかれる（「疲労困憊《こんぱい》」など)〉の意味がある。このうち漢文では、(2)くるしむの意（読みも「くるシム」）が比較的多く問われるので注意したい。ここの「困」も「くるシム」と読む。

句形については、傍線部C全体が「為ル二Aノ所トレB(スル)」」の受身の句形である。

◆受身形

(1) 被(ル)レ A・見(ル)レ A　　Aる・Aらル〈＝Aれる〉

＊Aは基本的に他動詞。

(例) 恐ルレ見ルヲレ欺カ。

欺かるるを恐る。
〈＝だまされるのを恐れる。〉

(2) A《ル・ラル》二（於）B《ニ》一　BニAル・BニAラル〈＝BにAされる〉
＊Aは基本的に他動詞。「於」は、他に「于」や「乎」も用いられる。
（例）労《スル》レ力《ヲ》者《ハ》治《メラル》二於人《ニ》一。
力を労する者は人に治めらる。
〈＝肉体労働する者は人に治められる。〉

(3) 為《ル》二A《ノ》所《ト》レB《(スル)》　AノB（スル）ところトなル〈＝AにBされる〉
＊Bは基本的に他動詞。体言「所」に接続するので、連体形になる。
＊「為《ニ》レA《ノ》所《ル》レB《(セ)》」（AノためニB（セ）らル）と読む場合もある。
（例）父為《ル》二人《ノ》所《ト》レ罰《スル》。
父人の罰する所と為る。
〈＝父は人に罰せられた。〉

この(3)の句形を「常為象所困」にそのまま当てはめると、「常為二象所レ困」と返り点がつき、書き下し文は「常に象の困しむる所と為る」である。よって正解は③。

傍線部**C**を直訳すると〈いつも象に苦しめられていた〉となるが、主語が「田稼（＝農作物）」なので、農作物が象の被害に遭っていたという内容になる。ちなみに次の行の「恒為大客所犯」も同じ受身の句形で、返り点と送り仮名を付すと「恒《ニ》為《ル》二大客《ノ》所《ト》レ犯《ス》」（＝つねニたいきやくノをかスところトなル）となる。

問5　**34**　④《**傍線部の解釈問題**》

まず白文をいったん書き下し文にして、それに対応する解釈を選ぼう。先に選択肢を見ると、選択肢に引きずられてしまいかえって時間もかかるため、要注意である。

前半の「若念我者」は「若」をどう読むかだが、この場合、「もシ」と読む仮定の用法と、「なんぢ」と読む二人称の名詞の用法とが考えられる（その他「ごとシ」と読む比喩の用法と、「不レ若《カ》二……一《ニ》（……ニしカず）」・「莫《シ》レ若《クハ》二……一《ニ》（……ニしクハなシ）」と読む比較の用法があるが、比喩だと解釈に無理が生じ、比較の場合は「若」の上に否定語が来ることが多いので考えなくてよい）。ただ「もシ」と仮定で読んで解釈しても（選択肢③・④・⑤）、また「なんぢ」と読んで解釈しても（選択肢①・②）、この文の場合はどちらの読みも当てはまり、明らかな間違いはない。よって、この設問の場合は、傍線部**D**の前半を保留して後半から考えるのがポイントである。

そこで後半「勿復見侵」を見てみよう。まず「勿」は禁止の句形で、「～なカレ」と読み、「～するな」と訳す。象に対して何らかの行為をするなと命じているのである。続く「復」は、下の二つの語「見」と「侵（おかス）」が動詞の可能性が高いので、「まタ」と読む副詞（〈二度と〉と訳す）と考えた方がよいだろう。「見」には、「みル」「まみエル」「あらはル」などの読みがあるが、象が田畑に出て来て荒らしている（↓**問4**「常為象所困」「恒為大客所犯」）という文脈から考えると、「あらはル」と読む方がよい。ちなみに「見」を受身にとって、「復た侵さる勿れ」と読むと、〈二度と侵されないでくれ〉という訳になり、ここの象に対する禁止の文としてはおかしい。よって「勿復見侵」を書き下すと、「復た見れて侵すこと勿かれ」となり、〈二度と姿を現して（農作物を）荒らさないでくれ〉という訳になる。以上より、選択肢の後半部分がこのような解釈になっているのは④だけである。

傍線部**D**の返り点と送り仮名は「若《シ》念《ハバ》レ我《ヲ》者、勿《カレ》二復《タ》見《レテ》侵《スコト》一」となり、書き下すと「若し我を念はば、復た見れて侵すこと勿かれ」（「念」は「おもフ」と読む、「者」はここだと読まない）となる。

問6　**35**　③《**文章の比較読解問題**》

各選択肢はすべて「……ともに……内容となっている」という書き方になっている。ここから【**文章Ⅰ**】と【**文章Ⅱ**】のなかで両者に共通する内容が問われているとわかる。また、各選択肢はそれぞれの文章の細部ではなく、比較的大きな内容を一般化した形で記述されている。したがって設問の主眼は、【**文章Ⅰ**】と【**文章Ⅱ**】に共通する主題（作者の眼目、言いたいこと）である。このような比較検討の際には、(1)まず自分が理解できたどちらかの文章の内容や主題を押さえ、(2)次にもう一つの文章にそれと同じものがあるかどうかを考える、という二段階の手順を踏むとよい。この設問では、比較的内容が単純でわかりやすい【文章Ⅱ】の内容を押さえ、そこから【文章Ⅰ】を検討してみよう(もちろん【文章Ⅰ】から考えてもよい)。

【文章Ⅱ】の内容は【概要】に記した通りだが、ここから【文章Ⅱ】は、仲間の象の脚に刺さったトゲを抜いてもらったお礼に、象牙を贈ったり、助けてもらった人の田畑を荒らさなかったりという、いわば〈象の恩返し〉の話であることがわかる。そこで同じ〈恩返し〉の内容が【文章Ⅰ】にもないか【概要】を参考に検討してみよう。【文章Ⅱ】が象の話だったので、同じように今度は螻蛄の行為を中心に見ていく。螻蛄は牢獄で遠祖から食べ物を分け与えられ、そのうち豚ほどの大きさに巨大化する。遠祖の刑が執行される前の晩、螻蛄は牢獄の壁の下に穴を掘る。他の場所に穴を掘ってもよさそうだが、牢獄の壁の下に穴を掘るということは、結果として遠祖を助けることになる。するとこの螻蛄の行為は食べ物を与えられたお礼、つまり〈恩返し〉と考えることができる。これらから【文章Ⅰ】と【文章Ⅱ】に共通する内容は、昆虫や動物が受けた恩に報いることである。これを踏まえて各選択肢を検討しよう。

①は「自分たちが負った傷を治してもらった象がお礼をする話」が【文章Ⅱ】の内容と合っていない。傷を治してもらったのは仲間のもう一頭の象である。また「昆虫や動物を擬人化することで報恩の義務を説く」もおかしい。螻蛄も象も二つの話では擬人化されておらず、義務も説かれていない。

②は内容としては誤りではないが、二つの話のいわば枝葉末節で、主題としての〈恩返し〉について触れられていないため不適切。さらに作者の眼目は「人知を……強調する」ことではない。

③は【文章Ⅰ】【文章Ⅱ】ともに内容の説明に間違いはなく、また「昆虫や動物でさえも恩義に報いる可能性を示唆する」も二つの話の共通性としては適切である。よって③が正解である。

④は【文章Ⅱ】の「象に連れ去られた人が咄嗟の機転で難を逃れた話」「人の機知」がおかしい。象に連れ去られた人が機転を働かせたとは【文章Ⅱ】から積極的に読み取ることができず、それに【文章Ⅰ】でも遠祖の機知が描かれているとは言いがたい。

⑤は「人間は慈愛の心をもつべきことを暗示する」がおかしい。【文章Ⅰ】の遠祖が螻蛄に食べ物を与え続けたのは、波線部(ア)のあと「意フニ毎ニ異トシレ之ヲ」とあるように、「異」〈＝不思議〉と思ったからであり、慈愛の心からの行為とはいえない。また〈恩返し〉という内容からもはずれている。

書き下し文

【文章Ⅰ】

其《そ》の遠祖《ゑんそ》、事《こと》に坐《ざ》して獄《ごく》に繋《つな》がれ、其《そ》の罪《つみ》に非《あら》ざるも、拷掠《かうりやく》に堪《た》へずして、自《みづか》ら誣《いつは》りて之《これ》に服《ふく》す。獄《ごく》の将《まさ》に上《たてまつ》られんとするに及《およ》び、螻蛄《ろうこ》の其《そ》の左右《さいう》に行《い》く有《あ》り。乃《すなは》ち之《これ》に謂《い》ひて曰《い》はく、「爾《なんぢ》に神《しん》有《あ》りて、能《よ》く我《わ》が死《し》を活《い》かしめば、亦《ま》た善《よ》からずや」と。因《よ》りて飯《はん》を投《な》げて之《これ》に与《あた》ふ。螻蛄《ろうこ》飯《はん》を食《く》らひ尽《つ》くして去《さ》る。頃《しばらく》して復《ま》た来《きた》るに、形体稍大《けいたいややだい》なり。意《おも》ふに毎《つね》に之《これ》を異《い》とし、乃《すなは》ち復《ま》た食《しよく》を与《あた》ふ。此《か》くのごとく去来《きよらい》すること数十日間《すうじふにちかん》に至《いた》り、其《そ》の大《だい》なること豚《ぶた》のごとし。報《ほう》を竟《を》へ、刑《けい》を行《おこな》ふに当《あ》たるに及《およ》び、螻蛄《ろうこ》夜《よる》に壁根《へきこん》を掘《ほ》りて大《だい》孔《こう》を為《な》す。乃《すなは》ち械《かせ》を破《やぶ》りて、之《これ》より出《い》で去《さ》る。

【文章Ⅱ】

始興郡陽山県《しこうぐんようざんけん》に人の田《た》を行《ゆ》くもの有《あ》り。忽《たちま》ち一象《いちざう》に遇《あ》ふ。鼻《はな》を以《もつ》て之《これ》を巻《ま》き、遥《はる》か深山《しんざん》に入《はい》る。一象《いちざう》の脚《あし》に巨刺《きよし》有《あ》るを見《み》て、此《こ》の人牽挽《ひとけんばん》して出《い》だすを得《う》。病《や》める者即《ものすなは》ち起《た》ち、相《あ》ひ与《とも》に躑躅《ちよくりく》して、状歓喜《じやうかんき》するがごとし。前《さき》の象復《ざうま》た人《ひと》を載《の》せ、一汚湿地《いちをしつち》に就《つ》き、鼻《はな》を以《もつ》て数条《すうでう》の長《なが》き牙《きば》を掘《ほ》り出《い》だし、本《もと》の処《ところ》に送還《そうくわん》す。彼《か》の境《きやう》の田稼常《でんかつね》に象《ざう》の困《くる》しむる所《ところ》と為《な》る。其《そ》の象俗《ざうぞく》に呼《よ》びて大客《たいきやく》と為《な》す。因《よ》りて語《かた》りて云《い》はく、「我《わ》が田稼此《でんかここ》に在《あ》り、恒《つね》に大客《たいきやく》の犯《をか》す所《ところ》と為《な》る。若《も》し我《われ》を念《おも》はば、復《ま》た見《あらは》れて侵《をか》すこと勿《な》かれ」と。便《すなは》ち躑躅《てきちよく》するを見《み》るに馴解《じゆんかい》すること有《あ》るがごとし。是《ここ》に於《お》いて一家《いつか》の業田《ごふでん》、絶《た》えて其《そ》の患《わづら》ひ無《な》し。

全訳

【文章Ⅰ】

その遠祖は、ある出来事の巻き添えを食らって牢獄につながれ、遠祖に罪はなかったが、厳しい尋問に耐えきれなくて、自ら嘘の自白をして罪に服した。今にも判決が下されようとする時に及び、螻蛄で自分の側を歩いているのがいた。そこで（遠祖が）この螻蛄に（向かって）言うには、「お前に神通力があって、死ぬ運命にある私を生き長らえさせてくれたなら、なんとよいことではないか」と。そこで飯を投げて螻蛄に与えた。螻蛄は飯を食べ尽くして（どこかに）行ってしまった。しばらくして（螻蛄が）またやって来ると、その体は少し大きくなっていた。（遠祖は）いつもこのことを不思議に思って、そこでまた飯を与えた。このように（螻蛄が）行き来を繰り返して数十日間に至ると、その体の大きさはまるで豚のようになった。（遠祖に）最終的な判決が下され、刑を執行される時になり、螻蛄は（その前の）夜に壁の下を掘って大きな穴を作った。そこで（遠祖は）かせを破壊して、その（螻蛄の掘った）穴から（牢獄の外に）脱出した。

【文章Ⅱ】

始興郡陽山県に田んぼを歩く人がいた。（この人はそこで）突然一頭の象と出くわした。（その象は）鼻でその人を巻き上げ、はるか山奥に入っていった。（その山奥で）もう一頭の象で脚に大きなトゲが刺さっている象を見て、この人は（そのトゲを）引っ張って抜くことができた。傷ついていた象はすぐに立ち上がり、（この人を連れて来た）もう一頭の象と一緒に地面を踏み鳴らして、その姿は喜んでいるかのようであった。（この人を連れて来た）先ほどの象はまたこの人を乗せ、ジトジトした沼地に行き、鼻で数本の長い象牙を掘り出し、（この人を）もといた場所に送り返した。この人の住んでいる地域の農作物はいつも象（の被害）に苦しめられていた。（そのため）その象をその地域では大きなお客さんと呼んでいた。そこで（この人は象に）語って言うには、「私の農作物はここにあって、いつも大きなお客さんに荒らされている。もし（お前が）私のことを思っている（＝感謝している）なら、二度と姿を現して（農作物を）荒らさないでくれ」と。すると（象が）うろうろする様子を見ると素直に聞き入れたようであった。そこでこの人の家の田畑は、まったく象の被害に遭わなくなった。

【メモ】

模試　第3回　解答

自動採点・学習診断

第1問小計	第2問小計	第3問小計	第4問小計	第5問小計	合計点
					/200

問題番号(配点)	設問	解答番号	正解	配点	自己採点
第1問 (45)	1	1	②	2	
		2	②	2	
		3	①	2	
	2	4	③	6	
	3	5	④	7	
	4	6	④	7	
	5	7	④	7	
	6	8	①	5	
		9	③	7	
第2問 (45)	1	10	⑤	6	
	2	11	④	7	
	3	12	①	8	
	4	13-14	②-⑤	5	
				5	
	5	15	①	6	
		16	③	8	
第3問 (20)	1	17	②	3	
		18	③	4	
	2	19	①	5	
	3	20	⑤	4	
		21	②	4	

問題番号(配点)	設問	解答番号	正解	配点	自己採点
第4問 (45)	1	22	④	5	
		23	①	5	
		24	①	5	
	2	25	④	6	
	3	26	①	6	
	4	27	③	6	
	5	28-29	④-⑥	6	
				6	
第5問 (45)	1	30	③	4	
		31	⑤	4	
	2	32	⑤	6	
		33	①	6	
	3	34	⑤	6	
	4	35	②	6	
	5	36	①	5	
		37	④	8	

(注)　－(ハイフン)でつながれた正解は，順序を問わない。

第1問

出典 隈研吾《くまけんご》『反オブジェクト　建築を溶かし、砕く』（筑摩書房　二〇〇九年）の「第四章　極少とする事　森舞台」の一節。

筆者は世界的に注目されている建築家の一人で、本文で紹介された登米の伝統芸能館や根津美術館の設計で知られる。著書に『新・建築入門』や『負ける建築』『自然な建築』などがある。

【出題のねらい】

国語の論理的文章では、芸術や建築に関する文章がしばしば出題され、そこでの「空間」の意味についての考察も見られる。今回の出典も、そうした分野の文章であり、入試頻出の文明論・思想論としても読める内容である。また、共通テストで予想される傾向を踏まえて、今回は文章表現と構成についても出題した。

【概要】

1　能舞台プロジェクトの概要（第1～3段落）

○一般的なプロジェクト＝理想対予算、夢と現実という対立。

⇔

○登米のプロジェクト＝理想と現実を超越した新しい地平。

→物質のミニマライゼーションこそが、能の空間を作る上ではきわめて大事。

2　能の魅力（第4・5段落）

○能の基本＝物質批判・現世への批判。役者の肉体や木や瓦といった物質を用いて、物質（オブジェクト）批判を行うことに能の逆説があり、醍醐味もある。

※宗教＝テクストによる物質批判。

→宗教の中核は言説である、宗教は物質から隔離された心の世界の問題である、という誤解があるため。

3　能の物質批判の手法（第6～9段落）

○能が物質を批判する手法＝物質・重心を低くすること。

・能役者は、重心を徹底的に低くして、歩き、演じる。

・能の空間や演出で求められているのは低さ・床への還元。

・舞台（死霊の空間の彼世）、見所（現世）、白州（彼世と現世を決定的に切断する空間）の三つの床が能の空間のすべて。

・床への集中を喚起し、さらに強化するために、役者は床板を踏みならし、床を鳴らす。

※屋根は見られる客体（＝オブジェクト）ではなく、舞台を雨風から守り、黒い影で包み込むだけのもの。

4　登米の能舞台の目標（第10～12段落）

○明治時代に出現した室内型の能楽堂では、天候に左右されない代わりに、重心の低さ・能の中心的な空間の白州の役割が消滅。

⇔

○登米の能楽堂の目標＝こうした形式を批判、反転する事。

→ただ三つの床面だけが自然の中にそっと配置されているような、ひとつの庭。

〈物質による物質批判〉という性質をもった能の舞台を新たに建築することは、ミニマライゼーションを突き進めることになる。そして同時に、「理想と現実」という既存の対立形式を超越したプロジェクトにもなったのである。筆者が重視したのは、

重心を低くして床面に還元すること、および、彼世と現世とを切断する白州を重視すること

であり、最終的には、オブジェクトでもなく建築でもない、三つの床面だけが

自然の中に配置されている庭のイメージにたどりつくのである。

問1 1 ② 2 ② 3 ① **《漢字問題》**

(ア)「**負**荷〈＝荷物などを負うこと・身に引き受けること〉」。「付加〈＝付け加えること〉」としないように注意。①は「楽譜」、②は「自**負**〈＝自分の才能などを信じて誇ること〉」、③は「赴任」、④は「扶養」。したがって、②が正解。

(イ)「希**薄**」。①は「迫力」、②は「**薄**弱」、③は「博愛」、④は「停泊」で、正解は②。

(ウ)「喚**起**〈＝注意や自覚を呼び起こすこと〉」で、「換気」「歓喜」などの同音異義語があるので注意。①は「**起**伏」、②は「喜劇」、③は「既成」、④は「祈念」で、①が正解。

問2 4 ③ **《傍線部の理由把握問題》**

傍線部Aの意味は、〈「物質のミニマライゼーション」と「能の空間の目的」とが同じ方向にあると気づいた〉ということである。「物質のミニマライゼーション」については、(注)に「物質の量的な最小化」とあり、また、傍線部直前に「空間をマキシムにするのではなく、逆にミニマムにする事、使用する物質の量をミニマムにする事」という説明がある。一方、「能の空間の目的」については、第4段落で「能の基本にあるのは物質批判であり、現世への批判である……死霊を通じて、現世批判を行う事、その現世を構成する素材としての物質を批判する事。それが能の神髄である」と述べられ、さらに第5段落の末尾には「物質のミニマライゼーションとはそのような逆説的な物質批判の別名である」とある。とすれば、「物質のミニマライゼーション」と「能の神髄(目的)」とは、ともに「物質批判」という点で共通していると考えられる。選択肢のなかでは、こうした説明をしている③が正解となる。

①は、「物質のマキシマイゼーションやミニマリズムを目標とする時代が終わり」が、本文には述べられていない内容なので誤り。

②は、「物質に対する否定的な見方はない」が誤り。第4段落には「物質を批判する事。それが能の神髄」とあり、物質は否定的に見られている。

④は、「物質のミニマライゼーション」が、「理想と現実の不毛な対立を解消し、設計の困難を克服していく手段として考えられた」わけではないので誤り。また、第2段落には「設計の困難だけがある」とあり、「設計の困難」は「克服」できていない。さらに、能が「現世と彼世の対立を超越する手段として成立した」という内容も本文にはない。

⑤は、「能の基本とは……ミニマリズムを否定すること」が誤り。肉体をもった役者や舞台道具(＝物質)による「物質批判」が能の神髄である。

問3 5 ④ **《傍線部の内容把握問題》**

まず、傍線部Bの「この逆説」とは、「物質を用いて、しかも物質(オブジェクト)批判を行うこと」を指す。また、「顕在化」とは「潜在化」の反意語で、〈物事がはっきりと現れてくる〉という意味である。傍線部以降では、「演劇においては、この逆説が顕在化せざるをえない」という指摘も見つかるので、

宗教＝物質を用いて物質批判を行う面は潜在化される
演劇＝物質を用いて物質批判を行う面は顕在化される

という対比ができるだろう。両者の違いをまとめると、

宗教
・中核は言説であると、一般的には理解されている
・物質から隔離された心の世界の問題であると誤解されている
・物質がなければ心もない事が、忘却されている
↓
宗教はテクストによる物質批判という、退屈な形式へと堕ちやすい

演劇
・テクストのみで存在するわけではない
・舞台という現実空間の上で、具体的な役者の身体を使って、テクストが実体化されてはじめて、それが演劇と呼ばれる
・演劇において物質の使用は、不可避である

↓
物質を用いた物質批判という、自らの肉体を自ら傷つけるような、緊張感溢れる行為が可能となる

となる。この両者の違いを踏まえて、「宗教」について説明している④が正解。

①は、「宗教の場合は……生者の世界と死者の世界の違いが看過されてしまう」が誤り。本文にそのような記述はない。

②は、「自らの演じる死霊を批判するという行為の矛盾に大きな魅力が見出される」が誤り。能では「死霊を通じて……物質を批判する」のであって、「死霊」自体を批判するわけではない。現実の肉体〈＝物質〉をもった役者が、死霊となって物質を批判するところに「能の醍醐味がある」のである。

③について、本文には「宗教の中核は言説」とあるので、「扱う対象が物質的な言説ではなく」という説明は誤り。なお、宗教的な教義などの「言説」はそもそも「物質的」ではないため、「物質的な言説」という言葉は意味をなさない。また、本文には「心の世界の問題であると誤解されている」とあるので、「心の世界に限定されている」という箇所も誤りである。さらに、「物質を前提としない精神的緊張や苦悩はテクストのなかに隠されてしまう」という部分も誤り。本文にそのような内容はない。

⑤は、まず、「物質から隔離された言説や心の世界だけしか注目されない」が誤りである。③で触れた通り、本文では「心の世界だけ」という限定的な表現はされていない。また、「物質批判という要素はテクストから除外され」も、「宗教はテクストによる物質批判という、退屈な形式へと堕ちやすい」という本文と合致しないので誤り。

問4 6 ④ **《傍線部の内容把握問題》**

傍線部C以降の第7～9段落で、「物質批判」の具体的な方法について述べられている。まず、第7段落の冒頭で「ひとつめの手法は、物質の低さ」とあり、そのあとに「最も重要な事は重心の低さ」と述べられている。「物質は高く立ちあげられたり、持ちあげられたりする事で、自己の存在を肯定し、強く主張してしまう……それゆえ能ではすべてにおいて低さが重要となる」とあるように、「低さ」を重視することで、物質の存在・自己主張を否定しようというのである。「物質の低さ」「重心の低さ」について、本文では「床」と「能役者」の演技について言及し、次のように説明している。

床

・能の空間においても、求められているのは低さであり、床への還元
・その床の限りない近傍において、地を這うようにしてとり行われる
・床への集中を喚起し、さらに強化するために、役者は床板を踏みならし、床を鳴らす
・すべてのデザインと仕掛けの目的は、床への意識の集中であり、演劇の重心を下げる事

能役者の演技

・重心を徹底的に低くして、歩き、演じる
・低さを求めるがゆえに、能役者は南蛮で歩き、床を摺り、低く沈み込む

このように、能では〈床への意識の集中〉や〈能役者の演技〉によって、「物質の低さ」「重心の低さ」を演出し、それが物質を批判することにつながるのである。こうした説明をしている選択肢は④。

①は、「すべてを包み込む客体として舞台の屋根を設置する」が誤り。第9段落で「屋根は見られる客体、オブジェクトではない……黒い影で包み込むためだけに屋根はある」と述べられているように、屋根は客体ではないし、物質を「低さ」によって批判する方法とは無関係である。

②は、「微弱な反射光によって死霊を輝かせ、自立させる」が誤り。第9段落の「死霊は光を浴びて輝き、自立してしまってはいけない」という記述と合わないし、物質批判の手法（低さ）とも直接関係はない。

③は、「床を鳴らす音を共鳴させて自らの演技を引き立たせる」が誤り。床を鳴らす目的は、「床への意識の集中であり、演劇の重心を下げる」ことであり、役者自身の「演技を引き立たせる」ことではない。

⑤は、「死霊については……観客にその姿を認めさせないようにする」が誤り。本文の「死霊は……姿を認められる程度でなければならない」と合致しない。また、「低さ」によって物質批判を行うという手法とも直接関係はない。

問5 7 ④ **《複数資料の内容把握問題》**

複数の文章の関係性を踏まえて、空欄に当てはまる内容をとらえる設問。【ノート】作成の目的、【ノート】のなかで出典の別の箇所が引用されている意図、および引用文の内容から、筆者の考えを読み取る。

・【ノート】作成の目的
登米の能楽堂がどのような趣旨でつくられたのかを知るため
→登米の能楽堂の目標＝「紅葉座の形式を批判、反転する事」を具体的に理解する
・出典の別の箇所が引用されている意図
〈開かれた舞台という演劇空間をつくり出すために白州のデザインに最も神経を注いだ〉意図を理解するため
・引用文の内容
西洋の舞台空間……手の込んだ舞台装置、巨大化するプロセス
⇔
能……自らの物質を次々に殺ぎ落とし、純粋なフレームとなるプロセス
ここから、次のような関係が明らかになる。

●紅葉座（西洋の舞台空間に近い）
・舞台を囲んで椅子席を設け、舞台と観客席を含む全体空間を大きな上屋で覆う室内型の能楽堂
・高い天井をもつ巨大建築となった→重心の低さが失われた
・能楽堂自身が重心の高いオブジェクトとして環境の中に突出
・観客の席をより多く設けるために白州が消滅
→ 形式を批判、反転する
●登米の能楽堂
・オブジェクトでもなく建築でもない、ただ三つの床面だけが自然の中にそっと配置されているような、ひとつの庭をめざした

注目したいのは、紅葉座では「重心の低さ」と「白州」が失われたことである。白州は「舞台と見所とを切断し、彼世と現世とを切断していた、能の中心的な空間」（第11段落）であったはずであり、これを回復しようとしたのが登米の能楽堂である。物質の世界としての現世と非物質の世界（死霊の空間）としての彼世が決定的に切断されながらも、物質のミニマライゼーションによってフレームが自らを消すことで、二つの層状の世界を行き来することが可能になるのである。この内容に合う選択肢は④。

①は、まず「白州は舞台や見所と一体化させ」が不適切。舞台と見所、彼世と現世を切断するのが白州の存在意義だったはずだ。「閉じた空間をつくろうとした」も、筆者は最終段落で「一つの完結して閉じた建築物」を否定しているので不適切。

②は、「死霊を影のなかに沈み込ませてしまうことがないようにし」が不適切。第9段落にあるように、死霊は「屋根が作る黒い影の中に沈み込まなければならない」はずである。また「舞台と見所を切断するような純粋なフレーム」も不適切。引用文にあるように「純粋なフレーム」とは自らの物質を次々に殺ぎ落としていったものであり、登米の能楽堂でいえば「ただ三つの床面だけが自然の中にそっと配置されているような、ひとつの庭」のことである。

③は、まず「白州を舞台や見所以上に充実させようとした」が、本文にも引用文にもない内容なので不適切。「それにより、能の空間は、自らの存在を適度なレベルで主張することができ」も、引用文の「フレームは自らの存在を主張してはならない」と矛盾する。

問6 (i) 8 ① (ii) 9 ③ **《表現と論理構成を把握する問題》**

(i) 波線部Xの「理想と現実とがともに手を携えて山を登る」は、理想と現実が同じ方向性のもとに問題を解決していくことの比喩（暗喩）になっている。したがって、①が正解。

②であるが、筆者の扱う能舞台のプロジェクトについて、本文には「理想と現実の対立という形での困難はない」とあるので、波線部**X**は「理想と現実との対立によって生じる設計の困難を克服する方法」を説明したものではない。また、「登山という具体的な行動に即して説明」も誤り。あくまで「山を登るというイメージに近い」としているだけで、登山という行動にぴったりと当てはめて説明をしてはいない。

③では、「理想と現実という二項対立を解消する妥協や調停の新しいあり方」が誤り。ここでのプロジェクトの新しさは、「理想と現実」が同じ方向を向いているという点にあり、「妥協や調停」は必要とされていない。

④は、「設計の困難もなくなる」が誤り。第2段落では「理想と現実の対立という形での困難はない……設計の困難だけがある」と述べられている。

(ii) **問2**で検討したように、能舞台が〈物質のミニマライゼーションといった要素をもつ〉ことは本文で述べられている。そして、筆者の手がけたプロジェクトは、「物質を用いながらも物質を批判するという能の本質に即し」て、重心の低い演出空間をさりげなく自然の中に配置するというものになったのである。よって、③が正解。

①は、まず、「現代建築にみられるミニマリズムの風潮を否定」が誤り。第4段落までには「ミニマリズム」に関する記述はあるが、「ミニマリズムの風潮を否定」するような内容はない。さらに、「宗教的な空間が必要となることを予測」も誤りである。能舞台が「宗教的な空間」だと筆者は述べておらず、それが「必要となる」と「予測」しているわけでもない。

②は、「伝統的な能舞台の意義や価値の再認識を提唱」が誤り。確かに本文には、伝統的な能舞台のデザインや仕掛けについて多く述べられているが、筆者は「意義や価値の再認識」を主張しているわけではない。

④の「帰納法」とは、〈個々の事例に存在する共通点から、一般的な法則を見つけようとする推論方法〉という意味で、選択肢に即して考えると〈さまざまな建築物の欠陥（＝個々の事例）を指摘することによって、能舞台のプロジェクトの正当性（＝一般的な法則）を証明する〉ということになる。しかし、本文では紅葉座の事例だけしか取り上げられていないので、「さまざまな建築物の欠陥」という箇所は誤り。

なお、「帰納法」という言葉は評論ではよく用いられるので、しっかりと意味を覚えておこう。

第2問

出典 菊池寛《きくちかん》「出世」、**【資料】** 和辻哲郎《わつじてつろう》「土下座」（『和辻哲郎随筆集』岩波書店　一九九五年所収）

菊池寛（一八八八〜一九四八年）は、香川県生まれ。小説家・劇作家として『父帰る』、『忠直卿《ただなおきょう》行状記』、『恩讐《おんしゅう》の彼方に』、『真珠夫人』などを発表したほか、雑誌『文藝春秋』の創刊、文藝家協会の設立、今日なお続く芥川賞、直木賞、菊池寛賞の創設に関わった。

和辻哲郎（一八八九〜一九六〇年）は、哲学者・倫理学者。『古寺巡礼』、『風土』などの著作を遺《のこ》した。

【出題のねらい】

「出世」は主人公の譲吉が社会の底辺に位置する下足番に対して抱いた同情と後ろめたさが基底にあり、下足番が意外にも閲覧券窓口の係に「出世」していたことに社会への希望を感じたことを、丁寧な筆致で描いた作品である。下足番の男に寄せる譲吉の思いや、心情の推移を把握するという小説問題の基本的なアプローチ法を確認し、新傾向の問題にも対処できる学力を身につけたい。二〇二二年度の大学入学共通テスト本試験第2問では、共通一次試験以来長年にわたって出題され続けてきた語句の意味を問う問題が姿を消し、俳句を引用した考察問題が導入されるなど、新課程への移行を背景とした動きが少しずつ見られているが、心情の把握や表現の吟味を求めることが根底にはあり続けている。今回の出題においては、心情の把握や表現の吟味を中心としつつ、新傾向の出題にも対応できるように、素材文の小説とは別にもう一つ文章を設定し、より広い視野から文章の読解と考察を求める出題を試みた。

【概要】 問題文の概要は次の通りである。

《譲吉の回想Ⅰ》（1〜36行目）

・譲吉は久方ぶりに図書館へと向かう道すがら、下足番の二人の男のことを思い出す。

・二人は恐ろしく無口であった。

↓

暗い地下室に、他人の下駄をいじるという賤役に長い間従っているために、いつの間にか嫌人的になり、口を利くのが嫌になっているようであった。

・二人はまた極端に利己的であるように、譲吉には思われた。彼らは、下足の仕事を正確に二等分して、各自の配分のほかは、少しでも他人の仕事をすることを拒んだ。

・残り少ない月日を、一日一日ああした土の牢で暮さねばならぬ彼らに、譲吉は心から同情した。

《譲吉の回想Ⅱ》（38〜63行目）

・ある日のこと、下足を渡した譲吉に、男はしばらく待っても下足札をくれようとしなかった。

「札をくれるのが規則だろう」

「いや間違えやしません。あなたの顔は知っています」

「知っていようがいまいが問題じゃない。札をくれたまえ。規則だろう」

↓

むろん、譲吉はそうした喧嘩をしたために、あの男に対する同情を、少しも無くしはしなかった。ああした暗い生き甲斐のない生活をあわれむ心は、少しも変っていなかった。

《男との再会》（65〜74行目）

・あの爺は永久に下足番をしている。あの暗い地下室から、永久に這い出されずにいる。そう思うと、譲吉は自分の心がだんだん暗くなっていった。

↓

・あの尻切れ草履を預けて、下足札を貰えなかった自分と、今の自分とは夢のようにかけはなれている。

⇔

・預ける人はやっぱり同じ大男の爺だ。

↓

・そう思うと、譲吉はあの男に、心からすまないように思われた。自分がすまなく思っているような気持ちが、先方の胸に起らないでくれと譲吉は願った。

《男の「出世」》（75～92行目）

・男は下足番から、閲覧券売場の担当へと、見事に「出世」していた。

↓

・譲吉は、何ともいえない嬉しい心持ちがしながら、下足の方へと下った。

・死ぬまで、下足をいじっていなければなるまいと思ったあの男が、立派に出世している。

↓

・人生のどんな隅にも、どんなつまらなそうな境遇にも、やっぱり望みはあるのだ。そう思うと、譲吉は世の中というものが、今まで考えていたほど暗い陰惨なところではないように思われた。

↓

彼はいつもよりも、晴々とした心持ちになっている自分を見出した。

問1　**10**　⑤　**《内容把握問題》**

傍線部は譲吉が下足番の男に対して抱いた思いを述べたもので、心情表現の一種ではあるが、「社会上の位置」「具体化」などやや抽象的な語が用いられており、その点も踏まえた問題文の理解が求められている。

「彼らの社会上の位置」とは、下足番という社会の底辺にある社会的地位の低さを示している。

「具体化」は「形（＝体）を具《そな》えたものにする」ということで、「社会上の位置」という目に見えない観念を目に見える形あるものにして表しているのが、男たちが毎日仕事をしている「暗い地下室」だというのだ。

a　彼らの社会上の位置＝下足番という底辺の仕事
↓　具体化
b　暗い地下室での仕事

という関係性を正しく押さえているものとして、⑤を選べる。

①は「図書館の下足番という仕事」の具体化が「暗い地下室」であるという関係性の示し方が不十分である。暗い地下室にいるからこそ下足番という仕事ができる、と読めてしまう。

②は「地下室という場所」と「下足番という職業」が相互に影響して「偏屈な態度」を生んだ、とあるが、傍線部で言っているのは「下足番という職業」（社会上の位置）が「地下室という場所」として具体化されているということであり、関係が食い違っている。

③は「毎日を暗い地下室で過ごすこと」が「職業の惨めさ」を感じさせるとあるが、「職業の惨めさ」は「社会上の位置」とはずれているので正解とはならない。

④は「あえて暗い地下室で続ける」「自らの境遇を逆説的に受け入れている」かどうかは、問題文からは読み取れない。「社会上の位置」と「暗い地下室」がどのような関係にあるのかを述べている文の意味としては不適切。

問2　**11**　④　**《心情把握問題》**

譲吉が下足札を要求するのは正当な権利であり、職分を履行しようとしない下足番の男に譲吉が腹を立てるのは当然なことであると、譲吉自身も思っていた。しかし男の強気な態度と自分の粗末な履物を見るにつけ、当初の強気な思いは萎えて行った、という心情の推移をたどっていきたい。

「どうしたんだ？　札をくれないか」と、譲吉は少しむっとしたので、荒っぽくいった。
↓
「履物は履物だぜ」と、譲吉は本当に憤慨していった。
⇕
爺はまだ頑固に抗弁した。
⇕
譲吉は、自分の方に、十二分の理由があるのを信じたが、……自分の草履を見ると、どうもその理由を正当に主張する勇気までが砕けがちであった。

男のかたくなな態度と、自分の草履があまりに粗末であったことがきっかけとなって、「十二分の理由」（＝下足札を受け取るのは正当な権利であること）があるのに主張を続ける「勇気」が萎えてしまったということである。このことを過不足なく説明したものとして、④が正解。

①は中ほどの「自分も他人の草履をはいてきたことを負い目に感じていた」が誤り。他人の草履をはいていたことではなく、はいていた草履が粗末であったことを男に指摘され、「正当な権利」などないかのように感じてしまったのだ。

②は最後の「相手の頑強な抗弁に屈しそうになってしまった」という結びは問題ないが、その直接的なきっかけは履いていた草履の粗末さであり、男に対しての同情心があったからという理由づけは誤っている。

③は中ほどの「帽子と草履の不釣り合いが我ながら恥ずかしくなり」が誤り。帽子を見て学校がわかると言われたことに譲吉は異を唱えている様子はないが、「不釣り合い」を恥じたという節もないので正解としては選べない。

⑤は前半に「あきれ返った」とあるが、この部分での譲吉の心情を端的に書くならばむしろ怒りであろう。また続く部分で「意表を衝かれ」「同情心」とあるのも的外れであり、粗末な草履をはいていたことに対する羞恥心から「勇気までが砕けがち」になったのだ。

問3　12　①　**《心情の推移を把握する問題》**

傍線部に至るまでの譲吉の心情の移り変わりを整理する問題である。図書館へと向かう道で譲吉は下足番の男を思い、「出世」を遂げた自分と対照的に地下室で依然としてくすぶっている下足番の男の姿を想像して暗い気持ちになる。これは傍線部の「晴々とした心持ち」と対照的な表現である。しかし意外なことに男が見事に「出世」していたのを見て、譲吉は「世の中」への望みを見出し「晴々とした心持ち」になった。

・譲吉は自分の心がだんだん暗くなっていった。
・あの男に、心からすまないように思われた。
↓
・譲吉は、何ともいえない嬉しい心持ちがしながら……あの男が、立派に出世している。
↓
・人生のどんな隅にも、どんなつまらなそうな境遇にも、やっぱり望みはあるのだ。
↓　そう思うと
・彼はいつもよりも、晴々とした心持ちになっている自分を見出した。

貧乏学生だった以前と比べ、自分の身なりは格段によくなり「出世」したと言えるのだが、「出世」できないでいるだろう男を思うと心は晴れない。けれども男の「出世」を知った今となっては、さっきまで感じていた後ろめたさも払拭されなお晴れがましい気持ちになったのだと考えられる。この点の推移を正しく指摘した①が正解。

②は「男が自分を覚えていたことを意外に思いながら」と「以前男に感じていた同情心が報われたように感じられ」が誤り。問題文に「まだ俺の顔も、見忘れてはいまい」（38行目）とある。また、譲吉が男に同情心を抱き続けてきたことは問題文に明記されているが、男の「出世」を知ってからの同情心の行方については書かれていない。

③は「男への引け目が身勝手な勘違いであったことを恥じる」の部分に根拠がない。男に対して引け目を感じていたことまでは読み取れるが、男が「出世」したことを譲吉は素直に喜んでおり、否定的な思いで顧みているとは言えないだろう。また、末尾に「『出世』の機会が開かれている社会体制の存在」とあるが、下足番でなくなったことを喜んでいるだけで、「社会体制の存在」は大げさである。

④について。譲吉は男の姿を窓口に確認したに過ぎず、男から事情を細かく聞き出しているわけでもない。したがってこの「出世」が努力によるものかどうかなど、詳しい事情はわからない。「努力」によって「現状から脱却できる」などといった「真理」という一般化は適当とはいえない。

⑤は、男の性格が明るくなっていたという記述はあるので「職業上の立場が性格に多大な影響をもたら」すことはうかがえるが、そのことを「人間の弱さ」とするのは当たらない。また、譲吉は「晴々とした心持ち」にはなったが、末尾にあるように「男の『出世』を我がことのように喜ばしく感じた」とまでは言えないだろう。

問4 13・14 ②・⑤（順不同）**《表現把握問題》**

文章の表現の特徴を問う問題は、「何」が「どのように」語られているかを相互に照合して検証していくとよい。

①は「頑張っている」に込められた譲吉の思いが問われている。問題文の前半で繰り返し記述されているように、譲吉が下足番の男に対して抱いている心情の基調は同情である。したがって「皮肉を込めて」とはいえない。

②は「ように」という助動詞を介して語られる比喩表現を吟味する。「深い海の底」という光の乏しい環境に置かれた魚は次第に視力を失っていく。毎日を暗い地下室で過ごす下足番は無口になり人嫌いになっていく。選択肢の「社交性の乏しい」はこの「人嫌い」を言い換えたものだと考えられるので、この指摘は妥当と判断することができる。

③で取り上げられている「火鉢」は、来訪者の相手をしようとしない男がしがみついているものではあるのだが、男は火鉢の温かみに身を委ね、つかの間の安寧を得ているのではあっても、これを支えにして「精神の均衡を維持している」とまではいえないだろう。譲吉の眼を通して語られる男たちの様子はただ希望のないもので、火鉢に少しでも希望を見出しているとはいえないからである。

④は他の箇所と違って、譲吉が男と交わした言葉を口語体で再現したものである。しかし譲吉はその結末がどうなったかについては忘れてしまっている。男に対して同情心をもち続けていることは確かだが、臨場感をもって回想していることが、男に対する同情心をもち続けていることを示すわけではない。

⑤について。譲吉も以前は粗末な草履を履いた貧乏学生であり、「俺の生活がこの先どんなに逼迫しても」というように将来への不安を抱えている立場であった。そうでありながらさらに下にいる下足番のことを思って慰めているのだから、そこには自嘲があったと読むことは妥当性があるだろう。

⑥は、譲吉にとって男の「出世」が意外に思えたのだから「社会的な地位の向上が難しい」という思いを抱いていたことは事実であろうが、「譲吉本人の体験を踏まえて」とはいえない。これよりも前の部分で譲吉は「出世」した自分と男を比較しているが、自分の「出世」については殊更難しいと感じている節はないからである。

問5 (i) 15 ① (ii) 16 ③ **《複数資料の把握問題》**

【資料】と**【ノート】**がどのように関わっているのかを読み取って答える問題。複数のテクストを比較する視点が必要になる。**【資料】**の文章が述べようとしていることは何か。**【ノート】**はそれぞれのテクストをどのような見方で切り込み論じているのか。これらを主眼に置いて読み取っていきたい。

(i) **【資料】**の文章について、**【ノート】**に「発見」という語があることに注意すると、次のような表現が見つかる。

・せいぜい見るのは腰から下ですが、それだけ見ていてもその足の持ち主がどんな顔をしてどんなお辞儀をして彼の前を通って行くかがわかるのです。

・ある人はいかにも恐縮したようなそぶりをしました。ある人は涙ぐむように見えました。彼はこの瞬間にじじいの霊を中に置いてこれらの人々の心と思いがけぬ密接な交通をしているのを感じました。

・そうしてこの人々の前に土下座していることが、いかにも当然な、似つかわしいことのように思われました。

ここで「彼」は「土下座」という身体行為を実際に体験することを通して会葬者の心と「密接な交通」をしている。父の所作に倣うという形で「土下座」を半ば強制された体験により、身体の所作と心の動きが連動していることに「彼」は気づいた。この心身の関係性を正しく指摘しているものとして、①を選べる。

②は前半の「心と身体は連動し」はよいが、「身体を通して関係し合う」では心の「密接な交通」が説明できていないので誤り。

③のように「人間の本質は心であり」としてしまうと「土下座」という身体行為が意味をもつことの説明がつかなくなってしまうので不適切。

④は「人間の本質は身体であり」としているが、身体が「本質」であるとは言い過ぎである。それでは心の「密接な交通」が生じたことに「彼」は意味を見出さないだろうからである。

(ii) 問題文の主人公である譲吉と、**【資料】**に登場する「彼」に共通することと相違することは何か。**【ノート】**内の「他人の下駄をいじる」「人々の足を見つめる」という表現が手がかりになる。土下座とは他者の足元にひざまずくことであり、「土下座して謝罪する」といった事例を踏まえればそれは屈辱的な行為でありうる。譲吉はそこから、仕事とはいえ他人の下足を扱うことを「賤役」「本来の屈辱」と考え、「獣か何かのように」という否定的なたとえで下足番のことをまなざした。

ところが和辻哲郎「土下座」の「彼」は譲吉とは対照的に、土下座を通して心の交通が可能になったのだと考えた。前問で確認したことも踏まえると、「彼」は常識的なものの見方を脱していない譲吉よりも一段高次の「発見」をしたともいえそうである。

以上のように考えることで、「彼」と譲吉の違いを踏まえて「彼」の気づきを「譲吉とは次元の異なる真理の発見」とした③が正解である。

①は結びの箇所に「日常からの離脱がこの二人に新しい発見をもたらした」とあるが、**【ノート】**に示された比較対照から二人の発見は質が異なっていることが指摘されなければならない。譲吉は「世の中」が「陰惨なところではない」(88〜89行目)ことに気づいたのに対して、「土下座」の「彼」は心身の関係性という人間存在に関する真理に気づいたわけである。また、譲吉が「下足番への認識を改めた」わけでもない。

②は、前半に示された譲吉の思いや考えは間違っていない。しかし後半部分で「土下座」の「彼」は人間の心と身体の関係性を考えたのであって、社会的な「出世」を考えたわけではないので、そこに職業に関する上下関係という意味での「出世」があったのか否かを論じていることは筋違いであり誤っている。

④は全体が誤っている。下足番が譲吉の暗い過去を象徴しているわけではなく、また「賤役」「蠢いている」などの表現は「下足番の男の視点」に立ってのものではない。譲吉は男が「出世」したことを喜んだのであって、心理面で「密接な交通」をしたのではないだろう。

第3問

出典　**【資料Ⅰ】**　武田邦彦《たけだくにひこ》『偽善エコロジー――「環境生活」が地球を破壊する』（幻冬舎　二〇〇八年）

【資料Ⅱ】　海野聡《うんのさとし》『森と木と建築の日本史』（岩波書店　二〇二二年）

武田邦彦（一九四三年生まれ）は、旭化成工業に入社してウラン濃縮等の研究開発に携わったのち、芝浦工業大学、名古屋大学大学院、中部大学で教鞭《べん》を執る。出典は、世間一般で正当と考えられている環境によい「エコ」な行動を、著者なりの視点で検証したもの。

海野聡（一九八三年生まれ）は、日本建築史、文化財保存を専門とする。出典は、建築、流通、考古学、民俗学などの知見を駆使しながら、木とともに歩んだ日本の「木の文化」を点描したもの。

【出題のねらい】

統計やデータを読み解き、わかりやすくレポートにまとめることは、実用的な言語活動として必要とされる能力の一つである。レポートを読む際には、統計データを実際に確認しながら批判的に読むことも必要である。今回は「森林資源とその活用」をテーマとした複数の資料を用意し、それらを横断的に読み、主題について実証的、多面的、かつ正確に考察することができるかどうかを確認することをねらいとした。

【概要】

【資料Ⅰ】　国際的な視点で見た日本の森林資源

日本は森林の占有率が国土面積の68％を占め、先進国のなかでも高い。

⇔

それにもかかわらず、森林利用率は飛び抜けて低い。

↓

日本は森林の利用度は低いのに、一人当たりの森林消費量は多い。

↓

日本の森林をこれからどのように利用すればよいかが見えてくる。

【資料Ⅱ】　林業の現状と可能性

さまざまなモノの素材が木から別の材料に変わる傾向は、戦後の日本において加速した。

↓　さらに

より安価な外国産材の輸入によって国産材の需要は低下し、国内の林業は厳しい状況に追い込まれた。

↓　その結果

国内における生産地から消費地という流れに亀裂が入った。

↓　それゆえ

人工林は放置され、持続可能な森林を維持する循環サイクルが形成されない。

↓　その結果

土地がやせ、土砂災害などのリスクも生じる。当然、管理だけでは経済バランスが成り立たないから、木の利用と管理は表裏一体である。

↓　逆にいえば

管理をうながす適度な木の利用も循環サイクルには欠かせないのである。

↓

適切な方法で得られた適度な木の利用はむしろ持続可能な森の一役を担うことにつながる。

↓

戦後において循環サイクルの難点となった木の利用を再興することで、木が真の循環資源となりうる可能性を秘めているのである。

問1 (i) **17** ② (ii) **18** ③《**問題文・図表の内容把握問題**》

(i)「ドイツは非常に森林の利用が盛ん」であるという【**資料Ⅰ**】の筆者の見立てが、どのようにして成立するのかを確認する問題。

【**資料Ⅰ**】の本文で筆者が指摘しようとしているのは日本の森林活用の現状であり、それは[2]段落で述べられている「日本は全体から見て、まあまあの森林面積を持ち、森林の占める割合は非常に高い」にもかかわらず、「自分の国の森林の利用度が低い」（[3]段落・傍線部B）という現状である。そしてこのことを読者に対して示すために、ドイツを含む諸外国の現状と比較しているわけである。

日本とドイツを比較してみると、ドイツは森林面積や国土に占める森林の割合が日本よりも低いにもかかわらず、国内の森林資源を活用しての生産量では日本を上回っている、ということになる。このことを直接的に明示するデータは、**図表1**の「森林面積」と「国土に占める割合」、そして**図表2**の「生産量」である。したがって**②**が正解。

「消費量」や「1人あたり消費量」「（生産量と消費量の）比率」は、筆者の言う森林の利用を示すものではないので、これを含む①・③・④・⑤は正解とならない。

(ii) 示された文によると、スウェーデンおよびフィンランドについて「『森林面積』および『国土に占める割合』の水準では日本と同程度」であることと、「生産量・比率（生産量／消費量）・1人あたり消費量はいずれも日本を上回っている」ことの二点が挙げられている。このことからいえるのは、どのようなことかを考えていく。

(i)でも確認したように、【**資料Ⅰ**】の筆者は「日本は全体から見て、まあまあの森林面積を持ち、森林の占める割合は非常に高い」（[2]段落）、しかし「自分の国の森林の利用度が低い」「一人当たりの森林消費量は多い」（[3]段落）と述べている。

スウェーデンおよびフィンランドは「森林面積」および「国土に占める割合」の水準では日本と同程度なので、森林に恵まれた国だと判断できる。また、「生産量・比率（生産量／消費量）」と「1人あたり消費量」はいずれも日本を上回っているので、利用度はそれなりに高いといえる。ただし、日本と異なるのは、日本は消費量が生産量を上回っているのに対して、この二か国は生産量が消費量を上回っていることである。つまり、資源が余っており、自国内で消費しきれていないことが推測される。すると**③**「しかし、生産量に比べ消費量が少なく、森林資源の国内活用に疑問がある」ということになる。

①「森林資源の供給が需要に追いついていない」が誤り。生産が消費を上回っているので、「供給」と「需要」があべこべである。

②「森林の1人あたり消費量」は日本よりも高い。しかし生産が消費よりも多いので、まだ消費の余地はある。したがって「1人あたり消費量を減らすことが喫緊の課題である」とはいえない。

④「比率」や「1人あたり消費量」を参照すると、「ブラジルときわめて類似している」とはいえない。強いていうならば類似しているのはカナダである。

⑤「生産と消費のバランス状態」は、なるほど中国とは対照的だが、ロシアはこの二か国と同様に消費よりも生産が多く、「対照的である」とはいえない。

問2 **19** ①《**内容把握問題**》

【**資料Ⅰ**】の傍線部Bについて、その背景にある事情を別の文章（【**資料Ⅱ**】）から読み取る問題。【**資料Ⅱ**】を「森林の利用度が低い」という主題に沿って読んでいくことが求められている。森林の利用度が低いことの背景として【**資料Ⅱ**】に書かれていることは次の点である。

・モノの素材が木から別の材料（注＝プラスチックなどが想定される）に変わる動きが加速した。
・安価な外国産材の輸入により、国産材の需要が低下した。
↓
・木材の生産地から消費地の流れに亀裂が入り、循環サイクルが崩れる。
・適切な森林管理が行われなくなる。

もともと木材の需要が低下していた上に、外国産材の流入が加わり、国産材の生産業者は二重の打撃を受けていた。そのために森林の管理が行き届かなくなる。するとますます国産材の生産は落ち込んでしまう。このことを「悪循環」と表現した①がよい。

②「国内産の木材供給が滞ったことに対して、外国産の安価な木材で補う」とあるが、実際は「外国産の安価な木材」が「国内産の木材」を圧迫したので、順序があべこべとなっていて誤り。

③「開発の進行による森林の減少」とあるが、**【資料Ⅱ】**に書かれているのは管理ができなくなったことによる森林の荒廃であり、「開発の進行」は要因として挙げられていない。また「働き手の確保が困難になり」も**【資料Ⅱ】**にはない内容である。

④「木材を素材としない製品の増加や、諸外国の林業と比べて競争力が弱いこと」はなるほど正しい指摘だが、「環境保護の観点からも森林資源の伐採が手控えられ」が不適切。**【資料Ⅱ】**では要因として指摘されていない。

⑤**【資料Ⅱ】**に「リスク」とあるのは「土砂災害などのリスク」である。「木材の安定供給に関するリスク」ではないので不適切である。

問3　20　⑤　21　②　**《会話形式を踏まえた複数資料の内容把握問題》**

空欄Yは割り箸を使うことに対する考え方の相違を読み比べて考える。

【資料Ⅰ】の著者（武田氏）は「木片を使ういちばん環境にいいものは、『割り箸』です」と述べ、割り箸を使うことを推奨している。では、**【資料Ⅱ】**の著者はどうであろうか。

【資料Ⅱ】で「割り箸」への言及があるのは2段落である。筆者は「割り箸を減らす目的のマイ箸運動」を「木の積極的な利用は森林破壊につながる」と考えることによるものだと認識している。しかし注意したいのは、〈森林破壊を防ぐために割り箸を減らそう〉と考えているのは**【資料Ⅱ】**の筆者（海野氏）自身ではないということである。むしろ、海野氏自身は「適切な方法で得られた適度な木の利用はむしろ持続可能な森の一役を担う」としている。ここで「適切な方法で得られた適度な木の利用」を**【資料Ⅰ】**の武田氏のいう〈木片を利用した割り箸〉としてみれば、割り箸の利用は〈適度な利用である限り〉「持続可能な森の一役を担う」ものであり、筆者はこれに賛成していると判断することができる。

この点を、**【資料Ⅱ】**の「資源循環サイクル」（2段落）という考え方を用いて説明している⑤が正解。

①は「『マイ箸運動』には部分的に賛成するにとどまっている」が不適切。「部分的」にであれ、「賛成」していると認められる節は見当たらない。

②は「木片の有効な活用法が見つかるまでの暫定的な措置として」が**【資料Ⅱ】**からは確認することのできない事柄であり、正解とはならない。

③は「一人一人の小さな行いが環境破壊を食い止めるとして」が不適切。一般論としては成り立つかもしれないが、**【資料Ⅱ】**を踏まえたものではない。また、「『マイ箸運動』を推し進めていくことを支持している」も海野氏の考えとは逆である。

④について、筆者は「リデュース」の効果それ自体を疑っているわけではなく、あくまでも特殊な例として「リデュース」が環境の保全につながらないこともあるとしている。よって、リデュースが無効だから割り箸を使うことを認める、という論理は筆者の考えとはいえない。

空欄Zは直前に「この武田氏の『割り箸』の主張をもとに考えるならば」とあるので、**【資料Ⅰ】**および**問3**でのKさんの発言に引用された部分を踏まえて考える。ここでは、**問3**の引用箇所末尾に「割り箸のように小さい木が利用できる用途がさらに広がってくると、日本の森林は生き返ります」とあることに着目しよう。武田氏は「小さい木が利用できる用途」が森林を再生するためのカギだと考えていることがわかる。このような用途を示すものとして、②の「加工中に出た木屑を利用したバイオマス燃料」が妥当である。ここでは「木屑」が「小さい木」にあたる。

①の「防風林」や③の「丸木舟」は一本の木全体を使用するものであり、武田氏が想定している木の用途には当てはまらない。④の「爪楊枝」と⑤の「フロアタイル」は木を使ったものではないので、これも該当しない。

第4問

出典　**【文章Ⅰ】【文章Ⅱ】**『撰集抄《せんじゅうしょう》』、**【資料Ⅱ】**『閑居友《かんきょのとも》』

『撰集抄』は鎌倉時代の仏教説話集で、著者・成立年は未詳である。神仏の霊験や高僧の法徳、発心遁世《ほっしんとんせい》話などの説話を掲げて、著者の感想を記し、仏道を勧める内容となっている。西行の作の体裁をとって諸国巡業中に見聞したことの回想記としているが、西行作ではない。ただ、中世以来、漂泊の歌僧としての西行像を流布することになった。

今回の出典はそのうちの巻三の第三話と、巻九の第十話である。ともに尼を主人公とした説話を取り上げた。

【出題のねらい】

共通テストの傾向を踏まえ、複数の資料を横断しながら解釈する形式での出題を行った。また、過去のセンター試験や共通テストでは和歌の出題もみられたため、本問でも和歌を含む文章を選定した。**問1**は語句の解釈問題だが、古典常識や古語を前提に、内容理解も問うものとした。**問2**・**問3**はともに内容把握の問題で、場面展開や登場人物の言動を問うている。**問4**は和歌の解釈・修辞技法を問う問題。**問5**は生徒と教師が授業中に交わした会話、という設定のもと、「仏教用語」の意味・文章の内容を問うものである。

【概要】

【文章Ⅰ】

1　**出家をして、長谷寺に参詣する**

・私は出家してあちこちの寺を参詣したが、初冬に長谷寺にお参りした。

2　**妻と出会い、尼になった事情を聞く**

・観音堂にお参りすると、尼の念誦する声がする。私が「数珠の音に感動して涙が溜まる」という歌を詠むと、尼が声を上げて私の袖に取りついた。その尼は長年連れ添った私の妻であった。

・「あなたが出家したあと、しみじみとした思いが募り、私も尼になった。一人娘を叔母に預けて、高野山の奥である天野の別所に住んでいる」と妻は身の上を話す。

・妻は「私を避けて別の女に慣れ親しむのなら、恨みもするだろうが、あなたは仏道の道に赴きなさるのだから恨みもない。かえって、あなたの出家が《善知識》となったのがうれしい」と涙を流し、私も涙を流した。

3　**その尼のりっぱさを評価する**

・これほどりっぱな女とは思わなかった。私との別れの思いを《善知識》として仏道に入ったのはめったにないすばらしいことだ。

【文章Ⅱ】

1　**女は中納言に見捨てられ尼になった**

・播磨国の竹の岡に、庵を作って仏道修行をする尼がいた。以前は室の遊女で、中納言顕基に大切に思われ都に住んでいたが、見捨てられ室に帰った。

2　**女は尼となったという和歌を送り、中納言は泣き恋しがった**

・中納言の家の者が舟で通った際、女は髪を切り「尼となっても涙で袖が乾かない」という歌をあわせて書き送った。そして、仏道修行に勤めた。

・中納言は、この歌を見て、たいそう泣き女を恋しく思った。

3　**尼の住まい・生き方を思うと慕わしくすばらしい**

・その尼は一途《いちず》に念仏を唱え、極楽往生をした。

・今、尼の庵の跡を見ると、何となく昔が慕わしく思いを馳せないではいられない。女の身で粗末ながらも、何とか暮らしていたのだろう。

・ひたすらつらい男女の別れをきっかけにして、この世を捨てたという心の様子は、すばらしく思われた。

4　**中納言と尼の極楽往生**

・この中納言も、極楽往生したのだろうか。

・尼は仏道に無縁であったが、ふと目ざめて、この世を飽き出家を思い立ったのであろう。二人は新生の菩薩になっていることだろうよ、としみじみと思われる。

問1 22 ④ 23 ① 24 ① **《語句の解釈問題》**

(ア) 古文常識に関する知識を問う問題。「神無月」は旧暦十月で初冬の頃である。「ゆみはり」は「ゆみはりづき」のことで、弓に弦を張った形の、上弦あるいは下弦の月を言う。ここは「かみの」なので「上弦の月の頃」で、七、八日のあたりを指す。よって正解は④。

①は「旧暦八月」が不適切。②は「旧暦八月」も「下弦の月」も不適切。③は「旧暦九月」も「望月〈＝満月〉」も不適切。⑤は「下弦の月」が不適切。

(イ) ポイントになる単語は次の二つである。

> ○**年ごろ**＝〈長年、数年来〉。
> ○**うるせかり**＝形容詞「うるせし〈＝①気が利く・賢明だ、②上手だ・巧みだ〉」の連用形。

ここは、尼となった妻のことを指す。「僧」と尼になった妻は「偕老同穴の契り」が浅くなかったという。「偕老同穴」は〈偕《とも》に年老い、死んで同じ穴に葬られる〉の意で、〈夫婦が仲良く死ぬまで連れ添う〉という意味なので、ここは「数年来」ではなく「長年」がふさわしい。また、夫が出家したことを恨みもせず、自分を仏道に導くきっかけと考えて「尼」になったことを受けて〈長年……だとは思っていましたけれども、これほどであるだろうとは思わなかった〉と続くので、ここの「うるせし」は〈気が利く・賢明だ〉の意味。

①が正解。

②の「親しかった」は語義に合わないので誤り。③の「口うるさかった」、⑤の「やっかいであった」は文脈に合わない。④の「きちんとした」は「うるせし」の意味の延長と考えることもできるが、文脈には合わないので誤り。

(ウ) ポイントとなるのは次の単語である。

> ○**すずろに**＝形容動詞「すずろなり〈＝①何ということもない、②思いがけない、③（連用形で）無性に・むやみに〉」の連用形。ここは、①がふさわしいが、③の解釈も許容される。
> ○**ゆかしく**＝形容詞「ゆかし〈＝①見たい・聞きたい・知りたい、②心が引かれる〉」の連用形。ここは、②の意味がふさわしい。
> ○**思ひやられて**＝「思ひやら」は動詞「思ひやる〈＝思いを馳せる・はるかに思う〉」の未然形。また、直後の「れ」は助動詞「る」の連用形で、ここは自発の意味。〈自然と～される・思わず～してしまう・～せずにはいられない〉の訳が当てはまる。

以上より、〈何となく＋（尼が生きていた）昔に心引かれて＋思いを馳せないではいられません〉という訳となり、①が正解。

②は「庵のそばの木々を……見たく」が不適切。ここは尼の様子に思いを馳せているのである。③は「あてもなく」「あちこちさまよう」が、④は「なつかしく」の訳語がそれぞれ不適切。⑤の「つらさを思って心配」は、傍線部(ウ)のあとの内容を取り込んでいて、「思ひやる」の語義からは外れている。

問2 25 ④ **《内容把握問題》**

この設問は、問題文冒頭から傍線部**X**までの「僧」と「尼」との行動を正確に整理することで、正解を導くことができる。話の流れを順に見ていこう。

> ・僧が長谷寺に参詣し、観音堂にお参りすると、尼の念誦する声がする。
> ・僧は、「数珠の音に感動して、私の目に涙が溜まる」という歌を詠んだ。
> ・この僧の歌を聞いて、「これはどうしたことか」と尼が声を上げた。
> ※「《僧が》詠みて侍るを《尼が》聞きて」の部分の主語に注意。
> ↓「これはどうしたことか」は、出家をした夫との思いがけない出会いに驚いた気持ちを表す。
> ・尼が袖に取りついたのを僧が見ると、その尼は長年連れ添った妻であった。
> ※「《尼が》袖に取り付きたるを《僧が》見れば」の部分の主語に注意。

・僧は驚きあきれて、「どうしたことか」と言うと、尼は涙がこみ上げてものを言うこともなかった。
※「《僧が》『いかに』と言ふに……《尼は》とかくもの言ふことなし」の部分の主語に注意。
→「いかに」は、妻が尼になっていることに驚いた気持ちを表す。
・やや程経て涙をおさへて言ふやう（傍線部**X**）

各選択肢を見ると、右の内容を押さえている④が正解。

①は「念誦する尼が長年連れ添った妻だと気づき……歌を詠んだ」という場面の理解が正しくない。②は「顔を見ると」の主語を「尼」とするのが誤っているし、後半の「顔を見ると、長年連れ添った夫であることに気づき」も合わない。③は「どうしてあなたは出家をしたのですか」が誤り。尼が声を上げたのは、夫が出家したことを知ったからではなく、出家した夫と思いがけず出会ったからである。⑤は「驚きの声を上げ、涙にむせびものを言うこともできなかった」の主語を僧にしている点が間違い。

問3 **26** ① **《内容把握問題》**

傍線部**Y**でまず注意したいのは、「未然形＋ば―まし」の形になる、反実仮想の用法〈＝もし〜ならば、―であろうに〉である。以下の形を覚えておこう。

・〜ましかば―まし
・〜ませば―まし
・〜せば―まし
・未然形＋ば―まし

次に、訳を考える。「いかなる人にも慣れ給はば」の「いかなる人」は〈どのような人〉で、ここでは〈どのような人であれ、その人に〉といった意味。直後の「慣れ」は〈慣れ親しむ〉の意味で、「人」は女を指す。続く「よしなき恨み」は〈つまらない恨み〉という意味で、〈私を捨てて、別の女と親しくなったならば、つまらない恨み〉という解釈になる。「侍りなまし」の意味は〈きっとありますでしょうに〉（「な」は強意の助動詞「ぬ」の未然形）。

以上を合わせて直訳すると〈私を捨ててどのような女であれ、その女に慣れ親しみなさったならば、つまらない恨みはありますでしょうに〉という訳になる。つまり〈私を捨ててどのような人にも慣れ親しみなさらなかったので、あなたへのつまらない恨みは少しもありません〉ということ。よって、正解は①。

他の選択肢だが、②は「どのような女と親しくなさるのかはわからない」が前述の訳と不一致なので誤り。③は「私よりもこの上なくすばらしい女」「あきらめもつくでしょう」が、④は「どのような女をそばに置こうかとお考えになっていると気づき」「この上なくつらくなりました」が、それぞれ本文の内容と合わない。⑤は「別の女とお暮らしになっていることがわかった」が本文の内容と異なっているし、「どうしようもない恨みを抱きました」は、事実に反することを想像する反実仮想の訳語と合わない。

問4 **27** ③ **《和歌の解釈問題》**

まず、この和歌が詠まれた場面・状況を整理しておこう。

・女は中納言顕基に大切に思われ都に住んだが、見捨てられ室に帰った。
・ある時、中納言の家の者が舟で通った際、女は髪を切って陸奥紙に包み、中納言に和歌（傍線部**Z**）を送った。
・中納言は和歌を見て泣き、女を恋しく思った。

次に、語句に即して、和歌の意味内容を考えていく。「尽きもせず」は〈尽きることもない・ずっと続く〉の意味。「うきをみるめの悲しさに」の「うき」は形容詞「憂《う》し」の連体形で、「うし」には〈①つらい、②いやだ〉の意味があるが、ここは、この女の境遇を踏まえて〈つらい〉の意味がふさわしい。「あまとなりても袖ぞかわかぬ」の「あま」は女の境遇から「尼」で、〈尼となっても袖は乾かない〉の意味である。全体では、〈尽きることもなくつらい目を見る悲しさゆえに、尼となっても悲しみの涙で袖が乾かないことよ〉となる。

さらに、和歌の修辞技法だが、次のように掛詞《かけことば》が用いられている。

○うき＝「憂き」と「浮き」
○みるめ＝「見る目」と「海松布」
○あま＝「尼」と「海女」

「憂き」「見る目」「尼」とつなぐと、右に述べたような「女」の心情を詠んだ意味となるが、「浮き」「海松布」「海女」とつなぐと、浮いた海松布（＝海藻）を採る海女の様子を思わせる。

以上を踏まえて、選択肢を順に検討する。①は「私につらい目を見させる」が誤り。「私がつらい目を見る」が正しい。②は「直後の『悲しさ』を導く序詞」が誤り。「序詞」には、《比喩による序詞》《同音反復による序詞》《掛詞による序詞》という三種類があるが、この歌ではどれにも当てはまらない。この部分は直後の「悲しさに」にかかる連体修飾部である。

序詞について、やや発展的な内容ではあるが、次に説明を示しておく。

☆**比喩による序詞**……意味的な関連によって、次の語を導く。

例 吉野川岩波高く行く水のはやくぞ人を思ひそめてし

→吉野川の水の流れのはやさと、人を恋しく思い始めるはやさが意味的に関連している。この序詞は口語訳するのが普通で、序詞の最後の「の」を〈～のように〉と訳す。

☆**同音反復による序詞**……同じ音の繰り返しで、次の語を導く。

例 住の江の岸に寄る波夜さへや夢の通ひ路人目よくらむ

→序詞の一部である「寄る」と、序詞が導き出す語「夜」とが同音。口語訳では〈～ではないが〉のように訳す。

☆**掛詞による序詞**……導き出される部分が掛詞になっている。

例 風吹けば沖つ白波たつた山夜半にや君がひとり越ゆらむ

→「たつ」は「（白波が）立つ」と「龍（田山）」との掛詞。この序詞の部分を訳すことも多い。

③は、「浮き」「海松布」「海女」に意味的関連があり、縁語なので正しい。

④は「私は海女なので」が誤り。この歌では「私は尼になった」ということが詠まれている。⑤は「三句切れ」が誤り。「句切れ」とは、意味で切れることを指すが、「悲しさに」はあとの「かわかぬ」を修飾しているので、この歌は「句切れなし」である。

問5 28・29 ④・⑥（順不同）**《会話形式の内容把握問題》**

最初に、二重傍線部aについて考えよう。

〈女というものはつまらない恨みを抱き、こらえきれない思いに堪えかねて、この世をむだに過ごしてしまう〉と述べてから、妻を捨てて出家した夫のあとを追って尼になった女について、〈別れの思いを……として、仏の道に深く心を入れ、かわいい一人娘を捨てたというのは、めったにないすばらしいことではありませんか〉という。ここの「別れの思ひ」は、夫と別れることになったつらさのことであり、それを「知識」として「仏の道」に入ったという。したがって**【資料Ⅰ】**の中で、ここの「知識」にふさわしいのは「善知識」②の意味である。「機縁」とは〈仏の教えを受けるべき縁〉を言うが、〈機会・きっかけ〉の意味でも用いる。ここは〈夫と別れたつらさ〉を〈仏道へ導く機縁〉としたのである。

①は、「『善知識』という①の意味で」としている点が不適切。ここの「別れの思ひ」は「人」を表してはいないし、「すばらしい仏法の指導者としての夫」も本文の内容とずれる。

②は、「『善知識』という②の意味で」は正しいが、後半の「夫を恨みはしても」が不適切（**問3**参照）である。さらに、「複雑な心境」も内容に合わない。

次に、二重傍線部bの「つれもなき心の思ひおどろきて、世を秋風の吹きにけるにこそ」を考えよう。この部分は、「教師」の説明にもあったように、元遊女であった女が、尼になったことを述べた部分である。

ポイントをまとめておこう。

○**つれもなき心の**＝「つれもなき」は、形容詞「つれなし」の連体形に「も」が入り込んだもの。「つれなし」には〈①平然としている・さりげない、②薄情だ・冷淡だ〉の意味があるが、ここは①で、〈（出家の思いに）平然としている・（仏道に）縁もない〉の意味。

○**おどろき**＝カ行四段活用動詞「おどろく」の連用形。「おどろく」には〈①はっと気づく、②目を覚ます〉の意味がある。ここは、①の意味で、「仏道に無関心である（女の）心がはっと気づいた」と考えるのがよい。

○**世を秋風の吹きにけるにこそ**＝単に「秋風が吹いた」では、尼になったことを表せない。「秋」の他に「飽き」が掛詞として掛けられ、「秋風が吹いたのだなあ」と「世を飽きたのだなあ」の二重の意味が表されている。「世を飽きた」ゆえに「尼になった」とつながる。

以上を合わせて、〈仏道に無関心な女の心がふと目覚めて、秋風が吹くようにこの世を飽きて出家を思い立ったのであるなあ〉の意味となる。このように見ると、尼の出家に「人を仏道へ導く機縁」があったとは書かれていない。

③は、「男に対して冷たい……女は愛情を注ぎ続けたのであるなあ」という口語訳が誤りであるし、この口語訳をもとにした「人を仏道に導くという意味の『知識』とは無関係」も誤り。

④は、口語訳部分も正しく、「『知識』と直接関係があるとは書かれていない」も合致するのでこれが一つ目の正解。

最後に、二重傍線部**c**の「驚かれぬ袂にも染めかしとて、秋風も吹き初めけるやらむ」を考える。なお、**【資料Ⅱ】**の前半部は、〈中納言は、すばらしい往生人でいらっしゃったと、往生伝にも書かれていますようなので、そうあるのは当然のことであって〉となっている。ポイントは次の通り。

○**驚かれぬ袂**＝「驚か」はカ行四段活用動詞「驚く」の未然形で、〈はっと気づく〉の意味、「れ」は自発の助動詞、「ぬ」は打消の助動詞である。合わせて〈自然とはっと気づくこともない〉となる。また、続く「袂」は女の比喩である。

○**染めかしとて**＝「染め」はマ行四段活用動詞「染む」の命令形。「染む」には、〈①色づく・染まる、②感化される・影響を受ける〉の意味があるが、ここは命令形なので〈染まれ・感化されよ・影響を受けよ〉となる。ちなみに「かし」は終助詞で、ここでは命令形について念を押す働きをしている。

↓以上をまとめると、〈自然とはっと気づくこともない女に染まれと考えて〉、すなわち〈自然とはっと気づくことのない女に影響を受けよと思って〉となる。

○**秋風も吹き初めけるやらむ**＝二重傍線部**b**と同じく「秋」は掛詞で、「秋（風）」と、ここでは「（女に）飽き」の意味を合わせもつ。また、「やらむ」は「にやあらむ（断定の助動詞「なり」の連用形＋係助詞「や」＋ラ行変格活用動詞「あり」の未然形＋推量の助動詞「む」の連体形）」が変化した形で、〈〜のだろうか〉と訳す。つまり、〈女に飽きたという秋風も吹き始めたのだろうか（＝女に飽き始めたのであろうか）〉の訳となる。

中納言は女に「何に気づかせよう」としたのか。男が女を捨てることで、女は〈別れのつらさ〉に気づくが、その内容だけでは不十分である。中納言がすばらしい往生人であったという前提をもとにして〈世の無常・仏道〉に気づかせようとしたと押さえたい。そして、〈世の無常・仏道への思い〉に染まれと中納言は考えたのである。〈自分では無常・仏道に自然とはっと気づくことのない女にわからせようと思って、女に飽きるようにし始めたのだろうか〉と解釈でき、この中納言の行為は、「人を仏道へ導く機縁」となったといえるだろう。⑥の内容と合う。

残る⑤の前半は正しいが、「『わからせよう』の主体は……秋風」や「出家の機縁となった秋風」は見当はずれなので誤り。「『秋風』が『知識』を指す」も誤った内容である。

全訳

【文章Ⅰ】

その昔、出家して、尊い寺々を参詣して回っていました時に、（旧暦）十月七、八日の頃、長谷寺に参詣しました。日が暮れかかりまして、夕暮れ時の鐘の音ばかりがして、もの寂しい様子や、梢の紅葉が嵐に吹かれている様子は、何となくしみじみと思われました。

そうして、観音堂にお参りして、お経を読んだり法文を唱えたりしまして後、辺りを見回すと、尼で念誦する人がいます。格別に心を澄まして数珠をすっています。感動して、このように、

思ひ入りて……思いを込めてする数珠の音が澄んで、思わず目に溜まる私の涙であるなあ。

と（私が）詠みますのを聞いて、この尼が声を上げて、「これはどうしたことか」と言って袖に取りついたのを見ると、長年夫婦の契りが浅くなかった女が、すでに出家してしまっていたのである。驚きあきれたことに思われて、「どうしたことか」と言うと、しばらくは涙が胸にこみ上げている様子で、あれこれものを言うこともない。やや時が経《た》って涙をおさえて言うことには、「あなたが仏道心を起こして出家なさったあと、何となく暮らすのに疲れて、宵ごとの鐘もわけもなく涙を誘い、夜明け前の鶏の声もたいそう身にしみて、しみじみとした思いばかりが募りましたので、先だっての（旧暦）三月の頃、出家をしてこのように（尼に）なりました。一人の娘を、母方の叔母である人に預けて置いて、高野山の奥である天野の別所に住んでいるのです。それにしてもまた、私を捨ててどのような女（であれ、その女）に慣れ親しみなさったならば、つまらない恨みはありましたでしょうに。これは本当の道に赴きなさるようなので、少しばかりの恨みもありません。かえって善知識となりなさるようなので、うれしく思います。別れ申し上げた時は、浄土での再会をと期待していましたが、思いがけず見た夢（のようだ）と思われる」と言って、涙をせき止めかねていましたので、（妻が）出家したことがうれしく、恨みを残さなかったようなことの喜ばしさに、ひどく涙を流しました。そうしてばかりもいられないので、しかるべき法文など言い教えて、高野山の別所へ尋ねて行こうと約束して、別れました。

長年気の利いた者だとは思っていましたけれども、これほどであるだろうとは思わなかった。女の心のいやなところは思いどおりにならないにつけても、つまらない恨みを抱き、こらえきれない思いに堪えかねては、この世をむだに過ごしてしまうものであるよ。それなのに、別れの思いを善知識として、仏の道に深く心を入れ、かわいい一人娘を捨てたというのは、めったにないすばらしいことではありませんか。

【文章Ⅱ】

昔、播磨国の竹の岡という所に、庵を結んで仏道修行をする尼がいました。以前は室の遊女でありましたが、容貌や姿なども悪くなかったのであろうか、醍醐の中納言顕基に大切に思われ申し上げて、一年の間、都にずっと住んでいましたが、どのようなことがありましたのでしょうか、見捨てられ申し上げて、室に帰ってのちは、二度と遊女のなりわいなどをしませんでしたということである。

ある時、中納言の家の者が、舟に乗って、西国から都の方へ（通って）行ったのをひそかに見て、髪を切って、陸奥紙に包んで、このように書い（て送っ）た。

尽きもせず……尽きることもなく（浮いている海松布ではないが）つらい目を見る悲しさゆえに、（海女ではないが）尼となっても（悲しみの涙で）袖が乾かないことよ。

と書いて、舟に投げ入れましてのち、一途に心を決めて、この所に、庵をあれこれとこしらえて、心を澄まして（仏道修行をして）いましたのです。中納言は、この歌をご覧になって、たいそう泣き恋しく思いなさったのである。

さて、この尼は、ただ一途に朝夕念仏を唱えていましたが、結局本来の願いどおり極楽往生をして、（尼が往生したあと、この庵に）やって来て拝む人が、多くいました。その庵の跡といって、現在まで朽ちた丸木が見られましたのは、

柱などであるのでしょう。ただ少し、まっすぐな様子に植えてある木の節などもすっかり見苦しくなっていました。（それらを）見ましたところ、何となく（尼が生きていた）当時に心引かれて思いを馳せないではいられません。人里もはるかに遠ざかっていますので、思うようにもならない女の心で、あれこれ粗末ながらも、何とか暮らしていましたのでしょう。食べ物などをどのように調達しましたのでしょうかと、本当に気がかりでございます。同じ女とはいうけれども、そのような遊女などになってしまうと、人に見捨てられたことなどを、強く悟るまではないようであるのに、ひたすらつらい男女の仲をきっかけにして、（遊女のなりわいに）懲りてしまったという心の様子は、すばらしく思われます。

この中納言も、りっぱな往生人でいらっしゃったようだと、伝には載せていますので、そのように往生なさったのだろうか。仏道に無関心な女の心がふと目覚めて、秋風が吹くようにこの世を飽き（出家を思い立っ）たのであるなあ。今はまた、（中納言と尼は）仲むつまじい新生の菩薩たちでいらっしゃるのだろうと思われて、何ということなくしみじみと思われるのです。

【資料Ⅱ】

中納言は、すばらしい往生人でいらっしゃったと、往生伝にも書かれていますようなので、そうあるのは当然のことであって、自分では無常・仏道に自然とはっと気づくことのない女にわからせようと思って、女に飽きるようにし始めたのだろうか、とまで思われる。

第5問

出典 原念斎《はらねんさい》『先哲叢談《せんてつそうだん》』、**【資料】** 伊藤仁斎《いとうじんさい》『論語古義《ろんごこぎ》』

『先哲叢談』は、江戸時代の儒者の評伝。著者は原念斎。江戸時代後期の一八一六（文化十三）年に刊行された。近世儒学の祖といわれる藤原惺窩《せいか》から、念斎の祖父の原双桂まで、江戸初期～中期の主要な儒者の評伝を収録している。

『論語古義』は、伊藤仁斎が著した『論語』の注釈書。『論語』は中国、春秋時代の思想家で、儒家思想の祖である孔子と、その門人の言行が後世にまとめられたものである。

【出題のねらい】

本問は、大学入学共通テストに類似した出題形式に触れることで実戦力を養うことを目的として作成した。大学入学共通テストでは、複数の資料を読み比べる形式が多く採られている。そこで本問も、二つの資料を読み比べる問題を含む出題構成とした。**問1**は語句の意味、**問2**は句形を含む文の書き下し文と解釈、**問3**は指示語を含む文の解釈を問う。**問4**は文脈および対句表現を踏まえた空欄補充、**問5**は本文と資料とを読み比べての読解問題となっている。

【概要】

・大高坂清介が『適従録』を著して伊藤仁斎を批判する。

↓

・仁斎の弟子が、先生（＝仁斎）に反論することを求める。

・仁斎は笑って答えない。

↓

・仁斎の弟子は、先生が反論しないのなら、自分がその役をやると言う。

・仁斎は、君子は争わないものであり、学問は他者を論難するためのものではなく、自分のためにするものだと弟子を戒める。

【資料】

・孔子の言葉

「君子は争うことがない。争うとすれば儀礼として行う弓試合くらいで、それとても、礼儀にのっとった君子の競争である」（『論語』）

・孔子の言葉についての、仁斎の解釈

この言葉は、君子は総じて人と争わないということを表している。

↓

君子は仁と礼を心に留めているので、争うはずがない。

↓

人と争うのは小人であり、仁と礼に欠けている。

論語の中で、孔子はしばしば君子について言及している。

↓

論語を学ぶ者は、心を落ち着けて深く思索し、君子のありようを体得すべきである。

↓

この言葉は（君子のありようを体得する）ということを、最もピタリと表現している。

問1 30 ③ 31 ⑤ **《漢字の意味の問題》**

漢字の意味の問題には主に二つの意図がある。一つは、多義語や指示語のような解釈に幅がある字について、本文内での適切な意味を問う場合。もう一つは、基本語や重要語、漢文に独特の意味で用いられる語などの知識を問う場合である。本問の(ア)は前者、(イ)は後者に当たる。もちろんいずれの場合でも、知識と文脈の両面から考え、確認する必要があることは言うまでもない。

(ア)　書き下し文にして直訳すると「之れが弁を作せ（と）」〈＝これの弁をしてください（と）〉となる。「之」の指示内容と、「弁」の意味を考えることがポイントである。また、(ア)は命令文なので、誰が誰に〈弁をしてください〉と求めているのかも押さえておこう。(ア)は「弟子」が「先生」と呼びかけている人物に対する発言である。そして、弟子の発言の後には「仁斎笑ひて言はず」

とあるので、(ア)は仁斎の弟子から仁斎への発言と考えられる。このことを念頭に置いて選択肢を見ていこう。弟子は、何かを持ってきて「之を睨し」、「之れが弁を作せ」と言っている。そして、選択肢はすべて『適従録』に対して何らかの動作を行うという内容になっている。つまり「之」は『適従録』を指している。だとすると、「之れが弁」は何を意味するだろうか。「弁」は「弁別」「弁論」などの熟語に使われるように、〈区別する、筋道立てて話す〉といった意味がある。『適従録』は仁斎の考えを論駁した書物なので、それに対して仁斎の側が「弁」をするとすれば、自分の考えが正しいことを示す、つまり『適従録』への批判や反論をするのが最も自然である。とくに、これは仁斎の「弟子」の発言である。自分の先生の考えが論駁されたのだから、弟子としては是非ともうちの先生に相手を言い負かしてほしいと思うだろう。よって、③が正解。

①・④は論敵の書物を積極的に受け入れる意味になり、この場面に合わない。②の「区別する」は、そもそも相手が自分たちの考えとの違いを意識しているから論駁してきたので、改めて「区別する」必要がないため適当ではない。⑤はやや迷うかもしれないが、「弁」は、区別したり、自分の考えを理屈に合わせて語ることであって、相手との〈優劣を決める〉意味まではもたない。

(イ)「小」は、〈すくない・ちいさい〉という意味をもつ。そこから年齢が若いこととして②「子ども」や、仁徳に欠けることとして④「愚か者」、謙譲表現として①「わたくし」のような使い方をする。また、身分が低いことなどの意味でも用いられる。しかし、ここでは、先生（仁斎）から弟子への呼びかけの言葉として用いられているので、⑤「弟子」の意味になる。なお③のような「子孫」の意味で用いられることはない。以上から⑤が正解。

問2 (i) **32** ⑤ (ii) **33** ① **《書き下し文と解釈の問題》**

傍線部の中でとくに注意すべき表現は「苟」と「豈～乎」の二つである。

まず「苟」は「いやシクモ」と読んで、〈かりにも～・もしも～〉という仮定の句形を作ったり、「かりそメニ」と読んで、〈一時的に・いい加減に〉という意味を表したりする。「かりそメニス」〈＝いい加減にする・おろそかにする〉と、動詞で読むこともある。

> **◆仮定形**
> ○順接の仮定
> ・**如シ～バ**　もシ～バ〈＝もし～ならば〉
> ・**苟シクモ～バ**　いやシクモ～バ〈＝かりにも～ならば〉
> ○逆接の仮定
> ・**縦ヒ～トモ**　たとヒ～トモ〈＝たとえ～ても〉
> ・**雖モ二～一ト**　～トいへどモ〈＝たとえ～ても〉

これを踏まえると、書き下し文の「苟」の読み方はどれも正しそうだが、(ii)の解釈について、この時点で②は「苟」にあたる解釈を含まない点で不適切だと判断できよう。次に「豈～乎」は、漢文頻出の反語形である。

> **◆「豈」を使った反語の句形の使い方**
> **豈ニ～(セ)ン乎「あニ～(セ)ンや」**〈＝どうして～するだろうか、いや、～しない〉
> ※反語は、自分の主張を強めるために、あえて、その主張とは逆の内容を問いかける表現方法。
>
> ←問いかけ
> どうして[～する]だろうか、いや、[～しない]。
> →主張と反対の内容　　→主張したいこと
>
> ※文自体は〈どうして～するだろうか〉という問いかけのみだが、本当に言いたいのは、問いかけた内容とは逆の〈いや、～しない〉ということ。現代語訳では、この〈いや、～しない〉を補うとよい。ただし、解釈の正誤を問う問題では主張したいこと〈＝いや、～しない〉だけが取り出されている場合もあるので注意する。

(i)　書き下し文の①「止めざるか」・②「止むか」・④「止むべし」は、「豈に〜んや」という問いかけの形ではなく、反語形を正しく読めていない。また、傍線部の中で反語形になっているのは「豈可黙而止乎」の部分で、「豈ニ〜ンや（＝乎）」の「〜」に「可黙而止」が入った形である。書き下し文の③「黙して止むべきを辞さ」は、反語形になっている部分から外れた位置にある文字（辞）を「豈ニ〜ンや（＝乎）」の「〜」に入れて読んでおり、不適切である。

以上のように、傍線部と書き下し文を見比べると、⑤以外の選択肢には不適切な点があることがわかる。

(ii)　解釈について、②・⑤は疑問形、④は通常の言い切りになっており、反語形を踏まえていないので不適切。そもそも傍線部は、**問1**(ア)で見た弟子の発言である。弟子は**問1**(ア)の発言で仁斎に、『適従録』に反論するよう勧めた。しかし仁斎の反応は「笑ひて言はず」というものであった。そこで弟子が続けて傍線部の発言をしている。この状況を考えると、弟子は仁斎に納得してもらうために、『適従録』への反論の必要性を訴えるというのが自然な流れであろう。①の「かりにも相手の言葉を封じられないならば」は、仁斎への批判が『適従録』という書物の形で出ている（「人著《シ》レ書《ヲ》以《テ》恣《ニ》議《ス》レ己《ヲ》」〈＝大高坂清介が書物を著して好き放題に自分たちのことを議論する〉）という状況に合致する。また、「黙ったままでいてよいはずはありません」は、「豈に黙して止むべけんや」〈＝どうして黙ったままでいて（＝黙して止む）よい（＝べし）だろうか、いや、黙ったままでいてよいはずはない〉の、主張の部分を取り出したものである。〈黙ったままでいてよいはずはない〉とは、黙っていないで反論せよ、ということなので文脈にも合う。一方、③は「黙ったままでは悪いという考えをやめ」るとあるが、これでは反論するなということになるので不適切。よって、①が正解である。

問3　34　⑤　**《内容把握問題》**

傍線部を書き下し文にして直訳すると、「請ふ余代はりて之を折かんと」〈＝どうか私に代わりに之をくじかせてくださいと〉となる。「請〜」は願望形で、傍線部内では「余」〈＝じぶん、わたし〉すなわち話者自身の希望を表す。

◆願望形
・**請《フ》〜**　　こフ〜
・**願《ハクハ》〜**　　ねがハクハ〜
・**庶幾《ハクハ》〜**　　こひねがハクハ〜
※願望形は、自分の願望を述べる場合と他者に要求する場合とで述語の表現が変わる。
・**請《フ》［願・庶幾］〜《(セ)ン》（＝未然形＋ん）**　こフ〜（セ）ン
〈＝どうか〜させてください〉…自分の願望
・**請《フ》［願・庶幾］〜《(セ)ヨ》（＝命令形）**　こフ〜（セ）ヨ
〈＝どうか〜してください〉…他者への願望

内容を理解するポイントは主に二つ。一つは「余代はりて」が、誰が、誰に代わるのかということ。もう一つは、「之」の指示内容である。順に見ていこう。傍線部は、**問2**で見た、仁斎に反論を促す弟子の発言の続きである。したがって、「余」は発言者である弟子、「代はりて」は、〈自分が先生に代わって〉という意味になるのが最も自然であろう。①・②は「大高坂清介の弟子が」、③は「仁斎の弟子と大高坂清介の弟子が」としている時点で誤りである。また、傍線部の前に「先生にして答へざれば、則ち」とあることから、この発言が〈仁斎が反論しないならば……〉という条件を受けていることがわかる。よって、「之を折かん」は、『適従録』による大高坂清介からの論駁に反論するという意味だと考えられる。よって正解は⑤。④の「批判の矢面に立」つは、批判を受け止めるという意味なので、「折く」の解釈としては⑤が勝る。

問4　35　②　**《空欄補充問題》**

選択肢を見ると、空欄**I**〜**IV**には「是」〈＝正しい・よい〉「非」〈＝間違い・悪い〉のどちらかが入る。二つの字は意味が対照的である。また、空欄を含んでいる二つの文は、次に示すように、よく似た形をしている。すなわち、対句になっている。

如《シ》彼果《タシテ》 I 《ニシテ》我果《タシテ》 II 《ナレバ》、彼《ハ》於《イテ》レ我《ニ》為《リ》二益友一。
↔　↔　↔
如《シ》我果《タシテ》 III 《ニシテ》彼果《タシテ》 IV 《ナレバ》、他日彼其《ノ》学長進《スレバ》、則《チ》当《ニ》二自《ラ》知《ル》レ之《ヲ》。

仮定条件　　結果

対になっている二つの文はどちらも「如し〜なれば、……」〈＝もし〜ならば、……〉と、条件を仮定してその結果を述べる形である。そして、仮定されている条件は、〈もし［彼／我］が［是／非］ならば〉である。これまで見てきたように、仁斎は大高坂清介から『適従録』で批判され、弟子から反論を勧められているという状況なので、「彼」は大高坂清介、「我」は仁斎で、それぞれの考え方が是ならば……、あるいは非ならば……、と仮定して論じている。

さて、仁斎がどのような仮定をしたかは、その仮定から導かれる結果を見て考えていこう。「如し彼果たして I にして我果たして II なれば」に対する結果は、「彼は我に於いて益友たり」〈＝彼は私にとって有益な友人である〉とある。学問や考え方の「是非」という観点から、仁斎にとって、大高坂清介が〈有益な友人〉であるのはどんな場合かと考えると、仁斎も大高坂清介も「是」であって、共感できる場合と、仁斎に「非」があって、それを大高坂清介の「是」によって改めることができる場合とが考えられる。しかし、そもそも大高坂清介と仁斎の思想が対立していることは明らかなのでどちらも「是」というのは成り立たない。したがって、「如し彼果たして是にして我果たして非なれば、彼は我に於いて益友たり」〈＝もしやはり彼が正しく私が間違っているならば、彼は私にとって益友である〉となる。もう一方の文はこれと対句関係にあるので、先ほどとは逆の〈我が是、彼が非〉の場合を考えればよい。その結果は「他日彼其の学長進すれば、則ち当に自ら之を知るべし」〈＝いつの日か彼自身の学びが進めば、そこできっと自然にそのことを理解するはずだ〉となっている。仁斎が「是」で大高坂清介が「非」の場合、大高坂清介自身の学問が進めば、自分でその間違いに気づくはずだ、つまり、こちらから何か言う必要はない、というのが仁斎の考えである。よって、正解は②。

問5　(i)　**36**　①　(ii)　**37**　④　**《複数文章の比較読解問題》**

(i)　まず状況を押さえると、反論しない仁斎の代わりに自分が反論するという弟子に向かって、仁斎は空欄を含む発言をしている。その発言の後半には、「小子（**問1**(イ)）宜しく深く戒むべし」と、弟子をたしなめる言葉も見えている。この発言は、仁斎は大高坂清介に反論する意志はないことや、その理由を述べて弟子を諭す主旨だと考えられる。したがって、空欄**X**にはこの状況を端的に表現した語が入るはずである。続いて**【資料】**を見ると、そこに挙げられている『論語』の一節について、仁斎は「君子は事に於いて総じて人と争ふこと無きを見はす」と解釈している。この、〈君子は「射」以外、何事においても人と争わない〉という考え方が根底にあれば、たとえ自分の思想を反駁する者が現れても、それに反論することはないという態度になる。したがって、空欄**X**には〈君子は争わない〉ことが明確に述べられている①が入る。②〜⑤は、争うとすれば儀礼としてでありその争い方も礼儀正しいという、〈君子は争わない〉ことの補足説明なので、部分的に取り上げるには適さない。

(ii)　本文と**【資料】**から仁斎の考え方をとらえ、選択肢の内容を検討する。

①は、仁斎が「孔子を理想の指導者とみなす」とする点はよい。本文では『論語』の「君子は争ふ所無し」を引用して弟子を戒めており、その語句について**【資料】**では、「夫子の君子を言ふこと諸章に至れば……佩服体取せざるべからず」と、論語における「君子」の理解の重要性を認識している。しかし、本文の「何ぞ彼を毀り……憎まん」を「弟子を指導する上での要点」とするのは不適当。本文では「学を為すの要」としてこのことを述べている。

②は、「笑ひて言はず」を、弟子に対する寛容の態度としている点が不適当。仁斎の態度は、大高坂清介に反論して争うつもりはないということの表明である。また、**【資料】**によれば「不仁無礼」は「人と争ふ者」を指しており、弟子の未熟さではなく、人を論駁したり、それに反論したりしようとする、大高坂清介や弟子の態度を指したものと見る方が本文の論旨に合う。

③は、「仁斎が、……という反応をしている」まではよい。しかし、「手順を踏まない限りは相手にしない」が不適当。**【資料】**によれば『論語』の「必ずや射か」〈＝（争うとすれば）きっと射の儀礼においてだろうか〉は、仁斎の

解釈では「事に於いて総じて人と争ふこと無き」ことを意味している。

④は、問題文が「君子は争ふ所無し」と、自分の態度を決める基準として『論語』の君子のあり方を提示した上で、「学を為すの要」として「心を虚しくし気を平らかにし……己が為にするを先と為す」と述べたとする点に合致する。また、**【資料】**では、『論語』を読んで学ぶべき「君子」について「心を潜め思ひを覃くし、佩服体取せざるべからず」と述べており、虚心坦懐《たんかい》に臨むという一貫した考え方が示されている。よって、これが正解。

⑤は、仁斎が「自分を批判する者への反論」をしているとする点が不適当。仁斎は「君子は争ふ所無し」と述べ、批判に反論することを戒めている。また、「自己保身や……払拭できない」といった内容は本文にない。

以上から④が正解である。

書き下し文

大高坂清介適従録《おほたかさかせいすけてきじゆうろく》を著《あらは》し、以《もつ》て仁斎《じんさい》を駁《ばく》す。弟子《ていし》持《も》ち来《きた》りて之《これ》を眎《しめ》して曰《い》はく、「先生之《せんせいこ》れが弁《べん》を作《な》せ」と。仁斎笑《じんさいわら》ひて言《い》はず。弟子曰《ていしい》はく、「人書《ひとしよ》を著《あらは》し以《もつ》て恣《ほしいまま》に己《おのれ》を議《ぎ》す。苟《いや》しくも辞塞《じふさ》がらざれば、豈《あ》に黙《もく》して止《や》むべけんや。先生《せんせい》にして答《こた》へざれば、則《すなは》ち請《こ》ふ余《よ》代《か》はりて之《これ》を折《くじ》かん」と。仁斎《じんさい》曰《い》はく、「君子《くんし》は争《あらそ》ふ所無《ところな》し。如《も》し彼《かれ》果《は》たして是《ぜ》にして我《われ》果《は》たして非《ひ》なれば、彼《かれ》は我《われ》に於《お》いて益友《えきいう》たり。如《も》し我《われ》果《は》たして是《ぜ》にして彼《かれ》果《は》たして非《ひ》なれば、他日《たじつ》彼其《かれそ》の学長進《がくちやうしん》すれば、則《すなは》ち当《まさ》に自《みづか》ら之《これ》を知《し》るべし。小子《せうし》宜《よろ》しく深《ふか》く戒《いまし》むべし。学《がく》を為《な》すの要《えう》は、惟《た》だ心《こころ》を虚《むな》しくし気《き》を平《たひ》らかにし、以《もつ》て己《おのれ》が為《ため》にするを先《さき》と為《な》す。何《なん》ぞ彼《かれ》を毀《そし》り我《われ》を立《た》て、徒《いたづ》らに茲《こ》の多口《たこう》を憎《にく》まん」と。

【資料】

子曰《しい》はく、「君子《くんし》は争《あらそ》ふ所無《ところな》し。必《かなら》ずや射《しや》か。揖譲《いふじやう》して升《のぼ》り、下《くだ》りて飲《の》ましむ。其《そ》の争《あらそ》ひや君子《くんし》なり」と。

全訳

大高坂清介が『適従録』を著して、仁斎を論駁した。（仁斎の）弟子がこれ（＝『適従録』）を持ってきて（仁斎に）見せて言うには、「先生はこれに反論してください」と。仁斎は笑って何も言わなかった。弟子が言うには、「人（＝大高坂清介）が書物を著して好き放題に自分たちのことを議論する。かりにも相手の言葉を封じられないのならば、どうして黙っていてよいでしょうか、いや、黙っていてよいはずはありません。先生がお答えにならないのなら、それならどうか私に先生の代わりにこれを論破させてください」と。仁斎が言うには、「君子は争うことがない。もしやはり彼が正しく私が間違っているならば、彼は私にとって有益な友人である。もしやはり私が正しく彼が間違っているならば、いつの日か彼自身の学びが進めば、そこできっと自然にそのこと（＝彼が間違っていたこと）を理解するはずだ。おまえ（＝弟子）はよくよく注意しなければならない。学問をすることの要点は、ただ心を空っぽにして気持ちを落ち着け、自分のために学ぶことを第一とすることにつきる。どうして彼を批判して自分の立場をよしとし、むやみにこの多弁（＝大高坂清介の論駁）を憎むだろうか、いや、憎みはしない」と。

【資料】

先生が言われた、「君子は争うことがない。（争うとすれば）きっと射の儀礼においてだろうか。手を組んで挨拶し譲り合って（試合の場所へ）昇り、（試合が終われば）降りて（負けた者に）酒を飲ませる。その争いはまことに紳士然としている」と。

この言葉は君子の争いは射の儀礼においてだけ存在することを言っている。つまり君子は物事においておよそ人と争うことはないということを表している。君子は仁と礼とを心に留めている。（だから）何を争うことがあるだろうか、いや、何も争うことはないのだ。人と争う者は、みな小人であって、仁と礼とに欠けること甚だしいのである。『論語』を読んで学ぶ者は、孔子先生が君子についてあちこちの章段で言及しているのだから、そこで心を落ち着けて深く思索して、（君子のありようを）しっかりと身につけ体得しないわけにはゆかない。この章段のような言葉は、最もそれを言い当てた大切なことだよ。

模試　第4回　解答

自動採点・学習診断

第1問小計	第2問小計	第3問小計	第4問小計	第5問小計	合計点
					/200

問題番号(配点)	設問	解答番号	正解	配点	自己採点
第1問 (45)	1	1	②	2	
		2	③	2	
		3	④	2	
		4	①	2	
		5	④	2	
	2	6	④	7	
	3	7	③	6	
	4	8	③	7	
	5	9	④	8	
	6	10	①	7	
第2問 (45)	1	11	④	7	
	2	12	④	8	
	3	13	②	8	
	4	14-15	③-⑤	7	
				7	
	5	16	③	8	
第3問 (20)	1	17-18	①-⑤	4	
				4	
	2	19	⑤	5	
	3	20	⑤	4	
		21	③	3	

問題番号(配点)	設問	解答番号	正解	配点	自己採点
第4問 (45)	1	22	①	5	
		23	③	5	
		24	③	5	
	2	25	④	6	
	3	26	③	6	
	4	27	⑤	6	
	5	28-29	①-⑤	6	
				6	
第5問 (45)	1	30	①	3	
		31	④	3	
	2	32	③	4	
		33	①	4	
	3	34	⑤	6	
	4	35	②	6	
	5	36	④	3	
		37	②	4	
	6	38	⑤	6	
	7	39	④	6	

（注）－（ハイフン）でつながれた正解は，順序を問わない。

第1問

出典　**【文章Ⅰ】**　田中克彦《たなかかつひこ》『漢字が日本語をほろぼす』（角川ＳＳＣ新書　二〇一一年）

【文章Ⅱ】　佐久協《さくやすし》『日本一愉快な国語授業』（祥伝社　二〇〇七年）

田中克彦は一九三四年兵庫県生まれ。東京外国語大学モンゴル語学科卒業、一橋大学大学院社会学研究科修了、一橋大学名誉教授。専門は社会言語学とモンゴル学。言語学をことばと国家と民族の関係からとらえた研究で知られる。

佐久協は一九四四年東京都生まれ。慶應義塾大学卒業、同大学院で中国文学・国文学を専攻。慶應義塾高校で教職に就き、退職後は主に中国古典に関して活発な著述活動を行っている。

【出題のねらい】

共通テストの出題傾向に沿った、複数の文章を読み比べるタイプの演習として出題した。**【文章Ⅰ】**は日本語表記のローマ字化を主張するもの。**【文章Ⅱ】**は日本語表記のローマ字化について、ひらがな化と並列して二つの方向性のうちの一つとして解説するものである。視点や前提となる時代状況の違いに留意して読み取りたい。

【概要】　問題文の概要は次の通りである。

【文章Ⅰ】

① **オトそのものを最も自然にうつし出すローマ字表記**（1〜3段落）

・ことばとはオトのつらなりであり、オト自体を最も自然にうつし出すのはローマ字表記だが、日本語では子音と母音を一体としてカナでうつすことが確立しているため、日本人には子音と母音を分けてオトをうつすことが難しい。

② **ローマ字表記で明らかになる日本語の文法的原理**（4〜8段落）

・日本語を分析的にみようとするとき、ローマ字表記は日本語人自身にも多くのことを教えてくれる。

・漢字で書けば一見無関係に見える単語も、ローマ字書きすれば、ある動作を表す動詞とその動作に関係のある名詞が、たった一つの母音のちがいで区別されており、母音のいれかわりが大きな文法的役割を果たしていることがあきらかになる。

・母音の文法的役割を覆いかくす点では漢字と同様だが、カナは漢字に比べればはるかにオトそのものを露出させている。

・古代日本語ではこのような文法的原理がいきいきとはたらいていたが、オトをかくす漢字によって単語のつながりが切りはなされてしまった。

③ **日本語の発展のためのローマ字化**（9〜13段落）

・日本語を書くにあたって、私たちがふだん気づかない問題、使いにくさ、不具合を指摘してもらい、改良し発展させるためには、なるべく多くのさまざまな出自の人に日本語共同体に参加してもらう（＝日本語なかまの関係になる）ことが必要である。新しい日本語なかまが日本語とその書きことばを身につけやすいように、私たちは工夫をすることで、自分の利益につなげられる。

・文法、発音はもはや改良できない要素であるが、せめて文字のつづりを、ドイツ語のようにわかりやすく、おぼえやすくしておくべきである。日本語はきびしい言語の国際競争にさらされている。

【文章Ⅱ】

① **日本語の文字改革の二大主張**（1〜4段落）

・日本語の文字改革の二大主張は、ローマ字化とひらがな化である。

・ローマ字表記については、占領軍の後押しもあり、駅名にローマ字が並記されているのも占領軍の要請があってのことだが、現在ではハングルや中国の簡体字による駅名表示も見られるようになり、時代の推移がうかがわれる。

・かな文字論者はローマ字論者より伝統があり、勢力もはるかに大きかったが、最大の主張理由である機械化する上での漢字の煩雑さが、ワープロの開発と普及により解消されたことで、勢力は弱くなっている。

② **アメリカで主張された文字改革**（5段落）

・一九世紀のアメリカで、ロブシャイドという言語学者が米語の綴りと発音を一致させる表記改革を提唱したが、インテリ階層と上流階級の猛反発により敗退した。

・もし提案が受け入れられていたら、外国人が米語を学ぶのに便利であるだけでなく、アメリカの識字率向上にも貢献したと思われる。

③ **文字改革の不可逆性**（6～8段落）

・すべての文字改革に反対するのは誤りだが、文字改革はいったん変えたら元には戻せないことは肝に銘じておく必要がある。

・韓国では漢字を廃してハングル表記化を推し進める際に、漢字は大学で習得すればよいと考えた。ところが、大学で初めて漢字を学ぶには膨大な時間とエネルギーが必要だと判明し、その時に改めて小学校から基礎的な漢字を教えるよう修正しようとしたが、漢字教育のノウハウが失われていた。

・モンゴルでは、ロシア文字で表記されていたモンゴル語をパスパ文字で表記する法案が可決されたが、パスパ文字は七〇年以上も使用されていなかった上に煩雑であり、達成すべきかをめぐっては、議論が続いている。

問1 1 ② 2 ③ 3 ④ 4 ① 5 ④ **《漢字問題》**

(ア)「実態」で〈本当の状態〉。①「安泰」は〈無事で平穏なこと〉。②「旧態依然」は〈元のままで変わらないこと〉。③「大義」は〈人として守るべき大切な道〉。④は「停滞」。

(イ)「分断」は〈つながっているものを別々に切り離すこと〉。①「登壇」は〈壇の上に上がること〉。②「弾力」は〈外から作用する力によって変形したものが、元の形に戻ろうとする力〉。③「断絶」は〈続いてきたものが途絶えること〉。④は「相談」。

(ウ)「健在」は〈衰えることなく力を発揮していること〉。①「兼業」は〈本業以外に他の仕事を行うこと〉。②「賢明」は〈かしこくて判断が道理にかなっていること〉。③は「建設」。④「頑健」は〈丈夫で強いこと〉。

(エ)「補足」は〈足りないところを付け足すこと〉。①「自給自足」は〈必要なものを自分で生産してまかなうこと〉。②「結束」は〈団結すること〉。③「側頭（部）」は〈頭の側面〉。④「即座」は〈その場ですぐ〉。

(オ)「重宝」は〈便利なものとしてよく使うこと〉、「調法」とも書く。①「傍聴」は〈会議や裁判の様子をそばできくこと〉。②は「記帳」。③は「胃腸」。④「丁重」は〈礼儀正しく丁寧なこと〉。

問2 6 ④ **《内容把握問題》**

【文章Ⅰ】に設けられた傍線部の内容把握問題。傍線部の次の段落に「たとえば……」とあり、以降で傍線部の内容が説明されていることは明らかである。したがって、この話題を取り上げた5～8段落の内容をまずは正しく押さえる。

・「一見全く関係のない別の単語のように見えるが……たった一つの母音のちがいで区別されることがまず明らかになり……**e→aの母音のいれかわりが大きな文法的役割をしていることがあきらかになる。**」

・「日本語では、**子音をきりはなした母音そのものが、品詞の区別をしたり新しい単語を作る上で、いかに大活躍したか**」

といった内容が述べられており、右の内容に合う④が正解。

①は、前半の日本語の音のとらえ方については問題文に沿った内容だが、日本人が外国語を学ぶために音の聞き方を変えるということに焦点があり、不適切。

②は、オトの重要性と漢字で書き表された意味の重要性を比較する内容で、日本語における母音の文法的役割について一切触れていないため、不適切。

③は、日本語における母音の文法的役割について述べた前半の内容に問題はないが、「現代の日本語ではそのような原理が失われ、日本語が新しい単語を創り出す活力を失っている」ということは、問題文では述べられておらず、不適切。

⑤は、日本語で子音と母音が一体として認識されることは問題文で述べられている内容ではあるものの、これは日本人がローマ字書き日本語を学ぶことに反論する人の意見であり、あえてローマ字で表記することが何を教えてくれるかということについては説明できておらず、不適切。

問3　7　③　《内容把握問題》

【文章Ⅰ】の空欄補充問題。空欄Xは問題文末尾の13段落にあり、この段落では、これまで展開されてきた筆者の主張がどのような危機意識から発したものであるのかが述べられている。空欄の直後に「せりにかけられている」とある。「せり（競り）にかける」とは本来は〈収穫したものを市場に持っていき、買う業者が値段をつけあう〉という意味だが、ここでは単に〈競い合う〉程度の意味で考えればよいだろう。きびしい言語の国際競争の場において、空欄の要素が競い合いのポイントとなっているということだと考えられる。【概要】にまとめたように、問題文前半では、ローマ字表記が最も自然にオトをうつし出すとして、日本人がローマ字表記を用いる利点について述べているが、筆者の主張の力点は問題文後半にある。

後半では、筆者がローマ字表記を推進するのは、日本語の改良・発展のために多くの人に日本語を使ってほしいと思っているからであること、またそのために、

・「なるべく日本語、その書きことばを**身につけやすいように工夫しておくことが……自分の利益になる**」（11段落）

・「**文字のつづりがわかりやすく、すぐにおぼえられるようにしておかなければならない**」（12段落）

と考えているためであることが述べられている。以上の内容に合う③が正解。

①に述べられているような、日本語の「歴史的、民族的な意義」を筆者が重要視するような記述は問題文にないため、不適切。

②も同様に、「荘厳さ、高度な文化性」が日本語の生き残りのために重要だという記述は問題文にない。むしろ空欄直前に「そのこった使いかたを見せびらかせていい気になっているときではない」と述べられているのだから、筆者が重要視しているものとは逆の方向性である。

④は日本語の使いやすさについて述べた選択肢ではあるが、問題文では日本語を発音することや耳で聞くことに対する利点を述べた記述はなく、終始表記の問題について述べているので、不適切。

⑤は言葉を柔軟に革新していくことについて述べており、一見正しいように見えるが、筆者が重要視している〈学びやすさ〉に触れていないので、不適切。

問4　8　③　《内容把握問題》

【文章Ⅱ】で挙げられている、「ローマ字論者」「かな文字論者」「米語の綴りを発音と一致させるための運動家」（ロブシャイド）という表記改革論者たちの共通点を問う問題。

問題文の内容をまとめよう。

ローマ字論者

・「ローマ字の授業は、**私より二歳年下の弟の時にはなくなっていました**」

・「ローマ字論者は占領軍……の後押しもあり、なかなかの勢力でした」

かな文字論者

・「『かな文字論者』は伝統もあり、勢力も遥かに大きなものでした。現在でも**数は激減していますが健在なようです**」

・戦後まで永く勢力を保った「かな文字論者」の主張の基本は、漢字が煩雑で教育や機械化に不向きだというもの

↓日本の子どもだけでなく、外国人が日本語を覚える際の負担にもなり、日本語が世界に普及しない原因となっている

・一九八〇年代にワープロの開発と普及が急速に進み、かな文字論者は勢力を伸ばせなくなった

ロブシャイド

・言語学者であり、米語の綴りを発音と一致させるための運動家

・「彼（＝ロブシャイド）が著した『ロブシャイド英語辞典』は明治期の日本で大変に重宝されました」

・「彼の提案はインテリ階層と上流階級の猛反発を喰らい、運動資金も得られずに**あえなく敗退してしまいました**」

以上から、**【文章Ⅱ】**で挙げられているこの三つの表記改革は、いずれもいったんは勢力を伸ばしたが、過去に果たされないままに勢力を失った主張であるとわかる。したがって、③が正解である。

①の「外国の圧力」はローマ字論者の主張を後押ししたものであり、「機械化」はかな文字論者の主張の根拠となったものだが、ロブシャイドがそのような外部的要因を受けて主張を展開したとの記述は問題文にないので、不適切。

②は、ローマ字論者に占領軍の後押しがあったこと、またかな文字論者の補足の主張として、漢字が「外国人が日本語を覚える際の負担」になることが挙げられていたとあることから不適切。

④の「ワープロの普及」は、ローマ字論者、一九世紀に主張されたロブシャイドの表記改革とは無関係。

⑤の「主に学校現場で自説を実践する教育者たちで構成されていた」という内容は、文中で述べられていない。

問5 9 ④ **《複数の文章の趣旨把握問題》**

複数の問題文の趣旨に関する会話文を掲げた設問。

①は、**【文章Ⅰ】**はローマ字論者自身の主張、**【文章Ⅱ】**は文字改革のいくつかの主張について客観的に述べたものである。また、「戦後に学校でローマ字教育を受けたけど、二年後にはその授業がなくなっていた」という筆者の経験についての記述が問題文にあり、筆者はローマ字教育を世の中の推移の一局面として「退いた視点」でとらえているといえるので、適切。

②は、**【文章Ⅰ】**は現代におけるローマ字化の主張、**【文章Ⅱ】**は戦後のローマ字化の主張について述べているので、適切。

③の**【文章Ⅰ】**についての記述は、6段落の記述に合致している。また、**【文章Ⅱ】**についての記述も、問題文冒頭の一文に沿っており、適切。

④は「外国人にとって発音しやすいように言葉そのものを変えていこう」とあるが、日本語が外国人にとって発音しにくいと問題視する記述は**【文章Ⅰ】**にはない。また筆者は12段落で「文法や発音はどんなに改良しようとしても、もはや手のつけようがない」と述べているので、発音を変えていこうという方向性も合致しない。よって不適切。

⑤の**【文章Ⅰ】**に関する記述は、9〜11段落の記述に合致している。また、**【文章Ⅱ】**に関する内容も適切である。

以上から、筆者の考えとして適当でない選択肢は④である。

問6 10 ① **《文章の構成・展開の把握問題》**

二つの文章を比較して、その構成や展開について選択肢の適否を判断する。

① **【文章Ⅰ】**についての記述の前半は、5段落の記述に合致している。また、後半は9〜11段落の記述に合致している。**【文章Ⅱ】**が「日本語の文字改革の二大主張」について、「自説を前面に出さない形」をとりながら、「見解を出している」という内容も適切である。

② **【文章Ⅰ】**で「日本語の使いにくさや不具合を指摘し、ローマ字表記の導

入による改善を迫」っていることは確かだが、それが「オトとしての日本語の伝統的な原理を守り伝えようとする愛着ゆえである」といった内容は読み取れない。【文章Ⅱ】に関する記述は適切である。

③【文章Ⅰ】では「たいせつな、日本語にそなわった文法能力を、漢字は別の文字をあてがって分断し、消し去ってしまう」（5段落）、「日本のカナは子音と母音をひとまとめにしているから、そのなかみが見えない」（6段落）と述べており、漢字もかなもどちらも文法的原理を見えにくくするものと考えているため、不適切。また、【文章Ⅱ】では日本語の文字改革に関して、自身の主張を述べるのではなく客観的立場から論じており、また6段落にはむしろ文字改革に際して慎重な姿勢を求める記述もあるため、不適切。

④【文章Ⅰ】で、「日本語の表記をローマ字に変えることで外国人の学習者が増え」ることを期待していることは問題文に合致しているが、筆者は「文法や発音はどんなに改良しようとしても、もはや手のつけようがない」（12段落）と考えているので、「文法や発音も……改良されていくことを肯定的にとらえている」という記述は誤りである。【文章Ⅱ】は6段落の内容を踏まえているが、「否定的な見解」が言い過ぎである。

以上から、①が正解である。

第2問

出典 芥川龍之介《あくたがわりゅうのすけ》「煙管《きせる》」 **【資料】** 直木三十五《なおきさんじゅうご》『南国太平記』

作者は一八九二年東京生まれ。小説「鼻」を夏目漱石《なつめそうせき》に認められ、「羅《ら》生《しょう》門《もん》」で地位を確立する。代表作に「芋粥《いもがゆ》」「戯作三昧《げさくざんまい》」「河童《かっぱ》」などがある。「煙管」は一九一六年の作品である。

【出題のねらい】

共通テストの小説では、内容把握や登場人物の心情を問うものに加え、複数テクストを比較して読解する問題が出題されている。今回はこうした傾向を踏まえて、文章の表現効果の理解、人物像について **【資料】** や **【ノート】** を踏まえて考える問題を出題した。

【概要】

今回の問題文は、大きく三つの部分に分けることができる。

1 **金無垢の煙管に対する斉広の執心と宗俊の目**（1～47行目）

・斉広は参覲中、必ず金無垢の煙管を城に持って行き、その煙管を持っていることを甚だ得意に感じていた。それは金無垢の煙管を日常口にし得る彼の勢力が他の諸侯に比して優越であることを感じることができたからであった。

・坊主たちは金無垢の煙管を話題にしていたが、宗俊は他の坊主を見下していた。その上で、斉広の煙管を拝領してみせると言い放った。

2 **煙管をめぐる斉広と宗俊のやりとり**（48～85行目）

・後日、宗俊は、斉広に金の煙管の拝領を願い出た。斉広は彼の言葉の中に威嚇を感じた。また、宗俊に対する立場上の弱みや、卑吝の名を取りたくないという気持ちもあって、煙管を宗俊の前にさし出した。宗俊は襖ごしに斉広の方を一瞥し、せせら笑って帰った。一方、斉広は宗俊に煙管をやったことに一種の満足を感じていた。自慢の煙管を惜しげもなく他人に与えた事に、更によく満足させられたのである。

3 **家中の者の反応と三人の悩み**（86～116行目）

・家中の者は斉広の度量の大きさに驚いた。だが藩の財政を預かる三人にとっては困ったことであった。これを機に金無垢の煙管を坊主たちに取られ続ければ、煙管のために増税するような事態が起こりかねない。三人は協議して、一応銀の煙管にして様子を見たが、坊主たちは先を争って拝領に来るようになった。ますます困った三人は、真鍮の煙管を作らせることで話をまとめたが、そこへ斉広からの伝令が来た。「従前通り、金の煙管に致せ」との内容に、三人は啞然として為す所を知らなかった。

読解の際には、金無垢の煙管を通して見えてくる人間関係と、斉広の心情を丁寧に追っていこう。

問1 11 ④ **《表現の効果の把握問題》**

本問では、「加州百万石が金無垢の煙管になって」という表現の効果が問われている。傍線部のあとには「煙管なり、それによって代表される百万石なり」（12行目）や、「実は、煙管の形をしている、百万石が自慢なのである」（82行目）といった、傍線部と類似した記述がある。ここから、金無垢の煙管は〈加州百万石を表すもの〉だとわかるだろう。また、傍線部直前には「彼はそう云う煙管を日常口にし得る彼自身の勢力が、他の諸侯に比して、優越な所以を悦んだ」ともあることから、

煙管は、斉広の加州百万石という優越的な勢力を形にしたもの

だと考えることができる。〈加州百万石の勢力〉という抽象的なものを、「煙管」という具体的な形で表している〈＝象徴化している〉のである。したがって、こうした要素を最も的確に踏まえている④が正解となる。

他の選択肢は、〈煙管が斉広の勢力の象徴である〉という点を押さえられていない。

①「煙管の有用性」の「有用性」とは〈役に立つこと〉という意味だが、加州百万石を煙管に具体化することによって、煙管がいかに役立つかという点が説明されているわけではない。

②「加州百万石が金無垢の煙管になって」という箇所は斉広の性格を表したものではないし、斉広が「夢見がちな性格」と判断できる根拠が本文中にない。

③「加州百万石が金無垢の煙管になって」という表現が「詩的な技法」といえるかは疑問である。また、傍線部の前後で「『物語』の虚構性」に関連した記述はないので、傍線部がそれを表現していると判断する根拠はないし、「史実」と異なっているのかどうかといった判断ができるような記述は本文にない。

⑤傍線部は「思考の柔軟性」を説明したものではないので不適切。また、斉広の「奇抜な発想」や「思考の柔軟性」は本文で述べられていない。

問2 12 ④《理由把握問題》

「同じ長崎煙草が、金無垢の煙管でのんだ時ほど、うまくない」のは、煙管が銀に変わったからである。では〈銀に変わった〉ことは斉広にとってどのような意味をもっていたのか。それを傍線部前後の文脈から読み取っていこう。まず傍線部より前を見てみると、「新調の煙管を、以前ほど、得意にしていない」、「人と話しをしている時でさえ滅多に手にとらない」、「手にとっても直にまたしまってしまう」とある。ここで注意すべきなのは、本文の「煙管そのものを……愛翫したからではない」（6・7行目）という記述や、**問1**で見たことからわかるように、〈斉広は金の煙管自体を愛翫していたのではなく、煙管に象徴されている勢力を自慢にしていた〉という点である。とすると、斉広は

金よりも価値の低い銀の煙管では、加州百万石の勢力を十分に見せつけることができず、不満に感じていた

と考えられる。銀の煙管では自慢にならず、虚栄心が満たされないということから、煙草をうまく感じないのである。よって④が正解。

①「吸い口の感覚」については、本文では一切言及されていないので不適切。

②坊主たちは確かに銀の煙管を拝領しているが、それで煙草をのむようになったという記述は本文にはないので、「同じ煙管で煙草をのんでいる」かどうかは確認できないので、不適切。

③本文末で「銀の煙管を持つと坊主共の所望がうるさい」（115行目）と斉広が言っていたとあるが、坊主たちの「厚かましさにあきれ」ているかどうかは、本文中からはわからないので、不適切。

⑤は「金の煙管を宗俊に渡したことで加州の権力までも失ったように思い」という点が不適切。斉広が宗俊に権力まで渡したと意識している様子は本文にはない。

問3 13 ②《内容把握問題》

三人が登場する場面は、斉広が宗俊に煙管を与えたあとと、銀の煙管に変更したあとである。それぞれ、文脈を確認していこう。

まず、斉広が宗俊に煙管を与えたあとでは、「三人の役人だけは思わず、眉をひそめたのである。……登城の度に……坊主たちにとられるとなると、容易ならない支出である……そのために運上〈＝税〉を増して煙管の入目〈＝費用〉をつぐなうような事が、起らないとも限らない。そうなっては、大変である」（89〜92行目）とある。そして、三人は、善後策を話し合い、「まず、一応、銀を用いて見て……その後に、真鍮を用いても、遅くはあるまい」（100・101行目）という案を採用し、銀の煙管を作らせることにしたのである。

そうして、銀の煙管に変更すると、「彼等の予想を、全然裏切ってしまう事に、なった」（107行目）とある。坊主たちの拝領願いを抑制する目的で銀の煙管に変更したのに、坊主たちは「先を争って御煙管拝領に出かけて来た」（108行目）のだ。斉広は、坊主たちに惜し気もなく煙管を投げてやったため、三人はまた評議し、「真鍮の煙管を造らせるよりほかに、仕方がない」（112・113行目）という結論に至った。しかし、そこへ斉広が「銀の煙管を持つと坊主共の所望がうるさい。以来従前通り、金の煙管に致せ」と伝達をよこしたため、「三人は、啞然として、為す所を知らなかった」というのである。

これをまとめると、

三人は財政圧迫を懸念して煙管の地金を金から銀に変更したが、むしろ銀の煙管の方が拝領願の数が増えたために、真鍮に変更しようとした。しかし、斉広から金の煙管を作るように命じられたため、「唖然として、為す所を知らなかった（傍線部C）」

となる。「唖然として」とは〈驚きあきれて言葉が出ない様子〉、「為す所を知らなかった」とは〈どうすることもできなかった〉という意味。こうした三人の行動と傍線部の意味を押さえた選択肢は②である。

「坊主共の所望がうるさい」のであれば、坊主たちが欲しがらない真鍮の煙管を持てばよいのだが、斉広は「金の煙管に致せ」と言っている。これには、**問2**で見たような斉広の虚栄心が関係している点にも注意したい。

①は、「斉広にたしなめられた」という点が不適切。斉広は、三人が地金を真鍮に変更しようとしていることをまだ知らないはずなので、たしなめようがない。

③は、「坊主たちが金の煙管よりも銀の煙管の方を欲しがる」という点が不適切。本文に「今まで金無垢なるが故に、遠慮をしていた連中さえ、先を争って御煙管拝領に出かけて来た」（108行目）とあるように、坊主たちは金よりも銀を好んで拝領を願い出たわけではなく、ただ遠慮がなくなっただけである。また、「受け入れざるを得なくなった」という部分も「為す所を知らなかった」という記述に合わない。

④は「斉広への忠義心を失ってしまった」という箇所が本文にない。三人は「唖然とし」ただけで、「忠義心を失ってしまった」とまではいえない。

⑤は、三人が「唖然とし」たのは「自分たちの見識の浅さに気づいた」からではなく、斉広の発言に驚きあきれたからである。また、「真鍮の煙管を作ることをもはや止めることはできなかった」とあるが、斉広の発言は、真鍮の煙管を作れと三人が煙管商に命じる前なので、本文の記述と合わない。

問4 14・15 ③・⑤（順不同）《**表現把握問題**》

各選択肢を検討していく。

①斉広と坊主との対比が「身分制度の厳しさ」を表しているとはいえない。斉広の方が身分は上であるが、「天下の侯伯も、お坊主の指導に従わなければならない」（62行目）状況もあると書かれている。よって不適切。

②「外来語を挿入」することと「作者独自の視点」の強調は関係がない。また、「歴史的事実の単なる記述ではない」のかどうかも、本文からは判断できない。

③**問2〜3**で見てきたように、本文では、斉広の金無垢の煙管で煙草をのむ際の優越感や、高価な煙管を惜しげもなく与えることに対する満足感が詳細に描かれている。本文の最後の「金の煙管に致せ」という斉広の発言も、一見、突拍子もないように思えるが、その場面までの斉広の心理描写によって読者は納得できるのである。これが一つ目の正解。

④確かに坊主たちの会話と三人の役人との会話は、「　」を用いた会話・地の文の会話というように分けることができるが、「斉広がその会話の場に同席していたかどうかを明示している」というのは誤り。斉広は、どちらの会話の場にも同席していない。

⑤宗俊は、斉広に煙管の拝領を願い出る時には恭しい態度をとっていたが、煙管を受け取ったあとでは「襖ごしに斉広の方を一瞥しながら、また、肩をゆすってせせら笑った」（77行目）というように態度を一変させている。ここから、宗俊はしたたかであるといえるだろう。よってこれが二つ目の正解。

⑥確かに、了哲を宗俊と対比させることで、宗俊の頭のよさを際立たせているともいえるが、「読者に宗俊への共感を促している」という点が不適切。作者は了哲と宗俊のエピソードを描いているだけで、どちらかに共感を促してはいない。

問5 16 ③《**問題文・資料の把握問題**》

複数のテクストを比較・検討しながら、作品の理解を深める新傾向の問題である。

まず、**【ノート】**の空欄Y前後の「宗俊はどのような人物なのか」「ここから……人物像が浮かび上がる」という表現から、「お坊主と云う階級」にある河内山宗俊が、問題文ではどのような人物として描かれているかが問われているとつかむ。**【資料】**を確認すると、茶坊主であった笑悦の献策によって、黒砂糖の専売、琉球を介しての密貿易を行い、極度の藩財政の疲弊を回復させた、とあり、そこから「お坊主」がすぐれた政治手腕を発揮したことがわかる。その一方で密貿易という強硬策を取っていたという点については、**【ノート】**の「**考察**」にも「手段を選ばない強引な改革を行った」とあり、それを可能にしたのは「将軍の側近くに仕えて」(**【ノート】**「**『お坊主』とは**」)いたからであろう。それゆえ、諸大名は「お坊主」を通して「自分の不名誉な評判が広まること」(「**考察**」3行目)を恐れたのである。ここまでを踏まえて、問題文の波線部の前後を確認する。57行目「御煙管を、手前、拝領致しとうございまする」という宗俊の申し出において、斉広に次のような心情をもたらした。

・「お坊主と云う階級があらゆる大名に対して持っている、威嚇の意」(波線部)
↓殿中ではお坊主の指導に従わなければならないという弱みがある
・「体面上卑吝の名を取りたくないと云う心もちがある」(63行目)
↓断ればけちだという評判が広まるかもしれないことを恐れた
・「彼にとって金無垢の煙管そのものは、決して得難い品ではない」(63・64行目)
↓新しい金無垢の煙管を作らせればよいだけのことで、自藩の財力ならそれが可能だった
・「煙管の形をしている、百万石が自慢なのである……彼のこの虚栄心」(82行目)
↓金無垢の煙管を惜しげもなく人にやることができるだけの財力と度量を世間に示すことができると考えた

以上のような心情を斉広が抱くと計算して、宗俊は、斉広が断らないと踏んでいた。だからこそ、了哲に対して「そんなに金無垢が有難けりゃ何故お煙管拝領と出かけねえんだ」(38行目)「手前が貰わざ、己が貰う」(46行目)と無造作に言い放ち、気後れすることなく斉広に拝領を願い出たのである。この宗俊の行動について**【ノート】**を確認すると、空欄Yの後にある「自分の立場を巧妙に利用する」「老練な人物像」ということになる。

よって「お坊主に対して強気に出づらい」「金無垢の煙管に執着するそぶりを見せることができない」という斉広の心理を見抜いていたことを踏まえた③が正解。

①は、斉広の、お坊主に対する弱みにしか着目できていないので不適切。単に威圧したからではない。

②は、斉広の悪評を広めると、宗俊が「匂わせた」わけではない。斉広自身がそうなることをいやがっただけである。

④は、たしかに、金無垢の煙管を「惜しげもなく与える」ことは、加州百万石の財力と斉広の度量の広さを示すことにはなるが、これは事後に斉広が感じていた満足の内容である。宗俊が拝領を願い出た時点で、斉広が「加州百万石の財力と自分の度量の広さを世間に見せつけたい」と思っていたかどうかは不明である。また「お坊主」である宗俊は、斉広よりも身分ははるかに下であるが、「卑賤な者」ではない。

⑤は、「宗俊の目論見が見事に的中した」は間違っていないが、宗俊が「加州百万石の財力をもってすれば……造作もないだろう」とまで考えていたとは限らないので、不適切である。

第3問

出典 【資料Ⅰ】 齊藤了文《さいとうのりふみ》『事故の哲学――ソーシャル・アクシデントと技術倫理』（講談社 二〇一九年）

【資料Ⅱ】 水村美苗《みずむらみなえ》『増補 日本語が亡びるとき――英語の世紀の中で』（筑摩書房 二〇一五年）

齊藤了文（一九五三年生まれ）は、関西大学社会学部教授。専門は工学の哲学と工学理論、法工学。主な著書に『〈ものづくり〉と複雑系』『テクノリテラシーとは何か』などがある。

水村美苗（一九五一年生まれ）は、作家、評論家。著書に、夏目漱石《そうせき》の未完の絶筆となった『明暗』の続編として書かれた小説『続 明暗』や、今回取り上げた『日本語が亡びるとき――英語の世紀の中で』などがある。

【出題のねらい】

今回は〈職業と倫理〉を扱った文章を二つ取り上げ、複数のテクストを比較対照しながら主題について読解と考察を求める問題を出題した。また、共通テストの出題傾向を踏まえて、図を含む文章を用意した。図と問題文とを見比べる必要があるという点では共通テスト特有の問題といえるが、文章の構成や論旨を把握するという基本を大事にして、共通テスト特有の問題への対策とともに、基本的な読解力の養成をしてほしい。

【概要】

【資料Ⅰ】

人工物が介在する倫理関係の特徴について論じている。

・医師や弁護士……サービスを行う相手が目の前にいて、その相手に「危害を加えない」のが基本。（1段落）

・エンジニア……作った人工物が、（目の前にいない）消費者に被害を与える可能性がある。（2段落）

・普通、倫理的問題は、対人関係、つまり他人に対する行為について言われており、「人」対「人」の、二項対立が前提となっている。（3段落）

↔

・ところが、設計という行為においては、作る人と使う人の間に人工物が介在している。エンジニアは、通常の倫理関係が問題としている他人、つまり「目の前」の人だけでなく、人工物を使う第三者を配慮して設計・製造しなければならない。（4段落）

・だが、このような人工物が介在した倫理関係は、なかなか複雑な問題をはらんでいる。（5段落）

・製造から何年か経った構造物を介して、故意ではなく他人に迷惑をかけた場合、エンジニアは、設計時に構造物の遠い将来を見通すことはできたのであろうか。このエンジニアに、どのような責任があるのだろうか。（6・7段落）

・さらに、エンジニアは、組織の中で働いているケースがほとんどである。そして、人工物の使用者が公衆となる場合もある。この時、これまでの「人」対「人」の二項関係を前提とした倫理観では捉えられない問題が発生しよう。（8段落）

【資料Ⅱ】

言語学者の柴田武が、識字率に関する調査結果を書き換えようとする圧力に屈しなかったことで、日本語をローマ字で表記するという大転換の動きが阻止されたことを紹介したものである。しかし本問でのテーマは「専門家の倫理」であるので、このことに留意したい。

・占領軍の将校ジョン・ペルゼルは識字率に関する大規模な調査で思うような結果が得られなかったため、調査に関わった言語学者の柴田武に結果を書き換えるよう求めた。

↔

・柴田武自身はローマ字論者だったが、彼は「学者として」そのような書き換えはできないと断った。

問1 17・18 ①・⑤（順不同）《図の内容把握問題》

まず、【資料Ⅰ】の3・4段落をもとにして図1—1と図1—2について整理する。

> **図1—1　通常の倫理**
> ・「人」対「人」の二項対立を前提とする、通常の対人関係における医師や弁護士といった専門家の倫理関係
> ↔
> **図1—2　エンジニアの倫理**
> ・「作る人」と「使う人」の間に人工物が介在する倫理関係
> ↓
> ・エンジニアは人工物を使う第三者を配慮して設計・製造しなければならない

この違いを踏まえて筆者は、設計という行為においては、「人間関係の学問であった倫理学が、その基本要素として人工物に特に着目せざるを得ない時代になったのである」（4段落）という主張を述べているのである。ここから、

> **図1—1と図1—2は、「人」対「人」の二項対立を前提とする、通常の対人関係における倫理関係と、設計という行為における「作る人」と「使う人」の間に人工物が介在する倫理関係の違いを簡潔に示し、倫理学が人工物に着目せざるを得ない時代になったという主張をわかりやすく示している——Ⅰ**

ということがわかるであろう。

さらに、筆者は、**図1—2**のような人工物が介在した倫理関係が複雑な問題をはらんでいると述べ、**図1—3**を提示している。**図1—3**の解説によれば、

> 人工物が媒介する倫理関係②（＝**図1—2**における倫理関係）において、「作る人」が「組織」に属し、「使う人」が発注者に限らず多数存在し「公衆」となる場合には、「作る人」の倫理的行為は、単純に機能しない。

とあり、このことを踏まえて「この時、これまでの『人』対『人』の二項関係を前提とした倫理観では捉えられない問題が発生しよう」（8段落）という主張を提示している。ここから、

> **図1—3は、図1—2の倫理関係が複雑になる場合があるということを示し、従来の倫理観では捉えられない問題が発生する可能性があるという主張をわかりやすく示している——Ⅱ**

ことが理解できるはずだ。

以上のⅠとⅡに着目すると、①と⑤が合致することがわかる。

②は「通常の倫理関係と専門家の倫理関係の違いを示しており」が不適切。**図1—1**と**図1—2**で示されているのは、「通常の倫理関係」と「専門家の倫理関係」の違いではなく、対人関係における倫理関係と、設計という行為における「作る人」と「使う人」の間に人工物が介在する倫理関係の違いである。それに1段落では「医師や弁護士」は「専門家」とされている。また、「倫理関係の前提となる考え方が時代の移り変わりに伴って変化していることを明示している」も不適切。筆者は、倫理関係の前提となる考え方が**図1—1**から**図1—2**へと変化したと述べているのではなく、**図1—1**といった従来の倫理関係に加えて**図1—2**のような関係にも着目せざるを得ない時代になったと述べているのである。

③は「人工物が介在する倫理関係自体に内包されている複雑な問題を表している」が不適切。確かに5段落には「このような人工物が介在した倫理関係は、なかなか複雑な問題をはらんでいる」とあるが、この部分は6・7段落にあるような将来の予測に関する問題や**図1—3**の関係によって生じる問題に関する

記述であり、**図1—2**自体が複雑な問題を示しているわけではない。

④は「**図1—3**の関係は、**図1—2**の関係に時間の経過という要素を加えたものであり」が不適切。すでに確認したように、**図1—3**は**図1—2**のさらに複雑な場合を示したものであり、時間の経過という要素を加えたものではない。

⑥は「**図1—1**における関係を前提とした倫理観がもはや時代に合わなくなっている、という主張」が不適切。[1]段落にあるような医師や弁護士の場合、**図1—1**における関係が倫理観の前提となるので、現代においても**図1—1**のような倫理観が求められる場合があるといえる。

問2 19 ⑤ **《複数資料の内容把握問題》**

ア〜エの各文をそれぞれ検討する。

アに関わる内容として、医師や弁護士の倫理について**【資料Ⅰ】**の[1]段落で指摘されているのは〈知識を悪用して依頼人に不当なことをしない〉ことであり、その具体例としてインフォームド・コンセントや利益相反の問題が挙げられている。患者や依頼人の意思を尊重することは、倫理に含まれないとは言い切れないが、「最大限に尊重」するとまでは書かれておらず、資料だけからでは判断できない。

イの「倫理関係」とはあくまでも人対人のものであり、エンジニアの場合は人工物を介して人工物を使う人に対する倫理的な責任が発生する。よってイは誤り。

ウの「利益相反の問題」とは**【資料Ⅰ】**の[1]段落で、弁護士が負う倫理規範として言及されているものであり、利害の対立する二者の依頼を同時に引き受けないということである。しかし**【資料Ⅱ】**における柴田武はペルゼル自身が命じた調査に関わった当事者であり、柴田氏にとってペルゼルは「依頼人と対立する人」ではない。柴田氏は事実をねじ曲げることを「学者として」拒絶したのである。よって、ウは誤り。

エは**【資料Ⅱ】**の[2]段落末尾に、柴田武とペルゼルの話し合いによって「日本語は、ローマ字表記にされる運命を危うく逃れたのである」とあり、柴田がペルゼルの要請を受けなかったことが「日本語のローマ字表記化を阻止した」といえる。そして文字表記は「公衆の言語生活」と深いつながりがあるので、「公衆の言語生活のあり方に影響を与えた」という指摘も正しい内容である。

以上より、判断の組合せとして正しいのは⑤である。

問3 (i) 20 ⑤ (ii) 21 ③ **《複数資料を踏まえた要約・考察問題》**

(i) 人工物が媒介する倫理関係は、通常の対人関係を前提としたものよりも複雑な問題をはらんでいる。**【資料Ⅰ】**の[4]段落にあるように、エンジニアは『目の前』の人だけでなく、人工物を使う第三者を配慮して設計・製造しなければならない」。しかし、この人工物が介在した倫理関係は、なかなか複雑な問題をはらんでおり、[6]・[7]段落にあるように、設計時に構造物の遠い将来を見通すことは難しいという問題がある。さらに、「作る人」であるエンジニアが組織に属し、人工物の使用者が「公衆」となる場合もある。以上から、人工物を媒介する場合は、

人工物を使う第三者を配慮して設計・製造しなければならないが、設計の時点で人工物の将来を完全に予測することは不可能であり、作る人が組織に属し、使う人が公衆となる場合もある。それゆえ、人工物を媒介して倫理的行為をするエンジニアは、対人関係とは異なり、求められるのは「目の前」にいる個人への配慮ということには必ずしもならない

ということになる。**【文章】**の[1]段落では、以上の点が「第一に」「第二に」「第三に」と整理してまとめられている。空欄**X**はこの第三の点にあたるものであり、⑤が正解である。

①は**【資料Ⅰ】**の[4]段落に「エンジニアは、……人工物を使う第三者を配慮して設計・製造しなければならない」とあることから、「発注者や公衆を配慮することは求められていない」が不適切である。

②は「エンジニアは組織に属する受動的な立場にある」が不適切。たしかにエンジニアは組織に属しているが、筆者はこれを「受動的な立場にある」とは

していない。

③は「人工物を媒介して直接向き合うのは組織の中で働く同僚のエンジニアと発注者である」が不適切。まず組織に属しているエンジニアにとって「同僚」は「『目の前』の人」であり（**【資料Ⅰ】**4段落）、人工物を介した関係ではない。また、組織に属している場合、エンジニアと発注者との関係は直接的ではなく、間接的なものである。

④は「人工物を使う第三者を配慮して設計・製造しなければならない」（**【資料Ⅰ】**4段落）とある以上、「安全な設計を心がけることが優先されるわけではない」というのは不適切。

(ii)　示された**【コメント】**での、

【資料Ⅰ】での構造物の劣化するケース
【資料Ⅱ】での言語政策の影響
あるいは地球の気候変動の問題

の三つに共通して考えられる倫理規範の問題とは何かを考える。第一の「構造物の劣化」は**【文章】**で第二の点として示された、〈設計の時点で人工物の将来の可能性とその影響を完全に予測することは不可能〉という時間的な特徴に関わる事柄であった。

言語政策の影響も、**【資料Ⅱ】**での柴田武のペルゼルに対する返答が日本語のローマ字表記化を阻止し、結果として「公衆の言語生活」に影響した（**問2**）ように、将来のいわば見えない相手に対する影響である。このことは、たとえば現在世代の行動が将来の地球の気候変動に影響を与える、といった問題（一般に「世代間倫理」と呼ばれる）にも共通するものである。すなわち、専門家は自らの知見を超えて将来世代に対して影響を与える行為や決断をすることがある、ということである。このことを端的に言い表したものとして、③の「長期的で予測がつかないケース」を選べる。

①は「抽象的」が不適切。人工物の使用、言語政策、気候変動はいずれも人々の日常と密接に関わる具体的なものである。

②は「支持を得にくい」とあるが、「支持を得にくい」ことが倫理規範を「困難な課題」とするのではなく、将来的なことは予測がつかないために「困難な課題」なのである。

④は「哲学的」が不適切。①と同様に、人工物の使用、言語政策、気候変動はいずれも日常的で具体的な事項である。

⑤は「恣意的」「数値化できない」がともに不適切。倫理規範は「恣意的」であってはならず、また気候変動に関する目標値の設定などを鑑みると、「数値化できない」とは言い切れないだろう。

第4問

出典 『夢の通ひ路物語』巻二、【資料】『古今和歌集』『千載和歌集』

成立年代は、鎌倉時代から南北朝・室町時代とされる。物語の内容としては、吉野の古い御陵《ごりょう》に仕える僧の夢に近ごろ亡くなった一条権大納言があらわれ、三の御子に見せるようにといって巻物を託す。僧は不思議に思いながら、その巻物を読む、という序から本筋に入るという特異な構成となっている。全体的に『源氏物語』の影響が強く、登場人物が百五十人近くにものぼる大作で、全六巻の構成。王朝擬古《ぎこ》物語の典型的な作品とされる。一条権大納言と梅壺《うめつぼ》女御の悲恋を中心にするが、「岩田中納言の流罪」「かざしの君の継子《ままこ》いじめ」などの挿話が注目される。問題文は、巻二の中から引用した。後に中将の妻になるかざしの姫君にみられる継子いじめの話。「かざしの君」と呼ばれる姫君は継母である北の方にいじめられ、古い建物に住まわせられており、通ってくる恋人の中将に支えられながらも、つらい日々を送っていた。そうしたなか、亡き母宮を恋い慕って寝るうちに夢の中に母宮が現れて、と物語は展開してゆく。

【資料】の『古今和歌集』は、平安時代前期の歌集。九〇五（延喜五）年の醍醐《だいご》天皇による勅命によって編纂《へんさん》された日本最初の勅撰和歌集である。編者は紀貫之《きのつらゆき》・紀友則《とものり》・凡河内躬恒《おおしこうちのみつね》・壬生忠岑《みぶのただみね》の四人。また、『千載和歌集』は、平安時代末期の一一八八（文治四）年の成立。後白河院の院宣によって藤原俊成が撰進した七番目の勅撰和歌集である。

【出題のねらい】

思考力・読解力重視の出題とし、大学入学共通テストに対応し得る基礎力の養成をねらいとした。今回は、室町時代の擬古物語をとりあげ、踏まえられた和歌が詠まれた背景、また、文章の内容や人物の心情を的確に把握できるかを問うた。**問1**の語句の解釈問題は、センター試験以来の定番というべきもの。知識ばかりではなく、文脈把握もポイントになる。**問2**の語句や表現を問う設問は近年続けて出題されており定着したといってよい。正確な知識を欠くと解釈・文脈を取り違えてしまうところで、今後も出題される可能性がある。**問3**は文脈を踏まえつつ内容を把握させる定番の形式、**問4**も心情把握問題でセンター試験時代から継続して出題されている形式である。**問5**も共通テストで出題された形式。複数の文章・和歌を読み比べ、和歌の解釈・鑑賞力を中心に問う問題とした。

【概要】

1 姫君の夢に亡き母宮が現れる

・夜が更けゆくにつれて、落ち葉が風に舞う音ももの寂しげに聞こえ、今夜は中将の訪れもないので、いつものように気心の知れた女房たちと亡き母宮を偲《しの》ぶ。

・母宮の亡くなったことを嘆きながら寝ると、枕上に母宮が立つ。

・母宮は、幼い姫君を残してこの世を去ったので、往生した今でも気がかりだという。

・雲の上を走り、峰や谷を乗り越えてやっと参ったのですよと話して、姫君の髪をなでてくださると思ったところで夢から覚めた。

2 夢から覚めても母宮の面影が頭を離れない

・夢から覚めたらかえって悲しく、〈夢とわかっていたら覚めないようにしたのに〉と、古歌を引いて母宮を偲ぶ。

・今日は、どのように寝たからといって、母宮は夢に現れてくださったのだろう。夢というものは頼みにできるものなのかしらと、自身の体験に重ね、古歌を引いて思いを述べる。

・また横になると、池の鴛鴦の鳴く声もしみじみと胸にしみて、あれも我が子のことを心配して鳴いているのだろうと思う。今見た夢の体験に重ね合わせて「今宵かく……」の歌を詠む。

3 中将、姫君の返事を不審に思う

・中将からの手紙には、夕方頃にはこちらにいらっしゃるとあった。

・中将との逢瀬《おうせ》が継母である北の方にも知られてしまうのではないかと思い、姫君は中将への返事をためらう。

・女房に適当に返事をするようにと言うと、それではあまりに無愛想だとたしなめられて歌を詠んでおくる。
・それは、「霜が日に当たって消えるように、私も消えてしまいたい。袖の涙も乾くときがありません」という内容だった。
・手紙を受け取った中将は、身ごもられた様子とお聞きしたのに、どうして自分を待っていてくださらないのかと不審に思う。

問1 22 ① 23 ③ 24 ③ **《語句の解釈問題》**

(ア)「屈し」は、サ行変格活用動詞「屈す」の連用形。〈(1)服従する (2)気がふさぐ・めいる〉などの意があるが、ここは(2)がよい。(1)では文意が通らない。「嘆き屈す」で〈ふさぎこむ・もの思いに沈む〉の意になる。「給ひ」は、尊敬動詞「給ふ」の連用形だが、ここは動詞に接続して〈お〜になる・〜なさる〉の意を添える補助動詞の用法。本動詞として用いられる場合は、「与ふ」「授く」の尊敬語で、〈お与えになる・くださる〉の意になることも押さえておこう。「そ」は終助詞で、〈(どうか)〜てくれるな・〜てはいけない・〜(する)な〉という禁止の意を表す。平安時代では、副詞「な」と合わせて「な……そ」の形で用いられる。なお、この「な」を用いない禁止の用法は平安時代後期に入ってからとされる。以上のことから、①が正解の選択肢となる。②・④・⑤は禁止の意が訳出されていない。③は禁止の意は含むが、尊敬の意を欠く。また「気をまわし」の意は文脈からも外れる。

(イ)「さだかなら」は、形容動詞「定かなり」の未然形。〈確かだ・はっきりしている〉の意。「ざり」は打消の助動詞「ず」の連用形。下の「つる」は完了の助動詞「つ」の連体形。助動詞「ず」は下に助動詞が続く場合、「ざら(未然形)・ざり(連用形)・ざる(連体形)・ざれ(已然形)」の形が用いられる。ここでの「を」は逆接の接続助詞で、〈〜のに・けれども〉の意。ここは「何が」はっきりしないのか、文脈からつかむ必要がある。傍線部冒頭に「夢にも」とあり、夢の中の「母宮が」はっきりしないということ。また、直後の文に「いかに寝し夜ぞ」とあり、これは〈どのように寝た夜だからといって(母宮が夢に現れたの)か〉と解釈できる。つまり〈これまでは、夢にはっきりと母宮は現れてくださらなかったのに〉ということで、③が正解。

①「それとわからなかった」は文脈からも明らかな誤りとわかる。また「ので」は順接の訳語で、文脈から外れる。②・⑤は「さだかなり」の意が踏まえられていない。④は文脈から外れる。

(ウ)「消えも失せ」は、動詞と動詞の間に係助詞「も」があるが、サ行下二段活用の複合動詞「消え失す」の未然形。〈(1)消えてなくなる (2)命が絶える・死ぬ〉の意。この歌では、初句が「置く霜と」とあり、「と」は格助詞。ここは比喩を表す用法で、〈〜のように・〜と同じに・〜として〉などと訳出する。つまり〈降りた霜が日に当たって消えるように、この私も消え失せる〉の意。「ばや」は未然形に接続して〈〜たい〉という願望の意を表す終助詞。和歌の中で、このように終助詞が用いられていると文が切れる「句切れ」になることも押さえておこう。

和歌の句切れ

和歌の意味を押さえる上で重要になるのは、歌の中にある〈ない場合もある〉意味の切れ目(句切れ)である。句切れとなる次の箇所には注意しておこう。

(1)活用語の終止形・命令形があるところ
(2)終助詞が用いられているところ
(3)係り結びが成立しているところ

この歌は二句目で意味が切れる「二句切れ」の歌ということになる。ここは、〈消えてなくなってしまいたい〉の意となるが、〈死んでしまいたい〉の意も込められている。それは、下の句の「ありて」のところから解釈できる。「あり」はラ行変格活用動詞であり、ここは〈生きている・生存する〉の意になる。「苦しき袖」の「袖」は「涙(白露)で濡れる袖」ということで〈生きることがつらくて悲しみの涙が消えない〉ということを意味する。以上から③が正解である。

①・②・⑤は終助詞「ばや」の意が訳出されていない。④では反対の意味になってしまう。

問2 **25** ④ **《語句・表現把握問題》**

傍線部は姫君が心の中で思った内容であることをつかむ。「扱ひ給ふ」の「扱ひ」は四段活用動詞「扱ふ」の連用形で、ここは〈世話をする・心配をする〉の意。「給ふ」は尊敬の補助動詞なので、〈世話をなさる・心配なさる〉の意となり、「母宮」が主語、「はかなき身一つ」は姫君のことをいったものだとわかる。「はかなき」はク活用の形容詞「はかなし」の連体形。

はかなし【ク活用の形容詞】
(1)はかない・あてにならない
(2)むなしい・なんということもない
(3)つまらない・とるに足らない
(4)かりそめだ

ここは(3)の意で、姫君が自分を卑下した表現。そこで①から検討すると、前半部分は正しい内容だが、「姫君を心配した母宮があの世から訪ねてくるたくましさと対比されている」とあるのが誤り。「対比」とは、差を際立たせるために二つのものをつき合わせて比較することをいうが、ここはたくましさを際立たせるための表現とはいえない。たよりない我が身を心配してあの世からやってきてくれた母宮に対し、「かたじけなう」思うという文脈である。「かたじけなう」はク活用の形容詞「かたじけなし」の連用形「かたじけなく」がウ音便化したもの。ここは〈身に過ぎた恩恵をうけてうれしい・ありがたい〉といった心情を表す。よって、①は不適切。また、⑤も同様に、前半部分は正しいが、「母宮に死後まで心配をかけた親不孝を恥ずかしく思う姫君の気持ち」とあるのが不適切。

次に②は、「さばかり」「くまぐままでも」の語意は正しいが、「姫君の苦労を過大に表現することで母君のいない姫君の孤独を訴えている」としたのは不適切。ここは姫君の苦労ではなく母君に関することである。

また「扱ふ」については前述の通りである。③にあるような「もてあます」の意にはならないので、これも不適切。

④にある「険しげなり」はシク活用の形容詞「険し」に、「―げなり」が続いてできた形容動詞。漢字からも意味が類推でき〈(1)（山などが）険しい・傾斜が急だ　(2)危険だ〉の意があるが、これは夢に現れた母宮の語った「峰、谷をしのぐばかり過ぎ来つつ〈＝峰や、谷を乗り越えるくらいにつきすすみ〉」とあることを受けて表したものだとわかる。

以上から、④が正解となる。

問3 **26** ③ **《内容把握問題》**

「むくつけく」は、ク活用の形容詞「むくつけし」の連用形で〈(1)恐ろしい・気味が悪い　(2)無骨である・無風流で荒々しい〉の意があるが、ここは、まず「中将殿より御文侍りぬ」から始まる段の内容をつかむ必要がある。「この夕べおはすべきよし、のたまひ越しつる〈＝この夕方に姫君のもとにいらっしゃるという旨を、おっしゃってきた〉」のだが、姫君は「胸つぶれて」とあるように、心乱れてどきどきする。そのわけは「対の辺りまたもや聞こえなんと悲しければ〈＝きっと北の方の耳に入るだろうと悲しいので〉」ということで、継母である北の方を憚《はばか》っているということ。「御返事むつかるを」とある「むつかる」は、ラ行四段活用動詞「むつかる」の連体形。〈不快や不満の情をあらわにする・不平を言う〉といった意がある。ここは、姫君が中将の手紙への返事を書くことに乗り気ではない、ということを意味する。乳母たちも「御ことわり〈＝ごもっともだ〉」と思うのだが、それは注にあるように、「母宮の忌日の翌日にあたる」からで、その気持ちを考えると異を唱えることもできないでいる。それをよいことに、姫君は「よからん様に聞こえよ」と乳母たちに伝える。「聞こえよ」は謙譲動詞「聞こゆ」の命令形で〈（中将様に）申し上げよ〉の意。「よからん様に」は〈よいように〉ということで、自分で返事を書かないで乳母たちに代筆を頼んだのである。この姫君の発言を受けて、民部が「それはあまりに無作法でしょう」というのが傍線部の趣旨。「や侍らん」の「や」

は疑問の意になる係助詞。「侍ら」は、ラ行変格活用の動詞の丁寧語で、接続助詞の「て」や、形容詞の連用形の活用語尾「―く」などに続く場合も補助動詞となる。「ん」は推量の助動詞「む」の撥《はつ》音便化したもの。ここは「や」の結びで連体形。「や侍らん」で、〈～ではございませんか〉の意となる。以上のことを的確に踏まえた③が正解である。

①は、「返事をためらっている様子にじれったくなって」とあるのが誤り。「じれったくなって」にあたる表現は問題文中に見出《いだ》せない。むしろ「ことわり」と思ったのである。

②は、「姫君の発言の内容が、中将を邪魔者扱いするものであったので」とあるのが誤り。ここは、乳母たちに返事の代筆を頼んだことを受けての民部の発言。「邪魔者扱い」とまではいえない。

④は、「乳母たちにとっても不都合なので、やんわりとお断りするのがよいと忠告した」とあるのが誤り。北の方に知られるのを困ると思っているのは姫君で、乳母たちではない。また、「お断りするのがよい」とまでは問題文中に書かれていない。

⑤は、「将来の関係がこじれることにもなりかねないので、丁寧なお返事をするように」としたのが誤り。「将来の関係がこじれる」とまで踏み込んだ表現は問題文中に見出せない。

問4　27　⑤　《心情把握問題》

まず傍線部を解釈すると、「後ろめたき」は、ク活用の形容詞「後ろめたし」の連体形。「後ろ目痛し」と覚えるとよく、ここでは〈後ろのほうが気がかりで心配だ〉ということで、不安な気持ちや状態を表す語。〈うしろぐらい・やましい〉の意に解すと文脈を取り違えてしまうので注意しよう。「業」は〈こと〉と解釈すればよい。「にぞや」は下に「あらむ」などが省略されたもので、〈～であろうか〉の意。ここは〈なんとも気がかりなことだなあ〉くらいに訳出しておけばよい。姫君のことを気がかりに思う中将の気持ちを具体的につかむことが本問のねらいである。そのためには、二箇所ある中将の会話文の内容を的確につかむ。まず最初の会話文に、姫君の返事を見て「いと心得ぬことぞや〈＝得心できないことであるよ〉」とある。注にあるように、懐妊の様子と聞いていたのに、どうして自分を待っていてくれないのかという不信感がここにも表れている。「つれなし顔」は〈そしらぬ顔つき・何でもない様子〉の意。また、問1(ウ)とも関連するが、「置く霜と……」の歌についても、「いといみじうて〈＝たいそう悲しくて〉」とある表現も押さえておきたい。もう一つの会話文では、〈姫君の住まいでは、仕えている人も少なく、こちらから言わなくても、お待ちになっているのが当然なのに、それを断ってくるとは〉から、傍線部C〈なんとも気がかりなことだなあ〉に続く。以上のことを踏まえた正解の選択肢は⑤ということになる。

①は、「自分から心が離れたことを知って、情けなく思う」としたのが誤り。姫君の返事に対して「情けなく思う」というような姫君を責める心情は見当たらない。

②は、「姫君を思う自分の愛情の深さが伝わっていないのではないかという不安から焦る気持ち」としたのが誤り。問題文中にこうした心情を表す記述は見出せない。また、「後ろめたし」の意味に「焦る気持ち」は含まれない。

③は、「むしろ自分を責めるような歌をおくってきたことに絶望する気持ち」としたのが誤り。「置く霜と……」の歌から中将を責めるような思いは読み取れない。また、「絶望する気持ち」も中将の心情から外れる。

④は、「これまで訪問できなかったことを詫びる手紙を送った」とあるのが誤り。問題文に「中将殿より御文侍りぬ。御覧ずるに、……この夕べおはすべきよし、のたまひ越しつる」とあるように訪問の旨を伝えただけである。

問5　28・29　①・⑤（順不同）《複数文章の比較読解問題》

まず、問題文中の和歌X、【資料】にある和歌Y・Zを解釈してみよう。和歌Xは、母宮が夢に現れて、その夢から覚めて姫君が詠んだ歌であることを押さえる。「今宵かく……」の歌は、〈今夜は（夢でお母様にお逢いできても）満足できないうちに（お別れして、）袂は涙に濡《ぬ》れ、夢から目覚めさせる鴛鴦の鳴き声であるよ〉という意味になる。「ぬるる」は、ラ行下二段活用動詞「濡るる」の連体形で、〈袂が涙で濡れる〉ことを表す。「袂」や「袖」は「涙」の縁語。「飽かず」は、四段活用動詞「飽く」の未然形＋「ず」（打消の助動詞）の形。意味は〈(1)満足しない　(2)飽きない・いやになることなくいつまでも〉の意である。また、「驚かす」は〈目を覚まさせる・起こす〉の意（〈はっと驚く・目が覚める〉の意になるのは「驚く」である）。

和歌Yの解釈では、「寝ればや……らむ」が文法上の大事なポイント。「寝れ」は下二段活用動詞「寝《ぬ》」の已然形。「ば」は接続助詞で、「已然形＋ば」の形。〈～ので〉と訳出する確定条件になる。「や」は疑問の係助詞。「らむ」は現在の原因推量の助動詞だが、「や」の結びでここは連体形。「思ひつつ寝ればや」は〈思い思いして寝たので〉の意。「人の見えつらむ」で、〈人（＝あの方・恋人）が夢に現れたのだろうか〉ということ。「夢と知りせば」の「せ」は過去の助動詞「き」の未然形（サ行変格活用動詞「す」の未然形の説もある）で、これは古い形。平安時代以降は和歌の中でしか用いられない。「未然形＋ば」で〈もし～ならば〉の仮定条件となることから、〈夢とわかっていたならば〉ということ。「覚めざらましを」の「ざら」は打消の助動詞「ず」の未然形。助動詞の「まし」は、不可能とは知りながらのはかない願望を表す。「を」は詠嘆の助詞なので、〈夢から覚めないようにしたのになあ〉の意。

和歌Zも和歌Yと同じ小野小町の歌。上の句は〈うたたねをして恋しいあの方を見た時から〉の意。「てしより」の「て」は完了の助動詞「つ」の連用形、「し」は過去の助動詞「き」の連体形。「より」は格助詞で、ここは動作の起点〈～から〉を表す用法。「夢てふものは」とある「てふ」は、「といふ」の縮約した形で〈夢というものは〉の意。「頼みそめてき」は〈頼りにしはじめたよ〉の意。「頼み」はマ行四段活用動詞「頼む」の連用形で、ここは、よい結果を願ってまかせるといった意味合いで用いられている。「そめてき」の「そめ」は、マ行下二段活用動詞「初む」の連用形。他の動詞について〈～はじめる・最初から～する〉といった意を添える。よって、下の句は〈（これまで信じていなかった）夢というものも頼りにしはじめた〉という意になる。以上のことを踏まえて順に選択肢を検討してゆく。

①は、前述の和歌Yを踏まえた和歌Xの解釈と一致するので正解。

②は、和歌Zを「大切な人を思って寝たからといって、必ずしも夢に現れるものではないという思いが込められている」としたのが誤り。前述の「頼みそめてき」を誤訳したものである。

③は「鴛鴦の鳴き声を恨めしく思う気持ちが詠み込まれている」としたのが誤り。問題文に「鴛鴦の声あはれにさへづり、……かれさへ御耳に留まりて」とあり、これは〈池の鴛鴦の鳴く声もしみじみと胸にしみて〉という意味で、「恨めしく思う気持ち」は読み取ることができない。誤りの選択肢。

④は「これからは達観して生きようという決意」とあるのが誤り。姫君のこうした心情は、問題文からも読み取ることはできない。

⑤は問題文と**【資料】**の内容に一致する。**【資料】**にある「かた身にや……」の歌で詠まれている「鴛鴦のもろ声」は、「男女の共寝にかけて詠まれることが多かった」とあるが、ここは、姫君を心配して夢に現れた母宮を思慕する気持ちから詠んだ歌なので、「自分の見た夢の体験に重ねて」詠んだものということができるので、正解。

⑥は「頼りにならない男女の仲よりも」、また「これからも母宮の面影に寄り添おうという思い」とあるのが誤り。リード文にも「通ってくる恋人の中将に支えられながら」とあり、いずれも問題文からは読み取ることはできない。

以上から、①・⑤が正解である。

全訳

夜がたいそう更けてゆくにつれて風が吹いてきて、落ち葉の（散り舞う）音もの寂しげに（聞こえ）、（今夜は）心細いことに（中将様の）おいでがないので、いつものように（姫君の）お気持ちのわかる女房たちだけをお呼び出しになって、（母宮の）思い出話ばかりをお聞きになりたがり、ひたすら嘆きながらお休みになったところ、（その夢の中で姫君が）ただ横になりなさる枕上に母宮がお立ちになって、「何でもそのようにふさぎこみなさいますな。私は、この世に生きていた時に罪を犯したこともないので、極楽往生した今は心穏やかに過ごしています。とはいえ、（あなたを）幼い頃にお見捨てしましたので、どのように生きていきなさるのかと、世を去る時までもあなたの身の上ばかりが気にかかり、（極楽往生した）今でも気がかりなので、雲の上を走り、峰や、谷を乗り越えるほどにつきすすんでは、今宵（やっと）ここに参ったのですよ」と言って、泣きながら（姫君の）髪をなでて慈しみくださると思ったところで、夢から覚めてしまった。見上げなさると、いつもと変わらないお部屋の中で、御格子に近い萩の葉音ばかりがさやさやと一面に聞こえて、かえって悲しく、「夢とわかっていたら」と嘆きなさって、（この私の）とるに足りない身を案じなさって、それほどまでに厳しく険しい山や谷のすみずみまでも駆けていらっしゃったのだろうと（思うと）もったいなく、（夢で母宮がお立ちになっていた）枕のあたりをご覧になるけれど、（母宮の）御気配さえもまったく残っていなくて、（今までは）本当に毎日のように（母宮を）恋い慕い申し上げたけれど、夢にはっきりと現れなかったのに、（今夜はまた）どうして寝た夜だからといって（母宮が夢に現れてくださったのだろうか）と、「夢というものは」と（思って）横におなりになると、池の鴛鴦の鳴く声もしみじみと胸にしみて、「（あれも、我が）子のことを心配して鳴いているのだろう」と思うと、その（鴛鴦の）声までもお耳にとまって、

　今宵かく……今夜はこう（夢でお母様にお逢いできても）満足できないうちに（お別れして、）袂は涙に濡れ、夢から目覚めさせる鴛鴦の鳴き声であるよ。

中将殿からお手紙がありました。（姫君が）ご覧になると、心を込めて（お書きになって）この夕方には（こちらへ）いらっしゃるつもりだということを、おっしゃってきたので、はっと胸がいたんで、きっと北の方のあたりにまた（このことが）聞こえていくのだろうと悲しいので、お返事をためらっていると、御乳母、民部も（姫君のお気持ちも）当然のことと思うので、異を唱えることもできないが、（姫君が）「よいように申し上げて」とだけおっしゃったのも、「それではあまりに無作法ではございませんか」と、民部が、硯をさしあげるので、（姫君は）しぶしぶと、

　置く霜と……朝置いた霜が（日の光に当たって）消えるように、（私も）消えてなくなってしまいたいものです。あれやこれやとこの世に生きているのがつらいので、（涙は消えもせずに）袖が濡れることです。

心細く気の向くままに書きなさるのを、使いに持って行かせなさった。あちら（＝中将の所）では、（手紙を）開き見なさるやいなや首をかしげなさり、「これはどうも理解できないことよ、ご懐妊の様子とお見受けしたが、どうして（私のことを）待ってくださらないですげない御様子で（いらっしゃるのか）」と、（手紙を）手から離さずご覧になるが、「『置く霜』（のようにこの世から消えてなくなってしまいたい）」など書いていらっしゃるのも、たいそう悲しくて、「あの人のお住まいは、屋敷の中に（お仕えする）人も少なくなんとなく恐ろしく思っていらっしゃるのだろう。だから今日のような日は、こちらから行くよと言わなくても（あちらは私の行くのを）待ち受けなさって当たり前のはずであるよ。それを断ってくるなどとは、なんとも気がかりなことだなあ」と、あれこれ考え巡らして、なんとなくおもしろくなく何ごとも目に入りなさらず（姫君のことを）ぼんやりと思いやりなさって、（姫君に）ますますしみじみとした思いを寄せなさった。

【資料】

思ひつつ……思い思いして寝たので、あの方が夢に現れたのだろうか。夢とわかっていたならば、夢から覚めないようにしたのになあ。

うたた寝に……うたたねをして恋しいあの方を見た時から、（これまで信じていなかった）夢というものを頼りにしはじめたよ。

かた身にや……お互いに羽の上に置いた霜を払いあっているのだろうか。共寝をする鴛鴦が声をあわせて鳴いていることよ。

第5問

出典　袁宏道《えんこうどう》『狂言』序・「山居雑記」

袁宏道は、明代の文人。字《あざな》は中郎。湖北省公安県の人。兄の袁宗道、弟の袁中道とともに三袁と呼ばれ、明代文学の革新派である「公安派」の中心となった。漢詩に巧みで、形式主義的な回顧主義に反対し、純粋で自由な詩精神（＝性霊《せいれい》）の発露を喜び、個性と独創を重んじた。『狂言』は、『袁中郎全集』に収められている詩文集。

「山居雑記」は、『狂言』のなかに収められている小品文。「雑記」とは、とりとめもなく記したという意味。

【出題のねらい】

漢詩を含む問題は共通テストでも出題されており、押韻や対句などについてきちんと押さえることが大切である。

今回は漢詩を含む文章を出題し、押韻の知識を用いて解く設問を用意した。また、《漢字の意味を問う問題》《白文に返り点をつけて訓読する問題》《解釈問題》など、共通テストでの出題が予想される設問を出題している。

【概要】

本文の概要は次の通り。

Ⅰ　貧しさや病気さえも、戯弄の対象にして楽しんでしまおうとする作者の意識が強く打ち出されている。

Ⅱ　山深い里で病気療養をするある一日、夕食後の散歩で作者は自然との一体感を経験する。さらによき友との語らいを通し、病気であるがゆえに手にすることのできる心の充実を、淡々と語っている。

問1　30　①　31　④　**《漢字の意味問題》**

漢字の意味問題では、まず設問の対象となっている漢字の日常的な意味の使い分けを掘り起こす（訓読みと、その漢字を含む熟語をチェックする）。そして、それと並行する形で、問題文中の文脈のなかでの意味を考えていく。

(ア)「知」の訓読みは「しる」。意味の違いと熟語は次の通り。

a　わかる・理解する「承知」「知識」「察知」
b　しらせる・しらせ「通知」「報知」
c　領地を治める「知行」「知事」
d　物事を理解し、判断する頭の働き。「知恵」「英知」

「知」を含む一文の解釈は、〈そこで、この文集に『狂言』という題名をつけて、そして理解してくれる者が現れるのを待つのである〉となる。〈戯弄のなかに風雅がある〉ということへの〈理解者〉の出現を期待する、と言っているのである。①が正解。

(イ)「傾」の訓読みは「かたむく」「かたむける」。意味の違いと熟語は

a　ななめになる・かたむく「傾向」「傾斜」「傾度」
b　かたむける・その方に集中させる「傾注」「傾倒」「傾聴」
c　くつがえす「傾国」「傾城《けいせい》」（どちらも、色香で君主を迷わせ国を滅ぼすほどの美女のこと）

「傾」を含む一文の解釈は、〈南隣りに住んでいる親友が私の歌を聞きつけて、そこで月の光のなかを歩いて私のところにやって来て二人は膝を突き合わせてすわり心を集中させて語り合い、親友は夜中になって帰っていった〉となる。気の合う仲のよい親友と、歌をきっかけとして風流について心を集中させて語り合っているのである。④が正解。

問2　32　③　33　①　**《返り点と書き下し文の問題》**

まず、基本句形・基本語の有無をチェックして、あればその読み方に従う。その際、訓読するということは、どういう意味になるように読むのかということであることを忘れないこと。訓読と解釈は一体になっているのである。

A

「**以**二――一**為**二〜一」＝「以」が「為」と連用された形。「――ヲもつテ〜トなス」と読んで、〈――を〜だと思う〉〈――を〜に

する〉の意。

この形に沿って返り点をつけて訓読してあるものは③の形しかない。念のため、この訓読に沿って解釈してみると、〈戯れもてあそぶことを楽しみだと考えている〉となって、戯れもてあそぶことが風雅の道につながるはずだという筆者の主張にも矛盾しない。③が正解。

①・②・④・⑤は、「以㆓——㆒為㆓〜㆒」の形が理解できていないのはもちろんだが、訓読に沿って解釈しても、意味不明の文になったり、文脈に矛盾する意味になる。無理矢理に訳してみると、①は〈戯弄を用いて物事を楽しむようになる〉、②は〈戯弄を用いて物事を楽にするようにする〉、④は〈戯弄を楽しみのためにする〉、⑤は〈戯れをもてあそんで、楽なことをして仕事にする〉となってしまう。

C

「**未㆓必不㆒——㆒**」＝二重否定と部分否定とが重なった形。「いまダかならズシモ——ずンバアラず」と読んで、〈必ずしも——でないとは限らない・たぶん——であろう〉の意。

「**而**」＝接続語。ここは順接の働き。置き字となっている。

「**之**」＝「戯弄」を指す指示語。

「**也**」＝ここは、前の句の仮定を受けて、断定する働き。「なり」と読んで、〈である〉の意。


以上の基本句形・基本語の理解に基づいて返り点をつけて訓読すると、①の選択肢のようになる。この訓読に沿って解釈してみると、〈必ずしも戯れもてあそぶことを風雅であるとされないとは限らないであろう（＝たぶん、戯れもてあそぶことを風雅であるとされるだろう）〉となる。「未㆑若㆓貧而楽㆒」（＝貧乏であっても楽しむ者には及ばない＝貧乏であっても楽しんでいられる人が一番よい）」と述べた孔子が、この世に再来した時の考え方として矛盾しない。①が正解。

②は、部分否定と二重否定の形通りに読めていない。文末が「んや」と反語の読みになっていて意味も逆になる。
③は、「未」を再読文字として読めていない。
④は解釈すると〈必ずしも戯れもてあそばないとは限らないで、これを風雅とするか〉と最後を問いかけることになり、文脈に矛盾する。
⑤は「必」を部分否定の形に読めていない。

問3 **34** ⑤ **《解釈問題》**

まず、基本句形と基本語に着目する。


「**然則**」＝接続語。「しかラバすなはチ」と読んで〈そうであるならば〉の意。

「**固**」＝副詞。「もとヨリ」と読んで〈本来・言うまでもなく〉の意。

「**乎**」＝「——ンか」と読んであるので疑問。〈——だろうか〉の意。


以上の一語一語の理解を積み重ねて逐語訳を作ると、〈そうであるならば、楽しみとは、本来、貧乏人の道なのであろうか〉となる。〈貧乏であっても楽しむ者には及ばない〉という孔子の言葉を正しく理解できた上で、傍線部の内容として適切な⑤が正解となる。

①、孔子は「貧しさ」が「楽しみ」よりよいと言っているのではない。「貧乏人にしかわからない」も言いすぎ。
②は孔子の言葉を読み間違えている。「けれど」は「則」を踏まえられていない。
③、孔子の言葉を誤解しているし、逐語訳もできていない。
④は「けれど」が「則」を踏まえていない。また、「ないはずである」も「ンか」の読みと矛盾する。

問4 **35** ② **《傍線部の内容把握問題》**

一語一語の意味を、文脈全体を見渡しながら解釈していく。

「応接」には、〈来た人に会ってもてなす〉の意と〈起こってくる物事に応じて、次々と処理する〉の意がある。ここは、直前の「俯仰景色、山川自相映発」を受けているので、〈美しい景色への対応〉と考えられる。なお、前文で「客亦不レ来」と述べているので、〈来た人への対応〉とは考えられない。「暇《いとま》」は、〈何かをするゆとりがある・時間的に万能である〉の意。

つまり、ここは〈美しい風景が多く、ゆっくり味わっているゆとりがないほどだ〉と表現しているのである。②が正解。

①、「病気のことが気になって」という描写はない。

③、「周囲の人々の声」は、あとに描写してある内容であるので不適切。

④、「お客の相手をする時間的余裕」ではなく、〈美しい景色を味わう時間的余裕〉を指している。

⑤、「客亦不レ来」とあるのだから、「お客がたくさん訪ねてきて」が不適切。

問5 (i) **36** ④ (ii) **37** ② **《漢詩の空欄補充と解釈問題》**

漢詩の句末の空欄補充問題は、韻の知識を問われていると考えて、「音」を優先的に考えていく。

押韻の規則
・五言詩――偶数句末に押韻
・七言詩――初句と偶数句末に押韻

空欄部は二句目末を含んでいるので、最後の文字は韻を踏んでいなくてはならない。四句目末の字は「坡ha」なので、母音の部分が「a」という音読みになる漢字に絞り込めばよいことになり、③の「過ka」と④の「多ta」が残る。①・②・⑤は、この段階で可能性はないものと考えてよい。

次に意味によって決定していく。つまり、(ii)の設問を合わせて考えていくことになる。

(i)の③(「悠然として過ぐ」と読む)を踏まえた(ii)の解釈は、③の「時間はゆっくりと過ぎていく」。(i)の④(「病偏《やまひひとへ》に多し」と読み、直訳は〈長い年月には、病気が私ばかりに多かった〉となる)を踏まえた(ii)の解釈は、②の「病気ばかりのこの人生である」と考えられる。①・④・⑤は、(i)との組合せの関係から、可能性はないと考えてよい。

第一句目の「世情貧自少(＝世の中には、貧乏人は、おのずと少ない)」との対応も視野に入れると、自分の「貧乏」で「病気ばかり」の人生を振り返っている句だと考えられるだろう。この文章中でも「病」は繰り返し述べられている。③のように、抽象的な時間論を述べている詩ではない。つまり、(i)は④、(ii)は②が正解となる。

問6 **38** ⑤ **《表現上の特色を問う問題》**

選択肢を一つ一つ順に検討していこう。

①「病中無事、客亦不来」「軽雲遠去、数鳥徐来」の位置は離れており、「対句的に配置されている」とは言いがたい。また、「軽雲遠去、数鳥徐来」は、雲がたなびき鳥が飛んでゆく様子を描写しており、自然を眺めて楽しむ筆者の心境が表れているので、「もの寂しい生活を強調する表現」というのも不適切。

②「笑語」は〈談笑〉の意。よって、「笑語非明」とは〈談笑している声をはっきりと聞き取ることができない〉といった意味となり、「笑いかどうか判断することができない」とは異なる。また、Ⅱの文章から「筆者の無力感」は読み取れないので誤り。

③「条枝可数」は、可能の意を表す「可」が用いられているので、「条枝数ふべし」と読み、〈枝を数えることができる〉という意味になる。つまり、木々の一つ一つの枝を数えることができるくらいくっきりと見えているさまを描写しており、「木の枝が数えきれないほど多く重なって見えている」というさまとは異なる。

④「月色溶溶」の「溶溶」とは〈ゆったりと安らかなさま〉を意味する。よって「暗い月の光に溶け込むように」という表現は不適切。また、「不安な物思いにふけっている」というのも、直後の「胸次悠然」とある記述と一致しない。

⑤「促膝」というのは膝を突き合わせてすわる様子を、「傾談」は集中して語り合う様子を表している(**問1**参照)。親しい友と熱心に語り合うさまを描

写しており、「筆者と友人との心理的距離の近さ、親しさ」を表している表現といえる。よって⑤が正解。

問7 **39** ④ **《全体の主旨を問う問題》**

それぞれの文章についてまとめてみる。

> Ⅰ 貧しさや病気さえも戯弄の対象にして楽しんでしまい、そのなかに風雅の道を見出そうとする作者の意識を、孔子の言葉を論拠として引用しつつ、強く表現している。
>
> Ⅱ 貧しさや病気という状況にも心を悩ますことなく、自然との一体感を楽しむという、風流を愛する作者の文人精神が端的に語られている。その気持ちは、最後の「此亦因レ病得レ閑之一楽也」に集約されている。

この二文の主旨を踏まえている④が正解。

①、「勤勉さを要求される官僚生活」との対比はない。

②は「強靱な精神力」を求めているわけではないので不適切。また、「病気や貧乏という状況を忘れ」てはいない。

③は「戯弄」への視点が脱落している。また、「病気がどんどん重くなる」は、**問5**を踏まえて考えられていない。

書き下し文

Ⅰ 余《よ》、落筆《らくひつ》して戯弄《ぎろう》多《おほ》し。或《ある》いは恐《おそ》らくは風雅《ふうが》を傷《そこな》はんと謂《おも》ふ。余《よ》、既《すで》に貧《ひん》にして且《か》つ病《やまひ》あり、乃《すなは》ち戯弄《ぎろう》を以《もつ》て楽事《らくじ》と為《な》す。孔子《こうし》嘗《かつ》て云《い》へらく、「未《いま》だ貧《ひん》にして楽《たの》しむに若《し》かず」と。然《しか》らば則《すなは》ち楽《たの》しみは固《もと》より貧《ひん》の道《みち》ならんか。狂《きやう》夫《ふ》の言《げん》は、聖人《せいじん》も之《これ》を采《と》る。仮令《もし》夫子《ふうし》再来《さいらい》せば、未《いま》だ必《かなら》ずしも戯弄《ぎろう》もて之《これ》を風《ふう》雅《が》とせずんばあらざるなり。因《よ》りて題《だい》して狂言《きやうげん》と曰《い》ひ、以《もつ》て知《し》る者《もの》を俟《ま》つ。

Ⅱ 病中事無《びやうちゆうことな》く、客《かく》も亦《ま》た来《き》たらず。飯後《はんご》 城頭《じやうとう》を散歩《さんぽ》し、景色《けしき》を俯仰《ふぎやう》するに、山川《さんせん》 自《おのづか》ら相《あ》ひ映発《えいはつ》して、応接《おうせつ》に暇《いとま》あらず。軽雲《けいうん》 遠《とほ》く去《さ》り、数鳥《すうてう》 徐《おもむろ》に来《き》たる。人声《じんせい》 四聚《ししゆう》し、笑語《せうご》 明《あき》らかなるに非《あら》ず。両山《りやうざん》を一目《いちもく》にして、条枝《でうし》 数《かぞ》ふべし。歩《あゆ》み疲《つか》れて帰《かへ》り来《き》たれば、又《また》月色《げつしよく》 溶溶《ようよう》たり。胸次《きようじ》悠然《いうぜん》たり。乃《すなは》ち従《したが》ひて之《これ》を歌《うた》ふ。歌《うた》に曰《い》はく、

世情《せじやう》 貧《ひん》 自《おのづか》ら少《すく》なく　歳月《さいげつ》 病《やまひ》 偏《ひとへ》に多《おほ》し
欄《らん》に倚《よ》りて明月《めいげつ》を看《み》れば　盈盈《えいえい》として石坡《せきは》に上《のぼ》る

南隣《なんりん》の好友余《かういうよ》の歌《うた》を聞《き》き、乃《すなは》ち月《つき》に歩《あゆ》みて余《よ》に就《つ》き膝《ひざ》を促《せま》らせ談《だん》を傾《かたむ》け、夜分《やぶん》にして去《さ》る。此《こ》れも亦《ま》た病《やまひ》に因《よ》りて閑《かん》を得《え》たるの一楽《いちらく》なり。

全訳

Ⅰ 私が、筆を下ろして文章を書くと戯れもてあそぶものが多くなる。（だから）ひょっとして風雅の道をそこなうのではないかと心配している。私は、とても貧乏でしかも病気の身である、だから戯れもてあそぶことを楽しみだと考えているのだ。孔子は、昔（『論語』「学而」篇のなかで）述べている、「貧乏であっても楽しむ者には及ばない」と。そうであるならば、楽しみとは本来貧乏人の道なのであろうか。（今、こうして記している）自由気ままな人間（である私）の言葉を、（昔）聖人も取り上げられたことがあるのだ。もし孔子先生が再びこの世においでになったならば、必ずしも戯れもてあそぶことを風雅であるとされないとは限らないであろう（＝たぶん、戯れもてあそぶことを風雅であるとされるだろう）。そこで（この文集に）『狂言』という題名をつけて、そして理解してくれる者（が現れるの）を待つのである。

Ⅱ 病気療養中の身には格別にすることもなく、客人も訪ねて来ない。夕飯のあと城壁のあたりに散歩に出かけ、（うつむいたり見上げたりして）景色を眺めると、山や川が自然にお互いを引き立てあって美しく、（いちいち立ち止まって）ゆっくり眺める暇もないほどだった。薄雲が遠くに去ると、数羽の鳥が（ねぐらを目指して）ゆっくりと飛んでくる。人の声が四方から集まるように聞こえてくるが、談笑するその言葉は、はっきりとは聞き取れない。二つの山を一望すると、木の枝が数えられるほどにくっきりとして見える。歩き疲れて帰ってくると、今度は月の光が豊かにおだやかにあたりを包み込んできた。心のなかはゆったりと落ち着いている。そこでその思いのままに歌を歌った。その歌は次の通りである。

世の中には、貧乏人は、おのずと少なく（＝世間では、貧乏人は私ぐらいのもので）、

長い年月には、病気が私ばかりに多かった（＝おまけに、病気ばかりのこの人生）。

手すりにもたれて、明るく輝く月を見ると、

（月は）まんまるとして、石の坂の上空に上ってきた。

南隣りに住んでいる親友が私の歌を聞きつけて、そこで月の光のなかを歩いて私のところにやって来て（二人は）膝を突き合わせてすわり心を集中させて語り合い、（親友は）夜中になって帰っていった。このようなことも、また病気のおかげでのんびりと落ち着いた心でいられることの一つの楽しみなのだ。

【メモ】

模試　第5回　解答

自動採点・学習診断

第1問小計	第2問小計	第3問小計	第4問小計	第5問小計	合計点
					/200

問題番号(配点)	設問	解答番号	正解	配点	自己採点
第1問 (45)	1	1	②	2	
		2	④	2	
		3	②	2	
		4	③	2	
		5	①	2	
	2	6	⑤	5	
	3	7	①	7	
	4	8	④	6	
	5	9	③	6	
	6	10	②	5	
		11	②	6	
第2問 (45)	1	12	④	8	
	2	13	③	6	
	3	14	②	8	
	4	15	④	9	
	5	16-17	②-⑥	7	
				7	
第3問 (20)	1	18	⑤	3	
	2	19	①	4	
	3	20	②	4	
	4	21	③	5	
		22	④	4	
第4問 (45)	1	23	④	4	
		24	③	4	
		25	⑤	4	
	2	26	③	6	
	3	27	⑤	6	
	4	28	②	7	
	5	29	②	7	
	6	30	①	7	
第5問 (45)	1	31	①	4	
		32	②	4	
	2	33	⑤	6	
	3	34	①	6	
	4	35	⑤	6	
	5	36	②	6	
	6	37	③	6	
	7	38	②	7	

（注）－(ハイフン)でつながれた正解は，順序を問わない。

第1問

出典　**【文章Ⅰ】**　小川《おがわ》さやか「話すことが支える『その日暮らし』」（『學鐙』春号 Vol.118 No.1　丸善　二〇二一年）
【文章Ⅱ】　鴻上尚史《こうかみしょうじ》『コミュニケイションのレッスン』（大和書房　二〇一六年）

小川さやかは、一九七八年生まれ。専門は文化人類学、アフリカ地域研究で、主な著書に『「その日暮らし」の人類学――もう一つの資本主義経済』『チョンキンマンションのボスは知っている――アングラ経済の人類学』などがある。

鴻上尚史は、一九五八年生まれ。作家、演出家。主な著書に『「空気」と「世間」』『鴻上尚史のほがらか人生相談』『演劇入門』など。

【出題のねらい】

今回出題した**【文章Ⅰ】**は、コロナ禍の最中にあった二〇二一年春に、各分野で活躍する論者が「日常」をテーマとして寄せた文章を集めた雑誌の特集から採ったものである。長年タンザニアに滞在して現地の商習慣などを調査した筆者ならではの経験を踏まえて紹介されるタンザニアの人びとの「日常」から、人間にとってあたりまえの（はずの）「日常」とは何かを考えさせる論考である。筆者がエピソードや引用を通して語ろうとするところを正確に把握するよう心がけよう。

大学入学共通テストでは異なる角度から考察した二つの文章が示され、最終問では二文に「共通する要素」と「捉え方の違い」を考察させる出題が見られる。ここには大学入試センターが試行調査問題以来謳《うた》ってきた「複数テクスト」の読解を重視するという方針が明確に現れている。今回の出題ではこの点を踏まえ、最終の問いで複数のテクストを比較対照しつつ読むことを求める設問を設定した。

【概要】　問題文の概要は次の通りである。

【文章Ⅰ】

(1)　**タンザニアの人びとの人間関係**（1～6段落）

●個人的な関係の束（1～2段落）

人びとは互いに挨拶を交わし、たわいもない雑談をして、少しだけ互いの事情を斟酌しあって暮らしている。

↓

一対一の個人的な関係の束

↓

・この関係性をどれだけ持っているかが、個々人が生きていく上でのセーフティネットの強度を図るものとなる。
・確固たるコミュニティを築かなくても、生きていくだけなら何とかなる。

●「便宜」や「融通」の肯定（3～6段落）

他ならぬ私のために特別な便宜や融通をしてもらう関係は、日本の文脈では「コネ」と呼ばれることが多い。そしてコネを積極的に築こうとする個人は、表向きには批判的に語られがちである。

↓

たしかにタンザニアにおいて、融通や便宜を図るやり取りの中には、グレーなものが含まれてもいる。**譲歩**

↓

それでも、こうしたグレーな便宜を図る個人的な関係を生き抜くために必要なものとして肯定的にとらえる背景には、それらの関係性に偶然性や不確定性が織り込まれているためであると考えられる。

↓

自身が困ったときに相手が私を助ける機会や余裕があるかどうかは不確かであるし、自身が融通を利かせて欲しい時に相手がそれを実現する機会がなければ、「借り」にも「負い目」にもならずに時は過ぎていく。

(2)「その日暮らし」の社会のコミュニティ（7〜12段落）

●**山田広昭の論考**（7段落〜8段落）

「どれだけ贈与したか計量しない関係」こそが共産主義の本質であり、そのようなものとしての「共産主義」はあらゆる社会に内在する。

●**「自然」と「わざとらしさ」**（9段落〜10段落）

人びとの自然な行為にとって、そこから開かれた関係が将来において私にとって役立ったりプラスになったりするかは問題ではない。「コネ」を築くといった「わざとらしさ」は、そういった人びとにはない。

●**個人主義的なコミュニズム**（11段落〜12段落）

その日暮らしであることが誰とでも話をすることを促し、それぞれがそれぞれの仕事をして自律的かつ分散的に異なる利益を追求することを正当化してきたのだ。

↓

コミュニティを作ろう、助けあおう、シェアをしようという呼びかけがない社会は、とにかくおしゃべりな社会なのだ。

【文章Ⅱ】

「絆」――「心をひとつにすること」だと言われた。

⇔ けれど

あなたと私は同一の価値観では生活していない。

↓ ただし

それぞれの立場にいながら、ある明確なテーマに関して手をつなぐことならできる。

↓

コミュニケイションの理想も同じ。

＝あなたと私がどう違うかを徹底的に発見するためにコミュニケイションをするのである。

問1 (i) **1** ② **2** ④ **3** ② (ii) **4** ③ **5** ① **《漢字問題》**

(i) 従来出題されてきた、同一の漢字を含む選択肢を選ぶ問題。

(ア)は「**綻**び」。①は「丹精」、②は「破**綻**」、③は「鍛錬（練）」、④は「塗炭」。

(ウ)は「**窮**地」。①は「球根」、②は「不朽」、③は「危急」、④は「**窮**余」。

(エ)は「**巡**回」。①は「遵守〈＝守り従うこと〉」、②は「**巡**査」、③は「殉教」、④は「潤滑油」。

(ii) 共通テストで初めて出題された、漢字の意味を問う問題。

(イ)「過」には〈すぎる〉の他〈あやまち〉の意味がある。「過度」と①「過労」、②「過大」、④「過敏」は前者の意味にあたる。③「過誤」は後者〈あやまち〉の意味にあたる。

(オ)「支」には〈ささえる〉の他〈えだわかれした部分〉の意味がある。「支援」と②「支柱」、③「支軸」、④「支持」は前者の意味にあたる。①「支流」は後者〈えだわかれした部分〉の意味にあたる。

問2 **6** ⑤ **《内容把握問題》**

傍線部の「一対一の個人的な関係の束」とはタンザニアの人びとの人間関係について述べたものであり、それを説明した1段落と2段落の記述を踏まえて考える必要がある。

傍線部は2段落冒頭の「このように広がる関係性は」を受けており、その「関係性」とは前の1段落の記述を踏まえている。1段落では筆者の見聞したタンザニアの人びとの人間関係が具体的に書かれているが、それをまとめた表現にあたるのが、**【概要】**にも示した「少しだけ互いの事情を斟酌しあって暮らしている」であり、傍線部の直前にはこれと対比される様態として「メンバーシップが明確なコミュニティ」とある。

すなわち、傍線部の「関係の束」とは、個人的な付き合いとしての人間関係であって（**a**）、市民権をもっているといった体系的かつ公的なコミュニティではない（**b**）ということである。以上の**a**・**b**を踏まえている⑤が正解。

①は援助を得るために「人柄」や「人のよさ」が必要だとしている点が誤り

である。1段落で示される具体例からは融通し合う関係があるとわかるが、それが「人柄」や「人のよさ」によると限定してしまうべきではない。

②は前半の「合理的な人間関係」と後半の「社会全体のネットワーク」がよくない。個人的な人間関係は第三者には不利益でもあり得るから「合理的」ではない。また「関係性の束」は公的なコミュニティとは異なる（b）。

③の前半はよいが、後半で「時々の感情に左右される脆弱な関係」が誤り。人びとの関係性を肯定的にとらえる筆者の論調に合わないことは、2段落にある「セーフティネット」の語からもわかる。

④は「臨機応変に立ち回る行動力」「個人の機転」が合わない。筆者が注目しているのは人びとの相互関係であり、一方向的に働きかける「行動力」や「機転」だけを取り上げている点で誤りである。

問3 **7** ① **《内容把握問題》**

本問では、傍線部の「それらの関係性」とは何か、そこに「織り込まれている」という「偶然性や不確定性」とは何か、さらに両者はどのような関係にあるのかが問われている。

「偶然性や不確定性」については主に6段落で、対比的な記述を交えて説明されている。

> それらの関係性
>
> ＝
>
> 話をすることから築かれる多くの関係
>
> ＝
>
> ・困ったときに相手が私を助ける機会や余裕があるかどうかは不確かである（＝不確定性）
>
> ・融通を利かせて欲しい時に相手がそれを実現する機会がなければ、「借り」にも「負い目」にもならずに時は過ぎていく（＝偶然性）
>
> ⇔
>
> ・「助けてあげれば、自分が困っている時にも助けてもらえる」ことが確約されるような厳密な互酬性が伴うような関係

また9段落には、「そこから開かれた関係が将来において私にとって役立ったりプラスになったりするかは問題ではない」とある。

以上を整理すると、

> タンザニアの人びとの人間関係とは、
>
> **a** 融通や便宜を特徴とする人間関係
>
> であるが、それは、
>
> **b** 「厳密な互酬性」が伴うものではなく、
>
> **c** 融通の機会があれば相手に報いるという程度の関係
>
> であるということになる。

このa～cを踏まえている①を正解として選べる。

②の前半はaに即した説明文となっているが、bとcに関して「短期的」「めぐりめぐって」という対比で説明してある点がよくない。タイムスパンの長さは「偶然性や不確定性」とは関わりがない。

③も前半のaの説明は適切であるが、「偶然性や不確定性」は「自然発生的」という起源に関わるものではない。また、「驚異的なシステム」という評価も問題文とずれている。

④は中ほどに「偶然に左右されがちで不安定な生活環境」とあるが、傍線部の「偶然性や不確定性」とは融通し合う関係について述べたものであって、「生活環境」のことではないので誤り。また、「道義的に許されるものではない」「厳密な関係性へと高めることが望まれる」は問題文に書かれている内容ではないので正解とはならない。

⑤は最後の箇所に「円滑な人間関係を維持するという目的」とあるが、2段落に「セーフティネット」とあるように、維持されるべきなのは生活であって

「人間関係」ではない。また、人間関係を「一時的」に「維持する」と読める点も、傍線部の「偶然性」を取り違えている。

問4　8　④　《段落の趣旨把握問題》

10段落を挟む前後の段落を確認しよう。10段落は9段落末尾の「『わざとらしさ』は、そういった人びとにはないのだ」を受けたもので、また続く11段落はエピソードを一般化させた記述である。

> (タンザニアの人びとに)「わざとらしさ」は……ない　(9段落)
> ↓
> ・コーヒーを奢りあう……彼は、盗品ディーラーだったのだ。彼のおかげで筆者は携帯電話を取り戻した。
> ・しかし、筆者と彼との関係はコーヒーを奢りあう仲のままだ。(10段落)
> ↓
> それぞれの仕事をするなかで、自然にできる範囲内で便宜を働かせること……　(11段落)

9段落の「『わざとらしさ』は……ない」と、11段落の「自然にできる範囲内で便宜を働かせること」が対応する。一度できた縁を必然的な相互援助の関係(いわゆる「コネ」)に発展させようとする「わざとらしさ」には向かわず、以前のままの関係が維持されている。「わざとらしさ」がないことを、「関係が深まったわけではなかった」と結びつけて説明している④が正解になる。

①は盗品ディーラーであることが発覚したことが人間関係に変化をもたらさなかった点を取り上げているが、問題文の趣旨は「互酬」の関係なので、「携帯電話を取り戻してくれたこと」がもたらした人間関係の変化を指摘しなければならないところであり、正しくない。

②の第一文での「将来の利益」と対比させての説明はよいが、そのことを「偶然の出会いや『開かれた関係』を何より重んじる」とするのは言い過ぎである。単に「偶然性」を生きているというのであって、それを「何より重んじる」というのではない。

③の第一文に書かれた状況説明は、「わざとらしさ」はないという指摘とも合っている。しかしながらこれを「タンザニアの人びとの合理性」とした第二文が誤っている。

⑤は第一文で「自分の『仕事』が発覚したあとも」が、筆者の着目する「わざとらしさ」という主題とかみ合わない。また、第二文で「タンザニアの人びと」が「変わらない日常を希求する」としている点も、問題文からは読み取れない指摘であるので正解とならない。

問5　9　③　《内容把握問題》

【文章Ⅱ】で筆者は「コミュニケイション」について説明するにあたって、「絆」という語との類似に基づいて論を進めている。その趣旨は**【概要】**で確認した通りだが、二つに共通するのは、

> 「ひとつになること」を否定し、「違い」を前提として歩み寄る

という概念としてとらえるべきだというものである。この「違い」を前提とした上での「歩み寄り」という観点を過不足なく含んでいる選択肢③が正解である。

①の前半「心をひとつにすることはできない」はよいが、後半のコミュニケイションに関する説明で「意見の一致を目指していく」が間違っている。意見を一致させることはできないというのが筆者の立場である。

②は「特定のテーマに限ることで」という限定が問題文にあることは事実だが、「絆」という概念で筆者がコミュニケイションとの類似性を見ているのは歩み寄りということである。しかし、②は「違い」や「歩み寄り」という項目に触れていないので誤り。

④は「絆」とコミュニケイションについて価値観の違いがあることを述べてはいるものの、後半で「互いの違いを発見し歩み寄ることの難しさへの自覚」とある部分で「難しさへの自覚」が問題文とずれている。「歩み寄り」こそが

コミュニケイションである。

⑤は後半のコミュニケイションに関する説明は誤っていないが、「絆」について「言葉を定義が明確でないまま唱えても」としているが、筆者は「絆」の意味の取り違えを問題にしているのであって、「定義が明確でないまま」とはしていない。

問6 (i) **10** ② (ii) **11** ②

《メモ形式による複数文章の内容把握問題》

生徒作成による【メモ】を参照するという設問の設定は、言語活動の過程を重視するという問題作成方針を踏まえたものである。また、問題文に示された複数のテクストを比較対照することを求めたものである。

(i) 【文章Ⅰ】の筆者の立ち位置を、文章全体から読み取る問題。筆者がタンザニアの人びとの人間関係を事細かに紹介しているのは、単なるものめずらしさからだけではない。【メモ】の〈1〉では【文章Ⅰ】の最終段落が引用され、それはさまざまな「呼びかけがない社会」だという。【文章Ⅰ】では「コネ」という語を用いて日本社会のありようと対比されてもいた。日本とは異なるタンザニア社会を筆者は「おしゃべりな社会」と端的に規定する。

> タンザニア社会
>
> **a**「おしゃべりな社会」
> 　誰とでも話し、その時々の人間関係によって困難を乗り越えていこうとする社会。
>
> **b**「日本とは異なる社会」
> 　（【文章Ⅱ】に示されたような）「絆」という言葉ばかりがひとり歩きするのとは異なる社会。

この「おしゃべりな社会」（**a**）の特徴と、それが日本とは異なるものであること（**b**）を適切に踏まえている②が正解である。

①は**a**の「おしゃべりな社会」に関する説明は前半で満たしているが、後半の「効率ばかりが重視される」は**b**を踏まえているとは言えないので誤り。

③は**a**について「高度な社会性」としている点が問題文からは読み取れない上に、後半の「人間一般に広く浸透させていくべきだと考えている」も問題文からは読み取れない。

④は**a**の具体的な説明が欠けていることに加えて、結びの部分のように「現代日本の姿を痛烈に揶揄している」とまではいえないのでよくない。

(ii) 設問文に記されているように、【メモ】の〈3〉は〈1〉〈2〉を踏まえたものである。また、選択肢の結びはどれも「通じ合う」となっているので、二つの文章に共通する見方が空欄には入るとわかる。

〈2〉に二つの文章を結びつける手がかりがある。それは「明確なテーマ」に限定しての「絆」ということであり、「ひとつになる」ことを目標とはしない人間関係ということである。限定的な人間関係であることを前半で、違いを前提としていることを後半で適切に述べている②が正解である。

①は「緊張した人間関係」と「開放的な人間関係」を対比させている。立場の違いを認める姿勢は「開放的な人間関係」であるとは言えるが、「いがみ合いを続ける」ような緊張関係が殊更否定されているという記述はどちらの文章にもない。

③の前半、「貸し借りを契約としてとらえ」ることを否定する内容は【文章Ⅰ】にあったが、「会話に一言の冗談をさし挟むことも認めない」といった無機質さは問題文に指摘されていない。また後半で「相手の個性や境遇を尊重しながら」はよいが「互いに切磋琢磨することで」はタンザニア社会の人間関係には当てはまらない。

④の要点は「厳格な人間関係ではな」いことと「感情を行動の原理とする」ことの二点だが、前者については「価値観の不一致も認めない」としていることはどちらの文章に照らし合わせても誤っている。また後者についても「あくまでも損得勘定に基づいて行動し」とあるが、たとえば携帯電話を取り戻した際の結束は損得勘定に基づくものではないので誤りと判断できる。

第2問

出典 吉野弘《よしのひろし》「詩と言葉の通路」(『詩のすすめ』所収　思潮社　二〇〇五年)

吉野弘は一九二六年山形県酒田市生まれ。高校卒業後、兵役を経て労働組合運動に従事するが、肺結核にかかり、療養生活を送るなか詩作を始めた。一九七二年『感傷旅行』で読売文学賞の詩歌俳句賞受賞。以後、詩作のみならず、随筆や校歌の作詞など、多様な分野で精力的に活動した。二〇一四年肺炎にて死去。代表的な詩に「祝婚歌」「夕焼け」「I was born」などがある。

【出題のねらい】

大学入学共通テストでは、詩(韻文)と散文が別々に用意され、それぞれの関係を含めた分析を求めるような形態の問題が出題される可能性がある。とはいえ、詩(韻文)と散文とを取り混ぜた出題であっても、正確な読解、論理分析、傍線部前後の吟味、選択肢の吟味といった基本的な作業がないがしろにされることはない。しかし、それらに加えて、従来型の国語の試験以上に広範かつ重厚な思考(つまり、頭の使い方)を要求するような、多様なパターンの出題がなされる可能性も大いにあり得る。この課題を初めとして、さまざまな問題と向き合う際にも、こうした点を常に念頭に置いて取り組むことが重要となるだろう。

【概要】

今回の課題文は、大きく三つのまとまりに分けることができる。

Ⅰ　言葉を論ずることと、直訳体の力(第1段落〜第6段落)

「私(=筆者)」はいろいろな詩をもとに言葉について話を進めていく。フランシス・ジャムの「哀歌・第七」の詩の初めの二連の面白さは、答えかたが巧みであるというだけではなく、雪の本質を、これ以上望めないほど見事に言い当てているところにある。〈白さから治る〉の〈治る〉にあたる原語を、堀口大學はあえて直訳体のままで訳したが、それがこの詩を享受する上で動かしがたい役割を果たしている。

Ⅱ　雪の本質と人の本質(第7段落〜第9段落)

「白さから治る日はない」という表現の衝撃の強さは、雪が白という呪縛から逃れることはできないということを、いやおうなく読者に感知せしめる。同時に、人間の生命の本質が「健康」ではなくて「病い」であるかもしれないことにも思い至らせる。人の最も好ましい性質が深い絶望に発していると了解されるなら、雪の白さを負い目としての病いと見ることも許されるだろう。こう見てくると、雪の白さは悲しみの色であり、雪は白であることに耐えているように眺められもする。

Ⅲ　遅れる存在としての人間(第10段落・第11段落)

北村太郎の「小詩集」のなかに〈時間はどの部分も遅れている〉という気がかりな言葉がある。レモンの存在に対する「気づく」という行為の遅れ。痛みに対する傷の発見の遅れ。人は痛みがなければいつまでも傷に気づかないような、そんな存在なのだろう。

以上、〈雪と人との相似性〉〈存在と人間の気づきとのズレ〉に関する二つの詩の考察が、いずれも〈人間とは何か〉という考察へとつながっている。人間以外のことを語っている詩も、その背後では常に人間へと眼差しが向けられている。その人間のありようを考えるような読解が求められる。

問1　12　④《内容把握問題》

「直訳」とは**〈外国語を、その原文の字句や語法に忠実に翻訳すること〉**という意味。ここでは、〈guérir〉という原語(フランス語)のもつ本来の意味である「恢復する」「癒える」とほぼ同じ意味の「治る」という日本語を、日本文として馴染《なじ》むかどうかは別として、翻訳する時にそのままあてた、ということが傍線部Aの意味になる。次に、「散文」とは〈韻律や定型にこだわらず、自由な形式で書かれた文章。通常の文章〉という意味。ただし、「散文風(=散文的)」となると、上記の意味以外に〈詩情に乏しく、散漫で趣や面白みに欠ける〉という意味が加わる。ここでは傍線部B直後の「雪は永久に白いという、只それだけの意味にすぎない」がヒントになる。ここから**〈面白みをなくして、単に事実として記述する〉**という要素を理解する。これら二つの意味を共に正確に反映している④が正解。

①は「翻訳者の印象を大切にして」、②は「原文からにじみ出る作者の性格を反映」「作者の性格や心情を無視して」、③は「訳者の語感を大事にしながら」「原文の内容を重視して作者の意図を忠実に伝える」が、それぞれ本来の語意および傍線部前後の内容に合致しない。

問2 13 ③ **《内容把握問題》**

まず設問文の指示に従って「本文で述べられている『雪』の性質に関する内容」を確認する。以下、主な段落ごとにポイントをピックアップすると、

7 雪が白という呪縛から逃れることはできない
雪もまた、白い病いから解放される日はない（傍線部C）

8 雪の最も好ましい性質と思われる白さを、病いと想定する
雪の白さが、白さではないところの別の因子に発している負い目としての病いと見る

9 雪の白さは幸福の色なのではなく、むしろ悲しみの色みたいなものであり、いかにも、白であることに耐えているように眺められもする

となる。これらの記述から、「雪の白さ」が表面上は「好ましい性質」「幸福の色」と思われるが、実はその背後に「呪縛」「病い」「負い目としての病い」「悲しみ」といった〈マイナスの要素〉を抱えていることがわかる。このように、**一つの対象が〈表面上＝プラス／背後＝マイナス〉という二つの側面をもっている**、という構図をもった俳句はどれかと考えると、③が〈門松：表面上→正月のめでたい飾り＝プラス／背後→冥土の旅（＝あの世に行くこと）の一里塚（＝目印）＝マイナス〉という構図になっているので、③が正解。

①は、「夏草」自体の〈イメージの両面性〉を示すものではない。〈昔は戦場（＝兵どもが夢を追う場所）だった場所は、今は（夢破れて）夏草が生えているだけである〉という形で、「夏草」は〈夢の終わりの象徴〉となっている。

②は、「去年今年」という区切りの背後に「棒の如き（＝区切られない一貫した）」もの、たとえば〈時の流れ〉であったり〈生きる自分の意志〉であったりといった、何かが貫いている、という意味の句。ここにもやはり〈イメージの両面性〉を示すものではない。

④は、鶏頭の様子を〈大づかみではあるが、それでも確実な何かとして（鶏頭の本質を）〉とらえきったという〈写実〉の句である。ここにも〈イメージの両面性〉に関する要素は存在しない。

⑤は、春の夕方の菜の花畑の幻想的な光景を、簡潔かつ壮大な空間描写で表した句。やはり〈イメージの両面性〉に該当する記述は見当たらない。

問3 14 ② **《理由説明問題》**

「時間」に関する記述は【Y】の詩、および第10・11段落に集中しているので、これらの部分からポイントをピックアップする。まずは【Y】の詩のなかで「時間」がどう語られているのかを丁寧に分析してみると、

(a) 部屋に入って　少したって　レモンがあるのに　気づく
（→レモンの存在に対して人間の気づきが遅れている）

(b) 痛みがあって　やがて傷を見つける
（→傷の存在に対して人間の気づきが遅れている）

(c) 時間は　どの部分も遅れている
（→存在に対して、人間の気づきは常に遅れている）

となる。ここから、「時間」とは〈人間が存在に気づく時間〉であり、**〈時間の遅れ＝存在に対して人間の気づく時間の遅れ〉**であると理解することができる。

次に、それが「何故おそろしいことなのか」について、第11段落を中心に分析すると、

(d) レモンに気づくという行為が、レモンの存在に遅れている。まずここに一つの遅れがある。（＝(a)と同じ）

(e) 本当は傷がまずあって痛みはあとなのに、痛みがあって傷に気がついた。ここにも一つの遅れがある。（＝(b)と同じ）

(f) 人は痛みがなければ傷のあることにいつまでも気がつかないでいるのだろうか。おそらく、そういうものなのだろう。

となる。まず(d)・(e)について見てみると、人間は〈気づき〉がなければ、いつまでたっても存在を認識できない、つまり、人間は**〈他の存在から常に遅れて**

いる＝他の存在から疎外されている〉存在である、という〈人間存在の本質〉が語られていると理解できる。また、(f)の「痛みがなければ傷のあることにいつまでも気がつかない」という点に注目すると、〈いつまでも気がつかなければ傷はどうなるか〉ということを示唆していると考えることもできる。病気でも、人間関係でも、環境破壊でも、〈いつまでも気がつかなければ……どうなるか〉という問題がつきまとう。事態は進行し、人は遅れて気がつく（＝気がついたときには遅れている）。これも〈人間存在の本質〉であり、人間は**〈取り返しのつかなさ〉**をはらんだ存在といえる。そうした点を踏まえて、②を正解とする。

①は、「気づかれない事柄によって人間の存在が脅かされる」が不適切。確かに「環境破壊」といった事柄が対象であれば「脅かされる」という事態は成り立つが、**【Y】**にある「レモン」が人間の存在を脅かすとは考えにくい。

③は、「人間に気づかれなければ存在を認められない対象のかなしみ」が誤り。「対象」は常に人間に先行し、人間は常に「対象」に遅れている。「対象」は人間が認識しようとしまいと、先に存在しているのであるから、かなしむ必要がない。かなしむべきは人間である、ということを理解する。

④は、「原因となる事象はすでに終わっている」「時代の流れに取り残される人間の孤独とそれを自覚できない愚かさ」が誤り。「レモン」にしても「傷」にしても、それが存在することを「事象はすでに終わっている」と置き換えることには無理がある。また、「時間」を「時代の流れ」と置き換えられるような根拠は本文に存在しない。

⑤は、「対象への無自覚がそのまま環境破壊に対する無自覚に通じる」が不十分。確かに、〈いつまでも気がつかなければ……どうなるか〉という事柄の対象に「環境破壊」は含まれるが、先にも述べた通り、それ以外の対象（たとえば「病気」「人間関係」）も含まれる。したがって、本文の記述だけで対象を「環境破壊」に限定することは不可能である。

問4 **15** **④** **《会話形式によるテキスト比較の問題》**

まず、二つの詩**【X】【Y】**のうち、**【Y】**については**問3**でエッセイも含めて詳細に確認していることを理解する。**問3**の解説を見ると、**【Y】**の詩で得られたのは〈時間の遅れ＝存在に対して人間の気づく時間の遅れ〉という構図であり、エッセイで得られたのは〈他の存在から疎外され、事態が進行してから気がつき、気がついた時には遅れている〉という〈人間存在の本質〉であった。こうした人間存在のあり方を、**問3**の正解選択肢②では「人間として生きることの本質と取り返しのつかなさ」とまとめたのであった。よって次の焦点は、こうした**【Y】**での結論が**【X】**でも同様に適用可能なのかどうか、ということになる。そこで、**【X】**の詩について論じているエッセイの部分に戻って記述を確認すると、

5 「私の心臓の病気は治るだろうか」と問うたのに対し、相手が……「雪がその白さから治る日はないように、あなたの病気も治らない……」

7 人間の生命の中心に居坐っているものが、必ずしも健康ではなくて、むしろ病いであるかもしれない

生命が病い乃至死から解放される日はない

8 ある人の持っている最も好ましい性質……が、その人自身への深い絶望に発している

となる。人は生きている限り、〈病いや死や絶望〉から逃れることはできない。これを**問3**で確認したような「人間として生きることの本質と取り返しのつかなさ」と置き換えることは、十分に可能である。ここから④の「〈抗いがたいものを受け入れる〉しかない、ということが〈人間の生命の宿命〉だ」という指摘が適切である、と結論づけることができる。よって、④が正解。

①は、「人間の愚かさを〈時間の遅れ〉のせいにしてかばう」という内容を正当化する記述が本文に見当たらない。第11段落にあるように、「人は痛みがなければ傷のあることにいつまでも気がつかないでいるのだろうか。おそらく、そういうものなのだろう」といった〈諦め・達観〉に近い記述になっている。

②は、「**【Y】**はそれを〈時間の本質は遅れである〉と簡潔に言い当てている」が誤り。①の解説でも触れたが、**【Y】**の詩に対する筆者のエッセイの核心は〈時間の本質〉ではなく〈人間存在の本質〉である。それは**問3**の分析でも明らかにしたことである。

③は、「人間は〈主観〉を手に入れることで逆に自分を見失う、という〈逆説〉が共通点」の部分が誤り。この〈逆説〉が成立するためには〈人間は〈主観〉をもたなければ自分を見失うことはない〉という前提が必要となるが、それを確認できる記述は問題文のどの部分にも見当たらない。

⑤は、「【X】の〈心臓の病気〉も恋人に対する負い目から生じたものかもしれない」「【Y】の〈レモンがあるのに気づく痛み〉も〈時間の遅れ〉に対する負い目から生じたものかもしれない」が誤り。「恋人に対する負い目」を本文で確認することは不可能であるし、「レモンがあるのに気づく痛み」という区切りは「レモンがあるのに　気づく／痛みがあって　やがて傷を見つける」という二つの事柄を意図的につないだものである。よって、「レモンがあるのに気づく痛み」は本文では存在しない。

問5　16・17　②・⑥（順不同）《**内容や表現に関する問題**》

以下、各選択肢を検討していく。

①、「詩人としての資質」と「言葉を論ずる才覚」とを同じものとして扱うことはできない。「詩人としての資質」とは〈言葉を生み出す創造者としての資質〉のことであり、「言葉を論ずる才覚」とは〈言葉を分析する観察者としての資質〉のことである。よって、「裏づける証拠」という結論を導くことは不可能である。よって、不適切。

②、第6段落を見ると「ジャムという詩人にとっては質朴で単純で率直な言葉がふさわしいのだと、訳者の堀口氏は考えられたのだろう」とあるので、ここから〈詩と詩人との分かち難さ〉を読み取ることができる。詩のもつ「質朴」「単純」「率直」という〈性質〉は、そのまま詩人の「質朴」「単純」「率直」という〈性格〉につながっているのである。また、「訳者の堀口氏は考えられたのだろう」という部分に注目してさらに考えると、堀口氏は〈どの言葉を選ぶかということと、詩人がどのような性格なのかということを連動させて、訳語を考えた〉ということになる。詩に対する読者の印象が、そのまま詩人に対する読者の印象に直結する、という意識が訳者の側にあったことがわかる。よって、この選択肢は適切。

③、「雪に苦しめられる雪国の人間の悲しみ」を確認できるような記述が本文のどこにも存在しない。よって、不適切。

④、「かりに……しておこう」のように記されている挿入句は、その直前にある「ある人の持っている最も好ましい性質」の具体的なものの一例を示したものであり、根拠の薄さを読者に提示して、寛容な読解を求めた表現とは言えない。よって、不適切。

⑤、「レモンに気づいた際の心の痛み」が誤り。**問4**の⑤の解説でも説明したが、「レモンがあるのに気づく痛み」という区切りは「レモンがあるのに　気づく／痛みがあって　やがて傷を見つける」という二つの事柄を意図的につないだものである。レモンに気づいた際に「痛み」はない。よって、不適切。

⑥、選択肢で指摘された部分の直前に「ある痛みに気づいて、傷を見つけた。ここ本当は傷がまずあって痛みはあとなのに、痛みがあって傷に気がついた。ここにも一つの遅れがある」という記述がある。これは〈人間の認識が「痛み」から「傷」の順番になっている〉という、筆者なりの見解の提示である。読者はこれを踏まえた上で「人は痛みがなければ傷のあることにいつまでも気がつかないでいるのだろうか」という問いかけの答えを考えるので、その答えは直前の「見解」に影響される。直後の「おそらく、そういうものなのだろう」という結論は、筆者の結論であるとともに、筆者の見解を踏まえた読者の結論でもある。そこに「共感」が存在することは十分に類推可能である。よって、この選択肢は適切。

第3問

出典　【資料Ⅰ】Z会　オリジナル文章（インターネットでの人権侵害の事例）

【資料Ⅱ】澤田真哉《さわだしんや》「ＩＴ・情報と法律問題」（『法学セミナー』日本評論社二〇一八年八月号所収）

【資料Ⅲ】日本国憲法第十三条・刑法　第三十四章 名誉に対する罪〈抄〉

【資料Ⅱ】の『法学セミナー』は、法律を学んでいる人、実際に法律の仕事をしている人のためにさまざまな話題を提供する雑誌である。法律は何のために存在し、どのような時に役立つのかを、弁護士による解説や対話形式で案内する特集のなかから、インターネットと名誉棄損にまつわる記事を選んだ。その記事の筆者である澤田真哉は弁護士。東北大学工学部生物化学工学科卒業、関東学院大学法科大学院修了。

【出題のねらい】　共通テストの第3問型の問題は、複数の文章や資料を読み比べて考えさせる形式で作成されている。今回は法律の条文のような実用的文章と論理的文章を照合して適切に答える力を測ることをねらいとして出題した。

【概要】　資料の概要は以下の通り。

【資料Ⅰ】

インターネットの掲示板に、商品そのものに関する見解ではなく、社長個人の社会的信用を失墜させるような書き込みをして公開したことが、名誉毀損にあたる事例。事実に基づいた商品そのものの批判であれば公益とみなされるが、勝手な憶測で社長の人格をけなすのは「名誉毀損」にあたるので、プロバイダが「発信者情報開示請求」を受け入れ、訴訟に至ることとなった。

【資料Ⅱ】

インターネットにおける名誉棄損や人権侵害といえる事例や、プロバイダの責任について、発信者・被害者の双方で可能な措置を述べている。

[1] 名誉権

「名誉」とはその人が「社会から受けている客観的評価」のことであり、たとえ指摘した内容が真実であっても、人の社会的評価を低下させる場合は名誉棄損につながる。一方、公益目的で公共の利害に関する事実を公表する場合は、真実であれば正当な行為として許される。

[2] インターネットにおける人権侵害

事例として、「名誉棄損」以外に「プライバシー権の侵害」「肖像権の侵害」があることを紹介している。

[3] 削除を要求することができるか

「プロバイダ責任制限法」とは、名誉棄損の案件が生じた場合に、名誉棄損の事実を訴える被害者と、公益目的であることを主張する発信者との板挟みになり、事態が収束しないことを考慮して、プロバイダの責任に制限をかけたものである。

[4] プロバイダ責任制限法上の送信防止措置

プロバイダはどのような場合に削除に関する責任を負うのか。

・削除した記事が、公益目的の正当な記事だったと判明した。

1　削除した時点で、権利の不当な侵害を信じるだけの理由があった。

2　情報の発信者に削除に同意するか問い合わせたが、7日以内に返答がなかった。

↓プロバイダは損害賠償責任を負わされない。

・被害者からの削除要求に応じなかった。

1　プロバイダが権利侵害を知らなかった。

2　プロバイダが権利侵害を知ることができなかった。

↓プロバイダは損害賠償責任を負わされない。

[5] 発信者情報開示請求

情報の流通による権利侵害が明らかで、発信者情報が損害賠償請求権の行使に必要であると判断された場合、発信者の情報開示を請求できる。

↓プロバイダ等に発信者情報の開示請求が可能である。

【資料Ⅲ】

名誉毀損
・人の名誉を毀損した者は罰せられるが、公益を図る目的で真実を述べた場合は罰しない。

問1 18 ⑤ **《複数資料を踏まえた空欄補充問題》**

空欄Xの直前にある「この会社」とは、ミドリさんがインターネットの掲示板に中傷の書き込みをした相手にあたる通信販売の会社を指す。通信販売の会社は「プロバイダの契約者であるミドリさんの父親」を特定しているが、「特定」の手順が**【資料Ⅱ】[5]**の最終段落、および**図1**で説明されている。このことを踏まえると、通信販売の会社は「記事が投稿されたコンテンツプロバイダに対する請求でIPアドレスを特定」し、それに基づき接続プロバイダに対して個人情報の開示を請求したと考えられる。したがって、通信販売の会社が行ったのは「発信者情報開示請求」だとわかる。よって、⑤が正解。

問2 19 ① **《資料を踏まえた関係把握問題》**

設問に「**【資料Ⅱ】**に従ってその関係を図示したものとして」とあるので、三つの語句についての**【資料Ⅱ】**における関係性を押さえよう。[1]によれば「名誉」とは「ある人が社会から受けている客観的評価」（3行目）であり、「人権として守られるべき権利」（6行目）である。プライバシー権の侵害と肖像権の侵害は「**[2]インターネットにおける人権侵害**」に出てくる。筆者は「インターネット上の掲示板やSNSでは、人の名誉を貶める投稿」が後を絶たないとした上で、「インターネットにおける人権侵害」として「プライバシー権の侵害」と「肖像権の侵害」がそれに該当するとしている。

今回は**名誉棄損**の事例を取り上げましたが、**ほかにも**無断で個人の住所や氏名がインターネットにさらされるような事例や、人の写真が無断で投稿されるケースもあります。前者は**プライバシー権の侵害**、後者は**肖像権の侵害**として、**同様に**問題になることが多いものです。

この[2]の箇所から、「インターネットにおける人権侵害」に名誉棄損、プライバシー権の侵害、肖像権の侵害がある、という関係になっている。すなわちこの三者は**互いに並列**であり、図示すれば①のように表すことが妥当である。

問3 20 ② **《資料の内容把握問題》**

「プロバイダ責任制限法」の内容については、**【資料Ⅱ】[4]**で詳しく説明されている。それを踏まえて、「**適当でないもの**」を選ぶことに注意しながら、選択肢を確認していこう。

①「情報を書き込んだ相手に対して削除に同意するかどうかを照会してから七日経過しても、その旨を承諾しないという意思表示がなければ、削除によって情報の発信者に生じた損害についての責任を負わなくてもよい」という説明は、**【資料Ⅱ】[4]**に書かれている内容である。

②**【資料Ⅱ】[4]**で説明されているが、情報の流通によって他人の権利が不当に侵害されているのを知ることができない場合は「損害賠償責任を負わない」のであるから、逆に「認知したうえで」情報を削除しない場合には、プロバイダは、被害を訴える側から賠償責任を追及される可能性があるとみなされる。つまり、選択肢にあるように「削除しなかった場合でも、プロバイダは無関係」とはいえないのであり、「**適当でないもの**」として正解である。

③**【資料Ⅱ】[4]**に「他人の権利が不当に侵害されていると信じるだけの相当な理由」があれば、プロバイダが「記事を削除しても、あとから損害賠償責任を負わされない」とある。よって、送信を防止することで、発信者に生じた損害について「プロバイダは責任を負う必要はない」という説明は適切である。

④**【資料Ⅱ】[4]**では、「被害者からの削除要求に応じない」ことについて、「プロバイダが権利侵害を知っていたか、知ることができたような場合でない限り」は責めを負うことはないと述べられており、「必ずしも削除の要求が通るわけではない」という説明と合致している。

以上から②が正解である。

問4 (i) **21** ③ (ii) **22** ④

《会話形式を踏まえた複数資料の内容把握問題》

問4の会話文では、**【資料Ⅱ】【資料Ⅲ】**の内容からさらに一歩踏み込んで、名誉棄損に関わる未成年者同士のトラブルについて論じている。

(i) 「名誉棄損」や「個人情報」について、あくまで**【資料Ⅰ】**～**【資料Ⅲ】**や話し合いの内容を踏まえて判断することをまず理解すること。

① 「インターネット上の書き込み」について述べているが、公に知らしめた内容がたとえ事実であっても、それが該当者の「社会的信用」や「評価」を著しく低下させてしまった場合には、名誉棄損にあたる可能性があることは**【資料Ⅱ】[1]**で述べられている。

② **【資料Ⅱ】[1]**の第4段落、および**【資料Ⅲ】**を参照すると、「公益目的」「公共の利害」に関わる場合には、それが真実であることなどの条件を満たせば「正当な行為として許される」ことがわかる。したがって、それらの条件を満たした場合は「名誉棄損とはみなされない」は正しい。

③ **【資料Ⅱ】[5]**で「記事が投稿されたコンテンツプロバイダに対する請求でＩＰアドレスを特定して、そのＩＰアドレスに基づいて接続プロバイダなどに再度開示請求を行う、という手順で記事を投稿した人の氏名や住所などの個人情報の開示までたどり着」くと述べられていた。さらに会話文の最初のＡさんの発言から、「２０２２年１０月施行の改正プロバイダ責任制限法では、この二段階の手続きだったものが一連の手続きで開示請求ができるようになって」とある。そうすると、接続プロバイダに名誉棄損が立証されてはじめてＩＰアドレスが開示されるという③の説明は誤り。よって、これが正解。

④ 「すべての国民は個人として尊重される」は**【資料Ⅲ】**の日本国憲法第十三条、選択肢後半の記述は**【資料Ⅱ】[2]**の内容と合致する。

⑤ 「客観的評価」とはすなわち「名誉」のことを指す。これが低下すれば個人は著しい不利益を被るのは必至であって、「名誉」は憲法において守られなければならないとしているのである。これは**【資料Ⅱ】[1]**の「**名誉権**」で示されている、法律上の「名誉」の定義と合致しており、**【資料Ⅱ】[1]**の６・７行目にも「名誉権として憲法13条により保障されます」とある。

(ii) 波線部**Y**の直前に「その点」とあることから、ここでは、さらにその前の「人間関係や子ども自身の心の問題をケアしていく」というのがポイントになることがわかる。

インターネット上の名誉棄損の当事者が未成年であった場合、法律による罰則を適用させて罪を償わせるだけでは問題は解決しないといえる。法律はあくまで結果についての一義的な判断を下すのであり、なぜそのような事件に発展したのかや、被害者・加害者の双方が心に負った傷のケアに及ぶことはない。そのような側面を「法律というものも万能な問題解決策ではない」と表現したことを、会話文の流れから読み取ってほしい。④の前半「加害者側に……負わせること」は法的な解決、後半の「当事者間に……解消すること」は「心の問題をケア」に関わるものであり、この二つはそれぞれで対応されるべきである、というのが生徒Ｂの考えと合うので④が正解。

①未成年者が「社会経験や法の知識が十分でない」から、「法的な争いでは不利になりがち」としている。しかし波線部**Y**は法律がそもそも「万能な問題解決策ではない」こと、さらに、法律によっては解決しきれないことがあることを指摘したものなので不適切。

②法律の適用が補填するのは「経済的な損失」だけだとしている点が誤り。例えば名誉棄損は「経済的な損失」に向けられたものだとは限らないからである。

③「個人と個人」に対して「集団の争い」という区別の立て方が適切ではなく、法律が「集団の争いを仲裁することには向いていない」という内容も**【資料Ⅰ】**～**【資料Ⅲ】**や会話文には見られない。

⑤「心のケアを視野に入れた法律を整備すべき」が誤り。ここでの法律が「万能な問題解決策ではない」とは、新たな法律の整備によって法律を「万能な問題解決策」に仕立て上げることを提案しているのではない。むしろ、なぜそのような事件に発展したのかや、被害者・加害者の双方が心に負った傷のケアに法律が及ぶことはないということを表現しているのである。

第4問

出典 本居宣長《もとおりのりなが》『手枕《たまくら》』

『手枕』は江戸時代の国学者である本居宣長（一七三〇～一八〇一）による擬古物語。『源氏物語』のなかで描かれていない光源氏と六条御息所の馴れ初めを、『源氏物語』の文体を模倣しながら創作した作品である。

六条御息所は、『源氏物語』のなかで年下の光源氏への愛に執着し、嫉妬のあまり生霊となって、源氏の正妻である葵の上を苦しめて死に至らせるなど、源氏の恋人のなかでも特異な存在感を放つ登場人物である。

【出題のねらい】

問題文は、登場人物の行動や心情の把握を中心として、的確な読みが求められる文章を取り上げた。**問1**は語句の解釈問題三問で、このうち敬語動詞を一問採用した。**問2**は波線部の理解を問うために、文法と語句、解釈などをおりまぜて出題した。**問3**は動作主の判断を含む内容説明問題、**問4**は心情説明問題、**問5**は贈答歌と会話の説明問題、**問6**は内容合致問題とし、多角的観点から受験生の読解力・知識力を試した。

【概要】

【第一段落】（女君は端近う……え心強うもてなし給はず。）

六条御息所の邸宅を訪れた光源氏は、御息所と贈答歌を交わす。源氏の熱心な求愛のさまが上品で優雅なので、御息所はいくぶん心を動かされ、きっぱりと冷淡な態度を取ることができない。

【第二段落】（風冷やかにうち吹きて……契り慰め給ふこと多かるべし。）

夜が更けて源氏が御息所にちょっと添い寝したので、女房たちはそうとわかって皆退出した。御息所は逃れられない宿縁をつらく思い、打ち解けられないでいるが、源氏はそれを並々でない態度で慰めた。

【第三段落】（いとどしき春の夜の……立ち隠れて出で給ふとぞ。）

明け方近くになって源氏と御息所は後朝《きぬぎぬ》（＝共寝した男女が翌朝別れること）の贈答歌を交わした。源氏は部屋の端近くににじり出た御息所の容姿に心がとまったが、従者たちに促され、隠れるようにして帰った。

問1 23 ④ 24 ③ 25 ⑤ **《語句の解釈問題》**

(ア) 形容詞の「すきずきし（好き好きし）」は、〈ある対象に執着するさま〉を表し、異性に対する場合は〈(1)好色だ・恋愛好きだ〉の意、和歌や音楽などの文芸に対する場合は〈(2)風流だ〉の意となる。ここでは光源氏と六条御息所の恋愛の場面なので、(1)の意味。また、「筋《すぢ》」は〈ひとつながりのもの〉を意味する多義語で、ここでは〈その方面のこと〉といった意味で解すればよい。よって④が正解。②はここでは文脈的に無関係。①・③・⑤は「すきずきし」の語義に合わない。

(イ) 「聞こえさせ」は下二段活用動詞「聞こえさす」の未然形。「聞こえさす」は「聞こゆ」よりも敬意の強い謙譲語で、〈(1)【本動詞】申し上げる (2)【補助動詞】～申し上げる〉の意。ここでは(1)の意味。助動詞「ん」はここでは意志の用法で、〈～しよう〉の意。以上により、正解は謙譲語として解釈している③。文脈的には④が紛らわしいが、「聞」くや「～てほしい」の解釈は無理で、しかも謙譲語としての訳出もできていないので、誤り。①・②・⑤は謙譲語としていないうえに、語義的にも不適切。

(ウ) 「埋もれいたき」は形容詞「埋もれいたし」の連体形。「埋もれいたし」は「埋もれ〈＝なかにこもるさま〉」＋「甚《いた》し〈＝甚だしいさま〉」からできた語で、〈(1)心が晴れ晴れしない (2)引っ込み思案だ・控えめすぎる〉の意。文脈からも、「御衣引きかづきて見もやり給はぬ〈＝（六条御息所が）御衣をひきかぶって月を眺めなさらない〉」ので、光源氏は〈あまりに引っ込み思案なことですね〉と言って、部屋の端近くに「いざな〈＝誘〉」ったのである。「わざ」は〈こと・行為〉の意。したがって、正解は⑤。①～④はどれも「埋もれいたき」の語義に合わない。

問2 26 ③ **《文法を含めた波線部の把握問題》**

① 「しめやかなる」は「しめやかなり」という形容動詞で、『源氏物語』によく登場する言葉である。〈もの静かに落ち着いたさま〉〈しみじみとしたさ

ま・しんみり〉という意味を表す。「湿る」ではないので、誤り。
②「うち出でば」は下二段活用動詞「うち出づ」の未然形が、接続助詞「ば」に接続しているので、仮定条件を表す。〈打ち明けるならば〉の意である。また、「うち出でば、女君もあはれと思しぬべき」と続くことから、光源氏が女君に打ち明けるということが読み取れる。したがって、誤り。
③「ぬべき」の理解がポイント。まず、「ぬ」について見てみよう。

○「ぬ」の識別

(1)打消の助動詞「ず」の連体形
＊未然形につき、〈～ない〉の意。
(2)完了の助動詞「ぬ」の終止形
＊連用形につき、〈～た・～てしまった〉の意。ただし、強意〈きっと～〉の用法もある。
(3)ナ変動詞「死ぬ」「往《い》ぬ」の終止形活用語尾
(4)ナ行下二段動詞「寝《ぬ》」の終止形

この「ぬ」は、四段活用動詞「思《おぼ》す」の連用形「思し」についているので、**完了の助動詞**「ぬ」の終止形である。ただし細かく言えば、推量の助動詞「べき」が下接しているので、**強意**の用法である。「思しぬべき」で〈きっとお思いになるに違いない〉の意。すなわち、光源氏が、女君は〈しみじみ身にしみることよときっとお思いになるに違いない〉と推し量っている、という場面であるから、これが正解。
④この「に」は、直後に「、」があり、文が続くので接続助詞である。接続助詞の「に」は多くの用法をもつので、整理しておく。
(1)逆接確定条件 → 〈～のに・～けれども・～が〉
(2)順接確定条件 → 〈～ので・～から〉
(3)単純接続 → 〈～が・～と・～ところ〉
どの用法であるかは、前後の内容から判断する。〈（私の思いを）身にしみることよと（女君が）きっとお思いになるに違いない折だなあ、と光源氏が思った〉→〈光源氏は帰る気持ちもしない〉とつながる部分であるので、順当につながると判断できる。したがって、(2)の用法であるから、誤り。

なお、接続助詞以外の「に」もあり、「に」の識別は頻出する。代表的なものとして、次の七つを覚えておこう。

○「に」の識別

(1)格助詞「に」＝体言・連体形に接続する。
(2)接続助詞「に」
＝連体形に接続し、「に」のあとに文が続く。連体形の下に体言を補えない。
(3)完了の助動詞「ぬ」の連用形
＝連用形に接続する。過去を表す助動詞を伴い、「にけり」「にき」「にけむ」などのかたちをとることが多い。
(4)断定の助動詞「なり」の連用形
＝体言・連体形に接続する。下に「あり」「はべり」などを伴うことが多い。
(5)形容動詞・ナリ活用の連用形の一部
＝「あはれに（あはれなり）」「きよらに（きよらなり）」など。
(6)副詞の一部＝「げに」「ことに」など。
(7)ナ変動詞の連用形の一部＝「死に」「往に」の二語のみ。

⑤助動詞「ん（む）」の意味をとらえることがポイントとなる。「む（ん）」について整理しよう。

○助動詞「む（ん）」の用法

(1)推量〈～だろう〉
(2)意志〈～しよう・～したい〉
(3)適当〈～のがよい〉
(4)勧誘〈～しませんか〉

(5)婉曲《えんきょく》〈〜ような〉
(6)仮定〈もし〜としたら〉
＊未然形につく

「む」の意味は主語の人称でとらえると区別しやすい。

・一人称（わたし）→ 意志
・二人称（あなた）→ 適当・勧誘
・三人称（彼・彼女など）→ 推量

ただし、これはあくまでも目安なので、文脈中心で意味をとらえるようにしよう。

また、「む（ん）」が連体形で、直後に体言、「は」「に」「には」のいずれかがつく場合は、婉曲・仮定の意で用いられていると考えられる。ここでは、「心地」と直後に名詞があるので、婉曲・仮定の用法。

ここは、「ん」がなくとも全体としての意味は変わらず、「ん」によって事柄をぼかして表現していると考えられるので婉曲の意であり、誤り。「立ち帰らん」は、〈帰るような気持ち〉という意である。

問3 **27** ⑤ **《内容把握問題》**

傍線部**X**の「心強う」は、形容詞「心強し」の連用形「心強く」のウ音便。「心強し」は〈相手に対して気を強くもつ〉という意味から、ここでは〈つれない・冷淡だ〉の意。「もてなし」は動詞「もてなす」の連用形。「もてなす」は〈(1)取り扱う・待遇する　(2)振る舞う〉の意。「え……ず」は不可能の構文で、〈〜できない〉の意。つまり傍線部は〈気強く冷淡にも振る舞いなさることができない〉という意味だが、「誰が」そうできないのかの判断が難しい。しっかり文脈を押さえて考えよう。

Aと**B**の贈答歌のやりとりの後で、障子を押し開けてにじり寄りながら御衣の裾を引きとめて、「かたじけなけれど……片端聞こえさせんとばかりになん」と言ったのは、その内容からも光源氏と判断できる。したがって、それに続く「いとのどやかに……いとよう聞こえ知らせ給ふ御気配」は光源氏の様子で、それが「いひ知らずなつかしう〈＝心ひかれ〉、あてに〈＝上品で〉なまめかしきに〈＝優美なので〉」ということから、六条御息所にとって光源氏の様子が非常に魅力的に感じられていることがわかる。それで「女〈＝御息所〉」は「あはれ」と思い知ることがないわけでもないので、「あやにくなる〈＝あいにくの・不都合な〉」光源氏の求愛の様子に対しても、御息所は気強く振舞う〈＝きっぱりと拒絶する〉ことができないでいる、という文脈である。

語法的に注意したいのは、「女もあはれと思し知る節々なきにしもはたあらぬを」の二重否定（つまり肯定）で、御息所は光源氏を「あはれ」と思っていることがわかる。「あはれ」は〈心打たれるさま〉を表すが、ここでは〈いとしい・すてきだ〉といった意味合いに近い。御息所は光源氏に「あはれ〈＝好感〉」を抱かないわけでもないので、はねつけてつれない態度をとる、といったことができないでいるのである。

以上の内容を正確に踏まえて説明している⑤が正解となる。とくに「心を動かされることもある」をしっかり押さえたい。

①〜③は動作主の「光源氏は」自体が誤りだが、選択肢をもう少し細かく検討しておく。

①「無理やり訪問したことを詫びた」が光源氏の発言内容にない。

②「無骨に〈＝無作法に〉」が「さまよくもて沈めて〈＝体裁よく態度を落ち着かせて〉」に合致しない。また、「御息所から不愉快な感情をもたれてしまった」という内容も本文になく、むしろ逆である。

③「態度を落ち着かせてこらえがたい思いを十分に語っ」たのは、六条御息所ではなく光源氏である。

④光源氏が「気位が高い〈＝自分を尊いとみなし誇り高いさま〉」かどうかは、本文からはわからない。「あてに〈＝上品で〉」の説明としても不適切である。また、「なかなか好感を抱くことができない」が誤りで、むしろ逆である。

問4 **28** ② **《心情把握問題》**

第二段落（風冷やかにうち吹きて……）の、傍線部**Y**に至るまでの内容を正確に把握しよう。

「ありありて今さらに若々しくにげなきことを、さぶらふ人々の思ふらんほども死ぬばかりわりなく恥づかしう」の、「にげなき」は形容詞「にげなし（似気無し）」の連体形で、〈似つかわしくない〉の意。「若々しくにげなきこと」で〈年甲斐もない（＝年齢に似合わない）情事〉ということになる（御息所は光源氏よりもかなり年上だった）。そんな光源氏との色恋について、「さぶらふ人々〈＝お仕えする女房たち〉の思ふらんほど」を、「死ぬばかりわりなく恥づかしう」思うのは御息所である。以上の内容は、選択肢②の「女房たちから年甲斐もない色恋をどう思われているかときまりが悪く」に合致する。

さらに、「人の物言ひも隠れなき世に、あはつけく軽々しき名や漏りいでんと、とかく思し乱れつつ」の「人の物言ひも隠れなき」とは、「人の口に戸は立てられぬ」ということわざのように、〈世間のうわさ話は防ぎようがない〉の意。「あはつけく軽々しき名や漏りいでん」は、「や（疑問）→ん（推量・連体形）」の係り結びに注意。〈浅薄で軽々しいという世評が漏れ出るだろうか〉と、御息所は人聞きを心配しているのである。これも選択肢②の後半の「浅はかな女だと人の口にのぼることも気がかり」に合致する。

以上から、正解は②である。

①「自分を見捨てて立ち去ったのだろう」とは、御息所は考えていない。

③「自らの意志で」光源氏との関係を深めてしまったと「反省し」たとする点が不適切。「いとかく遁れがたき宿世のほど」とあり、「宿世」は〈前世からの因縁・宿命〉の意で、御息所は、光源氏との関係を、〈自らの意志に関わらない前世からの定め〉と受け止めているのである。

④「さぶらふ人々」は「女房たち」だけを指すと思われ、「光源氏の従者たち」も含めて説明しているのは不適切。また、「源氏との交際が本当に名誉なことかどうかもわからなくなっている」は本文から読み取れない内容で不適切。

⑤「漏れるはずがない」が不適切。「名や漏りいでん」の係助詞「や」を反語の用法ととれば、〈うわさが漏れ出るだろうか、いや漏れるはずがない〉という意味になるが、これでは「とかく思し乱れつつ」と矛盾してしまう。したがって、「や」は疑問の用法として、〈うわさが漏れ出るだろうか〉と懸念したと解釈するのが適切。

問5 **29** ② **《和歌の解釈問題》**

順に**A**の和歌・会話から見ていこう。

Aの和歌は、内容から光源氏のものとわかる。「あはれ」がここでは〈愛情〉の意、「ながらふ」が〈生き長らえる〉の意、「玉の緒」が〈命〉の意（和歌ではこの意味で使われることが多い）であることに注意したい。〈せめて今夜だけでも愛情をかけてほしい。明日は決して生き長らえることのできない（私の）命なのだから〉という歌意である。求愛の歌ではこのような大げさな内容はよく見られる。

続く会話部分の「恋ひ死なば、長くや人を」は、（注）の古歌の一節を引用することで、主意として「つらしと思はん」を言い表そうとしている。「つらし」には〈薄情だ・冷淡だ〉の意味があり、ここではその意。〈恋い慕ったまま死ぬとしたら、長くあなたを薄情だと思うだろう〉と言っているのである。

では**B**の御息所の返歌を見よう。「露」は〈光源氏のはかない命〉のたとえである。そして「露」と「消え」が縁語で、〈露が消えるように、はかなく死ぬ〉の意。「消えぬ」の「ぬ」は、文法的には完了の助動詞「ぬ」の終止形と打消の助動詞「ず」の連体形の両方が考えられるが、光源氏が〈もう生き長らえられない命〉とか〈恋い慕ったまま死ぬとしたら〉と言ったことを受けたものなので、〈光源氏が死んでしまう〉という前提に立った返歌と考えることができ、「ぬ」は完了の助動詞「ぬ」の終止形と判断できる。「露の心」は〈光源氏の心〉を指し、〈露のようにはかない命の光源氏の心も知らない「身」〉とは、〈六条御息所自身〉のことである。

下の句は副詞の「いかが」の意味用法に注意したい。「いかが」は〈(1)【疑問】どのように（〜か）(2)【反語】どうして（〜か、いや〜ない）〉の意。上の句で〈死んでしまうとしても、露のようにはかない命の（あなたの）気持ちもわからない私は〉と言っているので、下の句は〈世間並みの愛情をどのようにかけましょうか〉ではなく、〈世間並みの愛情をどうしてかけることができましょうか、いいえ、できません〉という歌意に解せる。したがって、「いかが」は反語の用法で、助動詞「べき」は可能の用法ととれる。このように表向きつれない返事をするのは女性側の常套《じょうとう》で、たしなみでもあった。

次にCの光源氏の和歌と会話に移ろう。和歌中の「手枕」は書名にも採用された語で、〈男女の共寝〉を表す。「かはす間もはかなき夢の手枕に」は〈手枕を交わす間もあっという間の夢のような共寝に〉の意。下の句から「いかが御覧ずる」までは、一転して〈名残惜しく霞んでいる春の夜の月をどのようにご覧になりますか〉と話題を月に向けている。

Dの御息所の返歌を見よう。「おぼろけ」は〈普通・並々〉の意。「うさ〈憂さ〉」は〈つらさ〉の意。「〜ば〜まし」の反実仮想の構文に注意したい。〈普通の身のつらさならば、春の夜の霞んでいる月も一緒に見るのでしょうが〈実際は普通のつらさではないので、一緒に月を見る気にはなれません〉〉という歌意で、これもBの返歌と同様に、表向きつれない返事をしている。

以上の内容を適切に踏まえて説明できているのは②だけで、それが正解となる。

①「あなたの命が消えることさえなければ」が、「消えぬ」の「ぬ」を打消の助動詞と解したものなので、誤り。また、「露の心も知らぬ身〈＝はかない命の光源氏の気持ちもわからない身〉」というのだから、人並みの愛情を「かけるつもりだ」というのは矛盾する。むしろ〈かけられない〉と解するのが適切である。

③Dの歌意の説明が間違っている。

④「夢」を「光源氏の命を表」すとするのが誤り。ここでの「夢の」は単に〈夢のような〉の意である。

問6　30　①　《内容把握問題》

①「六条御息所に自分の恋心を理解してもらおうと考え」は、たとえば第一段落前半の「思ふこともうち出でば、女君もあはれと思しぬべき折かなと思す」などから、そう認められる。「恨み言も含めて思いのほどを訴えた」は、第一段落後半の「かたじけなけれど……片端聞こえさせんとばかりになん」に合致する。「恨み言」は「などかううとうとしく、よそにはもて離れ給はん〈＝どうしてこのようによそよそしく、疎遠にしなさるのでしょうか〉」に該当する。「わずかながらも情事を遂げることができた」は、第二段落の「かりそめなるやうにて添ひ臥し給へり」、第三段落の「かはす間もはかなき夢の手枕」などから、そう言える。「気兼ねがちな御息所の心中を思うと気の毒でもあり」は、第三段落の「あながちにつつましく思ししみにし御心のほどもいとほしく」に合致する。「つつまし」は〈気がひける・気兼ねする〉の意。「いとほし」は〈気の毒だ〉の意である。「自分の体面〈＝世間に対する体裁や面目〉も気になる」は、「わが御ためにもかたはならんと思し返して」に合致する。「かたはなり」は〈見苦しい・体裁が悪い〉の意で、朝遅くまで御息所邸に長居することへの世間体を気にしているのである。「朝早く隠れるようにして帰った」は最後の「あらはならぬ……出で給ふ」に合致する。よって、①が正解。

②選択肢前半の説明は適切だが、「そして」以降の内容が第三段落の記述に合致しない。「明け方の月影に、御髪のこぼれかかりたる傍目など」は、「源氏の容姿」ではなく、御息所の容姿を述べたものである。男性貴族は日常的に烏《え》帽《ぼし》子か冠をかぶるのが普通で、髪の毛は頭上に束ねてそのなかに収め、人目には晒《さら》さなかった。したがって、髪が衣装にこぼれかかるほどに見えるのは女性の形容と判断できる。また、御息所は「（部屋の）端近く」までにじり出ているが、「部屋を出て」まではいないし、「立ち」止まってもいない。「ゐざり」とあり、動詞の「ゐざる」は〈座ったまま膝や尻をついて移動する〉の意で、御息所は部屋の奥から端近くまで座って移動しただけと判断できる。「出でがてに休らひ給ふ」は〈（部屋を）出かねて止まり（ためらい）なさっている〉の意で、これは光源氏の様子の説明である。

③まず「従者たちは……腹立たしくさえ思った」が誤り。「憎くさへ思さるれど」の動作主は光源氏である。尊敬語の「思す」が使われていることに注意。問題文で従者たちには敬語は用いられていない。また、「気の毒だと思い直し」も問題文から読み取れない内容。さらに「朝の霞に紛れてその場を退出した」も誤り。「立ち隠れて出で給ふ」は、尊敬語の「給ふ」が用いられているので、動作主は光源氏である。

④「女房たちは……心配しながら」が読み取れない内容。第二段落の「かうなりけりと気色どりて」は〈こういうことだなあと事情を察して〉という意味

で、女房たちは納得しながら退出したのである。また、「死ぬほど恥ずかしく思ったが、もうどうしようもないとあきらめるしかなかった」も、「死ぬばかりわりなく恥づかしう」思ったのは御息所であるから誤り。

全訳

女君は（部屋の）端近く（にいらっしゃって）、まだ（女房たちが）お窓も下ろし申し上げないので、雨雲の晴れ間の月が、趣深く霞んで美しい空を、ぼんやり物思いにふけりながら眺め出していらっしゃる時であった。（光源氏は）あれこれ（簾に）からまりながら（女君の部屋に）入りつつ、襖《ふすま》障子のもとに忍び寄りなさって、たいそうこのようにしんみりした夜の趣のなかで、思いのほども打ち明けるならば、女君もしみじみ身にしみることよときっとお思いになるに違いない折だなあと（光源氏は）お思いになるので、帰るような気持ちもしなさらず、

「今宵だに……〈せめて今夜だけでも愛情をかけてください。明日は決して生き長らえることができそうにない（私の）命（なのです）〉

恋い慕いながら死ぬならば、（古歌に詠まれたように）長くあなたを（薄情だと思うことになるだろうか）」と、独り言のようにおっしゃる気配が、たいそう間近に感じられるので、女君は気味悪くなったけれども、そうはいうもののやはり（光源氏とは）距離を取りながらも数年間便りを交わし申し上げて馴れ親しんでいらっしゃったので、まったく知らない人が入って来たように、うとましかったりそら恐ろしかったりなどはないからであろうか、

「消えぬとて……〈露が消えたように亡くなったとしても、はかない命の（あなたの）気持ちもわからない私は、世間一般の愛情をどのようにおかけしたらよいでしょうか、いえ愛情のかけ方もわかりません〉

愚痴っぽいことですね」と、こっそりおっしゃるというわけでもないので、どうして（こんなにはっきりと光源氏に）言ってしまったのかときまりが悪くて、少しずつ（部屋の奥に）引き入りなさる気配なので、（光源氏は）襖障子をそっと押し開けて、（女君に）にじり寄りながら、御衣の裾を引き止めて、「恐れ多いことですが、（私の便りに）お耳の慣れた年月も重なったでしょうに、どうしてこのようによそよそしく、疎遠にしなさるのでしょうか。自然と（風のうわさで私の気持ちを）お聞き及びになることもきっとございましょう。世間でありがちな、ぶしつけに浅慮で、好色めいた方面のことは、まったく思いもかけません。お許し下さらないうちは、これ以上身の程知らずな考えは、決して決して起こしますまい。ただこのまま無駄に朽ち果てて（死んで）しまうような嘆きのほどを、少しでも申し上げようと思うだけなのです」とおっしゃって、たいそうのどかに、態度をよく落ち着かせて、さまざまに思う気持ちのこらえがたくなったさまを、たいそう丁寧に申し上げ知らせなさる（光源氏の）ご気配が、何とも言いようもなく心ひかれる様子で、気品があって優美なので、女君も心打たれることよと思い知りなさることがあれこれとないわけでもないので、このように（女君にとっては）具合の悪い（光源氏の熱心な求愛の）ご様子に対して、（女君は）気強く冷淡にも振る舞いなさることができない。

風が冷ややかに吹いて、夜もたいそう更けていくうちに、お窓も上げたままで、晴れていく月の光も（二人の姿をあらわにして）見苦しいようなので、（光源氏は）おそばにある短い几帳を（月の光から）さし隔てて（二人の姿があらわにならないようにし）、一時的にちょっとした様子で添い寝しなさった。女房たちは、こういうことだなあと事情を汲み取って、皆退出して遠くに横たわった。たいそうこのように逃れがたい前世からの因縁のほどを、女君は非常につらく、残念に思い沁《し》みなさって、あげくの果てに今さら年甲斐もなく似つかわしくない情事を、お仕えする女房たちが思っているようなことも死ぬほどにどうしようもなく恥ずかしく、一方では人の物言いも隠れようのない世の中に、浅はかで軽薄だという汚名が漏れ出るだろうかと、あれこれ思い乱れなさりながら、お涙にくれ乱れて、打ち解けない（女君の）ご様子を、（光源氏は）気の毒にご覧になって、並々でなく愛を誓い慰めなさることが多いに違いない。

ますます明けやすい春の夜のならわしはとてもあっという間で、明け方近くなったところ、（山の端に）入る頃合いの月がたいそう心細く霞んでいる。

「かはす間も……〈交わす間もあっけない夢のような手枕（の添い寝）に名残惜しく霞んでいる春の夜の月よ〉

どのように（この月を）ご覧になりますか」と（光源氏が）申し上げなさると、（女君は）

「おぼろけの……〈並大抵の身のつらさならば、春の夜の霞んでいる月も一緒に見るのでしょうが（実際は並大抵のつらさではないので、一緒に月を見る気にはなれません）〉」

とお詠みになって、御衣を引きかぶって（月を）見やりもなさらないので、（光源氏は）心こまやかに親しみ深く（今後の愛情のほどを）約束し置いて、（女君の邸を）お出になろうとして、やはり（女君の）ご容姿も見たいので、「しみじみと感じられる時分の空の様子も、同じ気持ちでご覧になるならば、ひどい心の乱れも、少しは落ち着くこともございましょうに、あまりに控えめすぎることですね」とおっしゃって、強く（部屋の）端近くに誘い申し上げなさるのも、（女君は）たいそうどうしようもなく恥ずかしいけれども、少しにじり出なさると、明けてゆく空が不都合できまりが悪くて、あれこれと（容姿を）お隠しなさっている（女君の）お振る舞いなどは、あくまで心遣いがあって、上品でかわいらしい様子である。奥ゆかしいほどの明け方の月の光に（照らされて）、（女君の）御髪がこぼれかかっている横顔などは、言いようもなく、ああ素晴らしいと見えるにつけても、（光源氏は）ますますお心がとまって、やはり（部屋を）出かねて止まりなさっているうちに、（光源氏の）お供の従者たちが咳《せき》払いをし、騒ぎ立てるようにして、「すっかり夜が明けました」と催促するのも（光源氏は）心をせかされるようで、憎たらしくお思いになるけれども、むやみに気がひけるように思い沈みなさった（女君の）お心のほども気の毒で、一方ではご自身にとっても（長居するのは）みっともないだろうと思い返しなさって、（お姿が）あらわでないうちの明けてもまだ暗い時分の空の、霞の紛れに立ち隠れて（女君の邸を）お出になったということである。

第5問

出典　【漢詩】呉偉業《ごいぎょう》『梅村集《ばいそんしゅう》』、【文章】李瀚《りかん》撰・徐子光《じょしこう》注『蒙求《もうぎゅう》』

【漢詩】の作者呉偉業（一六〇九～一六七一）は明末・清初の詩人で、字は駿公、梅村と号す。古典主義を掲げた文学活動を行い、また、明末の政治に関わって抗清運動の一員にもなったが、清朝が立つと出仕を迫られ、国子監祭酒（＝大学総長）に着任した。詩風は田野山水を愛し平明温順、追旧の悲しみが多く詠《うた》われる。詩の題名の「課女」は、娘に勉強を勧める、という意味。娘は亡き先妻の子どもで、継母と暮らしているため、大切に育てられているか心配でならない。呉偉業の、娘への愛情があふれる詩である。

【文章】は『蒙求』集註巻下所収の「閔損衣単」。『蒙求』は唐代の初学者用の学習書であり、『易経《えききょう》』（＝五経の一つで、占いに関する書）にある「童蒙求我」という言葉から「蒙求」という名前がついた。本文は四字一句の韻文で、五百九十六句を並べている。中国では明末になると、児童用教科書の主流は『三字経《さんじきょう》』などになり、『蒙求』は廃れたが、日本では平安時代以降、代表的な学習書として珍重され、「勧学院（＝藤原氏のための大学寄宿舎）の雀《すずめ》は『蒙求』をさえずる」と言われるほどであった。本文の「閔損衣単」は孝子説話で、「閔損」は、継母から冷たい仕打ちを受けても孝行の気持ちをもった、という故事である。

【出題のねらい】

【漢詩】は娘に向けた親心を詠ったもの。娘は実の母親を亡くして継母に育てられているため、つらい思いをしていないかを心配しつつ、こみあげる愛情をうたう。【文章】は孔子の弟子の閔子騫《びんしけん》が、実母を亡くして継母から冷たい仕打ちを受けるものの、兄弟のため我慢して、父は離縁するのを止め、継母も慈しみ深くなったという内容。この二つの題材は「実母を亡くす」という点がつながっている。設問は、共通テストに向けた対策として、内容理解を深く掘り下げるものを出題した。

【概要】

【漢詩】

第一句・第二句＝娘が成長するにつれて、育てやすさをいとしく思い、私は老年になろうとしていて、男子をもうけることは難しいと感じる。

第三句・第四句＝（娘は）夜（私の部屋の）灯のもとに来て立ち、（私は娘の）手を引いて月光のもとに出て娘の姿をじっと見る。

第五句・第六句＝（娘が）幼いうちから勉強して賢いことを喜び、（一方で）我が家が貧乏なので、実母を失って娘が寒い思いをしていないかと心配する。

第七句・第八句＝（娘は）自分の昔話ができて、「私は都で生まれたの」などと言う。

【文章】

・閔損は幼い時に母を亡くした。
・父は後妻をめとり、二人の男子をもうけた。
・損は継母に孝行を尽くした。
・継母は損を憎み嫌い、自分の生んだ子どもたちには暖かい綿入れを着せて、損には粗末で寒い服を着せた。
・冬に、父が損に馬車の手綱を取らせると、損は体が凍えて、手綱を取り落とした。
・父は損を叱ったが、損は言い訳をしなかった。
・父は事情を察知し、継母を離縁しようとした。
・損は泣き、「母がいれば私一人が凍えるだけだが、母がいないと三人が寒い思いをすることになる」と父に言った。
・父は納得して、離縁を思いとどまった。
・継母も悔い改め、以後、三人の子どもに平等に対応した。
→意地悪だった継母は、慈しみ深くなった。

問1 31 ① 32 ② **《漢字の意味問題》**

(ア)「易」には、(1)「かフ・かハル〈＝かえる・かわる（動詞）〉」、(2)「やすシ〈＝簡単だ・たやすい（形容詞）〉」といった意味がある。(1)の音読みは「エキ」で、熟語は「貿易」「交易」など。(2)の音読みは「イ」で、熟語は「容易」「簡易」などがある。二重傍線部の「易」は、「漸く長じて渠の易を憐れみ〈＝だんだん成長するにつれて、娘の育てやすさをいとしく思い〉」と読解する。詩の第一句のため、詩題「課《ス》レ女《ニ》」や、対句となる第二句にある「子」に注目して、〈娘を養育しやすい〉といった意味になると考える。正解は①。「憐れむ」は〈かわいいと思う〉の意味。

(イ)「弱」には〈弱い（形容詞）〉の他、〈劣る（動詞）〉〈若い・幼い（形容詞）〉などの意味がある。二重傍線部の「弱」を含む箇所は、「弱師に従ひて慧なるを喜び　貧しければ母を失ひて寒からんかと疑ふ〈＝幼いうちから先生について学び、聡明であることを喜び、（我が家は）貧しいので実の母を失って寒い思いをしていないかと心配する〉」と解釈する。ここでは「弱年」や「弱輩」の「弱」であり、正解は②。なお、ここでは「をさなキ」と読む。③「何も知らない頃から」、④「知恵もつかないうちに」は言いすぎの表現である。ちなみに、「弱冠」という語は〈二十歳〉の意味。『礼記《らいき》』にある「二十を弱と曰《い》ひ冠す〈＝二十歳を弱と呼び冠をかぶる〉」からできた言葉である。

> **☆主な返読文字**
> 次のような語が、名詞・動詞・助動詞などの前にある時は、返読する。
> 有《あり》・無《なシ》・多《おほシ》・少《すくなシ》・難《かたシ》・易《やすシ》

問2 33 ⑤ **《漢詩の空欄補充・句の解釈問題》**

漢詩の句末の空欄補充は、押韻の問題だと考えるとよい。この詩は五言律詩のため、偶数句末で押韻する。四句目の末字「看（kan）」、六句目の末字「寒（kan）」、八句目の末字「安（an）」から、韻は「an」となる。よって、①「安」と⑤「難」に絞ることができる。傍線部の句を「将に衰へんとして」＋「子の□を覚ゆ」と二分すると、「子の□を覚ゆ」は、第一句との対応で、「漸く長じて渠の易きを憐れみ　将に衰へんとして子の難きを覚ゆ」と考えることができる。よって正解は⑤。第一句と第二句は対句を作ることが多いので注意しよう。なお、「覚《ユ》二子《ノ》難《キヲ》一」は、「覚《ユ》二子《ノ》難《キ》レ得《ヲ》一」の「得」が省略された形である。「子」とは家を継ぐ息子のことで、女の子の場合は「女」「児」などという。

問3 34 ① **《傍線部の解釈問題》**

傍線部は「亦往事を談ずるを知る　生日長安に在りと」と読む。「知る」は〈理解する・心得る〉などの意味で、「往事」は〈昔の出来事〉、「談ず」は〈語る〉。「生日」は〈生まれた日〉という誕生日の意味で用いる。

尾聯《びれん》（＝七句・八句）は詩のまとめの内容となり、本詩では、娘のかわいらしさを尾聯で集約して詠いあげる。訳出すると、〈（娘は）また昔のことを語ることを知っていて、『私は都で生まれたの』と言う〉となる。この内容に合致するのは①。幼いながらも昔話ができて、「私は都で生まれたの」とかわいらしく話すのである。

②は、「都に行ってみたい」が「在」の意味と合致しない。③は、「行った先々の思い出話」「都で誕生日祝いをしたの」が誤り。「生日」は〈誕生日〉の意味だが、〈誕生日祝いをする〉という意味はもたない。④は、「昔の話を聞きかじっていて」が「談ず〈＝語る〉」と合わず、「都で暮らしたことがあるの」という訳出も不適切。⑤も、「以前の出来事を聞き知っていて」という訳出が「談ず」には合わず、「都で大きくなったの」という内容も問題文とは合わない。

問4 35 ⑤ **《返り点と書き下し問題》**

白文の書き下し問題では、漢文の文構造を分析し、句形・重要単語などの基本知識を使って読む順番を考える。また、選んだ選択肢を必ず訳して、文脈と合っているかも確認しよう。まず、傍線部Cの「母疾悪之、所生子以綿絮衣之」に含まれる句形を整理する。

☆**「之」の句形**

(1) 之《ゆク》二〜一《ニ》 〈＝〜に行く〉

(2) Vレ之《スこれヲ》 〈＝之をVする〉

(3) A之《の》B 〈＝AのB〉〔連体格〕

(4) S之《の》V《スルヲ》 〈＝SがVするのを〉〔主格〕

(5) 有《リ》二S之《の》V《スル》者一 〈＝SでVする者がいる〉〔同格〕

☆**「所」の句形**

(1) 為《ル》二N《ノ》所レV《ト》【連体形】 〈＝NにVされる〉

(2) 所《ところ》レV《スル》 〔下にくる活用語を連体修飾語化し、さまざまな事柄の理由・対象・手段などを表す〕

☆**「以」の句形**

(1) 以《テ》レA《ヲ》 〈＝Aを用いて・Aの理由で・Aのために〉
〔方法・手段・理由・原因・目的語〕

(2) V《スルニ》以《テス》レA《ヲ》 （＝以《テ》レA《ヲ》V《ス》）
〈＝Aを用いて・Aの理由で・AのためにVする〉〔倒置〕

(3) 〜以《テ》 （＝而《シテ》） …… 〈＝〜そして……〉〔順接〉

傍線部**C**の「母疾悪之」を「母＋疾悪＋之」という形に分けて、さらに、「所生子以綿絮衣之」に含まれる「所」「以」の句形も踏まえ、各選択肢を検討する。

①と③は、「之」を「之《ゆ》き」と動詞で理解しているが、(1)の「之《ク》二〜一《ニ》」という形を満たしていないため、不適切である。②は、直下の「生む」から返読する「所」の句形(2)に反する書き下し（「子を生めば……衣する所にして」）をしているので誤り。④は、「以《テ》レA《ヲ》」という形（「以」の句形(1)）に反する書き下し（「之に以てし」）をしているので誤り。よって正解は⑤。

問5 **36** ② **《内容把握問題》**

傍線部**D**「父察《シテ》知《リ》レ之《ヲ》」とあるが、父はどのような事情を察知したのか、前文までの内容を押さえよう。損は次のような状態にあった。

・早く母を喪ふ 〈＝幼くして母を亡くす〉
・父後妻を娶り、二子を生む 〈＝父は後妻をめとり、二人の男子をもうけた〉
・損至孝にして怠らず 〈＝損は（継母に）孝行を尽くすことを怠らなかった〉
・母之を疾悪し、生む所の子には綿絮を以て之に衣せ、損には蘆花の絮を以てす 〈＝継母は損を憎み嫌い、自分の生んだ子どもには綿入れを着せ、損には葦の穂を入れた粗末な服を着せた〉
・父冬月損をして車を御せしむ 〈＝冬の頃、父が損に馬車の手綱を取らせた〉
・体寒えて靷を失ふ 〈＝（損は）体が凍えて、手綱を取り落とした〉
・父之を責むるも、損自ら理らず 〈＝父は損を叱ったが、損は言い訳をしなかった〉
↓
・父察して之を知り 〈＝父は事情を察知し〉
↓
・後母を遣らんと欲す 〈＝継母を離縁しようとした〉

という流れなので、父が察知したのは、継母の損に対する冷たい仕打ちである。これに合致する選択肢は②。

①は「母を亡くした損が喪に服し粗末な服しか着ない」が誤り。粗末な服は継母によって着せられていたのである。③は「損は冬の馬車の扱いに不慣れ」が誤り。手綱を取り落としたのは寒さのせいである。④は「継母と損とは仲が悪く、損は十分な食事もできず」が誤り。損は継母に対して親孝行であったし（「損至孝《ニシテ》不レ怠《ラ》」）、足りなかったのは食事ではなく衣服である。⑤は「（損は）継母に暖かい服を着せ」が問題文にはない内容なので誤り。

問6 **37** ③ **《空欄補充問題》**

空欄を含む文は、「損泣きて父に啓して曰はく、『母在れば**X**寒え、母去れば**Y**単ならん』と。父之を善しとして止む。母も亦悔い改め、**Z**を待つこと平均にして、遂に慈母と成る〈＝損が泣いて父に申し上げて言うには、『母がいれば**X**が凍え（るだけですが）、母がいなければ**Y**が粗末な服を着ることになります』と。父はこの言葉に納得して離縁を思いとどまった。（これを聞いて）継母もまた悔い改め、（以後は）**Z**に対する態度が平等になり、ついに慈しみ深い母となった〉」という内容である。選択肢を見ると「一子・二子・三子」と子どもの数が挙がっているが、父と継母との間に生まれた子どもは二人で、先妻の子は損一人であることを押さえよう。継母がいれば、冷たい仕打ちを受けて寒い思いをするのは損だけなので、**X**には「一子」が当てはまる。継母がいなくなれば、かわいがられていた継母の子二人を含めて、三人全員が粗末な服で寒い思いをすることになる。よって**Y**は「三子」がふさわしい。そして、継母が悔い改めた後は三人の子どもへの対応が平等になったので、**Z**には「三子」が入る。③が正解である。

問7 **38** ② **《複数の文章の内容・表現把握問題》**

選択肢の記述を順に確認する。

①「**【漢詩】**では呉偉業が、娘が勉強に励むことを喜んで大切にしている様子が描かれている」、「**【文章】**では、継母が、孝行を尽くす閔子騫を冷遇する様子が描かれている」とも、これまでの設問で見てきた**【漢詩】【文章】**の内容と合致している。

②「**【文章】**では、閔子騫は勉強熱心で怠けなかった人物として描かれている」とあるが、閔子騫が「勉強熱心で怠けなかった」という内容は**【文章】**には書かれていない。「**【漢詩】**では、呉偉業の娘は、幼いうちから先生につかせないといけないほど勉強に意欲的でなかった人物として描かれている」についても、**【漢詩】**には「弱《キヨリ》　喜《ビ》二従《ヒテ》レ師《ニ》　慧《ナルヲ》一〈＝幼いうちから先生について学び、聡明であることを（私は）喜び〉」とあるのみで、「（娘が）勉強に意欲的でなかった」という内容は読み取れない。よって、これが正解。

③「**【漢詩】**で描かれている、幼いうちに母親が亡くなって、貧しい生活をしているという状況が、**【文章】**で描かれている閔子騫のエピソードを想起させる」という内容は、**【漢詩】**で触れられている内容と閔子騫の故事とにつながりがある点を正しく説明している。

④「**【文章】**の『早く母を喪ふ』『損には蘆花の絮を以てす』『体寒えて』」は、**【漢詩】**の「貧しければ母を失ひて寒からんかと疑ふ」と関連していることが読み取れるので、正しく説明している。

⑤「**【文章】**の内容を踏まえて**【漢詩】**を読むと、母親を失った子どもに対する、父親としての親心がよりいっそう深く詠まれていることがわかる」は、**【漢詩】**の内容に沿っていて正しい。

ちなみに「課《ス》レ女《ニ》」に詠まれている呉偉業の娘も、閔子騫と同じく、亡き先妻との間にできた子どもである。今の母が継母であるがゆえに、呉偉業はいっそう娘のことが気がかりなのである。

書き下し文

【漢詩】

漸《やうや》く長《ちやう》じて渠《かれ》の易《やす》きを憐《あは》れみ
将《まさ》に衰《おとろ》へんとして子《こ》の難《かた》きを覚《おぼ》ゆ
晩《ばん》に灯下《とうか》に来《き》たりて立《た》ち
携《たづさ》へて月中《げつちゆう》に就《つ》きて看《み》る
弱《をさな》きより師《し》に従《したが》ひて慧《けい》なるを喜《よろこ》び
貧《まづ》しければ母《はは》を失《うしな》ひて寒《さむ》からんかと疑《うたが》ふ
亦往事《またわうじ》を談《だん》ずるを知《し》る
生日長安《せいじつちやうあん》に在《あ》りと

【文章】

閔損字《びんそんあざな》は子騫《しけん》、早《はや》く母《はは》を喪《うしな》ふ。父後妻《ちちごさい》を娶《めと》り、二子《にし》を生《う》む。損至孝《そんしかう》にして怠《おこた》らず。母之《ははこれ》を疾悪《しつを》し、生《う》む所《ところ》の子《こ》には綿絮《めんじよ》を以《もつ》て之《これ》に衣《き》せ、損《そん》には蘆花《ろくわ》の絮《じよ》を以《もつ》てす。父冬月損《ちちとうげつそん》をして車《くるま》を御《ぎよ》せしむ。体寒《からだこご》えて轡《たづな》を失《うしな》ふ。父之《ちちこれ》を責《せ》

むるも、損《そん》自《みづか》ら理《ことわ》らず。父察《ちちさつ》して之《これ》を知《し》り、後母《こうぼ》を遣《や》らんと欲《ほっ》す。損《そん》泣《な》きて父之《ちちこれ》を
父《ちち》に啓《けい》して曰《い》はく、「母《はは》在《あ》れば一子《いっし》寒《こご》え、母《はは》去《さ》れば三子《さんし》単《ひとへ》ならん」と。父之を
善《よ》しとして止《や》む。母《はは》も亦《また》悔《く》い改《あらた》め、三子《さんし》を待《ま》つこと平均《へいきん》にして、遂《つひ》に慈母《じぼ》と
成《な》る。

全訳

【漢詩】

だんだん成長するにつれて、娘の育てやすさをいとしく思い

私はもう老年になろうとしていて、今さら男子をもうけることは難しいと感じる

（娘は）夜（私の部屋の）灯のもとに来て立ち

（私は娘の）手を引いて庭の月光の中へ赴き、娘の姿をじっと見る

幼いうちから先生について学び、聡明であることを（私は）喜び

（我が家は）貧しいので実の母を失って（閔子騫のように）寒い思いをしていないかと心配する

（この娘は）また昔のことを語ることを心得ていて

「私は都で生まれたの」（など）と言う

【文章】

閔損は、字は子騫（といい）、幼くして母を亡くした。父は後妻をめとり、二人の（男）子をもうけた。損は（継母に）孝行を尽くすことを怠らなかった。（それなのに／しかし）継母は損を憎み嫌い、自分の生んだ子どもには暖かい綿入れを着せ、損には葦の穂を綿の代わりに入れた粗末な服を着せた。（そのような）冬の頃に父が損に馬車の手綱を取らせた。（彼は）体が凍えて手綱を取り落とした。父は彼を叱ったが、損は自分からは言い訳をしなかった。父は事情を察知し、継母を離縁しようとした。損が泣いて父に申し上げて言うには、「母がいれば一人の子が凍え（るだけですが）、母がいなければ三人の子が裏地のない非常に粗末な服を着ることになります」と。父はこの言葉に納得して（離縁を）思いとどまった。（これを聞いて）継母もまた悔い改め、（以後は）三人の子に対する態度が平等になり、ついに慈しみ深い母となった。

【メモ】

模試　第6回　解答

自動採点・学習診断

第1問小計	第2問小計	第3問小計	第4問小計	第5問小計	合計点
					／200

問題番号(配点)	設問	解答番号	正解	配点	自己採点
第1問 (45)	1	1	②	2	
		2	④	2	
		3	③	2	
		4	④	2	
		5	③	2	
	2	6	④	7	
	3	7	②	6	
	4	8	⑤	5	
	5	9	②	7	
	6	10 - 11	③ - ⑤	5	
				5	
第2問 (45)	1	12	②	3	
		13	⑤	3	
		14	①	3	
	2	15	③	7	
	3	16	④	8	
	4	17	⑤	7	
	5	18	②	6	
		19	①	8	
第3問 (20)	1	20	④	4	
	2	21	⑤	5	
	3	22	③	3	
	4	23 - 24	② - ⑥	4	
				4	
第4問 (45)	1	25	⑤	4	
		26	⑤	4	
		27	①	4	
	2	28	③	6	
	3	29	③	6	
	4	30	③	7	
	5	31	①	7	
	6	32	④	7	
第5問 (45)	1	33	③	4	
		34	①	4	
	2	35	②	6	
	3	36	⑤	6	
	4	37	⑤	6	
	5	38	①	5	
	6	39	②	6	
	7	40	③	8	

（注）　－（ハイフン）でつながれた正解は，順序を問わない。

第1問

出典 山浦晴男《やまうらはるお》『地域再生入門——寄りあいワークショップの力』（筑摩書房　二〇一五年）

山浦晴男は一九四八年長野県生まれ、中央大学卒業。「考える技術」の研究・開発の場として情報工房を設立し、企業・行政・医療機関の人材育成や組織活性化、地域の再生支援に携わる。

出題の都合上、本文には省略箇所がある。

【出題のねらい】

共通テストでの出題が予想される、資料や図の読み取りを含む文章の読解演習として出題した。図は筆者が独自に提唱する「寄りあいワークショップ」の手法を図式化したもので、問題文からこの手法のコンセプトをしっかり読み取った上で、図と照らし合わせて理解することが求められる。共通テストにおいては、基本的な文章読解が解答のカギとなる。

【概要】

Ⅰ　コミュニティ再生のための具体策＝話し合いの場の提供（第1段落・第2段落）

・コミュニティ再生のためのソフトの基盤整備として行うべきことは、「住民の話し合いの場」の提供である。その具体的な手立てとして、筆者が実践的に開発してきたのが、「寄りあいワークショップ」という手法である。

Ⅱ　古来日本の村で行われてきた伝統的な「寄りあい」（第3段落～第7段落）

・古来日本の村では「寄りあい」で取り決めごとがなされてきた伝統があり、やや形式化しつつも、その伝統は現代に受け継がれている。
・伝統的な寄りあいでは郷士も百姓も発言力は互角で、平等かつ民主的に意見交換・決定がなされていた。
・こうした話し合いの伝統を蘇らせる取り組みが、いま必要なのだ。

Ⅲ　筆者独自の手法「寄りあいワークショップ」の提唱（第8段落～第21段落）

◎「じゃんけん方式」（愛称）
○ワークショップ①
・「じゃんけん準備」の段階＝「住民の声による課題の発見」
・「チョキ」の場面＝「あるもの探し」…重点課題の解決に役立つ資源などを写真撮影する
○ワークショップ②…データの「統合」
・「グー」の場面＝「あるもの探し」で撮影した写真を用いて「資源写真地図」を作成し、実態把握をすることで資源や課題を見つけ、認識の共有化も可能となる
○ワークショップ③…「地域再生メニューづくり」
・「パー」の場面＝重点課題を解決するために把握した地元の資源や改善すべき点を使って、どのように地域再生を図っていくかを考え、アイデアカードを持ち寄って「アイデア地図」を作る
・投票で優先度評価を行い、優先度の高いアイデアについて、難易度、実現の目標時期、実行主体、着手順位を見定め、「実行計画」を立案する

↓

実行組織を立ち上げ、行政と連携して「住民の手で実践」する

↓

一定期間後に「実践結果の検証」をし、二回目の実践へと進めるサイクルを地域の中につくり込む

Ⅳ　コミュニティとしての組織の創造性の開発（第22段落～第27段落）

・従来の地域開発は、課題の発見から資源調査、解決の計画までを専門家や研究者が行い、住民はそれを受けて実行するだけだったため、事業予

算が切れると実行の手が止まってしまっていた。
・行政は「ハード型」の傾向が強かった。
・寄りあいワークショップを通して住民に創造性を発揮させ、「あるもの探し」の姿勢に転換させる。
・寄りあいワークショップによって、行政の仕事のやり方と住民の地域づくりの姿勢転換を狙う。

問1　**1**　②　**2**　④　**3**　③　**4**　④　**5**　③　**《漢字問題》**

(ア)「**互**角」は〈両者の力量に差がないこと〉。①「錯誤」は〈まちがい〉。②「相**互**」は〈互いに関係のある両方の側で、同じことをし合うこと〉。③「娯楽」は〈人を楽しませてなぐさめるもの〉。④「覚悟」は〈困難に備えて心構えをすること〉。

(イ)「**批**判」は〈誤りや欠点を指摘すること〉。①「秘伝」。②「対比」は〈二つのものを比べて違いや特性をはっきりさせること〉。③「是非」は〈よいことと悪いこと〉。④「**批**評」は〈よい点・悪い点などを指摘して、自分の評価を述べること〉。

(ウ)「**掌**握」は〈手の中ににぎること。思いのままにすること〉。①「承諾」は〈相手の希望や要求を聞き入れること〉。②「高尚」は〈気高くて立派なこと〉。③「合**掌**造り」は〈急勾配の切り妻の茅葺《かやぶ》き屋根をもつ民家の建築形式〉。④「発祥」は、〈物事が初めて起こること〉。

(エ)「異**口**同音」は〈大勢の人が口をそろえて同じ意見を言うこと〉。①「駆使」は〈自分の思い通りに使いこなすこと〉。②「苦言」は〈言われる相手はよくない気がするが、その人のためになる言葉〉。③「工面」は〈あれこれとうまくやって、お金や物を用意すること〉。④「**口**調」。

(オ)「中**核**」は〈物事の中心の重要な部分〉。①は「確実」。②は「比較」。③「**核**心」は「中核」と同様、〈物事の中心の重要な部分〉の意。④「革命的」は〈急激な変化をもたらすさま〉。

問2　**6**　④　**《理由説明問題》**

選択肢はいずれも、伝統的な「寄りあい」の特性を踏まえて、それが現代の地域再生にどのように有効であるかということについて述べたものである。問題文では、第3段落〜第7段落で伝統的な「寄りあい」について説明し、続く第8段落で「寄りあいワークショップ」の利点について述べている。

> 戦後の民主主義教育を受けてきた現代人は、物事を決めるにあたって、科学的な手続きによって**透明性が保証**されていないと、その決定は受け入れられない。本書で紹介する「寄りあいワークショップ」という方法は、そのような要件を満たし、かつ日本古来の村の会合で行われていた**平等かつ民主的に意見交換、決定をなす方法**なのだ。それゆえ、現在地域住民にも受け入れられている。また、**行政の立場からは、「住民の話し合いの場」の提供として事業化できる**ように技術化がなされている必要があるが、これにも応えられる方法となっている。（ℓ23〜30）

ここに書かれている通り、筆者の述べている「寄りあいワークショップ」の利点は、

> (1)透明性の保証された手続き
> (2)平等性・民主性
> (3)行政の立場から、「住民の話し合いの場」の提供として事業化できること

の三点である。

これらをすべて含んだ選択肢は④で、これが正解。

①の前半は、「古来日本の村では『寄りあい』で取り決めごとがなされてきた伝統がある」（ℓ12・13）とする第5段落の記述に合致している。ただし後半部のように「各地域の『寄りあい』の形式に手を加えることなく受け継ぐ」ことが重要だ、という指摘は問題文中には見られない。

②は、第8段落で筆者が述べている利点のうち、⑵平等性・民主性についての内容を押さえている。ただし、⑴・⑶については言及がない。

③の前半部で述べられているような「寄りあい」の意思決定のプロセスについては、第5段落に記述がある。ただしそれが第14段落で言及されている「KJ法」に通じているとした記述は問題文中には見られない。

⑤の「日本の伝統からいって、あまりにもはっきり意見への賛否を表すことはなじまない」といった内容は、問題文中では述べられていない。また、利点についても説明できていない。

問3　7　②　**《内容把握問題》**

「あるもの探し」というキーワードは第13段落で初めて登場し、作業内容も説明されているので、その記述と照らし合わせる。

> 次は現地調査で、「あるもの探し」を行う。参加者全員が簡易カメラを用いて、**重点課題を解決するために役立つ資源や宝物、改善箇所などを写真撮影する**。シーンや事、人、ものなどを写真にして切り取ってくることから、「チョキ」の場面と位置づけている。（ℓ42～44）

右の内容に合う選択肢は②である。

なお、筆者は第25段落で「ないもの探し」について、

> 「あれがない、これもない」、挙句の果てには異口同音に「コンビニもない」などと言い出しがちである。これではいけない。（ℓ76・77）

と述べ、これを「あるもの探し」の姿勢に転換する必要性を訴えている。「ないもの探し」の説明と対比することで、正解を再確認しておきたい。

①は、第14段落に「『あるもの探し』の続き」（ℓ45）として説明されている「ワークショップ②」の内容であるので不適切。

③は、第16段落に「ワークショップ③」として述べられている「地域再生メニューづくり」（ℓ53）の内容であるので不適切。

④は、「地域に既にある資源を把握する」という前半部分は「あるもの探し」の内容として問題ないが、後半の記述に問題がある。「欠けているものを明らかにする」ことを目的とするのでは、筆者が問題視している「ないもの探し」（ℓ76）の姿勢になってしまい、筆者の主張とは逆の方向性である。

⑤は、「じゃんけん準備」（ℓ41）の段階として説明されている「ワークショップ①」の内容であるため不適切である。

問4　8　⑤　**《空欄補充問題》**

まず、空欄には行政に関する記述が入ること、また選択肢はいずれも行政の地域再生への関わり方に生じる変化について述べたものであることを確認しよう。その上で、問題文中において筆者が行政に求めている変化とはどのようなものであるのかを読み取っていく。

【概要】にまとめた通り、問題文は第21段落までは住民の地域再生への関わり方について主に論じられているので、地域開発の事業全体についてまとめた第22段落以降の記述に着目する。そうすると、

> 一方、行政は従来「**ハード型**」の傾向が強く、「やれ道路をつくれ、建物を建てろ」、といった姿勢がうかがえた。寄りあいワークショップでは、その姿勢を「**ソフト型**」に転換し、何をやるのかについて案を出し、その上で必要ならハードもつくる、となることを狙っている。
> 　このように、寄りあいワークショップを展開しつつ、行政の仕事のやり方と住民の地域づくりの姿勢転換も行うのだ。（ℓ79～82）

として、筆者が行政に求める姿勢転換の方向性が示されていることに気づく。この内容に合う選択肢は⑤。

①では、問題文で筆者の提唱している「寄りあい」の手法が、事業型に転換すべきものであるとされているため、不適切。

②、筆者は従来の地域開発について「課題の発見から資源調査、解決の計画

までを専門家や研究者が行い、住民はそれを受けて実行するだけになっていた」（ℓ68・69）、「住民に作業だけをさせて、創造性を発揮させてこなかったことが、今日の地域の疲弊した状況を招いてしまった本質的な要因だ」（ℓ73・74）と批判し、住民自身が創造性を発揮して地域再生に取り組むよう姿勢を転換することを呼びかけている。②は、これとは逆の方向性の選択肢であるため不適切。

③は、地域再生の取り組みの「実行」そのものを行政が行うという方向性だが、そのような記述は問題文中にない。②でも見た通り、筆者が求めているのは、住民が自ら創造性を発揮して地域再生を主導し、行政との連携によって住民の手で実行することである。

④の内容は、第22段落～第24段落で述べられている、これまでの地域開発への住民の関わり方と、筆者が求める姿勢転換の方向性である。行政について述べた内容ではないので不適切。

問5　9　②《内容把握問題》

設問箇所は問題文の広い範囲に関わり、各選択肢は異なる話題について書かれているため、選択肢の比較検討という解法は有効ではない。一つ一つの選択肢の内容を、問題文と丁寧に照合することが必要である。また、「適当でないもの」を選べという設問の要求にも注意する。

①は、第26段落（ℓ79～81）の内容に合致しており、適切である。

②、事業予算が切れて地域開発が頓挫《とんざ》することについては、第22段落で述べられている。

> 従来の地域開発は、課題の発見から資源調査、解決の計画までを専門家や研究者が行い、住民はそれを受けて実行するだけになっていた。先にも触れたが、これでは事業予算が切れると住民も実行の手を止めてしまい、元の木阿弥になってしまう。（ℓ68～70）

筆者は住民自身が地域開発を主導していくように取り組みのあり方を転換していくことを求めているのである。そして、第26段落に、

> 行政は従来「ハード型」の傾向が強く、「やれ道路をつくれ、建物を建てろ」、といった姿勢がうかがえた。寄りあいワークショップでは、その姿勢を「ソフト型」に転換し、何をやるのかについて案を出し、その上で必要ならハードもつくる、となることを狙っている。（ℓ79～81）

と書かれているように、〈何をやるかについて案を出す〉〈必要ならハードもつくる〉という姿勢を行政に求めている。しかし、「専門家や研究者も加わった上で、綿密で長期的な計画を立てる」とまでは書かれていない。「適当でないもの」を選ぶのだから、これが正解。

③は、第23段落～第25段落（ℓ71～78）の記述に合致している。

④は、第19・20段落（ℓ61～65）の記述に合致している。

⑤は、第23段落～第25段落（ℓ71～78）の記述に合致している。

問6　10・11　③・⑤（順不同）《内容把握問題》

問題文に直接的に書かれている内容ではなく、「文章全体を踏まえて成り立つ意見」として適当なものを選ぶ問題である。したがって、問題文との単純な照合ではなく、筆者の主張を理解した上で選択肢の内容をひとつずつ検討することが求められる。

①、新しい住宅地には寄りあいの伝統が存在しないとする前半部の内容に問題はない。しかし、だからといって「寄りあいの形式化した部分は省略し、行政がある程度主導」するというのは、筆者が第22段落以降で、住民に作業だけをさせるのではなく、創造性を発揮して地域開発を主導してもらうと主張していることとは相反する方向性である。

②、「古くからの住民の意見を尊重する」とあるが、筆者は「透明性」（ℓ24）や「平等かつ民主的」（ℓ27）であることを寄りあいワークショップの利点としているので、一部住民の意見を優先するような方向性は筆者の主張にそぐわない。

③、「じゃんけん方式」という愛称に関する内容である。問題文には「住民に親しみをもってもらいやすくするため」（ℓ33・34）にこのような愛称をつけたと述べられている。そのような工夫をする目的については問題文中に述べられていないが、第22段落以降で住民自身が創造性を発揮して地域開発に取り組むよう、姿勢の転換を図ることについて述べられていることを考え合わせれば、ワークショップの手法への理解は「住民自らがワークショップを主導することができる」ようになることにつながると考えることができる。したがって、この選択肢の内容は適当である。

④、「行政は住民が作業に専念できる環境を整えるべきである」が誤り。「行政との連携によって『住民の手で実践』へと進める」（ℓ61）とあるが、筆者は「住民に作業だけをさせて、創造性を発揮させてこなかったことが、今日の地域の疲弊した状況を招いてしまった」（ℓ73・74）と述べており、作業に専念するのは「住民の手で実践」とは言えない。

⑤、「取り組みにつながらないアイデア」が出てくるとあるが、ワークショップ③の作業内容を説明した第16段落～第18段落で、アイデアを持ち寄ってアイデア地図を作成した後、優先度評価を行うと述べているので、そのようなことは起こり得ると言えるだろう。また、第20段落では「実践結果の検証」（ℓ63）を行った上で「実行計画の改訂版」（ℓ63）を作成するサイクルをつくり込むと述べられているので、「初めはうまくいかない計画があっ」ても、改善しつつ長期的な成功につなげていくところまで、寄りあいワークショップの手法には織り込まれているといえる。したがって、この選択肢の内容は適当である。

⑥、「伝統的な寄りあいでは郷士も百姓も対等な立場であった」という点については問題文で述べられている通りである。だが、行政側には「事業化」や「必要ならハードもつくる」（ℓ80）といった、住民側とは異なる役割があるのであって、住民と同じように「一生活者としての視点をもって」取り組みに参加することが必要だとは述べられていない。

以上から、文章全体を踏まえて成り立つ意見として適当な選択肢は③と⑤である。

第2問

出典 【文章Ⅰ】夏目漱石《なつめそうせき》『門』【文章Ⅱ】中島敦《なかじまあつし》『文字禍』

『門』は、『三四郎』『それから』に続き、夏目漱石の前期三部作と呼ばれている。問題文は、友人の妻を奪った宗助の葛藤を描く『門』の冒頭部である。

『文字禍』は、中島敦の初期の短編小説である。古代メソポタミア文明のアッシリアを舞台に、文字の霊に翻弄《ほんろう》される博士の姿を描いている。

【出題のねらい】

文字や図形からそれぞれの全体性が失われ、意味を見出せなくなるという「ゲシュタルト崩壊」を扱った二つの文章を出題した。小説において、描かれる事件や題材は、作者が表現したい心情や主題を表現するための道具であるといえる。同じ道具によって、それぞれの作者が描こうとしているものを正確に読み取りたい。また、このような感覚は現代のわれわれにも十分に共感できるものだが、明治期の小説にも通底する心情を読み取っていこう。

【概要】

【文章Ⅰ】『門』

●舞台　宗助の自宅（崖の前に建つ一軒家）
●登場人物　宗助……御米との結婚以来、家族や友人と断絶
御米……もともとは親友である安井の妻だが、いまは宗助の妻

①二人の会話

宗助	御米
「好い天気だな」→	「ええ」と云ったなり
生返事 ←	「散歩でもしていらっしゃい」　**夫婦の日常的で気の置けない会話**
「近」の字について尋ねる 「字と云うものは不思議だ」 「おれだけかな」→ 「神経衰弱のせいかも」	「どうかしていらっしゃる」　**宗助の不安感**

②自宅の立地

茶の間の襖を開けるとすぐ座敷
突き当りの障子を開けると崖が聳えている
いつ壊れるか分らない ↔ 元は竹藪で根が残る
（根があるから崩れない）　（切り開かれて藪にならない）……**矛盾**

③軽いいさかいと和解

宗助	御米
佐伯の家に手紙を書く →	「手紙じゃ駄目」
「駄目まで……出しておこう」 ←	「行って……話をして来なくっちゃ」 返事をしない
「それで好いだろう」→	悪いとも云い兼ね、争いもしなかった
「ちょっと散歩に行って来る」→	「行っていらっしゃい」微笑しながら答えた
歩み寄り	**理解**

【文章Ⅱ】『文字禍』

●舞台　古代のアッシリアの王宮図書館（文字の精霊が出ると噂される）
●登場人物　老博士……王に命じられて文字の精霊について調査する

①博士の研究

・日ごと図書館に通い、研鑽に耽った
・一つの文字を前に終日睨めっこをして過ごした
↑凝視と静観とによって真実を見出そうとした

②博士の発見

・文字が解体して、意味の無い一つ一つの線の交錯としか見えなくなる
・今まで当然と思っていたことは決して当然でも必然でもない
……眼から鱗の落ちた思い
・文字の霊の存在を認めた→文字の霊の性質が次第に少しずつ判って来た

問1 12 ② 13 ⑤ 14 ① **《語句の意味問題》**

(ア)「生返事」は〈気乗りのしない、いいかげんな返事〉という意味。よって、正解は②。①・③は〈気乗りのしない、いいかげんな〉とは反対の意味になる。④・⑤は語義に合致しない。

(イ)「穏当」は〈無理なく筋の通っていること。妥当〉。よって、正解は⑤。①・②は意味に合致しない。③は「礼節」に限ったことではない。④の「恣意的」は、〈思いつくままに物事をするさま〉なので合致しない。

(ウ)「看過」は〈見過ごすこと〉。よって、①が正解。②は〈見過ごすこと〉と反対の意味で合致しない。③・④・⑤はいずれも語義に合致しない。

問2 15 ③ **《内容把握問題》**

宗助と御米のやりとりから、二人の関係性やお互いに対する思いを読み取る問題である。やりとりについては、以下のように整理できる。

・宗助…「おい、好い天気だな」
↓
・御米…「ええ」と云ったなりであった
→単に「云った」でなく「云ったなり（＝他に何もしていない）」と表現していることから、言外に「他に言葉もあろうがそれだけだった」という物足りなさが表現されている
・宗助…別に話がしたい訳でもなかった
・御米…「散歩でもしていらっしゃい」
↓
・宗助…生返事

言葉少なな二人のやりとりが続く場面だが、会話の内容は決してぎすぎすしたものでなく、返事も言葉少なだが冷めきった様子ではない。ここから、二人が気の置けない関係であり、相手に気を遣いすぎず、穏やかながら淡々と言葉を交わしている様子が読み取れる。以上に合う選択肢は③。

①**【文章Ⅰ】**後半に佐伯家を巡る軽い言い合いはあるが、「おたがいに心に根深いうらみを抱えている」とまでいうのは言い過ぎ。

②「夫婦の関係はすでに冷め切って」いるとは読み取れない。また、宗助も御米もあっさりとした対応をしているので、「夫のほうは……熱心に話しかけて」「妻のほうは冷淡に拒絶する」も不適切。

④気が置けない相手だからこそ、あまり気を遣いすぎることもなく打ち解けた対応をしていると考えられるので、「敏感に感じ取り」「細やかに」は不適切。また、宗助の語りかけも半ば独り言めいたものであり、「日差しの心地よさを共有しよう」という意図は読み取れない。

⑤佐伯家について気になっているとはいえ、御米もそれほど深刻でない口調で切り出しており、「気の重い話」「なんとか避けようと別の話題を持ち出した」とまでは考えられない。

問3 16 ④ **《表現の効果の把握問題》**

文章中の情景描写や物語の舞台の設定は、作者がそれを通して登場人物の置かれている状況や彼らの心情を暗示しようとしている場合が多い。そこでまずは、二人が住んでいる家がどのような場所に建てられているのかを確認していく。

・南が玄関で塞がれているので……うそ寒く映った
・廂に逼るような勾配の崖→いつ壊れるか分らない
→「竹藪」と「崖」が、お互いに問題を抱えつつ、お互いがあるから安全も担保されているという、矛盾した危うさを抱えている
・日も容易に影を落さない
→二人が住んでいる環境について、閉塞感とほの暗さが感じられる描写が続いている
・元は一面の竹藪だった→また竹が生えて藪になりそう

ここで、登場人物の置かれている状況を確認しよう。**【文章Ⅰ】**冒頭のリード文に、宗助は親友の妻を奪い、そのために実家とも疎遠になり、罪の意識を抱えたまま二人で隠れるようにして暮らしている、とある。そのような、暗さと不安定さを内在した二人の境遇に、この家の様子が呼応するように描かれているのである。以上に当てはまる選択肢は④。

①立地はよくないが、茶の間と座敷もあり、特に貧しい家である様子は読み取れず、「夫婦の貧しい暮らし」は不適切。また、「竹」が「困窮しても夫婦の気持ちの結びつきは揺るぎない」といった夫婦の堅固な関係を表しているとは読み取れない。

②爺の言葉は、二人が置かれている状況の不確かさ、危うさを表しており、状況を冷静に指摘する役割を果たしている。よって、「八百屋の爺がユーモラスに描かれて」「爽快感を与える役割」は不適切。

③宗助の心痛は、大半が過去の出来事によるものであり、また、佐伯家を巡る問題がなかなか片づかないことにも一因があるので、「宗助の心痛が安全性を担保されない現在の暮らしに不安を抱えているから」というのは不適切。

⑤「二人が置かれている厳しい状況」は読み取れなくもないが、「現実から目を背けて生きようとする二人の姿」までは読み取れない。

問4　17　⑤　《心情把握問題》

御米の言動から、彼女の心情を読み取る問題である。これまでの二人のやりとりと、そこから読み取れる御米の心情をたどっていこう。

・御米…「ちっと散歩でもしていらっしゃい」
＝宗助の鬱々とした様子から、御米が宗助の様子を見かねて、それとなく気分転換をさせようとした
↓
・宗助…生返事
＝散歩に行こうとはしない
↓
・佐伯家についてのやりとり
＝二人の間にやや険悪な空気が流れる
↓
・宗助…「ちょっと散歩に行って来る」
＝佐伯との交渉に直接行かず手紙を出すことを、御米が内心よく思っていないことを知っていて、機嫌をとろうとこびた態度をとった
↓
・御米…「行っていらっしゃい」と微笑する
＝御米に歩み寄ろうとする宗助の気持ちを察した

このように、宗助が散歩に行くと言い出したのは自分の提案を受け入れ、歩み寄ったからだ、ということに気づいた上での御米の言動だと読み取れるので、正解は⑤。

①宗助といる御米はくつろいだ様子であり、閉塞感を覚えているようには読み取れないので、「辟易しており」「解放感」は不適切。

②御米の態度からは、「期待しても無駄だとあきらめている」といった強い失望感は感じられない。はっきりとした態度はとらないまでも、浮かない様子から「微笑」に表情は変わっており、宗助の心情にも一定の理解を示していると読み取れる。

③微笑している御米の様子からは、宗助が「散歩に行ったまま帰ってこないのではないかという不安」は読み取れない。

④宗助が「佐伯の家に直談判に行くつもりである」ということを読み取る根拠が文中にない。

問5　18　②　19　①　《複数の文章の趣旨把握問題》

『門』と『文字禍』を読み比べて会話している内容から、二つの文章の特徴をとらえる問題である。共通テストでは、このように複数のテクストをもとにした問題が出題される。両者を対比させ、それぞれの題材の扱われ方の違いが作品全体にどのように影響しているのかを読み取っていきたい。

さて、ここでは両者が「ゲシュタルト崩壊」というキーワードを中心に、

・『門』では宗助が「近」「今」という字がわからなくなったことに悩んでいる

・『文字禍』では老博士が、文字が線の集まりにしか見えなくなったことに驚いている

という対比がなされている。

『門』での流れは、以下のように整理できる。

> 宗助が「近」の字を御米に尋ねている
> ・最近簡単な文字がわからなくなることが多い
> 「容易い字でも、こりゃ変だと思って疑ぐり出すと分らなくなる」
> 「しまいには見れば見るほど今らしくなくなって来る」
> ↓
> 「おれだけかな」
> 「神経衰弱のせいかも知れない」……**不安を吐露**

宗助は、日常で用いる文字がわからなくなったことを何気ない調子で御米に話している。一方で、宗助の話しぶりからは彼の不安が顔をのぞかせる。よく文字がわからなくなるのは自分だけだと思うことで、宗助は、自分と、自分を取り巻く世界との決定的な「ずれ」があるように感じたのである。これは、半ば世捨て人のように生きている宗助の不安感、孤独感の表れであると考えられる。

一方、『文字禍』では、老博士が文字に疑問を抱くようになったきっかけは、彼が「文字の精霊」について調べるよう命じられ、真剣に文字と向き合うようになったことだとある。

> ・書物を離れ、ただ一つの文字を前に、終日それと睨めっこをして過ごす
> ↓
> ・いつしかその文字が解体して、意味の無い一つ一つの線の交錯としか見えなくなって来る（**波線部②**）

ここでは、文字がわからないという現象は、純粋に文字と向き合い続けた結果として表れている。そしてそれ以降、もともと意味のない線の集まりが一つの意味を表現することに精霊の存在を認めるようになるのである。

以上から、空欄**X**に入るのは波線部②である。

次に、空欄**Y**について考える。「文字を文字として認識できなくなる」という二人に起こった現象は同じであるが、『門』ではそれが自分と世界との「ずれ」の象徴として表現されているのに対し、『文字禍』では「文字の精霊」の認識という、それまでの世界観の大きな変化として描写されている。このそれぞれの感覚について正しく説明しているのは、①である。

②宗助と御米は仲のよい夫婦であり、「関係修復」は二人の関係に合わず、不適切。また、博士が文字の研究をしたのは「責任感」によるものだけではなく、博士がもともとその分野に関心をもっていたと考えられる。

③博士が「日ごと問題の……研鑽に耽った」ことのもともとの動機は、文字の精霊の性質を調べるよう、アシュル・バニ・アパル大王に命じられたからであることを踏まえると、博士に「強い意志と自主性」があるとは言いきれない。また、宗助が自分の心の状態に危機感をもっているとはいえ、「すでに精神を蝕まれている」は言い過ぎ。なお、「神経衰弱」とは、気持ちが疲弊して敏感になっている状態のこと。

④漢字がわからなくなったという宗助の感覚は、現代のわれわれにとってもそれほど珍しいものではなく、文中でも、彼が「この時代ならではの生きづらさを感じている」ほど重大なこととして描かれてはいない。

第3問

出典　【資料Ⅰ】　宮脇昭《みやわきあきら》『森の力——植物生態学者の理論と実践』（講談社　二〇一三年）
【資料Ⅱ】　田中淳夫《たなかあつお》『森林からのニッポン再生』（平凡社　二〇〇七年）

宮脇昭（一九二八〜二〇二一）は、岡山県生まれの植物生態学者。横浜国立大学名誉教授、財団法人地球環境戦略研究機関国際生態学名誉センター長。一九七〇年代はじめから世界各国で植樹を推進していた。本書は、筆者がドイツ留学時代からの徹底的な現場調査をもとに、自らの理論を築き、実践してきた道のりを記したもの。

田中淳夫（一九五九年生まれ）は、大阪府生まれの森林ジャーナリスト。主な著書に、『だれが日本の「森」を殺すのか』『里山再生』『日本の森はなぜ危機なのか』などがある。

【出題のねらい】

共通テストの第3問を踏まえて、生徒作成のレポートと、レポート作成に参照した複数の文献を照合し、さらに最終問題では論を補強するためにはどうしたらよいかを考察することを求める出題とした。論を構築する過程を意識して複数のテクストを横断的に参照することができているかどうかを確認してみてほしい。文章の内容面でも、今回のように説明文に近い文章など、幅広い分野からの出題が見込まれる。さまざまなタイプの文章に慣れておくことも必要である。

【概要】

【資料Ⅰ】

・筆者は、日本において遷移に要するとされる二〇〇〜三〇〇年の間で変わるのは土壌条件のみであることに着目し、有機質に富む通気性のよい表層土を復土することで、遷移にかかる時間を短縮できることを実践・実証した。

「宮脇方式」の実践

・最初は最低厚さ二〇〜三〇センチ程度の表層土を復土する。
・潜在自然植生に基づく樹種の根をポット育苗で発達させ、混植・密植することにより、短期間で土地本来の森としての機能を備えさせる。
・植えてからの二〜三年は人の手により管理し、あとは自然の管理・淘汰に任せる。
・ほっこらマウンド（盛り土）の心土には産業廃棄物や瓦礫などを利用する。

【資料Ⅱ】

人間の活動と自然

・一切の人為を感じさせない原生林も、火災、洪水、気象の変動などによって次の段階へと移り変わっていく。そうした「破壊」は新たな自然の始まりであり、生物の種類や数の変動を経て、全体として生物多様性は保たれる。
・人間の活動も、自然変化のなかに含まれる。
・日本人は丸裸の国土に緑を甦らせ、農林業と巧妙に結びついた里山の生態系を生み出した。しかし、再生した緑は今度は放置され、変化を続ける。
・ヨーロッパは、かつて全域が深い森林に覆われていたが、中世以降にほとんど伐採されてしまった。

イギリス
　森林の大半が人工林。
フランス
　田園風景も森林破壊の長い歴史の結果である。
北欧
　原生林と呼べる森林はそんなに多くない。

問1 **20** ④ **《複数資料の内容把握問題》**

「宮脇方式」で植樹をする際に造成されるマウンドの形状について述べた**【資料Ⅰ】**の10段落の記述と照らし合わせて解答を求める。それによれば、

> 「心土」には、「まず穴を掘り、その発生土に毒や分解困難なビニールなどを取り除いた後のまわりの刈り草、家庭のゴミや建設廃材や毒がないことが確認されたいわゆる産業廃棄物、さらには瓦礫など」（25～27行目）を混ぜることを勧める

とある。**図1**の空欄**X**はマウンドの最下層の土台となる部分であるため、この「心土」に関する説明として適切な選択肢を選ぶ。右の内容に沿った④が正解である。

①は10段落に「表層土は、できるだけ多くの落ち葉、枯れ草、廃木、廃材などの有機物をたっぷりと土に混ぜて復元します」とある通り、表層土の説明であるので不適切。

②には「できるだけ人の手を加えない」とあるが、人の手で「有機質に富む通気性のよい表層土を復土すること」（4段落）で、遷移に要する時間を大幅に短縮しようとするのが「宮脇方式」であるため、そもそも方向違いである。

③は「瓦礫などがあるために土壌の間に空気層が生まれ、根が酸素を求めてより深く地中に入り込もうと」（11段落）することで災害に強くなると述べられていることから、「密度の高い固い土」はむしろ逆効果である。

⑤「植樹した木々が落とした葉でできた土」に関しては、「その後、生育するにしたがって、……自分たちで自分たちの落葉などで、土をつくるようになります」（7段落）という記述があるが、これは植樹後、木が生育してから土壌の表面に積もった落葉で作られる土のことを述べており、植樹の際に造成するマウンドの一番下の部分である空欄**X**に入る説明としてはふさわしくない。

問2 **21** ⑤ **《図の内容把握問題》**

aは宮脇方式、**b**は従来の二次遷移説（クレメンツの遷移説）を表したものであることをまず押さえる。**図2**と**【資料Ⅰ】**の記述の両方を踏まえて考える。

①「強い常緑樹林（限りなく自然に近い森林）」は「森林が目標とする姿」であり、これに遷移するまで、**a**では「20～30年」、**b**では「200～300年」と**図2**にあるので適切。

②**a**についての記述は、**図2**に「20～30㎝復土」「潜在自然植生の樹種の幼苗の混植・密植」とあることや、**【資料Ⅰ】**の8段落に「植えてからの二～三年は草取りなどの管理が年に一～二回は必要です」とあることに合致している。また**b**についての記述は、**図2**の「代償植生　最後には裸地」→「放置」とあることに合致する。したがってこの選択肢の内容は適切である。

③**図2**に「潜在自然植生の樹種の幼苗の混植・密植」とあり、**【資料Ⅰ】**の6段落に「潜在自然植生に基づく樹種をポット育苗で根を発達させてから混植・密植する」とあることから、**a**について「どのような樹種の森に遷移させるかを予め人が特定する必要がある」というのは正しいといえる。また、**b**について、クレメンツの遷移説では「裸地」（**【資料Ⅰ】**1段落）にしたのち「放置」（**図2**）して時間に任せるだけであるので、選択肢の「人が樹種を特定する必要はない」という記述も正しい。

④**a**についての記述は、**図2**の「潜在自然植生の樹種の幼苗の混植・密植」と、**【資料Ⅰ】**の9段落「潜在自然植生に基づくその土地に応じた樹種の選択を行い、その幼木のポット苗を混植・密植する」に沿った内容である。**b**についての記述も、**図2**の「1年生草本群落→多年生草本群落→灌木・低木群落→陽樹の森→強い常緑樹林」という流れに沿っている。

⑤**a**についての記述は、**図2**に「20～30㎝復土」「潜在自然植生の樹種の幼苗の混植・密植」「3年程度の管理は必要」とあり、**【資料Ⅰ】**の4段落の「有機質に富む通気性のよい表層土を復土することにより、短期間で土地本来の『ふるさとの森』づくりができる」という筆者の考えに沿う。しかし、**b**の「人の介入を排」している状況はクレメンツの遷移説と一致するものの、それによって「早く遷移が進む」というわけではない。**図2**にあるように、二〇〇～三〇〇年という長い年月を要するのである。よって、不適切。

以上から、**適当でないもの**は⑤である。

問3 **22** ③ **《複数資料の内容把握問題》**

【レポート】にある空欄Yを含む一文は前の文「『人間もまた自然の一員であり、自然は人間と共に変化していく』という自然観」を補足したものである。したがって空欄Yに入る語句は前の文に書かれた「人間もまた自然の一員」とする自然観を踏まえたものであり、空欄Yには「人間の手が加わった」ものでありながら「自然」とみなされるものが当てはまる。③の「里山」とは〈集落、人里に隣接し人間の影響を受けた生態系が存在する山〉であり、**【資料Ⅱ】**の3段落に「独特の生態系が成立している。これも小規模ながら日本の里山と同じであろう」という記述があることから、この条件を満たしている。③が正解。

①の「原生林」は「一切の人為を感じさせない」（**【資料Ⅱ】** 1段落）ものなので不適切。

②は「人間の手が加わった火災や洪水もまた『自然』」ということになるが、**【資料Ⅱ】**の1段落に「火災や洪水、老木の倒壊、気象の変動による樹種の変化、……そうした『破壊』は、新たな自然の始まりだ」とある。しかし、「火災や洪水」自体は「破壊」であり「人間の手が加わった」自然としては書かれていないので、不適切。

④の「農林業」は人間の営みとしての「産業」であり、「自然」ではないので不適切。

⑤の「地平線」は自然の景観であるが、「人間の営み」とはいえず不適切。

問4 **23**・**24** ②・⑥（順不同）**《言語活動に関する問題》**

作成したレポートが説得力のあるものであるためには、論理的に整合性があるものであることはもちろんだが、段階を追って抜かりのない構成になっていることが必要である。その観点からIさんの**【レポート】**を検証してみよう。

1段落	宮脇氏の紹介
2段落	「宮脇方式」の概略
3段落	宮脇氏の自然観（Iさんによる分析）

このうち、**【レポート】**の2段落目には宮脇氏が独自の植林法を「実践・実証した」とあり、ポット苗や盛り土を使った「手法」については言及されている一方で、実績については書かれていない。その点を補うためには、②「宮脇氏の携わった植林活動の件数などを記して、宮脇方式の有効性を補足する」ことが有効である。

また、3段落の第1文で「植林という事業によって自然に対して積極的に介入する姿勢があることに注目する」と書いている。そして第2文では、この姿勢からうかがえるのは、「人間もまた自然の一員であり、自然は人間と共に変化していく」という自然観だとしている。ただし、**【資料Ⅱ】**を援用するなどして説明がなされているものの、Iさんが宮脇方式から推測した自然観に留まっている。そもそも**【資料Ⅰ】**には宮脇氏の自然観に関する記述が見られないので、別の資料から宮脇氏自身の自然観に関わる内容がほしいところである。そうすると、⑥「宮脇氏の自然に対する考え方を紹介して、宮脇方式の背景にある自然観を補足する」必要がある。

①「人間の管理を徹底した」や「人為が不可欠であることを補足する」のは、「自然の成り行きに任せることを基本的な姿勢」とする宮脇方式と反対の内容であり、**【レポート】**の趣旨とも矛盾するため、不適切。

③「植林に失敗した逸話（＝エピソード）」は話に膨らみをもたせる役割を果たすものではあるが、設問にある「論拠が不十分であること」を補うものではないため、補足することは有効ではない。

④について、宮脇氏の独創的なアイディアは遷移にかかる期間を短縮するという部分であり、「遷移が長時間を要すること」について詳述したとしても、宮脇氏についての論を補強することにはならない。

⑤「別の見方（＝自然の捉え方）も成り立つことを補足」しても、論を補強することに役立つとはいえない。**【レポート】**の趣旨は宮脇氏の方法論とそれを支える自然観を述べることにあるからである。

以上から、②・⑥が正解である。

第4問

出典　**【文章Ⅰ】**『御伽物語《おとぎものがたり》』、**【文章Ⅱ】**『曾呂利物語《そろりものがたり》』

『御伽物語』は江戸時代前期の仮名草子作品。荻田安静《おぎたあんせい》が編集した『宿直草《とのいぐさ》』（万治三年〈一六六〇〉頃成立）を、その門人である富尾似船《とみおじせん》が延宝六年（一六七八）に題名や話の順番を改めて出版したもの。浅井了意《あさいりょうい》『伽婢子《おとぎぼうこ》』（寛文六年〈一六六六〉刊）や後掲の『曾呂利物語』等と併せ、江戸時代における怪異小説の先駆的作品として名高い。

『曾呂利物語』も同じく江戸時代前期の仮名草子作品。寛文三年（一六六三）刊。編者は不明。『宿直草』に先行して成立し、影響を与えたとする説もある。題名の「曾呂利」は安土桃山時代、豊臣秀吉に仕えた御伽衆《おとぎしゅう》（将軍や大名のそば近くにいて話し相手をする職名）の一人であり、頓知《とんち》話が上手であったとされる曾呂利新左衛門《そろりしんざえもん》（実在の人物かどうかは不明）を意識したものといわれる。

どちらも編者が諸国の怪談奇談を収集し、一つの本にまとめたという性格をもつため、基本的に聞き書き（人から聞いた話を書きまとめる）の形をとる。

【出題のねらい】

本大問で取り上げた二作は「化け物に道具で体の自由を奪われる」という点でいわゆる類話関係にあるが、結末をはじめ細かな相違点がある。また会話文も多く、主語がわかりにくい箇所もあり、丁寧に読み解いていく必要がある。怪談話という性格上、和歌の解釈や細やかな心情把握は問われないものの、会話文や限られた描写から状況を把握し、類話をポイントごとに的確に比較していく力を求めている。

【概要】

【文章Ⅰ】

・ある人が早朝の神社で、蜘蛛に捕らえられた人を助けてやると、その男が事の顚末《てんまつ》を話し始めた。

・「私は旅人で、神社で夜を明かそうとしたところ、同じく旅人のような座頭（＝琵琶法師）がやって来て、互いのつらい旅話をして親近感をもつようになった。やがて、その座頭が持っていた香箱の品定めをせよと投げて寄こすので触ると、手足がくっつき離れなくなった。すると座頭は蜘蛛に変じ、私を糸で巻いて血を吸い、死んでしまうところであったが、不思議なご縁であなたがお救いくださった」と語ったという。

【文章Ⅱ】

1　肝試しで座頭に出会う（11～21行目）

・ある時、若者が集まり、信濃国の末木の観音堂に行って夜を明かすという肝試しを提案すると、無鉄砲な愚か者が即座に応じた。

・観音堂は人里離れた、人の行き来もまれなところであったが、真夜中過ぎに琵琶を背負った座頭が堂内に入って来る。

・男が何者か問うと、座頭はこの山に住んでおり、夜に声の鍛錬をするためにやって来たと答え、今まで人がいたことはないのにと、かえって男を不審がる。

・男は事情を説明し、『平家物語』を語るよう頼む。座頭の語りはたいへん素晴らしかった。

2　座頭の正体と後日談（22～30行目）

・『平家物語』を語り終わった座頭が琵琶の手入れのために取り出した温石を、男が手に取ると、左右の手にくっついて男は動けなくなる。

・すると座頭の容貌が恐ろしいものに変わり、男の頭や顔を撫でてもてあそび、やがて消えた。

・男があまりの無念さに茫然《ぼうぜん》としていると、友達が迎えにやって来る。男がこの出来事を語ると、友達は皆大笑いする。

・見れば友達は先ほどの化け物の姿になっており、ついに男は気を失う。

・夜が明けて人が来て、男の意識をとり戻させたものの、人に会うと「化け物がだましに来た」と言って、しばらく錯乱していたが、とうとう正気に戻って、以上の話を語った。

問1 **25** ⑤ **26** ⑤ **27** ① **《語句の解釈問題》**

(ア) 傍線部は旅の男が宿を見つけられずにいた際の心内語にあたる。ここでは「あかさん」をどう解釈するかがポイント。「明かす」は〈明るくする〉の意だが、(1)夜を明かす・(2)（灯火などで）明るくする・(3)物事を明らかにする・(4)打ち明ける、などと一歩踏み込んで解釈したい。「宮居」は〈神社〉の意で、宿なしの旅人が「この神社で」どうするのかと考えれば⑤の「夜を明かそう」が適切とわかる。

①は「明かす」を(3)と解釈するが、旅の男が謎を解き明かすために神社にやって来たとは解釈できず不適切。

②の解釈は文脈に照らし違和感がないものの、「明かす」を(1)・(2)の両義で解釈している点で不適。和歌の掛詞《かけことば》でない限り、一語に二つの訳をあてて解釈することは一般的でない。

③・④はまず「この宮居に」の訳出に際し、「宮居（＝神社）」を主語とする点で不適。さらに③は「明かす」を「明るくなる」と訳しており不適切。④は「明かす」を「空く」のように解釈する点も不適切。

(イ) 「〜（も）あへず（＝敢へず）」という慣用表現と「出でぬ」の助動詞「ぬ」の判別が問われている。「敢へず」はハ行下二段動詞「敢ふ」に打消の助動詞「ず」が接続した語。「敢ふ」は〈こらえる・我慢する〉などの意であるから、「敢へず」は〈我慢できない〉などと訳す。さらに「敢へず」は、多く係助詞「も」を伴い、動詞の連用形に接続することで〈〜しきれない〉〈〜できない〉〈〜するやいなや・〜も終わらぬうちに〉と訳される。よって傍線部は「言ふ」に対し「敢へず」であるから「言い終わらないうちに」とある⑤が適切。また「出でぬ」が文末にあたるため「ぬ」は終止形であり、完了の助動詞と判別でき、⑤「出ていった」の訳に矛盾しない。

①・②は「出でぬ」を適切に訳出できているものの、助動詞「ず」の打消があたかも「言ふ」に対応するかのように解釈しており不適切。

③・④は「ぬ」を打消の助動詞「ず」の連体形として訳しており不適切。③は「あへず」の訳、④は「言ひ」を〈断る〉の意にとっている点も不適切。

(ウ) 「をこの者」が座頭（＝琵琶法師）の語る『平家物語』に聞き惚《ほ》れ、「今一句」つまりさらに一節《ひとふし》語ってほしいと乞うた場面である。ここでは「感にたへにけり」の解釈がポイントとなる。この表現はもと「感に堪へず」という形をとり、感動に堪えられない、つまり〈深く感動する〉意で用いられる。それが後に打消の語を伴わない「感に堪ふ」の形でも使用されるようになり、両方が定着するに至った。よって「をこの者」が深く感動したという意の①が正解。

②・③は主語を演奏している座頭と解釈しており不適切。くわえて②は「たへ」を「絶え」ととらえて「息もたえだえ」としている点も誤り。③は「たへ」にあたる訳がない。

④は、「感にたへ」を逆の意味で訳しており不適切。「感に堪へず」にあるはずの打消が省かれていることにこだわり、反対の意であると解して〈感動しない〉という旨で訳したものだが、文脈にも即さない。

⑤も「たへ」を「絶え」として「気絶し」と訳出する点が誤り。

「感に堪ふ」が「感に堪へず」と同義で用いられることと同様の例は他にもある。たとえば、〈並である〉意の形容動詞「なのめなり」に打消の助動詞「ず」が接続した慣用語「なのめならず」は〈普通でない・格別である〉と訳すが、のちに形容動詞「なのめなり」も主に「なのめに」の形で「なのめならず」と同義で用いられるようになる。語句の知識が重要であることはいうまでもないが、文脈に即して判断することもまた必要となる。

問2 **28** ③ **《文法を含めた二重傍線部の把握問題》**

文法事項だけでなく、語を適切に解釈し、何を指すかを文章中から読み取る必要がある。二重傍線部は神社で一夜を明かそうとする旅人が、同じく旅人のような、疲れた顔をしてやって来た座頭（＝琵琶法師）と出会う場面である。以下、選択肢を検討する。

①神社にいるのは旅人と座頭であり、適切。**【文章Ⅰ】**には他に「ある人」が登場するが、本話は、神社で旅人が経験した一夜の出来事を振り返り、蜘蛛から助けてくれた「ある人」に向かって語っている内容であるから、「ある人」は該当しない。

②二重傍線部中の動詞はワ行上一段活用「よりゐ（寄り居る）」、サ行変格活

用「する（す）」、ラ行変格活用「あ（あり）」、ハ行四段活用「おもふ」が含まれており、適切。

③選択肢では「あだ」を「仇」と解釈している。この場合の「あだ」は「仇討ち」などと使われるように〈自分に害となるもの〉〈恨みの種〉の意をもつ語で、江戸時代中期以降「あだ」と濁音化したが、もと「あた」と清音で読んだとされる語である。他に「あだ」と読む語には、「徒」という漢字をあて、〈むだなさま〉〈むなしいさま〉〈かりそめのはかないさま〉〈誠実さがないさま〉の意をもつ語もある。ここでは旅人の「ゆくへもしらぬ旅の空、うさもつらさも身をかこちて、つれづれに侍りし」という様子や、座頭の「つかれがほ」という有様を踏まえ、「あだ」＝「徒」ととらえて、旅に疲れた二人が互いにむなしくつらい旅中の物語をしたとすべき箇所。よって「仇」「恨み言」という解釈は不適切。

④「ひとしき」は〈同じ〉などの意の、シク活用形容詞「ひとし」の連体形であり、適切。

⑤「あめり」は、ラ行変格活用「あり」＋推定の助動詞「めり」の「あるめり」が、「あんめり」と撥音便《はつおんびん》化したのち、撥音表記が省略された形。学習の際は「あめり」を「あんめり」と音読することが一般的。同様の形をとる他の語も併せて覚えておこう。

- ・なめり…断定の助動詞「なり」の連体形＋推定・婉曲《えんきょく》の助動詞「めり」
- ・ためり…完了の助動詞「たり」の連体形＋推定・婉曲の助動詞「めり」
- ・なり…断定の助動詞「なり」の連体形＋伝聞・推定の助動詞「なり」

以上の検討より、誤りの内容を含む③が正解。

問3 **29** ③《内容把握問題》

それぞれの文章における主語を整理すると以下の通り。

【文章Ⅰ】

ある人：蜘蛛に捕らえられた人を助け、事の顛末を聞く。

旅いたす者：座頭に化けた蜘蛛に捕らえられる。

座頭：香箱を使って旅人の自由を奪い、糸で捕らえ、血を吸う。正体は蜘蛛。

【文章Ⅱ】

若き者：若者の集団。肝試しをしようとする。

をこの者：若者の集団のうちの一人。後先考えず、観音堂で一夜を明かす役を引き受けるが、堂で出会った座頭に温石で捕らえられ、もてあそばれる。

座頭：『平家物語』を上手に語り、油断した「をこの者」を捕らえてもてあそぶ。正体は化け物。この化け物は、「若き者」にも化けて夜明けに「をこの者」を迎えに来たふりをする。

以上を踏まえ、各波線部を見ていこう。

a 「旅いたす者」に近寄って蜘蛛の糸をとり、救ってあげたのは「ある人」である。

b 事の顛末を語り、さらに「いのちのおやなり〈＝命の恩人だ〉」と語ったのは命拾いした「旅いたす者」である。

c 「所望」は〈何かがほしい、何かをしてほしいと望み願うこと〉の意。『平家物語』を一節語るように頼んだのは「をこの者」である。

d ラ行四段動詞「消え入る」は〈消えてなくなる〉意から転じて〈悲しさや驚き、嬉しさのあまり〉気が遠くなる・気が動転する〉、また本当に〈気を失う〉、さらに〈息絶える〉と状況に応じた訳し分けが必要な語。よってここでは(1)化け物が消えた、(2)「をこの者」が気を失った、のどちらであるかを判断しなければならない。注目すべきは波線部直後の「やうやう気をつけければ」という表現。これは夜が明けてやって来た人が〈かろうじて男の意識を回復させた〉の意で、以上より波線部は「（男は）気を失った」と解釈すべきと判断され、主語は「をこの者」とわかる。

以上より正解は③。

問4 **30** ③《心情・理由把握問題》

本設問では、傍線部の動作主ならびにそのようにした理由を明らかにしなければならない。特に【文章Ⅱ】は会話のやりとりが続くため、どこまでが誰のせりふであるかの判断を誤ると、大きく読み間違える可能性がある。

傍線部直前までの「さては……不審にこそ候へ」（ℓ16・17）が一つのせりふであることは、「おはしけるか」「何人ぞ」「候はん」「侍る」「候へ」といった特定の対象を想定した話し言葉や、「我は」という自称が用いられていることからも判断できる。さらにせりふ中で自らを「座頭」と名乗っており、座頭がこのせりふをもって男（＝をこの者）を「咎め」たのだとわかる。「咎む」は直前に「不審」とあることから、〈いぶかしんで尋ねる〉の意ととらえる。

次に、理由をせりふ中から探ろう。座頭はよくこの観音堂にやって来ては、夜に声の鍛錬（＝琵琶に合わせ『平家』を語る練習）を行っていたという（＝「夜は声を使ひ候はんため詣で侍る（ℓ16・17）」）。その上で「つねに参り通ひ候へども、人のありけることはなし」（ℓ17）すなわち〈いつも参詣に通っていますが、観音堂に自分以外の人がいたことはない〉ので、男に対し「いと不審にこそ候へ〈＝たいへん不審なことです〉」といぶかしんで尋ねたのであった。以上より正解は③。

①・④は主語を男とする点で不適。さらに①は座頭が琵琶の練習を始めていると解する点も誤り。

②は座頭が男の堂に滞在する理由を知ったとする点が不適切。男がまだ自分の事情を説明していないだけでなく、説明した後も座頭は「肝試し」という理由を咎めてはいない。

⑤は座頭が男に琵琶の練習を邪魔されたと解釈しており、不適切。

問5　**31**　①《**内容把握問題**》

本設問は特定の事柄に関し、二つの文章全体から比較するものであり、「香箱」は**【文章Ⅰ】**、「温石」は**【文章Ⅱ】**から関連する記述を探せばよい。**問6**が文章全体にかかる総合的な比較問題であるから、要素が限定されている本問でぜひ解き方のコツをつかんでおきたい。以下、選択肢を吟味する。

①「温石」が琵琶を弾くために用いる道具であったことについては、「転手きしみければ、温石を取り出だし糸に塗りける」（ℓ22）という記述から、温石がどうやら琵琶の弦を巻く転手がきしんで調子が悪くなると使用するものなのだと理解でき、選択肢と符合する。一方の「香箱」は、座頭が「これよきものか見て給はれ」（ℓ7）、すなわち品定めを男にさせるために「とりだし」たとあり、琵琶の演奏に無関係であることがわかる。よって①の内容は適切である。

②香箱・温石ともに男の手の自由を奪ったことは、「右の手にとるに……またとりつく」（**【文章Ⅰ】** ℓ7・8）、「左右の手にとりつき、何とすれどもはなれず」（**【文章Ⅱ】** ℓ23）の記述に合致するが、温石は、興味をもった男が自ら「ちと見せ給へ」（ℓ23）と頼んでおり、「品定めを求められ」たという事実はなく不適切。

③温石が座頭の持ち物であること、また香箱が座頭の取り出したものであることは①で確認した通りである。また**【文章Ⅰ】**の座頭は、「つかれがほのをちかた人」（ℓ5）といった様子の旅人で、実際、男とも旅の話を語り合っていることから神社の関係者でないことは明らか。その座頭が「香箱のやさしきをとりだし」（ℓ6・7）とあるのみで、神社の宝物であったという記述は一切ないため、不適切。

④香箱・温石が男の自由を奪う記述はそれぞれ「右の手にとるに、とりもちのごとくしてはなれず。左にておさふるにもまたとりつく。左右の足にてふみおとさんとせしに、足もはなれず」（**【文章Ⅰ】** ℓ7・8）、「手に取りけるが、左右の手にとりつき、何とすれどもはなれず。手は板敷きにつきて働かざる」（**【文章Ⅱ】** ℓ23）であるが、**【文章Ⅱ】**の方では男の足がくっついたという表現がないことに気づく。さらに「やうやう温石をはなし」（ℓ25）た後も、「手をうちてどつと笑ふを見れば、また件の化け物のかたちなり」（ℓ28）すなわち友達の姿に化けた化け物が再び男の前に姿を現したという点からも、選択肢の「化け物が退散するまで」という表現が両方の話に「共通する」とはいいがたい。よって不適切。

⑤香箱・温石ともに、化け物がいなくなった後にどうなったかという記述はなく、「温石はその後観音堂にまつられる」は誤り。

以上より正解は①。

問6　**32**　④《**全体の内容把握問題**》

問5が「香箱」「温石」に着目した問いであったのに対し、本問はその範囲を文章全体に広げたものである。該当箇所を本文から見つけ出すのにより時間を要するため、難易度は上がるかもしれないが、解法は**問5**と同じであり、慎重に一つずつ吟味していけばよい。

①語りの構造を探るには、冒頭や結びに注目すればよい。**【文章Ⅰ】**の結びは「かたり侍りしとなり」すなわち〈このように蜘蛛に食われかけた男が語りましたということだ〉と表現されており、「ある人」が助けた男に聞いた不思議な話を語り手（筆者・編者）に語り、それが書き記されたものであるという姿勢をとっていることがわかる。一方**【文章Ⅱ】**は「つひには本性になりてかく語り侍る」、つまり化け物に化かされしばらく錯乱していた男が、〈とうとう正気に戻ってこのように語るのです〉と結ばれており、選択肢の「語り継がれている話」とは一致しない。また「若者たちの集まり」という状況は、「ここに若き者寄り合ひ」と肝試しが若者の集まりで提案されたものであることに関係して本文に見えるのみで、化け物に化かされた話自体が集まりで語られたという記述はない。よって不適切。ちなみに「となり」は格助詞「と」に断定の助動詞「なり」が接続した語で、〈……ということである〉と訳す連語。

②**【文章Ⅱ】**で化け物が「男にいたずらするために琵琶の糸を使っ」たとする点が誤り。琵琶の糸に塗っていた温石が男の自由を奪ったことは**問5**でも確認した通り。

③「琵琶の演奏」は**【文章Ⅱ】**でしかなされておらず、**【文章Ⅰ】**では旅のつらい話を語り合うことで互いに打ち解けたことが読み取れるため、不適切。

④**【文章Ⅰ】**の座頭が蜘蛛という正体を現し、蜘蛛の糸で男を捕らえたことは「とかくとする内に、かの座頭蜘蛛と現じて、我をまとひて天井へのぼり、ひたもの血をすひくらふ」（ℓ8・9）という旅人の語りや、ある人が目にした「大きなる土蜘蛛、おのが糸にて人をまき、首筋にくひつきてゐたり」（ℓ2）という状況からもわかる。また**【文章Ⅱ】**には、化け物が温石を使って男の自由を奪い、「かの座頭たけ一丈もある……恐ろしともいはんかたなし」（ℓ23・24）という恐ろしい正体を現して旅人をもてあそび、一度は「いづくともなく失せぬ」（ℓ25）、すなわち姿を消すが、その後も友人の姿に変じて油断した男を驚かし、「また件の化け物のかたち」（ℓ28）を現したとある。選択肢の内容はすべて本文中に見出すことができ、適切。

⑤化け物が「夜が明けて他の人間がやって来ることで逃げ出す」とする点が誤り。**【文章Ⅰ】**では早朝に神社へやって来たある人が見つけたことで蜘蛛が逃げ出すとあり、必ずしも誤りとはしがたいが、**【文章Ⅱ】**では「夜明けて人来たり」（ℓ28・29）以下、化け物の姿は描かれないため「逃げ出す」という表現は適切ではない。

よって、正解は④である。

全訳

【文章Ⅰ】

ある人が、まだ朝早くに神社に参って、瑞垣のあたりで詩歌を口ずさんでいるところ、拝殿の天井にひどくうめくものがある。不審であったので、上がってこれを見ると、大きな土蜘蛛が、自分の（吐いた）糸で人を巻き、その首筋に食いついていた。（その人が天井に）上がるとそのまま蜘蛛は逃げた。すぐに（糸で巻かれた人に）近寄り、巻きついた蜘蛛の糸を取って、「ところであなたはどなたですか」と尋ねると、「実は、私は旅をしている者ですが、昨日の夕暮れ時、この場所に来ました。（今から）探すことのできる宿がないので、この神社で夜を明かそうと思い、行き先もわからない旅の空（ですので）、（その）ままならぬ思いやつらさに身を嘆いて、することもなくぼんやりとしておりましたら、後から座頭（＝琵琶法師）が、この人も疲れた顔で遠くから来た旅人のような様子でやって来た。一緒に近くに座って互いのつらい旅話をするにつけ、『私と同じような人もいるものだなあ』と思っていると、その琵琶法師は、雅やかな香箱を取り出して、『これがよいものであるか見てください』と言って、私の方へ投げた。それではと（思って）、右手で取ると、とりもちのように（くっついて）離れない。左手で押さえてもまたくっつく。左右の足で踏み落とそうとしたが、足も離れない。あれこれするうちに、その座頭は蜘蛛に姿を変えて、私を（糸で）巻いて天井へ上り、ひたすら血を吸い食らう。

痛く耐えがたくて、命も消えそうに（極限に）達したところに、不思議なご縁で（あなたが）お救いくださる。命の恩人です」と語りましたということだ。

【文章Ⅱ】

信濃国の末木の観音という、山の峰にお立ちになっている観音堂があった。ここに若者が寄り合い、「それにしても誰かいないか。今夜観音堂へ行き、明日までそこに居てみましょう（という者は）」と言ったところ、即座に無鉄砲でばかげた者一人が、「それは簡単なことだ。では私が行ってみよう」と言い終わらないうちに出て行った。その堂は人家より二十四町離れた深い山奥なので、昼さえも（人の）行き来はまれな所で、キツネやオオカミの声以外には、音を出すものもなかった。その男は、堂の内に入って夜が明けるのを待っていた。真夜中が過ぎたくらいになって、朧月の光で見ると座頭が一人、琵琶箱を背負って杖をつき、堂の内に入って来た。不思議に思って、きっとただ者ではないだろうと、はじめに「（お前は）何者で（どうして）ここにやって来たのか」と言ったところ、「さては人がいらっしゃるのか。あなたは誰か。私はこの山に住んでおります座頭でいつもこの観音に足を運び、夜は声の鍛錬をしますために参詣します。いつも参詣に通いますが、人がいたことはない。たいへん不審なことです」といぶかしんで尋ねるので、「このような事情があってやって来た。それではよい連れでございますなあ。今後は私たちの方にもいらっしゃってください。どこそこあたりに住んでおります（ので）」などと話しかけ、『平家物語』を一節所望したところ、（座頭は）「簡単なことだ」と言って琵琶を奏でて一節語ったところ、「普段から『平家物語』を聞いていますが、これほど風情のあることはない。節づかいから、音声、息つぎ、たいへん素晴らしいことである」（と男が）さらに一節と所望すると、また語る、よりいっそう感動的であった。

『平家』を語り終わると転手がきしんだので、（座頭が）温石を取り出して糸に塗ったのを、（男が）「それは何という物か」と尋ねる。「これは温石という物だ」「ちょっと見せてください」と言って手に取ったところ、左右の手にくっつき、何をしても離れない。手は板敷きにくっついて動かない時、かの座頭（の姿）は背丈が一丈もあるだろうと思われ、頭は炎が立つように逆立ち巨大な口は大きく裂け、角が生えてその恐ろしさは言い表せないほどである。「お前はどうしてここに来たのか」と言って頭と顔を撫で、いろいろと面白半分にもてあそんだ後、（化け物は）どことも知れず消えてしまった。男はやっと温石を放したが、（化け物にからかわれた）無念はたとえようもなく（そこに）座っていたところに、たくさんの松明が見えて人がやって来た。見ると夜の座敷にいた友達である。「だんだん夜も明け方になるので迎えに来ました。ところで何事も珍しいことはなかったか」と言うので、「そのことです」と、（起こった出来事を）初めから事細かく語ったところ、皆手を打って大笑いする姿を見ると、また例の化け物の姿である。その時に（そのまま男は）気を失った。夜が明けて人が来て、かろうじて（男の）意識を回復させたけれども、会う人会う人に「化け物が来て私をだます」とだけ人に言って、しばらく錯乱していたが、とうとう正気に戻ってこのように語るのです。

第5問

出典　馮夢龍《ふうむりゅう》『智嚢《ちのう》』

『智嚢』とは「智恵のふくろ」のこと。「人間に智があるのは地に水があるようなものだ。地に水がなければ焦土となり、人に智がなければ生ける屍《しかばね》である。人が智を使うのは地に水が流れるようなもので、地勢が凹《へこ》んでいると水がたまるし、人もまずいことにぶつかれば智が働くことになる。古今の成敗得失のあともすべて、これをもとに考えれば筋が立つ。」と筆者が自叙で言っているように、古来の賢人名士が働かせた知術計謀に関する話を網羅したもので、二千余話を収めている。

【出題のねらい】

文脈を確実に押さえていかないと作者の主張が理解できず、正解の選択肢が選べない、という出題となっている。書き下し問題も重要句形の確認のみならず、接続を意識しながら語順をしっかりと読み取る力が共通テストでは問われる。一つ一つの問題を丁寧に検討しよう。

【概要】

1　孔子一行と農夫のエピソード（第1段落）
・旅の途中で、孔子一行の馬が逃げ出して畑の作物を食い荒らした
・農夫は怒り、馬をつかまえた
・子貢が丁寧な言葉で、馬を返すように農夫を説得→失敗
・孔子は、「人が聞き分けられそうもない（高尚な）言葉で説得するのは、贅沢な供えもので獣をもてない宮廷の雅楽で飛ぶ鳥を楽しませるようなものだ（効果がない）」と言って、馬飼いを説得に行かせる
・馬飼いが冗談を用いながら農夫を説得→成功

2　孔子の行動についての筆者の批評（第2段落）
・人は同種類・同程度の者であれば通じ合うものである
もしも…
・馬飼いと同じ言葉で子貢が農夫を説得したとしたら
→口から出る言葉とその内容、見た目が異なっているため、説得は失敗しただろう
・孔子が子貢よりも先に馬飼いを説得に行かせていたら
→子貢の気が済まなかっただろうし、子貢が失敗したからこそ馬飼いの言葉が農夫に届いたのだ
↓
・（孔子のような）聖人や達人の考えで、人の能力は十分発揮することができる
・法律や規則、資格や地位で人を拘束、評価していると、天下のことは何も成し遂げることができない

問1　33　③　34　①　**《漢字の意味問題》**

問1では、漢字の〔読み〕〔意味〕〔同じ意味を含む熟語〕のいずれかが問われる傾向がある。どれが問われても対応できるように、日頃から重要漢字については、読みや意味を正確に押さえておこう。

(1)の「卑」は、元来の意味は〈さげすむ〉だが、ここでは〈低くする〉の意味。相手ではなく自分自身を〈低める〉の意味。農夫に対して、子貢が言葉を低めて馬を返してくれるようにお願いした、ということ。その意味を踏まえているのは③の「へりくだった」。

(2)「殊」は、切られて離れるというニュアンスをもつ。そこから形容詞の場合は「ことなり」と読んで〈違う・特別な〉といった意味。副詞の場合は「ことに」と読んで〈とりわけ・極めて〉といった意味になる。ここでは「文質貌殊にし」と読んで、「文質（＝言葉とその内容）」と「貌（＝話し手の見た目）」が違うということ。それを踏まえれば、①の「一致していない状態で」が正解となる。

問2　35　②　**《内容把握問題》**

まず、傍線部を書き下した上で口語訳してみよう。

> 太牢を以て野獣に享し、九韶を以て飛鳥を楽しましむるに譬ふるなり
> →牛、豚などを用いた祭礼用の供えもので野獣をもてなし、高貴な宮廷の雅楽で飛ぶ鳥を楽しませようとすることにたとえられるのである

ポイントは「譬《たと》ふ」。設問では、傍線部から読み取れる孔子の考えを説明したものを選ぶよう求められているので、傍線部を単に口語訳すればいいのではなく、そこからさらに導き出される事柄を考えなければならない。祭礼用の供えものや宮廷の雅楽というのは、人間にとっては十分贅沢といえるが、ふるまう相手が野生の動物であれば、ありがたみはまず伝わらないだろう。つまり、傍線部は〝**無駄なこと**〟のたとえであり、傍線部の直前にある「人の聴く能はざる所を以て人に説く（＝人が聞き入れることのできないものでその人を説得する）」ことのたとえとなっている。よって、「孔子の考え」の解答としては傍線部の直前に言及しなければならない。

①は比喩の説明に留まっているので不適切。

③・⑤も同様で、かつ③は比喩同士を比較している点が、⑤は傍線部の解釈にも誤りがあり、贅沢な供えものと雅楽を比較している点が比喩の説明としても誤り。

④は前半はよいが「獣のように怒り出す」とまでは比喩から読み取れない。

よって正解は②。「相手が受け入れることができないもの」が野獣にとっての「太牢」や野生の鳥にとっての「九韶」の言い換えとなっている。

問3 **36** ⑤ **《解釈問題》**

「安」は多様な意味をもつが、今回は文頭にあるので〈疑問 (1)どうして (2)どこに〉、あるいは〈反語 (1)どうして～か、いや～ない (2)どこに～か、いやどこにもない〉の副詞と判断できる。「安」に限らず、疑問か反語かを見分ける設問は多く出題されるので、ポイントを以下で確認しておこう。

> **【疑問】**
> 疑問詞～活用語（体）二……一（乎《か》）
> ※相手や読み手に疑問を投げかける場合に使用されることが多い
> 訳：……だろうか
> 例　安くんぞ子の稼を犯さざるを得るか。（傍線部を疑問で読んだ場合）
>
> **【反語】**
> 疑問詞～活用語（未）二ン……一（乎《や》）
> ※発言者の主張・意見を述べる際に使用されることが多い
> 訳：……だろうか、いや……なはずがない
> 例　安くんぞ子の稼を犯さざるを得んや。（傍線部を反語で読んだ場合）

今回は傍線部に送り仮名が付されていないため、文脈で疑問か反語か判断するしかない。傍線部は農夫を説得している馬飼いの言葉の締めくくりにあたる部分であり、その言葉を聞いた農夫は大いに喜び、特に返答などしていないので、疑問ではなく反語と考えるのが自然だろう。次に「いづくにか（＝どこ）」「いづくんぞ（＝どうして）」のどちらで訳出するかだが、馬が作物を食べたのは畑であることは明らかなので〈どこ〉ではうまく意味が通じない。

他に句形といえる箇所がないか探してみると、「得不」は「〔反語の疑問詞〕＋得レ不レ……」で〈……せずにはいられない〉〈どうしても……する〉の意味。以上を踏まえると正解は⑤。

①と④は「安」を〈どこ〉で訳しており、かつ「犯人」「落ち着いて」など傍線部の語にない意味を勝手に補っている点が不適切。

②は「安」を疑問で訳しており、畑の作物を食べられたという本文の事実に反した内容になっているので不適切。

③は「安くんぞ得ん……」で〈何とかして……したいものだ〉という願望で訳しているが、返り点に沿った読み方ではないし、否定のニュアンスが一切ないので不適切。

問4 37 ⑤ **《書き下し問題》**

書き下し問題は、当然のことながら重要語や句形を押さえて考える必要があるが、文脈把握も重要な決め手となる。今回の重要語は「所以《ゆえん》」。④では意味が通じず、①・③のように「以て……（する）所（となる）」という読み方もあるが、今回は「以」の前に「所」があるので、素直に「所以」と読めばよい。この時点で候補は②・⑤に絞られる。

次に、傍線部の主語「此」は具体的には直前の部分を指しているので、「『詩経』や『書経』の話を農夫の前で述べることは」となる。これにうまくつながるように、「腐儒」以下の読み方を考えると、②は疑問文であることが文脈にあわないので不適切。よって正解は⑤となるが、「所以」には〈(1)原因・理由　(2)手段・方法　(3)目的〉の意味があり、今回は「原因」の意味。また、⑤は「使・令」などの漢字を伴わずに「国を誤た**しむる**」と読ませているので、戸惑った人もいるかもしれない。使役「しむ」と受身「る・らる」については、文脈の意味合いによって、漢字を伴わずに読み込む場合があるので注意しよう。

問5 38 ① **《空欄補充問題》**

選択肢から、空欄には「子貢」か「馬圉」のどちらかが入るのだから、**【概要】**で確認した第1段落のエピソードをもとに空欄を順に見ていこう。

Ⅰと Ⅱは同じ一文の中にあり、Ⅰ（之説）は「誠に善」だけれども、かりにⅡ（之口）から発すれば農夫は従わない、と仮定の表現を用いているので、ⅠとⅡは別の人物だと考えるのが自然。子貢の言葉は農夫の説得に失敗しているので、「誠に善」とは言いがたく、またⅡの口から出た言葉であれば野人は従わないというのだから、Ⅱは説得に失敗した「子貢」、Ⅰは「馬圉」が入る。

残るⅢとⅣ、ⅤとⅥは対に近い形になっているのであわせて考えよう。

> 先にⅢを遣れば則ちⅣの心服せざらん
> ⇔
> 既にⅤを屈して、Ⅵの神始めて至る

Ⅲも Ⅱと同様に仮定の表現（～ば）を用いているので、実際とは逆のことだとわかり、Ⅲは「馬圉」、Ⅳは「子貢」と判断できる。そして逆にⅤとⅥを含む文章は実際のことを述べているので、子貢の説得が失敗→馬飼いの説得が成功、の流れでⅤは「子貢」Ⅵは「馬圉」。「屈」はここでは〈くじく・やりこめる〉といった意味。以上を踏まえて、正解は①。

問6 39 ② **《返り点と書き下し問題》**

「曷ぞ……や」は疑問、または反語の句形で、間に入る活用語が未然形なら**「曷ぞ……ンや」と読み、「どうして～だろうか、いや～ない」**と訳す。連体形であれば**「曷ぞ……や」と読み、「どうして～だろうか」**と訳す。

そこで文章の構造に着目すると、傍線部の主語は「孔子」で「馬圉を遣る」と「子貢の往くを聴す」という動作が置き字の「而」で結ばれていることがわかる。ここで④は候補から外れる。

ポイントとなるのは否定の「不（ず）」で、第1段落のエピソードを踏まえると、「馬圉」よりも先に「子貢」を農夫のもとにやっているので、「子貢の往くを聴さず」としてしまうと文意にあわない。ここまでで①・⑤は候補から外れる。次に②と③を比較すると、傍線部の前半と後半を②は順接、③は仮定でつないでいる。置き字の「而」は「……而《テ・シテ》」（順接）、または「……而《ドモ・ニ・モ》」（逆接）の意味を示すので正解は②。

「而」は、試験ではよく出題される語なのでここで確認しておこう。

> **【順接の場合】**
> 「〔用言〕ニ……」而《テ・シテ》〔用言〕ニ～」
> ↓〈……して～〉
> **【逆接の場合】**
> 「〔用言〕ニ……」而《ドモ・ニ・モ》〔用言〕ニ～」
> ↓〈……だが～〉

問7　**40**　③　**《趣旨把握問題》**

傍線部は本文のまとめにあたる箇所。傍線部の直前を確認すると、「聖人達人の情は故に能く人の用を尽くす（＝〔かつての〕聖人や達人はだから人々を十分に活用することができた〔といえる〕）」は、第1段落の孔子の行動について述べているとわかる。それに比べて後世の人々は「文法を以て人を束ね、資格を以て人を限り、又兼長を以て人を望む（＝規律や法則で人を縛り、資格や地位で人を限り、長をいくつも兼ねた者が人の上に立つ）」と述べていることから、傍線部は、後世の人々の至らなさを嘆いている場面だと判断できる。選択肢を順に見ていこう。

①は傍線部を疑問で読んでおり、至らなさを嘆くという点で弱い。また「表面的な規律や法則や肩書きで人材を絞り込もうとした孔子」が誤り。

②は反語で解釈している点は問題ないが、①と同様に孔子をマイナスでとらえている点、孔子と「聖人や達人」を別で考えている点が不適切。

③は傍線の読み、意味ともに問題なく、「孔子の……その場の適性によって活躍させる」も適切。よって正解。「天下の事豈に済る有らんや」を直訳すると、〈天下のことはどうして成就するだろうか、いや何も成就しない〉となる。

④は解釈で「豈に……んや」の反語の意味を踏まえておらず不適切。

⑤は傍線部を疑問で読んでいる点が不適切。また「規律や肩書きによって埋もれている人材」「隠れた才能」という内容も問題文の内容から踏み込み過ぎている。

書き下し文

孔子《こうし》行游《かういう》す。馬逃《うまのが》れて稼《か》を食《は》む。野人《やじん》怒《いか》り其《そ》の馬《うま》を繋《つな》ぐ。子貢《しこう》往《ゆ》きて之《これ》に説《と》き、詞《ことば》を卑《ひく》くすれども得《え》ず。孔子曰《こうしい》はく、「夫《そ》れ人《ひと》の聴《き》く能《あた》はざる所《ところ》を以《もつ》て人《ひと》に説《と》くは、太牢《たいらう》を以《もつ》て野獣《やじう》に享《きやう》し、九韶《きうせう》を以《もつ》て飛鳥《ひてう》を楽《たの》しましむるに譬《たと》ふるなり」と。乃《すなは》ち馬圉《ばぎよ》をして往《ゆ》かしめ、野人《やじん》に謂《い》ひて曰《い》はく、「子東海《しとうかい》に耕《たがや》さず、予西海《よせいかい》に游《あそ》ばざるなり。吾《わ》が馬安《うまいづ》くんぞ子《し》の稼《か》を犯《をか》さざるを得《え》んや」と。野人《やじん》大《おほ》いに喜《よろこ》び、馬《うま》を解《と》きて之《これ》に予《あた》ふ。

人各〻類《ひとおのおのるい》を以《もつ》て相通《あひつう》ず。詩《し》・書《しよ》を野人《やじん》の前《まへ》に述《の》ぶるは、此《こ》れ腐儒《ふじゆ》の国《くに》を誤《あやま》たしむる所以《ゆゑん》なり。馬圉《ばぎよ》の説《せつ》は誠《まこと》に善《ぜん》なるも、仮使子貢《たとひしこう》の口《くち》より出《い》づれば、野人《やじん》乃《すなは》ち従《したが》はざらん。何《なん》となれば則《すなは》ち文質《ぶんしつ》貌《かたち》殊《こと》にし、其《そ》の人固《ひともと》より已《すで》に離《はな》るればなり。然《しか》らば則《すなは》ち孔子曷《こうしなん》ぞ即《すなは》ち馬圉《ばぎよ》を遣《や》らずして子貢《しこう》の往《ゆ》くを聴《ゆる》すや。先《さき》に馬圉《ばぎよ》を遣《や》れば則《すなは》ち子貢《しこう》の心服《こころふく》せざらん。既《すで》に子貢《しこう》を屈《くつ》して、馬圉《ばぎよ》の神始《しんはじ》めて至《いた》る。聖人達人《せいじんたつじん》の情《じやう》は故《ゆゑ》に能《よ》く人《ひと》の用《よう》を尽《つ》くす。後世文法《こうせいぶんぱふ》を以《もつ》て人《ひと》を束《つか》ね、資格《しかく》を以《もつ》て人《ひと》を限《かぎ》り、又兼長《またけんちやう》を以《もつ》て人《ひと》を望《のぞ》む。天下《てんか》の事豈《ことあ》に済《な》る有《あ》らんや。

全訳

孔子一行が旅をしていた。（その時）馬が逃げて（ある農夫の）畑の作物を食い荒らした。農夫は怒りその馬を繋いだ。子貢が（農夫のもとに）行って説得し、言葉をへりくだって（頼んだ）が（馬を返してもらうことが）かなわなかった。孔子が言うことには、「そもそも人が聴きわけられないような（高尚な）言葉で人を説得しようとするのは、牛や豚を用いた一級品の供えもので野獣をもてなし、高貴な宮廷の雅楽で飛ぶ鳥を楽しませようとすることにたとえられるのだ」と言った。（そして）今度は馬飼いに（説得に）行かせ、（馬飼いが）農夫に言うことには、「あんたが東（の果ての）海で耕さず、俺が西（の果ての）海を旅していなかったのだ。（だから）俺の馬が（目に入った）あんたの作物を食わないわけにはいかなかったのだ」と。農夫はたいへん喜んで、馬を解放して返した。

人は同種類・同程度の者であれば通じ合うものである。『詩経』や『書経』の話を農夫の前で述べるのは、儒家の教えにかぶれた者が国を誤らせるやり口である。馬飼いの話はたいへんよいが、もし（同じ言葉が）子貢の口から出たとしたら、農夫は言うことをきかなかったであろう。なぜならば言葉とその内容（話し手の）見た目が異なる（＝それぞれが一致していない）状態で、その人となりももちろんひどくかけ離れているからだ。それならば孔子はなぜすぐ馬飼いをやらず子貢が交渉に行くのを許したのだろうか。（もし）先に馬飼いをやれば子貢の気が済まなかっただろう。（それに）孔子が子貢をくじかせて、はじめて馬飼いの心が（農夫に）通じたのである。聖人や達人の心はそれだから人の能力を十分に発揮させることができるのである。後世（の人々）は規律や法則で人を縛り、資格や地位で人を限り、長をいくつも兼ねた者が人の上に立っている。（それでは、）天下のことはどうして成就するだろうか、いや何も成就しないのである。

試作問題　解答

第A問 小計		第B問 小計		合計点	/40

問題番号(配点)	設問	解答番号	正解	配点	自己採点
第A問 (20)	1	1	①	3	
		2	②	3	
	2	3	③	5	
	3	4	③	4	
		5	②	5	

問題番号(配点)	設問	解答番号	正解	配点	自己採点
第B問 (20)	1	1	②	4	
	2	2	③	3	
	3	3	③	3	
	4	4-5	②-④	10 (各5)	

（注）　－（ハイフン）でつながれた正解は，順序を問わない。

第A問

出典　**【資料Ⅰ】** **文章**・**図** 環境省「気候変動影響評価報告書　詳細」（令和二年一二月）をもとに作成。

グラフ1～**グラフ3** 気象庁「気候変動監視レポート　二〇一九」（令和二年七月）をもとに作成。

【資料Ⅱ】　橋爪真弘《はしづめまさひろ》「公衆衛生分野における気候変動の影響と適応策」（『保健医療科学』VOL.69 No.5（二〇二〇年一二月）所収）による。

　橋爪真弘は医師、医学者。専門分野は、グローバルヘルス、プラネタリーヘルス、環境疫学、気候変動。

【出題の特徴】

　本問では、「気候変動が健康に与える影響」について書かれた文章や図、グラフなど複数の多様なテクストが提示されている。複数の資料の〈どことどこ〉が〈どのように〉つながっているのか、テクストを横断的に読み取り、必要な情報を短時間で抽出する力が求められている。また、**問3**は資料を踏まえてレポートを作成する場面が想定されている。各資料を適切に参照するだけでなく、レポートの書き手の意図を把握した上で、目次の内容や構成を分析する力が問われている。

【概要】

【資料Ⅰ】

　文章では「健康分野における、気候変動の影響について」という題で、気候変動が人々の健康にどのような影響を与えるかが説明されている。ここでは、主に次の五つの内容が指摘されている。

1　気候変動による気温上昇→熱ストレスの増加→熱中症リスクや暑熱による死亡リスク、その他、呼吸器系疾患等の様々な疾患リスクの増加（特に、高齢者を中心に、暑熱による超過死亡が増加傾向）。

2　気温の上昇→感染症を媒介する節足動物の分布域・個体群密度・活動時期の変化。

3　外気温の変化→水系・食品媒介性感染症やインフルエンザのような感染症類の流行パターンの変化。

4　（猛暑・強い台風・大雨等）極端な気象現象の増加→自然災害が発生→被災者の暑熱リスクや感染症リスク、精神疾患リスク等の増加の可能性。

5　（二〇三〇年代まで）温暖化に伴い光化学オキシダント・オゾン等の汚染物質の増加→超過死亡者数の増加。（二〇四〇年代以降）汚染物質の増加に伴う超過死亡者数は減少すると予測。

　図は**文章**の内容を図式化したもの（ただし、省略あり）。上段に「気候・自然的要素」について、下段に「気候変動による影響」についてまとめられ、それぞれが矢印で結ばれて、因果関係を示している。

　グラフ1は「日本の年平均気温偏差の経年変化」を示している。ここでは年々、年平均気温が上昇していることが読み取れる。

　グラフ2は「日本の年降水量偏差の経年変化」を示している。一九八一～二〇一〇年の平均値と比較して、降水量が多い場合は中心より棒グラフがプラス（上）に伸び、少ない場合は中心より棒グラフがマイナス（下）に伸びている。

　グラフ3は「台風の発生数及び日本への接近数」を示したものである。

【資料Ⅱ】

　「地球温暖化の対策」として今後求められることについて説明したものである。内容は次の通り。

・地球温暖化の対策は、これまで温室効果ガスの排出を削減する「緩和策」を中心に進められてきた。しかし、緩和策だけでは地球温暖化の進行を完全に制御することはできない。

・地球温暖化の影響を抑えるには、私たちの生活・行動様式の変容や防災への投資など被害を回避、軽減するための「適応策」が求められる。

・健康影響が生じた場合、現状の保健医療体制で住民の医療ニーズに応え、健康水準を保持できるか、不足しているリソースや必要な施策を特定することが望まれる。
・緩和策と健康増進を同時に進めるコベネフィットを追求することも推奨される。コベネフィットを社会全体で追求することは、各セクターで縦割りになりがちな適応策に横のつながりをもたらすことが期待される。

問1 (i) **1** ① (ii) **2** ② **《文章および図の読解問題》**

(i) **【資料Ⅰ】**の文章の下線部ⓐ〜ⓔのうち、図で省略されている内容を選ぶ問題。文章の下線部の内容を押さえた上で、それらが図のどこに当たるのか（あるいは記載がないのか）を整理する必要がある。

ⓐは〈気温上昇によって熱ストレスが増加する〉ことが説明されている。図では、左側で「気温上昇」と「熱ストレスの増加」が矢印で結ばれている。

ⓑは〈高齢者を中心に、暑熱による死亡が増えている〉ことが説明されている。図では下段の左側に「暑熱による死亡リスク・熱中症リスクの増加」が書かれているが、これが高齢者を中心とするものかどうかは明言されていない。

ⓒは「気温の上昇」によって〈節足動物（＝昆虫やダニ類など）の分布域・個体群密度・活動時期の変化〉がもたらされることが指摘されている。図では、「気温上昇」から図の中央の「分布・個体数の変化・蚊・ダニ等の分布域拡大・個体群密度増加・活動時期の長期化……」へ矢印が引かれている。

ⓓは〈自然災害発生〉によって「被災者の暑熱リスクや感染症リスク、精神疾患リスク等が増加する可能性がある」と説明されている。図では、下段の右側で「自然災害の発生（に伴うライフラインの停止）」から「避難生活の長期化に伴う熱中症・感染症・精神疾患リスクの増加」へ矢印が引かれている。

ⓔは「温暖化」によって「汚染物質の増加に伴う超過死亡者数が増加する」一方で、二〇三〇年代を境にそれ以降は減少することが指摘されている。図では、下段の左から三つ目で「大気汚染物質（オゾン等）の生成促進」と「心血管疾患死亡・呼吸疾患死亡リスクの増加」が矢印でつながっている。しかし、二〇四〇年代以降に起きるという「超過死亡者数」の「減少」に関する記載はない。

これらのことから、図で省略されているものはⓑ・ⓔであり、①が正解となる。

(ii) 図の内容や表現の説明として適当でないものを選ぶ問題。図の理解が問われており、選択肢と図の内容や表現とを丁寧につき合わせる必要がある。

図の上段では気候変動による影響のうち「気候・自然的要素」が二段構成でまとめられている。一番上の段で気候変動によって直接的に生じる変化（「気温上昇」や「気圧・風パターンの変化」など）が示されている。上から二つ目の段では、一番上の段の要素（「気温上昇」や「気圧・風パターンの変化」など）が二次的にもたらす影響（「冬季の気温上昇」や「相対湿度の変化」など）を示し、それぞれを矢印で結んでいる。

さらに、下段では「気候変動による影響」が示されており、ここでは気候変動による〈自然環境、生物に与える影響〉とそれらに伴う〈人間の健康へのリスクや害〉が示されている。そして、上段二つから下段へはそれぞれの因果関係がわかりやすいように矢印が引かれている。これを踏まえて各選択肢を検討しよう。

①前半「『気候変動による影響』として環境及び健康面への影響を整理して図示」は右で説明した内容に合っており、適切。また図は文章の内容を読み手が理解しやすくするためのものなので、後半も適切である。

②「気温上昇」と「降水量・降水パターンの変化」及び「海水温の上昇」は図の最も上段に並列されているが、これらの三つは「気候変動」によって生じる影響を列挙したものである。三つの間に因果関係は書かれていないため、「気温上昇によって降水量・降水パターンの変化や海水温の上昇が起こる」とはいえず、不適切である。適当でないものを選ぶ問題なので、②が正解。

③図の左側で題目名として使われている通り、「気候・自然的要素」と「気候変動による影響」が分けて整理されている点は正しい。またそれぞれが矢印でつながっていて、「どの要素がどのような影響を与えたか」がわかりやすくなっている。

④図では、一つの「気候・自然的要素」から複数の「気候変動による影

響」へと矢印がつながっている（例えば、「気温上昇」は「熱ストレスの増加」「大気汚染物質（オゾン等）の生成促進」「分布・個体数の変化」などとつながっている）。したがって、「特定の現象が複数の影響を生み出し得ることを示唆している」といえるため、適切。

⑤(i)で確認した通り、図では文章で説明された内容を省略している場合がある。それは図でいくつかの事象に限定して示すことで、読み手にわかりやすく伝える意図があるためだと考えられる。したがって適切。

問2　3　③　《複数資料の内容把握問題》

【資料Ⅰ】【資料Ⅱ】の内容を根拠として、ア～エの各文の正誤を判別する問題である。これまでの共通テストでも選択肢の正誤を問う問題は出題されてきたが、本問ではそこに「判断できない」という観点が加わっている点が特徴的である。単純な正誤の判断ではない点で、一層の論理的な思考力が求められる。

アについて、図の左側で「気温上昇」は「冬季死亡者数の減少」につながっており、同時に「暑熱による死亡リスク・熱中症リスクの増加」「呼吸疾患死亡リスクの増加」にも結びつけられている。これらのリスクの増加は、文章の第1段落にも記載があり、「特に、暑熱に対して脆弱性が高い高齢者を中心に」とあることから、アの「高齢者を中心に……」という記載は正しいと判断できる。

イの日本の年降水量の平均の推移についてはグラフ2を確認する。このグラフは中央の0を基準に、一九八一年から二〇一〇年の三〇年間の降水量の平均よりも多いとプラス（上）に棒グラフが伸び、少ないとマイナス（下）に棒グラフが伸びる。一九〇一年から一九三〇年の三〇年間と、基準値（一九八一年から二〇一〇年の三〇年間の年降水量の平均値）を比較すると、一九〇一年から一九三〇年の三〇年間は、プラス（上）に棒グラフが伸びていることが多いため、イの内容は誤っているとわかる。

ウの台風の発生数はグラフ3で確認できるが、真夏日・猛暑日の多さの根拠となる資料は提示されていない。したがって、「気温や海水温の上昇と台風の発生数」が関連しているかどうかは判断できない。

エは、地球温暖化の対策に「緩和策」だけでなく「適応策や健康増進のための対策」が必要であるとする内容である。【資料Ⅱ】を確認する。

> ・地球温暖化の対策　これまで「緩和策」を中心に進められてきた。
> ←（地球温暖化の進行を完全に制御することはできない）
> 「適応策」が求められる。　（1～5行目）
> ・「緩和策」と健康増進を同時に進めるコベネフィットを追求していくことも推奨される。　（14～15行目）

すると、エは【資料Ⅱ】を適切にまとめており、正しい。

それぞれの選択肢の正誤を判断した上で、その組合せを確認すると、「ア—正しい　イ—誤っている　ウ—判断できない　エ—正しい」となるため、正解は③である。

問3　(i)　4　③　(ii)　5　②

《複数資料を踏まえた言語活動に関する問題》

(i)【資料Ⅱ】を踏まえて考えたレポートの【目次】について、空欄Xに当てはまる内容を考える問題である。章立てや項目から書き手の意図を適切にとらえることが求められている。

空欄X（c）のある第3章は「気候変動に対して健康のために取り組むべきこと」をまとめたものなので、【資料Ⅱ】から「取り組むべきこと」を整理して、a・b・dには挙げられていないこと（空欄X（c）に当てはまる内容）を探せばよい。【資料Ⅱ】の内容と構成を、「取り組むべきこと」を中心に整理すると次の通りである。「また」「例えば」などの接続語を手がかりに文章の構成や展開を追っていくと内容が整理しやすいので、押さえておきたい。

> 「取り組むべきこと」
> ・（地球温暖化の）影響を抑えるためには、私たちの「生活・行動様式の変容」（＝a）や「防災への投資」（＝b）といった、被害を回避、軽

減するための「適応策」が求められる。例えば……（4・5行目）

・また、健康影響が生じた場合、現状の保健医療体制で住民の医療ニーズに応え、健康水準を保持できるのか、そのために不足しているリソースがあるとすれば何で、必要な施策は何かを特定することが望まれる。

例えば……（8～11行目）

・また緩和策と健康増進を同時に進めるコベネフィットを追求していく（＝d）ことも推奨される。例えば……（14～15行目）

このように**【資料Ⅱ】**は「取り組むべきこと」が述べられ、それに続けて「例えば」以降でその具体例が示されている。さらに「また」という言葉で、別の二つの内容が同じ構成で繰り返されている。そうすると、a・bは右の一つ目の「取り組むべきこと」に当たる内容であり、dは右の三つ目の「取り組むべきこと」に当たる内容だとわかるだろう。

したがって、空欄**X**（c）には、右のうちの二つ目の「健康影響が生じた場合、現状の保健医療体制で住民の医療ニーズに応え、健康水準を保持できるのか、そのために不足しているリソースがあるとすれば何で、必要な施策は何かを特定する」という「取り組むべきこと」に当たる内容だと考えられる。これを踏まえて選択肢を検討すると、③が正解になる。

①・②は「被害を回避、軽減するための『適応策』」に当たり、これらは一つ目の内容なので不適切。

④の「現行の救急搬送システムの改善点」は二つ目の内容に当たりそうだが、これは具体例の一部に当たる内容であり、部分的に留まった内容なので不適切。

⑤の内容は**【資料Ⅱ】**の末尾に記載されているが、「コベネフィットを追求する」ことがもたらす恩恵の一つと見られるため、不適切である。

(ii)「ひかるさん」のレポートの内容や構成に対する助言として、「内容に誤りがあるもの」を選ぶ問題である。**【目次】**の表現や内容、展開について適切に評価できるかどうかが問われている。

①テーマに掲げられた「対策」は、第3章の「気候変動に対して健康のために取り組むべきこと」に書かれるものだが、(i)でも確認した通り、a・bは地球温暖化の影響を抑えるための「適応策」であり、〈気候変動を防ぐための対策〉といえる。一方、cは「住民の医療ニーズに応えるために必要な施策」で〈健康を守るための対策〉といえる。dの緩和策と健康増進を同時に進める「コベネフィットの追求」は〈気候変動を防ぐための対策〉と〈健康を守るための対策〉を兼ねたものといえる。

このように、二つの対策に基づいたものが書かれているものの、テーマの「対策」という言葉は二つを一括《くく》りにしているため、意味がわかりづらくなっていると考えられる。したがって、この助言は正しい。

②第1章は「気候変動が私たちの健康に与える影響」について、**【資料Ⅰ】**を中心にまとめられている。だが、図を確認すると「大気汚染物質」と「感染症」とはつながっておらず、「大気汚染物質による感染症の発生リスクの増加」という指摘は資料の誤読だと判断できる。したがって、助言の内容として**誤りがあるといえ**、②が正解。

③**【資料Ⅰ】**のグラフを見ると気候変動に関するデータはあるが、「感染症や熱中症の発生状況の推移がわかるデータ」はない。気候変動によって、感染症や熱中症が増える、という観点で論じるなら、それらのデータがあった方がより根拠が明確になるといえ、これは妥当な助言である。

④「気候変動」が起きているデータを示した上で、「気候変動が健康に与えるリスク」を示すべき、という構成の順序に関する指摘であり、適切な助言である。

⑤**【目次】**の構成は**【資料Ⅰ】【資料Ⅱ】**の内容を紹介しただけにとどまっており、レポートとして成立させるには、書き手の意見や考察を入れる方がより適切である。したがって、これは妥当な助言といえる。もしかするとひかるさんとしては、「おわりに：調査をふりかえって」に「考察」を入れるつもりなのかもしれないが、明確に「考察」等とは書かれていないので、このような助言をしても問題はない。

第B問

出典 【資料Ⅰ】旺文社「第6回ことばに関するアンケート」による。
【資料Ⅱ】 金水敏《きんすいさとし》『ヴァーチャル日本語 役割語の謎』（岩波書店・二〇〇三年）、金水敏「役割語と日本語教育」（『日本語教育』第一五〇号）による。
【資料Ⅲ】 金水敏「役割語と日本語教育」（『日本語教育』第一五〇号）による。
金水敏（一九五六年～）は、日本語学者。主な著作に、『ヴァーチャル日本語 役割語の謎』『日本語存在表現の歴史』などがある。

【出題の特徴】

本問は日本語の独特な言葉遣いについて、「言葉遣いへの自覚」という題で生徒がレポートを書いた、という設定で作成されている。試作問題の**第A問**に比べて文章が中心の設問となっている。複数の文章やグラフの内容を多角的に読み取り、レポートに反映していく力や、「役割語」という概念を資料から理解し、身近な具体例に落とし込んでいく力などが問われている。また、**問4**では、よりよいレポートにするためにレポートの内容を批判的にとらえなおしたり、どのような根拠を挙げればより主張を強化できるかを考察したりする力も求められた。

【概要】

【レポート】は**【資料Ⅰ】**～**【資料Ⅲ】**の内容を引用しながら、言葉遣いについて「自覚的」であるべきとする主張を論じたものである。結論に至るまでの流れは以下の通りである（形式段落を1・2……で示す）。

1 **【資料Ⅰ】**によると、性差によって言葉遣いに違いが生じると思っている人の割合は七割以上に及ぶ。

2 一方、「このバスに乗ればいいのよね?」を使う女子は三割程度にとどまり、「このカレーライスうまいね!」を使う女子は三割を超えている。それにも着目すると、女性らしいとされていた言葉遣いがあまり用いられず、逆に男性らしいとされる言葉遣いをしている女性も少なからず存在することが分かる。

3・4 **【資料Ⅱ】【資料Ⅲ】**によれば、言葉遣いの違いは性別によるとはかぎらない。年齢や職業、性格といった話し手の人物像に関する情報と結びつけられた言葉遣いを役割語と呼び、私たちはそうした言葉遣いを幼児期から絵本やアニメ等の登場人物の話し方を通して学んでいるということである。

→フィクションでは、役割語が発達しており、役割語が効率的にキャラクタを描き分けることで、それぞれのイメージを読者に伝えることができる。一方、キャラクタのイメージがワンパターンに陥ってしまう。

5 現実では、他人の目を意識して、親密な人にも敬語を用いて話し方を変えるなどの役割語の例が見受けられる。

6 役割語の性質を理解した上で、自らの言葉遣いにも自覚的でありたい。

【資料Ⅰ】「性別による言葉遣いの違い」に関するアンケート調査（グラフ）

・〈質問1〉より　性差によって言葉遣いが同じだとは思わないと考えている人の割合は七一・七%。
・〈質問2①〉より　話し方に性差が表れていると考える人は過半数に及ぶ。
・〈質問2②〉より　女の子らしいとされる話し方をする男子は一三・五%、女子は三一・六%存在する。男の子らしいとされる話し方をする男子は七〇・三%、女子も三三・五%存在している。

【資料Ⅱ】役割語の定義

・役割語とは、ある特定の言葉遣いを聞くと特定の人物像を思い浮かべることができる、あるいは、ある特定の人物像を提示されると、その人物がいかにも使用しそうな言葉遣いを思い浮かべることができるといった場合の言葉遣いのことである。
・特定の話し方あるいは言葉遣いと特定の人物像（キャラクタ）との心理的な連合（ステレオタイプの言語版）。

【資料Ⅲ】 役割語の習得時期

・多くのネイティブの日本語話者は〈男ことば〉と〈女ことば〉を正しく認識するが、これは絵本やテレビなどの作品の受容を通して知識を受け入れている。
・実験によると、三歳児では性差を含む役割語の認識が不十分だったが、五歳児ではほぼ完璧な認識ができていた。
・幼児が日常的に触れる絵本やアニメ作品には、役割語の例があふれている。

問1 1 ② **《データの理解を踏まえた空欄補充問題》**

【レポート】の空欄**X**に入る内容を推測する問題。データを正しく読み取るだけでなく、空欄**X**に入る内容を前後の文脈を踏まえて推測する必要がある。空欄**X**があるのは、**【資料Ⅰ】**の内容を説明した箇所なので、**【資料Ⅰ】**をもとに検討していこう。ちなみに、**【レポート】**の空欄**X**の前後（1・2段落）の流れは次の通りである。

> **1** （**【資料Ⅰ】**の結果は）性差によって言葉遣いがはっきり分かれているという、日本語の特徴の反映ではないだろうか。
>
> **2** 一方、［X］にも着目すると、男女の言葉遣いの違いを認識しているものの、女性らしいとされていた言葉遣いがあまり用いられず、逆に男性らしいとされる言葉遣いをしている女性も少なからず存在することが分かる。

したがって、空欄**X**には、〈女性らしいとされていた言葉遣いがあまり用いられていないこと〉と〈女性も男性らしいとされる言葉遣いをしていること〉の二点に関連する内容が入ることになる。続いて、「女性らしいとされていた言葉遣い」「男性らしいとされる言葉遣い」の具体的な言葉（「このバスに乗ればいいのよね？」「このカレーライスうまいね！」）に触れているのは〈質問2〉である。以上を踏まえて各質問と回答のグラフを確認する。

〈質問2①〉からは「～いいのよね？」という言葉遣いは女の子の話し方だと八割以上の人が思っており、「～うまいね！」という言葉遣いは男の子の話し方だと思う人が六割以上いるとわかる。続いて、〈質問2②〉によると、「～いいのよね？」という女の子らしいとされる話し方をする女子は約三割いる。また、「～うまいね！」という男の子らしいとされる話し方をする女子も約三割いると読み取れる。

すると、「～いいのよね？」は女の子の話し方だと八割以上の人が思っているものの、そのような言葉遣いをするのは約三割である。一方、「～うまいね！」は男の子の話し方だと六割以上の人が思っているものの、そのような言葉遣いをする女子も三割を超えているとわかる。

これらをもとにして各選択肢を確認する。各選択肢の前半は表記の仕方は違えど、おおむね同じ内容が説明されているため、後半に着目して判断するとよい。すると、ここまでのポイントを踏まえた②が正解だとわかる。他の選択肢もグラフの読み取りとしては間違っていないが、文脈上、〈女性も男性らしいとされる言葉遣いをしている〉という内容と合わないため、不適切となる。

①は後半が「男子」について、③は後半が「男女（＝総数）」について述べられている点で不適切。

④は、「『～うまいね！』を使うか分からないという女子」とあり、〈女性も男性らしいとされる言葉遣いをしている〉という内容と合わない。

⑤は、「『～うまいね！』を男女どちらが使ってもいいと考える人」とあり、これは〈質問2①〉の「男女どちらでもよい」と回答した人の割合が二七・四％いることを示していると考えられる。これもその他の選択肢と同様に「女子」の状況について述べていないため、不適切。

問2 2 ③ **《複数資料を踏まえた空欄補充問題》**

【レポート】の空欄**Y**の内容を検討する問題。設問に「**【資料Ⅱ】**及び**【資料Ⅲ】**の要約が入る」とあることから、二つの資料の内容が適切に要約されているものを選べばよいということになる。

【資料Ⅱ】は「役割語の定義」について述べた文章である。**【資料Ⅱ】**によると、「役割語」とは「ある特定の言葉遣い……を聞くと特定の人物像……を思い浮かべることができるとき、あるいはある特定の人物像を提示されると、その人物がいかにも使用しそうな言葉遣いを思い浮かべることができるとき」の言葉遣いのことである（第1段落）。

【資料Ⅲ】は「役割語の習得時期」について述べた文章である。「習得時期」というキーワードを踏まえて文章を読むと、〈幼児期に習得していること（三歳児は役割語の認識が不十分で、五歳児はほぼ完璧に認識可能）〉、また役割語の習得は、〈幼児が日常的に触れる絵本やアニメ作品等の受容を通して行われること〉が述べられているとわかる（第4・5段落）。

以上の「役割語の定義」と「役割語の習得時期」の二点を適切にまとめている③が正解である。

①は、「役割語の習得時期」に関することのみが記されており、不十分。

②は、「役割語の定義」についてのみ説明されたものであり、不適切。

④は、②と同様「役割語の定義」についてのみ説明されており、不適切。

⑤は、「成長の過程で理性的な判断によってそのイメージは変えられる」が資料にはない説明であり、不適切。

問3 3 ③ **《具体例を踏まえた空欄補充問題》**

【レポート】の空欄**Z**に当てはまる役割語の具体例として、適当でないものを選ぶ問題である。空欄補充問題なので念のため、空欄前後の文脈を確認しておく。

> 私たちの身近にある例を次にいくつか挙げてみよう。→ Z →以上のように、私たちの周りには多くの役割語があふれている。

設問条件の通り、〈役割語の身近な具体例〉として不適切なものを選べばよいということになる。

問2でも確認した通り、「役割語」とは〈年齢や職業、性格といった話し手の人物像に関する情報と結びつけられた言葉遣い〉である。**【資料Ⅱ】**ではこれを、「特定の話し方あるいは言葉遣いと特定の人物像（キャラクタ）との心理的な連合」「ステレオタイプの言語版」とも説明しており、これも判断の材料となる。これらを踏まえて各選択肢を見ていこう。

①「他人の目を意識して、親密な人にも敬語を用いて話し方を変える」のは、丁寧なふるまいをする「人物像」を意識したものといえ、そうした「特定の人物像」が「いかにも使用しそうな言葉遣い」を受け手に想起させるものなので、「役割語」の例として適切である。

②「アニメやマンガ、映画の登場人物」は「特定の人物像」に当たり、これを真似るなどして、女性が「一般的に男性が用いる『僕』や『俺』などの一人称代名詞を用いる」のも、「特定の人物像」を意識した話し方といえるため、「役割語」の例として正しいと判断できる。

③「方言」について、不自然な方言よりも自然な方言の方が好まれるという選択肢だが、これは言葉遣いが「特定の人物像」を想起させるといった内容とは異なるため、「役割語」の説明ではない。方言によって、ある地方特有の人物像を思い起こさせるのであれば、方言は「役割語」としての役目を果たしているといえる。例えば、普段は共通語を話す人物が、関西や九州の人の話し方やイントネーションを真似て話すなどである。しかし、③は不自然な方言より自然な方言の方が好まれる傾向という〈好み〉の話をしており、「役割語」の具体例自体を述べているわけではないので不適切である。

④「○○キャラ」というキャラクタの「類型的な人物像」を場面に応じて使い分けるのは、「役割語」をもとにしたコミュニケーションといえるため、「役割語」の例として適切である。

⑤「男性言葉をことさら強調して翻訳」するのは、男性という「特定の人物像」を強調するものであるため、「役割語」の例として適切である。

問4　**4**・**5**　②・④（順不同）

《複数資料を踏まえた言語活動に関する問題》

【レポート】の主張を読み手により理解してもらうために、補足すべき内容を検討する問題である。**【レポート】**の内容と構成を確認すると、次の通りである。

> 1・2　**【資料Ⅰ】**より、性差による言葉遣いの違いは認識されているが、「女性らしい」とされる言葉遣いを用いない女性も少なくない。
>
> 3～5　**【資料Ⅱ】**によると、「役割語」とは年齢や職業、性格といった話し手の人物像に関する情報と結びつけられた言葉遣いであり、私たちはそうした言葉遣いを幼児期から絵本やアニメ等の登場人物の話し方を通して学んでいる。
>
> 6　役割語の性質を理解したうえで、フィクションとして楽しんだり、時と場所によって用いるかどうかを判断したりするなど、自らの言葉遣いについても自覚的でありたい。

6の「役割語の性質を理解したうえで……自らの言葉遣いについても自覚的でありたい」が「ヒロミさん」の主張であると考えられる。これを踏まえて各選択肢を確認する。

①は「語彙や語法より音声的な要素が重要である」が不適切。**【資料Ⅲ】**の第4段落最後に「語彙・語法的な指標と音声的な指標のどちらが効いていたかはこれからの検討課題である」とあることに矛盾する。

②〈英語の「I」に対応する日本語が多様に存在するため、一人称代名詞の使い分けによって具体的な人物像を想起させることができる〉という指摘は、一人称代名詞をどう使い分けるべきか、役割語を理解した上で自らの言葉遣いに意識的になるという点で、主張を補足するものとして正しい。

③「役割語の多くが江戸時代の言葉を反映している」という役割語の成り立ちを補足しても、「役割語」を用いるかどうかなど、自らの言葉遣いを自覚的に決めていくことには結びつかないため不適切。

④「役割語と性別、年齢、仕事の種類、見た目などのイメージとがつながりやすい」というのは、「役割語」の説明として適切である。また、「不用意に役割語を用いることは人間関係において個性を固定化してしまう可能性がある」は、「役割語」のマイナスな面を説明しており、自らの言葉遣いに対する自戒へと結びつくので、補足する内容として正しい。

⑤「絵本やアニメなどの幼児向けの作品を通していつの間にか認識されるという役割語の習得過程とその影響力の大きさを示し」は〈言葉遣いに自覚的でありたい〉とする主張を補強するため、適切。一方で、「この時期の幼児教育には子どもの語彙を豊かにする可能性がある」は、〈言葉遣いの自覚的な決定〉とは無関係であり、不適切。

⑥「一人称代名詞や文末表現などの役割語の数が将来減少してしまう可能性がある」について、「役割語」の数が減少する可能性を指摘しても、「自らの言葉遣いについても自覚的でありたい」という主張の補強にはならないため、不適切。

したがって、②と④が正解。

2024 本試験　解答

第1問 小計	第2問 小計	第3問 小計	第4問 小計	合計点
				／200

問題番号(配点)	設問	解答番号	正解	配点	自己採点
第1問 (50)	1	1	②	2	
		2	③	2	
		3	②	2	
		4	②	2	
		5	③	2	
	2	6	⑤	7	
	3	7	①	7	
	4	8	⑤	7	
	5	9	③	7	
	6	10	①	3	
		11	③	3	
		12	②	6	
第2問 (50)	1	13	④	3	
		14	④	3	
		15	②	3	
	2	16	①	5	
	3	17	④	6	
	4	18	②	7	
	5	19	②	7	
	6	20	②	6	
	7	21	④	5	
		22	③	5	

問題番号(配点)	設問	解答番号	正解	配点	自己採点
第3問 (50)	1	23	③	5	
		24	②	5	
		25	⑤	5	
	2	26	②	7	
	3	27	④	7	
	4	28	②	7	
		29	②	7	
		30	③	7	
第4問 (50)	1	31	⑤	5	
	2	32	①	5	
		33	④	5	
		34	①	5	
	3	35	④	7	
	4	36	④	7	
	5	37	⑤	8	
	6	38	②	8	

第1問

出典 渡辺裕《わたなべひろし》『サウンドとメディアの文化資源学――境界線上の音楽』(春秋社・二〇一三年)

渡辺裕(一九五三年〜)は、千葉県生まれ。音楽学者。専門は音楽美学、音楽社会学。東京大学大学院人文科学研究科博士課程(美学芸術学)単位取得退学、玉川大学助教授、大阪大学助教授などを経て、東京大学名誉教授(文化資源学)。東京音楽大学音楽学部音楽教育専攻教授。著書に、『聴衆の誕生――ポスト・モダン時代の音楽文化』『日本文化――モダン・ラプソディ』『歌う国民――唱歌、校歌、うたごえ』などがある。二〇一三年に紫綬褒章受章。

【出題の特徴】

本問は、モーツァルト没後二〇〇年の節目に行われた追悼ミサでの《レクイエム》の演奏を事例として取り上げ、「音楽」や「芸術」という概念について論じた評論から出題された。二〇二二・二〇二三年度は二つの問題文が提示される出題形式だったが、二〇二四年度は一つの問題文からの出題であり、**問6**で生徒が書いた**【文章】**が加えて提示された。

設問は、**問1**の漢字問題で、二〇二一年度から三年ぶりに従来の枝問五題の形式に戻った。**問2**〜**問4**は問題文の部分読解に関する設問、**問5**は問題文の各段落の役割に着目した、文章全体の構成・展開に関する設問が出題されており、評論読解の基本的な力が問われたといえる。**問6**は生徒が書いた**【文章】**を推敲する形式の問題が出題された。ここでは、単に文章を正しく読み解くことができるかというだけでなく、どのような表現にすれば他者に正確に伝わるのかを、主体的に考え、判断する力が問われている。

【概要】 問題文の概要は次の通りである。

Ⅰ **モーツァルトの追悼ミサでの《レクイエム》の演奏**(1〜6段落)

・モーツァルト没後二〇〇年を記念して演奏された《レクイエム》は「音楽」でもあり、「宗教行事」でもあるという典型的な例である。これを「音楽」として捉えようとする立場と典礼として捉える立場がある。しかし、何よりも重要なのは、ここでの問題が、音楽 vs. 典礼といった図式的な二項関係の説明にはおさまりきれない複合的な性格をもった、しかもきわめてアクチュアルな現代的問題を孕《はら》んでいるということである。(1〜4段落)

・《レクイエム》の演奏は追悼ミサという限りでは宗教行事であるが、大規模なオーケストラや合唱団、客の存在などを踏まえると「音楽」として「鑑賞」することも可能である。さらには、典礼全体が「作品化」され、一つの音楽的なメディア・イヴェントとして「鑑賞」の対象となるような状況も生じている。(5・6段落)

※モーツァルトの没後二〇〇年の節目に行われた《レクイエム》の演奏を事例として、〈「典礼」全体が「鑑賞」の対象として捉えられる状況が生じた〉ことが説明されている。

Ⅱ **「芸術」全般にわたって進行しつつある現代的な現象**(7・8段落)

・今「芸術」全般にわたって進行しつつある状況は、「博物館化」、「博物館学的欲望」などと呼ばれる現象である。

・美術館や博物館で、物品を現実のコンテクストから切り取って展示するあり方が不自然だという批判があった。

・最近では、「もの自体」に付随するコンテクスト全体をみせ、そのものが生活の中で使われている状況を可能な限りイメージさせるような工夫や、作品の背景になった時代全体を主題化した展覧会のようなものが増えている。(7段落)

・(もともとは現実の時空から切り離された「作品そのもの」を展示する

場であった）美術館や博物館に、「作品そのもの」の外に位置していたはずの現実の時空が引きずり込まれた。

・美術館や博物館で育まれてきた「鑑賞」のまなざしが町全体（周囲の景物）にも向けられるようになってきている。（8段落）

※「芸術」全般にわたって進行している「博物館化」、「博物館学的欲望」という現象について説明している箇所である。展示物をその背景とともに捉えることで、美術館や博物館の中で作品に向けられてきた「鑑賞」のまなざしが、周囲の景物や、はては町全体のような現実の空間にまで向けられるようになったことが説明されている。

Ⅲ「音楽」や「芸術」という概念の自明性を問い直す（9・10段落）

・「音楽」や「芸術」に向けるまなざしや聴き方が今や、その外側にまであふれ出てきて、あらゆるものの「音楽化」や「芸術化」を促進している。

・「音楽」や「芸術」という概念が自明の前提であるかのように考えてスタートしてしまうような議論に対しては、警戒心をもって周到に臨まなければならない。（9段落）

・「音楽」や「芸術」は決して最初から「ある」わけではなく、「なる」ものである。それにもかかわらず、これらの概念を繰り返し使っているうちに、それがいつの間にか本質化され、最初から「ある」かのような話にすりかわってしまい、気がついてみたら、「音楽は国境を越える」、「音楽で世界は一つ」という怪しげなグローバリズムの論理に取り込まれていたということにもなりかねない。（10段落）

※「音楽」や「芸術」という概念を自明のものとすることに対する、筆者の危惧がまとめられた段落である。対象を「音楽」や「芸術」とみなす「まなざし」が向けられることによってはじめて、その「もの」は「音楽」や「芸術」となるのであり、そうしたまなざしを共有しない人にとっては、単なる「雑音」や「らくがき」に見えてしまう可能性もある。しかし、「音楽」や「芸術」を自明のものとして捉えてしまうと、最初から普遍的な価値があると考えてしまいかねない。そのため、筆者は「音楽」や「芸術」を自明のものと捉える議論を警戒すべきだと考えているのである。

問1 1 ② 2 ③ 3 ② 4 ② 5 ③ **《漢字問題》**

ア「掲載」は〈新聞・雑誌に載せること〉。①「啓発」は〈気づいていない点を教え示して理解を深めるようにすること〉。②「掲出」は〈書き出したものを掲げること〉。③「契機」は〈きっかけ〉。④「系図」は〈一族の代々の血筋などを書き表した図〉。

イ「活躍」は〈めざましく活動して成果を上げること〉。①「利益」は〈神仏が人間に与える恵み〉。②「倹約」は〈無駄遣いをしないこと〉。③「躍如」。「面目躍如」で〈世間の評価にふさわしい活躍をすること〉。④「役職」は〈組織における立場や職務〉。

ウ「催し（物）」。「催す」は〈行事などを行う〉という意味。①「採択」は〈いくつかのものから選び取ること〉。②「催眠」は〈眠くなること、または眠気をもよおさせること〉。③「喝采」は〈声をあげてほめたたえること〉。④「負債」は〈返済の義務を負うこと。借りたもの〉。

エ「悪弊」は〈悪い習わし〉。①「公平」は〈かたよりがないこと〉。②「疲弊」は〈つかれて弱ること〉。③「幽閉」は〈とじこめること〉。④「横柄」は〈えらそうにすること〉。

オ「紛れ」。「紛れもなく」は〈疑いの余地がなく〉という意味。①「噴出」は〈ふきでること〉。②「分別」は〈ものの道理をよくわきまえていること〉。③「紛糾」は〈意見が対立してごたごたすること〉。④「粉飾」は〈見かけをよくして取り繕うこと〉。

問2 6 ⑤ **《理由把握問題》**

傍線部Aの「これ」はモーツァルトの追悼ミサにおける《レクイエム》の演奏のことだが、この《レクイエム》の演奏は「典礼なのか、音楽なのか」「微妙」だと述べられている理由を読み取る問題である。傍線部A周辺を確認して、理由を探っていこう。

> A　これが典礼なのか、音楽なのかという問題は、実はかなり微妙である。
>
> ❶「典礼」―**追悼ミサであるという限りでは紛れもなく宗教行事である。**
>
> ⇔
>
> ❷「音楽」―ウィーン・フィルと国立歌劇場合唱団の大部隊による演奏。
>
> 大規模なオーケストラと合唱団を後方に配置するために、聖堂の後ろにある通常の出入り口を閉め切る（＝聖堂での通常の儀礼ではない）。客（信徒）もオーケストラや合唱の方をみている、など、**音楽自体を「鑑賞」の対象にしている**様子が窺える。
>
> ↓
>
> ❸ 極めつきなのが、大多数の人々はその（典礼の）様子を、メディアを通して体験している。これはほとんど**音楽的なメディア・イヴェントと言っても過言ではない。典礼をも巻き込む形で全体が「作品化」され、「鑑賞」の対象になるような状況が生じている。**

このように《レクイエム》の演奏は**追悼ミサであったという点で「典礼」の要素もある**（＝❶）が、**「鑑賞」することも可能である点から、「音楽」の要素も大いにある**（＝❷）ことがわかる。その意味で追悼ミサの《レクイエム》の演奏が「典礼」か「音楽」かという問いは、答えがどちらかに明確に定まらない問題であるといえる。さらに、**典礼全体がメディアを通じて「音楽的なイヴェント」として「鑑賞」の対象となるという状況も生じている**（＝❸）ことからも、単に「典礼」か「音楽」かのどちらかとして説明することはできないと考えられる。これら三点が適切にまとめられている⑤が正解である。

①「典礼の全体を体験することによって楽曲本来のあり方を正しく認識できる」が誤り。本文にはない説明である。

②について、《レクイエム》は本来は「典礼」と理解されていたが、条件を満たせば「音楽」として捉えることもできる、という誤った説明になっており、傍線部を説明したものとしては不適切。

③「儀式と演奏の空間を分けたことによって、聖堂内でありながら音楽として典礼から自立することにもなった」とする点が不適切。空間を分離したことで、典礼から音楽が切り離された、というわけではない。

なお、①～③はどれも❸の要素を含まず、適当な選択肢とはいえない。

④「典礼が音楽の一部と見なされるように」なったという点が不適切。「典礼が音楽の一部」とみなされるようになったのではなく、典礼全体が「鑑賞」の対象となったのである。

問3　7　①　**《内容把握問題》**

傍線部Bの内容を説明する問題。傍線部Bの直後に「それは……」とあることから、この後に続く内容を確認していけばよいことがわかる。

> B　今「芸術」全般にわたって進行しつつある状況
>
> ＝それは**「博物館化」、「博物館学的欲望」**などの語で呼ばれる。
>
> ・美術館や博物館で、物品を現実のコンテクストから切り取って展示するあり方が不自然だという批判があった。
>
> ・単に「もの自体」をみせるのでなく、「もの」が使われたコンテクスト全体をみせ、「もの」が生活の中で使われている状況を可能な限りイメージさせるような工夫がなされた。
>
> ・作品の背景になった時代全体を主題化した展覧会のようなものが増えた。
>
> ↓**（その結果）**
>
> ・かつては「聖域」として仕切られた「作品そのもの」の外に位置していたはずの現実の時空もろとも、美術館や博物館という「聖域」の中に引きずり込まれた。
>
> ・美術館や博物館で育まれてきた「鑑賞」のまなざしが美術館や博物館だけでなく、町全体に流れ込むようになってきている。
>
> ・「博物館化」、「博物館学的欲望」といった語はまさに、そのような心性や状況を言い表そうとしている。

例えば、「京都」は美術館や博物館の外にある現実の空間なのだが、人々は、あたかも美術館や博物館で展示されている「もの」に向けるまなざしと同じ視点で、京都の歴史的な町並みを「鑑賞」している、ということである。

これらを整理すると、「博物館化」、「博物館学的欲望」は、次のようなプロセスを経て成立してきた心性や状況であると考えられる。

> 展示物をその背景とともに捉えてきた↓美術館や博物館で作品に向けられていたまなざしが周囲の景物、はては町全体のような現実の空間にまで向けられるようになった↓現実の空間も「鑑賞」の対象となった。

これをもとに、各選択肢を検討すると、右の内容を過不足なく説明している①が正解である。
②「美術館や博物館内部の空間よりもその周辺に関心が移り」がまず誤り。本文では「『鑑賞』のまなざしが今や、美術館や博物館の垣根をのりこえて、町全体に流れ込むようになっ」たとあるように、「美術館や博物館内部の空間」と「その周辺」とを比較して、「その周辺」の方がより関心がもたれるようになった、というわけではないので不適切。
③、後半の「地域全体を展示空間と見なす新たな鑑賞のまなざしが生まれ、施設の内部と外部の境界が曖昧になってきた」が不適切。ここは「展示空間」ではなく、「もの」に向けるまなざしと同じ視点で鑑賞することであり、「施設の内部と外部の境界が曖昧になってきた」とも本文で述べられていない。
④、作品のコンテクストが「鑑賞の対象として主題化され」てきた過程は押さえられているが、美術館や博物館で育まれてきた「鑑賞」のまなざしが町全体にまで向けられるようになった、という点が説明されておらず、不十分。
⑤「町全体をテーマパーク化し人々の関心を呼び込もうとする都市が出現してきた」が誤り。このような都市の出現を説明しても、「博物館化」や「博物館学的欲望」の説明をしたことにはならない。また、この都市の事例は、傍線部Bの「『芸術』全般」とはいえないので不適切。

問4 **8** ⑤ **《理由把握問題》**

傍線部Cは文の後半なので、前半を含めて一文を確認しておきたい。

> だがそうであるならば、「音楽」や「芸術」という概念が自明の前提であるかのように考えてスタートしてしまうような議論に対しては、C なおさら警戒心をもって周到に臨まなければならないのではないだろうか。

冒頭に「そうであるならば」とあるので、その内容をさかのぼって確認する。

> ・近代的なコンサートホールの展開と相関的に形成されてきた「音楽」や「芸術」に向けるまなざしや聴き方が今や、その外側にまであふれ出てきて、かつてそのような概念の適用範囲外にあった領域にまでどんどん浸食してきている状況である。
> ・コンサートホールや美術館から漏れ出したそれらの概念があらゆるものの「音楽化」や「芸術化」を促進している。

問3でも確認したように、ここではコンサートホールや美術館の中で「もの」に向けられてきたまなざしが、外部の現実の空間にまであふれ出ており、そうした**まなざしが向けられることによってあらゆる対象が「音楽」や「芸術」として捉えられるようになった**、ということが説明されている。つまり、「そうであるならば」とは**「音楽」や「芸術」という概念が、「鑑賞」のまなざしによって成り立つものであるならば**、といった意味であると考えられる。
これを踏まえて、なぜ「音楽」や「芸術」という概念を自明の前提とする議論を警戒すべきなのかをさらに考えていくと、まず、直後の一文に「このような状況自体……重要になってくるからである」とあることに着目できるだろう。ただ、この部分は指示語が多用されており、やや抽象的な説明なので、読み進めていくと「問題のポイントを簡単に言うなら……」と、より読者にわかりやすく説明している箇所があるため、こちらを押さえておくとよい。

問題のポイントを簡単に言うなら、**「音楽」や「芸術」は決して最初から「ある」わけではなく、「なる」ものである**ということになろう。それにもかかわらず、「音楽」や「芸術」という概念を繰り返し使っているうちに、それが**いつの間にか本質化され、最初から「ある」かのような話にすりかわってしまい……その結果は、気がついてみたら、……怪しげなグローバリズムの論理に取り込まれていたということにもなりかねない**のである。

つまり、**そもそも「音楽」や「芸術」は、それを「鑑賞」の対象とするまなざしがあることによって、「音楽」や「芸術」になるものである**。それなのに、「音楽」や「芸術」という概念を自明のわかりきっているものとしてしまうと、それ自体が本質化し、**それ自体に最初から普遍的な価値があるものとして捉えられ、気がついてみたら「音楽は国境を越える」「音楽で世界は一つ」という怪しげなグローバリズムの論理に取り込まれかねない**、と説明している。だからこそ、「音楽」や「芸術」という概念を自明のものと捉える議論には、警戒をしなければならないと筆者は述べているのである。

さて、これらの理解を踏まえて各選択肢を確認しよう。選択肢はすべて二文構成だが、一文目はまず「音楽」や「芸術」がどのような概念なのか（どのように成立してきた概念なのか）が説明されており、二文目は「音楽」や「芸術」という概念の成立過程を無視した場合に、どのようなことが危惧されるのか、が説明されている。それぞれを確認していこう。

①「概念化を促す原動力としての人々の心性を捉え損ねてしまう」が誤り。筆者が危惧している理由が説明されておらず、不適切。

②、まず前半の「演奏や展示を通して多様に評価され変容してきた概念」が誤り。「音楽」や「芸術」という概念の成立過程の説明が誤っている。後半は、やや説明が不足しており、「音楽」や「芸術」を自明のものとすると、それ自体が本質化されてしまい、最初から「ある」かのような話にすりかわってしまう、という点が指摘されていない。

③「あらゆるものが『音楽化』や『芸術化』の対象になってゆく状況を説明できなくなる」が誤り。「あらゆるものが『音楽化』や『芸術化』の対象になっていく状況を説明」できないことが問題なのではなく、「音楽」や「芸術」それ自体が本質化し、普遍的な価値をもつものとして捉えられてしまうことが問題なのである。

④、これも③と同様に「それらの周辺にはたらいている力学の変容過程を明確にすることができなくなる」ことが問題なのではなく、不適切。筆者が危惧している理由が説明できていない。

⑤が正解。「音楽」や「芸術」が成立する過程を、「『音楽』や『芸術』は、コンサートホールや美術館で育まれた『鑑賞』のまなざしと関わり合いながら成り立ってきた概念である」とまとめている。また後半では筆者が危惧する内容について過不足なくまとめており、正しい。

問5 9 ③ **《文章の構成・展開に関する問題》**

文章の構成と展開に関する問題である。適当でないものを選ぶ問題であることに注意したい。各選択肢を確認する。

①、1段落でモーツァルトの《レクイエム》が、モーツァルトの没後二〇〇年を記念して演奏されたことが説明され、2・3段落ではこの《レクイエム》の演奏に対して、「音楽」として捉える立場と「典礼」として捉える立場の二つの立場を紹介している。したがって、①の説明は正しい。

②、4段落では、2・3段落の内容を受けて「何よりも重要なのは、……ということである」と問題への指摘を行っている。続く5・6段落では4段落で提起された問題について、《レクイエム》が演奏された当時の様子（宗教行事でありながら、音楽として「鑑賞」の対象にもなっていたことなど）や、メディアを通じて音楽的なメディア・イヴェントとして捉えられていることなど、より具体的な情報が加えられている。また、6段落の最後の一文では、「ここで非常におもしろいのは……ということである」と、今後の議論の方向性を定めている。したがって、②の説明は正しい。

③、7段落の冒頭で、「このことは、今『芸術』全般にわたって進行しつつ

ある状況とも対応している。それは……」とあるように、6段落までに説明されていた内容は7段落で説明しようとすることと対応していると考えられる。したがって、「7段落は……新たに別の問題への転換を図っており」は不適切であり、これが正解となる。

④、9段落は、7・8段落で導き出された観点（現実の空間全体が「鑑賞」の対象となり、「音楽」や「芸術」として捉えられている）に基づいて、「音楽」や「芸術」という概念を自明の前提とみなすことに対する問題点が指摘されている。また、10段落ではその問題点を踏まえて、「『音楽』や『芸術』という概念を繰り返し使っているうちに、それがいつの間にか本質化され、最初から『ある』かのような話にすりかわってしまい……気がついてみたら……怪しげなグローバリズムの論理に取り込まれていたということにもなりかねない」と筆者の危惧を述べている。したがって、④の説明も正しい。

問6 (i) **10** ① (ii) **11** ③ (iii) **12** ②

《複数文章の内容把握問題》

本文を読んでSさんが書いた、作品鑑賞のあり方についての【文章】が示されている。テーマは【文章】にある通り、「作品を現実世界とつなげて鑑賞することの有効性について」である。【文章】は、いわゆる「聖地巡礼」（作品に登場していた縁のある土地や場所を訪れること）について触れており、二つのポイントについて説明されているので、整理しておこう。

> ❶ 作品を読み終えたり見終わったりした後に、実際に舞台となった場所を訪れることで、現実空間と作品をつなげて鑑賞することができる。
> 作品世界というフィルターを通じて現実世界をも鑑賞の対象にすることが可能である。**〈＝作品を通して現実の印象が変わる〉**
>
> ❷ 作品の舞台を歩くことによって、作品が新しい姿を見せることもある。
> **〈＝現実を通して作品の印象が変わる〉**

(i) 傍線部をより適切な表現に修正する問題。前後の文脈を押さえておくと、

> 私は何度もそこ（＝作品の舞台になっている町）に行ったことがあるが、これまでは何も感じることがなかった。ところが、小説を読んでから訪れてみると、今までと別の見方ができて面白かった。

つまり、作品を読むことで普段から知っている町の印象が変わった〈＝作品を通して現実の印象が変わる〉というような内容が説明できていればよい。

したがって、①が正解。作品を通して、（特に魅力的なところがなかったはずの）なにげない町の風景が魅力的に見えた、ということである。

②は町ではなく、作品の印象が変わる、という説明になっており不適切。

③は「作者の創作意図」、④は「時間の経過」が、それぞれ町の印象が変わることとは異なっており、誤り。

(ii) 脱文挿入問題。加筆される一文は次の通り。

> それは、単に作品の舞台に足を運んだということだけではなく、現実の空間に身を置くことによって得たイメージで作品を自分なりに捉え直すということをしたからだろう。

この一文は❷**〈現実を通して作品の印象が変わる〉**ことに関連している。したがって、【文章】中の後半部である「一方で……」以降に挿入するのがよいだろう。そこで、その部分にある（**c**）と（**d**）のどちらに入れるのがよいかを考える。設問の条件は、「自身が感じ取った印象に理由を加えて自らの主張につなげるため」に一文を加筆したい、ということなので、印象＋理由→主張という流れを想定するとよいだろう。

> 「小説の舞台をめぐり歩いてみたことによって小説のイメージが変わったような気もした」印象
> ↓
> 「それは……したからだろう」理由

← 「実際の町の印象を織り込んで読んでみることで、作品が新しい姿を見せることもあるのだ」 主張

「実際の……のだ」は断定する言い回しで終わっているので、この一文がSさんが強調したい主張だとつかむことができる。したがって、③（c）が理由の部分にあたるので正解。

(iii) **【文章】**の主張を明確にするために全体の結論を加筆する問題。**【文章】**は❶**〈作品を通して現実の印象が変わる〉ことと、❷〈現実を通して作品の印象が変わる〉こと**の二点について書かれている。したがって、**【文章】**全体の結論としても、この二点に触れつつ、その主張をより明確にする必要があると考えられる。それを踏まえて各選択肢を検討する。

①、まず❷〈現実を通して作品の印象が変わる〉ことの指摘が不足している。また、「作品世界と現実世界が不可分であることに留意して作品を鑑賞する必要がある」も文章の結論として不適切。

②、前半「作品世界と重ね合わせることで現実世界の見方が変わる」は❶、「現実世界と重ね合わせることで作品の印象が変わる」は❷の説明をしており、正しい。さらに、作品が現実に影響を与え、現実が作品に影響を与えるというように、作品と現実世界の鑑賞のあり方には相互性があることを説明して主張をより明確にしている。

③、まず❶〈作品を通して現実の印象が変わる〉ことの説明が不足している。また、「読者の鑑賞のあり方によって作品の意味は多様である」も**【文章】**の結論として不適切。

④、③と同様、❶〈作品を通して現実の印象が変わる〉ことの説明が不足している。また、「作品世界を鑑賞するには現実世界も鑑賞の対象にすることが欠かせない」も**【文章】**の主張とは合わず不適切。

以上から、②が正解である。

第2問

出典 牧田真有子《まきたまゆこ》「桟橋」（雑誌『文藝』二〇一七年秋季号（河出書房新社）発表、日本文藝家協会編『文学２０１８』（講談社・二〇一八年）掲載）

【資料】 太田省吾《おおたしょうご》「自然と工作――現在的断章」（『プロセス――太田省吾演劇論集』（而立書房・二〇〇六年）所収）

牧田真有子（一九八〇年～）は京都府生まれ。小説家。同志社大学文学部文化学科美学及芸術学専攻卒業、同志社大学文学研究科美学および芸術学専攻博士課程（前期課程）修了。二〇〇七年「椅子」で第一〇五回文學界新人賞の辻原登奨励賞を受賞。主な作品に「夏草無言電話」「予言残像」「合図」「動物園の絵」などがある。

太田省吾（一九三九～二〇〇七年）は中華民国山東省済南市生まれ。劇作家、演出家。一九七〇年より、劇団転形劇場主宰。「小町風伝」（第二二回岸田國士戯曲賞受賞）「水の駅」「地の駅」「やじるし」等の作品を発表する。劇団解散後は、藤沢市湘南台市民シアター芸術監督、近畿大学教授、京都造形芸術大学教授を歴任。著作に、戯曲「裸足のフーガ」、演劇論集『舞台の水』『劇の希望』『太田省吾劇テクスト集（全）』などがある。

【出題の特徴】

高校生の「イチナ」と八歳年上の「おば」の関係が描かれた現代小説からの出題である。主人公が高校生であることから、受験生にとっても馴染《なじ》みやすく読みやすいものだったと思われる。

設問は**問1**で語句の意味を問う問題が復活した。**問2**～**問5**は、従来通り、登場人物の心情や状況に関わる問題が、**問6**は、本文の表現についての問題が出題された。オーソドックスな出題で、小説の基本的な読み方や解き方が身についているかどうかが問われたといえる。**問7**では本文の理解を深めるため、**【資料】**を参照しながら、教師と生徒の対話の中の空欄を埋める設問が出題された。本文と**【資料】**を関連させながら、適切に読み解く力が問われた。

【概要】 問題文の概要は次の通りである。

Ⅰ　**幼い頃のおばとの思い出**（1～19行目）

・イチナが幼い頃のおばの印象は、「ままごと遊びになぜか本気で付き合ってくれるおねえさん」だった。

・児童公園でさまざまな年齢の子どもたち七、八人を巻き込んでままごとをしていたが、ままごとといっても、ありふれた家庭を模したものであったためしはない。彼女からは簡単な説明があるだけなので、子どもたちは的外れなせりふを連発するが、おばがいる限り世界は崩れなかった。

・ここと、ここにあるはずのない場所とががらりと入れ替わっていく一つの大きな動きに、子どもたちは皆、巻き込まれたがった。

Ⅱ　**幼馴染との電話**（21～46行目）

・イチナは自室で幼馴染（友人）との電話中、ちょっとした話題の一つとして、おばが現在居候中であることを話す。すると、友人は、はじめはためらいがちに、実はおばは、友人の家にしばらく居候していたことがあるのだと打ち明ける。

・イチナは階下の台所で話すおばと母の会話を聞いたり、絨毯の上の糸屑を拾ったりしながら、友人との電話を続けた。

・友人は、おばを「全っ然、ぼろ出さないね」「おばさんの場合いっそ自然の側みたいに思える時ない？　他人なのに不透明感なさすぎて」と評した。

Ⅲ　**おばという人物について**（47行目～最終行）

・友人の家にまで居候していたというおばを非難しつつ、イチナはおばという人のあり方について考える。

・厳格な祖父ですら、本当のことを受け入れれば自分自身を損なうような場面ではやにわに弁解し、自分の領域を護ろうとするときがあった。普通、人にはもっと、内面の輪郭が露わになる瞬間がある。肉体とは別に、その人がそこから先へ出ることのない領域の、縁。当人には自覚しきれなくても他人の眼にはふしぎとなまなましく映る。たしかにおばには、どこからどこまでがおばなのかよくわからない様子があった。
・おばを住まわせた人たちは皆その、果てのなさに途中で追いつけなくなってしまうのだ。私はごまかされたくない、とイチナは思う。
・おばは、居候をする理由について、「私の肉体は家だから。だから、これより外側にもう一重の、自分の家をほしいと思えない」と述べ、イチナはそれを、「演じるごとに役柄に自分をあけ払うから」だと理解した。

問1 **13** ④ **14** ④ **15** ② **《語句問題》**

(ア) 「うらぶれた」は〈地位や財産などを失ってみすぼらしくなる〉という意味。したがって、④が正解。

(イ) 「もっともらしい」は〈いかにも道理にかなっているように見えるさま〉。したがって、④が正解。

(ウ) 「やにわに」は〈すぐに、突然に〉の意味がある。②が正解。

問2 **16** ① **《内容把握問題》**

傍線部**A**「おばがいる限り世界は崩れなかった」を説明する問題。まず、傍線部**A**は一文の途中にあるため、全体を確認しておく。

> 彼女からは簡単な説明があるだけなので、子どもたちは的外れなせりふを連発するが、おばがいる限り世界は崩れなかった。

傍線部**A**の「世界」はおばが設定し表現する「ままごと」の世界観や秩序のことだと考えられる。本文の9～16行目を読むと、おばとする「ままごと」は一般的に想像するような家庭での様子をまねした〈ごっこ遊び〉と違い、「専業主婦の正体が窃盗団のカシラ」「王家の一族」など、設定が特殊である。また、せりふの言葉遣いも子どもには耳慣れないものが多い。さらに、おばからは「ままごと」の設定やせりふについて「簡単な説明があるだけ」だったので、子どもたちは「ままごと」の設定や各々の役柄に合わない「的外れなせりふを連発」することになる。しかし、傍線部**A**の直後にあるように、おばは自在な演技を駆使しており（これは「ままごと」の世界がおかしな方向に進まないように適宜調整をしていたと考えられよう）、その演技に「子どもたちは皆、巻き込まれたがった」のである。そのようなおばの演技に「ままごと」の世界観や秩序が保たれていた、ということになる。以上を踏まえた①が正解。これは傍線部**A**の「世界は崩れなかった」を「自在な演技をするおばに生み出された雰囲気によってその場が保たれていた」と言い換えており、適切である。

②おばの「ままごと」は「子ども相手のたわいのない遊戯だった」とはいえず、不適切。また、世界が「崩れなかった」ということと、「参加者全員を夢中にさせるほどの完成度に達していた」こととは異なるので、誤り。

③「相応の意味づけをしたため、結果的に子どもたちを退屈させない劇になっていた」が誤り。おばは自身の演技によって「ままごと」を成立させていたのであり、子どもたちの「的外れなせりふ」に対し「相応の意味づけ」をしたというわけではない。また、「子どもたちを退屈させない」のは、おばの自在な演技やそれが作り出した「危険な匂い」や雰囲気に対してであり、誤り。

④「奇抜なふるまいを子どもたちに求めるものだった」が不適切。奇抜な設定の「ままごと」だったが、「的外れなせりふ」でも許されていたように、子どもたちに「奇抜なふるまい」を求めたというわけではない。⑤「おばが状況にあわせて話の筋をつくりかえることで、子どもたちが楽しんで参加できる物語になっていた」が不適切。子どもたちのせりふに合わせて話の筋がつくりかえられていたわけではなく、それによって「子どもたちが楽しんで参加できる物語になっていた」のではない。おばは自在な演技を駆使し、その演技に子どもたちが皆、巻き込まれたがったのである。

問3 **17** ④ **《理由把握問題》**

傍線部**B**「もう気安い声を出した」の理由を説明する問題。まず傍線部**B**を含む一文の全体を見ると「言ってしまうと友人は、もう気安い声を出した」とある。したがって、友人が「気安い声」を出したのは「言ってしま」ったことがきっかけであることがわかる。何を「言ってしまう」かといえば、〈おばが友人の家に居候していたこと〉である。友人はイチナにおばを居候させていたことを隠していたのである。傍線部Bにある「もう」は〈もはや・すでに〉といった意味の副詞だが、〈もはや〉隠し事をしゃべってしまったのだからと、それまでの緊張感や後ろめたさから解放されて、すっきりとした気持ちになった友人の様子が見て取れる。

ここに至るまでのイチナと友人のやりとりを確認する。

イチナがおばの居候について話題にあげる。

↓

電話口の向こうに、すばやい沈黙があった。……一拍おいて友人は……ちぐはぐなことを言った。

「……電話代わろうか」イチナが冗談半分で勧めると、相手（友人）も「結構です」と笑って言ったが、そこには何か、拭いきれていない沈黙が交じっている。

↓

「おばさんと話すのは億劫？」とイチナは訊いた。

「いや、これ言っていいのかな。おばさんさ、私の家にもちょっと住んでたんだよね。……あ、別にいいんだよ、じゅうぶんな生活費入れてくれてたし。私もほら、一人暮らしも二年目で飽きてたし」

↓

言ってしまうと友人は、Bもう気安い声を出した。

イチナは電話先の友人の雰囲気（沈黙やちぐはぐなことを言う様子）から、友人がおばのことをよく思っていないのではないかと思い、おばのことをどう思っているのかそれとなく聞くことにした。それに対しての友人の心情を整理しよう。

・おばを嫌がっているのでは、というイチナの懸念を解くために、これまで話さずにいたおばとの同居について話す（嫌がっていたわけではない、ということを強調するために、生活費や一人暮らしの退屈さについても説明を加える）

↓

・隠し事をすでに明かしてしまったので、隠し事に対する気まずさから解放されて、すっきりした気持ちでイチナとおばの話を続けている。

これらの心情の動きを説明した④が正解である。

①「同居していたことをおばに口止めされていた」かどうかはわからず、不適切。

②「イチナに隠し事をしている罪悪感に耐えきれず」とあるが、おばが居候していたことを黙っていたことに「罪悪感」までもっていたかどうかはわからない。「イチナとの会話を自然に続けようと考えてくつろいだ雰囲気をつくろうとした」も誤り。友人が「気安い声を出した」のは、隠し事から解放されて気楽に話せると考えたからであり、「くつろいだ雰囲気をつくろう」という意図があってのことではない。

③「同居するなかでおばと親密になった友人」が誤り。おばとの共同生活は、結果として「なぜかはっきり思い出せない」ものになっており、関係が親密になったとは考えられない。またイチナは「おばさんと話すのは億劫？」と友人がおばのことを嫌がっているのかと懸念していたのだから、「付き合いがないことを示して」もイチナを安心させることにはつながらない。

⑤友人が「おばがイチナにうっかり話してしまうことを懸念して」という描写はなく不適切。

問4 18 ② 《**表現把握問題**》

絨毯の上の糸屑を拾うという動きに表れているイチナの気持ちが問われている。本文中で絨毯の上の糸屑を拾う動きが描写されている箇所に着目する。

・空いている方の手で絨毯の上の糸屑を拾っていたイチナの動きがとまる。（33行目）
イチナは狼狽（＝うろたえる、あわてる）を引きずったまま再び手を動かし始める。（37行目）
↓ここは、おばと友人が同居していた、と聞かされた場面。（30～32行目）

イチナの手の動きがとまったのはおばと友人が同居していたことを聞かされたことによる驚きや衝撃によるものだと考えられる。

・イチナは今度は、絨毯の上の糸屑を拾う手をとめない。上手くとめられなかったのだ。（47行目）
↓おばと同居していた友人から見たおばの人物評価（「自然の側みたい」「他人なのに不透明感なさすぎて」）を聞いた場面。（40～46行目）

「上手くとめられなかったのだ」という表現に、イチナの動揺が表れていると考えられる。イチナがこれほど動揺していたのは、友人が伝えてきたおばの人物像が、自分がそれまで感じてきたものとは違う見方だったからだろう。本文60行目に「友人の言うとおりなのかもしれない」という一文があり、ここでやっと友人の言うおばの人物像が腑《ふ》に落ちている様子である。そこで、友人の人物評価がイチナにとっては意外なものだったとわかる。これらを整理しよう。

❶おばと友人が同居していたことに衝撃を受けた。
❷友人が自分が思ってもみなかったおばの一面を伝えてきたことに動揺した。
↓これらの狼狽や動揺といった心のありようが、糸屑を拾う手の動きに表れている。

以上を踏まえると、正解は②。

①「自分とおばの関係に他人が割り込んでくることの衝撃」が誤り。イチナはおばと友人が同居していたという話に驚いているが、自分とおばの関係に友人が入り込んでくることに抵抗や忌避感を覚えたわけではないので不適切。

③「おばの居候の生活を厚かましく迷惑なものと捉えていた見方を覆された」が誤り。おばの居候に対して新しい見方を得たのではなく、おばの人物像に対して意外な評価を聞いたのである。

④「現在とは違いおばに懐いていた頃を思い返すイチナの物寂しい思い」が不適切。ここではイチナが過去を思い返している様子はないし、自分とおばの関係について、現在と過去とを比較して今を物寂しく思っているわけではないので、誤り。

⑤「おばに対して同じ思いを抱いていたこと」が誤り。イチナは友人からおばの意外な人物評価を聞かされたことにうろたえていたのであり、「同じ思いを抱いて」いたわけではない。

問5 19 ② **《心情把握問題》**

傍線部Cのイチナの気持ちを説明する問題。「私はごまかされたくない」というのだから、「私」以外の誰かはおばに「ごまかされ」ていることになる。〈『私』以外の誰か〉とは「おばを住まわせた人たち」のことであり、ここでは〈同居したのに共同生活中のことをあまり思い出せない友人〉や〈おばの居候を許している母〉のことであると考えられる。

では、「ごまかされ」ていた、とはどういうことか。本文には、おばと「おばを住まわせた人たち」との関係について、イチナが分析している箇所があるので押さえておきたい。

普通、人にはもっと、内面の輪郭が露わになる瞬間がある。肉体とは別に、その人がそこから先へ出ることのない領域の、縁。当人には自覚しきれなくても他人の眼にはふしぎとなまなましく映る。たしかにおばには、どこからどこまでがおばなのかよくわからない様子があった。

（60～62行目）

母だけではない、おばを住まわせた人たちは皆その、果てのなさに途中で追いつけなくなってしまうのだ。（64行目）

おばには〈内面がはっきりせず、どこまでがおばなのかよくわからない。おばという人物を明確につかめない〉といったところがあり、「おばを住まわせた人たち」はそのつかみどころのない「果てのなさ」に追いつけなくなってしまうのだという。これを「ごまかされる」と表現しているのである。

傍線部では、「私はごまかされたくない」というのだから、こうしたおばのつかみどころのなさに惑わされることなく、おばという人物をしっかり見定めたいとイチナが考えているのだということがわかる。したがって、正解は②。

①「（おばの居候生活を）自分だけは迷惑なものとして追及し続けたい」が誤り。ここはおばという人物をつかみたいということであり、居候は迷惑であると非難し続けたい、ということではないので誤り。

③「明確な記憶を残させないようおばがふるまっているため」がまず誤り。「明確な記憶を残させないよう」にふるまっているかどうかは、本文では判断がつかない。「自分だけはおばを観察することによって記憶にとどめておきたい」も不適切。ここはおばという人物をつかみたい、ということであって、おばを観察することでおばとの生活を記憶にとどめたいと思っているわけではない。

④「同居していた友人や母ですらどこまでが演技か見抜くことができなかった」が誤り。ここは、おばという人がどういう人物なのかつかめない、ということであって、「どこまでが演技か」とおばの本心を知りたいということではないので不適切。

⑤はまず「何を質問しても、おばがはぐらかすような答えしかしない」が不適切。イチナの「質問」に対しておばがすべて「はぐらかすような答え」をしていたとはいえない。また、「おばの居候生活の理由」は「隠し通されてきた」わけでもなく、それを解き明かしたい、ということでもないため不適切。

問6 20 ② **《表現把握問題》**

本文の表現の説明として適当でないものを選ぶ問題。

①指摘されている擬音語・擬態語は、中学校時代のおばの様子や行動を示したものとして適切。

②「子どもたちの意識が徐々に変化していく様子」が不適切。ここの「遊具の影」の動きは、太陽の動きとそれにあわせてできる影によって、日が暮れていくこと（＝時間の推移）を表したものである。また、子どもたちにも〈帰りたい〉〈ままごとをやめる〉といった変化を示す描写は見られない。よって、「子どもたちの意識」の変化を描写したものとはいえないので、②が正解。

③選択肢に書かれている通り、22～47行目では、友人の話すイチナの知らないおばの話と階下から聞こえてくる身近なおばの様子とが交互に示されており、「おばの異なる姿が並立的に表現」されているといえ、適切。

④選択肢に書かれている通り、50～57行目では、居候をめぐるイチナとおばのやりとりがせりふだけで描写されており、イチナが次第に「言い募っていく」さまが「臨場感をもって」表現されている。

⑤選択肢に書かれている通り、「たしかに……氷山の一角みたいに。」には、比喩と倒置が用いられており、適切。また、「氷山の一角」は海面下に隠れている大きなものをうかがわせる表現であり、「イチナから見たおばのうかがいしれなさ」が示されていると考えられるため適切。

問7 (i) 21 ④ (ii) 22 ③ **《複数資料の内容把握問題》**

「おば」は居候する理由をイチナに問われ、「私の肉体は家だから」（67～68行目）と答えた。この言葉をイチナは「演じるごとに役柄に自分をあけ払うから。」（69行目）ということだと理解した。イチナによるこうしたおばの捉え方を、【資料】や教師と生徒の対話から深めることを求めた問題である。

【資料】太田省吾「自然と工作――現在的断章」の要点は次の通りである。

・われわれは、日常、**己れの枠をもたずに生活しており、〈私〉を枠づけたいという欲求は、われわれの基礎的な生の欲求である。**

・われわれは、**なに者かである者として〈私〉を枠づけ自己実現させたいのだ**。
・演技の欲求を、自分でないなに者かになりたいという言い方で言うことがある。つまり、それは**自分になりたい欲求を基礎とした一つの言い方**である。

(i) 空欄X・Yについて。

教　師――この【資料】によると、「**われわれは、日常、己れの枠をもたずに生活している」ので「〈私〉を枠づけたいという欲求」を持つ**とのことです。
生徒M――イチナはおばのことを「X」と思っていました。それは【資料】の「Y」ようという様子が**おばには見られない**ことを示しているのではないでしょうか。

解答については前後するが、空欄Yから考えた方がわかりやすい。教師の言葉や【資料】を踏まえると、**人は「なに者かである者として〈私〉を枠づけ」ようとするものだという**。しかし、**そうした様子がおばには見られない**、と生徒Mは考えているのである。したがって、空欄Yには「なに者かである者として〈私〉を枠づけ」が入るので、正解は①か④に絞られる。

空欄Xには、イチナがどのようにおばを捉えているかを踏まえた内容であるもの、また、〈おばには「なに者かである者として〈私〉を枠づけ」ようとする様子が見られない〉という内容と関連するものが入ると考えられる。イチナがおばの人物像を分析している箇所を確認しよう。

普通、人にはもっと、内面の輪郭が露わになる瞬間がある。肉体とは別に、その人がそこから先へ出ることのない領域の、縁。当人には自覚しきれなくても他人の眼にはふしぎとなまなましく映る。たしかにおばには、どこからどこまでがおばなのかよくわからない様子があった。

（60～62行目）

おばには、通常人にあるはずの「領域の、縁」がなく、「どこからどこまでがおばなのかよくわからない」ところがある。この「領域の、縁」や「どこからどこまで」という表現が、【資料】中の「己れの枠」や「〈私〉を枠づけたい」という言葉と対応していると考えられる。そこで、空欄Xには「どこからどこまでがおばなのかよくわからない」が入ると判断できる。したがって、正解は④。

(ii) 空欄Zについて。

生徒N――イチナはおばのことを、日常生活で「Z」と考えています。幼い頃に体験した中学生のおばの演技の様子も考えると、**役者としてもおばは様々な役になりきることで自分であることから離れている**、とイチナは捉えていると思います。……
教　師――【資料】では、「自分でないなに者かになりたい」欲求の現れとして演技がみなされていますが、**イチナの考えているおばのあり方とは隔たりがありそう**ですね。

生徒Nと教師の対話を踏まえると、空欄Zに入る内容の条件は次の二つ。

・役者としてもおばは様々な役になりきることで自分であることから離れている。
→様々な役になりきることで、おばは〈私〉という枠にとらわれないし、自分を枠づけようとしていない。
・イチナが考えているおばのあり方は【資料】の内容（＝自分を枠づけたいという欲求）とは異なる。

これを踏まえて各選択肢を検討する。

①「『枠』を隠し『実現』させたい『自己』を人に見せない」が誤り。「『実

現』させたい『自己』」は【資料】による「演技」についての説明であり、おばのあり方とは異なる。

②「『〈私〉を枠づけたいという欲求』の内容を常に更新しながらその欲求を実現」が誤り。おばには「〈私〉を枠づけたいという欲求」が見られないため、不適切。

③演技を通して〈私〉という一つの「枠」にとらわれないふるまいをしているおばのあり方をまとめており、これが正解。

④「『自分になりたい』という『欲求』に基づいて」は【資料】の内容を説明したものであり、おばのあり方とは異なるため不適切。

第3問

出典 天野政徳《あまのまさのり》『草縁集《そうえんしゅう》』（秋山光彪《あきやまみつたけ》「車中雪」）

『草縁集』は天野政徳により編纂された歌文集。文政二年（一八一九）刊、十二巻四冊、一七六〇首の短歌のほか、長歌十三首、和文十五篇からなる。長歌・和文を収める点に特徴があり、賀茂真淵以降の江戸派の和歌観・文章観が反映されている。

「車中雪」はそのうちの和文の一作品で、作者・秋山光彪は江戸時代後期の国学者、歌人（安永四〈一七七五〉～天保三〈一八三二〉年）。豊前小倉藩藩士で、村田春海に師事した。香川景樹の家集『桂園一枝』を批判した「桂園一枝評」でも知られる。

【出題の特徴】

近世作品からの出題は二〇一八年度の本居宣長『石上私淑言』以来。また二〇二三年度の『俊頼髄脳』に続いて和歌が複数含まれている。本文は一つ、**問4**に現代文の説明文があるが古文の引用はなく、読解の負担は軽減されている。**問1**・**問2**は従来通りの形式で、基本的な語彙や文法事項が問われる。**問3**は和歌に関するもの。選択肢が四つで、うち和歌**X**・**Y**の説明がそれぞれ二つずつのため検討がしやすい。**問4**は資料問題で、前述の通り現代文である上に、本文読解に資する内容が含まれており、早めに目を通していれば文章の内容を把握しやすかったことだろう。問いも空欄の前後の内容がヒントになっており、選択肢も四つと、大変解きやすい。選択肢の数、設問の作りから易化といってよい。

問4の解説文で指摘される通り『源氏物語』を強く意識した擬古文ということもあり、江戸時代の作品ながら語彙や言い回しが古めかしく、典型的な重要単語が中心といえる。あまり一語一語の解釈に神経質になりすぎず、文章全体の展開をつかんで読み進めたい。

【概要】

・主人公は雪に誘われるように、突然桂の院訪問を思い立つ。急に決めた外出のため、普段であれば供とする源少将らにも知らせることなく、家従四、五人を供として出発する。
・「空より花の」などと雪を楽しんでいたが、早々にやんでしまい、人々は大変悔しがる。主人公もそのあっけないことを残念がるが、かといって引き返すのもきまりが悪いと考え、先を急ぐ。そのうち先ほどよりもさらに雪が散り乱れ、道の端に牛車を停《と》めさせてその景色をご覧になる。
・人々もたいそう喜び、見事な雪景色を前に口々に言い合い、主人公も「このままここで雪を賞美しよう」と、下簾をかかげながら和歌を詠んだ。
・水干姿の童が源少将からの手紙を届けにくる。手紙には訪問を知らされずに置いていかれたことを恨むような歌が書かれていた。主人公は「あなたを待っていたのだ」という歌を詠んで雪がついた松の枝に結びつけて返事をした。
・曇っていた空が晴れて、桂という名を持つ里にふさわしい、すばらしい雪景色があたり一面にひろがり、不思議なまでにまぶしい夜のさまであった。
・桂の院の預かりが慌てて出てきて、いろいろと世話をするがなにかと裏目に出る。人々は早く桂の院に入りたいとそわそわし始め、主人公もそれはもっともだと思うものの、やはりこの景色をそのまま見過ごしてしまうのを惜しく感じたのだった。

問1 23 ③ 24 ② 25 ⑤ **《語句の解釈問題》**

㈠ 主人公が増築した桂の院に〈おいでにならなかった〉ことを修飾した部分。形容動詞「あからさまなり」は重要単語。

> **あからさまなり**【ナリ活用形容動詞】
> 物事が急に起こるさまを指して〈突然である〉の意。また、一時的であるさまを指して〈ちょっと、かりそめに〉などの意。この場合、「あからさまにも」の下に打消の語を伴って〈全く・少しも～しない〉と訳す。現代の〈あらわ・明白なさま〉の意は近世以降にみられるもの。

直後に「渡り給はざりし」と打消を伴うことから、「少しも（～ない）」と訳した③が正解。他の選択肢はいずれも「あからさまなり」の語義に合わない。

㈡ 主人公は、このような外出時に諸道に精通した者を伴うのが常であったが、今回その限りではなかった理由を述べた部分。

> **とみなり**【ナリ活用形容動詞】
> 急を要するさまを指し、〈急、にわかなさま〉の意。連用形「とみに」の形で副詞的に用いられるほか、傍線部のように連体詞的に用いられることが多い。
> ＊形容動詞語幹は直後に格助詞「の」を伴って、連体修飾語にもなる。

以上より②が正解。この度の桂の院訪問が「急なこと＝にわかに思いついたこと」であったがために、源少将らに知らせることなく出立したのだと説明されている。②以外はいずれも「とみなり」の訳として不適切。

㈢ 主人公に手紙を届けた童に対する表現。

> **かたち**【名詞】
> ひろく物のかたちを指すが、古文では〈容貌、容姿〉の意で用いられることが多い。

> **をかしげなり**【ナリ活用形容動詞】
> 形容詞「をかし」に接尾語「げ」が付いたもの。形容詞「をかし」の意をうけて〈趣のあるさま〉〈滑稽なさま〉また〈正常でなくあやしげなさま〉と訳すこともあるが、多くは人の姿かたちに対して、〈美しく魅力的であるさま、可愛く愛らしいさま〉をいう。

以上より、正解は⑤。②・③は「かたち」の訳が含まれず、①は「をかしげ」の好意的な側面を踏まえられていない。④は「かたち／を／かしげ」と解したもので不適切。

問2 26 ② **《文法知識および表現把握問題》**

本文全体から複数箇所を取り上げ、その文法事項と表現効果を説明する問題である。ただし今回は、前半の文法の正誤判断のみでは正答できず、後半の表現についても十分検討する必要がある。

①は「し」を強意の副助詞とする点が不適切。「たりし」は完了の助動詞「たり」＋過去の助動詞「き」で、〈おもしろがっていた〉の意。主人公が降る雪に対して和歌を引き興じていたが早々に雪がやんでしまった場面で、直後の「も」は逆接の接続助詞に解す。仮に「し」が強意の副助詞だった場合、「も」は係助詞でともに強調の意となり、文意が通らなくなる。

②は「む」を仮定・婉曲の助動詞とし、主人公が仮に想定しているということを説明できており、適切。雪がやんだものの、〈だからといって引き返してもきまりが悪いだろう〉と主人公が引き返した場合を想定している。「仮定・婉曲」と併記されることからわかるように、両者が明確に区別できない場合も多く、参考書によっては〈もし～なら、そのような～〉とひとまとめにした解釈も見える。また、婉曲として〈引き返すようなことも〉と解すことも可能だが、「引き返した場合の状況を主人公が考えている」といえるだろう。

③は、「面変はり」を「人々の顔色が寒さで変化し」たこととする点が不適切。「面変はり」は〈顔つきが変わること〉のほかに〈物の様子が変わること〉をいう。降り乱れる雪によって〈少しの間に様子を変えてしまった〉のは、

「何がしの山、くれがしの河原」である。

④は「させ」を使役とした上で、「主人公が和歌を詠んで人々を楽しませた」とする点が不適切。「興ず」は〈心をひかれ、おもしろがる〉意で、ここでは見事な雪の景色に対し主人公がおもしろみを感じたことを指す。その気持ちの発露が詠歌であり、和歌それ自体を「興じさせた」のではないことに注意。「（さ）せ給ふ」の助動詞「す」は尊敬・使役どちらの可能性もあるが、「興ぜさす」はあとに敬意表現を伴い、二重敬語で解す例が圧倒的に多い。「さす」を使役の意で用いた例は管見の限りだと『今昔物語集』巻三十・十一に「見セテ興ゼサセム〈おもしろがらせてやろう〉」の例があるのみ。「せ給ふ」は本文で他に「ひたやりに急がせ給ふ」（6行目）、「折らせ給ひて」（19行目）の二例が見える。どちらも使役と解せるため、主人公に二重敬語が使われているという根拠がなく判断に迷うところだが、「思し立たすめる」（1・2行目）、「思しおきて給ふ」（3行目）などの例から、主人公に二重敬語を用いることは問題ないといえる。また「『空より花の』とうち興じたりしも」と和歌を引いて〈雪の景色におもしろみを感じ〉るという同様の描写があることもヒントになる。

⑤は「見給ふ」の敬意の方向が誤り。波線部は〈大夫が取り次いで差し上げるのをご覧になる〉意で、手紙を「見給ふ」のは主人公であるから、作者から主人公に対する敬意が表されている。本文では、大夫をはじめとする家司の人々に敬意表現はみられない。

問3 27 ④ **《和歌の解釈問題》**

詠歌状況などを踏まえた、二首の和歌の解釈を問うもの。選択肢は四つ、説明も一首に対するもので短いため、比較的解きやすい。

X歌は童によって届けられた「源少将よりの御消息」である。詞書には〈いつもあとに残しなさることもないのに、このように〉とあり、主人公が普段であれば供とするところを「とみのことなりければ、かくとだにもほのめかし給はず」出発したため、自分が残されてしまった（詞書「かく」）ことに対する和歌であることをまず押さえよう。

X歌では「ふり」に〈白雪が降る〉〈自分が振り捨てられる〉の意がかけられ、「雪」の縁語（積もる）を用いながら、〈白雪が降り積もっていますが、あなたに振り捨てられた私のところには恨みだけが幾重にも積もっています〉と、置き去りにされた恨みが積もっていると主人公の薄情さを責める気持ちが詠まれている。

それに対し、主人公は「ほほ笑み給ひて」返歌をする。**Y**歌では「ゆき」に〈雪〉〈行き〉の意味がかけられ、〈（私を）尋ね求めて来るだろうかと、雪の中を行き車の跡をつけながらあなたを待っているとは、あなたは知らなかったのだろうか〉と、源少将をなだめる歌を詠み、雪の積もった松の枝に結んで返したとある。

主人公が黙って出発してしまったことに拗《す》ねる源少将と、それをほほ笑ましく思いなだめるような返事をする主人公の応酬である。以上を踏まえ、選択肢を検討する。

①は「主人公の誘いを断った」という詠歌状況、「私への『恨み』が積もっている」という解釈ともに誤り。誘わなかった主人公に対する、源少将の恨みが詠まれている。

②は「恋情を訴えた」という和歌の解釈が誤り。せっかくの桂の院訪問に際し置いてきぼりにされたことを責めるもので、恋情を訴えたのではない。

③は「源少将が待つ桂の院」という状況説明が誤り。源少将がどこにいるかは定かでないが、主人公が源少将を供とせず桂の院を訪問しようとした状況から少なくとも桂の院にいることはない。

④は掛詞と和歌の解釈ともに適切であり、これが正解。

問4 (i) 28 ② (ii) 29 ② (iii) 30 ③ **《複数文章の比較読解問題》**

本文の「桂」という表現を切り口に解説した文章で、本文読解に資するところが大きい内容になっている。むしろここで挙げられている「月の中なる里」「桂風を引き歩く」の表現は、受験生にとって注なしには解釈し難いものであったろう。もし本文よりも先に、設問全体に目を通すような解き方をしていた場合は、その解釈に困らされることもなくスムーズに問題に取り組むことができたと思われる。

(i) 空欄Ⅰは「月の中なる里」が桂を踏まえた表現だということを押さえた上で「ここもまた」の歌を解釈するもの。上の句はすでに文章中に訳が示されており、ここでは「ならし」という断定的推量の根拠となる下の句を解釈すればよい。

> **よ（世）に似ず**
> 〈世の中に類がない〉の意。〈比べるものがない〉ことから〈この上もない〉の意でも用いられる。「世に知らず」などの類語もある。ここの「よ」は「夜」ではないので注意。

よって「雪の光」が〈世の中に類がない〉ほどであることが説明されている②が正解。

他は「よに似ず」を適切に訳出できていない。①の「比較できない」は〈比べるものがない〉とは意味が異なる。また「小倉や梅津」は家司の会話内でのもので、和歌には無関係。③は「雪の光」が踏まえられていない。④の「昼のように明るい」という意味は見出《みいだ》すことができない。

(ii) 空欄Ⅱは桂の里が「名に負ふ里」と表現されることについて、「桂」と「月」の関わりから考えるもの。対象となる20～22行目は、日が暮れだしそれまでの曇っていた空がいつのまにか晴れわたった際の情景描写である。本文の訳としてふさわしい選択肢を探そう。

> **名に負ふ**
> 〈名前としてもつ〉ことから〈名高い、有名である〉の意。強調の副助詞「し」とともに「名にし負ふ」として和歌によく詠まれる。

「名に負ふ里の月影」とは、「桂の里の月影」としてもよいところを、「桂」が「月」を連想させる名であることから、〈(月を連想させる) 名を持つ (桂の) 里だけに、月の光が美しく……〉と直後の「月影」を踏まえた表現を用いているのである。そして、次に挙げる美しさの描写が続く。

> a **雪の光もいとどしく映えまさりつつ**
> 〈＝雪の光もいっそうあざやかに美しく〉
> ※形容詞「いとどし」は〈ますますはなはだしい〉の意。
>
> b **天地のかぎり、白銀うちのべたらむがごとくきらめきわたりて**
> 〈＝あたり一面、白銀を打ってのばしたように輝きわたり〉
> ※「天地のかぎり」「白銀うちのべたらむ」はどちらも比喩。「天地」はそのまま〈天と地、世界の全て〉の意で、ここでは見渡す限り、目に映る世界全てを指した表現。見渡す限り〈白銀を打ってのばしたように〉輝いているのは雪とそこに差す月明かりゆえである。
>
> c **あやにまばゆき夜のさまなり。**
> 〈＝不思議なまでにまぶしい夜のさまである。〉
> ※副詞「あや（奇）に」は驚嘆の意の感動詞「あや」に助詞「に」が接続したもの。言葉に表せない、理解できないほどの感動をいい、〈たとえようもなく、不思議なほど〉などの意。

以上の、「名に負ふ」という表現の解釈、情景描写の訳として適切な②が正解。

①はまず「わずかな隙間」が「なごりなく晴れわたり」と矛盾する。また「一筋の月の光」も「天地のかぎり」という表現と相違するため不適切。

③は「少しずつ薄らぎ」に該当する本文がないほか、「差し込んでいるものの」と逆接で続けた内容が不適切。雪が光によって輝くのであって、雪が月の光を「打ち消して」いるのではない。

④は「空にちりばめられた銀河の星」という内容は本文にないため不適切。「天地」にはたしかに〈宇宙〉の意味もあるが、ここでは比喩で用いられている。

(iii) 空欄Ⅲは『源氏物語』の「浜風を引き歩く」という表現が「人々が思わず浜を浮かれ歩き風邪を引く」意味で用いられていることを踏まえて、本文25行目「桂風を引き歩く」をはじめとして、この場面で主人公や人々がどのように描かれているかを考えるものである。

最終段落では、（1）桂の院の管理を任された男（「院の預かり」→注14では「人」とあるが、烏帽子をかぶっているので男性）、（2）家司たち（「人々」）、（3）主人公がそれぞれ描写されている。

まず（1）男（「院の預かり」）は、主人公の突然の訪問に対応するが、牛の額の雪を払おうとして烏帽子を落としてしまったり（「頭もたげで……烏帽子を落とし」）、せっかくの雪を踏みつけながら道を整えようとして、手足を海老のように真っ赤にして風邪を引いたり（「御車やるべき……引き歩く」）と、やることが裏目に出る、散々な様子であった。資料本文の「人々が思わず浜を浮かれ歩き風邪を引くというユーモラスな場面」という説明を踏まえると、「桂風を引き歩く」からは同情や心配ではなく、おかしみを読み取るべきであろう。

一方の（2）家司たちは、桂の院の様子に心ひかれるために〈今はもう早く車を（桂の院に）引き入れよう〉とみなそわそわしていた（「人々、……そそきあへる」）。

そのような人々の様子に対する、（3）主人公の描写が「『げにも』……見過ぐしがたうて」である。「げにも」は〈その通りだ、もっともだ〉の意で、何に対して「その通りだ」と思っているのかがポイントになる。注意すべきは続く「思すものから」である。

ものから【接続助詞】
もともと逆接の意で、中世以降順接の意で用いられるようにもなる。
今回の『草縁集』は近世の作品だが、擬古文（平安時代の文学を意識した文章）であることから、逆接として用いられていることは矛盾しない。
今回は、前後の文脈から逆接と導くことは十分可能。

つまり「その通りだ」と思うものの、〈ここもやはりそのまま見過ごしてしまうのは惜しくて〉と見事な雪景色を前に、そこを去ることに名残惜しさを感じているのである。よって「げにも」は〈早く桂の院へ〉という家司たちの言葉に対するものとわかる。

以上、三者の様子を適切に説明できている③が正解。院の預かりの軽率さは「轅に触れて烏帽子を落とし」「あたら雪をも踏みしだき」などから見てとれるほか、先を急ぐ人々に対して、どうしてもすばらしい景色に心引かれる主人公はまさに「風雅な心」をもった人物として描写されているといえよう。

①はまず「仕事が手につかない」が誤り。主人公ら訪問者に対応する中で「足手の色を海老になし」たとある。また主人公の心内語を「その場に居続けようとする」ものと解する点も不適切。実際に居続けようとしているのではなく、「げにも」と同意しながらも、後ろ髪を引かれている様子を表している。

②は人々が「風邪を引いた院の預かりを放って」桂の院に移動しようとしているとする点、主人公の「げにも」の解釈が不適切。

④は人々の台詞を「都に帰りたい」と解する点が不適切。「とく引き入れてむ」とは桂の院に車を引き入れることを指す。また「周囲の人を気にかけない」という主人公の姿も描かれていない。

全訳

桂の院を建て増ししなさったものの、少しの間もおいでにならなかったのだが、後から降ってくる雪を待つかのように消え残っている雪に誘われて、不意に思い立たれたようだ。このようなお出ましには、源少将、藤式部をはじめとして、当代の諸道に精通していると評判の若者をみな、必ずそばに侍らせていたのだが、にわかに思いついたことだったので、こう（桂の院を訪問する）とさえもそれとなく知らせることもなさらず、「ただ親しい家従を四、五人供として」とお心にお決めになる。

すぐに御車を引き出していると、「空より花の」と（雪を）おもしろがっていたが、（雪を）賞美しているうちに早くも雪が散り失せてしまったのは、こうして（今日の雪は）やんでしまうということであろうか。「そのようであるのは（雪がやんでしまっては）ひどく見栄えがしないことであるよ」と、人々がとても強く悔しがるのを、「本当にあっけなく（やんでしまい）残念だ」とお思いになるが、「だからといって引き返してもきまりが悪いだろう。やはり法輪寺の八講にかこつけて（行こう）」とお思いになって、とにかく急がせなさるうちに、またまっくら闇に曇りみち、先ほどよりもさらに（雪が）散り乱れたので、道の端に御車を立てさせてご覧になると、何とかという山、何とかという河原も、少しの間に様子を変えてしまった。

あの気乗りしていなかった人々も、たいそう笑い喜んで、「これこそ小倉山であろう」「それこそが梅津の渡りだろうよ」と、口々に批評し合っているけれども、松と竹の区別でさえ、うっかり間違えてしまうにちがいない。「ああ、実にすばらしいというのはこのような景色をいうのであろうよ。このままここで見て賞美しよう」と言って、そのまま下簾をかかげなさりながら、

ここもまた……まだ桂の里に着いていないはずだが、この場所もまた「月の中なる里」だと思われる。なぜなら、雪がこの世のものとは思えないほど光り輝いているから

などおもしろがりなさるうちに、見た目が好ましい童で水干を着た者が、手に息を吹きかけながらあとを追ってきて、榻のあたりにうずくまりながら、「これを御車（の方）に」と言って差し出したのは、源少将からの手紙であった。大夫が取り次いで差し上げるのを（主人公が）ご覧になると、「いつもあとに残しなさることもないのに、このように（置いていくなんて）、

白雪の……白雪が降り積もっていますが、あなたに振り捨てられた私のところには恨みだけが幾重にも積もっています」

とあるのを（ご覧になり）、ほほ笑みなさって、畳紙に、

尋め来やと……（私を）尋ね求めて来るだろうかと、雪の中を行き車の跡をつけながらあなたを待っているとは、あなたは知らなかったのだろうか（雪に車の跡をつけながら進み、あなたを待っていたのですよ）

そのままそこにあった松を雪がついたまま折らせなさって、その枝に結びつけて（返事を）お与えになった。

だんだん暮れゆく間に、それほどに空が一面に曇っていたのも、いつのまにかきれいに晴れわたって、（桂という）名をもつ里の月の光が明るく差しはじめたので、雪の光もいっそうあざやかに美しく、あたり一面、白銀を打ってのばしたように輝きわたり、不思議なまでにまぶしい夜のさまである。

桂の院の管理を任された人も出てきて、「このようにおいでになると知りませんでしたので、早くお迎え差し上げなかったことでした」などと言いながら、頭も上げず、何かにつけてあとに付き従うあまり、牛の額の雪を取り払おうとしては、軛に触れて烏帽子を落とし、御車の向かう道をきれいにしようとしては、せっかくの雪を踏みつけながら、手足の色を海老のように赤くして、桂風に吹かれて歩き、風邪を引く。人々は、「今はもう早く車を引き入れよう。桂の院の様子にも大変心ひかれるので」と言って、一斉にそわそわするのを、「もっともだ」とはお思いになるが、ここもやはりそのまま見過ごしてしまうのは惜しくて。

第4問

出典 【詩】・【資料】Ⅰ〜Ⅲ蔡正孫《さいせいそん》『詩林広記』（【詩】杜牧《とぼく》「華清宮」・【資料】Ⅰ王仁裕《おうじんゆう》『天宝遺事』・Ⅱ謝枋得《しゃぼうとく》『畳山詩話』・Ⅲ陳正敏《ちんせいびん》『遯斎閑覧』）、【資料】Ⅳ程大昌《ていだいしょう》『考古編』（袁郊《えんこう》『甘沢謡』）

『詩林広記』は、南宋の蔡正孫が編纂した詩話集。晋・唐・北宋の代表的な詩人について、その詩と詩話とを載せる。詩話とは、詩人の逸話や後人の批評、随筆など、詩に関する文章をいう。【資料】Ⅰ〜Ⅲは、蔡正孫が杜牧の「華清宮」の詩話にあたるものとして引用した他の書物の記事である。

『考古編』は南宋の程大昌が書物の誤りなどについて気づいたことを書き記した書。【資料】Ⅳは、杜牧の「華清宮」に関する記事として引用されている。

杜牧（八〇三〜八五二）は晩唐の文人。「江南春」「山行」など多くの人に親しまれる詩を作った。

【出題の特徴】

漢詩と、詩に関連する文章四点を題材とする問題であった。共通テストで定着しつつある複数テキスト形式だが、例年より資料の点数が多く、比較読解の要素がより顕著であった。漢詩は七言絶句、文章も一つ一つは短く、内容も詩の事物に対する考証であり、難解な思想などを述べたものではない。したがって読むこと自体はそれほど困難とは考えられない。だからこそ、一つ一つの内容を正確にとらえ、共通点・相違点を厳密に判定することが求められている。大学で文学や史学等、過去の文献を研究対象とする分野で学ぶ場合、このような一つのテーマに関する複数の記事の収集・比較検討が必須であり、本問は漢文の知識を問うのみならず、大学での学究活動に必要な資質をはかっているかのような構成であったともいえる。

問1は漢詩の知識、**問2**は語句の意味、**問3**は返り点・書き下し文で、主に漢文の知識を問う問題。**問4〜6**は詩と資料の比較読解問題となっている。**問4**は資料に基づく詩句の解釈、**問5**は資料間の内容比較と評価、**問6**は資料に基づく詩全体の鑑賞で、資料によって詩の内容（当時の人々の鑑賞態度）を明らかにする過程を体験する構成となっている。

【概要】

【詩】

起句 長安から見た驪山の山容

↓ 驪山全容→華清宮への道のり

承句 次々と門を通り華清宮へ向かう

↓ 道を行く一頭の馬→楊貴妃

転句 騎馬の上げる砂煙と楊貴妃の笑み

↓ 情景描写の意味を明かす

結句 早馬が茘枝をもたらしている真相

焦点が絞られていく

【資料】 ※資料間で対応する主な箇所を各傍線で示している。

Ⅰ 『天宝遺事』によれば、楊貴妃は茘枝が好きであった。茘枝は産地から早馬で七日七晩で都へ運ばれ、道中の人馬を苦しめた。

Ⅱ 『畳山詩話』によれば、玄宗皇帝は遠方の産物を取り寄せることで楊貴妃を喜ばせ、このために人力・人命が尽くされても気にかけなかった。

Ⅲ 『遯斎閑覧』によれば、杜牧の華清宮の詩はことさら広く知れわたっている。唐の歴史記録によれば、玄宗は十月から華清宮に滞在し、春になると宮（長安）へ戻る。茘枝は夏の盛りが旬だが、玄宗一行は六月には華清宮に滞在していない。

Ⅳ 『甘沢謡』によれば、天宝十四年六月一日、楊貴妃の誕生日に玄宗一行が驪山に出かけ、新しい楽曲が披露された。そこへ偶然茘枝が献上されたので、これにちなんで楽曲を「茘枝香」と名づけた。

問1 **31** ⑤ **《漢詩の形式と押韻問題》**

「華清宮」は、七音（七字）の詩句四つで構成されているので、詩の形式は「七言絶句」である。「律詩」は八句で構成される。また七言詩は、第一句末及び偶数句末で押韻することが原則である。「華清宮」の該当部分の字を見ると、第一句末「堆（t-ai）」、第二句末「開（k-ai）」、第四句末「来（l-ai）」となっている。（　）内に、発音の目安として現代日本語音をローマ字で記したが、これを見ても「-ai」という響きが共通していることがわかる。したがって、詩の形式と押韻の説明がどちらも正しい⑤が正解となる。

問2 **32** ① **33** ④ **34** ① **《語句の意味問題》**

(ア)「百姓」は、日本語では「ひゃくしょう」と読んで〈農業に従事する庶民〉の意で用いるのが一般的だが、漢文の「百姓」は「ひゃくせい」と読み、広く〈人民・民衆〉を意味する。日本語と漢文とで意味が異なる言葉の代表的なものであり、漢文常識として覚えておきたい。よって①が正解。

(イ)「膾二炙人口一」は、現代の日本語でもことわざとして使われる表現で、詩文などが〈広く知れわたっている〉意を表す。「膾炙」は、なますとあぶった肉のことで、人々が好んで口にする食べ物を意味する。その膾炙のように、多くの人が口にし、親しまれているさまを「人口に膾炙す」と表現する。ここでは、杜牧の華清宮の詩が人々に広く知れわたっていることを表している。よって④が正解。

(ウ)「因」は、「起因」「因果」などの熟語に使われるように、「よりて」と読んで〈そのために・～にちなんで〉といった意味がある。ここでも、まだ名がなかった「新曲」に、〈たまたま南海郡が茘枝を献上した〉ことにちなんで、「茘枝香」という名をつけた、という事情を説明している。よって①が正解。

総じて、本問で問われている語句は漢文常識として押さえておきたい語や現代でも使われる慣用表現であり、語彙や知識の量が試されているともいえる。日頃から文章に触れ、知らない言葉は辞書にあたっておきたい。

問3 **35** ④ **《返り点と書き下し文の問題》**

まず文章の展開を見ると、傍線部は、明皇（玄宗）が「遠物を致して以て婦人を悦ばしむ」〈遠方の産物を取り寄せて婦人を喜ばせた〉ことについて述べている。この文章は【詩】に関連したものなので、「婦人」は楊貴妃、「遠物」は茘枝のことだとわかる。【資料】Ⅰには、楊貴妃が好んだ茘枝は南方の特産物であり、「馬逓」〈早馬〉を使って運ばれたために「人馬多く路に斃れ、百姓之に苦しむ」とある。【資料】Ⅱの前半は〈玄宗が遠く南方の茘枝を早馬で取り寄せて楊貴妃を喜ばせた〉ということである。したがって傍線部は、【資料】Ⅰの「人馬多く路に斃れ、百姓之に苦しむ」と似た内容であると推測できる。この推測を念頭に置いて傍線部を見ると「窮人力」「絶人命」は対句で〈人の力を尽くし、人の命を絶やす〉の意にとらえれば、早馬で茘枝を運ぶために多くの人馬が「斃れ」、人々が「苦しむ」という【資料】Ⅰの内容と整合する。

そして傍線部後半「有所不顧」の「不顧」は、〈かえりみない〉と読める。多くの人や馬を犠牲にしてでも楊貴妃を喜ばせようとしていた玄宗の犠牲者への態度は、〈それを気にかけない〉ものといえる。これらを踏まえると、「人力を窮め人命を絶つも、顧みざる所有り」が、詩や他の資料と整合し、無理のない読みといえよう。よって④が正解となる。

①は〈人の力が人の命を絶とうとする〉という意味になり、玄宗が人力や人命を損なったという資料の主旨に合わない。

②・③は「絶人」「窮人」という熟語の意味が不明瞭であり、「窮人力」「絶人命」が対句であることも押さえていない。

⑤は「窮人力」「絶人命」を対ととらえている点はよいが、「所有るも」が何を指しているのかが不明。

問4 **36** ④ **《資料を踏まえた漢詩の解釈問題》**

選択肢を見ると、詩句の後半の「妃子笑ふ」についてはすべて〈それを見て楊貴妃は笑う〉と解釈している。したがって検討しなければならないのは、楊貴妃が何を見て笑ったのか、それを示す「一騎紅塵」の解釈である。また、語注及び選択肢の記述から「一騎」は〈早馬〉、「紅塵」は〈砂煙〉の意であることも間違いない。ここまで確認したところで、【資料】Ⅰ・Ⅱを見る。**問3**でも確認したが、【資料】Ⅰには、南方の涪州から「京（都）」へ茘枝を献上するために早馬が使われたことが書かれている。また、【資料】Ⅱには、婦人（楊貴妃）を喜ばせるために、玄宗が「遠物を致し」、そのために人力人命が損なわれることを顧みなかったとある。これらを踏まえると、【詩】の「一騎」は〈玄宗の命で楊貴妃のために茘枝を運ぶ早馬〉であり、「紅塵」は〈都（ここでは玄宗と楊貴妃が待つ華清宮）に茘枝を運ぶ早馬が上げる砂煙〉ということになる。よって、正解は④である。

①は「玄宗のため楊貴妃が手配した」が、【資料】Ⅱの指摘と逆になっている。

②は、早馬が「産地へと走りゆく」が、【資料】Ⅰの「涪州貢を致すに馬逓を以てし」に合わない。都から早馬を飛ばしたのではなく、産地から都に早馬で輸送したのである。

③は、「宮殿の門の直前で倒れて」が不適切。【資料】Ⅰ・Ⅱからわかるのは、楊貴妃が茘枝を好んでいること、玄宗が茘枝を手に入れることで楊貴妃を喜ばせようとしていることである。楊貴妃が、自分のために人馬が力を尽くす様を見て楽しんだといったことは書かれていない。

⑤は、「玄宗に取り入りたい役人が」とあるが、【資料】Ⅱからわかるのは、早馬を使った茘枝の手配は、玄宗自身が楊貴妃を喜ばせるためにしているということであり、役人の思惑といった要素は出てこない。

問5　37　⑤《資料の比較読解問題》

【資料】Ⅲでは、「唐紀」に依拠して、玄宗一行が驪山に滞在した時期を「十月を以て驪山に幸し、春に至りて即ち宮に還る」と述べている。冬が始まる十月から驪山に滞在し、春、すなわち一月、遅くも三月には長安の宮殿に戻っているということなので、夏から秋（四～九月）には驪山に滞在していないことになる。一方、茘枝が熟すのは「盛暑」すなわち、夏の暑さが盛んなころになってからだという事実を併記している。つまり、歴史記事と事実に基づけば、玄宗一行は茘枝が熟す暑さの盛り、六月ごろには驪山に滞在していなかったはずなのに、【詩】では驪山の華清宮にいる玄宗一行のもとへ茘枝が届くという描写があり、事実とは合わないということになる。一方【資料】Ⅳでは、楊貴妃の誕生日に当たる「六月一日」に玄宗一行が驪山に出かけ、南海から茘枝が献上されたと書かれている。これは、【資料】Ⅲの「未だ嘗て六月には驪山に在らざるなり」に反する事例であり、【詩】の描写がまったく架空の出来事とはいえないことを示唆している。整理すると、

> 【資料】Ⅲ…玄宗一行が驪山に滞在した時期は、茘枝が熟す時期に合わない
> 　＝【詩】の描写は事実に合わない
> ⇔
> 【資料】Ⅳ…茘枝が熟す時期に、玄宗一行が驪山に滞在したことがある
> 　＝【詩】の描写は事実に即している

となる。また、【資料】Ⅳには、まだ名がなかった「新曲」に、南海から献上された茘枝にちなんで「茘枝香」という名をつけたことが書かれている（**問2**(ウ)参照）。よって、正解は⑤。

①は【資料】Ⅲが「玄宗一行が驪山に滞在した時期と茘枝が熟す時期との一致」を指摘しているとする点が不適切。

②も、【資料】Ⅲが「玄宗一行が驪山に滞在した時期と茘枝が熟す時期との一致」を指摘しているとする点は不適切。また、【資料】Ⅳで「献上された茘枝が特別に『茘枝香』と名付けられた」とする点も不適切。「茘枝香」は茘枝の名ではなく、「新曲」につけられた名である。

③は「献上された『茘枝香』が果物の名ではなく楽曲の名」が、献上されたのが茘枝とする【資料】Ⅳの内容に合わない。

④は「『茘枝香』という名の茘枝を賞味した場所は夏の南海郡であった」とあるが、「茘枝香」は「新曲」につけられた名であり、南海から茘枝が献上されたとする【資料】Ⅳの内容に合わない。

なお、②～④は【資料】Ⅳが【資料】Ⅲを「補足できる」としている点も

不適切。

問6 **38** ② **《資料を踏まえた漢詩の鑑賞問題》**

各選択肢は、次の四つの観点から「華清宮」を鑑賞している。

A「【詩】の第一句〜第三句までの展開」
B「【詩】の第四句の『茘枝』の位置づけ」
C「【詩】の描写と事実との関係」
D「【詩】が伝える心情」

Aは【詩】自体の内容、Bは主に【資料】Ⅰ・Ⅱ（問4も参照）、Cは主に【資料】Ⅲ・Ⅳ（問5も参照）から考え、これらを総合してDを判断する。各選択肢についてA〜Dの観点から検証していく。

①は、Aについては各句の意味をとらえており【詩】の内容と整合している。またBも「常軌を逸した茘枝の輸送」は、公文書を急送する早馬で茘枝を運ぶという【資料】Ⅰの記述を踏まえれば妥当な解釈である。ただし、Cの「事実無根の逸話」は疑問。確かに【資料】Ⅲに基づくと華清宮の楊貴妃のもとへ茘枝がもたらされたことは事実とはいえない。しかし【資料】Ⅳは、楊貴妃の誕生日の「天宝十四年六月一日」という日付や、新曲に茘枝にちなんだ名をつけたという具体的なエピソードによって、【詩】の描写がまったくの虚構とはいえないことを示唆する。またDは、【資料】Ⅱに、玄宗が楊貴妃のためにならぬ人力人命を顧みなかったとあることと関連づけられるが、楊貴妃との関連に言及せず「政治を怠り」と断じるのは、【資料】に基づく鑑賞としては飛躍がある。

②は、Aについて驪山→門→馬という、遠景から近景へと焦点が絞られている流れをとらえており、【詩】の内容と整合している。またBも「不適切な手段で運ばれる茘枝」は【資料】Ⅰの記述を踏まえた妥当な解釈である。Cは「事実かどうか不明な部分がある……逸話」として、【資料】Ⅲ・Ⅳを踏まえた鑑賞となっている。Dの「為政者の道を踏み外して楊貴妃に対する情愛に溺れた」という鑑賞は、【資料】Ⅰの早馬を使った茘枝の輸送、【資料】Ⅱの楊貴妃のためになら人力人命を顧みなかったという指摘を踏まえたものとして妥当である。

③は、Aの「門の配置を詳しく描き」が、【詩】の第二句の鑑賞として疑問。詩句は〈いくつもの門が次々と開いていく〉といった意味で、その配置に関しては特に言及していない。Bの「茘枝についても写実的に描写」も、詩句や【資料】からは読み取れない。さらにC・D「事実を巧みに」「歴史的知識を提供」は、【資料】Ⅲ・Ⅳに依拠した鑑賞として適切ではない。

④は、Aはおおむねよいが、Bの「茘枝の希少性」は疑問。確かに茘枝は遠く離れた南方の産物なので珍重はされるであろうが、【詩】と【資料】Ⅰでは、茘枝が早馬で運ばれたことに着目している。つまり茘枝の希少性ではなく、輸送手段の不適切さに重点が置かれている。C「事実かどうかわからないことを含む」は【資料】Ⅲ・Ⅳを踏まえた鑑賞として妥当。Dは楊貴妃との関連に言及していないという問題はあるものの、玄宗が早馬を私的に用いていることから、おおむね妥当な鑑賞である。

⑤も、Aはおおむねよいが、Bの「玄宗が楊貴妃とともに賞味する茘枝」は、玄宗が楊貴妃を喜ばせるために茘枝を取り寄せていたという【資料】Ⅱを踏まえた鑑賞としてはやや外れる。C「事実かどうかを問題とせず」は【資料】Ⅳのような、事実の可能性を含む記事が残っていることを考えると、【詩】の作者（杜牧）が事実かどうかをまったく気にしなかったと見るのはやや不適切。D「仲睦まじさが際立つ」「永遠の愛を誓った」は、【資料】Ⅰ・Ⅱの、楊貴妃のために人馬を犠牲にして顧みなかったという玄宗への批判的な見方を踏まえた鑑賞としては適切とはいえない。

よって、A〜Dすべての観点において適切である②が正解となる。

書き下し文

【詩】

華清宮《くわせいきう》
長安《ちやうあん》より回望《くわいばう》すれば繡堆《しうたい》を成《な》す
山頂《さんちやう》の千門《せんもん》次第《しだい》に開《ひら》く

一騎《いつき》紅塵《こうぢん》妃子《ひし》笑《わら》ふ
人《ひと》の是《こ》れ茘枝《れいし》の来《き》たるを知《し》る無《な》し

【資料】

Ⅰ『天宝遺事《てんぽうゐじ》』に云《い》ふ、「貴妃《きひ》茘枝《れいし》を嗜《たしな》む。当時《たうじ》涪州貢《ふうしうこう》を致《いた》すに馬逓《ばてい》を以《もつ》てし、馳載《ちさい》すること七日七夜《なぬかななよ》にして京《けい》に至《いた》る。人馬《じんば》多《おほ》く路《みち》に斃《たふ》れ、百姓之《ひやくせいこれ》に苦《くる》しむ」と。

Ⅱ『畳山詩話《でふざんしわ》』に云《い》ふ、「明皇《めいくわう》遠物《ゑんぶつ》を致《いた》して以《もつ》て婦人《ふじん》を悦《よろこ》ばしむ。人力《じんりよく》を窮《きは》め人命《じんめい》を絶《た》つも、顧《かへり》みざる所《ところ》有《あ》り」と。

Ⅲ『遯斎閑覧《とんさいかんらん》』に云《い》ふ、「杜牧《とぼく》の華清宮詩《くわせいきうし》尤《もつと》も人口《じんこう》に膾炙《くわいしや》す。唐紀《たうき》に拠《よ》れば、明皇十月《めいくわうじふぐわつ》を以《もつ》て驪山《りざん》に幸《みゆき》し、春《はる》に至《いた》りて即《すなは》ち宮《きう》に還《かへ》る。是《こ》れ未《いま》だ嘗《かつ》て六月《ろくぐわつ》には驪山《りざん》に在《あ》らざるなり。然《しか》るに茘枝《れいし》は盛暑《せいしよ》にして方《はじ》めて熟《じゆく》す」と。

Ⅳ『甘沢謡《かんたくえう》』に曰《い》はく、「天宝十四年六月一日《てんぽうじふよねんろくぐわつついたち》、貴妃誕辰《きひたんしん》、驪山《りざん》に駕《が》幸《みゆき》す。小部音声《せうぶおんせい》に命《めい》じて楽《がく》を長生殿《ちやうせいでん》に奏《そう》し、新曲《しんきよく》を進《すす》めしむるも、未《いま》だ名《な》有《あ》らず。会《たまたま》南海《なんかい》茘枝《れいし》を献《けん》じ、因《よ》りて茘枝香《れいしかう》と名《な》づく」と。

全訳

【詩】

華清宮
長安から見渡せば綾絹を重ねたような美しさの驪山の山々が連なる
山頂の宮殿へと続くいくつもの門が次々と開き
一頭の馬が日に照る砂煙を上げて疾走して来、それを見て楊貴妃は笑う
人々はこの早馬が茘枝を運んできたことなど知る由もない

【資料】

Ⅰ『天宝遺事』にはこうある、「楊貴妃は茘枝を好んだ。当時涪州が貢ぎ物（の茘枝）を届けるために早馬を使い、馳《は》せて運ぶこと七日七晩で都に到着した。人馬がたくさん途上で倒れて死に、人々はこのやり方に苦しんだ」と。

Ⅱ『畳山詩話』にはこうある、「玄宗は遠方の産物を取り寄せて婦人（楊貴妃）を喜ばせた。人の力を尽くし人の命を絶やしても、気にかけないようなところがあった」と。

Ⅲ『遯斎閑覧』にはこうある、「杜牧の華清宮の詩はことさら広く知れわたっている。唐の時代についての記録によれば、玄宗は冬十月になると驪山に行幸し、春になると都の宮殿に戻った。つまり夏六月には驪山には滞在していなかったのである。しかし茘枝は夏の暑さが最も盛んな頃にようやく熟す」と。

Ⅳ『甘沢謡』にはこうある、「天宝十四年六月一日、楊貴妃の誕生日に、皇帝の乗り物が驪山へお出ましになった。宮廷づきの少年歌舞音楽隊に命じて楽曲を長生殿で演奏させ、新曲を披露させたが、（その新曲には）まだ名がなかった。ちょうどその時南海郡から茘枝が献上されたので、そのために（新曲を）『茘枝香』と名づけた」と。

2023 本試験　解答

第1問 小計	第2問 小計	第3問 小計	第4問 小計	合計点
				／200

問題番号(配点)	設問	解答番号	正解	配点	自己採点
第1問 (50)	1	1	①	2	
		2	③	2	
		3	②	2	
		4	④	2	
		5	③	2	
	2	6	③	7	
	3	7	②	7	
	4	8	⑤	7	
	5	9	③	7	
	6	10	④	4	
		11	②	4	
		12	③	4	
第2問 (50)	1	13	①	5	
	2	14	⑤	6	
	3	15	⑤	6	
	4	16	①	6	
	5	17	①	7	
	6	18	④	7	
	7	19	③	6	
		20	②	7	
第3問 (50)	1	21	③	5	
		22	④	5	
		23	②	5	
	2	24	③	7	
	3	25	⑤	7	
	4	26	④	7	
		27	①	7	
		28	③	7	
第4問 (50)	1	29	①	4	
		30	①	4	
		31	⑤	4	
	2	32	③	6	
	3	33	⑤	7	
	4	34	①	6	
	5	35	③	5	
	6	36	④	6	
	7	37	④	8	

第1問

出典　**【文章Ⅰ】**　柏木博《かしわぎひろし》『視覚の生命力――イメージの復権』（岩波書店　二〇一七年）**【文章Ⅱ】**　呉谷充利《くれたにみつとし》『ル・コルビュジエと近代絵画――二〇世紀モダニズムの道程』（中央公論美術出版　二〇一九年）

柏木博（一九四六～二〇二一）は、兵庫県生まれ。デザイン評論家。専門は近代デザイン史、広告論、都市論。武蔵野美術大学名誉教授、英国ロイヤル・カレッジ・オブアート名誉フェロー。主な著書に『デザインの20世紀』、『日用品の文化誌』、『「しきり」の文化論』などがある。

呉谷充利は一九四九年三重県生まれ。建築史家。専門は近代建築、日本の近代、大阪文化。相愛大学名誉教授。主な著作に、『町人都市の誕生　いきとすい、あるいは知』、『近代、あるいは建築のゆくえ――京都・神宮道と大阪・中之島をあるく』などがある。雑誌『りずむ』（白樺サロンの会）を創刊。

【出題の特徴】

本問は、ル・コルビュジエの建築物における窓について、二つの文章より出題されている。文章は、それぞれ別の観点から考察されているが、文中に同一の引用文が含まれているところが特徴的である。二〇二二年度の、「食べること」という具体的で身近な話題と比べると、受験生にとって馴染《なじ》みのない題材であり、読み取りにくさを感じただろうと思われる。

設問は、**問2**から**問5**までは、各文章の要旨を押さえるなど、基礎的な読解力を問う問題が出題されている。また、**問6**は共通テストらしい出題で、二つの文章に関する生徒の話し合いの場を想定し、会話の中にある空欄を補う設問が出された。設問は(i)～(iii)の三つの問いから成るが、ここでは、子規の挿話を導入した意図を問う問題の他に、二つの文章の引用の仕方を比較する問題、また二つの文章の関連性を考察する問題などが出題された。ここでは、複数の観点を統合的に解釈する力が問われているといえる。

【概要】　問題文の概要は次の通りである。

【文章Ⅰ】

リード文：正岡子規の書斎にあったガラス障子と建築家ル・コルビュジエの建築物における窓について考察したもの。

(1)　**子規の挿話　風景を見るための「ガラス障子」**

・病床の子規にとっては、室内にさまざまなものを置き、それをながめることが楽しみだった。そして、ガラス障子のむこうに見える庭の植物や空を見ることが慰めだった。**視覚こそが子規の自身の存在を確認する感覚だった。**

・映画研究者のアン・フリードバーグによれば、窓は風景を切り取り、外界を二次元の平面へと変える「フレーム」であり、「スクリーン」でもある。

・子規の書斎（病室）の障子をガラス障子にすることで、その室内は風景を見るための「視覚装置」となったが、実のところ、外界をながめることのできる「窓」は、視覚装置として、建築・住宅にもっとも重要な要素としてある。

(2)　**「視覚装置」としての窓**

・建築家のル・コルビュジエは、いわば**視覚装置としての「窓」をきわめて重視していた**。彼は、住まいを徹底した視覚装置のように考えており、**窓は確信を持ってつくられたフレーム**だった。

・ル・コルビュジエは、窓に換気ではなく「視界と採光」を優先した。

・ル・コルビュジエは、両親のための家をレマン湖のほとりに建てたが、この家は塀（壁）で囲まれている。彼は、この塀について著作の中で、次のように述べている。

囲い壁の存在理由は、部分的に視界を閉ざすためである。北から東にかけて、さらに四方八方に蔓延する景色というものは圧倒的で、焦点をかく。**景色を望むには、むしろそれを限定しなければならない。そうすることで、水平線の広がりを求めることができる。**

・風景を見る「視覚装置」としての窓（開口部）と壁をいかに構成するかが、彼にとっては課題であった。

【文章Ⅱ】

リード文：ル・コルビュジエの窓について考察したもの。

(1)「沈思黙考の場」としての住宅

・ル・コルビュジエの作品、サヴォア邸やスイス館は、四周を遮る壁に囲まれている。

・ル・コルビュジエは初期に**「住宅は沈思黙考の場である」**あるいは、「人間には自らを消耗する〈仕事の時間〉があり、自らをひき上げて、心の琴線に耳を傾ける〈瞑想の時間〉とがある」と述べた。

・ル・コルビュジエは『小さな家』において「風景」を語る。

ここに見られる囲い壁の存在理由は、視界を閉ざすためである。景色を望むには、むしろそれを限定しなければならない。（壁で囲うことで）〝囲われた庭〟を形成すること、これがここでの方針である。

(2)「動かぬ視点」の意義

・ル・コルビュジエの語る「風景」は動かぬ視点をもっている。**「動かぬ視点」は風景を切り取る。風景は一点から見られ、眺められる。**この動かぬ視点の存在は、即興的なものではない。

・かれは、住宅は、**沈思黙考、美に関わると述べている。**初期に明言されるこの思想は、明らかに動かぬ視点をもっている。このテーマはル・コルビュジエが後期に手がけた「礼拝堂」や「修道院」において再度主題化され、深く追求されている。「礼拝堂」や「修道院」はなによりも沈思黙考、瞑想の場である。つまり、後期のこうした宗教建築を問うことにおいて、ル・コルビュジエの動かぬ視点の意義が明瞭になる。

※**【文章Ⅰ】**では、導入として子規のガラス障子の話題に触れた上で、ル・コルビュジエの窓の思想について論じている。**【文章Ⅰ】**のポイントとなるのは、**「視覚」「見る」**ということである（文章の出典に「視覚」とあることもヒントになるかもしれない）。子規のガラス障子は、風景を望むための「視覚装置」としての役割をもっていたのである。ル・コルビュジエは窓に意図的に「視覚装置」としての役割をもたせたが、窓と壁で視界を制限することによって、風景の広がりを感じ取ることができる、と説明している。

一方、**【文章Ⅱ】**のポイントは、**「動かぬ視点」と「沈思黙考の場」としての住宅**である。壁によって視界が一点に固定化される（＝「動かぬ視点」をもつ）ことによって、住宅が「沈思黙考」あるいは「瞑想」の場として機能することを説明している。

このように各々の文章を踏まえた上で、**【文章Ⅰ】**の子規のガラス障子の挿話を、**【文章Ⅱ】**の「動かぬ視点」や「沈思黙考の場」としての住宅という論点と関連づけることを求めているのが、**問6**(iii)である。子規が病床にあり自由に身動きできなかったことも加わって、ガラス障子は子規に「動かぬ視点」を獲得させたと考えることができる。とすれば、こうした「動かぬ視点」をもつ子規の書斎は、「沈思黙考の場」としての機能があったのではないかと考察することができるだろう。

問1　**1**　①　**2**　③　**3**　②　**4**　④　**5**　③　**《漢字問題》**

(i)　漢字の書き取り問題。

(ア)「**冒**頭」は〈文章や談話、物事のはじめの部分〉。①は「感**冒**」で〈風邪〉のこと。②は「寝坊」。③は「忘却」で〈忘れ去ること〉。④は「膨張」で〈ふくれあがること〉。

(エ)「**琴**線」は〈物事に感動、共鳴しやすい感情〉。①は「卑近」で〈身近でありふれていること〉。②は「布巾」。③は「木**琴**」。④は「緊縮」で〈引き締めること〉。

(オ)「**疎**んじられる」。「疎む」は〈嫌って遠ざけること〉。①は「提訴」で〈裁判所に訴え出ること〉。②は「過**疎**」で〈人口が他に流出して、極端に減っている状態〉。③は「粗品」で〈粗末な品。贈答品をへりくだって言う表現〉。
④は「素養」で〈ふだんから身につけてきた教養〉。

(ii) 同じ意味をもつ熟語を選ぶ問題。

(イ)「行った」の「行」という漢字には、〈ⓐいく、すすむ〉、〈ⓑおこなう、ふるまう〉、〈ⓒ宗教上のつとめ〉、〈ⓓたび〉、〈ⓔみち〉、〈ⓕならび〉などの意味がある。「行った」は「いった」とも「おこなった」とも読めるが、(イ)は「おこなった講演……」という内容なので、ⓑの意味で使われている。

①「行進」。〈大勢で隊列を組んですすむこと〉→ⓐ
②「行列」。〈列をつくってならぶこと〉→ⓕ
③「旅行」。〈たびをすること〉→ⓓ
④「履行」。〈決めたことや言ったことを実際におこなうこと〉→ⓑ

傍線部と同じ意味の熟語を選ぶので、正解は④。

(ウ)「望む」の「望」という漢字には、〈ⓐ遠くを見渡す〉、〈ⓑねがう、まちのぞむ〉、〈ⓒ人気、誉れ〉といった意味がある。(ウ)はⓐの意味。

①「本望」。〈もともと抱いていたのぞみ〉→ⓑ
②「嘱望」。〈人の将来に望みをかけること〉→ⓑ
③「展望」。〈見晴らし、見通し〉→ⓐ
④「人望」。〈人から期待されること〉→ⓒ

傍線部と同じ意味の熟語は③。

問2 6 ③ **《内容把握問題》**

傍線部Aのある段落は、当時の子規の様子と、ガラス障子が彼に与えた意味を説明している。傍線部Aは段落の最後の一文であり、段落全体を踏まえたものと考えることができる。傍線部Aの内容を整理する。

・子規の状況＝a寝返りさえ自らままならなかった子規
・「季節や日々の移り変わりを楽しむ」
＝bガラス障子のむこうに見える庭の植物や空を**見ることが慰めだった**。**視覚こそが子規の自身の存在を確認する感覚**だった。

つまり、子規にとってガラス障子のむこうに見える庭の植物や空〈季節や日々の移り変わり〉を見ることが、慰めであり、自身の存在を実感することにつながっていた、といえる。

ちなみに、傍線部Aと近い内容は[3]段落にもある。

……ガラス障子にすることで、子規は、庭の植物に季節の移ろいを見ることができ、青空や雨をながめることができるようになった。ほとんど寝たきりで身体を動かすことができなくなり、絶望的な気分の中で自殺することも頭によぎっていた子規。

ここも参考に、解答を考えることができるだろう。正解は③。

①「現状を忘れるための有意義な時間になっていた」のみの説明が不適切。bの「視覚」が子規自身の存在を確認する感覚だったという言及が不足している。

②「外界の出来事が自己の救済につながっていった」が誤り。子規を慰めていたのは、「庭の植物や空」といった「季節や日々の移り変わり」であり、「外界の出来事」では不十分。また、①と同様に「視覚」が自身の存在を確認する感覚だったとする指摘がない。

③これが正解。bの内容を「多様な景色を見ることが生を実感する契機となっていた」と適切に言い換えている。

④「外の世界への想像をかき立ててくれた」が誤り。bの内容と対応していないし、「想像」ではなく、実際に見る風景が子規にとっての慰めだったのである。

⑤「作風に転機をもたらした」が誤り。ガラス障子から見ることが彼の著作に影響を与えたとは書かれていない。

問3 7 ② **《理由把握問題》**

ガラス障子が「視覚装置」であったといえる根拠を説明する問題。傍線部Bはその前文の「子規の書斎は、ガラス障子によるプロセニアムがつくられたのであり、それは外界を二次元に変えるスクリーンでありフレームとなったのである」を言い換えたものである。したがって、ここでいう「視覚装置」とは、「プロセニアム」、あるいは「外界を二次元に変えるスクリーンでありフレーム」としての機能をもつ装置という意味で使われていると考えられる。

これらの説明は、映画研究者のアン・フリードバーグの引用に詳しく説明されているので、押さえておきたい。

> 窓はフレームであるとともに、プロセニアム（舞台と客席を区切る額縁状の部分）でもある。**窓の縁（エッジ）が、風景を切り取る。窓は外界を二次元の平面へと変える。**つまり、窓はスクリーンとなる。

したがって、ガラス障子の特徴は次の通りである。

> **a**外界を切り取る（視界を制限する）
> **b**外界を二次元の平面へと変える

以上の二点の特徴をもつがゆえに、「視覚装置」と説明されているのである。正解は②である。

① 「隔てられた外界を室内に投影して見る」が誤り。外界が投影されるのはスクリーンである「ガラス障子」であり、室内に投影するわけではない。

③ 「外の世界と室内とを切り離したり接続したりする」が誤り。外の世界と室内との接続については、**【文章Ⅰ】**に述べられていない。

④ 「新たな風景の解釈を可能にする」が誤り。風景の解釈が改まるという説明は**【文章Ⅰ】**にはなく根拠がない。

⑤ 「絵画に見立てることで、その風景を鑑賞するための空間へと室内を変化させる」が誤り。「ガラス障子」が外界を「絵画」に見立てる作用があるとは説明されていない。

問4 **8** ⑤ **《内容把握問題》**

傍線部**C**では、子規のガラス障子と対比して、ル・コルビュジエの窓が意図的に作られたフレームであったことが説明されている。本問はこれを踏まえて、「ル・コルビュジエの窓」がもつ特徴（**a**）と効果（**b**）を説明することを求める問題である。傍線部**C**のあとの「ル・コルビュジエの窓」について説明されている部分から**a**特徴と**b**効果を拾い上げていこう。

> **a**窓の特徴
> ・ル・コルビュジエは、窓に換気ではなく「視界と採光」を優先した。
> ・ル・コルビュジエは窓を、外界を切り取るフレームだと捉えた。
>
> **b**効果
> ・引用部より
> 　壁を建てることによって視界を遮ぎり、つぎに連らなる壁面を要所要所取り払い、そこに水平線の広がりを求めるのである。
> →視界を遮ることで、見るべき風景の焦点が定まるだけでなく、風景の広がりを望むことができる。

ところで、選択肢はすべて「ル・コルビュジエの窓は**aという特徴**をもつものであり、～することで**bという効果**がある」という内容になっている。したがって、特徴（**a**）と効果（**b**）のそれぞれが適切に説明されているかを確認していくといいだろう。すると、⑤が整理した内容に即しており適切である。

① **b**の効果について、「風景がより美しく見える」が誤り。「水平線の広がりを求める」とする内容が説明されていない。

② **a**の特徴について、「居住性を向上させる機能を持つ」が誤り。「換気」に配慮の少ないル・コルビュジエの建築に居住性を向上させる意図はあまりないと考えられる。また、**b**の効果について、「囲い壁に遮られた空間の生活環境が快適なものになる」も不適切。囲い壁は外界を切り取るためのものであり、「囲い壁に遮られた空間の生活環境」が不快なものであるという説明もない。

③ **a**の特徴について、「アスペクト比の変更を目的としたもの」が誤り。窓のアスペクト比はル・コルビュジエが「視覚装置」としての窓を追求した結

果として変わったのであって、アスペクト比の変更を目的としたわけではない。

④ aの特徴について、「囲い壁を効率よく配置することで」が誤り。【文章Ⅰ】では、視界を遮るための囲い壁を要所要所取り払ったとある通り、風景を望むために必要な箇所を必要な分だけ取り除いたのであって、それは「効率がよい」とはいえない（強いていえば、風景を望むために「有効」な仕様ではあると考えられる）。また、bの効果について、「風景への没入が可能」が誤り。【文章Ⅰ】では、風景の広がりを感じ取ることができる、とあり、風景に没入することができるとは述べられていない。

問5 9 ③ **《内容把握問題》**

まず、傍線部Dの内容を押さえるところから始めよう。「観照」とは「対象の本質を見極めること」だが、この言葉を踏まえても傍線部Dの表現はやや難解なので、傍線部前後より「壁がもつ意味」を考えてみよう。

着目すべきは、傍線部D直後に「この動かぬ視点 theōria の存在」とあることである。指示語「この」は直前を指すため、「壁がもつ意味」には、「動かぬ視点」が関わっていることがわかる。したがって、「動かぬ視点」に着目して傍線部Dまでを整理しておきたい。

> ・風景についての引用部：
> 　ここに見られる囲い壁の存在理由は、……視界を閉ざすためである。……景色を望むには、むしろそれを限定しなければならない。……〝囲われた庭〟を形成すること、これがここでの方針である。
> ・ここに語られる「風景」は動かぬ視点をもっている。……この「動かぬ視点」は風景を切り取る。視点と風景は、一つの壁によって隔てられ、そしてつながれる。風景は一点から見られ、眺められる。

つまり、「動かぬ視点」とは、壁によって視界が遮られることで、風景を眺める視点が一点に限定・固定化されたものということができる。

そして、こうした「動かぬ視点」を獲得することで、住宅はどのような空間になるのか。傍線部Dのあとの段落にあるル・コルビュジエの考えによると次の通りである。

> ・かれ（＝ル・コルビュジエ）は、住宅は、沈思黙考、美に関わると述べている。初期に明言されるこの思想は、明らかに動かぬ視点をもっている。

以上を踏まえると、

> a「壁がもつ意味」→視界を一点に限定することで、（見る人に）「動かぬ視点」を獲得させる。
> b「どのような空間になるのか」→沈思黙考の場となる。

選択肢を見ると、それぞれ二文あるうちの、初めの文にa「壁がもつ意味」、二つ目の文にb「どのような空間になるのか」が書かれているので、それぞれを点検して、適切なものを選ぶといいだろう。正解は③。

① まず、a「外光は制限されて一方向からのみ部屋の内部に取り入れられる」が誤り。制限されるものが、「視点」ではなく、外光になっている。また、b「心を癒やす空間」も不適切。「沈思黙考」「瞑想」について指摘されていない。

② b「人間が風景と向き合う空間になる」が不適切。風景と向き合うことに触れているのは【文章Ⅰ】であり、【文章Ⅱ】の論旨と合わない。

④ b「住宅は風景を鑑賞するための空間」が誤り。①と同様に、「沈思黙考」「瞑想」についての指摘がなく不適切。風景の鑑賞について述べられているのは、【文章Ⅰ】の内容である。

⑤ a「外界に対する視野に制約」が、「動かぬ視点」の説明として不十分。「制約」では、視点が一点に制限されている効果が説明できていない。また、b「自己省察するための空間」も不適切。【文章Ⅱ】では「沈思黙考」とあり、「自己省察（＝自分自身の言動を反省し、考えること）」にのみ限定するのは誤

りである。

問6 10 ④ 11 ② 12 ③

《会話文形式による複数文章の内容把握問題》

(i) 生徒同士の会話を見ると、空欄Xは【文章Ⅰ】と【文章Ⅱ】のル・コルビュジエの引用について、その違いを説明したものが入るとわかる。違いを整理しておこう。

押さえておくべきなのは、【文章Ⅱ】の引用では中略があり、その省略された箇所を重視していないという点である。

【文章Ⅱ】の引用の中略で省略されているのは、【文章Ⅰ】の末文、「すなわち、まず壁を建てることによって視界を遮ぎり、つぎに連らなる壁面を要所要所取り払い、そこに水平線の広がりを求めるのである」である。一方で、【文章Ⅱ】の引用では、【文章Ⅰ】の引用にはなかった一文「北側の壁と、そして東側と南側の壁とが〝囲われた庭〟を形成すること、これがここでの方針である」が追加されている。

つまり、【文章Ⅰ】では、壁とそこに開けられた窓によって、風景の広がりを望むことができるという点を重視しているが、【文章Ⅱ】では、そうした窓を設ける意図が省略されて、壁を設けることの意図が重視されている、と考えられる。したがって、それを説明した④が正解。

① 【文章Ⅱ】「壁の圧迫感について記された部分が省略されて」が誤り。省略された箇所は、窓を設ける意図を述べた部分である。

② 【文章Ⅱ】「どの方角を遮るかが重要視」が不適切。方角が重要なのではなく、「壁で囲われる」ことを重要視しているのである。

③ 【文章Ⅰ】「壁の外に広がる圧倒的な景色とそれを限定する窓の役割」が誤り。右の引用で確認した通り、視界を閉ざし、景色を限定するのは「壁」の役割である。壁と窓の役割の説明が不適切。

(ii) 空欄Yでは、生徒Bの質問を受けて、【文章Ⅰ】で子規を取り上げた理由を考察している。【文章Ⅰ】はル・コルビュジエの窓が風景を見るための「視覚装置」として機能していることを述べたものだが、子規のガラス障子がこのル・コルビュジエの窓とどのような関わりがあるのか、再度【文章Ⅰ】を追って確認しておこう。

> ・子規の挿話
> ↓**ガラス障子が「視覚装置」として機能しており**、子規はガラス障子から風景をながめることができた。
> ↓
> ・実のところ、**外界をながめることのできる「窓」は、視覚装置として**、建築・住宅にもっとも重要な要素としてある。
> ↓
> ・建築家のル・コルビュジエは、いわば**視覚装置としての「窓」**をきわめて重視していた。……窓が視覚装置であるという点においては、子規の書斎（病室）のガラス障子といささかもかわることはない。しかし、ル・コルビュジエは、住まいを徹底した視覚装置……のように考えていた……子規のガラス障子は、フレームではあっても、操作されたフレームではない。他方、ル・コルビュジエの窓は、確信を持ってつくられたフレームであった。

これを見ると、「子規のガラス障子」と「ル・コルビュジエの窓」は、風景を望むための「視覚装置」としての役割をもつという点で共通していることがわかる。つまり、共通する点をあらかじめ示すことで、あとから説明する「ル・コルビュジエの窓」の特徴を読者が理解しやすくするねらいがあったと推察されるだろう。

一方、「子規のガラス障子」が「視覚装置」として機能したのは偶然によるものだったのに対して、「ル・コルビュジエの窓」は確信を持って意図的に設計されたものだったと説明されている。これは、ル・コルビュジエが、住まいの居住者と風景の関係を計算した上で、窓を設計したことを強調する意図があったと考えられる。

これらを踏まえると、筆者が子規のことを取り上げた理由としては、②が正しいとわかる。

①「現代の窓の設計に大きな影響を与えたこと」が誤り。【文章Ⅰ】では、現代の窓の設計については論じられていない。

③「子規の芸術に対してガラス障子が及ぼした効果」が誤り。子規の芸術への影響について、【文章Ⅰ】ではまったく触れられていない。

④「換気と採光についての考察が住み心地の追求であった」が誤り。ル・コルビュジエは「換気」にはあまり重点を置いていないし、「住み心地」を追求したとも書かれていない。

(iii) 空欄Zでは、【文章Ⅱ】と関連づけて【文章Ⅰ】の子規の話題をとらえなおそうとしている。【文章Ⅱ】で説明された「ル・コルビュジエの窓」の思想が、【文章Ⅰ】の子規の話題とどのように関係づけられるかを整理していきたい。

【文章Ⅱ】の主旨は「『動かぬ視点』によって、住宅が『沈思黙考の場』としての役割をもつ」ということである。そのことを踏まえて【文章Ⅰ】の子規の話題を解釈すると、「ガラス障子」と病で「寝返りさえ自らままならなかった子規」の状況が子規に「動かぬ視点」を獲得させ、その「動かぬ視点」によって、子規の書斎が「沈思黙考の場」としての機能をもつことになった、と考えられるだろう。これらの内容を踏まえた③が正解。

①「ル・コルビュジエの主題化した宗教建築」が誤り。ル・コルビュジエが主題化したのは「沈思黙考の場をうたう住宅論」(【文章Ⅱ】)であり、「宗教建築」ではない。

②「光の溢れる世界」や「仕事の空間として機能していた」が誤り。【文章Ⅱ】で述べられたル・コルビュジエの建築は「沈思黙考の場」としての住宅であり、「仕事の空間」について述べたわけではない。また、「沈思黙考の場」はむしろ「光の疎んじられる世界」である。(【文章Ⅱ】)

④【文章Ⅱ】の内容に即して子規のガラス障子が説明されておらず、不適切。選択肢の「視覚装置として機能していた」という説明は【文章Ⅰ】だけの内容になっている。

写真：akg-images/アフロ

第2問

出典 梅崎春生《うめざきはるお》「飢えの季節」（一九四八年初出） **【資料】**「マツダランプの広告」（雑誌『航空朝日』一九四五年八・九月合併号32頁［朝日新聞社・一九四五年九月一日発行］掲載）

梅崎春生（一九一五～一九六五）は福岡県生まれ。東京帝国大学文学部国文科卒。大学卒業後は陸軍に招集されるも病気で帰郷を命じられる。この前後で東京市教育局などに雇員として勤務していたが、海軍に召集され暗号特技兵などを務めて終戦を迎える。一九四六年、海軍体験を踏まえた「桜島」を発表し、注目を浴びる。続いて「日の果て」、「B島風物誌」などを発表し、戦後派作家としての地位を獲得する。一九五四年、「ボロ家の春秋」で直木賞受賞。一九五五年、「砂時計」で新潮社文学賞受賞。一九六四年、「狂ひ凧《だこ》」で芸術選奨受賞。毎日出版文化賞受賞作「幻化」（一九六五年）が遺作となった。

【出題の特徴】

本問は、第二次世界大戦の終結直後の食糧難の時代を舞台にした小説から出題された。**問1**～**問6**までは、主人公である「私」の心情を把握する問題を中心として、小説読解のための基礎的な力が問われている。**問7**は共通テストならではの新傾向問題といえるが、本文の舞台となった時代の広告を踏まえて、本文の表現を考察する問題であった。これによって本文のタイトルである「飢えの季節」というテーマを、受験生により深くとらえさせる工夫がなされている。なお、昨年に引き続き、センター試験で例年課されていた「語句の意味を問う」問題は、今回も出題されなかった。

【概要】 問題文の概要は次の通りである。

(1)《「私」の夢と会社の方針との乖離《かいり》》（リード文～36行目）

・私が拵えた構想のなかには、私がもっとも念願する理想の食物都市の精神が加味されていた。ここには私のさまざまな夢がこめられていると言ってよかった。私の夢は飢えたる都市の人々の共感を得ない筈はないと確信していた。だから自身の構想を会議に提出するにあたっても、晴れがましい気持でいたのである。

・しかし、会議の席上では、私の下書きはてんで問題にされなかった。

・思えば会社が戦争中情報局と仕事をやっていたというのも、たんなる儲け仕事にすぎなかったことは、少し考えれば判る筈であった。そして戦後、掌をかえしたように文化国家の建設の啓蒙をやろうというのも、私費を投じた慈善事業である筈がなかった。

・私はだんだん腹が立ってきた。ただただ私は自分の間抜けさ加減に腹を立てていたのであった。

(2)《物乞いの老爺》（37行目～56行目）

・会議で構想のたてなおしを命ぜられた帰り道、変な老人から呼びとめられた。老人は私に一食めぐんでくれるように頼んだ。老人はぎょっとするほど痩せていて、よごれており、立っているのも精いっぱいであるらしかった。

・断るものの、自身の上衣すら抵当に入れようとしてまで、なおもすがりつく老爺に、あたりに人眼がなければ私の方がひざまずいて、これ以上自分を苦しめて呉れるなと、頭をさげたい気持になった。

・老爺からなんとか逃れるため、自分でもおどろくほど邪険な口調で、老爺を追い払った。

(3)《食堂にて》（57行目～66行目）

・しきりに胸を熱くして来るものがあって、食物の味もわからない位だった。私をとりまくさまざまの構図が、ひっきりなしに心を去来した。それら貧富さまざまな人々のたくさんの構図にかこまれて、朝起きたときから食物のことばかり妄想し、こそ泥のように芋や柿をかすめている私自身の姿が思い浮かんだ。こんな日常が続くことで、一体どんなおそろしい結末が待っているかと考えるだけで、私は恐怖した。

(4)《**退職と私の決意**》(68行目~最終行目)

・給与が日給であること、それも一日三円の割であることを知ったとき、私はある衝動を覚えた。庶務課長によると、私はしばらくの間は見習社員で、実力次第では昇給も可能であるという話だった。続けて私の勤務態度をあげ、今後を期待していると述べた。

・日給三円だと聞かされたときの衝動は、すぐ胸の奥で消えてしまって、水のように静かな怒りが胸のうちに拡がってきた。一日三円では食えないことを理由として挙げ、庶務課長には辞意を告げた。

・会社を辞めることによる今後の生活への危惧はあった。しかし、私は私の道を自分で切りひらいてゆく他はなかった。ふつうのつとめをしていては満足に食べて行けないなら、私は他に新しい生き方を求めるよりなかった。

・切実な思いで希求していた「盗みもする必要がない、静かな生活」が望めないものであるとはっきり判った瞬間、私はある勇気がほのぼのと胸にのぼってくるのを感じていた。

・辞職した帰途、電車みちまで出てふりかえると曇り空の下で灰色のこの焼けビルは、私の飢えの季節の象徴のようにかなしくそそり立っていた。

問1 **13** ①《**内容把握問題**》

傍線部Aは、「私」が提出した構想が、会議の場では想定外に酷評され、会長からも「一体どういうつもりなのか」「一体何のためになると思う」と詰問されたため、「あわてて」自分の構想意図を説明したという場面である。「あわてて」に至るまでの「私」の様子について順を追って確認していこう。

常に空腹を抱えていた「私」は、「もっとも念願する理想の食物都市」とはやや異なるものの、食べものに困らないようなしくみを考え、構想の下書きを作成した。そうした構想の中では、都民のひとりひとりが楽しく胸をはって生きてゆけるはずだった。この中には「私のさまざまな夢がこめられて」いたのである。この夢は「飢えたる都市の人々の共感を得ない筈はな」いと確信し、だから下書きを提出するにあたっても「晴れがましい気持」でいたのである。こうして自信をもって提出した下書きが酷評されたため、うろたえながらも、下書きの作成意図を説明し、なんとか会長の理解を得ようとした、というわけである。したがって正解は①。

② 「会長も出席する重要な会議の場で成果をあげて認められようと張り切って作った構想」が誤り。成果をあげて認められようと構想を練ったわけではない。また、本文の「無理矢理に拵え上げた構想」(1行目)とも矛盾する。

③ 「自分の未熟さにあきれつつも」が誤り。ここでは、自分の提出した下書きが予想外に否定されて、うろたえているのであって、「自分の未熟さにあきれ」ているわけではない。

④ 「都民の現実を見誤っていたことに今更ながら気づき」が誤り。「都民の現実を見誤っていた」わけではないので不適切。「見誤っていた」のは、会長や会社が求めていた構想の意図である。

⑤ 「『私』の理想の食物都市の構想」が誤り。「理想」とは「いささか形はちがっていた」(2行目)のである。また、「会長からテーマとの関連不足を指摘されて」が誤り。会長からは、どういうつもりでこの下書きを作成したのか、と問われたのであって、「大東京の将来」というテーマから乖離している、という指摘を受けたわけではない。

問2 **14** ⑤《**理由把握問題**》

傍線部Bで「私」が腹を立てた理由は、直後に説明されている。

> 私の夢が侮蔑されたのが口惜しいのではない。この会社のそのような営利精神を憎むのでもない。佐藤や長山の冷笑的な視線が辛かったのでもない。ただただ私は**自分の間抜けさ加減に腹を立てていた**のであった。

しかし、「私」が自分を「間抜け」だと感じた理由はここでは言及されていないので、文章をさかのぼって確認していく必要がある。

> 思えば戦争中情報局と手を組んでこんな仕事をやっていたというのも、憂国の至情にあふれてからの所業ではなくて、たんなる儲け仕事にすぎなかったことは、少し考えれば判る筈であった。そして戦争が終って情報局と手が切れて、掌をかえしたように文化国家の建設の啓蒙をやろうというのも、私費を投じた慈善事業である筈がなかった。

つまり、会社が文化国家の建設の啓蒙をしようとしたのは、**金儲けの手段であったことに気づかなかったこと、その思い違いに気づかず、自分の夢や理想を詰め込んだ構想を自信もって提出したこと、**を間抜けだと感じたということである。したがって、正解は⑤。

① 「給料をもらって飢えをしのぎたいという自らの欲望を優先させた自分の浅ましさ」が誤り。この選択肢では「自分の間抜けさ」が説明されておらず、不適切。

② 「戦後に方針転換したことに思い至らず」が誤り。会社は「方針転換」したわけではなく、一貫して「儲け仕事」を重視しているので、「方針転換したことに思い至らず」という説明は不適切。また後半も、「暴利をむさぼるような経営にいつの間にか自分が加担させられていること」に腹を立てているわけではなく誤り。

③ 「戦後に営利を追求するようになった会社が社員相互の啓発による競争を重視していることに思い至らず」が誤り。「思い至ら」なかったのは、社員相互の競争が重視されていることではなく、会社の方針が金儲けにあることである。この方針は戦前から変わっていない。また、社員相互の競争が重視されていた、という説明もない。

④ 「飢えの解消を前面に打ち出す提案をした自分の安直な姿勢」が誤り。「私」は「都民のひとりひとりが楽しく胸をはって生きてゆける……都市」（1行目）を構想したのであり、「飢えの解消」はその一つの条件であって、「前面」に打ち出したわけではない。

問3 15 ⑤ **《心情把握問題》**

問われているのは、傍線部Cに至るまでの「私」の心の動きなので、老爺に出会ってから、邪険な口調で老爺を追い払うまでの流れと心の動きを押さえる必要がある。37行目から55行目を確認していこう。

> ・私は変な老人から呼びとめられた。ひどく飢えて痩せた老人に食べものをめぐんでくれるように頼まれる。
> ←
> ・私は**ある苦痛をしのびながらそれを振りはらった。**
> ←
> ・老人に重ねて食べものを乞われる。
> ←
> ・頭をふらふらと下げる老爺よりもどんなに私の方が頭を下げて願いたかったことだろう。**あたりに人眼がなければ私はひざまずいて、これ以上自分を苦しめて呉れるなと、老爺にむかって頭をさげていたかも知れない**のだ。しかし私は、自分でもおどろくほど邪険な口調で、老爺にこたえていた。

右の部分で「私」の気持ちが表れているのは、波線部である。

老爺はひどく飢えていて痩せており、立っていることも精いっぱいの様子であった。しかし、自分が食べることすら満足にできない「私」には、食べものをめぐんでやりたくてもそうすることができない（＝a）のである。そのため、はじめ苦痛をしのびながら、食べものをめぐむことを断る（＝b）が、それでも重ねて頼む老爺に対し、「これ以上自分を苦しめて呉れるな」と「頭を下げて願いた」いような気持ちにかられた（＝c）のである。一方、心ではそういう気持ちをもちながらも、「邪険な口調」で老爺を追い払っているのだから、老爺と向き合うことからなんとか逃れたい、という思い（＝d）をもっていたのだろうと考えることができる。これらaからdまでの流れを説明できている選択肢が正解となる。したがって、正解は⑤。

① 「せめて丁寧な態度で断りたい」や「人目をはばからず無心を続ける老爺にいら立った」が誤り。「私」が邪険な態度をとったのは、食べものをめぐんでやりたくても、そうすることができないという苦痛に原因があるのであって、老爺の言動によるものではないので不適切。また、cやdの内容を踏まえていない。

② 「周りの視線を気にしてそれもできない自分へのいらだちを募らせた」が誤り。老爺の懇願に応じてやれないことへの苦痛から、邪険な態度をとったのであって、「周りの視線」が気になって許しを請うことができない自分に対していらだちを覚えているわけではないので不適切。

③ 「自分と重なるところがあると感じた」が本文に根拠がない。また、dの内容を踏まえておらず、「自分にはない厚かましさ」を感じたという指摘も①と同様に、老爺の言動に原因を求めた説明になっており、不適切。

④ 「老爺のしつこさに嫌悪感」が誤り。①、③と同様に、「老爺のしつこさ」と老爺の言動を「私」の行動の原因としており不適切。

問4 16 ① **《心情把握問題》**

まず、傍線部Dの指示語「それ」は、直前の「こんな日常が連続してゆくことで、一体どんなおそろしい結末が待っているのか」を指すことがわかる。したがって、「身ぶるい」するほどの恐怖を感じている対象は、「おそろしい結末」、つまり自分の行く末、将来についてである。こうした「おそろしい結末」に思い至るまでの「私」の心の動きを追っていこう。

・私をとりまくさまざまの構図が、ひっきりなしに心を去来した。
・貧富の差が顕著に描写された人々（下宿のあるじ、裏の吉田さん、会長、庶務課長、佐藤、長山アキ子、T・I氏、青いモンペの女、勤め人たち、老爺）
↓
・それらのたくさんの構図にかこまれて、朝起きたときから食物のことばかり妄想し、こそ泥のように芋や柿をかすめている（＝すきをうかがって、盗みだす）私自身の姿がそこにあるわけであった。
↓
・**こんな日常が連続してゆくことで、一体どんなおそろしい結末が待っているのか。**それを考えるだけで私は身ぶるいした。

すると、貧富の差が顕著にあらわれた周囲のさまざまな人々の姿から起きている間中ずっと食物のことばかりに執着する「私」の状況が強く意識され、こんな生活を続けていった先にある「おそろしい結末」を思って、恐怖したという心の動きを読み取ることができる。したがって、正解は①。

② 「自分は厳しい現実を直視できていないと認識した」が誤り。傍線部Dにおける「私」の恐怖の対象は、「おそろしい結末」だが、その言及がない。

③ 「その場しのぎの不器用な生き方しかできない我が身を振り返った」が誤り。この時意識されたのは、「朝起きたときから食物のことばかり妄想し、こそ泥のように芋や柿をかすめている私自身の姿」である。また、②と同様に、この選択肢では、「おそろしい結末」に対する「私」の恐怖が説明されておらず不適切。

④ 「富める人もいれば貧しい人もいる社会の構造にやっと思い至った」が誤り。「私」は貧富の差が顕著にあらわれた周囲のさまざまな人々から、自身が起きている間中ずっと食物のことばかりに執着していると自覚したのである。

⑤ 「社会の動向を広く認識できていなかった自分を見つめ直した」が誤り。「社会の動向」に目を向けていなかった自身を省みたという選択肢だが、これも「おそろしい結末」に対する恐怖を説明できておらず、不適切。

問5 17 ① **《内容把握問題》**

傍線部Eの「私」の発言について説明する問題だが、この発言は庶務課長との応答によるものなので、庶務課長と「私」のやりとりやその時の心理状況を整理する必要がある。

・給料が日給で、しかも一日三円の割であることを知らされる。
心情「私」の心に生じた「衝動」（＝心が突き動かされること）
←
・しばらくは見習いだが、実力次第では昇給が可能。期待をかけていると告げられる。
心情「衝動」はすぐ胸の奥で消えてしまって、その代りに水のように静かな怒りがゆるゆると拡がってきた。そのときすでに会社を辞める決心をかためていた。
←
・私は低い声でいった。「私はここを辞めさせて頂きたいとおもいます」「一日三円では食えないのです。食えないことは、やはり良くないことだと思うんです」

「私」の給料は日給でしかも一日三円の割であった。「私の一日の給料が一枚の外食券の闇価と同じだ」（74行目）というのだから、とんでもなく薄給であることがわかる。いつも空腹を抱えていた「私」は満足に「食べられること」を希求していた。そのためには、不本意な「儲け仕事」にも従事していたし、「毎日自発的に一時間ほど残業」（72行目）もしてきたのである。

庶務課長は、今は見習社員でも実力次第では昇給させるし、期待しているからと、将来的な展望を伝えるが、**「私」は今、満足に食べられないほど薄給であることに納得できず、辞意を告げることになった**のである。「食えないことは、やはり良くないことだと思うんです」という言葉を低い声で述べたことには、「私」の決意や、うちに潜む「静かな怒り」が表現されていると考えられる。したがって、正解は①。

② 「感情的に反論した」が誤り。「私」は低い声で冷静に辞意を告げており、「感情的に反論」という指摘は当てはまらない。

③ 「課長に正論を述べても仕方がないと諦めて、ぞんざいな言い方しかできなかった」が誤り。「私」は低い声で淡々と辞意を告げているので、「ぞんざいな（＝乱暴でいいかげんな）言い方」ではない。また、この選択肢では、他に述べたかった「正論」があることになるが、そうした「正論」にあたるものは本文では指摘されていないため、不適切。

④ 「課長に何を言っても正当な評価は得られないと感じて」が誤り。「正当な評価」や会社からの期待などを「私」は重視していない。

⑤ 「有効な議論を展開するだけの余裕もないので、負け惜しみのような主張を絞り出すしかなかった」が誤り。日給三円では食えない、というのは「私」の本音であり、「負け惜しみのような主張（＝いいわけや屁《へ》理屈）」とはいえず、不適切。

問6 18 ④ **《心情把握問題》**

傍線部**F**の心情を説明する問題。「ある勇気」が胸にのぼってくるのを感じた、とあるのだから、まずは、この「ある勇気」の内容を本文中から読み取る必要がある。また、傍線部**F**の直前を確認すると、「ある勇気」が胸にのぼってきたのは、「それ（＝盗みもする必要がない、静かな生活に対する希求）が絶望であることがはっきり判ったこの瞬間」つまり、「人並みな暮しの出来る給料」が得られず、切望していた「盗みもする必要がない、静かな生活」が手に入らないことを理解した瞬間ということも押さえておきたい。

その瞬間の気持ちを「ある勇気」というポイントを踏まえて確認していくと、

（仕事を辞すことによる将来の心配はあるものの）**私は私の道を自分で切りひらいてゆく他はなかった**。ふつうのつとめをしていては満足に食べて行けないなら、**私は他に新しい生き方を求めるよりなかった**。……そこ（＝鞄の中にいろんな物を詰めこんで、売ったり買ったりする場）にも生きる途がひとつはある筈であった。そしてまた、……（あの老爺のように）外套を抵当にして食を乞う方法も残っているに相違なかった。

つまり、**a「盗みもする必要がない、静かな生活」を期待していた。↓bそ**

れが決してかなわない願いであることを知って絶望し、（給料では食べていけないのならと）会社を辞める決断をした→c将来の生活に対する心配はあるものの、自分で自分の新しい道を切り開いていかなければならない、とやる気がわき起こっているということである。したがって、正解は④。

①「その給料では食べていけないと主張できたことにより」が誤り。「ある勇気」が胸にのぼってきたきっかけは、「それ（＝盗みもする必要がない、静かな生活）が絶望であることがはっきり判ったこの瞬間」である。

②「課長に言われた言葉を思い出すことにより」がまず誤り。①と同様に、勇気が胸にのぼってきたきっかけの説明が不適切。また、「自分がすべきことをイメージできるようになり」も不適切。ここは「新しい生き方」を模索しだす段階で、具体的な「イメージ」があるわけではない。

③「物乞いをしてでも生きていこう」が誤り。「物乞い」も「新しい生き方」の選択肢の一つではあるが、ここでは「新しい生き方」を「物乞い」に限定していない。

⑤「課長が自分に期待していた事実があることに自信を得て」が誤り。「ある勇気」が胸にのぼってきたきっかけの説明が不適切。また、本文では、課長が自分に期待していたかどうかを「私」はプラスにとらえておらず、それによって自信を得たという説明も根拠がない。

問7 19 ③ 20 ② **《複数資料の把握問題》**

(i)**【文章】**の空欄Ⅰに入る言葉を考察する問題である。まずは空欄の前後を整理しておこう。

> この広告と「飢えの季節」本文の最後にある「焼けビル」とには共通点がある
> ↓
> 共通点の説明＝空欄Ⅰ
> ↓
> この共通点は、本文の会長の仕事のやり方とも重なる。

したがって、「この広告」と「焼けビル」、また、「会長の仕事のやり方」の三つに共通点があることがわかる。それぞれの内容を整理しておこう。

> 「この広告」→**【資料】**中の「マツダランプ」の広告。戦時中に使われていたものを、戦後も一部を削除して流用している。
> 「焼けビル」→注3参照。戦災で焼け残ったビル。
> 「会長の仕事のやり方」→戦時中も戦後も変わることなく、「たんなる儲け仕事」。

これらに共通するものは、「戦時中に存在したものが、終戦後社会が変化したあとになっても、なお残り続けている」という点である。したがって正解は③。

①「軍事的圧力の影響」が誤り。広告も焼けビルも、仕事のやり方も「軍事的圧力」とは無関係である。

②「倹約の精神」が誤り。「倹約」は強いていえば「広告」にのみ当てはまる内容である。

④「戦時下の国家貢献を重視する方針」が誤り。これまでの設問でも見たように、会長の仕事は「たんなる儲け仕事」で国家貢献を重視するものではないし、広告も焼けビルも国家貢献とは無関係である。

(ii)**【文章】**の空欄Ⅱは文章最後の一文の末尾にあたるので、文全体を把握することから始めよう。

> そこで改めて**【資料】**を参考に、本文の最後の一文に注目して「私」の「飢え」について考察すると、「かなしくそそり立っていた」という「焼けビル」は、［Ⅱ］と捉えることができる。

また、本文の最後の一文は、「……この焼けビルは、私の飢えの季節の象徴

のようにかなしくそそり立っていたのである」となっている。したがって、

a 焼けビル＝飢えの季節の象徴
b 【資料】（「焼けビル」のもつ特徴 問7(i)より）を参考に、「私」と「飢え」についての考察→終戦後なおも残り続けているもの。

以上の二点から考えると、「焼けビル」は「私」にとって、解消することを切望していた「飢え」がなおも継続していることの象徴としてとらえられている、ということがいえそうである。したがって、正解は②。

① 「給料を払えない会社の象徴」が誤り。ここでは「飢え」の継続性を指摘すべきであり、「給料」や「会社」に着目している点で不適切。

③ 「飢えた生活や不本意な仕事との決別の象徴」が誤り。「飢えた生活」からは決別できていない。

④ 「飢えから脱却する勇気を得たことの象徴」が誤り。仮に、これが当てはまるのであれば、本文では「焼けビル」が「かなしくそそり立っていた」とは表現されないだろう。この空欄にはマイナスの内容が入ると考えれば、④はすぐに誤りとわかる。

第3問

出典　源《みなもとのとしより》俊頼『俊頼髄脳《ずいのう》』
【問4】源俊頼『散木奇歌集《さんぼくきか》』

『俊頼髄脳』は、平安時代後期（天永二〈一一一一〉～永久二年〈一一一四〉頃）成立の、歌人・源俊頼による歌学書。藤原忠実《ただざね》の依頼により、その娘・勲子（後の鳥羽院皇后、高陽院泰子）のために述作したとされる（『今鏡』）。実作のための入門書的性格が強く、具体的な作品解説や和歌にまつわる故事・伝説も多く記される一方で、歌体論、歌病論、題詠論、秀歌論などの和歌概論からは俊頼の新風志向がうかがえる。源俊頼は平安時代後期の歌人（天喜三〈一〇五五〉～大治四年〈一一二九〉）。白河上皇の院宣により『金葉和歌集』を撰した他、多くの歌合《うたあわせ》の判者を務めた。

『散木奇歌集』は、源俊頼の自撰家集で、晩年の大治三年（一一二八）頃の成立。十巻千六百二十二首に及ぶ大部の歌集で、細かく部類されている。奇語・俗語など多種多様な語彙を用いた、俊頼らしい新風の和歌が並ぶ。書名の「散木」は役に立たない木の意であり、「奇歌」とともに謙辞（＝へりくだりの言葉）である。

【出題の特徴】

本文が一つ、設問に和歌が引用される形は二〇二一年度第一日程と同様。歌学書ではあるものの問題文は説話的性格が強く、状況もわかりやすく読みやすい。全体を通して基本的な語彙・文法を確実に押さえられているかが問われる。

問1は従来通り、重要単語を訳出する力を問う。紛らわしい選択肢はない。**問2**は昨年度と同様、文法や語句に関する問い。表現効果に主眼が置かれるものの文法事項だけでほぼ正答を導ける。**問3**は本文内容との合致問題で、段落が指定されており該当本文を見つけやすい。**問4**は新傾向の問題。教師と生徒の会話をもとにした空欄補充の形式は昨年度本試験と同様。今回は短連歌の解釈や詠歌状況、表現技法といった和歌を軸とした内容になっている。掛詞を踏まえ自分で一から解釈するのはいささか難しいかもしれないが、選択肢を読めば適切な解釈にたどり着ける。また昨年度は本文の該当箇所を確認・解釈する必要があり、紛らわしい選択肢も多かったが、今回は選択肢内に誤っている箇所が複数あることが多く、判断しやすい。登場人物の心情や語り手の意図などを文章から読み取る力はほとんど問われず、全体的に基礎力が身についていれば得点できる問題が多い。

【概要】

1　皇后寛子のための船遊びに際し、宮司らは船を紅葉で飾りつけたり、船を操作する若侍の華やかな衣装を用意したりと、入念に準備した。

2　当日、二艘《そう》の船に乗りわかれた人々は、船前方に奏者を置くなどして船を進めていると、南の普賢堂の辺りに着いた。そこには宇治の僧正（当時は僧都の君）がおり、船遊びが催されると知った多くの僧もまた庭に集まっていた。

3　・その中にいた歌僧・良暹を知る者が、船に乗せて連歌をするよう提案するが、（部外者の良暹を）船に乗せるのは後の時代の人から批判を受けるということで、その場で連歌をさせることになった。
・良暹も連歌を求められることもあろうと思っていたのか、すぐに詠んで傍らの僧に伝え、僧が船に歩み寄り「紅葉が焦げるように色づいており、その紅葉を飾って漕いでいるのが見える、美しい船であることよ」と詠みかけた。

4　船の人々は句を付けられないまま築島を二周もしてしまい、島陰で「どうしようか」と言い合うが、もはや句を付けようという気もなく、混乱しきりであった。

5　皇后にお借りした楽器も演奏することなく、宮司が準備してあった饗宴もそのかいなく、中止となった。

【問4・『散木奇歌集』】

・八幡の御神楽の翌日、別当法印光清の堂の池の釣殿で人々が遊興していたところ、光清が連歌を求めたので、俊重が「釣殿の下には魚は住んでいないのだろうか」と詠んだ。
・結局光清が句を付けられなかったことを、帰宅した俊重が話し、俊頼は「梁ならぬ釣針が水底に映って見える（からだろうよ）」と詠んだ。

問1 **21** ③ **22** ④ **23** ② **《語句の解釈問題》**

(ア) 船遊びの場面で、人々が乗る二艘の船が南の普賢堂の辺りにやってくる時の様子を表している。語意はそれぞれ次の通り。

さしまはす【サ行四段活用動詞】
接頭語「さし」が「まはす」に接続した語として、〈まわす〉〈さし向ける〉などの意。また「鎖す」と「まはす」の複合動詞として〈（門戸を）閉じる〉の意もある。
なお、本文の「船さし〈船を操作する人〉」を参考にすると、複合動詞として「操作する」意のサ行四段動詞「さす」＋「まはす」と考えることも可能。どちらにしても船を向けるという意味になる。

やうやう（漸う）【副詞】
主に〈だんだん・次第に・徐々に〉など、時がたつにつれて進行するさまを指す。他にも、何らかの困難があったものが時の経過によってどうにか成ったさま〈かろうじて・やっと〉、時が経ってある事態が成立するさま〈まさしく・すでに〉を指すこともある。

以上を適切に訳した③が正解。
なお、傍線部を検討するにあたり、「やうやう」からだけでは正解の選択肢を絞ることは難しい。なぜなら、「やうやう」の訳としては③・④・⑤が該当し、また②は「やうやう」を「様々」として解釈しており、これも不適切とは即断できないからである。そこで「さしまはす」の語意と文脈を踏まえながら考える必要がある。動詞「さしまはす」の意味を知らなかった場合は、複合動詞的な構成であることに注目し、「さす」「まはす」の語意を意識しながら文脈と照らして解けばよい。②「準備する」、④「集まる」、⑤「演奏が始まる」は、この文脈における「まはす」の訳として違和感がある。さらに「さしまは」した結果、船が南の普賢堂の辺りにきたという文脈を踏まえれば、船の進行に関わる言葉であろうと推測できる。

(イ) この傍線部の主語は「その僧」、つまり良暹の使いをする役目の者である。さらに傍線部の最後にある単純接続の「て」に続き、「『もみぢ葉の……』と申しかけて帰りぬ」とあるから、「その僧」は連歌の下の句を詠む者たち（＝船にいる人々）に歌を届けに行ったとわかる。傍線部は「その僧」の様子を描写したものであり、ここでは形容詞「ことごとし」が「その僧」のどのような様子を表しているかを考えればよい。

ことごとし【シク活用形容詞】
〈おおげさである・ものものしい〉などの意で、いかにも一大事であるかのようなさま。

以上より、「もったいぶって」と訳した④が適切。④以外はいずれも「ことごとし」の訳として不適。歩み寄った先の解釈も①「僧侶たちの方」、③「良暹のそば」、⑤「良暹のところ」がいずれも適切ではない。

(ウ) 句を付けることができない人々の言葉。「かへすがへす」の訳は次の通り。

かへすがへす【副詞】
何度も繰り返すさまを指し、〈かさねがさね〉〈念入りに〉の意や、〈何度考えてもそうとしか考えられない〉と程度を強め、〈つくづく〉〈非常に〉の意を表す。また助詞「も」を伴い、〈きっと・必ず〉、打消表現が加わると〈決して〉なども訳す。

傍線部を含む一文は倒置となっており、今まで句を付けられていないという状況に対して「かへすがへすもわろきことなり」と言うのである。よって「つくづくよくない」という意を含む②が適切だとわかる。①③④は「かへす」を踏まえたような訳になっているが、「かへすがへす」にそのような意味はない。①は一見適切なように見えるが、ここの場合の「かへすがへす」は「繰り返す」という行動を指すものではなく、文脈にそぐわない。

問2 **24** ③ **《文法知識および表現把握問題》**

本文全体から複数箇所を取り上げているので、広く本文に目を配る必要がある一方で、波線部は短く、また選択肢は文法の正誤のみで正答を導けるものが多く、細かな解釈も必要でないため、解きやすくなっている。

aは「若からむ」に助動詞「らむ」を見出す点が不適。形容詞「若し」の未然形「若から」に推量の助動詞「む」が接続したものである。直前の「の」は同格の格助詞であり「侍の若からむ（侍）」と「侍」が省略されていると考えられ、助動詞「む」は婉曲と判断できる。選択肢後半の「断定的に記述することを避けた表現」は適切といえる。

bは「読み手への敬意」が込められているとする点が不適。この「侍り」は若き僧の台詞に含まれる丁寧語であるが、台詞における丁寧語は聞き手に対するものであるから、ここでは船の人々に対する敬意であると考えるのが妥当。

cは、良暹に対する作者の推測を表したものであり、「さる者……まうけたりけるにや」の部分が作者の見解として、船遊びの描写に挿入されているのである。良暹は連歌を求められたところ「聞きけるままに程もなく」、つまり即座に読むことができた。それは良暹が「さる者」すなわち〈しかるべき者〉であったため、〈もしかするとそのようなこと（＝連歌を求められること）もあるかもしれない〉と「まうけ」ていたのではないかと、作者は想像したのである。動詞「まうく」は〈準備する〉〈心構えする〉などの意で、良暹が事前に準備していた可能性を示唆している。よって③が適切。

dは「ぬ」を強意の助動詞とする点が不適。強意の助動詞をこのように単独で用いることはない。人々が「え付けざりけ」る状況であったことを踏まえれば、「ぬ」は打消の助動詞「ず」の連体形だとわかる。

eは「なり」を推定の助動詞とする点が不適。「覚えず」は〈わからなくなる〉という人々の状態を指す表現であり、〈～になる〉と訳すことができることから、動詞「なる」であると識別できる。なお、「なり」は聴覚情報からの推定を表す助動詞だが、そのような聴覚情報は記されていない。

問3 **25** ⑤ **《内容把握問題》**

傍線部ではなく1～3段落の内容を把握・照合する必要があって範囲は広くなる。まずは該当する記述を見つけることが求められるので、落ち着いて本文と照らし合わせよう。

①は「もみじの葉で飾った船」が1「宮司ども……船の屋形にして」と一致するものの、当日に「御船はまうけたりや」と準備ができているか問われて「皆まうけて侍り」と答えている。準備が前日までに行われていたことが読み取れ、「当日になってようやく」が不適とわかる。

②は2に照らし、「祈禱を中止し……呼び集めた」という記述がないため不適。

③は、まず良暹が自ら辞退したとする点が不適。船の人々の「いかが。あるべからず」という意見によって、船に乗せることなく連歌をさせたのであった。また即座に句を傍らの僧に伝えてはいるが、「句を求められたことには喜びを感じていた」ことは本文になく、適切としがたい。

④の「後で批判されるだろう」とは「後の人や……申さむ」を受けたものだが、その内容を「管絃や和歌の催しだけでは」とする点が不適。良暹を船に乗せるべきでない理由として、人々は「さらでもありぬべかりけることかな」、すなわち〈部外者の〉良暹を乗せなくとも〈すばらしい会にちがいなかったことだろうよ〉と批判されると考えたのである。

⑤は「良暹……平がりてさぶらひければ、かたはらに若き僧……申しければ」と合致し、適切。

選択肢は本文の順に並べられているとは限らないので注意。

問4 **26** ④ **27** ① **28** ③ **《複数文章の比較読解問題》**

問題文の連歌にまつわる出来事について、同じ作者の『散木奇歌集』を参考にしながら理解を深める問題。『散木奇歌集』の詞書《ことばがき》の内容は教師と生徒とのやりとりでまとめられており、ここでは問われない。

(i) 掛詞に注目したそれぞれの句の解釈が問われている。整理すると次の通りである。

> 釣殿 の 下 に は 魚 や すま ざら む
> （や：疑問　ざら：打消　む：推量）
> 〈釣殿の下には魚は住んでいないのだろうか〉
>
> **梁・(釣)針**
> うつばり の 影 そこ に 見え つつ
> 〈梁ではないが針が水底に見える（から）〉
> ＊「影」はここでは〈水や鏡などに映った人・物の姿形〉の意。
> ＊「釣殿」に対応する「うつばり」を軸にし、「釣」「魚」に対し「針」「(水)底」の縁語を配す。

両句を適切に解釈した④が正解。俊重の前の句に限っても、「すまざらむ」を正しく訳せているのは④のみである。①は「皆が釣りすぎたせいで」という魚の姿が見えない理由を説明しているが、これは句からは判断できない。また、「影」を「昔の面影」と解釈している点も不適。②は「や／すま／ざら／む」を「やすま／ざら／む」ととらえている点が間違い。したがって、俊重の句を踏まえて俊頼の句の「うつばり」に「鬱」を掛けていると解釈している点も認められない。③は「魚やすまざらむ」とあるように「すむ」の主語が魚である以上、「澄む」が掛けられていると考えることはできない。俊頼の句の「そこ」に「あなた」という意味を掛けた恋の句と解釈している点も不適。

(ii) Yの直前の「この句」が指す良暹の「もみぢ葉の」句の解釈が問われている。まず句を見ていこう。

> **焦・漕**
> もみぢ葉 の こがれ て 見ゆる 御船 かな
> →もみじが 焦がれ て 見える ＝ もみじが紅葉して見える
> 　　　　　漕がれ て 見える ＝ 船屋形にしつらえられたもみじの飾られた船が漕がれている様子が見える
> 〈紅葉が焦げるように色づいており、その紅葉を飾って漕いでいるのが見える、美しい船であることよ〉

以上の解釈を適切に踏まえた①が正解。良暹が句を詠んだのは、殿上人の「さりぬべからむ連歌などして参らせよ」という求めに応じたためである。「さりぬべからむ」はラ変動詞「さり（さ＋あり）」＋完了の助動詞「ぬ」＋推量の助動詞「べし」＋推量の助動詞「む」から成り、〈そうあるはずだ〉〈適当である〉あるいは身分などに対し〈相当である〉〈ふさわしい〉などの意。すなわち〈この場にふさわしい連歌〉を求められたのだとわかり、「船遊びの……詠んだ句」という背景の説明も適切である。

②にあるようにラ行下二段活用動詞「焦がる」には〈焼けて焦げる〉〈日に照りつけられて変色する、紅葉する〉の他、〈恋い焦がれる〉の意があり、この場合にも「漕がれる」に掛けられることがよくあるが、選択肢には掛詞への言及がなく、また「寛子への恋心」を本文から読み取ることができず、不適。

③は句の最も重要なポイントである「こがれて」の掛詞を一切踏まえず、一方で「寛子の美しさ」を「もみぢ葉」に、「藤原氏」を「御船」に見立てているとして、一族の将来を讃えるといった本文から読み取ることのできない説明に終始しており、不適。

④も同様に掛詞に触れず、本文にない解釈をしている点で不適。頭韻という修辞法は確かにあるが、この句に「心を癒やしたいという思い」を読み取る根

拠がない。

なお、「こがれ」に「焦がれ」と「漕がれ」が掛けられた例については、藤原通俊の「いかなればふなきの山のもみぢばのあきはすぐれどこがれざるらん」（『後拾遺集』巻五、秋下）が「焦がれ」に舟の縁語「漕がれ」を掛けていることをはじめ、多くの用例が認められる。

(iii) 連歌の、前句だけで完結するのではなく、「別の人がこれに続く七・七を付けることが求められ」るという性質を踏まえ、[4]・[5]段落をどう読むべきかを説明したもの。

[4]では、「え付けざりければ」、すなわち句を付けられなかった船の人々の様子についてさまざまに描写されている。「いかに」「遅し」といった言い合いや、「今は、付けむの心はなくて、付けでやみなむことを嘆く」などの描写から、その混乱ぶり（「何事も覚えずなりぬ」）をうかがうことができる。そしてその結果として興ざめした人々の有様が[5]で述べられている。

選択肢では、用意してあった宴が催されずに終わった（「宮司、まうけしたりけれど、いたづらにてやみにけり」）理由、つまり本文の「御前にて遊ばむなど思ひけれど、このことにたがひて、皆逃げておのおの失せにけり」の「このことにたがひて」が、どういうことかについて問われている。良暹に連歌を求めた殿上人にとって想定外の出来事であり、「このことにたがひて」とは、すなわち結局句を付けられなかったことである。よって正解は③。「時間が経っても池の周りを廻るばかり」は、[4]の「船を漕ぐともなくて……むなしく過ぎにけり……二めぐりになりにけり」と合致する。また「雰囲気をしらけさせ」たことは、[5]の「かきならす人もなくてやみにけり」「皆立ちにけり」などと合致する。

①は、宴が中止になったのは「良暹を指名した責任について」の言い争いが終わらなかったからだとする点が不適。[4]の「たがひに船々あらそひて」という言い合いの内容は、「いかに」「遅し」とあるように付け句をどうするか、付けるのが遅いといったものであったことがわかる。

②は、句を付けられない「無能さを自覚」し、「取り仕切ることも不可能」だとして中止したとする点が本文になく不適。宴が中止になったのは、決まりが悪くなった殿上人が「皆逃げておのおの失せ」てしまったためである。

④は「予定の時間を大幅に超過し」たことが本文になく、また「反省の場となった」と宴が催されたように解釈しており、不適。船遊びの準備も、殿上人ではなく宮司によるものである。

全訳

宮司（皇后に仕える役人）たちが集まって、船をどうしようか（と相談し）、紅葉をたくさんとりにやって、（その紅葉を）船の屋根にして、船を操作する人は侍で若いような者を指名したので、急いで狩袴を今回の催しにふさわしいよう染めるなどして華やかに着飾る準備をした。当日になって、人々がみな参集した。「御船は準備してあるか」とお尋ねになったので、「すべて用意しております」と申し上げて、その（船遊びが始まる）時になって、島陰から漕ぎ出た船を見ると、どこと限ることもなく、あたり一面光輝く船が二艘、装い出てきた様子は、たいそう趣深かった。

人々はみな二艘の船に乗りわかれて、管弦の楽器などを皇后様からお借りして、演奏する人々を前方に置いて、徐々に船を動かすうちに、南の普賢堂に、宇治の僧正、（当時は）僧都の君と（人々が呼び）申し上げていた頃であったが、御修法していらっしゃったところ、このような船遊びがあると聞いて、あらゆる僧たち、年長者から若者までが集まって、庭に並んで座っていた。稚児、従者の法師に至るまで、花模様の刺繍の装束を着て、（僧たちからは）離れて集まり座っていた。

その中に、良暹といった歌人がいたのを、殿上人は、知り合いであるので、「良暹が（この中に）いるか」と問うたところ、良暹は目を細めて笑って平伏していたので、そばにいた若い僧が気づき、「その通りでございます（＝ここにおります）」と申し上げたので、「彼を船に呼び寄せて乗せ、連歌などをさせるようなことは、どうだろうか」と、もう一艘の船の人々に相談したところ、「どうだろうか、そうすべきではない。後の人が、そうでなくても（部外者を加えなくても）すばらしい会にちがいなかったことだろうよ、とか申すだろうか」などという意見があったので、それもそうだとなって、（良暹を）船に乗せず、そのままその場で連歌などさせようなどと決めて、近くに漕ぎ寄せて、「良暹、この場にふさわしい連歌などをして献上せよ」と人々が申されたので、（良暹も）しかるべき者であるので、もしかするとそのようなこともあるかと思って準備しておいたのであろうか、（その言葉を）聞くやいなや即座にそばの僧に何事かを言ったところ、その僧はもったいぶって船の方に近づいていって、

「もみぢ葉の……紅葉が焦げるように色づいており、その紅葉を飾って漕いでいるのが見える、美しい船であることよ

と申しております」と言いかけ申し上げて戻った。

人々はこれを聞いて、二艘の船の人々に聞かせて、句を付けようとしたがなかなか付けられなかったので、船を漕ぐともなく、ゆっくりと築島をまわって、一周する間に、句を付けて返そうとするが、付けられなかったので、無駄に過ぎてしまった。「どうした」「遅い」と、二艘の船の人々は互いに言い合って、二周になってしまった。依然として付けることができなかったので、船を漕がずに、島陰に入って、「どう考えてもよくないことだ。付け句を今まで付けられないのは。日はすっかり暮れてしまった。どうしたらよいだろうか」と、今はみな付けようとする気はなく、付けずに終わってしまうだろうことを嘆く間に、何も考えられなくなってしまった。

仰々しく管弦の楽器をお貸しいただき船に乗せてあったのも、一人もかきならす人がいないまま終わってしまった。このように言い合っている間に、普賢堂の前に大勢いた人もみな立ち去ってしまった。人々は船から下りて、皇后の御前で管弦の遊びをしようなどと思っていたが、想定外の出来事のために、みな逃げるようにそれぞれ去っていった。宮司も、宴会の準備をしてあったが、無駄になって中止になった。

【問４・『散木奇歌集』】

人々が大勢、石清水八幡宮の御神楽に参加していたところ、催しが終わった翌日、別当法印光清の堂の池の釣殿に人々が並び座って遊興していた時に、「私、光清は連歌を作ることが得意だと思われる。すぐさま連歌を付けたい」などと言っていたので、（では）慣例に従ってと（俊重が）申し上げた句、

釣殿の……釣殿の下には魚は住んでいないのだろうか　俊重

光清は熟考したが、付けることができないで終わってしまったことなどを、（俊重が）帰って話したところ、ためしに（付けてみよう）と言って、

うつばりの……梁ならぬ釣針が水底に映って見える（からだろうよ）　俊頼

第4問

出典 **【予想問題】**および**【模擬答案】**白居易《はくきょい》『白氏文集』

『白氏文集』は唐（中唐）の詩人、白居易（七七二～八四六）の詩文集。白居易の詩は中国だけでなく、朝鮮半島や日本でも広く親しまれ、『枕草子』や『源氏物語』の中でも言及されている。

【出題の特徴】

これまでの共通テストの傾向を踏襲し、関連をもつ複数のテキストを題材とする問題であった。ただし、時代や作者などが異なる、まったく別のテキスト同士を読み比べるものではなく、試験の予想問題とそれに対する模擬答案という、元々相互に関連づけて書かれていた文章が題材である。この点は昨年度の、阮元の詩とその序文という題材にも共通している。ただし、必ずしもこの点が問題の難度を下げるとはいえない。性質の異なる複数のテキストを読むという作業がなくなる代わりに、より精密にテキスト間の論点や共通点・相違点などを読み取る力が求められると考えられるからである。とはいえ、出題形式は基本的にこれまでの共通テストを踏襲している。**問1～3**は語句の意味・解釈・返り点と書き下し文といった、漢文の知識を問う問題である。**問4～6**は、比喩や対句を踏まえて内容を把握する、空欄補充と組み合わせるなど、出題形式が多様である。**問7**では二つのテキストの「問い―答え」の構造を押さえた内容の理解が問われた。漢詩が出題されず、比較的大意をつかみやすい文章であったこともあり、総じて形式的な知識を問うことよりも、内容を把握する読解問題の比重が高かったといえよう。

【概要】

【予想問題】

(1)問題が起こる原因を問う

・君主は賢者を登用しようと思っており、賢者は君主の役に立ちたいと思っている。

・それにもかかわらず、両者がうまく出会えないのはなぜか。

(2)問題の解決方法を問う

・君主が賢者を求めるための方法は何か。

【模擬答案】

(1)前半：問題が起こる原因についての見解

・君主が賢者を求めようとして得られず、賢者が君主の役に立とうとして方法がないのは、君主と賢者との間に隔たりが大きいからである。

(2)後半：問題の解決方法についての見解と、その方法をとる理由

・君主が賢者を求め、賢者を見分けるためには、似た者の類を明らかにした上で、その中から推薦させればよい。

・糸や矢が役目を果たすためには、針や弓の弦の力による必要があるのと同じように、自分の力だけで目的を達成することはできない。（似た者の類から推薦させる理由1）

・水が湿ったところへ流れ、火が乾いたところへ広がるように、賢愚・善悪など、似た者同士が集まるのは自然なことである。（似た者の類から推薦させる理由2）

問1 **29** ① **30** ① **31** ⑤ **《語句の意味の問題》**

(ア)「無レ由」は「よしなシ」と読む慣用表現。「由」は〈機会や方法〉を意味し、「由無し」で〈機会がない・方法がない〉となる。現在の日本語でも「よしない（由無い）」で〈理由がない・なすすべがない〉といった似た意味で用いられる。よって①が正解。

(イ)「以為」は「おもヘラク」と読み、〈思うには・考えるには〉の意。よく見解を述べる時に用いられる。よって①が正解。

(ウ)選択肢に列挙された熟語が示すように、「弁」は、〈物事を処置する・言葉を話す・物事を区別する〉といった意味をもつ。ここでは、「賢を弁ずる」が、「賢を求むる」と並置されているので、「賢を求むる」と似た意味になると見当をつけると、〈賢者と愚者とを見分ける・賢者を愚者から区別する〉といった意味がふさわしい。よって⑤が正解。

問2 **32** ③ **《解釈問題》**

傍線部Aには「無不～」という二重否定の句法が用いられており、「君者……其賢」と「賢者……其用」が対句になっている。これらのポイントを押さえながら解釈していく。まず「君たる者〈＝君主〉……」に対して「賢なる者〈＝賢者〉……」と提示していることをつかむ。続く二重否定「無不～」は、「～（セ）ざルハなシ」と読み、〈～しないものはいない〉という意味を表す。同じ意味を、否定表現を使わずに表せば〈みな～する〉ということである。そして、この句法を次に挙げる対句の構造の中に位置づけよう。

	二重否定〈みな～する〉	〈～する〉の内容	「思」の目的語
君者	無レ不レ	思レ	求ニ 其賢一
―	―	―	―
賢者	罔レ不レ	思レ	効ニ 其用一

つまり、二重否定の句法によって〈君主はみな～する〉、〈賢者はみな～する〉という内容が対になっている。〈～する〉の内容は「無不思」「罔不思」とあるから、「思フ」ことである。何を思うのかというと、君主の場合は「其の賢を求むる」ことであり、賢者の場合は「其の用を効す」こと。つまり、君主の方では賢者を求めようとしており、賢者の方では自分の有用性を君主に届けたいと思っている、というのが傍線部Aの趣旨である。よって、正解は③。

他はいずれも傍線部の趣旨を違えている上に、①は、「無能な臣下を退けたい」が「効ニ其用一」の解釈として適切とはいえない。傍線部Aは君主と賢者の、登用したい・されたいという関係を対句で示しており、賢者が他の臣下に及ぼす影響までは言及していない。②は、「君主の要請を辞退したい」が、④は「自分の意見は用いられまい」が、それぞれ二重否定の解釈として適切ではない。⑤は「賢者の称賛を得よう」が、「賢を求むる」の解釈として適切ではない。

問3 **33** ⑤ **《返り点と書き下し文の問題》**

まず文章の展開を見ると、**【模擬答案】**の冒頭は**【予想問題】**の「君たる者……思はざるは罔し。然れども両つながら相遇はざるは、其の故は何ぞや」という問いを受けたものであり、傍線部Bを含む文はそれに続いている。また、傍線部Bの直前にある「者」は、「は」と読む主題・強調を表す用法である。すると、傍線部Bを含む文は〈……というのは、……だからです〉という**【予想問題】**の問いに対して答えを述べようとしているものだと見当がつく。さらに傍線部Bと選択肢を見ると、次のような対句の存在に気づくだろう。

豈不　以

［対句］
貴賤　相懸〈貴賤が懸たっている〉
＝　＝
朝野　相隔〈朝野が隔たっている〉

［対句］
堂　遠　於千里〈堂が千里より遠い〉
＝　＝　＝
門　深　於九重〈門が九重より深い〉

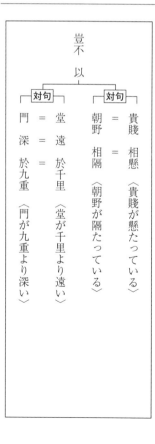

漢字の並びや書き下し文から考えて、「貴賤相懸」と「朝野相隔」、「堂遠於千里」と「門深於九重」とが対句だとわかる。加えて「貴賤相懸」「朝野相隔」と「堂遠於千里」「門深於九重」とも、それぞれ上下の身分や立場の隔たりが大きいことを示しており、これも対句になっている。したがって傍線部Bの「豈不以」は、この四つの要素を包み込むようにおかれていると考えるのが妥当だろう。

「豈不〜」は「あニ〜〈ナラ〉ずヤ」という詠嘆の句法である。また「以」は返読して理由・原因・手段・方法などを意味する。先に見た文章の展開、すなわち「其の故は何ぞや」と問う**【予想問題】**への**【模擬答案】**であることを踏まえると、「以」を使って「……を以てなり〈＝……だからです〉」と理由を答えていると考えられる。よって、この「以」は理由を表す「もつテ」だと判断する。つまり、傍線部Bは、この「……を以て」という理由に「豈不〜」という詠嘆を添えて、自分の意見を強調しているのである。

以上を踏まえると、傍線部Bの書き下し文は「豈に貴賤相懸たり、朝野相隔たり、堂は千里よりも遠く、門は九重よりも深きを以てならずや」となる。つまり、君主と賢者が「両つながら相遇はざる」理由は、君主と賢者とが、貴賤（身分）や朝野（朝廷と在野）というかけ離れた立場にあり、君主が賢者にとってはるか遠い場所にあるからではないのか、というのが**【模擬答案】**の考えである。

よって、正解は⑤。他の選択肢はどれも「以」が受ける内容を、「以」以下のすべての内容ではなく、途中までとしている。

問4 **34** ① **《表現把握問題》**

本文は、傍線部Cの比喩の対象を明らかにするだけではなく、比喩の対象とその比喩に用いられた事物との共通点をとらえることが求められている。

「線」・「矢」のたとえは、**【予想問題】**の「其の術は安くに在りや」という問いに対して**【模擬答案】**で「臣以為へらく……」と、答えを述べている部分にあり、次のように解答者の考えが示されている。

賢を求むるに術有り
賢を弁ずるに方有り
方術は、各其の族類を審らかにし、之をして推薦せしむるのみ。

つまり賢者を求め、見分ける方術は、「族類」を明らかにして、それに「推薦」させることだ、というのが解答者の考えである。そして傍線部Cは、この考えを説明するための比喩である。

このことを踏まえて、傍線部C以下の「線」・「矢」に関する記述を見ると、まず「線は針に因りて入り、矢は弦を待ちて発す」とある。糸で布を縫い合わせるためには、針の力を借りる必要がある。矢も標的に向かって飛ばすには、弓の弦の力を借りなければならない。さらに続けて「線矢有りと雖も、苟くも針弦無くんば、自ら致すを求むるも、得べからざるなり」とある。逆接の「雖も」、仮定の「苟くも」に注意して解釈すると、〈糸や矢があったとしても、もし針や弦がなければ、自分の力だけで役に立とうとしても、できないのです〉といった意味になる。したがって、「線」「矢」は、「針」「弦」の力を借りて初めて効力を発揮するものだ、というのが全体の趣旨である。これと先ほど見た解答者の考えとを比べてみると、

解答者の考え方
賢者を ― 求め見分けるためには、 ― 族類による推薦しかない

比喩の内容
線や矢に ― 効力を発揮させるには、 ― 針や弦の力を必要とする

となる。つまり、それだけでは力を発揮できず、仲間の助力が必要であるという点に着目した比喩だということになる。よって、正解は①。

ここでは「線」は「針」に、「矢」は「弦」に関係することが述べられており、「線」と「矢」との相互関係は述べられていない。したがって②・④は適

切ではない。③は、「線」「矢」を助けるという「針」「弦」の役割を正しくとらえていない。⑤は、本文の内容と逆の内容を述べている。

問5 35 ③ **《空欄補充と書き下し文の問題》**

傍線部Dは、**問4**に続けて、「賢者を求め見分けるためには、族類による推薦しかない」という考え方を説明している文章の中にある。**問4**では、他者からの「推薦」が必要だということを述べていた。それに対して傍線部Dを含む一文は、「夫れ必ず族類を以てするは」を主題としている。したがって「蓋……傍線部D」の部分は、推薦の「族類による」べき理由が述べられていると見当がつく。

まず、「賢愚貫くこと有り、善悪倫有り」は、直訳すれば、賢愚は一貫しており、善悪は仲間がある、となる。「賢者を求め見分ける」という観点からもう少し具体的に解釈すれば、〈(人がもつ) 賢や愚の性質は一貫しており、善人は善人、悪人は悪人で仲間をもつものだ〉といった意味になる。これを前提として、「若し類を以て求むれば、傍線部D」と結論づけている。前提を踏まえるなら、賢愚や善悪といった性質・価値観によって仲間が集まるというのだから、「類」つまり似た者同士によって人を求めれば、やはりその「類」が集まる、ということになるだろう。このような意味を表すには「類を以て求むれば、必ず類を以て至る」とすればよい。よって、正解は③。

①は「類」によらずに集まる、という意味になり、文章の内容に反する。②・④は反語で、②「どうして類によって至るだろうか、いや、至らない」、④「誰が類によって至るだろうか、いや、至らない」となり、いずれも「類」によって人が集まるという文章の内容に反する。⑤は「以前は類によって至っていた」という意味になり、「以前は」という条件が文章の展開に合わない。

問6 36 ④ **《内容把握問題》**

傍線部Eは、**問5**で見た、「類を以て求むれば、必ず類を以て至」るという考え方について、水と火にたとえて説明した文の中にある。文全体を書き下し文にすると「此れ亦た猶ほ水の湿に流れ、火の燥に就くがごとく、自然の理なり」となる。「此れ」は直前の「若し類を以て求むれば、必ず類を以て至ればなり」を指している。「～亦た」と言っているのは、**問4**で、他者からの推薦が必要だということを、線と矢の比喩で説明したことを踏まえて、それと同様に、ということを表している。線と矢に針と弦が必要なことは自明な、ごく自然に納得できることであった。それと同じように、「水が湿気のあるところへ流れる」「火が乾燥したところへ広がる」のは、ごく自然なことである。つまり、水と湿気、火と乾燥というように、「類」のものが集まるのは、ごく自然なことだと言いたいのである。よって、正解は④。

①・②は水と火の相互の関係について述べているが、**問4**の線と矢の比喩と同様、ここでの水と火は、それぞれの「類」の方へ集まるものの例として述べられており、適切ではない。③は「湿地を作り」「土地が乾燥する」という「作用を生み出す」としている点が、「類」の方へ集まるという文章の趣旨と異なる。⑤も「恵みにも害にもなる」「長所と短所がある」という観点が、文章の趣旨と合わない。

問7 37 ④ **《複数文章の内容把握問題》**

【概要】にも示してあるが、前問までに見た内容を踏まえて、**【予想問題】**と**【模擬答案】**の内容を整理してみる。**【予想問題】**はまず、「君たる者其の賢を求むるを思はざるは無く、賢なる者其の用を効すを思はざるは罔し」と、君主は賢者を求め、賢者は君主に応えたいと思っている、ということを前提として述べる。その上で、次の二つの問いを発する。すなわち、

一、両者が遭遇できないのはなぜか＝問題が起こる理由
二、賢者を求める方法は何か　＝問題の解決方法

である。これを受けて、**【模擬答案】**は、それぞれの問いに対して、

一、問いを自分の言葉で言い換える
二、問いに対する自分の答えを述べる
三、比喩を使って答えを説明する

という手順で論じている。一つ目の問いに関しては**問3**、二つ目の問いに関しては**問4**～**問6**の部分が対応している。**【模擬答案】**は、君主と賢者とがお互いに求めていながら会えない理由を、お互いがかけ離れた場所にいるからだとしている（**問3**）。そして、君主が賢者を求める方法としては、似た者の類から推薦させるのがよいことを、線と矢、水と火の比喩を交えながら説明している（**問4**～**問6**）。よって、正解は、これらの趣旨に合う④である。

①は「君主が賢者を採用する機会が少ない」が、立場や居る場所が遠く離れているという趣旨に合わない。また、「採用試験をより多く実施する」は、似た者の類から推薦させるという趣旨に合わない。②は「君主の考えを広く伝えて」が、似た者の類から推薦させるという趣旨に合わない。③は「君主が人材を見分けられない」と、君主の能力を論点にしているが、本文にはそのような記述はない。また、「賢者が党派に加わらず」という点を評価するのは、似た者の類から推薦させるという考え方と相反する。⑤は、「君主が賢者を受け入れない」が、「君たる者其の賢を求むるを思はざるは無く」という前提に反する。また「やって来る人々を広く受け入れる」は、まず似た者の類を明らかにして、その中から推薦させるという趣旨に合わない。

書き下し文

【予想問題】

問《と》ふ、古《いにしへ》より以来《いらい》、君《きみ》たる者其《ものそ》の賢《けん》を求《もと》むるを思《おも》はざるは無《な》く、賢《けん》なる者《もの》其《そ》の用《よう》を効《いた》すを思《おも》はざるは罔《な》し。然《しか》れども両《ふた》つながら相遇《あひあ》はざるは、其《そ》の故《ゆゑ》は何《なん》ぞや。今之《いまこれ》を求《もと》めんと欲《ほっ》するに、其《そ》の術《じゅつ》は安《いづ》くに在《あ》りや。

【模擬答案】

臣聞《しんき》く、人君《じんくん》たる者其《ものそ》の賢《けん》を求《もと》むるを思《おも》はざるは無《な》く、人臣《じんしん》たる者其《ものそ》の用《よう》を効《いた》すを思《おも》はざるは無《な》しと。然《しか》り而《しかう》して君《きみ》は賢《けん》を求《もと》めんとして得《え》ず、臣《しん》は用《よう》を効《いた》さんとして由無《よしな》きは、豈《あ》に貴賤相懸《きせんあひへだ》たり、朝野相隔《てうやあひへだ》たり、堂《だう》は千里《せんり》よりも遠《とほ》く、門《もん》は九重《きうちょう》よりも深《ふか》きを以《もっ》てならずや。

臣以為《しんおも》へらく、賢《けん》を求《もと》むるに術《じゅつ》有《あ》り、賢《けん》を弁《べん》ずるに方《はう》有《あ》り。方術《はうじゅつ》は、各《おのおの》其《そ》の族類《ぞくるい》を審《つまび》らかにし、之《これ》をして推薦《すいせん》せしむるのみ。近《ちか》く諸《これ》を喩《たと》へに取《と》れば、其《そ》れ猶《な》ほ線《いと》と矢《や》とのごときなり。線《いと》は針《はり》に因《よ》りて入《い》り、矢《や》は弦《げん》を待《ま》ちて発《はっ》す。線矢《せんし》有《あ》りと雖《いへど》も、苟《いやし》くも針弦《しんげん》無《な》くんば、自《みづか》ら致《いた》すを求《もと》むるも、得《う》べからざるなり。夫《そ》れ必《かなら》ず族類《ぞくるい》を以《もっ》てするは、蓋《けだ》し賢愚《けんぐ》貫《つらぬ》くこと有《あ》り、善悪《ぜんあく》倫《ともがら》有《あ》り、若《も》し類《るい》を以《もっ》て求《もと》むれば、必《かなら》ず類《るい》を以《もっ》て至《いた》ればなり。此《こ》れ亦《ま》た猶《な》ほ水《みず》の湿《しつ》に流《なが》れ、火《ひ》の燥《さう》に就《つ》くがごとく、自然《しぜん》の理《ことわり》なり。

全訳

【予想問題】

問う、古来、君主は誰しも賢者を登用しようと思っており、賢者は誰しも君主の役に立ちたいと思っている。しかし両者とも互いに出会わないのは、その理由は何であろうか。いま賢者を登用しようとするにあたって、その方法はどこにあるだろうか。

【模擬答案】

わたくしはこのように聞いております、君主は誰しも賢者を登用しようと思っており、人臣は誰しも君主の役に立ちたいと思っていると。そうであって、君主は賢者を求めても得られず、臣下は役に立とうとしても（君主に出会う）方法がないのは、身分の貴賤が隔たり、朝廷と在野の立場がかけ離れており、（賢者にとって）君主の執務室は千里のかなたにあり、王城の門は幾重にも重なっているからではないでしょうか。

わたくしが思いますには、賢者を登用するには方法はあり、賢者を見分けるにも方法があります。その方法とは、それぞれ似た者の類を明らかにして、これらの仲間内のものに推薦させるに限ります。身近な例で言いますと、それは糸と矢のようなものです。糸は針によって（布を）縫い合わせ、矢は弓の弦によって発射します。糸や矢があったとしても、もし針や弦がなければ、自分の力だけで役に立とうとしても、できないのです。また、必ず似た者の類から推薦させるのは、思うに、賢愚の性質は一貫しており、善悪の価値観によって仲間ができますから、もし似た者の類によって（人材を）求めれば、必ずそれに似た者が集まるからです。このこともやはり水が湿ったところへ流れ、火が乾燥したところへ広がるように、自然なことであります。

毎月の効率的な実戦演習で本番までに共通テストを攻略できる！

専科 共通テスト攻略演習

7教科17科目セット　教材を毎月1回お届け

セットで1カ月あたり **3,910円**（税込）※「12カ月一括払い」の講座料金

セット内容

英語（リーディング）/ 英語（リスニング）/ 数学Ⅰ、数学A / 数学Ⅱ、数学B、数学C / 国語 / 化学基礎 / 生物基礎 / 地学基礎 / 物理 / 化学 / 生物 / 歴史総合、世界史探究 / 歴史総合、日本史探究 / 地理総合、地理探究 / 公共、倫理 / 公共、政治・経済 / 情報Ⅰ

※答案の提出や添削指導はありません。
※学習には「Z会学習アプリ」を使用するため、対応OSのスマートフォンやタブレット、パソコンなどの端末が必要です。

※「共通テスト攻略演習」は1月までの講座です。

POINT 1 共通テストに即した問題に取り組み、万全の対策ができる！

2024年度の共通テストでは、英語・リーディングで読解量（語数）が増えるなど、これまで以上に速読即解力や情報処理力が必要とされました。新指導要領で学んだ高校生が受験する2025年度の試験は、この傾向がより強まることが予想されます。

本講座では、毎月お届けする教材で、共通テスト型の問題に取り組んでいきます。傾向の変化に対応できるようになるとともに、「自分で考え、答えを出す力」を伸ばし、万全の対策ができます。

新設「情報Ⅰ」にも対応！

国公立大志望者の多くは、共通テストで「情報Ⅰ」が必須となります。本講座では、「情報Ⅰ」の対応教材も用意しているため、万全な対策が可能です。

8月…基本問題　12月・1月…本番形式の問題

※3～7月、9～11月は、大学入試センターから公開された「試作問題」や、「情報Ⅰ」の内容とつながりの深い「情報関係基礎」の過去問の解説を、「Z会学習アプリ」で提供します。
※「情報Ⅰ」の取り扱いについては各大学の要項をご確認ください。

POINT 2 月60分の実戦演習で、効率的な時短演習を！

全科目を毎月バランスよく継続的に取り組めるよう工夫された内容と分量で、本科の講座と併用しやすく、着実に得点力を伸ばせます。

1. 教材に取り組む

本講座の問題演習は、1科目あたり月60分（英語のリスニングと理科基礎、情報Ⅰは月30分）。無理なく自分のペースで学習を進められます。

2. 自己採点する／復習する

問題を解いたらすぐに自己採点して結果を確認。わかりやすい解説で効率よく復習できます。

英語、数学、国語は、毎月の出題に即した「ポイント映像」を視聴できます。1授業10分程度なので、スキマ時間を活用できます。共通テストならではの攻略ポイントや、各月に押さえておきたい内容を厳選した映像授業で、さらに理解を深められます。

POINT 3 戦略的なカリキュラムで、得点力アップ！

本講座は、本番での得意科目9割突破へ向けて、毎月着実にレベルアップできるカリキュラム。基礎固めから最終仕上げまで段階的な対策で、万全の態勢で本番に臨めます。

3～8月	知識のヌケをなくして基礎を固めながら演習を行います。
9～11月	実戦的な演習を繰り返して、得点力を磨きます。
12～1月	本番形式の予想問題で、9割突破への最終仕上げを行います。

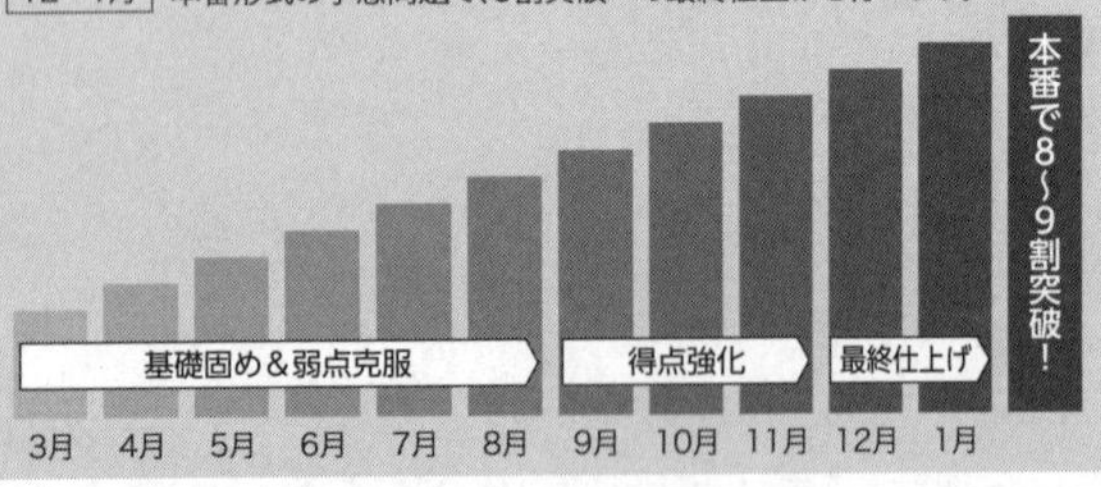

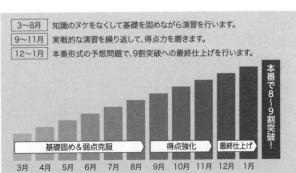

必要な科目を全部対策できる 7教科17科目セット

＊12月・1月は，共通テスト本番に即した学習時間（解答時間）となります。
※2023年度の「共通テスト攻略演習」と一部同じ内容があります。

英語（リーディング）
学習時間（問題演習） 60分×月1回*

3月	情報の検索
4月	情報の整理
5月	情報の検索・整理
6月	概要・要点の把握①
7月	概要・要点の把握②
8月	テーマ・分野別演習のまとめ
9月	速読速解力を磨く①
10月	速読速解力を磨く②
11月	速読速解力を磨く③
12月	直前演習1
1月	直前演習2

英語（リスニング）
学習時間（問題演習） 30分×月1回*

3月	情報の聞き取り①
4月	情報の聞き取り②
5月	情報の比較・判断など
6月	概要・要点の把握①
7月	概要・要点の把握②
8月	テーマ・分野別演習のまとめ
9月	多めの語数で集中力を磨く
10月	速めの速度で聞き取る
11月	1回聞きで聞き取る
12月	直前演習1
1月	直前演習2

数学Ⅰ、数学A
学習時間（問題演習） 60分×月1回*

3月	2次関数
4月	数と式
5月	データの分析
6月	図形と計量，図形の性質
7月	場合の数と確率
8月	テーマ・分野別演習のまとめ
9月	日常の事象～もとの事象の意味を考える～
10月	数学の事象～一般化と発展～
11月	数学の事象～批判的考察～
12月	直前演習1
1月	直前演習2

数学Ⅱ、数学B、数学C
学習時間（問題演習） 60分×月1回*

3月	三角関数，指数・対数関数
4月	微分・積分，図形と方程式
5月	数列
6月	ベクトル
7月	平面上の曲線・複素数平面，統計的な推測
8月	テーマ・分野別演習のまとめ
9月	日常の事象～もとの事象の意味を考える～
10月	数学の事象～一般化と発展～
11月	数学の事象～批判的考察～
12月	直前演習1
1月	直前演習2

国語
学習時間（問題演習） 60分×月1回*

3月	評論
4月	文学的文章
5月	古文
6月	漢文
7月	テーマ・分野別演習のまとめ1
8月	テーマ・分野別演習のまとめ2
9月	図表から情報を読み取る
10月	複数の文章を対比する
11月	読み取った内容をまとめる
12月	直前演習1
1月	直前演習2

化学基礎
学習時間（問題演習） 30分×月1回*

3月	物質の構成（物質の構成，原子の構造）
4月	物質の構成（化学結合，結晶）
5月	物質量
6月	酸と塩基
7月	酸化還元反応
8月	テーマ・分野別演習のまとめ
9月	解法強化～計算～
10月	知識強化1～文章の正誤判断～
11月	知識強化2～組合せの正誤判断～
12月	直前演習1
1月	直前演習2

生物基礎
学習時間（問題演習） 30分×月1回*

3月	生物の特徴1
4月	生物の特徴2
5月	ヒトの体の調節1
6月	ヒトの体の調節2
7月	生物の多様性と生態系
8月	テーマ・分野別演習のまとめ
9月	知識強化
10月	実験強化
11月	考察力強化
12月	直前演習1
1月	直前演習2

地学基礎
学習時間（問題演習） 30分×月1回*

3月	地球のすがた
4月	活動する地球
5月	大気と海洋
6月	移り変わる地球
7月	宇宙の構成，地球の環境
8月	テーマ・分野別演習のまとめ
9月	資料問題に強くなる1～図・グラフの理解～
10月	資料問題に強くなる2～図・グラフの活用～
11月	知識活用・考察問題に強くなる～探究活動～
12月	直前演習1
1月	直前演習2

物理
学習時間（問題演習） 60分×月1回*

3月	力学（放物運動，剛体，運動量と力積，円運動）
4月	力学（単振動，慣性力），熱力学
5月	波動（波の伝わり方，レンズ）
6月	波動（干渉），電磁気（静電場，コンデンサー）
7月	電磁気（回路，電流と磁場，電磁誘導），原子
8月	テーマ・分野別演習のまとめ
9月	解法強化 ～図・グラフ，小問対策～
10月	考察力強化1 ～実験・考察問題対策～
11月	考察力強化2～実験・考察問題対策～
12月	直前演習1
1月	直前演習2

化学
学習時間（問題演習） 60分×月1回*

3月	結晶，気体，熱
4月	溶液，電気分解
5月	化学平衡
6月	無機物質
7月	有機化合物
8月	テーマ・分野別演習のまとめ
9月	解法強化～計算～
10月	知識強化～正誤判断～
11月	読解・考察力強化
12月	直前演習1
1月	直前演習2

生物
学習時間（問題演習） 60分×月1回*

3月	生物の進化
4月	生命現象と物質
5月	遺伝情報の発現と発生
6月	生物の環境応答
7月	生態と環境
8月	テーマ・分野別演習のまとめ
9月	考察力強化1～考察とその基礎知識～
10月	考察力強化2～データの読解・計算～
11月	分野融合問題対応力強化
12月	直前演習1
1月	直前演習2

歴史総合、世界史探究
学習時間（問題演習） 60分×月1回*

3月	古代の世界
4月	中世～近世初期の世界
5月	近世の世界
6月	近・現代の世界1
7月	近・現代の世界2
8月	テーマ・分野別演習のまとめ
9月	能力別強化1～諸地域の結びつきの理解～
10月	能力別強化2～情報処理・分析の演習～
11月	能力別強化3～史料読解の演習～
12月	直前演習1
1月	直前演習2

歴史総合、日本史探究
学習時間（問題演習） 60分×月1回*

3月	古代
4月	中世
5月	近世
6月	近代（江戸後期～明治期）
7月	近・現代（大正期～現代）
8月	テーマ・分野別演習のまとめ
9月	能力別強化1～事象の比較・関連～
10月	能力別強化2～事象の推移／資料読解～
11月	能力別強化3～多面的・多角的考察～
12月	直前演習1
1月	直前演習2

地理総合、地理探究
学習時間（問題演習） 60分×月1回*

3月	地図／地域調査／地形
4月	気候／農林水産業
5月	鉱工業／現代社会の諸課題
6月	グローバル化する世界／都市・村落
7月	民族・領土問題／地誌
8月	テーマ・分野別演習のまとめ
9月	能力別強化1～資料の読解～
10月	能力別強化2～地誌～
11月	能力別強化3～地形図の読図～
12月	直前演習1
1月	直前演習2

公共、倫理
学習時間（問題演習） 60分×月1回*

3月	青年期の課題／源流思想1
4月	源流思想2
5月	日本の思想
6月	近・現代の思想1
7月	近・現代の思想2／現代社会の諸課題
8月	テーマ・分野別演習のまとめ
9月	分野別強化1～源流思想・日本思想～
10月	分野別強化2～西洋思想・現代思想～
11月	分野別強化3～青年期・現代社会の諸課題～
12月	直前演習1
1月	直前演習2

公共、政治・経済
学習時間（問題演習） 60分×月1回*

3月	政治1
4月	政治2
5月	経済
6月	国際政治・国際経済
7月	現代社会の諸課題
8月	テーマ・分野別演習のまとめ
9月	分野別強化1～政治～
10月	分野別強化2～経済～
11月	分野別強化3～国際政治・国際経済～
12月	直前演習1
1月	直前演習2

情報Ⅰ
学習時間（問題演習） 30分×月1回*

3月～7月	※情報Ⅰの共通テスト対策に役立つコンテンツを「Z会学習アプリ」で提供。
8月	演習問題
9月～11月	※情報Ⅰの共通テスト対策に役立つコンテンツを「Z会学習アプリ」で提供。
12月	直前演習1
1月	直前演習2

Z会の通信教育「共通テスト攻略演習」のお申し込みはWebで

Web　Z会 共通テスト攻略演習　検索

https://www.zkai.co.jp/juken/lineup-ktest-kouryaku-s/

Z-KAI

※過去問は自動採点に対応していません。

国語　2023 本試　解答用紙

マーク例

良い例	悪い例
●	⊙ ⊗ ◐ O

受験番号欄				
千位	百位	十位	一位	英字
—	0	0	0	A
1	1	1	1	B
2	2	2	2	C
3	3	3	3	H
4	4	4	4	K
5	5	5	5	M
6	6	6	6	R
7	7	7	7	U
8	8	8	8	X
9	9	9	9	Y
—	—	—	—	Z

A B C H K M R U X Y Z

フリガナ	
氏名	

試験場コード	十万位	万位	千位	百位	十位	一位

解答番号	1	2	3	4	5	6	7	8	9	解答番号	1	2	3	4	5	6	7	8	9	解答番号	1	2	3	4	5	6	7	8	9	解答番号	1	2	3	4	5	6	7	8	9
1	1	2	3	4	5	6	7	8	9	14	1	2	3	4	5	6	7	8	9	27	1	2	3	4	5	6	7	8	9	40	1	2	3	4	5	6	7	8	9
2	1	2	3	4	5	6	7	8	9	15	1	2	3	4	5	6	7	8	9	28	1	2	3	4	5	6	7	8	9	41	1	2	3	4	5	6	7	8	9
3	1	2	3	4	5	6	7	8	9	16	1	2	3	4	5	6	7	8	9	29	1	2	3	4	5	6	7	8	9	42	1	2	3	4	5	6	7	8	9
4	1	2	3	4	5	6	7	8	9	17	1	2	3	4	5	6	7	8	9	30	1	2	3	4	5	6	7	8	9	43	1	2	3	4	5	6	7	8	9
5	1	2	3	4	5	6	7	8	9	18	1	2	3	4	5	6	7	8	9	31	1	2	3	4	5	6	7	8	9	44	1	2	3	4	5	6	7	8	9
6	1	2	3	4	5	6	7	8	9	19	1	2	3	4	5	6	7	8	9	32	1	2	3	4	5	6	7	8	9	45	1	2	3	4	5	6	7	8	9
7	1	2	3	4	5	6	7	8	9	20	1	2	3	4	5	6	7	8	9	33	1	2	3	4	5	6	7	8	9	46	1	2	3	4	5	6	7	8	9
8	1	2	3	4	5	6	7	8	9	21	1	2	3	4	5	6	7	8	9	34	1	2	3	4	5	6	7	8	9	47	1	2	3	4	5	6	7	8	9
9	1	2	3	4	5	6	7	8	9	22	1	2	3	4	5	6	7	8	9	35	1	2	3	4	5	6	7	8	9	48	1	2	3	4	5	6	7	8	9
10	1	2	3	4	5	6	7	8	9	23	1	2	3	4	5	6	7	8	9	36	1	2	3	4	5	6	7	8	9	49	1	2	3	4	5	6	7	8	9
11	1	2	3	4	5	6	7	8	9	24	1	2	3	4	5	6	7	8	9	37	1	2	3	4	5	6	7	8	9	50	1	2	3	4	5	6	7	8	9
12	1	2	3	4	5	6	7	8	9	25	1	2	3	4	5	6	7	8	9	38	1	2	3	4	5	6	7	8	9	51	1	2	3	4	5	6	7	8	9
13	1	2	3	4	5	6	7	8	9	26	1	2	3	4	5	6	7	8	9	39	1	2	3	4	5	6	7	8	9	52	1	2	3	4	5	6	7	8	9

---- キ リ ト リ 線 ----

国語　予備解答用紙

マーク例

良い例	悪い例
●	⊙ ⊗ ◓ O

解答番号	解	答	欄						
	1	2	3	4	5	6	7	8	9
1	①	②	③	④	⑤	⑥	⑦	⑧	⑨
2	①	②	③	④	⑤	⑥	⑦	⑧	⑨
3	①	②	③	④	⑤	⑥	⑦	⑧	⑨
4	①	②	③	④	⑤	⑥	⑦	⑧	⑨
5	①	②	③	④	⑤	⑥	⑦	⑧	⑨
6	①	②	③	④	⑤	⑥	⑦	⑧	⑨
7	①	②	③	④	⑤	⑥	⑦	⑧	⑨
8	①	②	③	④	⑤	⑥	⑦	⑧	⑨
9	①	②	③	④	⑤	⑥	⑦	⑧	⑨
10	①	②	③	④	⑤	⑥	⑦	⑧	⑨
11	①	②	③	④	⑤	⑥	⑦	⑧	⑨
12	①	②	③	④	⑤	⑥	⑦	⑧	⑨
13	①	②	③	④	⑤	⑥	⑦	⑧	⑨

解答番号	解	答	欄						
	1	2	3	4	5	6	7	8	9
14	①	②	③	④	⑤	⑥	⑦	⑧	⑨
15	①	②	③	④	⑤	⑥	⑦	⑧	⑨
16	①	②	③	④	⑤	⑥	⑦	⑧	⑨
17	①	②	③	④	⑤	⑥	⑦	⑧	⑨
18	①	②	③	④	⑤	⑥	⑦	⑧	⑨
19	①	②	③	④	⑤	⑥	⑦	⑧	⑨
20	①	②	③	④	⑤	⑥	⑦	⑧	⑨
21	①	②	③	④	⑤	⑥	⑦	⑧	⑨
22	①	②	③	④	⑤	⑥	⑦	⑧	⑨
23	①	②	③	④	⑤	⑥	⑦	⑧	⑨
24	①	②	③	④	⑤	⑥	⑦	⑧	⑨
25	①	②	③	④	⑤	⑥	⑦	⑧	⑨
26	①	②	③	④	⑤	⑥	⑦	⑧	⑨

解答番号	解	答	欄						
	1	2	3	4	5	6	7	8	9
27	①	②	③	④	⑤	⑥	⑦	⑧	⑨
28	①	②	③	④	⑤	⑥	⑦	⑧	⑨
29	①	②	③	④	⑤	⑥	⑦	⑧	⑨
30	①	②	③	④	⑤	⑥	⑦	⑧	⑨
31	①	②	③	④	⑤	⑥	⑦	⑧	⑨
32	①	②	③	④	⑤	⑥	⑦	⑧	⑨
33	①	②	③	④	⑤	⑥	⑦	⑧	⑨
34	①	②	③	④	⑤	⑥	⑦	⑧	⑨
35	①	②	③	④	⑤	⑥	⑦	⑧	⑨
36	①	②	③	④	⑤	⑥	⑦	⑧	⑨
37	①	②	③	④	⑤	⑥	⑦	⑧	⑨
38	①	②	③	④	⑤	⑥	⑦	⑧	⑨
39	①	②	③	④	⑤	⑥	⑦	⑧	⑨

解答番号	解	答	欄						
	1	2	3	4	5	6	7	8	9
40	①	②	③	④	⑤	⑥	⑦	⑧	⑨
41	①	②	③	④	⑤	⑥	⑦	⑧	⑨
42	①	②	③	④	⑤	⑥	⑦	⑧	⑨
43	①	②	③	④	⑤	⑥	⑦	⑧	⑨
44	①	②	③	④	⑤	⑥	⑦	⑧	⑨
45	①	②	③	④	⑤	⑥	⑦	⑧	⑨
46	①	②	③	④	⑤	⑥	⑦	⑧	⑨
47	①	②	③	④	⑤	⑥	⑦	⑧	⑨
48	①	②	③	④	⑤	⑥	⑦	⑧	⑨
49	①	②	③	④	⑤	⑥	⑦	⑧	⑨
50	①	②	③	④	⑤	⑥	⑦	⑧	⑨
51	①	②	③	④	⑤	⑥	⑦	⑧	⑨
52	①	②	③	④	⑤	⑥	⑦	⑧	⑨

受験番号欄

千位	百位	十位	一位	英字	
―	⓪	⓪	⓪	Ⓐ	A
①	①	①	①	Ⓑ	B
②	②	②	②	Ⓒ	C
③	③	③	③	Ⓗ	H
④	④	④	④	Ⓚ	K
⑤	⑤	⑤	⑤	Ⓜ	M
⑥	⑥	⑥	⑥	Ⓡ	R
⑦	⑦	⑦	⑦	Ⓤ	U
⑧	⑧	⑧	⑧	Ⓧ	X
⑨	⑨	⑨	⑨	Ⓨ	Y
―	―	―	―	Ⓩ	Z

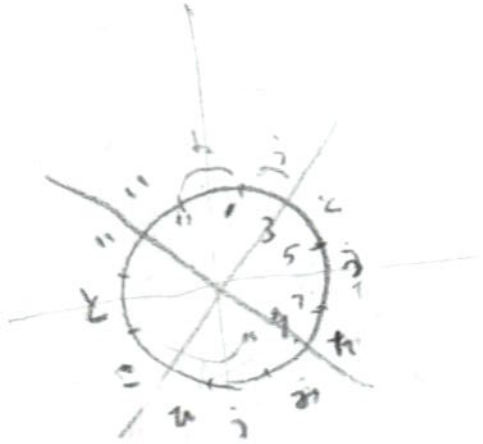

フリガナ	
氏　名	

試験場コード	十万位	万位	千位	百位	十位	一位

※過去問は自動採点に対応していません。

国語 2024 本試 解答用紙

マーク例

良い例	悪い例
●	⊙ ⊗ ◐ O

解答番号	1	2	3	4	5	6	7	8	9
1	①	②	③	④	⑤	⑥	⑦	⑧	⑨
2	①	②	③	④	⑤	⑥	⑦	⑧	⑨
3	①	②	③	④	⑤	⑥	⑦	⑧	⑨
4	①	②	③	④	⑤	⑥	⑦	⑧	⑨
5	①	②	③	④	⑤	⑥	⑦	⑧	⑨
6	①	②	③	④	⑤	⑥	⑦	⑧	⑨
7	①	②	③	④	⑤	⑥	⑦	⑧	⑨
8	①	②	③	④	⑤	⑥	⑦	⑧	⑨
9	①	②	③	④	⑤	⑥	⑦	⑧	⑨
10	①	②	③	④	⑤	⑥	⑦	⑧	⑨
11	①	②	③	④	⑤	⑥	⑦	⑧	⑨
12	①	②	③	④	⑤	⑥	⑦	⑧	⑨
13	①	②	③	④	⑤	⑥	⑦	⑧	⑨

解答番号	1	2	3	4	5	6	7	8	9
14	①	②	③	④	⑤	⑥	⑦	⑧	⑨
15	①	②	③	④	⑤	⑥	⑦	⑧	⑨
16	①	②	③	④	⑤	⑥	⑦	⑧	⑨
17	①	②	③	④	⑤	⑥	⑦	⑧	⑨
18	①	②	③	④	⑤	⑥	⑦	⑧	⑨
19	①	②	③	④	⑤	⑥	⑦	⑧	⑨
20	①	②	③	④	⑤	⑥	⑦	⑧	⑨
21	①	②	③	④	⑤	⑥	⑦	⑧	⑨
22	①	②	③	④	⑤	⑥	⑦	⑧	⑨
23	①	②	③	④	⑤	⑥	⑦	⑧	⑨
24	①	②	③	④	⑤	⑥	⑦	⑧	⑨
25	①	②	③	④	⑤	⑥	⑦	⑧	⑨
26	①	②	③	④	⑤	⑥	⑦	⑧	⑨

解答番号	1	2	3	4	5	6	7	8	9
27	①	②	③	④	⑤	⑥	⑦	⑧	⑨
28	①	②	③	④	⑤	⑥	⑦	⑧	⑨
29	①	②	③	④	⑤	⑥	⑦	⑧	⑨
30	①	②	③	④	⑤	⑥	⑦	⑧	⑨
31	①	②	③	④	⑤	⑥	⑦	⑧	⑨
32	①	②	③	④	⑤	⑥	⑦	⑧	⑨
33	①	②	③	④	⑤	⑥	⑦	⑧	⑨
34	①	②	③	④	⑤	⑥	⑦	⑧	⑨
35	①	②	③	④	⑤	⑥	⑦	⑧	⑨
36	①	②	③	④	⑤	⑥	⑦	⑧	⑨
37	①	②	③	④	⑤	⑥	⑦	⑧	⑨
38	①	②	③	④	⑤	⑥	⑦	⑧	⑨
39	①	②	③	④	⑤	⑥	⑦	⑧	⑨

解答番号	1	2	3	4	5	6	7	8	9
40	①	②	③	④	⑤	⑥	⑦	⑧	⑨
41	①	②	③	④	⑤	⑥	⑦	⑧	⑨
42	①	②	③	④	⑤	⑥	⑦	⑧	⑨
43	①	②	③	④	⑤	⑥	⑦	⑧	⑨
44	①	②	③	④	⑤	⑥	⑦	⑧	⑨
45	①	②	③	④	⑤	⑥	⑦	⑧	⑨
46	①	②	③	④	⑤	⑥	⑦	⑧	⑨
47	①	②	③	④	⑤	⑥	⑦	⑧	⑨
48	①	②	③	④	⑤	⑥	⑦	⑧	⑨
49	①	②	③	④	⑤	⑥	⑦	⑧	⑨
50	①	②	③	④	⑤	⑥	⑦	⑧	⑨
51	①	②	③	④	⑤	⑥	⑦	⑧	⑨
52	①	②	③	④	⑤	⑥	⑦	⑧	⑨

受験番号欄

千位	百位	十位	一位	英字	
—	⓪	⓪	⓪	Ⓐ	A
①	①	①	①	Ⓑ	B
②	②	②	②	Ⓒ	C
③	③	③	③	Ⓗ	H
④	④	④	④	Ⓚ	K
⑤	⑤	⑤	⑤	Ⓜ	M
⑥	⑥	⑥	⑥	Ⓡ	R
⑦	⑦	⑦	⑦	Ⓤ	U
⑧	⑧	⑧	⑧	Ⓧ	X
⑨	⑨	⑨	⑨	Ⓨ	Y
—	—	—	—	Ⓩ	Z

フリガナ	
氏　名	

試験場コード	十万位	万位	千位	百位	十位	一位

※試作問題は自動採点に対応していません。

国語　試作問題解答用紙

マーク例

良い例	悪い例
●	⊙ ⊗ ◐ O

解答番号	解答欄								
	1	2	3	4	5	6	7	8	9
1	①	②	③	④	⑤	⑥	⑦	⑧	⑨
2	①	②	③	④	⑤	⑥	⑦	⑧	⑨
3	①	②	③	④	⑤	⑥	⑦	⑧	⑨
4	①	②	③	④	⑤	⑥	⑦	⑧	⑨
5	①	②	③	④	⑤	⑥	⑦	⑧	⑨
6	①	②	③	④	⑤	⑥	⑦	⑧	⑨
7	①	②	③	④	⑤	⑥	⑦	⑧	⑨
8	①	②	③	④	⑤	⑥	⑦	⑧	⑨
9	①	②	③	④	⑤	⑥	⑦	⑧	⑨
10	①	②	③	④	⑤	⑥	⑦	⑧	⑨
11	①	②	③	④	⑤	⑥	⑦	⑧	⑨
12	①	②	③	④	⑤	⑥	⑦	⑧	⑨
13	①	②	③	④	⑤	⑥	⑦	⑧	⑨

解答番号	解答欄								
	1	2	3	4	5	6	7	8	9
1	①	②	③	④	⑤	⑥	⑦	⑧	⑨
2	①	②	③	④	⑤	⑥	⑦	⑧	⑨
3	①	②	③	④	⑤	⑥	⑦	⑧	⑨
4	①	②	③	④	⑤	⑥	⑦	⑧	⑨
5	①	②	③	④	⑤	⑥	⑦	⑧	⑨
6	①	②	③	④	⑤	⑥	⑦	⑧	⑨
7	①	②	③	④	⑤	⑥	⑦	⑧	⑨
8	①	②	③	④	⑤	⑥	⑦	⑧	⑨
9	①	②	③	④	⑤	⑥	⑦	⑧	⑨
10	①	②	③	④	⑤	⑥	⑦	⑧	⑨
11	①	②	③	④	⑤	⑥	⑦	⑧	⑨
12	①	②	③	④	⑤	⑥	⑦	⑧	⑨
13	①	②	③	④	⑤	⑥	⑦	⑧	⑨

解答番号	解答欄								
	1	2	3	4	5	6	7	8	9
1	①	②	③	④	⑤	⑥	⑦	⑧	⑨
2	①	②	③	④	⑤	⑥	⑦	⑧	⑨
3	①	②	③	④	⑤	⑥	⑦	⑧	⑨
4	①	②	③	④	⑤	⑥	⑦	⑧	⑨
5	①	②	③	④	⑤	⑥	⑦	⑧	⑨
6	①	②	③	④	⑤	⑥	⑦	⑧	⑨
7	①	②	③	④	⑤	⑥	⑦	⑧	⑨
8	①	②	③	④	⑤	⑥	⑦	⑧	⑨
9	①	②	③	④	⑤	⑥	⑦	⑧	⑨
10	①	②	③	④	⑤	⑥	⑦	⑧	⑨
11	①	②	③	④	⑤	⑥	⑦	⑧	⑨
12	①	②	③	④	⑤	⑥	⑦	⑧	⑨
13	①	②	③	④	⑤	⑥	⑦	⑧	⑨

解答番号	解答欄								
	1	2	3	4	5	6	7	8	9
1	①	②	③	④	⑤	⑥	⑦	⑧	⑨
2	①	②	③	④	⑤	⑥	⑦	⑧	⑨
3	①	②	③	④	⑤	⑥	⑦	⑧	⑨
4	①	②	③	④	⑤	⑥	⑦	⑧	⑨
5	①	②	③	④	⑤	⑥	⑦	⑧	⑨
6	①	②	③	④	⑤	⑥	⑦	⑧	⑨
7	①	②	③	④	⑤	⑥	⑦	⑧	⑨
8	①	②	③	④	⑤	⑥	⑦	⑧	⑨
9	①	②	③	④	⑤	⑥	⑦	⑧	⑨
10	①	②	③	④	⑤	⑥	⑦	⑧	⑨
11	①	②	③	④	⑤	⑥	⑦	⑧	⑨
12	①	②	③	④	⑤	⑥	⑦	⑧	⑨
13	①	②	③	④	⑤	⑥	⑦	⑧	⑨

受験番号欄					
千位	百位	十位	一位	英字	
—	⓪	⓪	⓪	Ⓐ	A
①	①	①	①	Ⓑ	B
②	②	②	②	Ⓒ	C
③	③	③	③	Ⓗ	H
④	④	④	④	Ⓚ	K
⑤	⑤	⑤	⑤	Ⓜ	M
⑥	⑥	⑥	⑥	Ⓡ	R
⑦	⑦	⑦	⑦	Ⓤ	U
⑧	⑧	⑧	⑧	Ⓧ	X
⑨	⑨	⑨	⑨	Ⓨ	Y
—	—	—	—	Ⓩ	Z

フリガナ	
氏名	

試験場コード	十万位	万位	千位	百位	十位	一位